Nathan Stoltzfus

Widerstand des Herzens

Der Aufstand der Berliner Frauen
in der Rosenstraße – 1943

Aus dem Amerikanischen
von Michael Müller

Carl Hanser Verlag

Titel der Originalausgabe:
Resistance of the Heart.
Intermarriage and the Rosenstrasse Protest in Nazi Germany
W. W. Norton, New York, London 1996

1   2   3   4   5   03   02   01   00   99

ISBN 3-446-16123-6
© 1996 Nathan Stoltzfus
Alle Rechte der deutschen Ausgabe vorbehalten:
© Carl Hanser Verlag München Wien 1999
Satz: Fotosatz Reinhard Amann, Aichstetten
Druck und Bindung: Franz Spiegel Buch GmbH, Ulm
Printed in Germany

Inhalt

Gewidmet
den Menschen von der Rosenstraße
und meinen Eltern

Einleitung

Berlin, 27. Februar 1943

Schon Stunden vor dem Morgengrauen schwärmte ein ganzes Batail-
lon von SS-Männern, Angehörigen der Gestapo und gewöhnlichen
Polizisten mit dreihundert Lastwagen aus, um die letzten, nichtsahnenden Juden der Stadt festzusetzen.[1] Die Aktion wurde von der Leibstandarte »Adolf Hitler« angeführt, einer SS-Einheit von ausgewählten
blonden und hochgewachsenen Soldaten, deren vereinzelte erfolgreiche Vorstöße gegen die Rote Armee zu einer Zeit, da die Wehrmacht
sich fast an der ganzen Ostfront auf dem Rückzug befand, wieder
Hoffnungen auf einen deutschen Sieg hatten aufkeimen lassen. Einige
der SS-Männer, die an diesem Morgen in den Straßen Berlins unterwegs waren, trugen Auszeichnungen, die sie für ihre Tapferkeit im
Kampf erhalten hatten.[2] An diesem Samstag hatten sie jedoch die Aufgabe, die Stadt »judenfrei« zu machen. Vor allem Juden, die noch in
Rüstungsfabriken arbeiteten, sowie solche, die in Mischehe lebten, also
mit Nicht-Juden verheiratet waren, waren ihre ausgesuchten Opfer.
Mit ihren schwarzen Uniformen und ihren Stahlhelmen, ihren Gewehr-
ren mit aufgepflanztem Bajonett und ihren Maschinengewehren boten
die Männer einen furchterregenden Anblick, der jeden in Angst und
Schrecken versetzen würde, der vielleicht auf die Idee kommen könnte,
gegen die Verhaftung der letzten noch in Berlin lebenden Juden, die
zumeist über relativ gute Verbindungen verfügten, zu protestieren. Die
Gestapo hatte der Massenverhaftung (die oft »Fabrikaktion« genannt
wurde) den Codenamen »Schlußaktion der Berliner Juden« gegeben,
und für Tausende war sie der Anfang vom Ende.[3]

Ohne Vorwarnung fielen die SS- und Gestapomänner über die jüdischen Arbeitstrupps her, die in den Fabriken an ihren Werkbänken
standen, und trieben sie ohne ein Wort der Erklärung in die draußen
wartenden Möbelwagen. Sie ließen ihren Opfern, die nur mit dünnen
Arbeitskitteln bekleidet waren, noch nicht einmal die Zeit, sich ihre
Wintermäntel überzuziehen oder das von zu Hause mitgebrachte Früh-

stück und Mittagessen einzupacken. Die SS-Männer stießen die Juden mit den Kolben ihrer Gewehre vor sich her; sie klatschten in die Hände und brüllten:»Schneller, schneller! Dalli, dalli!« Schwangere Frauen und Männer, die zu alt waren, um auf die Ladeflächen der LKWs zu springen, wurden hinaufgeworfen oder -gestoßen.[4] Dutzende erlitten Knochenbrüche.[5] In ganz Berlin verhaftete die Gestapo Juden an ihren Arbeitsplätzen, in ihren Wohnungen oder auch auf der Straße. Jeder, der den Davidstern trug, wurde ergriffen und in die Lastwagen befördert, sogar Juden, die sich nur zu Besuch in Berlin aufhielten.[6]

Als die Laderäume mit in der Dunkelheit nur verschwommen zu erkennenden menschlichen Gestalten vollgestopft waren, rollten die Lastwagen in langen Reihen zu fünf provisorischen Sammellagern im Herzen der Stadt. Die große Garage der Hermann-Göring-Kaserne in Berlin-Reinickendorf und die Reitställe der Kaserne in der Rathenower Straße waren für den Zweck vorübergehend geräumt worden. Das Vergnügungsetablissement »Clou« in der Mauerstraße diente jetzt einem schlimmen Zweck: Es war ebenso wie die Synagoge in der Levetzow-straße und die Verwaltungsräume des Wohlfahrts- und Jugendamts der Jüdischen Gemeinde in der Rosenstraße zu einem Arrestlokal für die verhafteten Juden umfunktioniert worden.[7] Einige Gefangene wurden auch in das ehemalige jüdische Altenheim in der Großen Hamburger Straße gebracht, eines der regulären Sammellager, in dem Juden nach ihrer Festnahme bis zu ihrem Abtransport in ein Lager festgehalten wurden.

In jedem dieser Sammellager regierten Brutalität und Schrecken; die Überlebenden würden die Stunden des Entsetzens, die sie an diesem Sabbat in ihnen verbrachten, nie wieder vergessen. Einer von denen, die davonkamen, erinnerte sich an den schrecklichen Moment, in dem ein Lastwagen vorfuhr, um seine menschliche Fracht auszuladen.»Eine ältere Frau fiel uns blutüberströmt ohnmächtig in die Arme. Hinter ihr taumelte ein vielleicht siebzehnjähriges Mädchen vom Wagen, dem das Blut über das Gesicht lief. Ihm folgte ein Mann, der aus einer Beinwunde blutete. Er stützte seine Frau, deren Kleid völlig zerrissen war. Es waren Menschen, die sich ›zur Wehr gesetzt‹ hatten, wie die SS lachend erklärte. Ein junger Bengel stand da und machte Aufnahmen.«[8]

Panik griff um sich. Frauen riefen verzweifelt nach ihren Kindern, die daheim auf sie warteten. Kleinkinder, die man aus den Wohnungen geholt hatte, während ihre Eltern nicht zu Hause waren, verlangten schluchzend nach ihren Müttern und Vätern.[9] Eheleute, die in verschiedenen Fabriken arbeiteten, waren in getrennte Sammellager gebracht worden, und die Angst um den geliebten Partner trieb sie nun fast in den Wahnsinn.[10] Einige Verhaftete baten darum, in ein anderes Lager verlegt zu werden, andere flehten um einen Schluck zu trinken oder ein bißchen Stroh, auf das sie sich setzen konnten. Halb erfroren in ihren dünnen Kleidern, hungrig, zusammengeprügelt, ohne Wasser und ohne die Möglichkeit, ihre Notdurft zu verrichten, flüchteten sich viele in den Selbstmord. Ein Augenzeuge berichtete: »Es gab Fensterstürze, man warf sich unter die Autos, man nahm Gift – Veronal, auch Zyankali –, die besonders vorsichtige Menschen nie von sich ließen, es war grauenhaft, ein unvorstellbares Chaos.«[11]

Inmitten dieses Elends standen ganz ungerührt die SS- und Gestapoleute, von denen einige Reitpeitschen schwangen, und sortierten die Juden, die mit nicht-jüdischen Deutschen verheiratet waren, sowie die »Mischlingskinder« aus solchen Ehen aus (in der Terminologie der Nazis bezeichnete man mit »Mischling« jeden, dessen Eltern unterschiedlichen Rassen angehörten, vor allem aber solche, die sowohl deutsche als auch jüdische Vorfahren hatten). Diese Aussortierten wurden wieder in die bereitstehenden Lastwagen hineingestoßen und zu dem vierstöckigen Verwaltungsgebäude der Jüdischen Gemeinde Rosenstraße Nr. 2–4 transportiert. Der für die Deportation der Juden verantwortliche Adolf Eichmann hatte befohlen, daß diese Menschen von den anderen getrennt und in die Rosenstraße gebracht werden sollten, damit es so aussähe, als ob sie nicht in Vernichtungslager, sondern in polnische Arbeitslager geschickt werden würden.[12]

An Samstagen beendeten jüdische Arbeiter ihre Schicht normalerweise gegen zwei Uhr nachmittags. An diesem 27. Februar 1943 kamen sie nicht zur gewohnten Zeit nach Hause, und wenn ihre Ehepartner Deutsche waren, fingen diese allmählich an, sich Sorgen zu machen, und begannen, in den Fabriken, bei der Polizei oder auch bei Bekannten, die ebenfalls einen jüdischen Ehepartner hatten, Erkundigungen einzuziehen. Einige von ihnen vermochten etwas mit Hilfe einer »Telephonnotkette«, die sie zusammen mit anderen, die in Mischehe lebten, gebildet hatten, in Erfahrung zu bringen und gaben diese Informationen dann auf gleichem Wege weiter.[13] So wußten bald viele, daß ihre Angehörigen in der Rosenstraße gefangensaßen, einer nur einen Häuserblock langen Straße mitten im alten Berlin. Es dauerte nicht lange, bis viele Frauen zu dieser Straße eilten, einzeln oder auch zu zweit, um Näheres herauszufinden oder ihren Angehörigen Brot, Käse, Rasier- und Waschzeug zu bringen. Die meisten der verhafteten Juden waren Männer. Die überwältigende Mehrheit jener Deutschen, die sich auf den Weg zur Rosenstraße machten, waren also Frauen.[14]

Als Charlotte Israel vor dem Gebäude in der Rosenstraße eintraf, hatten sich dort schon an die hundertfünfzig Frauen versammelt. Sie erzählte später: »Durch einen Trick erfuhr ich, daß mein Mann im Lager war. Ich verlangte seine Kartoffelkarte von dem Wachposten. Ich bekam sie auch. Er schrieb ganz dünn darauf: ›Ich bin gesund!‹ Andere Frauen verlangten den Hausschlüssel oder Lebensmittelkarten, um sich zu vergewissern, daß ihre Männer da drin waren.«[15]

Die Rosenstraße war eine der ältesten Straßen Berlins; kopfsteingepflastert und eng zerschnitt sie eine lange Zeile von Wohnhäusern und Bürogebäuden.[16] Die Straßenbahn rumpelte auf dem Weg zum einige Häuserblocks weit entfernten Alexanderplatz durch sie hindurch. Anfang des 20. Jahrhunderts hatte das jüdische Scheunenviertel an sie angegrenzt, das Wohngebiet der armen orthodoxen Juden, die aus dem Osten eingewandert waren. Unmittelbar im Norden der Straße lag das jüdische Hauptgeschäftsviertel. Zwischen Rosenthaler und Oranienburger Straße, wo die älteste Synagoge Berlins stand, reihten sich jüdische Warenhäuser, Bekleidungs- und Stoffgeschäfte und andere Läden dicht aneinander.

Das Haus in der Rosenstraße diente der Jüdischen Gemeinde vor allem als ihr Wohlfahrtsamt; das Gebäude war fünfeinhalb Stockwerke hoch und erinnerte in seiner Schmucklosigkeit und mit den gleichmäßig angeordneten rechteckigen Fenstern ein wenig an eine Kaserne. Hier versorgten die Berliner Juden die Armen der Gemeinde mit Kleidern, hier speisten sie die Hungrigen und heilten die Kranken. Hier versammelten sich die Angehörigen jener Juden, die im Juni 1938 überraschend nach Buchenwald deportiert worden waren, um Neues zu erfahren und sich Trost zu holen. Hier wurden die Opfer des Pogroms in der »Kristallnacht«, die nach schrecklichen Wochen in Konzentrationslagern Ende des Jahres 1938 wieder freigelassen worden waren, vom jüdischen Hilfskomitee in Empfang genommen, eingekleidet, ärztlich versorgt und dann wieder mit ihren Familien zusammengeführt.[17] Hier befand sich auch die Mikwe, das öffentliche Bad für die rituellen Reinigungen.[18] An diesem Sabbat jedoch waren die engen Bürozimmer, die von den langen Korridoren abgingen, gedrängt voll mit Gefangenen. Draußen vor dem Haus hatten sich fünf bewaffnete SS-Leute zwischen der einzigen Tür, die das Gebäude zur Straße hin besaß, und den Frauen postiert, die eintrafen, als sich die ersten Gerüchte von den Verhaftungen in der Stadt verbreitet hatten. Es kamen immer noch mehr hinzu. Eine Frau erschien mit ihrem in eine Wehrmachtsuniform gekleideten Bruder, der gerade eine Woche Fronturlaub hatte. Drei andere Soldaten gesellten sich zu ihm, und gemeinsam näherten sie sich einem der SS-Wachposten. »Wenn mein Schwager nicht freikommt«, sagte der Bruder der Frau, »gehe ich nicht an die Front zurück.« Der SS-Mann stieß ihn zurück und drohte: »Wenn Sie jetzt nicht machen, daß Sie fortkommen, werden Sie abgeführt.«[19]

Als die frühe Dunkelheit einbrach und die Kälte der Februarnacht sich über Berlin senkte, harrten immer noch einige Frauen dicht zusammengedrängt vor dem Gebäude aus. Sie fühlten sich elend, waren aber gleichzeitig voller Wut. Manche von ihnen hatten das Haus als eine der wichtigsten Einrichtungen der Jüdischen Gemeinde kennengelernt. Einige von ihnen entstammten alten oder sogar adeligen deutschen Familien, die auf die Angehörigen der SS als Emporkömmlinge und Hochstapler herabsahen.[20] Entschlossen forderten sie weiter die Freilassung ihrer Ehemänner. Mehrere Frauen traten unerschrocken an die SS-Leute heran und begannen sich zu beschweren. Sie wurden immer wütender. Was glaubten die SS-Männer eigentlich, wer sie seien? Wie konnten sie es sich herausnehmen, ihnen einfach ihre Angehörigen wegzunehmen? Was für Verbrechen sollten ihre Männer und Kinder denn eigentlich begangen haben? Schließlich stünden ihnen als deutschen Staatsbürgerinnen von arischer Rasse doch einige Rechte zu. Eine verkündete voller Selbstvertrauen: »Wenn ihr uns nicht ins Haus laßt, kommen wir wieder und machen Ärger. Wir werden einen Rammbock mitbringen und die Tür aufbrechen!« Bevor sie für die Nacht in ihre Wohnungen zurückkehrten, versprachen einige Frauen einander, sich am nächsten Morgen wieder an derselben Stelle zu treffen, um eine lautstarke öffentliche Protestkundgebung abzuhalten.[21] Sie wußten, daß man verhaftete Juden normalerweise zwei Tage lang in den Sammellagern festhielt, bevor man sie dann in Züge trieb und an Orte brachte, von denen die allerwenigsten jemals wieder zurückkehrten. Ihnen war also klar, daß sie schnell handeln mußten. Es sollte eine öffentliche Bekundung deutschen Widerstands gegen die Verfolgung der Juden durch die Nazis werden, wie es sie noch nie zuvor gegeben hatte.

Annie Radlauer traf am frühen Sonntagmorgen in der Rosenstraße ein. Als sie am Bahnhof Börse aus dem Zug stieg, konnte sie schon den Lärm vieler Frauenstimmen hören, der aus der drei Häuserblocks entfernten Rosenstraße herüberdrang. Je näher sie kam, desto lauter wurde der Lärm, und schließlich konnte sie auch verstehen, was die Frauen riefen: »Gebt uns unsere Männer heraus! Wir wollen unsere Männer wiederhaben! Gebt uns unsere Männer heraus! Wir wollen . . .« Einige Frauen standen dicht geschlossen, mit untergehakten Armen in Gruppen zusammen, während andere vor dem Haus auf- und abmarschierten, in der Hoffnung, in einem der Fenster ihren Mann oder ihr Kind zu sehen. Und immer wieder skandierte die Menge im Chor: »Wir wollen unsere Männer wiederhaben!«[22]

Eine Woche lang hielten die deutschen Frauen, die mit Juden verheiratet waren, ihren Protest ohne Unterbrechung bei Tag und Nacht aufrecht. Ein Augenzeuge schrieb 1945 in einem Artikel, daß die Menge immer mehr anwuchs, bis die Straße »von Menschen vollgestopft war«.[23] Radio London nannte das, was da in der Rosenstraße stattfand, einen »fließenden Demonstrationszug«: Ständig kamen Frauen an, um sich in die Schar der Protestierenden einzureihen, während andere aus ihr ausscherten, um sich um die restlichen Familienmitglieder zu kümmern oder auch um ihrer Arbeit nachzugehen. Sechshundert oder mehr Menschen waren zur selben Zeit vor dem Haus versammelt, und als die Kundgebung schließlich zu Ende ging, hatten Tausende an ihr teilgenommen.[24] Bei verschiedenen Gelegenheiten brüllten die bewaffneten Wachposten: »Räumt die Straße, oder wir schießen!« Die Frauen rannten dann in nahe gelegene Hausflure oder Innenhöfe, aus denen sie aber wenige Minuten später wieder hervorkamen. Immer wieder wurden sie durch solche Drohungen, daß man das Feuer auf sie eröffnen werde, auseinandergetrieben. Aber beharrlich kehrten sie auch immer wieder zurück, scharten sich erneut zusammen und verlangten nach ihren Ehemännern, die ihre Rufe hörten und neue Hoffnung faßten. Einem Zeugen zufolge übertönten die Anklageschreie der Frauen den Verkehrslärm wie ein leidenschaftliches Liebesbekenntnis, gestärkt von der Bitterkeit des Lebens.[25] Eine der Frauen, die an dem Protest teilgenommen hatte, sprach später von dem starken Solidaritätsgefühl, das sie damals auf der Straße empfunden hatte. Normalerweise hatten die Menschen Angst, eine abweichende Meinung zu bekunden, weil sie befürchten mußten, denunziert zu werden, auf dem Platz vor dem Haus waren sie aber sicher, unter Freunden zu sein. Ein Gestapo-Mann, den dieser offene Protest beeindruckte, sah sich gezwungen, seine rückhaltlose Loyalität gegenüber dem Regime in neuem Licht zu sehen. »Ihre Verwandten protestieren draußen für Sie«, sagte er zu einem der inhaftierten Juden. »Sie möchten Sie zurückhaben. Das ist deutsche Treue.«[26]

Vier oder fünf Tage nach Ausbruch des Protests hatte sich im Reichssicherheitshauptamt (RSHA), der Behörde, die für die Durchführung der »Endlösung« verantwortlich war, ein immer stärkerer Meinungskonflikt darüber ergeben, wie man mit der aufsässigen Menge umgehen sollte. Ein Fahrer der Gestapo, der bei der »Schlußaktion« im Einsatz war, berichtete vor einem Nachkriegsgerichtshof, daß er Gespräche über diese Kontroversen mit angehört hatte. Miteinander rivalisierende

Machtgruppen hatten den ihnen unterstellten Männern sich »widersprechende Befehle« erteilt.[27] Das erzählte auch mehr als vierzig Jahre später Leopold Gutterer, der Stellvertreter von Joseph Goebbels, in einem Interview. Der Sicherheitsdienst (die Geheimdienstabteilung, die die Partei innerhalb des Reichssicherheitshauptamtes unterhielt und deren Aufgabe es war, die öffentliche Moral zu überwachen), dem bei der Durchführung der »Endlösung« eine zentrale Rolle zukam, hatte Befehle, die verhafteten Juden zu deportieren, erinnerte sich Gutterer, aber: »Die [vom SD] waren sich selber nicht einig, ob sie das [den Protest] mit Gewalt niederschlagen sollten oder ob sie eine andere Lösung finden mußten.«[28]

Da sie befürchtete, daß die gewaltsame Trennung von Partnern, die in Mischehe lebten, ernsthafte soziale Unruhen auslösen könnte, hatte die Führungsspitze der Nazis die jüdischen Partner und die Kinder aus solchen Ehen gegen den Widerstand des RSHA bei Beginn der Deportationen »vorläufig zurückgehalten«. Im Herbst 1942 plante das Regime jedoch, die »Endlösung« in Deutschland zu einem Abschluß zu bringen. Die meisten der noch in Deutschland lebenden Juden waren in Berlin ansässig, und die Mehrzahl von ihnen war vorläufig von den Deportationen verschont geblieben, weil sie deutsch-jüdischen Familien angehörten oder in der Rüstungsindustrie arbeiteten. Goebbels, der auch NSDAP-Gauleiter von Groß-Berlin war, hatte für Ende des Jahres 1942 eine großangelegte Aktion ins Auge gefaßt, bei der Juden, die mit Deutschen verheiratet waren, aber keine Kinder hatten, abtransportiert werden sollten. Er leitete in die Wege, daß die SS-Leibstandarte »Adolf Hitler«, die SS-Division, die für den persönlichen Schutz des Führers verantwortlich war, sich an der Aktion beteiligen würde, und verbot schon im voraus allen Mitarbeitern schwedischer Zeitungen in Berlin, über die Ereignisse zu berichten (da Schweden ein neutrales Land war, war es seiner Presse noch gestattet, Korrespondenten nach Deutschland zu entsenden; diese wurden aber von Goebbels genauestens überwacht).[29]

Nach außen hin ging es bei der Debatte im RSHA um die Frage, wie man mit dem Protest fertig werden könne, um also auch noch die jüdisch-deutschen Familien angehörenden Juden zu deportieren. In Wirklichkeit hatte sich jedoch ein viel tiefergehender Konflikt aufgetan. Die ranghöchsten Führer – vor allem Goebbels und Hitler, aber auch Himmler – hatten Angst vor Unruhen in der Bevölkerung, die sich vor allem in einer Zeit, in der man Krieg führte, äußerst nachteilig auswirken könnten. Funktionäre von weniger hohem Rang sahen diese Gefahr im allgemeinen nicht. Eichmann hatte sogar auf die gewaltigen militärischen Mißerfolge Deutschlands zu Beginn des Jahres 1943 damit reagiert, daß er die Kategorien von Personen, die – obwohl sie jüdisch-deutschen Familien angehörten – deportiert werden sollten, erweitert hatte.[30] Jetzt hatten aber deutsche Frauen auf die Verhaftung ihrer jüdischen Anverwandten mit einem öffentlichen Protest rund um die Uhr geantwortet, und Goebbels stand unter Druck.

Joseph Goebbels war 1926 zum NSDAP-Gauleiter von Groß-Berlin ernannt worden, wo er seine eigene Wochenzeitung, *Der Angriff,* gegründet hatte, um über die Regierung der Weimarer Republik herzuziehen und die Werbetrommel für den Nationalsozialismus zu schlagen. Bei öffentlichen Ansprachen, die der Bewegung neue Anhänger verschaffen sollten, erwies sich Goebbels' dröhnende Stimme als beinahe so wirkungsvoll wie die Hitlers. Hitler war sehr beeindruckt von ihm und ernannte den schmächtigen Mann mit dem Klumpfuß und den funkelnden Augen zum Propagandachef der Partei, und die Anstrengungen, die Goebbels in dieser Funktion unternahm, waren, vor allem in dem Jahr vor der Machtübernahme, von entscheidender Bedeutung: Es gelang ihm, die Partei für die verschiedenen Wahlkampagnen kräftig aufzubauen.[31] Sechs Wochen nach seiner Ernennung zum Reichskanzler machte Hitler Goebbels zum Minister für Volksaufklärung und Propaganda. Goebbels war ein Meister der modernen Propagandatechniken und übernahm binnen kurzem die Kontrolle über die deutsche Presse und das gesamte kulturelle Leben.

Goebbels' Aufgabe war es, dafür zu sorgen, daß das Volk sich bedingungslos hinter den Nationalsozialismus stellte; nach Ausbruch des Krieges, als immer mehr davon abhing, daß die allgemeine Stimmung positiv blieb, wuchs seine Verantwortung und damit auch seine Macht. Als Gauleiter konnte er direkt über das Schicksal der Juden Berlins bestimmen, als derjenige, der für die Moral des gesamten Volkes verantwortlich war, konnte er aber generell auf jüdische Angelegenheiten im ganzen Land Einfluß nehmen. Besonders was die heikle Angelegenheit von Mischehen betraf, machte er sein Gewicht geltend. Wie Hitler, dessen enges Vertrauen er genoß,[32] war er besorgt über mögliche gesellschaftliche Unruhen. Er zog es vor, um Befolgung der nazistischen Rassenpolitik aus freien Stücken zu werben – anstatt diese zu erzwingen –, indem er das Bild einer Bevölkerung malte, die Juden gegenüber so feindselig eingestellt war, daß das Regime geradezu dazu verpflichtet war, radikale Maßnahmen zu ergreifen. Neben öffentlicher Propaganda setzte er den Straßenpöbel ein, um die Deutschen gegen die Juden und gegen Mischehen aufzuhetzen.[33]

Bei seinen Bemühungen um »Gleichschaltung« der öffentlichen Meinung mit dem Willen des diktatorischen Regimes bediente sich Goebbels skrupellos der Täuschung, Geheimhaltung und Manipulation. Besonders geschickt verstand er es, bei Massendemonstrationen und -umzügen die vielen Wahrzeichen des Nationalsozialismus zu nutzen. Keine andere Partei hat sich so klarsichtig der einigenden Macht von Symbolen bei Rassendemonstrationen bedient und sie als Ausdruck von Solidarität angesehen.[34] Da er wußte, daß die Mehrheit es kaum tolerierte, wenn jemand aus der Menge herausragte, setzte Goebbels Massenveranstaltungen ein, um das Verhalten der Menschen zu steuern. In einer Menge, meinte er, fühlten unbedeutende Leute sich mächtig. Bei gigantischen politischen Aufmärschen erlebte jeder der Teilnehmer »eine Art von Verwandlung von einem Wurm in den Teil eines großen Drachens«.[35] Und wenn die Würmer sich zu einem großen Drachen verbunden hatten, dann konnte Goebbels zum Dompteur des Ungeheuers werden und Einigkeit im Zeichen des Hakenkreuzes schaffen. Er war überzeugt, daß man gar nicht allzu viele Demonstrationen veranstalten könne, um die Unterstützung des Regimes durch die Masse zur Schau zu stellen und zu erlangen. Demonstrationen seien weitaus der stärkste Ausdruck, um Herrschaftswillen zu demonstrieren.[36]

Goebbels war ein wißbegieriger Mensch, der sich vor allem für Menschenansammlungen jeder Art interessierte. Es wäre durchaus vorstellbar gewesen, daß er, als er von den Protestkundgebungen in der Rosenstraße erfuhr, seinen Chauffeur angewiesen hätte, ihn von seinen imposanten Wohngemächern in der Nähe des Brandenburger Tors auf die andere Seite der Spree bis zum Rand der Menge zu bringen, die die ganze Rosenstraße füllte. Unter seiner Ägide waren Massenaufmärsche und -umzüge zu einem Charakteristikum des deutschen Staates geworden: Sie dienten dazu, sowohl nach außen hin die Unterstützung der Regierenden durch eine einheitliche Massenbewegung unter Beweis zu stellen, als sich auch eines solchen Rückhalts zu versichern. Dieses politische Mittel war so effektiv, daß die Nazis eifersüchtig darüber wachten. Im Mai 1933 wurden mit der Verordnung zur Aufrechterhaltung der öffentlichen Ruhe und Sicherheit alle öffentlichen Demonstrationen ohne vorherige Genehmigung durch die Polizei verboten[37], und im Dezember 1934 untersagte die Diktatur alle öffentlichen Versammlungen mit Ausnahme von »althergebrachte[n] Veranstaltungen, insbesondere Prozessionen und Wallfahrten«.[38] Da er der Ansicht war, daß Demonstrationen wirksame Waffen in machtpolitischen Kämpfen waren, betrachtete Goebbels das Gesetz, mit dem im Mai 1933 öffentliche Massenversammlungen verboten wurden, als einen wichtigen Grundstein für die Konsolidierung der Herrschaft der Nationalsozialisten. Die große Schar von Frauen, die ihre jüdischen Angehörigen zurückforderten, stellte, wie Goebbels in seinem Tagebuch notierte, eine »unliebsame Szene« dar. In dem Eintrag in sein Tagebuch vom 6. März 1943 klagte er, daß »die Bevölkerung sich in größerer Menge ansammelte und zum Teil sogar für die Juden etwas Partei ergriff«.[39]

Im März 1943 hatte Goebbels den Kriegsverlauf und das Schicksal Deutschlands im Auge. Die Sechste Armee war in Stalingrad gerade vernichtend geschlagen worden; man hatte die gesamte Ausrüstung eingebüßt und nicht weniger als 209 000 Soldaten verloren.[40] Trotzdem war der Reichspropagandaminister aufgetreten, um Enthusiasmus für einen noch bedingungsloseren Krieg zu entfachen. Nur neun Tage vor der »Schlußaktion der Berliner Juden« hatte Goebbels in einer Rede den »totalen Krieg« gefordert. Im riesigen Berliner Sportpalast hatte er die Frage herausgebrüllt: »Wollt ihr den totalen Krieg?«, und das donnernde »Ja«, mit dem sein Publikum ihm geantwortet hatte, war im ganzen Reich zu hören gewesen: Der Rundfunk, dieses neue Massenmedium und Propagandamittel, war bei solchen Gelegenheiten immer dabei, und in Deutschland gab es, auf die Bevölkerungszahl umgerechnet, mehr Radioapparate als in jedem anderen Land. In derselben Ansprache hatte Goebbels gehässigsten Antisemitismus betrieben. Wenn man jedoch in Mischehe lebende Juden deportierte, dann riskierte man, sich nicht-jüdische Deutsche zum Feind zu machen und der Moral der Bevölkerung Schaden zuzufügen. Obwohl nicht alle Deutschen, die in Mischehe lebten, den Juden freundlich gesonnen waren (viele von ihnen waren bemüht, ihren jüdischen Verwandten aus dem Weg zu gehen, um sich keine Nachteile einzuhandeln), gab es einen Kreis von Deutschen, die eng mit Juden verwandt waren, und das bereitete dem Regime Sorgen. Sie würden sich beschweren und vielleicht Gerüchte über das Verschwinden ihrer Verwandten in Umlauf bringen.[41] Die absolute Geheimhaltung, die nach dem Willen des Regimes bei der Durchführung der Endlösung gewahrt bleiben sollte, wäre auf diese Weise gefährdet gewesen.[42]

Anfang des Jahres 1943 arbeitete die Maschinerie zur Vernichtung der Juden auf Höchsttouren. 1942, im Jahr der Massenvernichtungen, waren 2 700 000 Juden ermordet worden (gegenüber 1 100 000 im Jahr 1941 und 500 000 im Jahr 1943). Von den Juden, die man bei der »Schlußaktion Berliner Juden« im Februar 1943 zusammengetrieben hatte, wurden 7978 unmittelbar im Anschluß an ihre Verhaftung oder zu einem späteren Zeitpunkt deportiert.[43] Mehr als die Hälfte von ihnen wurde sofort in die Gaskammern oder die Verbrennungsöfen geschickt; die übrigen wurden zwar zunächst nur zur Zwangsarbeit verurteilt, dies sollte aber ihre Ermordung nur um eine kurze Zeitspanne herauszögern.

Die Rettung der übrigen Berliner Juden durch ihre deutschen Partner macht deutlich, welchen Mut diese Menschen aufbrachten, zeigt gleichzeitig aber auch ihre Kompromißbereitschaft – denn sie leisteten ja nur Widerstand, weil es um ihre eigenen Familien ging. Wer waren die Deutschen, die Juden geheiratet hatten, und warum verweigerten sie in aller Öffentlichkeit einem der grausamsten Regime der Geschichte den Gehorsam? Warum waren sie bereit dazu, durch die Ehe mit einem jüdischen Partner erbarmungslose Verfolgung, größte Unsicherheit und allgemeine Stigmatisierung auf sich zu nehmen? Diese Deutschen gehörten der »Herrenrasse« des Regimes an, sie waren sogenannte »Arier«.[44] Was kann sie dazu bewegt haben, lieber ihr eigenes Leben aufs Spiel zu setzen, als sich scheiden zu lassen?

Und was die Gegenseite betrifft: Wie sollen wir es uns erklären, daß Joseph Goebbels, der ranghöchste Vertreter der Partei in Groß-Berlin, sich entschied, den unbewaffneten Demonstranten nachzugeben, und daß Hitler diese Entscheidung guthieß? Welche Auffassung von Macht bei den Nazis, welche anderen Beispiele für Widerstand und welche geschichtlichen Umstände könnten zur Erklärung dieser Freilassung von tausendsiebenhundert, vielleicht sogar zweitausend Juden beitragen?[45] Wieso überlebten sie, polizeilich erfaßt und gleichzeitig von der Regierung mit Lebensmittelrationen bedacht? Jüdisch-deutsche Mischehen waren permanente Bekundungen eines Nicht-Übereinstimmens mit der Rassenideologie des Nationalsozialismus, öffentliche Zurschaustellungen eines Dissenses. Die Kinder, die aus solchen Ehen hervorgingen, stellten für die Nazis beunruhigende »Mischungen« aus Angehörigen der Herrenrasse und Juden dar. Warum waren die Juden, die eine Ehe mit Deutschen eingegangen waren, dann nicht die ersten, die man in die Vernichtungslager schickte, sondern sogar die, die schließlich mit dem Leben davonkamen? Als der Krieg zu Ende war, machten mit Deutschen verheiratete Juden 98 Prozent der überlebenden jüdischen Bevölkerung Deutschlands aus.[46]

17

Ehe gegen die Familie, Ehe gegen das Regime

Die Demonstration in der Rosenstraße war das einzigartige Beispiel für einen Massenprotest gegen die Deportation deutscher Juden. Man kann sich kaum eine Aktion vorstellen, die für deutsche Bürger gefährlicher gewesen wäre als solch eine offene Konfrontation mit der Gestapo. Das vorliegende Buch erzählt die Geschichte dieser mutigen Konfrontation mit Hilfe der Erinnerungen jener nach, die sie gewagt haben. Es untersucht den Protest in der Rosenstraße als das dramatische Ereignis in den Leben jener, die ihn durchführten, wie auch als Teil jenes Komplexes von Ereignissen und äußeren Umständen, die den Gipfelpunkt des Zweiten Weltkriegs kennzeichneten. Daher ist das vorliegende Buch auch eine Geschichte des Kampfes, den das Regime gegen Deutsche führte, die in Mischehe lebten, denn die Ereignisse in der Rosenstraße stellten nur den Höhepunkt von deren hartem Abwehrkampf gegen die Machthaber dar. In den zehn Jahren, bevor es zu diesem öffentlichen Protest kam, verstießen Deutsche, die mit »Andersrassigen« verheiratet waren, gegen den ideologischen Kern des Regimes und gelegentlich auch gegen dessen Gesetze. Der Staat war ihnen gegenüber erbarmungslos. Im großen und ganzen hielten die betroffenen Ehepaare ihm jedoch stand, und diese ihre Widerstandskraft veranlaßte Goebbels zu der Aussage, daß ihre Ehen »äußerst delikate Fragen« aufwürfen.[47] Wie, so mußte er sich beständig fragen, konnte er diese Menschen aus dem gesellschaftlichen und wirtschaftlichen Gefüge Deutschlands entfernen?

Die Deutschen, die zu Anfang des 20. Jahrhunderts Juden heirateten, waren zumeist individualistische und autonome Menschen. Viele dieser Ehepaare waren ganz weltlich eingestellt, sie wohnten in großen Städten, wo weniger restriktive Normen herrschten und es mehr Möglichkeiten gab, sich das Leben nach eigenen Vorstellungen einzurichten. Doch sogar als der Trend zu solchen Mischehen seinen Höhepunkt erreichte, war es nur eine winzige Minderheit von Deutschen, die sich mit Juden verbanden. In vielen Fällen mußten diese dem Zorn ihrer Familien und anderer Institutionen standhalten, wenn sie mit einem Juden oder einer Jüdin die Ehe eingingen. Die Geschichte dieser Ehen im nationalsozialistischen Deutschland ist nicht die Geschichte von Familien, die über das Regime triumphierten, sondern die eines Regimes, das seine »deutschblütigen« Untertanen dazu zwang, sich zwischen den Familien, in die sie hineingeboren worden waren, und denen, die sie als Erwachsene selbst gegründet hatten, zu entscheiden. Seine Angehörigen zu verlieren und die gesellschaftliche Anerkennung einzubüßen, war eine mehr als schmerzhafte Erfahrung, wenn solche Ehen aber dennoch hielten, dann führte das oft zu einem sehr starken Verbundenheitsgefühl und zu einer Identifikation mit dem jüdischen Teil der Familie. Als der Druck, den die Gesellschaft und die Institutionen ausübten, anwuchs, lernten es jüdisch-deutsche Paare, sich, was das Gefühl für ihre Bedeutung und ihre Identität anbelangte, in einem ungewöhnlichen Maß auf sich selbst und aufeinander zu verlassen.

Als Hitler, Goebbels und die Gestapo versuchten, deutsche Frauen dazu zu bringen, ihre jüdischen Ehemänner zu verlassen, hatten die Betroffenen schon eine gewisse Geschicklichkeit darin erworben, Drohungen und Sanktionen, die von ihren eigenen Familien, ihre Freunden und Nachbarn ausgingen, standzuhalten. Während des Holocausts verhaftete und deportierte die Gestapo sofort alle Juden, deren deutsche Ehepartner starben oder die Scheidung einreichten, und einige in Mischehe lebende Juden wurden mit der Drohung verhöhnt, daß ihre Partner sich bald von ihnen scheiden lassen würden. »Ihre Frau sollte sich besser scheiden lassen«, sagte ein Gestapo-Mann zu einem von ihnen, »denn man paart ein Rassepferd nicht mit einem Arbeitsgaul.«[48]

In den Jahrzehnten vor dem Anbruch des Dritten Reichs hatte die jüdische Assimilation in Deutschland die äußere Form einer Ehe mit einem nicht-jüdischen Partner angenommen. 1904 wählten sich 9,3 Prozent aller jüdischen Männer und 7,7 Prozent aller jüdischen Frauen, die in diesem Jahr heirateten, einen Partner, der nicht ihrer Glaubensgemeinschaft angehörte. Von 1910 bis 1913 stiegen diese Zahlen noch auf 13,5 beziehungsweise 10,92 Prozent an, und im Krieg gar auf 29,86 respektive 21 Prozent.[49] 1933 hielt dieser Trend, der der neuen politischen Ideologie so sehr zuwiderlief, noch unvermindert an: 44 Prozent der deutschen Juden, die in diesem Jahr eine Ehe schlossen, nahmen sich einen nicht-jüdischen Partner. 1934 jedoch, als die Propagandamaschinerie der Nazis richtig in Gang gekommen war und die Verfolgung der Juden intensiver betrieben wurde, sank die Zahl auf 15 Prozent,[50] und vom September 1935 an verboten die Nürnberger Gesetze alle weiteren Eheschließungen dieser Art und erklärten alle Verlobungen zwischen »gemischtrassigen« Personen für nichtig. Im Juni 1935 waren an die 500 000 Menschen in den Mitgliedsverzeichnissen der jüdischen Gemeinden Deutschlands geführt; schätzungsweise 35 000 von diesen lebten in Mischehen.[51]

Bis ins Jahr 1941 hinein, als die Emigration von Juden per Gesetz gestoppt wurde, war die Zahl der in Mischehe lebenden Juden, die Deutschland verließen, prozentual gesehen etwas geringer als die der jüdischen Auswanderer im allgemeinen. Zwei Drittel bis drei Viertel der gemischtrassigen Paare, die vor der Machtübernahme der Nazis in Deutschland lebten, wurden von einem jüdischen Mann und einer nicht-jüdischen Frau gebildet.[52] Die Männer waren beweglicher als die Frauen.

Auch nachdem Hitler an die Macht gekommen war, setzten sich die meisten jüdisch-deutschen Ehepaare aus deutschen Frauen und jüdischen Männern zusammen.[53] Als Verfolgung und gegen sie gerichtete Propaganda immer heftiger wurden, hatten die Juden einen weiteren Grund dazu, Zuflucht in einer Mischehe zu suchen. Gleichzeitig jedoch erließ der Staat neue Bestimmungen, um Deutsche davon abzuhalten, sich mit Juden zu verbinden. Viele dieser frühen Erlasse, die unmittelbar auf in Mischehe lebende Deutsche zielten, schränkten deren beruflichen Möglichkeiten ein, und von diesen Sanktionen waren die Männer härter betroffen als die Frauen. Bereits im Juni 1933 begann man innerhalb des öffentlichen Dienstes, Juden zu diskriminieren, und Industrieunternehmen und Berufsorganisationen folgten bald dem Vorbild des Staates, indem sie entweder Deutsche, die mit Juden verheiratet waren, nicht mehr einstellten oder sie von Beförderungen ausschlossen. So sahen sich einige mit Jüdinnen verheiratete deutsche Männer mit gravierenden beruflichen Restriktionen konfrontiert, während andere – selbständige Unternehmer oder solche, die für Privatfirmen arbeiteten, die sich vom Staat nicht beeinflussen ließen – weit weniger davon berührt wurden und eher geneigt waren, in Deutschland zu bleiben als jene, die ihre Stelle verloren. Der drohende Verlust der Arbeitsstelle und der Ausschluß von Beförderungen traf Männer viel stärker als Frauen. Auch deswegen, weil jüdische Männer, die eine Mischehe eingingen, für gewöhnlich der Mittelklasse angehörten und die ganze Wucht der staatlichen und privaten Erlasse zu spüren bekamen, die die Einstellung von Juden untersagten oder sogar ihre Kündigung forderten. Nicht-jüdische Männer mit jüdischen Ehefrauen ließen sich durch den drohenden Einkommensverlust etwas weniger stark unter Druck setzen oder zur Emigration treiben.

Nach der Machtergreifung Hitlers heirateten also nicht mehr ganz so viele Deutsche Juden, obwohl dies zunächst immer noch möglich war, und es waren mehr deutsche Männer als deutsche Frauen, die sich unter dem Naziregime von ihren Partnern scheiden ließen.[54] Weil die große Mehrheit der Deutschen, die sich einen jüdischen Ehepartner gewählt hatten, Frauen waren, und weil diese Frauen »jüdischen Haushalten« angehörten – das heißt mit Männern verheiratet waren, die dem ganzen Spektrum antisemitischer Verfolgung ausgesetzt waren –, ist die Geschichte des Widerstands in Mischehe lebender Deutscher gegen das Regime – wenn auch nicht ausschließlich, so doch weitgehend – die Geschichte deutscher Frauen, die mit jüdischen Männern verheiratet waren. »Wenn jemals das Lied von der deutschen Treue zu Recht gesungen wurde«, schrieb Ernst Bukofzer, ein jüdischer Rechtsanwalt, der nur dank seiner Frau die Nazi-Zeit überlebte, »dann mit Bezug auf die nicht-jüdischen Frauen jüdischer Männer.«[55]

Die Nürnberger Gesetze, die alle weiteren Eheschließungen zwischen Juden und Deutschen verboten, hatten kurz vor einer Nichtigkeitserklärung existierender Mischehen haltgemacht – und dies war aus Achtung vor der religiösen und gesellschaftlichen Institution der Ehe, die als geheiligt und unverletzbar galt, geschehen. So gab es 1939 im Gebiet des Deutschen Reichs und des Protektorats Böhmen und Mähren noch ungefähr 30 000 jüdisch-deutsche Paare. Beinahe jeder zehnte Jude lebte mit einem nicht-jüdischen Ehepartner zusammen.[56] Ende Dezember 1942 gab es noch 27 744 Juden, die mit Deutschen verheiratet waren[57], und Mitte des Jahres 1943 waren solche Juden die einzigen offiziell erfaßten Juden, die noch in Deutschland lebten. Im September 1944 waren in Deutschland noch 13 217 Juden registriert, 12 987 von diesen lebten in einer Mischehe.[58] Nahezu alle – wenn nicht sogar alle – dieser Juden kamen mit dem Leben davon.[59] An die 98 Prozent aller offiziell registrierten »Volljuden«, die das Naziregime überlebten, taten dies in einer Mischehe (und man kann davon ausgehen, daß Juden, die einen deutschen Ehepartner hatten, eher als andere einer offiziellen Erfassung überhaupt entgangen waren[60]).

Die Existenz dieser Juden lief der Ideologie der Nazis mehr zuwider und störte sie bei ihrer Machtausübung stärker als die aller anderen. Für die Nationalsozialisten waren sie als »Volljuden« Menschen, die es zu vernichten galt (nach den Nürnberger Gesetzen galten als »Volljuden« alle, die entweder drei oder vier jüdische Großeltern hatten). Den neuen deutschen Gesetzen nach galt sexueller Verkehr zwischen Juden und Nicht-Juden als »Rassenschande«, als Verbrechen, das strafrechtlich verfolgt wurde. Dennoch lebten »gemischtrassige« Paare ganz offen in einer Ehe miteinander. Die Nationalsozialisten behaupteten, Juden seien so minderwertig, daß man es ihnen nicht gestatten könne, unter Deutschen zu leben. Deutsche, die mit Juden verheiratet waren, brachten jedoch tagtäglich in aller Öffentlichkeit die größten Opfer für ihre Ehepartner, und dies war ein offener Dissens, der dem Mythos, daß alle Deutschen geschlossen hinter dem Regime ständen, Schaden zufügte. Die mangelnde Kooperation dieser Menschen bedrohte die gesellschaftliche und politische Einheit der Nation. Außerdem waren die führenden Männer des Regimes – vor allem in den letzten Kriegs-

21

jahren – darum bemüht, die Geburtenrate in den Kreisen der »deutsch-blütigen« Bevölkerung ansteigen zu lassen.[61]

Die Radikalsten unter den Nazis vertraten die Ansicht, daß eine deutsche Frau, die auch nur ein einziges Mal mit einem Juden Geschlechtsverkehr gehabt hatte, sich infiziert habe und nicht mehr in der Lage sei, ein rassisch »reines« Kind zu gebären.[62] Anstatt Kinder hervorzubringen, die von Wert für das Großdeutsche Reich waren, setzten solche Frauen Bastarde in die Welt, Mischlinge eben, in denen sich das Blut der Angehörigen der Herrenrasse auf fragwürdige Weise mit dem von Juden verband. Einige Nazis waren überzeugt, die spezifische Zusammensetzung des Bluts von Mischlingen bewirke, daß diese in besonderem Maße gefährlich und politisch unzuverlässig seien, andere hingegen vertraten die Ansicht, daß die wertvolle Hälfte ihres Blutes, der Anteil, der von der Herrenrasse stammte, ihnen das Recht verleihe, Seite an Seite mit den rassisch reinen Deutschen zu leben. So wirkten sich Mischehen sogar auf Entscheidungsprozesse des Staates aus und lösten zahlreiche ermüdende Debatten und Diskussionen aus, die dem erwünschten mechanischen Gehorsam des gesamten deutschen Volks abträglich waren.[63]

Die Logik der »rassischen Säuberung« hätte es eigentlich verlangt, daß man die mit Deutschen verheirateten Juden als erste isoliert und aus Deutschland vertrieben hätte, und tatsächlich hatte sich das Regime sofort nach seiner Machtübernahme darum bemüht, sie von ihren deutschen Angehörigen zu trennen. Bereits im Juni 1933 hatten die neuen Machthaber mit einem Gesetz, das von Bewerbern für den öffentlichen Dienst verlangte, die Zugehörigkeit ihrer Ehepartner zur arischen Rasse nachzuweisen, den ersten Schritt unternommen, um Deutsche, die Juden geheiratet hatten, dazu zu bewegen, die Scheidung einzureichen und ihre jüdischen Familienangehörigen zu verlassen.[64] Eine stetig anwachsende Zahl von Gesetzen und Bestimmungen schränkte in der Folge die Rechte der ehelich mit Juden verbundenen Deutschen ein und beschnitt ihre Chancen. Das Regime ging von umfassenden propagandistischen Maßnahmen dazu über, gesellschaftlichen und ökonomischen Druck auszuüben, indem es das Weiterkommen im Beruf verhinderte, Restriktionen verhängte, die Betroffenen mit Verfolgung durch die Polizei und willkürlichen Verhaftungen bedrohte. Vor allem als die Deportationen begannen, litten diese Deutschen darunter, daß das Schicksal ihrer jüdischen Angehörigen völlig ungewiß war. Vom April 1939 an verlangte man von jüdischen Frauen, die keine christlich getauften Kinder hatten, in Häuser umzuziehen, die ausschließlich von Juden bewohnt waren – womit man ihnen und ihren

Angehörigen signalisierte, daß ihr Schicksal auf Messers Schneide stand. Einige jüdisch-deutsche Paare glaubten, daß man sie verhungern lassen wolle: Haushalte mit jüdischen Mitgliedern empfingen Lebensmittel-rationen, die gegenüber den ohnehin schon sehr mageren, die deut-schen Familien erhielten, noch weiter reduziert waren. Dieser vielfältige Druck und die Ungewißheit waren vielleicht verantwortlich dafür, daß die Rate von Scheidungen jüdisch-deutscher Paare während der ersten Jahre des Dritten Reichs anstieg.[65] Ein bestimmter Prozentsatz von Ehescheidungen war natürlich die Norm, und einige Paare mögen sich aus den üblichen Gründen heraus getrennt haben und nicht des-wegen, weil ihr Partner einer Rasse angehörte, die vom Regime ver-folgt wurde. Die überwältigende Mehrheit der mit Juden verheirate-ten deutschen Frauen ließ sich jedoch nicht scheiden.[66]

Zumindest von 1933 an betrachteten die Nazis die Juden, die in Mischehe lebten, und die aus solchen Verbindungen hervorgegange-nen »Mischlinge« als ihre »sicheren Opfer«.[67] 1942 jedoch bezeichnete Goebbels das Problem dieser Juden und ihrer »Mischlings«-Kinder als eine extrem »delikate« Angelegenheit.[68] Er bezog sich dabei auf die viel-schichtigen Probleme, die es bereiten würde, solche Menschen aus dem politischen und sozialen Gefüge Deutschlands zu entfernen, sie von ihren Familien zu trennen, ohne die Öffentlichkeit gegen sich auf-zubringen. Was heikle Fragen anbelangte, betrachtete der »kleine Dok-tor« sich als den zuständigen Experten, denn sie wurden häufig besser mit Hilfe der Propaganda, mit Drohungen oder Verheißungen, die »freiwillige« Zustimmung herbeiführten, gelöst als mit den plumperen Mitteln des Gesetzes oder mit Gewalt. Wie Hitler sah auch Goebbels das Problem der öffentlichen Stimmung als ein »psychologisches« an – das heißt, es ließ sich bewältigen, indem man die Bevölkerung durch »ausgefeilte« Propagandamethoden dazu brachte, die offiziellen politi-schen Maßnahmen gutzuheißen.[69] In Mischehe lebende Deutsche be-saßen jedoch persönliche, ganz alltägliche Erfahrungen mit Juden, und die meisten von ihnen ließen sich nicht so leicht von der durch die Propaganda betriebene Verteufelung aller Angehörigen dieser Rasse hinters Licht führen. Gegen Ende des Krieges klagte Himmler dar-über, daß die Deutschen durch die vielen ehelichen Verbindungen mit Juden Gefühle für diese entwickelt hätten.[70]

1

Hitlers Machttheorie

Das Regime forderte zur Isolierung der Juden von der Gesellschaft auf, aber nur das deutsche Volk konnte eine solche Ausgrenzung bewerkstelligen. Der Holocaust baute auf früheren Phasen von antisemitischen Maßnahmen auf, die nur dank allgemeiner Einwilligung und breiter Unterstützung durchgeführt werden konnten. Die Rassenideologie der Nazis hätte nicht notwendigerweise einen Genozid zur Folge haben müssen, aber die Kooperation des Volkes bei der rassischen Identifikation, seine bereitwillige Teilnahme an Denunziationen und Enteignungen, ermunterte das Regime dazu, weitere, radikalere Maßnahmen zu ergreifen. Deutsche Juden, deren nicht-jüdische Ehepartner starben oder sich scheiden ließen, wurden zusammen mit den übrigen Juden in Vernichtungslager deportiert. Deutsche Juden jedoch, die das Regime nicht gesellschaftlich zu isolieren vermochte, überlebten im allgemeinen.

Mit Juden verheiratete Deutsche retteten ihre Partner durch Verweigerung und Protest, Mittel der Verteidigung, die angesichts des nazistischen Terrors nur wenig wirksam erschienen. Im Einklang mit einer generelleren Politik setzte das Regime aber keine physische Gewalt ein, um in Mischehe lebende Deutsche zu reglementieren oder zu bestrafen. Warum war dies so?

Sowohl die Machttheorie, der die nationalsozialistische Führungsspitze anhing, als auch ihre Erklärung der deutschen Niederlage im Ersten Weltkrieg sind grundlegend für das Verständnis der Angst, die das Regime in diesem speziellen Fall vor Verweigerung und öffentlichem Protest hatte.

Die Rolle, die simplem Terror dabei zukam, daß es den Nazis gelang, eine solch umfassende Zustimmung beim Volk zu erlangen und auf so geringen Widerstand zu stoßen, ist, wie Robert Gellately in seiner bahnbrechenden Untersuchung nachgewiesen hat, überbewertet worden.[1] Gellately hat aufgezeigt, daß das Regime auf die alltägliche Kooperation des Volkes angewiesen war, um seine Rassenpolitik durchsetzen zu können. Polizeiterror, Gestapo, Vernichtungslager bildeten immer den Hintergrund des Dritten Reichs, aber die Herrschenden bemühten sich auch um eine umfassende, nicht auf Zwang beruhende Unterstützung durch die Masse (und erhielten diese auch), um ihre ehrgeizigen Ziele am besten verwirklichen zu können. Brutalität und Unterdrückung steigerten sogar noch Hitlers Popularität, wenn sie »Ruhe und Ordnung« zu verheißen schienen.[2] Man sollte Hitlers Herrschaft über das deutsche Volk nicht mit einer solchen Ausschließlichkeit auf Zwangs- und Terrormaßnahmen zurückführen; dann würde man auch nicht sagen dürfen, daß die Diktatur jede Art von Opposition mit Gewalt unterdrückt hätte.

Die Nationalsozialistische Partei erkannte, daß im Zeitalter der Massen keine Regierung lange ohne die Zustimmung breitester Schichten, ob erzwungen oder freiwillig,[3] überleben würde. Sehr selten, wenn überhaupt einmal, stellten die Nationalsozialisten die Vorstellung in Frage, daß alle Macht sich von der bewußten Einwilligung aller rassisch »reinen« Volksangehörigen ableitete. In *Mein Kampf* erklärte Hitler, daß Unterstützung durch das Volk die Hauptgrundlage politischer Macht sei. Die erste Grundlage für die Schaffung von Autorität sei immer Popularität. Wenn sie sich diese Unterstützung verschafft hat, muß die politische Führung Gewalt einsetzen, die zweite Grundlage aller Autorität, um ihre Macht zu festigen. Politische Macht, die sich durch allgemeinen Rückhalt beim Volk etabliert hat und mit Hilfe von Gewalt stabilisiert worden ist, hätte aber keinen Bestand, wenn sie nicht durch soziale Traditionen gestützt würde, jenen letzten Grundstein der Macht. Eine auf Rückhalt beim Volk gründende Autorität, die durch Polizeigewalt gefestigt und mit volkstümlichen Traditionen in Einklang gebracht woden ist, könne als unerschütterlich angesehen werden, schreibt Hitler.[4] Für das Tausendjährige Reich, das Hitler ins Auge gefaßt hatte, ließen sich die gesellschaftlichen Traditionen aber weder durch politische Manipulationen noch durch Gewalt schnell genug ändern; man könne nicht so einfach die Texte für eine neue Staatsverfassung aus dem Briefkasten holen und sie per Befehl einführen.[5] Die entscheidende Aufgabe bestand daher darin, sich der bewußten Zustimmung des Volkes zu versichern. Die Bewegung müsse deshalb ihren Kampf vollständig darauf richten, die breiten Massen zu gewinnen, schrieb Hitler Mitte der zwanziger Jahre: »Ganz gleich also, von welchem Gesichtspunkte aus man die Möglichkeit der Wiedererringung unserer staatlichen und völkischen Unabhängigkeit prüft, ob von dem der außenpolitischen Vorbereitung, dem der technischen Rüstung oder dem des Kampfes selber, immer bleibt als Voraussetzung zu allem die vorherige Gewinnung der breiten Masse unseres Volkes für den Gedanken unserer nationalen Selbständigkeit übrig.«[6]

In *Mein Kampf* wurde noch kein programmatischer Plan für die Verwirklichung des Dritten Reichs entwickelt, Hitlers Theorie der Macht, die darin auch zum ideologischen Kern der Partei wurde, war aber damals schon die gleiche wie später. In der Erklärung vom April 1920, mit der die fünfundzwanzig Hauptpunkte des Parteiprogramms vorgestellt wurden, wurde eine direkte Beziehung zwischen Unterstützung durch die Massen und politischem Erfolg impliziert und darauf verwiesen, daß der Fortbestand der Partei davon abhing, ob sie den Willen des Volkes ausführte. Sie hätten schon 1919 erkannt, daß »die neue Bewegung als oberstes Ziel zunächst die Nationalisierung der Massen« durchzusetzen hatte, formulierte Hitler.[7] In den Jahren vor der Machtergreifung blieb die Parteiführung darum bemüht, auf legale Weise, das heißt durch Wahlen an die Macht zu kommen. Außenseiter versuchten, die Partei zu einem neuen Staatsstreich zu provozieren, und die SA, die Sturmtruppe der NSDAP, brannte geradezu drauf, einen solchen durchzuführen. Hitler zügelte die SA jedoch. Für die Parteiführung stellte der legale Kampf um die Stimmen der Wähler nicht nur das einzig adäquate Mittel dar, um an die Hebel der Macht zu gelangen, sondern auch um sich die breite Unterstützung zu verschaffen, auf die die Partei in jedem Fall angewiesen sein würde.[8] Auch nachdem er die Herrschaft übernommen hatte, revidierten Hitler und die Partei ihre grundlegende Theorie der Macht nicht. Hitler setzte seine Bemühungen um eine allgemeine Zustimmung zu seiner Politik auch fort, nachdem die Partei eine Allianz mit den konservativen Eliten geschlossen hatte, und auch noch, als diese Allianz dann zugunsten des autoritären Führerstaates aufgelöst wurde. In öffentlichen Reden sprach Hitler ganz klar aus, daß er auf das Volk setzte, vor allem als sich gegen Ende der dreißiger Jahre der Ausbruch des Krieges abzeichnete[9] und er es nicht zulassen konnte, daß ein Bild von ihm als Führer entstand, das zu wenig den Wünschen der Bevölkerung entsprach.[10] Er selbst und Goebbels waren der Meinung, daß für den Krieg die anhaltende Unterstützung durch die Bevölkerung von zumindest ebenso großer Bedeutung sei wie das Kaliber der Kanonen.[11] Alfred Rosenberg, der rassistische Hauptideologe der Partei, dessen Aufgabe es seit 1941 war, die besetzten Ostgebiete zu verwalten, äußerte sich Mitte des Jahres 1943 dahingehend, daß die Völker des Baltikums durch gute Behandlung und dadurch, daß man ihnen einen rassischen Status zuerkannte, der dem der Deutschen nahezu gleichkäme, für sich gewinnen müsse. Goebbels bedauerte die Art und Weise, wie die Wehrmacht, als sie 1941 den Rußlandfeldzug begonnen hatte, die Gelegenheit verschenkt hatte, als Befreiungsmacht willkommen geheißen zu werden, und kam zu dem Schluß, daß das Regime die Russen und besonders die Ukrainer zu hart angepackt hätte, und fügte noch hinzu, daß man mit ihnen schon einiges hätte anfangen können, wenn man sie nur richtig behandelt hätte.[12] Hitler teilte diese pragmatische Einschätzung. Mitte des Jahres 1943, nachdem er schon zehn Jahre als skrupelloser Diktator regiert und einen barbarischen Krieg entfesselt hatte, wiederholte er seine Theorie, daß man nur mit Gewalt allein nicht regieren könne. Und mit Blick auf das Problem der deutschen Herrschaft in den eroberten Ostgebieten fügte er hinzu, Gewalt sei entscheidend, aber es sei ebenso wichtig, dieses psychologische Etwas zu besitzen, das ein Dompteur braucht, um der Herr seiner Bestie zu sein. Sie müßten einfach überzeugt sein, »daß wir die Sieger sind«.[13]

Der nationalsozialistischen Theorie zufolge war Terror ein Mittel, die Randgruppen zu kontrollieren, nachdem die Mehrheit gefügig gemacht worden war. In der Praxis profitierte der Nationalsozialismus weit mehr von Deutschen, die freiwillig kooperierten, als von jenen, die lieber kooperierten, als sich foltern oder ins KZ schicken zu lassen. Es gab kein offizielles Gesetz, das von den Deutschen verlangte, Juden zu denunzieren, doch sogar die gefürchtete Geheimpolizei konnte sich auf die Mitwirkung unbezahlter Denunzianten verlassen, gewöhnlicher Bürger, die sich auf die Seite der Polizei stellten, ohne dazu gezwungen zu sein. Die Durchsetzung der Rassenpolitik erforderte die Kooperation bzw. Kollaboration der normalen Bürger.[14] Denunziationen, die aus der Bevölkerung kamen, waren für die Gestapo wohl nützlicher als die Nachforschungen der Spione, die das Regime einsetzte.[15]

Um Anpassung zu erreichen, wurde weiterhin öfter Druck ökonomischer und sozialer Art ausgeübt, als mit Todes- oder Gefängnisstrafe gedroht. Es stimmt zwar, daß das Regime seine Herrschaft nicht nur durch Terrormaßnahmen aufrechterhielt, sondern auch durch »die Atmosphäre von Terror«, die durch die (tatsächlichen) drakonischen, willkürlichen Terrorakte ausgelöst wurde. Sogar Freunde glaubten, »daß sie einander verraten müßten, um zu überleben«.[16] Und auch der Wunsch, »brav« zu sein und nicht aus der Masse herauszuragen, verbarg sich hinter der Bereitschaft der Bevölkerung, sich selbst zu reglementieren. Aus »gutnachbarschaftlicher Freundlichkeit« heraus warnte man seine Bekannten davor, als Nonkonformisten auffällig zu werden. Die Partei selbst brauchte nicht dazu aufzufordern, die Hakenkreuzfahne zu hissen, die Parteizeitung zu beziehen oder den Arm zum unterwürfigen Hitlergruß zu erheben – ganz gewöhnliche Bürger besorgten dies alles für die Partei; sie »gaben anderen zu verstehen, was man zu tun hatte«.[17]

Viele Deutsche gingen bei ihrer Unterstützung der Herrschenden noch weit über das hinaus, was die Sorge um ihre berufliche Laufbahn oder um das nackte Überleben von ihnen verlangte. Im September 1935 untersagte das Regime sexuelle Kontakte zwischen Deutschen und Juden, im Oktober 1941 verbot es auch alle »freundschaftlichen Beziehungen«. Die Bevökerung hatte jedoch sowohl das eine wie das andere »Fehlverhalten« schon lange vor der Verabschiedung der entsprechenden Gesetze bei der Polizei angezeigt.[18] Im Juli 1935 gab es noch kein Gesetz, das dazu verpflichtete, jüdisch-deutsche Paare, die offensichtlich sexuell miteinander verkehrten, zu melden, aber die Polizei berichtete von zahlreichen Denunziationen, seit die Öffentlichkeit von der Parteipresse aufgeklärt worden sei und nun besonders wachsame Blicke auf Juden werfen würde, die sich mit blonden Mädchen abgeben.[19] Im Jahr 1938 sprach sich Reinhard Heydrich, der spätere Vollstrecker der »Endlösung«, erfolgreich dagegen aus, innerhalb Deutschlands jüdische Ghettos einzurichten, weil die Kontrolle der Juden durch das wachsame Auge der ganzen Bevölkerung besser sei als deren Zusammenschluß in einen Distrikt, dessen tägliche Kontrolle durch uniformierte Wachmannschaften nicht entsprechend möglich sei.[20] Als das Regime im Oktober 1940 (mehr als ein Jahr vor dem Beginn der Massendeportationen) versuchsweise deutsche Juden deportierte, ließ Heydrich deren Nachbarn aufmerksam beobachten. Die wichtigste Mitteilung, die in seinem knappen, nur aus zwei Absätzen bestehenden Bericht über die Deportation enthalten war, war, daß die Menschen, in deren Mitte die Juden gelebt hatten, kaum etwas von ihr mitbekommen hatten.[21] Sicherlich waren die Angehörigen des Regimes weit antisemitischer eingestellt und auch aggressiver und haßerfüllter als die Deutschen im allgemeinen. Bis zu einem gewissen Grad nahmen die Machthaber aber zu Recht für sich in Anspruch, die legitimen und wahren Vertreter der »rassisch« reinen Untertanen zu sein. Als das Prestige des Führers wuchs und sich durch jeden seiner großen Erfolge noch steigerte, wuchs auch die Zuversichtlichkeit des Regimes, daß, bei so breiter Unterstützung, die Öffentlichkeit auch seine antijüdischen Maßnahmen gutheißen oder ihnen zumindest keinen Widerstand entgegensetzen würde.

Auch die Propaganda der Nazis gab zu wissen, daß das Regime es vorzog, die Mehrheit der Deutschen zu bekehren, und Gewalt nur gegen Randgruppen einzusetzen, die als kriminell eingestuft werden konnten. Goebbels war dafür verantwortlich, die Bevölkerung auf die Seite des Regimes zu bringen, und Gewalt konnte – um mit Hitler zu sprechen – nur dazu dienen, diese Zustimmung zu »festigen«. Das Regime achtete sorgsam darauf, daß jeder, der in ein Konzentrationslager gesteckt wurde, zum Volksfeind abgestempelt wurde; Goebbels hörte aber damit auf, solche Beschuldigungen zu propagandistischen Zwekken einzusetzen, als man keine Einhelligkeit bei der Bevölkerung erzielte.[22] Bei der ersten Pressekonferenz, die er in seiner Eigenschaft als Reichspropagandaminister gegeben hatte, hatte er ein hochgestecktes Ziel bekanntgegeben: Die Regierung sei mit 52 Prozent des Volkes auf seiner Seite und mit 48 Prozent, die terrorisiert würden, ganz und gar nicht zufrieden. Ihre unmittelbarste Aufgabe bestünde darüber, auch diese verbliebenen 48 Prozent für sich zu gewinnen.[23] Erfolgreiche Propaganda verwandelte normale Personen in Fanatiker, und Hitler zufolge machte ein starker Glauben einen Menschen zu einem starken Kämpfer, und so war eine Person, die fanatisch an eine Lüge glaubte, stärker als jemand, der sich ohne große Emotionen an der Wahrheit festklammerte.[24]

Im Laufe der Zeit stellte das Regime sich jedoch auf die Banalitäten des alltäglichen Lebens ein und gab sich mit der Zustimmung von seiten der großen Mehrheit anstelle einer fanatischen Unterstützung durch jeden einzelnen zufrieden.[25] Obwohl die Nationalsozialisten die Parole ausgaben, daß das »Gemeinwohl« Vorrang vor dem Wohl des einzelnen habe, ließen sich die Deutschen nicht in eine Gemeinschaft selbstloser Menschen verwandeln.[26] Soziale Praktiken schränkten die Handlungsfreiheit der Diktatur ein. Weil die Deutschen die Normen der Nazis nicht vollständig verinnerlichten, war die Führung gezwungen, »sich mit einer äußerlichen Einwilligung zu begnügen«.[27] Das Regime und die Bevölkerung stellten fest, daß sie miteinander auskommen konnten, wenn das Regime die Grundbedürfnisse der Menschen – materieller wie auch anderer Art – erfüllte.[28] Und wenn die Menschen ohne zu klagen das taten, was von ihnen verlangt wurde, konnte das Regime mit seiner Politik weitermachen – ein Zeichen dafür, daß auch Passivität eine Form der Mittäterschaft war.

Soziale Unruhen und Ungehorsam aber versuchte das Regime ebenso zu vermeiden wie eine militärische Niederlage. Sowohl Goebbels als auch Hitler schätzten Ungehorsam auf breiter Basis als eine Kraft ein, die eine Regierung durchaus zum Sturz bringen konnte. Goebbels schrieb 1940, es gebe Beispiele dafür, daß öffentlicher Unmut eine Regierung ins Unglück stürzen könnte, was schließlich zur Zerstörung des Staates führen würde.[29] Hitler ging so weit, zu behaupten, daß ein Nationalsozialist sogar die Pflicht habe, einer Autorität den Gehorsam zu verweigern, wenn sich diese der Macht unwürdig erweise[30] (eine Einsicht, die leider auf seine Untertanen keinen Eindruck machte). Hitler sorgte sich, daß die Gewerkschaften eine Zustimmung zu den Forderungen der Arbeiter durch wiederholte Streiks erzwingen könnten, und meinte, daß jede Art von »wirtschaftlicher Konzession« an die Arbeiterklasse sich für das Regime mehr als auszahlen würde, wenn dieses damit die breite Masse für sich gewänne.[31]

Hitlers Deutung der Revolution von 1918 und von Deutschlands Niederlage im Ersten Weltkrieg waren ausschlaggebend für seine Furcht vor Zustimmungsverweigerung und Protest von seiten der Masse. Besondere Sorge bereitete ihm die Arbeiterschaft. Er war der Meinung, daß vor allem die Arbeiter 1918 die Unruhen an der Heimatfront ausgelöst und getragen und der deutschen Armee den berühmten »Dolchstoß« in den Rücken versetzt hätten.[32] Diese Interpretation der Revolution und der Unruhen liefert den Schlüssel zu Hitlers Denken und den sich daraus ableitenden Aktionen.[33] Die Theorie, die die ganze Partei bezüglich politischer Macht hatte, ergibt sich auf ganz logische Weise aus dieser Interpretation – ebenso wie sich aus ihr auch Hitlers Bemühen erklärt, die Interessen des Volkes zu vertreten und durchzusetzen (das heißt vor allem die der Arbeiter, natürlich nicht aber die der Juden).[34] Hitler war überzeugt, daß der Kampfeswille darüber entschied, wer den Krieg gewinnen würde, und seine schicksalhafte Entscheidung, die Sechste Armee nicht aus der Schlacht um Stalingrad abzuziehen, wurde von seiner Scheu vor dem Schaden beeinflußt, den ein solcher Rückzug der Moral der Zivilbevölkerung zufügen könnte.[35]

Goebbels glaubte ebenfalls, daß Deutschland den Ersten Weltkrieg verloren hatte, weil den Menschen der Wille zu kämpfen abhanden gekommen sei.[36] Er fürchtete Streiks so sehr, daß er es vorzog, nicht über Arbeitskämpfe zu berichten, die sich in feindlichen Ländern zutrugen. Dies war angesichts seiner häufig sehr geschickten Ausschlachtung von allen Anzeichen für Unzufriedenheit der Bevölkerung in Ländern, die sich im Krieg mit Deutschland befanden, sehr ungewöhnlich.[37] Öffentliche Protestkundgebungen und Streiks zeigten, daß eine Opposition existierte, und waren ein unzweideutiges Mittel, diesen Widerstand zum Ausdruck zu bringen; sie konnten sich daher schnell ausweiten. Als sie sich noch in der Außenseiterrolle befunden hatte, hatte die NSDAP selbst von solchen von ihr herbeigeführten öffentlichen Unruhen profitiert. Hitler zufolge hatte die alte Elite sich entschieden, ihm das Angebot zu machen, als Reichskanzler eine Koalitionsregierung zu bilden, nachdem die Partei dadurch, daß sie ganz Berlin in äußerste

Aktivität versetzt hatte, bewiesen hatte, daß sie die Macht besaß, den Status quo zu ändern.[38]

Nachdem sie zur dominierenden Bewegung und zum Symbol der Macht geworden war, war die Partei sogar bereit dazu, von bestimmten Prinzipien abzuweichen und Kompromisse zu schließen, um soziale Unruhen zu vermeiden. Die Nazi-Führer sahen öffentliche Massenversammlungen als ein einzigartiges, äußerst wirksames Mittel der Politik an, das sie monopolisieren und bis zum letzten ausnutzen mußten. Da sie die Effektivität von solchen Massenveranstaltungen erkannt hatte, fürchteten aber Hitler und Goebbels auch kaum etwas so sehr wie einen Massenprotest von seiten der deutschen Bevölkerung. Man kann die Meinung vertreten, daß Hitler zuviel Vertrauen in die Macht einer geschlossen agierenden Bevölkerung setzte und daher auch übertriebene Furcht vor sozialen Unruhen hatte. Seine Auffassung von Macht hielt ihn jedoch davon ab, sich zu bestimmten Aktionen hinreißen zu lassen. Ein Massenprotest, der innerhalb eines jeden politischen Systems potentiell gewaltige Auswirkungen haben könnte[39], hätte Hitler mit besonderer Stärke getroffen.

Der Protest in der Rosenstraße brachte die Deportationsmaschinerie für kurze Zeit zum Stillstand; diese Bekundung von Widerstand hebt sich leuchtend vom dominierenden Verhaltensmuster der stillschweigenden Willfährigkeit ab. Diese war zu einem großen Teil auf Passivität oder gesellschaftliche Anpassung zurückzuführen. Zu einem geringeren Teil wurde die Kooperation auch erzwungen. Die Erfahrung der deutschen Frauen, die in der Rosenstraße um ihre jüdische Männer kämpften, scheint zu zeigen, daß die Deutschen die Möglichkeiten, dem Regime den Gehorsam zu verweigern, nicht voll ausschöpften; wenn sie es getan hätten, dann hätte das vielleicht jenes Umschlagen einer ideologisch begründeten antijüdischen Haltung in einen Völkermord verzögert. Die in Mischehe lebenden Deutschen leisteten eine Art von Widerstand, der weit über das hinausging, was unter normalen Umständen erforderlich war. Aber viele Deutsche waren nicht nur weit davon entfernt, dem Regime überhaupt eine Art von Opposition entgegenzusetzen, sondern vermochten noch nicht einmal einer Kollaboration zu widerstehen, zumindest wenn eine solche Kollaboration ihren eigenen Interessen entgegenkam. Wie die Erforschung der Kollaboration von seiten der Bevölkerung kann auch die Geschichte der in Mischehe lebenden Deutschen dazu beitragen, jene Ansicht zu korrigieren, daß das Regime alles das, was es vom Volk wollte, mit Hilfe von Terror erzwang.

Die Geschichte des Widerstands und des Protests jüdisch–deutscher

Ehepaare liefert aufschlußreiche Beispiele für die gesellschaftlichen Zwänge, die auch die Diktatur einengten. Diese Paare ließen sich weder von der Gestapo noch von der Atmosphäre des Terrors in die Knie zwingen. Die einfachste und beharrlichste Art, dem Regime den Gehorsam zu verweigern, bestand in ihrer Weigerung, sich scheiden zu lassen, obwohl sie dadurch einem enormen gesellschaftlichen Druck und der Verfolgung durch die Polizei ausgesetzt waren. Von Juni 1933 an wurden Gesetze verabschiedet und Verordnungen erlassen, die ganz konkret gegen diese Menschen gerichtet waren und sie daran hinderten, einer Arbeit nachzugehen oder auf der Karriereleiter nach oben zu steigen. 1938 begann die Gestapo, mit Hilfe von Drohungen wie auch Versprechungen unterschiedlichster Art, unmittelbaren Druck auf jüdisch-deutsche Ehepaare auszuüben, um sie zur Scheidung zu veranlassen. Einem Berliner Juden kam es wie ein »Wunder« vor, daß Deutsche, die mit Juden verheiratet waren, mit stärkster Willenskraft den Versuchungen, Demütigungen und Drohungen widerstanden[40], mit denen die Gestapo sie bei ihrem Versuch, sie zur Einreichung der Scheidung zu veranlassen, geradezu überschüttete. Als Mitglieder »jüdischer Haushalte« litten deutsche Frauen, die mit jüdischen Männern verheiratet waren, in gewisser Weise mehr als die jüdischen Frauen, die mit deutschen Männern verheiratet waren und damit einem »arischen Haushalt« angehörten. Diese deutschen Frauen waren Diskriminierungen durch die Behörden ausgesetzt (sie bekamen zum Beispiel schlechtere Wohnungen zugewiesen), aber auch einer ständigen Belästigung durch die Polizei, die die Wohnungen und Häuser von Juden, die seit dem März 1942 per Gesetz durch einen Davidsstern gekennzeichnet sein mußten, der an einem Pfosten der Außentür angebracht war, immer wieder nach dem Zufallsprinzip durchsuchte.[41] Deutsche Männer mit jüdischen Ehefrauen wurden im April 1940 aus der Wehrmacht ausgestoßen, und vom Oktober 1944 an mußten in Mischehe lebende Frauen in besonderen Zwangsarbeitertrupps arbeiten, während die Männer zur Zwangsarbeit für die »Organisation Todt« des Rüstungsministeriums herangezogen wurden.[42]

Tragischerweise mußten die Deutschen, die mit Juden verheiratet waren, ihre Nachbarn im gleichen Maße fürchten wie die Polizei. Sie lernten es, das Leben von Außenseitern zu führen, und vermochten weder Hitler noch die militärischen Siege Deutschlands zu feiern. Furcht, die Furcht davor, in der großen Masse aufzufallen, oder die Furcht vor der Willkür der Gestapo veranlaßten die Eltern und Geschwister von Deutschen, die einen jüdischen Ehepartner gewählt hatten, dazu, sie aus dem Schoß der Familie auszustoßen. Ein Jude gab ganz offen zu, daß seine Frau, was die Schikanierung durch Nachbarn und andere betraf, mehr auszuhalten gehabt habe als er selbst.[43]

Solange sie jedoch verheiratet waren, konnten sie für gewöhnlich mit einem gemeinsamen Schicksal rechnen. Die Möglichkeiten, an Unterhaltungsveranstaltungen oder an gesellschaftlichen Ereignissen teilzunehmen, wurden immer geringer, als es Juden untersagt wurde, Konzertsäle, Theater, Kinos, Museen, Ausstellungsräume, Sportanlagen und Bäder aufzusuchen.[44] In einer Gesellschaft, die so großen Wert auf Ehe und Familie legte, war es sehr schwierig, einen Juden auszuschließen und weiterhin beruflichen oder gesellschaftlichen Kontakt mit seinem Ehepartner zu pflegen. Ein Universitätskollege eines mit einer Jüdin verheirateten Deutschen teilte diesem schriftlich mit, daß die besonderen Umstände, in denen er lebe, einen weiteren Umgang mit ihm nicht mehr möglich mache.[45] Für den nicht-jüdischen Ehepartner eines geächteten Juden war es aber noch schwieriger, die Mitgliedschaft in einer gesellschaftlichen Gruppierung wie einem Verein als den Kontakt zu seinen Berufskollegen aufrechtzuerhalten. Und im Deutschland der dreißiger Jahre wurde, hauptsächlich in Dörfern und Kleinstädten, »der gesellschaftliche Zusammenhang vor allem durch Vereine gestiftet«.[46]

Einer der ersten und folgenreichsten Schritte in Richtung auf totale Ausgrenzung und Deportation der Juden war die Forderung nach dem Rassenachweis. Die Deutschen hätten sich weigern können, die Fragebögen der Nazis bezüglich ihrer Rassenzugehörigkeit auszufüllen. Statt dessen aber erforschten sie ihre Stammbäume und bemühten sich eilfertig darum, den von Regime geforderten »Ariernachweis« zu erbringen. Die Kirchen, welche die für diese Ahnenforschung notwendigen Unterlagen hüteten, machten diese bereitwilligst zugänglich. Ganze Gemeinden machten sich gemeinsam an die Erforschung ihrer Abstammung – oft mehr aus Stolz darauf, *so deutsch* zu sein, als aus Angst davor, sich dem Regime zu verweigern.[47]

Schon 1933 wandten auch viele berufliche, gesellschaftliche und religiöse Gruppierungen den sogenannten »Arierparagraphen« des Gesetzes zur Wiederherstellung des Berufsbeamtentums an und schlossen Juden aus ihren Reihen aus; manchmal folgten sie sogar dem Beispiel der Regierung, indem sie auch mit Juden verheiratete Deutsche ausstießen oder diese diskriminierten.[48] Sogar die anfänglich viele Mitglieder zählende Deutsche Glaubensbewegung machte sich den Arierparagraphen zu eigen und schloß Juden aus. Am 17. Januar 1934 schrieb der Innenminister, daß das »sehr starke öffentliche Interesse« daran, den jüdischen Einfluß einzudämmen, dazu geführt habe, daß kulturelle Vereinigungen und vor allem auch private Berufsorganisationen den Arierparagraphen in großem Ausmaß zur Anwendung gebracht hätten.[49]

Eine solche Art von »freiwilliger vorauseilender Akzeptanz« des Regimes herrschte in der Tat vor.[50] Opportunismus war nur ein Motiv unter anderen, die der Zustimmung zugrunde lagen, aber Deutsche, die Juden denunzierten oder enteigneten, taten dies oft aus Eigeninteresse. Die Machthaber versuchten, neue soziale Normen zu schaffen und zu überwachen, zunächst einmal war es jedoch für sie leichter, das existierende soziale Verhalten zu kontrollieren, indem man seine eigenen Ziele mit ihm koordinierte. Gängigen Klischees zufolge waren die Deutschen damals willenlose Schafe, und unkritischer Gehorsam wird als das angesehen, was es den Nazis ermöglichte, ihren Aggressionen freien Lauf zu lassen und ihre Verbrechen zu begehen. Die Deutschen waren jedoch durchaus in der Lage, genauso wie jeder andere, ihre eigenen Interessen zu verfolgen.[51]

Die Diktatur versuchte, alle Wege, die zu Wohlstand, Status und sogar zu gesellschaftlichem Überleben führten, zu kontrollieren. Juden wurden davon ausgeschlossen, und die Regierung belohnte die, die dabei mithalfen, sie auszuschließen. Obwohl es keine Gesetze gab, die es verlangten, daß Gastwirtschaften und andere Betriebe Juden den Zutritt verweigerten, geschah dies in ganz Deutschland (in einigen Fällen auch, weil Unterorganisationen der Partei mit Boykott gedroht hatten).[52] Allerorten hängten Unternehmer Schilder auf, die ihre Betriebe als »arische« kennzeichneten. Im Anschluß an den offiziellen Boykott jüdischer Unternehmen im April 1933 zeigten sich deutsche Geschäftsleute in einem Maße bereit, diesen Boykott fortzusetzen, daß das Propaganda- und das Wirtschaftsministerium (aus wirtschaftlichen Gründen) versuchen mußten, sie zu zügeln. Sie ließen aber dennoch nicht davon ab, bis der Innenminister sie neun Monate später offiziell anwies, dies zu tun.[53]

Juden und deren deutsche Partner bei der Polizei zu denunzieren, war die gewöhnlichste Methode, mit der viele Deutsche den Rassismus der Nazis aktiv unterstützten und förderten. Tatsächlich kamen dem Regime solche Denunziationen bei der Durchsetzung seiner Rassenpolitik mehr entgegen als in anderen Bereichen. Die Nazis gaben sich nicht damit zufrieden, die Hebel der staatlichen Macht in der Hand zu halten, sondern drangen auch in traditionellerweise private Sphären vor und versuchten, gesellschaftliche Beziehungen fundamental neu zu gestalten. »Rassenhygiene« zu betreiben, erforderte, das ganz alltägliche Leben und die persönlichen Gewohnheiten der Menschen zu überwachen. Die Zahl der besoldeten Polizeibeamten und Agenten war vor allem angesichts der enormen Menge der neuerdings in Deutschland als Verbrechen eingestuften Aktivitäten nicht ausreichend. Das Regime vermochte zum Beispiel nie eine genügend große Truppe von Polizeispitzeln zusammenzubringen, die durch die Straßen patrouillierten und in die Schlafzimmer spähten, um alle die dingfest zu machen, die gegen das Verbot des Geschlechtsverkehrs zwischen Juden und Deutschen verstießen. Die Rassenpolitik konnte nur mit der Hilfe unbezahlter Schnüffler und Denunzianten durchgesetzt werden. Nahezu drei Fünftel der Gestapo-Akten im Raum Würzburg wurden angelegt, nachdem Hinweise von Informanten eingegangen waren, die ihre Anzeigen aus einem ganz Spektrum von Motiven heraus, das von »niederträchtig, selbstsüchtig und persönlich bis hin zu erhaben und »idealistisch«« reichte, erstattet hatten.[54]

In der Region von Frankfurt am Main machten sich die nazistischen Behörden Denunziationen zunutze, um auch in Mischehe lebende Juden der Vernichtung preiszugeben. Auf entsprechende Anzeigen hin wurden die Juden unter Berufung auf die sogenannten Schutzhaftverordnungen festgesetzt, als Kriminelle unter Anklage gestellt und dann nach Auschwitz geschickt oder in Arbeitslager gesteckt, wo sie ebenfalls umkamen. Ziel dieser Verhaftungen, die Anfang 1943 stattfanden, war es, wie bei einem Nachkriegsprozeß ermittelt wurde, im Rahmen der sogenannten »Endlösung« das Gebiet von Juden zu »säubern«.[55] Um ihren Tod als legal erscheinen zu lassen, wurde erst jeder dieser mit Deutschen verheirateten Juden als angeblicher Gesetzesbrecher abgeurteilt, bevor man ihn ermordete. Sogar zu diesem relativ späten Zeitpunkt hielten die deutschen Behörden es für notwendig, den Anschein zu erwecken, daß es sich um ein legales Vorgehen handele, da diese Juden ja Verwandte und Freunde unter den »Volksgenossen«, dem deutschen Volk, hatten.[56] Um die »Verfahren« einleiten zu können, war man aber darauf angewiesen, den Juden irgendeine unbedeutende Ordungswidrigkeit, die sie in ihrem Alltagsleben begangen hatten, nachzuweisen, und dafür wiederum war man nicht auf eine größere Zahl von uniformierten Polizisten angewiesen, sondern auf normale Bürger, die ihre jüdischen Nachbarn anschwärzten.

Oft lag solchen Denunziationen das Verlangen zugrunde, einen unliebsamen Konkurrenten auszuschalten oder sich fremden Besitz anzueignen; dies traf vor allem auf die alte Mittelklasse zu, die sich aus selbständigen Ladenbesitzern, Handwerkern, Kleinbauern und Freiberuflern zusammensetzte.[57] Es war nicht ungewöhnlich, daß die deutschen Angestellten eines Juden schon die Vorkehrungen trafen, das

Geschäft ihres Chefs zu übernehmen, während sie noch zusahen, wie dieses dem Ruin entgegentrieb. Um ihre eigene Sache voranzutreiben, scheuten sich Verkaufspersonal, Handwerker und Fabrikbesitzer auch überhaupt nicht, ihre Konkurrenten als »Nicht-Arier« zu denunzieren.[58] Unternehmer ließen gewöhnlich nicht locker, bis alle Juden entlassen waren (wiederum wurden sie in einigen Fällen von Unterorganisationen der Partei durch Einschüchterungen dazu gebracht, dies zu tun). Die Durchführung der sogenannten Arisierung hing davon ab, daß Deutsche bereit waren, jüdische Unternehmen zu einem Bruchteil des realen Marktwerts aufzukaufen. Deutschlands größte Bank, die Deutsche Bank A.G., assistierte dem Regime bei der Enteignung jüdischen Besitzes und auch beim Versuch, die wirtschaftliche Kontrolle über eroberte Territorien zu erlangen. Um rascher Karriere zu machen, traten Bankangestellte der Partei bei und drohten damit, alle anzuzeigen, die mit Juden sympathisierten.[59]

Die Diskriminierungen von Juden und mit Juden verheirateten Deutschen am Arbeitsplatz waren vor allem für die Männer bedrohlich, die öfter als Frauen den Lebensunterhalt für ihre Familien verdienten und demzufolge stärker um ihr berufliches Fortkommen bemüht waren. Tragischerweise ließen sich tatsächlich einige Männer, die sich mit der Alternative konfrontiert sahen, sich entweder von ihren Frauen zu trennen oder ihre Stelle zu verlieren, scheiden (eine Reihe von ihnen behauptete, daß ihnen keine andere Wahl bleibe, wenn sie weiterhin ihre Kinder ernähren wollten).[60] Frauen waren jedoch nicht über ein solches Verhalten erhaben, wie der Fall der Leiterin des Mutterschaftsschutzbundes zeigt, die sich von ihrem jüdischen Ehemann scheiden ließ, ihrer Karriere zuliebe – oder damit sich »einer strahlenden Zukunft im Dienst für die Mutterschaft nichts in den Weg stellte«.[61] In Anbetracht dessen, was sie zu erdulden hatten, ist es erstaunlich, daß sich nur eine kleine Minderheit von mit Juden verheirateten Deutschen scheiden ließ (jüngsten Berechnungen zufolge waren es lediglich 7 Prozent).[62]

Die Denunziationen erreichten ihren Höhepunkt im Jahr 1941, als sich am Horizont noch keinerlei Anzeichen für eine deutsche Niederlage abzeichneten. Hitler schien unbesiegbar zu sein. Die beispiellosen Erfolge des Regimes legitimierten dieses in den Augen des Volkes.[63] Vielen Deutschen kam es überhaupt nicht in den Sinn, daß man ihm die Zustimmung entziehen könnte. Was die Denunziationen betraf, so war es nicht die Rückbesinnung auf irgendwelche Ideale, sondern das schwindende Kriegsglück, das diese freiwillige Unterstützung des Nazismus verringerte.

Die Gestapo war keine vom Volk unabhängige Macht, sondern sie ging aus dem Volk hervor und stützte sich auf das Volk. Die Kooperation von seiten der Zivilbevölkerung ist ein frühes Beispiel für »Selbstgleichschaltung«. Die Machtergreifung der Nazis wurde einem ehemaligen Gestapo-Mitglied zufolge durch starken Druck von der Partei eingeleitet, aber sei dann vollständig »freiwillig und spontan« vollzogen worden.[64] Selten habe sich eine Nation so bereitwillig zur Aufgabe ihrer Rechte und Freiheiten entschlossen.[65] Hitler und die Partei wurden dadurch sehr ermutigt. Nur die gewaltige positive Zustimmung der Massen von unten war es, die den neuen »Gewalthabern frische Impulse« verlieh, ihre Tatkraft anstachelte und sie zu dem ultimativen Wagemut inspirierte, den sie brauchten.[66]

Das nazistische Regime baute auf Anpassung und Zustimmung von seiten der Bevölkerung auf und überführte seine Rassenideologie in Interaktion mit dieser Bevölkerung in einen Völkermord. Mit Hilfe von Denunziationen zerschnitt man die sozialen Bindungen zwischen Juden und Deutschen und war so in der Lage, die rassistische Politik durchzusetzen. Zwar konnte die Nazi-Führung nicht darauf vertrauen, daß die Öffentlichkeit den Genozid, zu dem sich später ihr Rassismus steigerte, akzeptieren würde, der grundsätzliche Rückhalt, den sie mit ihrer Rassenpolitik bei der Bevölkerung fand, ermutigte sie aber, die Schraube bis zum Punkt zur öffentlichen Enteignung und Vertreibung deutscher Juden anzuziehen – Maßnahmen, die die öffentliche Meinung nicht gegen sie aufbrachten. Die Rettung von Juden, die mit Deutschen verheiratet waren, legt die Vermutung nahe, daß sich die Ideologie des Regimes nie bis zum Extrem des Genozids entwickelt hätte, wenn das deutsche Volk nicht für das Regime die gesellschaftliche Isolation der Juden bewirkt hätte, die die Voraussetzung für Deportation und Massenvernichtung war.

Wenn das Regime mit Hilfe von Kollaboration überlebte und gedieh, dann stellt sich unwillkürlich die Frage, was geschehen wäre, wenn es nicht so äußerst selten auf Dissens und Widerstand gestoßen wäre. Wenn seine Geheimpolizei so sehr auf die Mitarbeit der Bevölkerung angewiesen war, bis zu welchem Grad hätte dann die Herrschaft des Regimes durch Nichtzustimmung und öffentlichen Protest in Frage gestellt werden können?

Der Historiker William Sheridan Allen berichtet, daß das Regime auch mit allen ihm verfügbaren Mitteln die Einwohner einer deutschen Kleinstadt nicht dazu bewegen konnte, auf den Kirchgang zu verzichten: »Gleichgültig, was der örtliche Parteileiter ihnen sagte, hörten die Northeimer nicht auf, in die Kirche zu gehen, weil sie das an Sonntagen immer getan hatten.«[67] Tatsächlich übte in Northeim das Verhalten der Bevölkerung Einfluß auf die Aktionen des Regimes aus – sogar wenn es um eine Sache von fundamentaler Bedeutung wie den Antisemitismus ging. Die Reaktionen auf das Pogrom in der sogenannten »Kristallnacht« waren in Northeim »so unverblümt negativ, daß es die letzte antisemitische Ausschreitung in der Stadt blieb«.[68] Die Einwohner der Stadt vermochten also nicht nur ihre Mißbilligung zum Ausdruck zu bringen, sondern diese Mißbilligung beeinflußte auch den Kurs des Regimes.

Um sich weiterhin der Billigung von seiten der Bevölkerung zu versichern, machte das Regime zahlreiche Konzessionen, denn Hitler meinte, daß kein soziales Opfer zu groß sei, um die Massen zu gewinnen.[69] Die Diktatur versuche, die Moral des Volkes im denkbar besten Zustand durch Konzessionen aufrechtzuerhalten, äußerte später der ehemalige Rüstungsminister Albert Speer.[70]

Wenn Gewalt und Polizeiterror beständig wirksam gewesen wären, hätte für die Nazis keine Notwendigkeit bestanden, ihre Ideale teilweise aufzugeben und Zugeständnisse zu machen. Als sie sich gegen Versuche von offizieller Seite, alle Kruzifixe aus den Schulen zu entfernen, erfolgreich zu Wehr gesetzt hatten, versicherten sich katholische Aktivisten im Hochgefühl ihres Sieges gegenseitig, daß jede antikatholische Aktion des Staates erfolglos bliebe, solange das katholische Volk zusammenstünde.[71] Sie gaben diese Erklärung im Jahr 1936 ab, doch der Protest in der Rosenstraße im Jahr 1943 – der keine katholische Aktion war – illustriert am besten, daß sie der Wahrheit entsprach.[72]

Eine Reihe von Autoren hat die Geschichte des Katholizismus in Deutschland untersucht, um seinen Einfluß auf die öffentliche Meinung aufzudecken,[73] während andere sich mit der deutschen Arbeiterklasse beschäftigt haben, um nachzuweisen, daß Hitlers Ansichten über gesellschaftliche Unruhen den Schlüssel zum Verständnis seiner politischen Entscheidungen liefern.[74] Die Menschen, die in der Rosenstraße protestierten, versammelten sich dort weder als Katholiken noch als Arbeiter; sie zeigten damit, daß eine Bedrohung der Moral der Bevölkerung nicht notwendigerweise von der katholischen Glaubensgemeinschaft oder der Arbeiterklasse ausgehen mußte, und daß diese Bedrohung gravierend genug war, um – für ein einziges Mal – die Regierung so unter Druck zu setzen, daß sie eine begrenzte Zahl von Juden wieder freiließ. Offener, gemeinschaftlicher Dissens von seiten deutscher Bürger war eine sehr gefährliche Kampfansage, die das offizielle Bild eines geschlossen hinter dem Regime stehenden Volks zerstörte und zeigte, daß es durchaus möglich war, eine andere Meinung zu haben. In Mischehe lebende Deutsche bewiesen, daß ein Protest aus den Kreisen der Bevölkerung auch nach 1941/42 noch Erfolg haben konnte, in einer Zeit, in der der allgemeine Glaube an einen deutschen Endsieg schwächer geworden und es zu einer »Beschleunigung von Gewalt und Terror« gekommen war.[75]

Waren die sehr wenigen Fälle von öffentlicher Opposition nur deswegen so erfolgreich, weil sie seltene Ausnahmen bildeten, weil sie Angriffe gegen das Regime darstellten, auf die dieses nicht mit Gewalt reagieren konnte, und weil sie nicht das Regime in seiner Gesamtheit in Frage stellten? Wenn es viele Beweise dafür gibt, daß Hitler immer dann zurücksteckte, wenn er öffentlichen Widerstand spürte,[76] dann können wir nicht wissen, wo das Regime haltgemacht hätte, wenn es öfter mit einem solchen Verhalten konfrontiert worden wäre.

Die Machthaber machten Zugeständnisse aus taktischen Erwägungen, das heißt dann, wenn sie sich ausrechnen konnten, daß die Unterstützung durch die Öffentlichkeit, die sie auf diese Weise aufrechterhalten konnten, wertvoller war als die unmittelbare Ausführung ihrer politischen Maßnahmen und die sofortige Realisierung ihrer Ziele. Die Nazi-Führer sahen die politische Strategie der Mobilisierung der Massen als eine spezifisch nationalsozialistische Form der Machtausübung an.[77] Das Regime wollte, daß die einzelnen ihre individuelle Identität zugunsten einer solchen aufgaben, die ganz auf den Führer und den Staat ausgerichtet war. Mit Hilfe der vereinigten Energien seiner Bürger würde der Staat zu etwas Großem werden. Jeder einzelne könnte dann wiederum auf den Staat stolz sein und sich eine neue ganz auf diesen hin orientierte Identität aufbauen.

Der Realisierung dieses Wunsches nach einem Volk, das in seiner Gesamtheit dem Staat willig diente, stellten sich jedoch Hindernisse in den Weg. In Deutschland gab es sowohl Institutionen als auch Traditionen. Jede Institution verfolgte bestimmte eigene Interessen, sie diente Zwecken und Zielen, die sich nicht immer mit den Interessen des Regimes deckten. Staatliche Macht, so schrieb Hitler, könne nur Recht und Ordnung garantieren, wenn die Gesetze mit der vorherrschenden Weltanschauung und Lebensweise im Einklang ständen.[78] Für Hitler bestand das Problem darin, daß das radikale Programm seiner Partei einschneidende gesellschaftliche Veränderungen notwendig machte, eine grundlegende Neuinterpretation des Wertes des menschlichen Lebens und der Gesellschaft, die sich kaum mit Hilfe von Polizeigewalt erreichen ließ. Grundwerte, die über Jahrhunderte hinweg anerkannt und immer wieder neu bestätigt worden waren, sollten jetzt anderen weichen. Wenn der Nazi-Staat die Gesellschaft dazu bringen könnte, seine Werte zu verinnerlichen, würde jede Art von asozialem Verhalten zu dem Verhalten eines Staatsfeindes werden. Eine eng zusammengeschmiedete Gemeinde würde jegliches asoziale Verhalten vermeiden, so daß der Staat von der Macht der sozialen Normen getragen werden würde. Propaganda würde hier wirksamer sein als Zwang. Doch auch die Nazi-Propaganda erzielte – sogar als das Regime auf dem Höhepunkt seiner Popularität stand – die besten Resultate, wenn sie schon existierende Normen und Werte weiter hervorhob, und vermochte die Gesellschaft nicht unverzüglich – wenn überhaupt – in eine Richtung zu lenken, die diese nicht ohnehin schon eingeschlagen hatte. Als es versuchte, die Nation rassistisch zu definieren, stieß das Regime auf den Widerstand von Partnern in einer altehrwürdigen sozialen Institution: der Ehe.[79]

Die Nazi-Führer waren der Ansicht, daß größere Ambitionen eine größere Unterstützung von seiten des Volkes erforderten, und ironischerweise waren es ihre ehrgeizigsten Pläne, die am stärksten den Sitten, Gewohnheiten und Traditionen des Volkes zuwiderliefen. Die grundlegende Ideologie der Nazis und ihre Politik liefen gesellschaftlichen Traditionen zuwider, die das Volk nicht aufgeben mochte. Das Regime mußte Vorhaben, von denen es wußte, daß die Bevölkerung sie verwerfen würde, vor dieser geheimhalten – wie zum Beispiel das Rassenhygiene-Programm, dessen Durchführung Scheidung, Kastration oder Sterilisation und Tötung verlangte. Die »Euthanasie« schied gesunde Deutsche von Kranken – die dann schnell zu Opfern wurden – und zerriß so auch Familien; sie löste Proteste aus, die das Rassenhygiene-Programm stark beschnitten. Die Einschüchterung von Dissidenten innerhalb eines diktatorischen Systems, das so umfassend akzeptiert wurde und so terroristisch war, verlor dann an Wirkung, wenn politische Maßnahmen unmittelbar das persönliche Leben der Bürger berührten.

Der Historiker Ian Kershaw kommt jedoch zu dem Schluß, daß Druck von seiten der Bevölkerung die generelle Regierungsfähigkeit der Nazis nie wirklich ernsthaft einschränkte. Hitlers Popularität war so groß, daß sie jeden Dissens neutralisierte – zumindest bis 1944/45, als er begann, wie ein Verlierer auszusehen, und die Eskalation des Terrors in Reaktion auf den schwindenden Rückhalt, den er beim Volk hatte, bewirkte, daß Widerstand nur noch von jenen geleistet wurde, die bereit waren, ihr Leben aufs Spiel zu setzen.[80] Überdies haben einige Historiker die These aufgestellt, daß Proteste gegen einen Einzelaspekt des Regimes dieses nur stabilisierten: Sie stellten gewissermaßen ein Ventil dar, mit dem Dampf abgelassen werden konnte, und sorgten dafür, daß sich der Unmut nicht bis zu einem solche Grad staute, daß er eine ernsthaftere Bedrohung für die Diktatur dargestellt hätte.[81] Bei der Untersuchung der gesellschaftlichen Einschränkungen, der Hitlers Diktatur unterworfen war, haben diese Historiker jedoch die Implikationen jüdisch-deutscher Mischehe nicht genügend berücksichtigt.

Die Zustimmungsverweigerung der in solch einer Ehe lebenden Deutschen hatte, als die Deportationen deutscher Juden begannen, die Nazis erkennen lassen, daß sich ihre ideologischen Ziele nur begrenzt durchsetzen ließen. Dies ließ Hitler zögern. Anstatt öffentlich Erklärungen zu den mit Deutschen verheirateten Juden abzugeben, äußerte er sich nur hinter den Kulissen und nur gegenüber seinen Vertrauten in vager und widersprüchlicher Weise zu dem Problem, ob man sie ebenfalls deportieren lassen solle. Trotz wiederholter Versuche hoher Partei- und SS-Funktionäre, diese Juden wie auch die »Mischlinge« in die Deportationen miteinzubeziehen, nahm Hitler sie 1941 und 1942 vorläufig von der »Endlösung« aus. 1942 war er wohl zu der Ansicht gekommen, daß man mit ihrer Deportation besser bis nach dem Krieg warten sollte.[82]

Wie es jedoch seinem Charakter entsprach, wartete der Führer nur darauf, daß der rechte Moment kam, auch diese Menschen abtransportieren zu lassen, der Moment, in dem man dies seinem Gefühl nach tun konnte, ohne der Moral der Bevölkerung Schaden zuzufügen.[83] 1943 schien er, was das Schicksal der jüdischen Ehepartner von Deutschen betraf, wieder unschlüssiger geworden zu sein. Wenn ihre deutschen Verwandten nicht protestiert hätten, wären die Juden, die in dem Haus in der Rosenstraße gefangensaßen, Anfang März 1943 deportiert worden, und Hitler wäre glücklich gewesen, sie so schnell losgeworden zu sein. Goebbels berichtete jedoch, daß Hitler seine Reaktion auf die »psychologischen« Auslösefaktoren von gesellschaftlicher Unruhe verstanden habe, das heißt, seinen Entschluß, diese Juden wieder freizulassen.[84] Drei Monate später jedoch signalisierte Hitler Himmler etwas ganz anderes. Als der Führer auf dem Obersalzberg mit Himmler zusammentraf, stimmte er diesem zu, daß die »jüdische Frage« eine radikale Antwort finden müsse, gleichgültig, ob das für Unruhe sorgte oder nicht.[85]

Zum Zeitpunkt dieses Treffens, im Juni 1943, waren die jüdischen Ehepartner von Deutschen die einzigen offiziell registrierten Juden, die es noch in Deutschland gab. Trotz Hitlers Erklärung retteten ihre deutschen Verwandten sie vor dem sicheren Tod, und sie ließen damit all jene in einem fragwürdigen Licht erscheinen, die ein Regime duldeten oder aktiv unterstützten, das dabei war, das größte Verbrechen in der Geschichte der Menschheit zu begehen.

2
Geschichten von jüdisch-deutschen Paaren

Liebe kann die Geschichte der Welt nicht ändern [...],
aber sie kann etwas viel Wichtigeres: uns lehren, der
Geschichte die Stirn zu bieten, zu ignorieren, wie sie
daherstolziert mit vorgerecktem Kinn. Deine Bedingungen sind für mich nicht akzeptabel, sagt die Liebe,
tut mir leid, mich kannst du nicht beeindrucken, und
übrigens, was hast du eigentlich für eine alberne Uniform an?

Julian Barnes:
Eine Geschichte der Welt in 10½ Kapiteln

Hitler wollte, daß das Volk lernte zu kollaborieren, und er versuchte,
ihm das mit einem komplizierten System von Belohnungen und Sanktionen beizubringen. Es war jedoch der vom Regime ausgeübte Druck,
der mit Juden verheiratete Deutsche dazu veranlaßte, ihm den Gehorsam zu verweigern. Die wenigen altruistischen Deutschen, die Juden
tatsächlich beistanden, begannen ihren Widerstand gewissermaßen im
kleinen und wuchsen allmählich in ihre Rollen hinein.[1] Eine ähnliche
Entwicklung, ein solches »Wachsen«, um den ebenfalls größer werdenden Anforderungen gerecht zu werden, läßt sich auch bei den in
Mischehe lebenden Deutschen feststellen. Wer A sagte, mußte auch B
sagen. Einige Privatpersonen und einige Institutionen akzeptierten oder
unterstützten das Regime zunächst nur bis zu einem gewissen Grad
und kompromittierten dann zunehmend – wenn vielleicht auch widerstrebend – ihre eigene Identität, als sich das Regime immer weiter
festigte und immer mehr Unterstützung erhielt (wodurch es auch immer schwerer wurde, einen Widerstand zu organisieren); am Ende der
zwölfjährigen Nazi-Herrschaft waren dann viele, die den Nazis nur bis
zu einem gewissen Punkt hatten folgen wollen oder gedacht hatten,
sich ihre Ideologie nur bis zu einem gewissen Grad zu eigen zu machen, nicht nur zu Mitläufern, sondern auch zu Mittätern geworden.

In psychologischer Hinsicht deckt sich die Entwicklung der Menschen, die sich anfänglich dem Regime anschlossen und dann den richtigen Zeitpunkt verpaßten, an dem sie sich wieder von ihm hätten lossagen sollen, mit der Entwicklung der in Mischehe lebenden Deutschen, die mit der Zeit dazu gezwungen wurden, immer und immer wieder »nein« zum Regime zu sagen. Unter den Nazis habe sie gelernt, sich selbst zu verteidigen, sagte Charlotte Israel.

Die Geschichte des Protestes in der Rosenstraße beginnt um mehr als ein Jahrzehnt früher; das heißt, seine Geschichte beginnt eigentlich mit den »Geschichten« jener Deutschen, die dabei waren, mit ihren Erzählungen darüber, wie es dazu gekommen war, daß sie sich einen jüdischen Ehepartner gewählt hatten. Sie hatten ihre Partner nicht geheiratet, weil diese jüdisch waren, sondern weil sie im Unterschied zu einigen anderen Deutschen Juden gegenüber keine Vorurteile besaßen. Dies schien denen, die mit Juden eine Ehe eingingen, ein belangloser Unterschied zu sein, im Laufe der Zeit jedoch, nachdem der Antisemitismus zur offiziellen Doktrin geworden war, bewirkte er, daß sie von ihren Eltern und Geschwistern und anderen Verwandten abgeschnitten wurden. Elsa Holzers Eltern und Schwestern wollten von 1941 an nichts mehr mit ihr zu tun haben, und Kusinen, mit denen sie sehr eng befreundet gewesen war, waren in schon peinlicher Weise darum bemüht, ihr aus dem Weg zu gehen. Wally Grodka verlor wegen ihres jüdischen Verlobten ihre Mutter und ihre kleine Tochter; für sie war das das schmerzlichste Ereignis der ganzen Nazizeit. Charlotte Israels Mutter war antisemitisch eingestellt, und ihre Schwester heiratetete einen SS-Mann. Beide versuchten erst, Charlotte mit allen Mitteln davon abzuhalten, Julius zu heiraten, und brachen dann jeden Kontakt mit ihr ab. Charlotte nahm die Beziehung zu ihrer Schwester später nie wieder auf. Ihr Bruder trat zwar auch der Partei bei, ihm hat sie aber vergeben, weil er sich trotzdem während der ganzen Nazizeit freundlich ihr gegenüber verhielt.

Arische und jüdische Modell-Deutsche

Als ich sie Mitte der achtziger Jahre besuchte, lebte Charlotte Israel in Zehlendorf, einer gehobenen Gegend von Berlin, in einer Dreizimmerwohnung im ersten Stock eines kleinen Wohnhauses. Mit ihren achtzig Jahren sah sie immer noch wie eine typische deutsche Hausfrau aus. Sie hatte ihre Wohnung der Jahreszeit entsprechend geschmückt, an den Wänden hingen gestickte Volksweisheiten, und den Boden bedeckten flauschige gemusterte Teppiche. Sie war eine charmante Gastgeberin und Geschichtenerzählerin – und sie ließ einen völlig vergessen, daß sie hin und wieder auf einen Rollstuhl angewiesen war. Sie war stolz auf das, was sie während des Dritten Reichs getan hatte und kam sich wie eine »unbesungene Heldin« vor. Jahre nach dem Krieg setzte sie sich einmal hin, um ihre Memoiren zu Papier zu bringen, sie schrieb aber nur zwanzig Seiten und brach gerade bei der Schilderung jenes Tages ab, an dem ihr Mann von der Gestapo verhaftet wurde und sie mit den anderen Frauen den eine Woche währenden Protest in der Rosenstraße begann. Charlotte erhielt von der Nachkriegsregierung als »Verfolgte« des NS-Regimes eine kleine Rente. Sie war jedoch überzeugt, daß ihre »Feinde mehr hätten« als sie. Sie konnte sich die Platten ihres Mannes nicht mehr anhören: Sie hatte nicht das Geld, ihren Plattenspieler reparieren zu lassen und konnte die alten Schellackplatten daher nicht mehr abspielen. Sie ermahnte aber sich selbst: »Man kann nicht auf ewig mit Rachegedanken leben.«

Charlotte war überzeugt, daß ihr gutes Aussehen und vor allem ihr »arisches« Erscheinungsbild dazu beitrugen, daß sie ihren Mann während der zwölf Jahre der NS-Diktatur beschützen konnte. Sie war damals groß gewachsen, blond und athletisch: die lebende Verkörperung des Rassenideals der Nazis. Charlotte erzählte etwas verlegen, daß die SS sie damals für ihr Unternehmen »Lebensborn« gewinnen wollte, jenes Programm, mit dem man Deutschlands Stärke sicherzustellen versuchte, indem man SS-Männer mit Frauen wie Charlotte Kinder zeugen ließ.[2] Charlotte hatte sich damals aber schon anderen Idealen verpflichtet gefühlt.

Wie das Beispiel von Elsa Holzer und Wally Grodka zeigt auch das Leben von Charlotte, wie Treue zu einer geliebten Person zu politischem Handeln führte, wenn das Regime versuchte, sich in das Privatleben einzumischen. Diese Frauen waren der Meinung, daß ihre Ehen nur sie selbst etwas angingen und nicht den Staat. Im Deutschland der dreißiger Jahre erwartete man von Frauen, daß sie sich um ihren Ehemann und ihre Kinder kümmerten, ebenso wie man von den Männern erwartete, daß sie sich einen Beruf suchten und das Geldverdienen übernahmen. Charlotte, Elsa und Wally waren deutsche Frauen, die vielleicht dem Regime keinen Widerstand entgegengesetzt hätten, wenn sie nicht mit Juden verheiratet gewesen wären. Sie waren nicht besonders politisch, aber alle drei von ihnen legten Unabhängigkeit und Stärke an den Tag, als es darauf ankam.

Als ihr Vater 1926 starb, war Charlotte erst sechzehn Jahre alt, und Berlin war die Stadt der kulturellen Avantgarde. Charlottes Schwester ging fast jede Nacht aus und besuchte eines der Kabaretts in der Friedrichstraße oder eines der Lokale oder Tanzcafés am Kurfürstendamm. Charlotte aber ging zum Friedhof und setzte sich ans Grab ihres Vaters. Sie fühlte, wie dort neue Kraft in sie strömte, sagte sie, und ging beinahe ein Jahr lang immer wieder hin. Eines Tages versuchte sie, ihrem Vater, als sie an seinem Grab saß, auch endlich alles zu erzählen.

Sogar als er noch lebte, hatte Charlotte sich zumeist mit der Erinnerung an ihren Vater, mit einem idealisierten Bild von ihm begnügen müssen. Sie erinnerte sich an jenen Tag Anfang August 1914, als Deutschland in den Krieg eintrat, der dann zum Weltkrieg wurde. Ihr Vater arbeitete als Dolmetscher in Belgien und richtete, wie sie voll Stolz sagte, in seinem Leben nie ein Gewehr auf andere. Bei seinen seltenen Besuchen in der Heimat erzählte er ihr Geschichten über die Gesellschaft, bei der er angestellt war, und brachte ihr einige der Einsichten bei, zu denen er in seinem Leben gekommen war, Erkenntnisse, an die er selbst sich hielt und die er an andere weitergeben wollte. »Sprich oder denke nicht schlecht über eine Nation, Religion oder irgendeine Gemeinschaft. Nur der Mensch gilt. Jede Rasse hat gute oder schlechte Menschen«, ermahnte er zum Beispiel seine Tochter einmal. Als er schließlich 1918 für immer nach Hause zurückkehrte, war er schon sehr krank und gebrechlich. 1926 starb er. Charlottes Mutter, die mit neununddreißig Jahren Witwe geworden war, verlor zunächst alle Lebensenergie; an manchen Tagen schaffte sie es noch nicht einmal, morgens ihren kleinen Hutladen im vornehmen Berlin-Charlottenburg zu öffnen. Der ehemalige Arbeitgeber ihres Mannes stellte die Zahlung der Witwenrente nach drei Monaten ein.

Charlotte hatte hochgesteckte Ziele: Sie träumte davon, sich als Opernsängerin ausbilden zu lassen. Sie ging dann aber nach dem Tod ihres Vaters von der Schule ab und suchte sich eine Arbeit: Sie schnitt Stoffe zu und nähte Herrenkleidung. Während des Ersten Weltkriegs waren soviel Frauen wie noch nie zuvor auf den Arbeitsmarkt geflutet, und im Jahr 1926, als es der deutschen Wirtschaft relativ gutging, stieg die Zahl der berufstätigen Frauen weiter an. Die deutsche Gesellschaft entwickelte sich in rasendem Tempo zu einer Konsumgesellschaft – und Berlin gab auch hierbei den Ton an. Die Verkürzung der Arbeitszeit auf acht Stunden am Tag, die Beschränkung auf weniger Kinder, die Tatsache, daß immer mehr Frauen nicht mehr nur im Haushalt arbeiteten, all dies führte dazu, daß immer mehr Leute mehr Geld in den Taschen und mehr freie Zeit hatten, um es auszugeben.

Charlotte überließ jedoch das ganze Geld, das sie verdiente, ihrer Mutter und paßte in ihrer freien Zeit auf ihren Halbbruder auf, der noch im Säuglingsalter war. Vielleicht war es die Erinnerung an ihren Vater, daß sie sehr introvertiert lebte. Ihre Mutter machte sich bald Sorgen, daß sie nicht normal sei, da sie nie mit einem Mann ausging. Charlotte lernte ihren späteren Mann zunächst in seiner Eigenschaft als ihren Chef kennen. Sie meldete sich bei ihm auf eine Stellenanzeige, die er aufgegeben hatte: Er suchte eine Näherin. Als Charlotte die Anzeige in der Zeitung entdeckte, war es schon Nachmittag, und es war ihr klar, daß man sich eigentlich frühmorgens, sofort dann, wenn ein Geschäftsinhaber seinen Laden aufsperrte, bei ihm melden mußte, wenn man eine Stelle haben wollte. Zum Schneidergeschäft Israel brauchte man jedoch zu Fuß nur zwanzig Minuten, und es war ein schöner Tag. »Tut mir leid, die Stelle ist eigentlich schon vergeben«, sagte der kleingewachsene, aber gutaussehende Mann, der sich auf die Ladentheke lehnte. Charlotte merkte aber, daß er interessiert war. »Was heißt ›eigentlich‹?« fragte sie.

Schon vor der Judenverfolgung durch die Nazis nahm Charlotte gegenüber Julius eine beschützende Haltung ein, denn er war körperbehindert, er hinkte, seitdem er in frühester Jugend an Kinderlähmung erkrankt war, und mußte sich beim Gehen auf einen Stock stützen. Er war einen Kopf kleiner als Charlotte, aber seine Schultern und seine Arme waren wie die eines Gewichthebers mit Muskeln bepackt, die die Schwäche in seinen Beinen ausglichen. Manchmal hielt er sich mit der einen Hand an einer Türklinke fest und streckte den anderen Arm aus, so daß seine sechsjährige Nichte daran wie an einer stählernen Reckstange herumturnen konnte. In dem gekrümmten Körper steckte ein Künstler. Julius liebte Klaviermusik und spielte selbst das Instrument mit ausgesprochener Meisterschaft.

Julius war Hunderte von Kilometern östlich von Berlin aufgewachsen, an der Ostseeküste, in einem ostpreußischen Fischerdorf in der Nähe von Königsberg, wo sein Vater ein kleines Fischereiunternehmen betrieb. Julius' erste Arbeit hatte darin bestanden, die Pferde anzuspannen und den Tagesfang zum Markt zu bringen. Frau Israel hatte irgendwann ein Klavier gekauft, und als Julius sechs Jahre alt war, ließ sie ihn bei einem örtlichen Klavierlehrer Unterricht nehmen. Sechs Jahre später schickte sie ihn nach Berlin, damit er am berühmten Sternschen Konservatorium Komposition und Klavierspiel studierte. Nach einiger Zeit gab Julius zusammen mit bekannten Berufsmusikern Konzerte und war sogar im Radio zu hören, und ein Auftritt in jenem neuen Medium zeigte nicht nur, daß man wirklich etwas konnte, sondern brachte auch Ruhm ein. Ende der zwanziger Jahre spielte Julius in Berliner Hotels, Bars und Restaurants und war, wie Charlotte sich erinnerte, »so geliebt, immer wo er spielte. Überall, und gleich, ob er deutsche Sachen gespielt hat oder jüdische Lieder.«

In der Zeit der Weimarer Republik quoll Berlin aber geradezu über vor Berühmtheiten und solchen, die es werden wollten − vor Musikern, Malern und Schriftstellern, die aus ganz Europa herbeigeströmt waren −, und als Julius dreißig wurde, überredete sein Onkel Jitzak, ein praktisch denkender Mann, der Angst hatte, daß ein *klezmer* nie eine Frau finden würde, ihn dazu, in den Bekleidungseinzelhandel einzusteigen. An Abenden und an Wochenenden machte Julius aber weiter Musik; wie Charlotte beschäftigte er sich notgedrungen mit dem Schneiderhandwerk, während seine wahre Leidenschaft der Musik galt. Charlotte meinte aber, daß das so hatte sein sollen: »Wenn sein Onkel ihn nicht beraten hätte, auch einen praktischen Beruf zu lernen, dann hätte ich Julius nicht kennengelernt«, sagte sie. »Das war richtig so. Ich habe es nie bereut, daß ich ihn kennengelernt habe, obgleich ich mit ihm durch das Inferno des tausendjährigen Reichs gegangen bin. Ich hab's nie bereut. Nie.«

Als sie Julius zum erstenmal begegnete, bekam Charlotte gar nicht mit, daß er Jude war. Zwar stand über der Ladentür der Name »Israel«, aber Charlotte hatte es nie gelernt, auf solche Hinweise zu achten. »Ob er Jude war oder nicht, war mir ganz egal«, erinnerte sie sich.» Für mich war Julius ein Mensch.«

Charlottes Mutter, Frau Preß, dachte da anders. Bevor die Nazis an die Macht kamen, tolerierte sie die Juden, im Inneren war sie jedoch der Ansicht − ja, sie kultivierte diese geradezu −, daß die Juden »anders« waren − anders auf eine Art und Weise, die zu Klatsch und Tratsch über sie mit nicht-jüdischen Verwandten und Bekannten einlud, dazu, halblaute abfällige Bemerkungen über die orthodoxen osteuropäischen Juden im Scheunenviertel, mit ihren Rauschebärten und ihren merkwürdigen Eßgewohnheiten, zu machen, und über die assimilierten weltlich eingestellten Juden herzuziehen, die nichts anderes im Sinne hatten, als viel Geld zu verdienen und sich in Machtpositionen hineinzuschleichen, die eigentlich den »Deutschen« zustanden.

Charlotte war achtzehn, ihr Chef dreißig. Ihr ist noch in Erinnerung geblieben, wie sie sofort einige besonders wichtige Aufgaben übernahm und ihn mit ihrem Geschäftssinn beeindruckte. Sie räumte den ganzen Laden gründlich auf und warf alte Lagerbestandsverzeichnisse und anderen Krempel weg. Julius Israel war ein Künstler, kein Geschäftsmann, also kümmerte Charlotte sich bald auch um die »Geldsachen«. Sie wußte noch, wie sie damals dachte, daß Julius als Mann den ganzen Dreck und die Unordnung, die sie so störten, wohl gar nicht wahrnehme.

Von Anfang an war zwischen den beiden etwas in der Luft; es schien nur eine Frage der Zeit zu sein, bis ihre Beziehung in eine Romanze umschlagen würde. Charlotte erzählte: »Meine ganze Art hat ihm so imponiert. Aber er hat sich nicht getraut, er hat gedacht, sie wird mich doch nicht nehmen, nicht? Na ja. Weil er behindert war.« Weil sie aber soviel Zeit an ihrem Arbeitsplatz verbrachte und weil das einzige Telephon, das Charlotte zur Verfügung bestand, sich dort befand, wußte Julius bald alles über ihr einsames Privatleben. Als sie dann nach einiger Zeit anfingen, nach der Arbeit etwas gemeinsam zu unternehmen, gingen sie am liebsten zusammen ins Kino oder in irgendein ruhiges Café, um dort der Musik zuzuhören. Für Charlotte, eine Näherin, deren dominierende Mutter einen Laden besaß, verkörperte Julius Autonomie, er hatte den Aufstieg nach oben geschafft, er stand mit an der Spitze der Arbeitswelt, der Arbeitswelt, so wie sie sie kennengelernt hatte. Ihrer Meinung nach verfolgte er auch viel bewußter als andere alle Entwicklungen in der deutschen Gesellschaft und Politik, er war informiert und vernünftig – und sie war in ihn verliebt. »Julius war mein Evangelium. Alles, was er sagte, glaubte ich«, sagte sie dreißig Jahre nach seinem Tod. Wenn Julius sich, wie sie behauptete, schon klar darüber war, was die wachsende Macht der Nazis für ihn persönlich für Folgen haben würde, dann bedeutete Charlotte auch so etwas wie Sicherheit für ihn.

Zu Hause erzählte sie kein Sterbenswort über ihre Romanze mit Julius, weil sie vermeiden wollte, daß man sarkastische Bemerkungen machte oder sich einmischte. Zuerst blieb sie bis spät in die Nacht hinein bei ihm in seinem Büro oder suchte mit ihm zusammen ein kleines Café auf. Sie hörte ihn gerne spielen, die Wohnung abends noch einmal zu verlassen, war aber alles andere als einfach. Sie mußte ihrer Mutter immer eine Erklärung dafür geben. Einmal wollte sie sich mit Julius zusammen im Kino *Der Graf von Monte Christo* ansehen. Als sie ihrer Mutter sagte, daß sie sich diesen Film anschauen wolle, traute sie sich nicht, ihr zu gestehen, daß sie sich mit Julius treffen werde. »Gute Idee. *Der Graf von Monte Christo*«, meinte ihre Mutter. »Ich glaube, ich werd mitkommen.« Charlotte war nervös, als sie vor dem prächtigen alten Lichtspieltheater gegenüber der Oper in der Bismarckstraße eintrafen. Als Julius dann zu ihnen stieß, tat sie so, als ob die Begegnung rein zufällig sei, und schlug vor, daß sie sich doch alle gemeinsam den Film anschauen sollten. 1931, als Charlotte bekanntgeben mußte, daß sie einen Juden heiraten werde, hatte sie Angst vor ihrer Mutter und nicht etwa vor den Nazis. »Natürlich war ich Anti-Nazi, aber sehr«, erinnerte sie sich. »Aber ich habe nicht geahnt, was mit Hitler kommen würde. Ich habe davon keine Ahnung gehabt.« Politik langweilte sie. Sie betrachtete immer die Familie als ihre ureigene Domäne, den Bereich für den sie zuständig war.

Obwohl sie sich später der Gestapo gegenüber so mutig zeigte, brachte sie es nicht über sich, ihrer Mutter zu gestehen, daß Julius für sie noch etwas anderes als ihr Chef war. Fremden hingegen vermochte sie sich anzuvertrauen. Eines Abends trat Julius in einem vornehmen Restaurant in der Schloßstraße auf. Charlotte konnte es sich nicht leisten, das Eintrittsgeld zu bezahlen, um Julius spielen zu hören; sie setzte sich daher auf den Mittelstreifen der breiten Straße, der von schattenspendenden Bäumen und Bänken gesäumt war. Ein Paar trat aus dem Restaurant heraus und kam auf sie zu. Als die beiden sich darüber unterhielten, wie gut Julius spielte, konnte Charlotte nicht an sich halten: Sie mußte dem Paar einfach erzählen, daß sie Julius heiraten werde, und als sie sich viele Jahre später daran erinnerte, schwang der Stolz von damals wieder in ihrer Stimme mit.

Sie hatte schließlich einen bestimmten Plan ausgeheckt. Ihre Mutter, so berichtete Charlotte, habe damals immer ganz rasch von einer politischen Einstellung zur anderen gewechselt, sie habe sich immer der gerade vorherrschenden Meinung angeschlossen. Sich für eine unpopuläre Ansicht einzusetzen, sei nicht gerade eine ihrer Stärken gewesen: Frau Press hätte alles daran gesetzt, um die Peinlichkeit zu vermeiden, als jemand zu gelten, der »anders« war. Dieses Charakterzugs ihrer Mutter eingedenk, war Charlotte zu dem Schluß gekommen, daß sie Verärgerung am besten vermeiden könnte, wenn sie die Verlobung mit Julius in Beisein vieler Verwandter bekanntgeben würde. An ihrem einundzwanzigsten Geburtstag lud sie zu einer großen Gesellschaft ein und gab bekannt, daß ihre Chef auch ihr zukünftiger Ehegatte sein werde. »Zu meiner Beruhigung fand meine Mutter unseren Entschluß ganz in Ordnung, zumal sie Julius kannte und als anständigen Menschen geschätzt hat. Na bitte. Aber als ich ihn heiraten wollte, dann nicht. Das war fast zwei Jahre später, dreiunddreißig schon. Wir hätten ja schon längst verheiratet sein müssen, aber ich wollte eine ganz schöne tolle Hochzeit haben, und nun mußten wir das Geld dafür alleine zusammenbringen.«

Für Charlotte brachen die Jahre der Nazi-Herrschaft unerwartet herein – sie ereigneten sich, so wie sich ein tödlicher Unfall ereignet. Sie scherte sich auch vorher nicht um Politik, obwohl es bei der von der

Weimarer Verfassung garantierten Freiheit der Meinungsäußerung zu zahlreichen politischen Veranstaltungen kam. Die Sozialdemokraten, die sogar die häusliche Privatsphäre der Menschen politisch zu durchdringen suchten, verteilten Seifenstücke mit der Aufschrift »Wählt SPD!«. Die Kommunisten bezeichneten daraufhin den Vorsitzenden der SPD als »Seifenkünstler«, als Schaumschläger; für die Wahl im Mai 1928 versuchten sie aber ihrerseits, mit einer Musikrevue Stimmen zu gewinnen. Sie ließen auch einen Film drehen, weil sie hofften, daß sie auf diese Weise die wachsende Zahl von Menschen für sich gewinnen könnten, die sich – wie Charlotte – aus der Politik heraushielten, aber jener neuen Form der Massenunterhaltung frönten und ins Kino gingen.

Die Sozialdemokratische, die Kommunistische und die Nationalsozialistische Partei – Parteien der Arbeiter und anderer »Massen« –, die erst seit kurzem hofften, auf den politischen Prozeß einwirken zu können – setzten Demonstrationen zu politischen Zwecken ein. Vor 1933 waren Massenaufmärsche für die Nationalsozialisten theatralisch und ästhetisch organisierte Ereignisse.[3] Um die Aufmerksamkeit des Volkes auf den Nationalsozialismus zu lenken, wollte Goebbels solche wirkungsvollen Massenaufmärsche für seine Partei monopolisieren. Leopold Gutterer, Goebbels' ranghöchster Mitarbeiter im Propagandaministerium, wurde später vom Regime damit betraut, solche Aufmärsche von Parteimitgliedern und andere Massenveranstaltungen zu inszenieren, und es wurde sogar eine entsprechende Stelle für ihn geschaffen.

Gutterer, der vier Jahre jünger als Julius und acht Jahre älter als Charlotte war, hatte 1926 schon innerhalb der Partei Karriere gemacht. Er stammte aus dem Schwarzwald und hatte starke Wurzeln im Katholizismus; er hatte Goebbels kennengelernt, als dieser in Frankfurt am Main studiert und gleichzeitig die Öffentlichkeitsarbeit der Partei organisiert hatte. Gutterer schilderte später eine der großen Demonstrationen in den späten zwanziger Jahren, bei der die Nazis gegen einen ihrer Hauptfeinde, die Kommunistische Partei, Front gemacht hatten. Die Kommunisten hatten eine Demonstration in dem Stadtteil von Hannover geplant, für den Gutterer verantwortlich war, und er hatte sich darangemacht, eine noch größere Demonstration der Beliebtheit der Nazis zu organisieren, die am selben Tag auf demselben Platz stattfinden sollte. Wie Gutterer es darstellte, war es ein schicksalhaftes und aufwühlendes Ereignis gewesen, der Zusammenprall zweier gewaltiger Kräfte – und der Kommunistischen Partei war damals aller Wind aus den Segeln genommen worden: Die Arbeiter waren in Scharen seiner eigenen Partei beigetreten. Es war ein Krieg – ein Nervenkrieg – gewesen, den man so ausgefochten hatte, als ob der Ausgang der Wahlen davon abhinge. Als er das Podium erklommen habe, so prahlte Gutterer noch Jahrzehnte später, habe er mit einer Stimme ins Megaphon gesprochen, die, im Verein mit dem Gebrüll seiner Anhänger, die Reden und die Rufe der Kommunisten völlig übertönt habe.

Zu der gleichen Zeit, in der Charlotte und Julius ein Verhältnis miteinander begannen, verliebte sich auch Gutterer. Als er 1933 mit seiner Frau nach Berlin kam, zog er in eine Wohnung am Kaiserdamm, nicht allzuweit von der Straße entfernt, wo Julius und Charlotte wohnten. Aber anders als Charlotte und Julius lebten die Gutterers Anfang der neunziger Jahre immer noch gemeinsam in Berlin: Sie hatten das Dritte Reich nicht nur unbeschadet überstanden, sondern sogar noch von ihm profitiert.

In Berlin organisierte Gutterer die großen Umzüge der Nazis, wie zum Beispiel auch die Feiern zum »Tage der nationalen Arbeit« und zum »Erntedanktag«, bei denen Paraden stattfanden und große Feuer entzündet wurden; 1936 wirkte er auch an der Organisation der Olympiade mit. Hinter einem Bücherregal zog er ein großes schwarzweißes Hochglanzphoto hervor, das ihn zeigte, wie er am Tag der nationalen Arbeit neben Hitler in der offenen Limousine saß und durch die mit salutierenden Menschen gesäumten Straßen fuhr. Als Reichspräsident Paul von Hindenburg Hitler am 30. Januar 1933 zum Kanzler ernannt hatte, hatten die Kommunisten – vor allem in Breslau – große Gegendemonstrationen veranstaltet, während Hitler und Goebbels in Berlin eine Massenkundgebung zur Feier des Ereignisses abgehalten hatten. Goebbels, der Hitlers Ernennung zum Reichskanzler »das große Wunder«, nannte, beschrieb diese Kundgebung als einen »unendlichen Menschenstrom. Da waren SA-Männer, SS-Männer, Hitlerjugend, Zivilisten, Männer, Frauen, Väter, die ihre Kinder auf dem Arm tragen und zum Fenster des Führers emporheben«.[4]

Daß die Straßen nun voller Menschen waren, die den Arm zum Hitlergruß erhoben hatten, bedeutete für Charlotte nur eines: Diese Menschen, die die Juden haßten, wollten alles zerschlagen, was ihr lieb und teuer war. Sie erinnerte sich daran, daß sie immer schnell in die andere Richtung lief, wenn sie auf durch die Straßen marschierende SA-Leute traf – was relativ häufig geschah. Während andere Passanten stehenblieben und den Arm zum Gruß erhoben, so erzählte Charlotte, »habe ich bloß geguckt, wo ein Hausflur ist, wo ich verschwinden kann. Da bin ich verschwunden, bis die vorbei waren, und dann bin ich wieder rausgegangen. Ich habe mir geschworen damals: ›Ich werde nicht Heil Hitler sagen‹!«

Der ehemalige Angehörige der Gestapo, Hans Bernd Gisevius, der die Machtergreifung der Nazis als eine Kombination aus Gewalt mit Willfährigkeit und Enthusiasmus beschrieb, betonte, wie schwer es für einen einzelnen war, sich den Aktionen, mit denen die bereitwillige Öffentlichkeit Hitler unterstützte, zu entziehen. Sogar Zweifler seien in den Strom von Freude und Hoffnung hineingezogen worden, die der mitreißende Schwung einer Partei bewirkte, die die Erlösung von nationaler Demütigung und von aller Not versprach. Niemand wollte der letzte sein, also rannten alle los, um der erste und ganz vorne zu sein. Die SA-Männer förderten diese spontane Gleichschaltungsmanie mit brutaler Gewalt, das heißt, indem sie jedem, der nicht salutierte, wenn sie in langen Reihen durch die Straßen zogen, ins Gesicht schlugen. In solch einer Situation lenkten sogar hartnäckige Individualisten ein und erhoben ihren Arm, wobei sie sich einredeten, daß sie selbst nur nach außen hin mitmachten, um ungeschoren davonzukommen; während die anderen primitiv genug waren, um mit ganzem Herzen an die Sache zu glauben. Wie Gisevius hervorhob, half das aber gar nichts, da keine mentalen Vorbehalte den äußeren Sieg der Bewegung schmälern konnten.[5]

Als der Reichstag am 27. Februar 1933 in Flammen aufging, vermochte Hitler Hindenburg davon zu überzeugen, daß der Brandanschlag Teil eines großangelegten kommunistischen Umsturzversuches sei, und der Reichspräsident erließ Notverordnungen, mit denen die Rechte der Bürger stark beschnitten wurden, der Polizei mehr Macht verliehen und die Pressefreiheit eingeschränkt wurde und alle öffentlichen Versammlungen, die lebenswichtigen Interessen des Staates zuwiderliefen, für ungesetzlich erklärt wurden. Viele Deutsche begrüßten diese Aufhebung ihrer Rechte im Zeichen der Weimarer Verfassung; sie redeten sich ein, daß dies notwendig sei, um wieder Ordnung herzustellen und die Bedrohung durch die Kommunisten auszuschalten. Hitler gewann bei ihnen dadurch, daß er ihre Rechte so stark beschnitt, sogar noch an Popularität hinzu.[6]

Julius' Angehörige waren nicht deswegen von dieser neuen politischen Bewegung und von dem Machtgewinn der Polizei und anderer »Ordnungskräfte« so entsetzt, weil sie Kommunisten gewesen wären. Charlottes Vater war als überzeugter Sozialist viel weniger patriotisch gesinnt gewesen als die jüdische Familie, in die seine Tochter hineinheiraten wollte. Julius' Familie hatte sehr gern im Deutschland des Fin de Siècle gelebt und den Kaiser verehrt. Die Aufklärung und der Triumph der Prinzipien der Französischen Revolution hatten in Deutschland den Juden in geschäftlicher, künstlerischer und beruflicher Hinsicht

Möglichkeiten eröffnet, wie es sie im übrigen Europa kaum für sie gab. Ein riesiges Portrait von Reichspräsident von Hindenburg hing im Eßzimmer der Israels in ihrer Wohnung in der Kantstraße in Berlin-Charlottenburg (sie waren inzwischen aus ihrem Dorf bei Königsberg in die Hauptstadt gezogen). Bilder von Verwandten, die im Weltkrieg für das Vaterland gefallen waren oder Auszeichnungen für ihre Tapferkeit erhalten hatten, flankierten das von Hindenburg. »Julius' Familie war kaisertreu«, erinnerte sich Charlotte. »Die haben das nicht trennen müssen, Deutschland und Judentum.«

Charlotte teilte sich die volle Wucht der Nazis zunächst als Feindseligkeit von seiten eines Mitglieds ihrer eigenen Familie mit. Ihr Bruder Stefan, der drei Jahre jünger war als sie selbst, war der Partei beigetreten. Julius fühlte sich danach in der Wohnung der Familie Preß unwillkommen, und die beiden trafen sich wieder meistens in seinem Laden. Charlotte fühlte sich im Lauf der Zeit im Kreis von Julius' Angehörigen immer wohler, während die Kluft, die sie von ihrer eigenen Familie trennte, noch weiter dadurch vergrößert wurde, daß ihre ältere Schwester einen SS-Offizier heiratete, der für Charlotte und »ihren Juden« nur Verachtung übrig hatte. Für Charlotte war ihr neuer Schwager »ein großer Nazi, ein Hundertprozentiger, ein Fanatiker«; er trug stets seine Uniform und ließ nie eine Gelegenheit aus, um sie mit »Heil Hitler« zu grüßen. »Hast du verlernt zu sprechen?« fragte er, wenn sie diesen Gruß nicht erwiderte. »Nein«, sagte sie dann, »nur verstehst du meine Sprache nicht.«

Seit die Nazis an der Macht waren, vermied Charlotte es, mit ihrer Mutter über Julius zu sprechen. Da Julius wußte, welchem Druck sie zu Hause seinetwegen ausgesetzt war, hatte er Angst, daß sie ihn verlassen würde. Schon seit dem Ende des 19. Jahrhunderts hatten radikale Rassisten ein Gesetz gefordert, das geschlechtliche Beziehungen zwischen Juden und Nicht-Juden verbot. Heinrich Himmler sah die Mischung von deutschem mit jüdischem Blut als besonders gefährlich an.[7] 1931 hatten die Nazis erstmals von ihrer Elite-Einheit, der SS, gefordert, sich strengen Vorschriften zu unterwerfen, um »Heiraten außerhalb der eigenen Rasse« zu verhindern. Jeder Bewerber mußte nachweisen, daß es innerhalb der letzten sieben Generationen in seiner Familie nur rassisch »reine« Arier gegeben hatte. Julius hatte *Mein Kampf* gelesen, dieses Manifest Hitlers, in dem der zukünftige Führer dargelegt hatte, daß die Deutschen, um die Weltherrschaft, zu der das Schicksal sie bestimmt hatte, auch wirklich antreten zu können, unbefleckt vom Geschlechtsverkehr mit den Angehörigen anderer Rassen und vor allem mit den Juden bleiben müßten.

»Der schwarzhaarige Judenjunge lauert stundenlang, satanische Freude in seinem Gesicht, auf das ahnungslose Mädchen, das er mit seinem Blute schändet und damit seinem, des Mädchens Volke raubt«, heißt es in *Mein Kampf.*
Der Staat würde die Ehe überwachen müssen, um solche Vermischungen zu verhindern.[8]

Weltmetropole Berlin und die österreichische Kleinstadt Sankt Johann

Charlotte Israel und Elsa Holzer sind sich nie begegnet, weder vor noch nach dem Krieg, und wenn es die Nazis nicht gegeben hätte, dann hätten sie auch kaum etwas gemeinsam gehabt. Durch die Machtübernahme der Nazis wurde jedoch ihre Entscheidung, jüdische Männer zu heiraten, zu einer politischen Angelegenheit, und ihre Schicksale näherten sich einander an, bis sie in der Rosenstraße miteinander verknüpft wurden. Wie Charlotte wußte auch Elsa nicht, daß Rudi Jude war, als sie anfing, sich mit ihm zu treffen, und wenn sie es gewußt hätte, hätte das keinen Unterschied gemacht.

Vierzig Jahre nach dem Tod ihres Mannes erzählte Elsa Holzer immer noch vor allem von ihm. Die siebenundzwanzig gemeinsamen Jahre prägten auch die längere Zeitspanne, die sie ohne ihn verbracht hatte. Rudi hatte sie nicht nur in eine Mischehe im Nazi-Deutschland hineingeführt, sondern auch in vierzig Jahre Leben in der DDR. Elsa, eine kleinwüchsige Frau, die in einer kargen Wohnung in einem Reihenhaus lebt, war überzeugt, daß Liebe zum Geld und zu Besitz etwas Gefährliches seien; gleichzeitig war sie aber ganz deutlich auch glücklich über den flüssigen Sauerstoff und den Ziegenkäse, Artikel, die erst seit der deutschen Einigung und der Einführung der westdeutschen D-Mark erhältlich waren. Sie wuchs in dem Teil Berlins auf und verbrachte auch die Kriegsjahre dort, der später zu Westdeutschland gehörte, 1946 aber veranlaßten Rudis kommunistischen Ideale sie und ihren Mann dazu, ihr Heim im amerikanischen Sektor der Stadt aufzugeben und nach Ostberlin überzusiedeln.

Elsa hatte auch in der Erinnerung nur höchstes Lob für Rudi übrig; er sei »vorurteilslos«, »logisch«, eine »Seele von Mensch« gewesen. Auf dem Schild an der Haustür war immer noch in altdeutscher Schrift sein Name eingraviert: Rudolph Holzer. »Haben Sie nie daran gedacht, das zu ändern, und ihren Namen an der Tür anbringen zu lassen?« fragte ich sie. »Nee«, kam ohne Zögern die Antwort, »wozu sollte ich das geändert haben? Er ist mein Schutzengel. Einen andern Mann wollte ich nicht. Wir haben uns verstanden. Ich sage, so was findet sich nicht noch mal! Aber für meinen Mann wäre ich wahrscheinlich noch auf einen Baum geklettert.« Als sie sich das bildlich vorstellte, mußte sie kichern. Es war absurd, und doch meinte sie es ernst. »Na ja, vielleicht doch nicht. Mit meinen krummen Beinen würde ich überhaupt nicht raufkommen. Würde ich überhaupt nicht schaffen. Aber ich hätte es versucht!« Ihr Lachen war jetzt rauher geworden, es hörte sich beinahe wie ein Schluchzen an. Stunden später wollte sie mich bis zur Haustür begleiten, aber ihre Gelenke waren so steif, daß sie kaum die steile Treppe hinuntersteigen konnte. »Ich schaffe es nicht mehr bis zur Haustür«, erklärte sie lachend, »aber ich muß es einfach immer wieder versuchen. Was man tun kann, um seine Situation zu verbessern, das sollte man tun.« Als wir dann doch zusammen an der Bushaltestelle warteten, kam unser Gespräch auf das Dritte Reich zurück und auf den »Kampf«, wie sie es nannte, den sie geführt hatte, um ihren Mann vor der Gestapo zu retten. »Sie glauben nicht, was man schaffen kann, wenn man in Gefahr ist«, sagte sie. »Noch mal kann man das gar nicht.«

In den Gesprächen mit ihr wechselte Elsa oft rasch ihre Stimmung. Eben hatte sie noch voller Leidenschaft ihre Geschichte erzählt, im nächsten Moment meinte sie, daß diese Geschichte völlig uninteressant sei und daß sie selbst so ausgeleiert sei wie eine alte Nähmaschine mit Fußantrieb und überhaupt schon lange genug gelebt habe. Gnädig erlaubte sie es mir dann, noch weiter zu bleiben.

Als Elsa Rudi im Jahr 1929 heiratete, dachte sie natürlich überhaupt noch nicht an die Nazis. Sie glaubte, mit ihrer Heirat Front gegen die Kirche zu machen. Und Freunde zweifelten aus wirtschaftlichen Gründen daran, ob diese Ehe ratsam war. Rudis Vater war nicht etwa gegen die Verbindung, weil Rudis Braut keine Jüdin war, sondern weil sie keine Mitgift in die Ehe brachte, mit der man das Geschäft der Familie weiter hätte ausbauen können. Für den alten Holzer war die Braut seines Sohnes nichts anderes als ein »Berliner Kleiderschrank«, den sich Rudi an den Hals hängte, eine negative Kraft, die ihn aus dem österreichischen Landstädtchen und von dem Familienunternehmen wegtrieb in die ferne Hauptstadt Deutschlands.

Elsas Erinnerungen an ihr Leben vor der Ehe mit Rudi waren nur sehr schwach; Anekdoten über Rudis Jugend fielen ihr viel rascher ein als Erlebnisse, die sie selbst als Heranwachsende gehabt hatte. Mit Hilfe eines Stoßes von Familienphotos, die sie in der obersten Schublade einer Kommode in ihrem Wohnzimmer aufbewahrte, rief sie sich ihre eigenen Jugendjahre in Erinnerung. Sie schaute lange auf ein Photo, das ihre Familie bei einem der Badeausflüge zeigte, die man gelegentlich zum Wannsee machte. Die Mutter, der Vater und die drei Töchter saßen, ordentlich aufgereiht, am Ufer des Sees in dem Berliner Ausflugsort, in dem Jahrzehnte später die berüchtigte Wannseekonferenz stattfinden sollte, die von Reinhard Heydrich, dem Mann, der die »Endlösung« in die Praxis umsetzen sollte, einberufen worden war.

Harte Arbeit war jedoch charakteristischer für die Familie Klose als solche Vergnügungen. Elsas Vater gehörte zu der Sorte Mensch, auf die Kaiser und Militär sich verlassen konnten: nationalistisch, gehorsam gegenüber seinen Vorgesetzten und autoritär gegenüber seinen Untergegebenen. Er behandelte seine Familie, als ob er ein absolutistischer Herrscher wäre. Seine Frau ließ sich durch seine Tiraden und Wutanfälle einschüchtern; sie stand jeden Morgen um fünf Uhr auf, um den Haushalt in Ordnung zu bringen. Als sie älter wurde, ballte Elsa manchmal heimlich die Fäuste und malte sich aus, wie sie zurückschreien würde, wenn sie an der Stelle ihrer Mutter wäre. Zum Glück für Elsa hielt sich ihr Vater oft aus beruflichen Gründen außerhalb Berlins auf; er war Elektriker – einer der ersten, die es in Deutschland gab – und war manchmal drei Wochen lang auf Reisen, um Wohnungen und Geschäfte in anderen deutschen Städten an das Stromnetz anzuschließen.

Wie Millionen anderer Schulkinder im ganzen großen Reich des Kaisers wurden Elsa schon früh nationalistische und patriotische Gefühle eingetrichtert. Auf Antisemitismus sei sie jedoch als Heranwachsende in Berlin nie gestoßen, meinte sie. Bei Ausbruch des Ersten Weltkrieges war Elsa zehn. Die Kloses lebten mitten im ältesten Teil Berlins, in der Brunnenstraße (die nicht weit von der Rosenthaler und der Rosenstraße entfernt war), wo auch Elsas Volksschule lag. Am Geburtstag des Kaisers war schulfrei, man feierte überall im Land, und wenn an diesem Tag die Sonne schien, dann sprach man von »Kaiserwetter«. Wie andere Jugendliche wurde Elsa nach Ausbruch des Krieges in die verschiedenen nationalen Kampagnen zur Steigerung der Moral und zur Beschaffung von kriegswichtigen Materialien einbezogen: »Wir haben Schriftwechsel gehabt mit den Matrosen und von der Schule aus Pulswärmer und Kopfschützer gestrickt«, erinnerte Elsa sich. »Wir sind noch sammeln gegangen, so daß neue U-Boote gebaut werden konnten. Und Mutti mußte Marmelade kochen und Plätzchen backen für die Soldaten. Dann mußten wir Pakete packen in der Schule.« Eine starke Anteilnahme der Bevölkerung an der Heimatfront am Schicksal der Kämpfenden war gute deutsche Tradition. Wie schon unter Friedrich I. zogen auch im Ersten Weltkrieg Frauen und Kinder voller Stolz Kleider an, die den Uniformen ihrer Väter, Brüder und Ehemänner nachempfunden waren. »Während des Krieges haben wir immer Matrosenkleider getragen«, erzählte Elsa weiter, »auch zu Hause. Dann gab es Tellermützen, und es wurden Bänder rumgemacht von den Matrosen mit Seiner Majestät Schiff drauf. Da hat man sich keine Gedanken darüber gemacht, daß Schulkinder auch den Krieg mitgemacht haben.« Oft hatten sie während des Kriegs keinen Unterricht, erinnerte Elsa sich und fügte hinzu, daß sie sowieso nicht gerne zur Schule gegangen sei.

Als sie im März 1918 konfirmiert wurde, war die Stimmung in Berlin schlecht geworden. Deutschland, das anscheinend schon auf der Schwelle zu einem großen Sieg gestanden hatte, wurde plötzlich an allen Fronten zurückgeworfen. In der Heimat führten Frauen, die die Entbehrungen, die der Krieg mit sich brachte, nicht länger hinnehmen wollten, Protestkundgebungen gegen den Krieg und die Lebensmittelknappheit an. Sie wurden von der kaiserlichen Polizei niedergeknüppelt. Fast jeder hatte einen Angehörigen, der im Kampf gefallen war oder vermißt wurde. Als der Krieg im November 1918 zu Ende war, gingen die Kämpfe in den Straßen Berlins weiter; die Spartakisten fochten erbittert gegen die der politischen Mitte näherstehenden Sozialisten, um endlich die erhoffte Kommunistische Revolution herbeizuführen. »Auf der Straße wurde gekämpft und geschossen«, erinnerte sich Elsa, die in ihrem Leben fünf verschiedene deutsche Regimes und Regierungen kennengelernt hat. »Also, in meinem Leben ist immer Aufregung gewesen. Für mich war das damals toll interessant. Als junger Mensch ist die Aufregung interessant. Jetzt möchte ich Ruhe haben.«

Elsa wohnte noch zu Hause, als 1923 die große Inflation ausbrach. Um die finanzielle Belastung ihrer Familie etwas zu verringern, nahm sie eine Stelle bei der Berliner Niederlassung der Firma Kodak an. Bald gehörte sie zu den wenigen Frauen, die dort in gehobenen Positionen arbeiteten.

Ihre jüngere Schwester Ingrid bekam einmal eine Einladung, am Ball der Berliner Druckereiarbeiter teilzunehmen. Ihr Vater erlaubte es aber nicht, daß Ingrid allein hinging; Elsa sollte die Anstandsdame abgeben, aber natürlich weigerte sie sich. Sie war ein sehr zurückhaltender, in sich gekehrter Mensch, es lag ihr nicht viel daran, auf irgendwelche Feste zu gehen, und sie bestand darauf, an diesem Abend zu Hause zu bleiben. Sie erinnerte sich daran, wie sie damals schrie: »Nein, ich gehe nicht«, und fügte hinzu, daß es zu Hause oft Streitereien und Geschrei gegeben habe. Sie dachte verwundert daran zurück, wie sie tatsächlich damals um Haaresbreite nicht zu dem Ball gegangen wäre. Als Ingrid sie endlich dazu überredet hatte, sie zu begleiten, war Elsa absolut nicht mehr in der Stimmung, mit einem Druckereiarbeiter zu tanzen. Sie hatte vor, ihre Aufgabe als Anstandsdame wahrzunehmen, indem sie sich irgendwo am Rand der Tanzfläche niedersetzte und zuschaute. Dann aber bat ein Mann, der gerade ihre Schwester übers Parkett geführt hatte, sie um einen Tanz. Er hatte eine Brille mit runden Gläsern aufgesetzt, verhielt sich sehr wohlerzogen, trug aber ein spöttisches Lächeln im Gesicht. Sie gewährte ihm einen einzigen Tanz, und wie sie sich erinnerte, versuchte der junge Mann dabei, sich zu eng an sie anzuschmiegen. Sie fand, daß es nicht besonders gut zwischen ihnen lief, und war überrascht, als er mit ihr weitertanzen wollte. Da sie immer noch nicht in Stimmung war, meinte sie, daß sie zu klein sei, um mit ihm zu tanzen. Sie sagte: »Die Ingrid ist viel leichter und schöner als ich.« Und Rudi antwortete: »Ja, ja, Sie haben recht. Ihre Schwester tanzt leichter als Sie. Aber Sie gefallen mir besser.«

»Wenn ich mit meiner Schwester nicht mitgegangen wäre, hätte ich meinen Mann nicht kennengelernt«, sagte Elsa mit leiser Stimme, als ob sie mit ihren Gedanken weit weg sei. »Das Leben hängt ganz vom seidenen Faden ab«, meinte sie und wiederholte diese Worte dann, als ob sie sich diese Wahrheit noch einmal bewußtmachen und über sie nachdenken wollte: »Eine andere Wende, und das Leben geht ganz anders aus. Und manche sagen, daß es Bestimmung gibt. Das glaub ich nicht.«

Für Elsa, die Berlinerin, schien in dem Tal in Österreich, in dem Rudi aufgewachsen war, erstickende Enge zu herrschen. Rudi Holzer kam aus Sankt Johann, einer Stadt im Gebirge an den Ufern der Salzach.[9] Mit seinem neuen Auto, dem ersten, das es in der Stadt gab, konnte Rudis Vater in wenig mehr als eineinhalb Stunden in das ungefähr sechzig Kilometer entfernte Salzburg hinüberfahren. Für Elsa waren die majestätischen Gipfel, die Sankt Johann umschlossen, nichts als hohe Mauern, die verhinderten, daß eine neue, progressivere Lebensweise in dem Ort Einzug hielt. Die Einwohner waren Katholiken, die sich unter dem Einfluß von Priestern und Bischöfen von Andersgläubigen abkapselten, und Rudis protestantische Freundin aus dem Norden war für sie eine mehr als merkwürdige Erscheinung. Elsa hatte die Leute dort als ausgeprägte Antisemiten in Erinnerung behalten: »Sankt Johann war ein antisemitisches Nest«, erklärte sie. »In Sankt Johann haben sie selten ›fremd‹ geheiratet. Jede Gruppe hatte glaubensmäßig einen bestimmten Stil. Und in so einem Nest wissen die, wer Jude ist. Die wissen es! Die Österreicher sind nicht sehr lieb – außer meinem Mann, nicht! Sie sind antisemitisch – noch mehr als wir hier in Berlin. Die Kirche hat da unten in Österreich mehr Macht als der Kaiser. Rudi hatte als Kind schon alles erlebt, aber ich hatte als Kind in Berlin von Antisemitismus nichts gewußt.«

In Rudis Jugend waren fast alle selbständigen Geschäftsleute in Sankt Johann Juden. Sie waren zwar anders, waren aber gleichzeitig auch unentbehrlich: der Weinhändler, der Kaufhausbesitzer, der Porzellanhändler und Herr Holzer, der Druckereibesitzer des Ortes. Sie waren weltlich eingestellte Juden, die sich selbst in erster Linie als Kaufleute und Händler betrachteten. Wie seine Nachbarn kümmerte sich Herr Holzer nicht um die jüdischen Feiertage, er ließ seine Kinder in der Kathedrale des Ortes taufen und besuchte mit seiner Familie die katholische Messe. Die Angehörigen von Rudis Mutter waren zwar orthodoxe Juden, sprachen aber nicht über ihre Religion, wenn der Junge sie einmal besuchte; die vier Geschwister seines Vaters hatten alle Nicht-Juden geheiratet. »Rudi hatte keine Ahnung vom Judentum«, berichtete Elsa. »Natürlich war er auch nicht beschnitten. Zu Hause ist nichts vom Judentum gesagt worden, nur Tralala. Es war auch eigenartig, daß die Holzers überhaupt Juden waren.«

Daß die Holzers zum jüdischen Glauben übergetreten waren, war mehr oder weniger Zufall gewesen. Anfang des 18. Jahrhunderts war eine Gruppe tschechischer Juden vor einem Pogrom aus ihrer böhmischen Heimatstadt geflohen und hatte in Niederösterreich Zuflucht gesucht. Eine Familie hatte bei den Holzers Unterschlupf gefunden, und der Sohn dieser Familie verliebte sich in die Tochter der jüdischen Flüchtlingsfamilie. Als die jungen Leute von Heirat sprachen, verlangte die Familie der Braut, daß der Bräutigam zum Judentum übertreten müsse. Die Holzers hatten dann zwei Jahrhunderte lang an ihrer angenommenen neuen Religion festgehalten, und Rudis Vaters hatte sich sogar die Tochter eines Rabbiners zur Frau genommen.

Es waren aber auch Rudis Eltern gewesen, die – nicht lange nach ihrer Heirat – der jüdischen Tradition der Familie ein Ende gesetzt hatten. Viele Generationen nachdem der erste Holzer zum jüdischen Glauben konvertiert war, trat Rudis Vater wieder zu dem Glauben über, der in der Stadt, in der die Familie sich niedergelassen hatte, am verbreitetsten war. Er war so schwer erkrankt, daß der Dorfarzt um das Leben seines Patienten fürchtete; der Priester des Ortes hatte einen obligatorischen Krankenbesuch abgestattet und mit der Frau des Mannes, der anscheinend im Sterben lag, gesprochen. »Tut mir leid, Frau Holzer«, hatte er zu Rudis Mutter gesagt, »aber in meinem Sprengel kann Ihr Mann nicht beigesetzt werden. Nicht auf einem der katholischen Friedhöfe. Er ist kein Katholik, er ist Jude.« Rudis Vater hatte daraufhin nach der Taufe verlangt, die Sakramente empfangen, und dann das ganze Problem seiner Beerdigung aus der Welt geschafft, indem er wieder vollständig genas. Seine Frau hatte sich damals ebenfalls taufen lassen. »Sie wollte das sein, was er war«, erklärte Elsa. »Sie haben einander gut verstanden.«

Für den alten Holzer zählte vor allem beruflicher Erfolg, und er war entschlossen, seinen Kindern alle Nachteile zu ersparen, die sich daraus ergeben könnten, daß sie einer Minorität angehörten. Der angesehene Geschäftsmann war sogar von der Freimaurerloge aufgenommen worden, die Juden die Mitgliedschaft verwehrte. Seine Frau hatte Elsa stolz erzählt: »Er hat so einen großen Mantel getragen und einen großen Hut – richtig wie früher die alten Ritter.« Elsa erklärte: »Es gab da einen Gesamtbeschluß, daß Herr Holzer aufgenommen würde. Weil er alles gemacht und geschrieben hat, mußten die ihn mit einschließen.«

Auf Rudi hatte man große Hoffnungen gesetzt. Man erwartete von ihm, daß er sich zu einem Gelehrten entwickeln und irgendwann einmal den Familienbetrieb übernehmen würde. Als er fünf Jahre alt war, wurde er in ein international bekanntes katholisches Internat gesteckt. Die einzigen Frauen, die er in dieser reinen Knabenschule zu Gesicht bekam, waren die, die alle die Aufgaben erledigten, zu denen sich die Männer nicht herablassen wollten: Saubermachen, Wäschewaschen, Kochen. Rudis Eltern hofften, daß die Mönche dem Jungen eine katholische Erziehung vermitteln könnten, wie es ihnen selbst nicht möglich war, und ihm so den Weg zu beruflichem Erfolg ebnen würden. Seine Erziehung vermittelte ihm auch eine erste Bekanntschaft mit dem Antisemitismus und zeigte ihm, wie aussichtslos der Versuch zur Assimilation sein konnte – die aber gleichzeitig dadurch um so dringender geboten schien. Seine Mitschüler riefen »Jüdlein, Jüdlein« hinter ihm her: Es hatte sich das Gerücht verbreitet, daß der schmächtige kleine Holzer-Junge jüdisch war.

Rudi wurden jedoch bald wichtige Aufgaben in dem katholischen Internat übertragen: Er wurde Meßdiener und Chorknabe. Als er zwölf war, wußte er, was er werden wollte: Geistlicher und Lehrer, genau wie seine Erzieher es waren. »Wenn ich Pfarrer bin, bin ich mehr in dem Ort, mehr als ein König«, so erklärte er seinen Entschluß seinem Onkel. »Der Pfarrer herrscht über alle, die Armen und die Reichen gleich.«

»In seinem Internat wurden sogar die Röcke der Priester geküßt, und das muß ihm richtig imponiert haben«, meinte Elsa. »Also wollte er Priester werden. Aber nachher, im Pubertätsalter, wollte er doch nicht mehr. Die Mädchen haben ihm schon gut gefallen. Ja. Und er meinte, er möchte doch heiraten.«

Nach elf Jahren fiel die Fortsetzung der geliebten katholischen Erziehung, die Rudi selbst eines Tages anderen angedeihen lassen wollte, dem Weltkrieg zum Opfer. Der schmächtige Siebzehnjährige meldete sich freiwillig zur österreichischen Armee. Rudis Vater und alle seine Onkel hatten sich ebenfalls freiwillig gemeldet – nicht weil sie an das glaubten, wofür die Österreicher und die Deutschen kämpften, sondern weil sie meinten, keine andere Wahl zu haben, wenn sie gesellschaftlich anerkannt werden wollten. Wie sonst hätten sie auch zeigen können, daß sie gute Patrioten waren?

»Mein Mann war nicht kaisertreu«, erklärte Elsa, »aber der Pfarrer und Arzt und alle in seinem Dorf, in seinem Nest, sagten: ›Ein junger Mann, der muß doch sein Vaterland verteidigen!‹ Er ist also hingegangen und hat sich freiwillig gemeldet. Freiwillig! Nach dem Krieg ist er der Kommunistischen Partei beigetreten, weil er keinen Krieg mehr wollte. Er war Bolschewist. Er hatte den Krieg kennengelernt und wußte, was Krieg bedeutet und was dabei rauskam. Mein Mann meinte, der Kommunismus ist das einzige, was konsequent gegen Krieg ist – und das ist ja richtig.«

Nach dem Krieg kehrte Rudi nach Sankt Johann zurück und bereitete sich darauf vor, das Geschäft seines Vaters zu übernehmen. Holzer senior, ein ehrgeiziger, gleichzeitig aber auch vorsichtiger Mann, hatte den Grundstein für einen angesehenen Druckereibetrieb gelegt. Sein Unternehmen hatte zwar noch nicht den Ruf, wie ihn Mosse oder Ullstein hatten, die berühmten Berliner Unternehmen, die im Besitz von jüdischen Familien waren. Aber in Erich Holzers Firma wurde schon die Wochenzeitung für die Region Pongau und eine monatlich erscheinende Zeitschrift für das modebewußte Salzburg gedruckt. Rudi ließ sich an der Fachhochschule im nahe gelegenen Bad Gastein zum Drucker und Setzer ausbilden; er erwarb sein Diplom schon nach drei statt der üblichen vier Jahre. »Er konnte drei oder vier Zeilen auf einmal lesen«, erinnerte sich Elsa mit Stolz. Voller Selbstvertrauen und neuer Ideen kehrte Rudi nach dem Abschluß seiner Ausbildung heim und schlug größere betriebliche Neuerungen und Modernisierungen vor. Der alte Holzer bestand aber darauf, mit den Maschinen weiterzumachen, die man schon seit langem benutzte: »Alles neu, nein! Das wird so gemacht wie immer.« Sohn und Vater verstanden sich nicht mehr. Rudi verließ daher seine Familie und sein Land, um sein Glück in Berlin zu versuchen.

Sein Onkel Oskar lebte schon in der deutschen Hauptstadt, aber Rudi wollte es dort auf eigene Faust zu etwas bringen. Wenn er auch Marxist war, so bestand sein Hauptziel nicht darin, eine Revolution zu entfesseln, sondern eine gute Arbeitsstelle zu finden und zu heiraten. Für einen ausgebildeten Drucker und Schriftsetzer war es damals in Berlin leicht, Arbeit zu finden. 1926 gab es schon Anzeichen dafür, daß die deutsche Wirtschaft sich wieder erholen würde; und auch in politischer Hinsicht schien die Welt stabil zu sein. Die ökonomischen Unregelmäßigkeiten und sozialen Unruhen, die durch den Krieg ausgelöst worden waren, waren überwunden und beigelegt worden. Die deutsche Währung und die anderer Länder war wieder stärker geworden, die industrielle Produktion war höher als die von 1913; Revolutionären verschiedener Couleur hatte man erfolgreich standgehalten, und die Bedrohung, die von ihnen ausging, schien so gut wie erloschen zu sein. Die Empörung der Deutschen über den Vertrag von Versailles hatte sich etwas gelegt, zum Teil auch weil die Art und Weise, in der die in diesem Vertrag festgelegten Reparationszahlungen geleistet werden mußten, geändert und auch der Umfang der Zahlungen verringert worden war. In Locarno akzeptierte Deutschland 1925 die grundlegenden Bestimmungen des Vertrags, wurde im Jahr darauf in den Völkerbund aufgenommen und konnte wieder normale wirtschaftliche und politische Beziehungen zu den anderen europäischen Staaten unterhalten.

Berlin wetteiferte jetzt mit Paris und Wien um die kulturelle, gesellschaftliche und politische Führungsposition in Europa, und es war dieses säkulare, moderne Berlin, das Rudi interessierte. Er nahm nicht am Leben der jüdischen Gemeinde der Stadt teil und hatte auch nicht vor, auf andere Weise zu erkennen zu geben, daß er einmal Jude gewesen war. Schon vor dem Beginn des Dritten Reichs hielten sich sowohl Rudi als auch Elsa von politischen und religiösen Aktivitäten zurück. In Berlin, der Weltstadt, die so weit von zu Hause weg war, besaß Rudi die Freiheit, eine neue Identität für sich selbst zu schaffen und eine eigene Familie zu gründen. Wie Elsa sich erinnerte, war sie jedoch zunächst gar nicht so begeistert von der Beziehung zu ihm. Es dauerte Monate, bis die beiden sich endlich duzten. Elsa war mißtrauisch. Als Rudi sie eines Tages auf der Berliner Prachtstraße Unter den Linden zu küssen versuchte, wehrte sie sich heftig und sagte, daß es zu dunkel sei; sie könne je gar nicht sehen, was passiere! Rudis Judentum hatte nichts damit zu tun, daß sie sich so sträubte. Sie scheute vielmehr die Ehe an sich; sie hatte eine gute Stelle und kam sich unabhängig vor. Sie hatte die Ehe ihrer Mutter vor Augen – und so etwas wollte sie für sich selbst nicht!

Rudi jedoch fühlte sich einsam. Er hätte abends mit anderen durch die Kneipen ziehen können. An fast jeder Straßenecke gab es ja eine Kneipe, die bis zum frühen Morgen voll fröhlicher Zecher war. Wenn er auch in der Stadt lebte, war der Österreicher jedoch kein Berliner. Seine Arbeitskollegen verspotteten ihn als »feinen Pinkel«, wenn er nach der Arbeit nach Hause ging, anstatt mit ihnen ein paar Bier zu trinken, aber Elsa verteidigte ihn noch im nachhinein: »Das ist wohl die Berliner Geschichte – wenn einer war anders macht als sie, machen sie sich über ihn lustig.«

Ironischerweise brachte genau das, was sie für das »typisch Jüdische« an Rudi hielt, sie schließlich zu der Überzeugung, daß eine Ehe mit ihm vielleicht doch das Richtige für sie wäre. Es war vor allem seine ausgeglichene Art, die in ihr überhaupt die Vermutung weckte, daß er jüdisch sein könnte. »Wenn man gegen ihn redet oder sagt ›das geht nicht‹ oder so, wird er nicht böse«, vertraute sie ihrer Mutter an. Dies ließ Rudi in ihren Augen zu einem ganz außergewöhnlichen Menschen werden. »Bei uns zu Hause war es ganz anders«, erklärte sie, »wir waren schon ein bißchen angriffslustig. [...] Aber Rudi war immer höflich. Immer nett gewesen. Und strahlend. [...] Einmal bin ich auch mit Rudi laut geworden. Da hätte mein Vater mich auf meinen Kopf geschlagen! Aber der Rudi sagte: ›Du, hör mal, wir sind zivilisierte Menschen. Wenn wir uns was zu sagen haben, wo beide gegenteiliger Meinung sind, können wir uns das in einem anständigen Ton sagen, ohne zu schreien.‹ [...] Und daher habe ich gefragt: ›Sind Sie jüdisch?‹«

Vielleicht war ihre Mutter verantwortlich dafür, daß Elsa alle Juden für besonders wohlerzogen hielt. Elsa konnte sich nicht daran erinnern, jemals mit ihrer Mutter über Juden oder Judentum gesprochen zu haben, aber als sie jetzt zu erklären versuchte, warum sie Rudi so sehr mochte, kam man auf das Thema zu sprechen. Ihre Mutter stimmte ihr zu, daß Juden nett und höflich seien. Sie erzählte: »Als junges Mädchen hatte ich einen Chef, der war auch ein Jid. Und der war auch genauso reizend – nicht abweisend oder so, nicht geizig.« Es mag sein, daß viele Deutsche die Juden für besonders zivilisierte Menschen hielten, weit verbreiteter waren aber – neben ausgesprochenem Judenhaß – gewisse Vorurteile, wie auch das, daß Juden ein eigenes, besonderes Aussehen hätten. Auch Elsa glaubte damals, daß alle Juden eine dunkle Haut und große, krumme Nasen hätten. Dieses Bild, das so viele Deutschen von den Juden hatten, machte es später für die Nazis leichter, sie als Angehörige einer einzigen »Rasse« abzustempeln. »Rudi«, sagte Elsa, »sah überhaupt nicht jüdisch aus.«

Als Elsa damals von Rudi hatte wissen wollen, ob er jüdisch sei, hatte die Frage ihn wie eine Kugel getroffen. Niemand anders in Berlin hatte ihn das gefragt, und er war von dem Moment an sicher, daß er sie heiraten wollte. Rudi hatte es in Berlin vermeiden wollen, als Jude erkannt zu werden, und auch Angst gehabt, daß Elsa vielleicht nichts mit einem Juden zu tun haben wolle. Aber:»Ich sagte: ›Wieso, ich hab gar nichts gegen Juden.‹ Ich hab es in Weimar gar nicht als eine Gefahr erkannt, daß er jüdisch war.«

Vor dem Dritten Reich hatten weder Elsas Vater noch ihre Mutter etwas gegen ihre Heirat einzuwenden. Der Vater wußte gar nicht, daß Rudi Jude war, da Elsa sich nur ihrer Mutter anvertraut hatte. Sie spürte, daß ihr Vater antisemitisch eingestellt war, und wie sie gestand, versuchte sie, allen Konfrontationen nach Möglichkeit aus dem Weg zu gehen. Sowohl Rudis Familie als auch Elsas Kirche waren jedoch gegen die Verbindung. Elsas Vorgesetzte – die im Traum nicht auf die Idee gekommen wäre, daß Rudi Jude sein könnte – meinte, daß dieser als Österreicher und als Katholik nicht annehmbar sei. »Das geht nicht. Das wird eine unglückliche Ehe, weil der liebe Gott ihr nicht den Segen gegeben hat«, warnte sie Elsa.

Und auch Rudis Vater setzte der geplanten Heirat Widerstand entgegen. Elsa war weder reich noch besonders wohlgestaltet. »Warum willst du dir einen Berliner Kleiderschrank an den Hals hängen?« schrieb der alte Holzer seinem Sohn. »Komm hierher, du kriegst die reiche Müllerin. Sie ist auch noch hübsch.«

Rudi, ein begeisterter Hobbyphotograph, versuchte, die kleinwüchsige Elsa mit Hilfe von photographischen Tricks attraktiver aussehen zu lassen. Er ließ sie auf einen Baumstumpf steigen und nahm sie dann aus einem Winkel heraus auf, der sie viel größer erscheinen ließ, als sie da so stand und hochnäsig von oben herabguckte. Als Rudi seinem Vater schrieb, daß er bald heiraten und sich für immer in der deutschen Hauptstadt niederlassen werde, bot dieser ihm die ganze Ernte seiner lebenslangen harten Arbeit an, wenn er zurückkäme. Das ganze Familienunternehmen sollte ihm gehören, so lockte der Vater, und er könne damit machen, was er wolle. Rudi geriet in Versuchung. Er würde sein eigener Chef sein und vielleicht viel Geld verdienen. War das nicht genau das, was er immer gewollt hatte – schon bevor er Elsa kennengelernt hatte? Könnte sie nicht mit ihm nach Österreich ziehen?

Als er das Elsa vorschlug, brachte er auch wirtschaftliche Argumente vor und malte ein verlockendes Bild von dem Leben, das sie in Sankt Johann erwartete. Sie würden dort ein schönes Haus haben und alles andere, was sie begehrten. Elsa ließ sich nicht darauf ein. »Nein, ich gehe nicht mit«, antwortete sie.

Ein jüdisch-protestantisches Paar aus der Arbeiterklasse

Günter und Wally Grodka waren ebenfalls wichtige Zeitzeugen, was das Leben und Leiden von jüdisch-deutschen Ehepaaren in Nazideutschland anbelangt. Mitte der achtziger Jahre gehörten sie zu den wenigen noch lebenden Paaren, die den Protest in der Rosenstraße gemeinsam mitgemacht hatten – das heißt, der eine Partner als Gefangener, der andere als Demonstrant. Obwohl die Grodkas nie viel Geld gehabt hatten, waren sie in eine gute Wohngegend gezogen; sie lebten in einem kleinen Haus in einem dichtbesiedelten Teil von Berlin-Lichterfelde. Zehlendorf, wo Charlotte Israel wohnte, war nicht weit. Günter, ein kleiner und stämmiger Mann, war Klempner gewesen, und Wally, die einer Arbeiterfamilie entstammte, hatte sich als Schriftstellerin versucht: Kurz nach Kriegsende hatte sie in einer Berliner Zeitung einen zweispaltigen Artikel über ihre Erfahrungen als eine mit einem Juden verheiratete Frau in der Nazizeit veröffentlicht. Gelegentlich hatte sie auch Tagebuch geführt; und diese Tagebucheintragungen dokumentierten im Verein mit ihren Aussagen bei den Interviews, auf welch unglaubliche Weise ein jüdisch-deutsches Paar der Mißachtung und Mißhandlung durch Nachbarn und Fremde ausgesetzt gewesen war, die einfach dadurch, daß sie es mit gesellschaftlich Geächteten zu tun gehabt hatten, zu dieser Feindseligkeit provoziert worden waren.

Für Günter und Wally war es nicht nur aus ethnischen, sondern auch aus ökonomischen Gründen problematisch gewesen, zur guten Gesellschaft zu gehören. Als Hitler an die Macht kam, war Wally gerade zu Günter und dessen Mutter in deren Wohnung in der Waitzstraße in Charlottenburg gezogen. Weder Günter noch Wally hatten eine Arbeit, und sie lebten von der Sozialhilfe, die Günters Mutter bezog. Ihre Freundschaft war gerade erst ein paar Wochen alt, und trotz des ganzen Geschreis, das die Nazis machten, schien Wally, einer Protestantin aus dem Arbeiterviertel Moabit, die Lyrik schrieb und ein Tagebuch führte, Günter »ein Sonnenstrahl, [...] ein Schimmer von Hoffnung« zu sein. Wenn es ihr überhaupt einmal in den Sinn kam, daß ein Zusammenleben mit Günter ihr ernsthafte politische Probleme bereiten könnte, dann verdrängte sie diesen Gedanken sofort wieder. Günter jedoch, einem jüdischen Mitglied des sozialistischen Reichsbanners und einem aktiven Sozialdemokraten, war die rassistische Ideologie des Nationalsozialismus in ihren Grundzügen vertraut, und er hatte vielleicht begriffen, daß ein nicht-jüdischer Partner in Zukunft von großem Vorteil sein könnte.

Günter Grodka haßte die Deutschen – wegen Hitler –, er mochte aber auch die Juden nicht besonders. Er hatte für die Deutschen nur Spott übrig, weil sie Hitler zur Macht verholfen hatten, fügte aber hinzu: »Dieser oder jener Jude hat bestimmt auch NSDAP gewählt, denn sie haben diese Partei gar nicht als ihren Feind angesehen.«[10] Als Angehöriger der Arbeiterklasse machte Günter vor allem den freiberuflich tätigen, konservativen Juden den Vorwurf, damals nicht erkannt zu haben, wer oder was Hitler eigentlich war. Juden, deren Hauptsorge es gewesen sei, Karriere zu machen und sich wirtschaftliche Sicherheit zu verschaffen, so meinte er, seien eben zumeist nicht politisch interessiert gewesen. Sie seien sich als gute Deutsche vorgekommen und hätten sich von Hitlers Machtergreifung nicht beunruhigen lassen. Wie andere Deutsche hätten sie gehofft, daß Hitler die Wirtschaft wieder auf die Beine bringen würde, und sich »nicht auszumalen vermocht, was alles folgen würde«.

Was den aktiven Sozialdemokraten damals aber noch mehr geschmerzt hatte als das Verhalten anderer Juden, war das Benehmen seiner Parteigenossen. Überall in den Straßen, wo vorher Flaggen der Kommunisten oder Sozialisten geweht hatten, wurde plötzlich die Fahne der Nazis aufgezogen. Diejenigen, die, um die rote Fahne zu grüßen, »Rotfront« gerufen hatten, salutierten jetzt zackig vor der Hakenkreuzfahne (und als Günter sie nach dem Krieg daran erinnerte, wurden sie wütend und sagten, er solle aufhören, sie zu schikanieren). Nach wenigen Wochen begannen seine früheren Genossen, die Männer, mit denen zusammen er Karten gespielt und Bier getrunken hatte, ihm aus dem Weg zu gehen, da er ein Jude war. »Sei mir nicht böse«, bat ihn einer von ihnen, »wir bleiben die alten, aber wir können uns nicht mehr grüßen auf der Straße!«

Urplötzlich war die von der Partei geführte antisemitische Kampagne zur offiziellen politischen Maßnahme der Regierung geworden. Am 13. März 1933 richtete Joseph Goebbels das neue Ministerium für Volksaufklärung und Propaganda ein und fing sofort an, mit Hilfe von Presseartikeln, an öffentlichen Plätzen aufgehängten Spruchbändern und Plakaten und anderen Mitteln gegen die Juden zu hetzen. Wally, die von Natur aus eine Rebellin war, wurde mit dem neuerdings »offiziellen« Haß auf Juden und alle die, die sich für Juden einsetzten, am 1. April 1933, dem sogenannten Tag des »Judenboykotts«, bekannt gemacht. Goebbels und der in seinem Judenhaß notorische Bezirksparteileiter von Nürnberg, Julius Streicher, organisierten diesen Boykott jüdischer Geschäfte, nachdem sie am 31. März im *Völkischen Beobachter* verkündet hatten, daß das »Weltjudentum« die öffentliche Stimmung in Deutschland vergiftet und das deutsche Volk verleumdet habe.

Reichspräsident Paul von Hindenburg hatte sich diesem Boykott ursprünglich widersetzt, Hitler hatte ihm aber eingeredet, daß das Volk eine solche Maßnahme gegen die Juden wirklich wolle. Goebbels wiederum wollte den öffentlichen Dienst davon überzeugen, daß dieser Boykott einer allgemeinen Empörung der Bevölkerung entspringe und daß das Volk neue antisemitische Gesetze begrüßen würde.[11]

Der Boykott sollte also als eine vom Volk ausgehende Aktion erscheinen. Um zehn Uhr am 1. April bezogen in braune Hemden gekleidete SA-Männer überall im Reich Posten vor jüdischen Geschäften. Das Propagandaministerium war auch darauf aus, alle, die sich dem Boykott nicht anschlossen, zu überführen. Goebbels wollte die Presse einsetzen, um alle Deutschen, die in jüdischen Geschäften kauften, öffentlich bloßzustellen. Photographen hielten sich bereit, um diese »Volksverräter« aufzunehmen, und Goebbels erwartete sich auch viel von der Mitarbeit deutscher Angestellter, die, wie man hoffte, die deutschen Kunden von jüdischen Läden namhaft machen würden.[12]

Es gab viele jüdische Geschäfte in Charlottenburg, einem Viertel, das bei den Juden Berlins sehr beliebt war. Wally erinnerte sich daran, daß die Straßen schwarz, beziehungsweise braun, von SA-Leuten waren, als sie an jenem Morgen zum Einkaufen ging.[13] Die SA-Männer, die rote Armbinden mit dem Hakenkreuz trugen, standen vor den Eingangstüren jüdischer Läden und hielten Plakate hoch, auf denen zu lesen war: »Kauft nicht bei Juden!« Einige von ihnen hatten auch Photoapparate und machten Aufnahmen von all denen, die kühn genug waren, an ihnen vorbei in die Läden zu gehen. Das Geschäft, in dem Wally normalerweise einkaufte, gehört keinem Juden, an diesem Tag aber ging sie in eines, das, wie der SA-Mann, der vor ihm Posten bezogen hatte, deutlich machte, im Besitz eines Juden war. »Wußten Sie nicht, daß Sie bei einem Juden waren?« fragte der Mann sie wütend, als sie wieder herauskam. Als Wally gar nicht auf seine Vorhaltungen reagierte, wurde er immer wütender; er sagte, daß sie »der deutschen Frau« Schande mache. Er drohte damit, sie ins örtliche Hauptquartier der Partei zu bringen und sie verhaften zu lassen. »Sie werden schon noch erfahren, was das nach sich ziehen wird«, sagte er, als sie sich weigerte, ihm zu folgen.

Dieser offizielle Boykott jüdischer Geschäfte war bei den Deutschen im allgemeinen nicht sehr populär; aber das, was im Anschluß an ihn geschah, macht deutlich, in welchem Maß es durch freiwillige Kooperation sehr schnell zu einer Zentralisierung der Macht der Nazis kam. Nach dem 1. April richteten private Berufsorganisationen, Firmen und auch Einzelpersonen Anfragen an die Handelskammer, ob – und wenn ja, wie – sie jüdische Kaufleute weiter boykottieren sollten. Im Mai, das heißt nur wenige Monate nach der Machtübernahme der Nazis, veranlaßte die wachsende Zahl solcher Anfragen die Handelskammer dazu, das Propagandaministerium um eine Stellungnahme zu diesem Problem zu bitten. Goebbels beschied, daß die jüdischen Kaufleute nicht weiter boykottiert werden sollten, weil dies den Versuchen der Partei, die deutsche Wirtschaft wiederaufzubauen, abträglich sei. Die Handelskammer gab sich mit dieser Antwort nicht zufrieden und zog weitere Erkundigungen beim Reichswirtschaftsministerium ein. Von dort aus bedankte man sich für die »gefällige« Anfrage und schloß sich der Meinung Goebbels' an.[14] Hitler und die Partei vertraten die Meinung, daß jüdischer Einfluß in der Politik und der Kultur schädlicher sei als im Wirtschaftsleben[15], und für das neue Regime war es ein Hauptanliegen, so rasch wie möglich den jüdischen Einfluß auf die Politik und die öffentliche Meinung auszuschalten – die Konfiszierung jüdischen Eigentums konnte noch warten. Innenminister Wilhelm Frick, einer aus der kleinen Schar alter Nazi-»Kämpfer«, reagierte schließlich im Januar 1934 auf den freiwillig fortgeführten Boykott mit einem offiziellen Erlaß, der dem Ganzen ein Ende bereitete.[16] Frick zollte den Berufsverbänden der Ärzte und Juristen Beifall dafür, daß sie sich sofort darum bemüht hatten, alle Juden aus ihren Reihen auszustoßen, er gab aber gleichzeitig zu bedenken, daß die Anwendung des Arierparagraphen in allen Bereichen der Industrie, vor allem in der Textilindustrie, die weitgehend von Juden beherrscht wurde, sich nachteilig auf die deutsche Wirtschaft auswirken würde.[17]

Anders als Charlotte und Julius Israel hatten Wally und Günter Grodka kein Geschäft, ja noch nicht einmal eine Arbeitsstelle, die sie verlieren konnten. Aufgrund ihres niedrigeren wirtschaftlichen Status waren sie auch weniger von den frühen wirtschaftlichen Repressalien der Nazis gegen die Juden betroffen. Wallys Vater war 1918, nachdem er vier Jahre lang für das Vaterland gekämpft hatte, gefallen, und ihre Mutter mußte mit einer kleinen Witwenrente auskommen. Sowohl Wally als auch Günter waren mit vierzehn von der Schule abgegangen. Günter hatte sich seitdem als Gelegenheitsarbeiter durchgeschlagen, 1933 war er aber wieder einmal auf der Suche nach Arbeit. Wally hatte in einem Laden ein Praktikum als Verkäuferin absolviert, war aber ebenfalls ohne Anstellung. Die Schulden fingen an, sich zu häufen. Frau Grodkas Rente belief sich auf sieben Mark und fünfundvierzig in der Woche, was kaum für eine Person reichte. Eine Portion Hühnerfrikassee kostete eine Mark, das leistete man sich aber nur an besonderen Festtagen, normalerweise aßen Wally und Günter zwei Würstchen zu zwanzig Pfennig das Stück. Abends saßen sie zu Hause und träumten von dem, was sie alles machen würden, wenn sie Geld hätten, oder sie unterhielten sich über aktuelle Kinofilme. Sollten sie fünfundzwanzig Pfennig pro Kopf opfern, um sich einen Film im »Minerva« anzuschauen? Bei ihrem Einkommen wäre das schon eine tollkühne Tat gewesen. »Normalerweise siegte die Vernunft«, erinnerte sich Wally. Wenn sie sich aber tatsächlich mal einen Film leisteten, dann glichen sie das dadurch aus, daß sie am nächsten Tag auf das Mittagessen verzichteten. Sie sparten auch, indem sie zu Fuß gingen, anstatt den Bus zu nehmen, und es war ihr Hunger, so erinnerte sich Wally, der ihren Haß auf die Nazis wachrief. Wenn sie durch die Fenster eines Restaurants am Kurfürstendamm gutgenährte, selbstzufriedene Nazis anstarrten, die sich genüßlich über dampfende Schüsseln beugten, dann – so Wally – »kam ein furchtbarer Haß in uns auf, und der Wunsch, uns einmal an etwas Schönem satt zu essen«.

Monatelang konnten sie keine Miete zahlen; als sie dann schließlich auf die Straße geworfen wurden, gaben Günter und Wally ihre Suche nach Arbeit vorerst auf, um eine neue Wohnung ausfindig zu machen; Jeden Tag zogen sie durch die Straßen – von Grunewald bis hin zum Wittenbergplatz – auf der Suche nach einem Vermieter, der willens war, einem arbeitslosen Paar, das man gerade auf die Straße gesetzt hatte, weil es die Miete nicht bezahlen konnte, eine Wohnung zu überlassen. Wally kam auf die Idee, daß man vielleicht einen Wohnungsbesitzer rumkriegen könnte, wenn man behauptete, seinerseits Untermieter zu haben. Als sie dann endlich eine leerstehende Wohnung in einer guten Straße im achtbaren Charlottenburg ausfindig gemacht hatten, wandte sie ihre List an. Der Vermieter verlangte jedoch, Wallys Untermieter persönlich kennenzulernen; sie setzte daher eine Annonce auf, und es meldeten sich tatsächlich vier Interessenten bei ihr: ein junger Mann, zwei Schwestern und eine alte Frau. Alle zusammen zogen sie in die Niebuhrstraße 67; die Grodkas schleppten ihre Möbel Stück für Stück in die fünf Straßen entfernte neue Wohnung. Einen Monat später starb Günters Mutter. Der Kummer um ihren Tod wurde noch dadurch verstärkt, daß man jetzt ohne jedes Einkommen war. Günter lernte jedoch in der öffentlichen Bibliothek einen Mann kennen, der ihm Aushilfsarbeit in einem Farben- und Lackegeschäft vermittelte. Er bekam dafür gerade mal vier Mark und fünfundvierzig in der Woche, aber bald darauf fand auch Wally eine Stelle: Sie arbeitete halbtags als Aushilfskraft im Kaufhaus Hertie in Wilmersdorf.

3
Rassen-, Sexual- und Ehepolitik

»... was hilft in einer solchen Welt die Vernunft?«
»Die jüdische Frau« in Bertolt Brechts
Furcht und Elend des Dritten Reiches

Ein Regime auf der Suche nach einem rassisch »reinen« Volk

Nachdem man zwei Jahre lang immer wieder über sie diskutiert hatte, verabschiedeten die nationalsozialistischen Diktatoren im September 1933 schließlich die Nürnberger Rassengesetze. Obwohl diese Gesetze zu einem Grundstein der Bemühungen der Nazis wurden, »die Rasse zu säubern«, stellten sie gleichzeitig, gemessen an ihrer Ideologie, einen Kompromiß dar, einen Kompromiß, zu dem sie durch gesellschaftliche Traditionen im allgemeinen wie auch insbesondere durch die Assimilation von Juden durch ihre Heirat mit Deutschen gezwungen wurden.

Zunächst hatte das Regime viel radikalere Ziele gehabt, was die Bewahrung der Rasseinheit der Deutschen anbelangte. Zu Beginn des Dritten Reichs dachten die Gesetzgeber daran, alle Ehen zwischen Deutschen und Angehörigen verschiedener »anderer Rassen« – einschließlich der jüdischen – zu verbieten. Der Justizminister von Thüringen schlug ein Gesetz vor, mit dem Ehen zwischen »Personen mit zu großer rassischer Verschiedenheit untersagt werden sollten.[1] Funktionäre diskutierten sogar über das Problem sexueller Kontakte in Verbindung mit dem Fremdenverkehr und zogen in Erwägung, Touristen die Einreise zu verweigern, um die deutschen Bürger vor sexuellem Verkehr mit Nicht-Deutschen zu schützen.

Beamte des Justiz-, des Außen- und des Innenministeriums machten sich monatelang lüsterne Gedanken zum Thema Geschlechtsverkehr zwischen »Deutschblütigen« und Andersrassigen, bis sie durch einen internationalen Sturm der Empörung und durch Boykottmaßnahmen gestoppt wurden. Zum offenen Ausbruch dieses Konflikts mit anderen Ländern kam es im September 1933. Der Nachrichtendienst Reuter veröffentlichte einen Artikel darüber, daß der preußische Justizminister Hans Kerrl ein Gesetz in Erwägung zog, welches Ehen zwischen Deutschen und »Angehörigen fremder Rassen« verbieten würde. Das Nachrichtenbüro hatte die Kopie eines Memorandums von Kerrl zu Gesicht bekommen, aus dem unter anderem hervorging, daß man plante, Deutsche für den Verkehr mit »Niggern« und anderen »Farbigen« zu bestrafen. Sogar wenn man mit einem dieser Menschen tanzte, würde man sich strafbar machen, man würde gegen die »rassische Ehre« verstoßen. Kerrl wollte sexuelle Kontakte zwischen Deutschen und Angehörigen »fremder Rassen« als »rassischen Verrat« bewertet sehen, ein Verbrechen, daß mit dem Verlust der deutschen Staatsangehörigkeit geahndet werden sollte.[2]

Deutschlands Pläne zur Lösung der »Rassenfrage« beeinträchtigten die guten Beziehungen des Landes zu Ceylon »mehr als alle anderen Vorfälle der Nachkriegszeit«, wie der deutsche Konsul in Colombo meinte. Eine ganze Reihe von Singhalesen, darunter auch einige Minister, brachen die »nützlichen Beziehungen« mit dem Konsulat ab. Brasilien und Japan legten ebenfalls diplomatischen Protest ein. Die Japaner verwehrten sich aufs heftigste dagegen, als »Farbige« eingestuft zu werden. Das ceylonesische Parlament erwog, einen offiziellen Boykott deutscher Waren zu verhängen, während die Einwohner des Landes ohnehin schon keine deutschen Produkte mehr kauften und sogar die Deutschen selbst mieden und keine Gesellschaften mehr besuchten, die von diesen veranstaltet wurden.[3]

Die deutsche Firma Heller beschwerte sich beim deutschen Außenministerium, daß ihre Bemühungen, geschäftliche Verbindungen mit Ceylon und Südafrika aufzubauen, durch Berichte über eine bevorstehende Verabschiedung von Rassengesetzen in Deutschland zunichte gemacht würden. Ironischerweise ließen die geplanten Maßnahmen einen Rassenhaß gegen Deutsche wach werden.[4]

Da es befürchtete, daß die öffentliche Meinung sich weltweit gegen Deutschland kehren könnte, schickte das Außenministerium eilends ein Telegramm an alle ausländischen Konsulate, in dem es hieß, daß mit dem Memorandum Kerrls keine Herabsetzung »anderer Rassen« beabsichtigt sei und daß das deutsche Justizministerium keinesfalls ein Gesetz zum Verbot von »gemischtrassigen Ehen« vorbereite. Die indische Zeitung *Commercial Gazette* reagierte jedoch auf diese Erklärung mit der Behauptung, daß die »rassische Arroganz« in Deutschland bereits so ausgeprägt sei, daß man allen Dementi bezüglich der geplanten

Rassengesetze keinen Glauben mehr schenken könne. Indien gehe zwar die deutsche Innenpolitik nichts an, so meinte die *Gazette*, aber wenn ein solches Gesetz auch auf asiatische Länder angewandt werden würde, würde das »katastrophale« Folgen für Deutschland haben.[5]

»Rassischer Verrat« und Kompromiß des Regimes

Vom November 1933 waren die deutschen Ministerien darum bemüht, den Schaden in den Ländern, die sich durch das Memorandum Kerrls verletzt gefühlt und Anstoß genommen hatten, zu begrenzen und beschränkten sich darauf, Vorschläge zu machen, wie man im Inland sexuelle Kontakte kontrollieren könne, und zwar vor allem solche zwischen Deutschen und den schlimmsten Übeltätern von allen, Juden, die es gewagt hatten, diese Deutschen zu heiraten. Die öffentliche Meinung im Ausland und Inland und die existierenden sozialen Praktiken legten jedoch dem Regime auch in dieser Hinsicht Schranken auf. Das Fundament, auf dem das Regime aufbauen wollte, war breite soziale Akzeptanz der von ihm propagierten Werte, und was dies betraf, so hatte man dank der Bemühungen des Propagandaministerium tatsächlich schon einen ersten Grundstein gelegt. Das Regime ging mit äußerster Vorsicht vor und trieb seine antijüdischen Praktiken genau bis an die Grenzen dessen, was die Gesellschaft zu akzeptieren und gutzuheißen bereit war. Nur wenige Monate nach der Machtübernahme durch Hitler gaben Funktionäre bekannt, daß die überwältigende Mehrheit der Deutschen die furchtbare Gefahr, die in der Vermischung von deutschem Blut mit jüdischen Elementen bestünde, schon längst erkannt hätte. Im mürrisch-strengen Ton pflichtbewußter Staatsdiener fügten sie aber hinzu, daß einige deutsche Mädchen sich erdreistet hätten, mit Juden auszugehen, und einige dieser Pärchen habe man sogar miteinander tanzen gesehen! Die Gestapo habe einige von ihnen in »Schutzhaft« genommen.[6]

Die Nazis hofften, daß da, wo ihre Ideologie ohne Wirkung blieb, wirtschaftliche Not und soziale Ächtung Deutsche zu einer Scheidung von ihren jüdischen Partnern bewegen könnten. Vor Inkrafttreten der Nürnberger Gesetze lieferte das Gesetz zur Wiederherstellung des Berufsbeamtentums vom April 1933 das wirksamste Instrument, um eine solche Trennung herbeizuführen. Als er die umfassende Wirkung des »Arierparagraphen« dieses Gesetzes ins Auge faßte, der Juden den Zugang zum öffentlichen Dienst verweigerte, stellte der preußische Justizminister Kerrl fest, daß es beinahe dieselbe Wirkung hatte wie ein direktes Verbot von Mischehen. Ein Mann, der die Absicht hatte, eine Jüdin zu heiraten, würde sich das jetzt zweimal überlegen, meinte Kerrl, und zwar vor allem angesichts der starken Einschränkungen seiner beruflichen Chancen, die eine solche Ehe zur Folge haben würde, ganz zu schweigen von dem, was seinen Kindern zustoßen könnte.[7] Kerrl und andere Funktionäre glaubten anfänglich, daß das Regime es sich ersparen könnte, sich systematisch, auf gesetzlicher Grundlage mit dem Problem der Mischehen zu befassen – und zwar eben aufgrund des Gesetzes zur Wiederherstellung des Berufsbeamtentums und der Tatsache, daß auch viele nicht-staatliche Einrichtungen und Organisationen den Arierparagraphen freiwillig anwendeten, der Juden aus dem öffentlichen Dienst heraus- und in diese Gruppierungen hineingetrieben hatte. Kerrl sah ganz richtig voraus, daß der Arierparagraph sich für viele Juden verheerend auswirken würde; andere jedoch waren von ihm überhaupt nicht betroffen. Günter Grodka zum Beispiel. Wirtschaftlich ein Außenseiter, hatte er nie damit gerechnet, regelmäßig einem gutbezahlten Beruf nachzugehen. Obwohl die Nazis jüdisch-deutsche Paare aus allen gesellschaftlichen Klassen mit derselben Entschlossenheit verfolgten, waren diejenigen, die relativ fest in der Gesellschaft verankert waren – die Angehörigen der Mittelklasse und die Freiberufler – am härtesten vom Arierparagraphen betroffen.

Von Anfang 1933 an wurden in Mischehe lebende Personen durch zahlreiche Gesetze und durch Bestimmungen privater Organisationen diskriminiert. Das erste dieser Gesetze, das am 30. Juni 1933 bekanntgegeben wurde, verlangte von Bewerbern für den öffentlichen Dienst den Nachweis, daß die Vorfahren ihrer Ehepartner »Arier« gewesen waren. Beamte, die mit Juden die Ehe eingingen, mußten entlassen werden.[8] Um weiteren finanziellen Druck auf Deutsche, die mit Juden verheiratet waren, auszuüben und ihnen gesellschaftlichen Abstieg anzudrohen, verfügte der Reichsfinanzminister im Juli, daß die beliebten Darlehen für Verheiratete nicht von Personen in Anspruch genommen werden konnten, die in Mischehe lebten.[9] Mit dem sogenannten Ehestandsdarlehen-Programm vom Juni 1933 wurden Frauen, die ihre Arbeitsstelle aufgaben, um zu heiraten, Darlehen zugestanden, und die aufgenommene Darlehenssumme wurde dann mit jedem Kind, das diese Frau gebar, um ein Viertel reduziert. Die Geburtenrate in Deutschland begann anzusteigen, aber nur rassisch »reine« Deutsche und nicht etwa »Mischlinge« waren den Machthabern genehm. Im Dezember 1933 gab der Innenminister bekannt, daß Adoptionen nicht anerkannt werden würden, wenn die Adoptiveltern ein »gemischtrassiges« Paar bildeten.[10]

Im August 1933 ordnete Reichsarbeitsführer Robert Ley an, daß verheiratete Verwaltungsangestellte der Deutschen Arbeitsfront, jener gewaltigen nationalsozialistischen Arbeiterorganisation, nur deutsche Ehepartner haben dürften.[11] Von dieser Vorschrift waren jedoch solche Beamte ausgenommen, die schon mit jüdischen Partnern verheiratet waren. Wiederum sah es so aus, als ob das Gesetz zur Wiederherstellung des Berufsbeamtentums ausreichend sein könne. Innenminister Frick wies andere hohe Nazi-Funktionäre darauf hin, daß man mit Hilfe dieses Gesetzes Deutsche, die mit Juden verheiratet waren, sofort entlassen oder sie dazu zwingen konnte, sich vorzeitig in den Ruhestand zu begeben.[12] Es blieb der Reichsbahn vorbehalten, anderen Organisationen und Einrichtungen mit gutem Beispiel voranzugehen und die Forderung zu stellen, daß ihre deutschen Beschäftigten, die mit Juden verheiratet waren, sich entweder scheiden ließen oder den Dienst quittierten. Im November 1933 entschied der Vorstand der Reichsbahn nicht nur, daß alle mit Juden verheirateten Deutschen keine Anstellung bekommen könnten, sondern auch, daß alle in solch einer Mischehe lebenden Deutschen sofort entlassen werden würden.[13] Eine spätere Ergänzung zu dieser Verfügung forderte von allen deutschen Beamten, die heiraten wollten, den Nachweis, daß ihre Verlobten »arischer« Abstammung waren.[14] Vom Oktober 1933 an wurde per Reichsgesetz verlangt, daß alle Redakteure, in der Nazi-Terminologie »Schriftleiter«, – mit Ausnahme derer, die für jüdische Publikationen zuständig waren – »arischer Abstammung« waren. Außerdem durften sie nicht mit Personen »nichtarischer Abstammung verheiratet sein«.[15] Nur wenige Wochen, nachdem es erlassen worden war, mußte dieses Gesetz ergänzt werden, das heißt, es mußte klargestellt werden, daß Redakteure, die mit Nichtariern verheiratet waren, ihre Arbeit weiterhin verrichten durften, wenn sie ihre Stelle schon innegehabt hatten, bevor das sogenannte »Schriftleitergesetz« in Kraft getreten war. Am 28. Februar 1934 erließ die Wehrmacht ihr eigenes Gesetz zur Wiederherstellung des Berufsbeamtentums. Schon vorher, im Juli 1933, war verfügt worden, daß kein Soldat eine Jüdin heiraten durfte.

Besonders katastrophal wirkte sich für die Juden die Bereitschaft der Mediziner und Juristen aus, die rassistischen Vorurteile der Nazis zu übernehmen und sich voll und ganz zu eigen zu machen. Beide Berufsgruppen setzten sich zu einem weitaus höheren Prozentsatz aus Juden zusammen, als es dem Anteil der Juden an der Gesamtbevölkerung entsprach. Weniger als ein Prozent der deutschen Bevölkerung war jüdisch, aber zehn Prozent aller Ärzte und gar zwanzig Prozent aller Rechtsanwälte. Vom November 1933 erhielten Ärzte, Zahnärzte und zahnärztliche Helfer mit nicht-arischen Ehepartnern von der staatlichen Krankenversicherung keine Honorarzahlungen mehr – und das war damals nahezu unerläßlich, wenn man sich in diesen Berufen den Lebensunterhalt verdienen wollte. Alle diejenigen, die mit einem Nicht-Arier verheiratet waren, würden in Zukunft ihre Mitgliedschaft einbüßen.[16] Die »Reichsvorschriften« für die Ärzteschaft wurden abgeändert, so daß jeder, der einen jüdischen Ehepartner hatte, wie auch Juden selbst in Zukunft keine Approbation erhalten würde. Vom Juli 1935 mußten auch die Bewerber für das Amt eines Richters oder Staatsanwalts nachweisen, daß sie mit Ariern verheiratet waren.[17] Raul Hilberg, der Historiker des Holocaust, schreibt: »Schon seit Beginn des Nazi-Regimes waren Mitglieder der medizinischen und juristischen Berufe mit dem Gedanken beschäftigt, ihre jüdischen Kollegen zu vertreiben.«[18]

Während der Arierparagraph immer mehr zum Tragen kam, waren hochrangige Beamte weiterhin damit beschäftigt, den Boden für die bevorstehenden Nürnberger Gesetze zu bereiten. Im Spätsommer 1933 gaben »wichtige deutsche Führer« in Nürnberg öffentlich das bevorstehende Inkrafttreten eines Gesetzes bekannt, das die Ehe zwischen Deutschen und Juden verbieten würde. Im Oktober 1933 liefen die ersten Gerüchte um, Minister Kerrl befürworte ein Gesetz, das »gemischtrassige Ehen« verbieten werde.[19] Und bald darauf erzählte man sich, daß existierende Ehen dieser Art innerhalb Deutschlands gewaltsam aufgelöst werden sollten.[20] Zum Ärger des Staates reagierten einige jüdisch-deutsche Paare auf diese Nachrichten von einem Gesetz, das es ihnen unmöglich machen werde, eine Ehe einzugehen, damit, daß sie so schnell wie möglich vor den Altar traten.

Im Verein mit den Ministerien nahmen sich viele Angehörige der deutschen Juristenschaft – Richter, Anwälte, Rechtswissenschaftler – ebenfalls des gewichtigen Themas von Mischehe und Scheidung an. Obwohl das Regime die deutschen Ehegesetze nicht vor dem Juli 1938 änderte, begannen Anwälte und Gerichte schon bald, die existierenden Gesetze auf neue Art und Weise zu interpretieren, um den Machthabern entgegenzukommen. Einige Richter stellten die radikale Behauptung auf, daß Mischehen mit der Begründung verhindert werden könnten, daß die Reinerhaltung deutschen Bluts ein »bindendes Rechtsprinzip« sei.[21] Heißumstritten war die Frage, ob ein Paar sich einzig und allein deswegen scheiden lassen könne, weil ein Partner arisch und der andere jüdisch war. Einige Richter trafen die beispiellose Entscheidung, daß solche Paare einzig aus dem Grund, daß sie zwei drastisch unterschiedlichen Rassen angehörten, auf einer Scheidung bestehen könnten. Einflußreiche Rechtswissenschaftler meldeten sich mit Artikeln zu Wort, die in anerkannten Fachzeitschriften veröffentlicht wurden. Im September 1933 war es einer weitverbreiteten Meinung zufolge für Arier möglich, die Scheidung einzureichen, weil erst der Nationalsozialismus ihnen vor Augen geführt hatte, wie gefährlich die Ehe mit einem jüdischen Partner sein konnte, und sie – dermaßen aufgeklärt – nun erkannten, daß eine Scheidung unbedingt erforderlich war. Im September 1933 kam Gerichtsassessor Böhrmann in einem Artikel für die *Deutsche juristische Zeitung* zu dem Schluß, daß das »Rassenproblem« zumindest vom 15. April 1933 an jedem in Deutschland bekannt sei und daß jeder, der eine Mischehe eingehe, die Konsequenzen für sich selbst und seine Kinder kenne.[22] Böhrmann, der sich der Meinung des Reichsrechtskommissars Hans Frank[23] anschloß, meinte, die Deutschen seien durch das Aufkommen des Nationalsozialismus genügend auf die Gefahren von Mischehen hingewiesen worden und jene Arier, die nach dem 15. April Juden geheiratet hatten, müßten gewußt haben, daß sie eine Mischehe antraten; sie besäßen aber das Recht, sich scheiden zu lassen, wenn sie getäuscht worden seien oder sich zur Zeit der Eheschließung nicht über die rassische Identität des Partners im klaren gewesen seien.

Bei den Gerichten konnte die Partei auf Unterstützung durch eine Reihe von einflußreichen Sympathisanten rechnen. Die Richter verhielten sich jedoch recht uneinheitlich. Einige von ihnen gingen weiterhin den juristischen Grundlagen für Auflösungen und Verbote von Mischehen nach, während andere eigene unabhängige Urteile fällten oder nur partiell so entschieden, wie es im Sinne der nationalsozialistischen Ideologie war. Im März 1934 befand der Reichsgerichtshof – ohne daß eine gesetzliche Grundlage dafür existierte –, eine Mischehe könne aus dem Grund geschieden werden, daß Charakter, Persönlichkeit und Lebensperspektive der Juden so fremdartig seien, daß eine Mischehe zwangsläufig zerstörerisch, unnatürlich und abstoßend sein müsse.[24] Im Juli 1934 weigerte der oberste Gerichtshof sich jedoch, die seit 1930 bestehende Ehe eines Nicht-Juden mit einer Jüdin aus dem Grund zu annullieren, daß dem Mann erst jetzt dank der ideologischen Aufklärung der Nazis die Bedeutung rassischer Unterschiede bewußt sei.[25] Das Gericht war der Meinung, daß einem Scheidungsgesuch nur nachgegeben werden könne, wenn einer der Partner zum Zeitpunkt der Eheschließung sich nicht über die Rassezugehörigkeit des anderen im klaren gewesen sei.

Sogar nachdem sie die Hebel der staatlichen Macht in die Hände bekommen hatten, mußten die Parteiführer sich noch abmühen, um auf den entscheidenden Gebieten von Rassenpolitik und Erbhygiene ihren eigenen Willen durchsetzen zu können. Verschiedene Ministerien halfen eifrigst dabei, die nazistische Ideologie in die Tat umzusetzen und sie zu legitimieren. Außer dem preußischen und dem deutschen Justizminister trug Wilhelm Frick, ein altgedienter Nazi, der seine Schlüsselstellung als Innenminister auch dazu benutzt hatte, um innerhalb seines Ministeriums ein eigenes Amt für »rassische Angelegenheiten« einzurichten, entscheidend zu den Bemühungen der Partei bei, die neue Rassenpolitik in der Praxis zu realisieren. Als ein Gericht in Altona befand, daß den geltenden Gesetzen nach Mischehen nicht lediglich aufgrund der rassischen Unterschiede der Partner aufgelöst werden könnten[26], bat Justizminister Franz Gürtner das Außenministerium schriftlich darum, zu einer Experten-Konferenz über die Frage von Ehen »zwischen Angehörigen verschiedener Rassen« eingeladen zu werden.[27] In seinem Schreiben von Anfang November 1933 meinte Gürtner, daß die Frage der Mischehen »eine politische Entscheidung« erfordere, da das ganze Rechtssystem sich als ungenügend erwiesen habe! Ein Gesetz, das weitere Mischehen verbot, sei seiner Ansicht nach rechtlich möglich.[28]

Ministerien und Gesetze waren aber nicht das, worauf die Partei sich in erster Linie stützen wollte; sie war vielmehr darum bemüht, das Wertbewußtsein der Öffentlichkeit umzuformen. Damit das nationalsozialistische Gedankengut weiter um sich griff, versuchte die Partei es auch so darzustellen, als ob der propagierte Rassismus schon längst im Volk selbst wurzelte. Um weitere Eheschließungen zwischen Juden und Deutschen zu verhindern, sorgte die Partei dafür, daß bei der Hochzeitszeremonie solcher Paare Störenfriede für Unruhe sorgten. Die Aufgabe, den Informationsfluß zu kontrollieren und die öffentliche Meinung zu überwachen, fiel dem ersten neuen Ministerium des Staates zu, dem für Propaganda. Propagandaminister Joseph Goebbels setzte anti-jüdische Massenkundgebungen ein, um die Meinung der Gesetzgeber wie auch der breiten Öffentlichkeit zu beeinflussen. Der Boykott jüdischer Geschäfte vom 1. April 1933, zum Beispiel, hatte dazu dienen sollen, die verschiedenen Reichsministerien davon zu überzeugen, daß die Deutschen selbst den Juden gegenüber feindselig eingestellt seien und daß daher die Gesetze entsprechend judenfeindlich sein müßten.[29] Im Oktober 1935 entschied ein regimehöriges Gericht, daß es gerechtfertigt sei, »Judenfreunde« öffentlich anzuprangern, da es die Pflicht jedes Deutschen sei, wo immer er könne, den Einfluß der Juden auf das öffentliche Leben zurückzudrängen.[30] Das Regime war eifrig darum bemüht, Rassismus als die natürliche, gottgegebene Ordnung der Dinge darzustellen, die sich in Gesetzen widerspiegeln müßte.

In einigen Fällen war die Mißachtung von Gesetzen und Präzedenzfällen durch Beamte und Richter auf die unmittelbare Einflußnahme der Partei auf diese Männer zurückzuführen. Örtliche Parteifunktionäre und Polizeibeamte setzten ganz massiv Richter unter Druck, welchen Eingaben von jüdisch-deutschen Paaren vorlagen, denen man die Heiratserlaubnis verweigert hatte.[31] Vielleicht um die Öffentlichkeit schon auf die Verabschiedung der Nürnberger Gesetze einzustimmen, begann die Partei Anfang 1935 damit, auf Standesbeamte Druck auszuüben, daß sie keine solchen Paare mehr trauten. Die Gestapo trat ebenfalls auf den Plan und forderte die Standesbeamten auf, sie von geplanten Mischehen in Kenntnis zu setzen, so daß man die daran beteiligten Deutschen »aufklären« könne.[32] Ein Nürnberger Standesbeamter namens Häberlein lehnte den Antrag eines Deutschen, der eine Jüdin heiraten wollte, ab und begründete dies mit dem bald zu erwartenden Gesetz, das Mischehen verbieten werde. Als Häberleins deutsches Opfer bei einem deutschen Bezirksgericht Einspruch einlegte, verteidigte Häberlein sich damit, daß er im Sinne der Interessen des Staates gehandelt habe.[33] In Mainz hatte der Bürgermeister die Standesbeamten angewiesen, ihn über alle Anträge von »gemischten« Paaren in Kenntnis zu setzen (das heißt von solchen, bei denen der eine Partner »von deutscher Abstammung«, der andere »jüdisch-rassig« sei). Das Büro des Bürgermeisters informierte dann die regionale Parteivertretung, die anschließend den deutschen Partnern »nahezulegen« versuchte, daß eine Mischehe nicht in ihrem Interesse sein könnte. Der Bürgermeister wies auch die Mitarbeiter des Standesamtes selbst an, diese Deutschen davor zu warnen, daß eine Mischehe zu beruflichen Problemen für sie selbst und Schwierigkeiten für die Kinder führen könnte.[34] Vor allem während des Sommers 1935 verweigerten Standesbeamte, ohne gesetzlich dazu berechtigt zu sein, gemischten Paaren die Heiratserlaubnis, was sie manchmal eher mit ihrem »nationalsozialistischen Bewußtsein« begründeten als mit irgendeiner gesetzlichen Vorschrift.[35] Obwohl Ehen zwischen Juden und Deutschen seit Jahrzehnten ganz legal gewesen waren, weigerten sich jetzt aufgrund des Drucks, den die Gestapo ausübte, aufgrund der Demonstrationen des Straßenpöbels gegen Mischehen und willkürlicher Verhaftungen gemischter Paare sowie der Gerüchte, daß solche Ehen bald per Gesetz verboten sein würden, in ganz Deutschland Standesbeamte, solche Heiratswilligen zu trauen. Da die Position, die die herrschende Partei bezog, der Grundlage, die durch die Gesetze geschaffen wurde, widersprach, waren diese Beamten vielleicht verwirrt und wußten nicht genau, wem sie folgen sollten – der Partei oder dem Gesetz. Es wäre aber natürlich vergeblich, sich irgendeine Art von Widerstand von Personen zu erwarten, die, sogar als noch eine Rechtsgrundlage bestand, sich dem Willen der Nazis zu widersetzen, dies nicht taten.

Hitler glaubte nicht, daß neue Gesetze ausreichten, um alte Gewohnheiten zu ändern, aber er träumte davon, eine Massenbewegung zu initiieren, die ganz und gar von nationalsozialistischen Wertvorstellungen getragen sein würde. Die Gerichte und die Ministerien verkörperten ehrbare und anerkannte Autoritäten und Instanzen, und wenn man sie dazu brachte, im Sinne der neuen Ideologie zu handeln, dann wäre das ein großer Schritt hin auf das Ziel, die nationalsozialistischen Normen zu den allgemein in Deutschland geltenden Normen zu machen. So waren Beamte und Richter führend am Aufbau einer nazistischen Massenbewegung beteiligt. Staatsangestellte wurden, wenn sie auch weniger zuverlässig als die Parteimitglieder waren, im Verein mit dem Militär ebenfalls mit der ehrenvollen Aufgabe betraut, die Prinzipien der Nazis in generelle soziale Praktiken umzuschmelzen. Als im allgemeinen Sprachgebrauch das Wort Mischehe weiterhin eine Ehe zwischen Angehörigen unterschiedlicher Konfessionen bezeichnete und nicht etwa eine »gemischtrassige« Ehe, gab das Innenministerium im April 1935 neue Anweisungen heraus: Im amtlichen Sprachgebrauch bedeutete »Mischehe« jetzt ausschließlich eine Ehe von Personen unterschiedlicher »rassischer Zugehörigkeit«.[36]

Wie die Nazi-Partei stießen die Reichsministerien und die Gerichte auf gesellschaftliche und kulturelle Grenzen, an denen ihre institutionelle Macht zu Ende war, und die scharfsinnigeren unter den Angehörigen dieser Institutionen schlugen vor, soziale und ökonomische Maßnahmen in die Wege zu leiten, die die in Mischehe lebenden Deutschen dazu veranlassen würden, »freiwillig« die Scheidung einzureichen. Dies belegt jedoch nur, daß sie kluge Strategen waren, und keineswegs, daß ihnen daran gelegen war, den Faschismus in Schach zu halten oder weniger repressiv zu machen. Sie erkannten, daß Anordnungen von seiten einer Institution nicht über Nacht irgendwelche Normen umzukehren vermochten, und schlugen geschicktere Vorgehensweisen vor, die auch noch milder wirken würden als eine brutale Reglementierung durch Gesetze oder der Einsatz von Polizeigewalt. In einem Artikel in der *Deutschen juristischen Zeitung* wurde festgestellt, daß ein gesetzliches Verbot von Mischehen unerläßlich sei, gleichzeitig wurde aber wegen der bestehenden gesellschaftlichen Gewohnheiten vor einem solchen Verbot gewarnt. Wie der Autor anmerkte, würde eine zwangsweise Auflösung von Mischehen – leider – gegen die religiöse Ordnung und den Anstand verstoßen. Zwar ließen sich legale Rechtfertigungen dafür finden, daß Arier sich einzig aus rassischen Gründen von Juden scheiden ließen, so legte der Verfasser dar, vorzuziehen wäre es aber, wenn man den sozialen Konflikt, der sich aus dem um sich greifenden Rassismus ergäbe, einfach diese Ehen zerrütten ließe, bis dann irgendwann die Scheidung nach den existierenden Gesetzen folge. Im Jahr darauf, 1934, stellten Beamte des Innenministeriums eine besonders wirkungsvolle Art von »Konfliktstoff« her, der solche Mischehen auseinanderbrechen ließ: Indem sie eine Verfügung erließen, die Angestellte, welche mit Juden verheiratet waren, von jeglicher beruflichen Beförderung ausschloß, zwangen sie viele Berufstätige dazu, sich zwischen ihren Ehefrauen und ihren Karrieren zu entscheiden.[37]

4

Mut und die »Mischehe«

»Was wollen sie in Wirklichkeit? Was tue ich ihnen? Ich
habe mich doch nie in die Politik gemischt. War ich für
Thälmann? Ich bin doch nur eines von diesen Bour-
geoisweibern, die Dienstboten halten usw., und plötzlich sollen nur noch die Blonden das sein dürfen? [...]
Was ist schlecht an der Form meiner Nase und der Farbe
meines Haares?«

»Die jüdische Frau« in Bertolt Brechts
Furcht und Elend des Dritten Reiches

Nazis in der Familie

Von 1933 bis 1935 bewirkte zwar der Druck, der immer stärker auf sie
ausgeübt wurde, daß einige jüdisch-deutsche Paare sich scheiden
ließen,[1] auf der anderen Seite veranlaßten jedoch die Gerüchte, daß
Mischehen bald per Gesetz verboten werden würden, andere, noch
nicht verheiratete Paare dazu, so rasch wie möglich die Ehe zu schließen. So zum Beispiel auch Charlotte und Julius Israel. Als Charlotte
nach der Machtergreifung Hitlers zögerte, mit ihrer Mutter über ihre
geplante Hochzeit mit Julius zu sprechen, fürchtete dieser zunächst,
daß sie ihn verlassen könnte. Dann kamen ihm Gerüchte zu Ohren,
daß es bald für Juden sehr schwierig oder sogar unmöglich sein werde,
Deutsche zu heiraten. »Das macht doch nichts, Julius«, antwortete ihm
Charlotte auf seine Frage, ob sie ihn dennoch heiraten wolle. »Dann
fahren wir weg. Es gibt doch mehr Länder. Wir brauchen nicht in
Deutschland zu sein. Wo du hingehst, da geh ich auch hin.«

Ihr altes Zuhause war das erste vertraute Territorium, das Charlotte
verlassen mußte. Am Abend des Tages, an dem Julius ihr von dem
möglichen Verbot von Mischehen erzählt hatte, zwang Charlotte sich,
ihrer Mutter gegenüberzutreten. Sie würden jetzt heiraten müssen,
sagte sie ihr. Charlotte war nicht ganz auf die Furcht und die Wut vor-

bereitet, mit der ihre Mutter auf diese Mitteilung reagierte. Wenn der Staat Ehen zwischen Deutschen und Juden verhindern wolle, wie könne Charlotte es dann wagen, eine solche einzugehen? »Unerhört!« Ihre Mutter zitterte vor Empörung. »Unmöglich! Du kannst jetzt keinen Juden heiraten!« Charlotte wußte, daß sie sich durch eine Ehe mit Julius das Leben schwermachen würde, aber sie hatte zumindest darauf gehofft, bei ihrer eigenen Familie Unterstützung zu finden. Als sie jetzt ihre Mutter bat, sie solle aufhören, »auf die Juden zu schimpfen«, fuhr diese sie an: »Ich will dich nie mehr sehen.«

Ihre Mutter sei ein Feigling gewesen, erinnerte Charlotte sich voller Bitterkeit. Sie habe sich immer nach dem Wind gedreht. Heute so, morgen so. Einmal stand sie auf der Seite ihres Nazi-Schwagers, wenn sie aber mit ihr einmal allein war, war sie etwas weniger zickig. Sie habe es schrecklich gefunden und habe ihrer Mutter nicht mehr trauen können. Sie habe ständig in Angst gelebt. Immer. In beständiger Furcht.

Nur weil sie von ihrer neuen jüdischen Familie dazu ermuntert wurde, nahm Charlotte wieder Kontakt mit ihrer Mutter auf. Die Mutter von Julius bedrängte sie, daß sie sich doch vor der Hochzeit mit ihrer eigenen Mutter versöhnen solle, und für Charlotte gab es keinen Menschen, der mehr Autorität besaß als Frau Israel. Als sie, in der Annahme, nie wieder zurückzukehren, ihr altes Zuhause verlassen hatte, hatte Charlotte genau gewußt, wo sie hingehen sollte. Wie andere mit Juden verheiratete Nicht-Juden, die keinen Wert darauf legten, zur »Herrenrasse« zu gehören, fand Charlotte bei ihren künftigen jüdischen Schwiegereltern starken Rückhalt und erfuhr durch sie, was Familiensolidarität bedeutete. Julius' Schwester hatte bereits einen Nicht-Juden geheiratet, und seine Eltern waren mit der Verlobung ihres Sohnes mit Charlotte ganz und gar einverstanden. »Mit Julius' Familie habe ich gar kein Problem gehabt, wegen Mischehe«, erinnerte sich Charlotte. »Im Gegenteil, die Schwiegermutter hat mich in alle Himmel gehoben. Und manchmal, wie ich mit Julius war und ich alle seine Freunde noch nicht kannte, dann hat er mich sehr stolz vorgestellt: ›Ja, meine künftige Frau!‹ Und sie sagten: ›Ja, es freut mich, Sie mal treffen zu können, ich hab soviel von Ihnen gehört.‹ Das war alles von meiner Schwiegermutter.«

»Meine nicht-jüdischen Freunde verlor ich alle«, erzählte sie weiter. »Die wackelten alle nach und nach los. Weil ich Julius hatte! Es machte mir nichts aus. Ich hatte meine jüdische Familie. Ich lernte das jüdische Familienleben kennen. Ich gehörte jetzt dazu. Wie wunderbar da der Zusammenhalt war! Ich habe das erstmals kennengelernt bei den Juden, wie eine Familie zusammenhielt. Wie anders das Leben sein konnte, wenn alle zusammenhalten.«

Charlotte erklärte sich schließlich bereit, noch einmal mit ihrer Mutter zu sprechen. Sie hatte immer ein sehr enges Verhältnis zu ihrem Bruder Stefan gehabt; ihn bat sie jetzt, ihre Mutter doch dazu zu überreden, zur Hochzeit zu kommen. Charlottes Schwester war inzwischen zu ihrer erbitterten Feindin geworden. Ihr Nazi-Ehemann drohte sogar damit, daß er Julius auf dem Weg zum Standesamt von der SA verhaften lassen werde. Charlotte wußte noch gut, wie sie ihm damals geantwortet hatte, daß sie sein Haus niederbrennen würde, falls man Julius festnehmen sollte.

Sie sagte Julius nie etwas von diesen Drohungen ihres Schwagers. Sie habe ihn immer beschützen wollen, erzählte sie. Als sie damals zu Fuß die kilometerlange Strecke zum Standesamt zurücklegten, schwatzte sie fröhlich und war überzeugt, daß Julius gar nicht bemerkte, daß sie immer wieder verstohlene Blicke über die Schulter zurückwarf, um festzustellen, ob sie verfolgt wurden. Sie kamen unbehelligt beim Amt an, wurden aber von dem Standesbeamten dort äußerst kühl empfangen. Julius' Vater bestand darauf, erst eine Woche später im Kreise der Familie zu feiern. So hätten Störenfriede, die sofort nach der standesamtlichen Trauung erschienen wären, niemanden vorgefunden, den sie hätten belästigen können.

Zu dieser Feier, die in der Wohnung der Israels abgehalten wurde, kamen auch Charlottes Mutter und ihr Bruder. Charlotte hat es Stefan später irgendwie verziehen, daß er der NSDAP beigetreten war. Während der ganzen Nazi-Zeit blieb er ihr gegenüber loyal. Nach dem Krieg heiratete er eine Jüdin, aber die Ehe hielt nicht. Charlotte nahm für ihn Partei und besuchte ihn regelmäßig. Mit ihrer Schwester und ihrem Schwager, dem Erz-Nazi, hatte sie hingegen seit 1933 keinen Kontakt mehr gehabt. Die beiden hätten immer nur gegen Julius und sie selbst gehetzt. »Wir haben furchtbar viel gelitten darunter«, erinnerte sie sich.

Nachdem sie mit einem Juden die Ehe geschlossen hatte, unternahm Charlotte, die sich nie für Parteien oder Politik interessiert hatte, einen subversiven Schritt nach dem anderen, während das Regime jeden Tag von neuem von ihr verlangte, zwischen Scheidung und innerem Widerstand zu wählen. Kurz nach ihrer Eheschließung hatte die SA Posten vor der Tür von Julius' Laden aufgestellt und seine Kunden belästigt. Schließlich war es ihm unmöglich geworden, selber das Geschäft zu führen. Obwohl dies damals für eine deutsche Frau unüblich war, trat Charlotte an seine Stelle. Sie arbeitete wie zuvor mit Julius zusammen, trat aber nach außen hin als die eigentliche Geschäftsinhaberin auf. Während er irgendwo im Hintergrund seine Arbeit verrichtete, begrüßte sie die Kunden; sie trat auch gegenüber dem Gewerbeamt als Besitzerin auf. Da das Geschäft auf ihren Namen eingetragen war, wurde es ganz offiziell zu einem »arischen« Unternehmen. Das neue Ladenlokal war eigentlich eine Wohnung, mit einem Vorderzimmer, in dem man Kunden empfangen konnte.

Charlottes Heirat war ein direkter Angriff auf ihren Schwager, sie gefährdete dessen ehrgeizige Ziele. Bei dem Versuch, um die national-sozialistischen Normen herum (und nicht so sehr um die existierenden Praktiken und gesetzlichen Normen) Einmütigkeit zu schaffen, forderte die Partei die Bevölkerung ganz allgemein auf, sich die Parteimitglieder zum Vorbild zu nehmen. Von Parteimitgliedern wurde verlangt, daß sie in einem Grad antisemitisch eingestellt waren, wie es die normale Bevölkerung nicht war, und die Angehörigen der Eliteeinheiten der Partei, der SS und der SA, wurden an noch strengeren Maßstäben gemessen. Da sie eine so privilegierte Stellung innehatten, erwartete man von SS-Männern, wie ja auch Charlottes Schwager einer war, daß sie die Ideale rassischer Reinheit durch ihr eigenes Beispiel verkörperten. Obwohl es nach 1935 gesetzlich noch erlaubt war, einen »Vierteljuden« zu heiraten, konnte jedes Parteimitglied, das so etwas wollte, bereits einen Mangel an rassischem Instinkt beweisen, der eigentlich die weitere Mitgliedschaft in der NSDAP ausschloß.[2] Sogar schon früher mit Juden geschlossene Ehen konnten zu Beziehungen zu Juden (und Sympathie für diese) führen und eine Mitgliedschaft unmöglich machen.[3]

Heinrich Himmler, der 1929 seine Geflügelfarm in der Nähe von München aufgegeben hatte, um das Kommando über die SS zu übernehmen – die damals noch eine lediglich dreihundert Mann starke persönliche Schutztruppe Hitlers gewesen war –, richtete im Dezember 1931 eine eigene Abteilung für die SS ein, um auch in dieser Hinsicht die Lebensweise und die Lebensführung seiner Männer zu kontrollieren. Jeder Bewerber mußte seine rein arische Abstammung bis ins Jahr 1800 hinein nachweisen können, SS-Offiziere sogar bis ins Jahr 1750, das heißt, sie mußten dokumentieren, daß es in den letzten sieben bis neun Generationen keine »Andersrassigen« innerhalb ihrer Familien gegeben hatte. Diese Abteilung mußte auch dafür bürgen, daß die Ehen aller SS-Angehörigen – später auch ihre sexuellen Kontakte – nicht den nationalsozialistischen Rassenkriterien zuwiderliefen. Himmler selbst befaßte sich mit den Anträgen um Heiratserlaubnis und überprüfte vor allem genauestens alle die, die aus irgendeinem Grund fragwürdig erschienen.[4] SS-Angehörige, die heiraten wollten, füllten diensteifrigst lange Antragsformulare aus, in denen sie Fragen zum rassischen Erbgut, der Krankheitsgeschichte und der charakterlichen Veranlagung ihrer Bräute beantworten mußten: »Ist sie zuverlässig oder unzuverlässig?«»Liebt sie Kinder oder liebt sie sie nicht?«»Ist sie kameradschaftlich oder dominierend?« »Sparsam oder verschwenderisch?« »Häuslich oder unstet und ›aufgetakelt‹?«»Lebt ihre Familie in wirtschaftlich stabilen Verhältnissen oder nicht?« ›Richtig‹ waren natürlich solche Antworten, die auf die Sparsamkeit, Sauberkeit und Gefügigkeit der betreffenden Frau hinwiesen. Gute Nazis verwendeten Ausdrücke für Reinlichkeit – im Sinne von Hygiene –, um etwas davon so weit Entferntes wie geordnete wirtschaftliche Verhältnisse zu kennzeichnen.[5]

Wenn die Öffentlichkeit sich daran gewöhnt hatte, daß für Parteimitglieder – im allgemeinen für solche, die einen bestimmten Status hatten und bestimmte Privilegien genossen – strengere Maßstäbe galten, wurden diese Maßstäbe nach einiger Zeit auch für die Allgemeinheit verpflichtend.[6] So wurde es zum Beispiel im April 1935 Parteimitgliedern ausdrücklich untersagt, Umgang mit Juden zu pflegen, der großen Allgemeinheit wurde dies dann im Oktober 1941 per Gesetz verboten.

Ein Sturmlauf, um den Nürnberger Gesetzen zuvorzukommen

Wie Charlotte Israel wurde auch Wally Grodka durch die Gerüchte, daß Mischehen für ungesetzlich erklärt werden würden, dazu veranlaßt, schneller zu heiraten, als sie eigentlich vorgehabt hatte. Vier Jahrzehnte später fiel es ihr schwer, sich in Erinnerung zu rufen, inwieweit sie sich 1934 der Gefahr bewußt gewesen war, die es bedeutete, sich mit einem Juden zu verbinden. Sie glaubte aber, daß sie damals schon damit gerechnet habe, daß diese Verbindung sie um alles bringen könne:»Meine Vorahnung sagte mir, daß das Schlimmste passieren würde. Besonders wenn man den Gerüchten glaubte, daß Mischehen bald verboten würden.«

Trotz aller öffentlichen Aktionen und der ganzen Propaganda gegen Mischehen verlobten sich Wally und Günter Grodka an Günters sechsundzwanzigstem Geburtstag im Februar 1934 miteinander. Es war ein ganz gewöhnliches und persönliches Ereignis, das aber durch das neue

Regime eine enorme politische Bedeutung erhielt. Günter und Wally achteten darauf, nur Freunden etwas von ihrer Verlobung zu erzählen, irgendwie sickerte aber etwas durch. Drei Monate später wurde Wally in das örtliche Hauptquartier der Partei in der Roscherstraße bestellt. Ihre Ehepläne seien bekanntgeworden, teilte ein Parteifunktionär ihr ganz freundlich mit, und er fühle sich verantwortlich dafür, sie über die »schurkischen« Juden aufzuklären.

»Schön, aber ich heirate nicht einen Juden, sondern einen Menschen«, antwortete ihm Wally.

»Wie soll das aber gutgehen?« meinte der Mann. »Die arischen Partner solcher Ehen müssen damit rechnen, ziemlich hart behandelt zu werden. Das Rassenproblem muß und wird mit allen Mitteln gelöst werden. Und wir werden nicht zögern, Sie und Ihren Mann gewaltsam zu trennen.«

Als man Wally nicht umzustimmen vermochte, ließ die Gestapo ihre Mutter, Frau Roßbach, im örtlichen Hauptquartier der Partei in Moabit antreten. Sie war der Vormund von Wallys kleiner unehelicher Tochter. Jetzt teilte die Gestapo ihr mit, wenn sie weiterhin Kontakt zu Wally aufrechterhielte, würde man das so deuten, daß sie auf der Beziehung zu Juden bestehe, und in diesem Fall müsse ihr das kleine Mädchen weggenommen und an einen Ort verbracht werden, wo es gemäß den Grundsätzen des Führers aufgezogen würde. Als man sie vor die Wahl stellte, entweder ihre Tochter oder ihre Enkelin zu verlieren, brach Frau Roßbach jede Beziehung zu ihrer Tochter ab und begann auch, ihre Enkelin von Wally fernzuhalten.

Ein Jahr verstrich, da Wally und Günter mit der Heirat warten wollten, bis zumindest einer von ihnen eine Ganztagsstelle gefunden hatte. Im Mai 1935 warnte ein Freund Günters, ein Parteimitglied namens Hans Jüttner, ihn, daß es bald ein Gesetz geben werde, welches Mischehen unmöglich machen würde. Wally und Günter versuchten unverzüglich, sich eine Heiratserlaubnis zu beschaffen.

Wie die Israels und die Grodkas beeilten sich auch andere Paare, die in derselben Lage waren, mit der Heirat. In den meisten Fällen war der männliche Partner in einer solchen Beziehung jüdisch und der weibliche deutsch.[7] Ein gewisser Walter Grave schrieb im Oktober 1933 einen Brief an Goebbels. Grave war verzweifelt, weil seine – erwachsene – Tochter einen Juden geheiratet hatte, »entgegen unserem Willen und trotz dringender Warnungen«. Die Nachrichten von dem bevorstehenden gesetzlichen Verbot von Mischehen hätten dafür gesorgt, daß die beiden sich so beeilt hatten, vor den Standesbeamten zu treten, schrieb Grave, und er bat Goebbels dringend, diese Ehe doch für nichtig zu erklären. Und falls dies nicht möglich sei: Könnte der Herr Minister dann nicht vielleicht dafür sorgen, daß ihre Tochter ihren gesetzlichen Erbanspruch verlöre, wollten die entsetzten Schwiegereltern eines Juden von Goebbels wissen.[8]

Es war immer noch legal, einen »nicht-arischen« Partner zu heiraten, es wurde aber zunehmend schwieriger, einen Standesbeamten zu finden, der bereit war, die Trauung vorzunehmen. Wally und Günter machten schließlich einen ausfindig, im Standesamt in der Rankestraße, einer vornehmen Straße in der Nähe vom Bahnhof Zoo, und die Trauung wurde für den 6. Juni anberaumt. »Den Tag der Trauung begingen wir wie im Trancezustand«, erinnerte Wally sich, »da wir es trotz Hindernissen geschafft hatten.« Wallys Vater und ein Vetter fungierten als Trauzeugen. Keiner in der Familie besaß Geld, daher bestand das Hochzeitsmahl aus einer Portion Erbsen mit Speck, die Wally und Günter im Stehen an der Theke der schäbigen Schnellimbißstube »Quick« einnahmen. Später aßen sie jeder noch ein Stück Mokkatorte mit Schlagsahne, und am Abend leisteten sie sich zur Feier des Tages einen Kinobesuch; sie gingen in den Ufa-Palast am Bahnhof Zoo, der ganz in der Nähe ihrer Wohnung lag.

Im darauffolgenden Monat, am 17. Juli 1935, ordnete das Innenministerium an, daß alle Gesuche auf Eheschließungen zwischen »Volljuden« und »Volariern« zunächst einmal nicht entschieden werden sollten, da ein Gesetz, das diese Angelegenheit regeln werde, zu erwarten sei.[9]

5

»Mischlinge«: ein »besonders unangenehmes Vorkommnis«

Daß der Status von »Mischlingen« nicht eindeutig war, sorgte für »eine unglaubliche Zahl von Diskussionen über Mischlinge und jüdische Partner in Mischehen«.[1] Wenn man die klar umrissene Rassenideologie der Nazis vor dem Hintergrund der realen Existenz der jüdisch-deutschen Familien betrachtete, dann schien sie sehr einfach, aber auch nicht anwendbar zu sein. Verbittert über ihr vergebliches Bemühen, »Mischlinge« in ihr rassisches Schema einzufügen, bezeichneten Himmlers Leute diese Personen als »besonders unangenehme Vorkommnisse«.[2] Kinder, die aus Mischehen hervorgegangen waren, wie Werner Goldberg zum Beispiel, wurden als Anomalien eingestuft, die irgendwo zwischen den Deutschen und den Juden standen und keiner der beiden Gruppen wirklich angehörten.

Zuerst hatte Werner Goldberg keine Angst vor Hitler, weil er überhaupt nicht ahnte, daß sein Vater Jude war. Wie sein Bruder war Werner kurz nach seiner Geburt auf Antrag seines Vaters in der Lutheranischen Kirche von Grunewald getauft worden. Goldberg senior war als Sohn jüdischer Eltern und als Mitglied der jüdischen Gemeinde in Königsberg aufgewachsen. Sofort als er volljährig geworden war und für sich selbst entscheiden konnte, hatte er sich aber in der dortigen Lutheranischen Kirche taufen lassen.

Daß er nach der Taufe verlangt hatte, hatte aber nicht unbedingt bedeutet, daß es ihn auch danach verlangt hatte, Christ zu sein. Es bedeutete vielmehr, daß er, wie so viele andere, um Assimilation und um Integration in die deutsche Gesellschaft bemüht war. 1906, im Alter von fünfundzwanzig Jahren, verließ er Königsberg und zog nach Berlin, um dort einem Beruf nachzugehen und ein angenehmes Leben zu führen. Er fing als einfacher Bankangestellter an und hatte sich 1918, am Ende des Krieges, schon weit nach oben gearbeitet: Er war Direktor einer Versicherungsagentur und wohnte in dem exklusiven Vorort Grunewald. Nachdem er finanziell abgesichert war, hatte er endlich geheiratet, und zwar eine Protestantin. Er hoffte, daß seine Kinder,

Werner und Martin, die 1919 und 1920 auf die Welt gekommen waren, es in der deutschen Gesellschaft zu etwas bringen und geachtet werden würden. Man würde die jüdische Identität abstreifen, den Status des Angehörigen einer Minderheit ablegen. Im Deutschland der Weimarer Republik war das eine ganz realistische Hoffnung, wie auch die Entwicklung der beiden Söhne bald zu zeigen schien.

Bevor Hitler an die Macht kam, stellte sich Werner die Welt als ein undifferenziertes Konglomerat aus Juden und Christen, Nicht-Juden und Nicht-Ariern dar. Seine Schule in Berlin-Schmargendorf, einem besseren Viertel der Stadt, wurde von anderen assimilierten Juden und sogenannten Halbjuden, Kindern also, die wie er selbst einen jüdischen und einen deutschen Elternteil hatten, besucht. Werner meinte im Rückblick, daß diese assimilierten Juden und Halbjuden ungefähr fünfzig Prozent seiner Klassenkameraden in der Volksschule ausgemacht hätten. Die Zahl scheint zu hoch zu sein, sie sagt aber etwas darüber aus, daß Werner die religiösen Gruppen, die in seiner Klasse vertreten waren, als gleichberechtigt empfand. Er ging regelmäßig in den Kindergottesdienst.

Die Feiertage, die sie gemeinsam begingen, waren die christlichen Feiertage. Mit einem von Werners Klassenkameraden, Karl Wolff, verband ihn eine unzertrennliche Freundschaft. Karl, der wegen seines flammendroten Haares »Feuerwehrmann« genannt wurde, wohnte im selben Haus wie die Goldbergs, und als sie Kinder waren, besuchten er und Werner sich oft gegenseitig in den elterlichen Wohnungen. Sie gingen zum Gottesdienst in dieselbe Kirche und nahmen in der Schule gemeinsam am evangelischen Religionsunterricht teil. Als sie zehn waren, traten sie beide dem Pfadfinderbund bei, der so etwas wie eine zweite Familie für sie wurde.

Nach der Machtübernahme durch Hitler zögerte Herr Goldberg es lange hinaus, den vierzehnjährigen Werner über die neue politische Bedeutung seiner jüdischen Abstammung aufzuklären. Und dies nicht, weil er keinen Grund dazu gehabt hätte: Goldberg senior verlor bald seine Stelle: Auch er war ein indirektes Opfer des Gesetzes zur Wiederherstellung des Berufsbeamtentums vom April 1933. Der sogenannte Arierparagraph dieses Gesetzes stieß Juden aus dem öffentlichen Dienst aus, aber er wurde freiwillig auch von einer ganzen Reihe von nichtstaatlichen Berufsverbänden und Vereinigungen befolgt. Daß sein Vater arbeitslos wurde, erklärte Werner später damit, daß Organisationen und Verbände den sogenannten Arierparagraphen übernommen hätten und die Normen der Diktatur nun dank der privaten Initiative dieser Organisationen durchgesetzt wurden.

Mit ihrem »Gleichschaltungs«-Programm, das heißt mit dem Versuch, die gesamte Regierung und andere politische Gruppierungen unter die Kontrolle der Partei zu bringen, machte sich das diktatorische Regime daran, auf das alltägliche Leben aller Deutschen Einfluß zu nehmen und jede Institution und gesellschaftliche Gruppe dazu zu zwingen, sich den Idealen der Nazis anzupassen. Überall traten Nazis als Direktoren von Unternehmen, Handels- und Berufsorganisationen und privaten Vereinigungen in Erscheinung und begannen die neuen Normen der Machthaber und ihren Stil unters Volk zu bringen. Nach der Machtübernahme der Nazis leitete auch ein neuer Direktor die Schule, auf die Werner und Karl gingen. Der Mann war ein loyaler Anhänger der Nationalsozialisten; sein beruflicher Ehrgeiz bestand zunächst einmal darin, die Schule so schnell wie möglich »judenfrei« zu machen. So begann er damit, die jüdischen Schüler zunächst einmal in aller Öffentlichkeit als solche zu identifizieren und sie herunterzumachen. Als er befahl: »Alle Nicht-Arier, aufstehen!«, blieb Werner sitzen. »Goldberg«, fragte der Direktor ihn daraufhin, »bist du arisch?« Werner antwortete, daß er es nicht wisse. »Dann sag ich es dir: Du bist kein Arier. Also hoch mit dir!« An jenem Abend brachte sein Vater Werner zum erstenmal schonend das bei, von dem er gehofft hatte, daß er es ihm nie werde sagen müssen: daß er in einem jüdischen Haushalt aufgewachsen war.

Werners Reaktion darauf, daß er aus der »deutschen« Gesellschaft hinausgedrängt wurde, bestand darin, daß er sich hartnäckig weiter in sie hineindrängte. So wie sie zusammen den Pfadfindern beigetreten waren, traten Karl und Werner, als sie vierzehn geworden waren, gemeinsam der Hitlerjugend bei. In seinem Alter schmerzte es Werner weniger, der Hitlerjugend anzugehören als überhaupt nicht »dazuzugehören«. In der Weimarer Republik waren die deutschen Pfadfinder Teil einer internationalen Organisation gewesen; sie hatten an Treffen in Holland und in anderen europäischen Ländern teilgenommen. Die Freundschaften, die die Jungen bei diesen sogenannten »Jamborees« mit anderen Pfadfindern aus ganz Europa geschlossen hatten, gaben aber keinen fruchtbaren Boden für die rassistische Propaganda der Nazis ab. Das Motto der Hitlerjugend lautete: »Führer, befiehl! Wir folgen!« Seine idealen Gefolgsleute beschrieb der »Führer« in einer bilderreichen Sprache: Die neue deutsche Jugend sollte »flink wie Windhunde, zäh wie Leder und hart wie Kruppstahl« sein.[3] Von der Mitgliedschaft in dieser – nur männliche Jugendliche erfassenden – Jugendorganisation der Nazis waren nicht nur Juden, sondern auch Jugendliche, die anderen Nationen angehörten, ausgeschlossen.

Obwohl »Mischlinge« ebenso wie Juden und Deutsche, die mit Juden verheiratet waren, nicht der Partei beitreten durften, nahm man sie anfänglich in solche verwandte Gruppierungen wie die Hitlerjugend auf. Wie Himmler später gereizt feststellte, war das unglückliche Ergebnis, daß jeder »Halbjude« versuchte, in eine der der Partei angeschlossenen Organisationen einzutreten, um als politisch zuverlässiger Mensch zu erscheinen oder seine jüdische Abstammung zu verschleiern. Um dem entgegenzuwirken, trat die Partei an alle Führer verwandter Gruppierungen und Vereinigungen heran und forderte sie auf, sowohl die Kinder jüdisch-deutscher Eltern als auch alle Deutschen, die mit Juden verheiratet waren, aus ihren Reihen auszuschließen.[4] Man wies Werner an, sofort aus der Hitlerjugend auszutreten. Nur wußte er nicht, wohin.

1934 hatte der neue Direktor schon einige Juden gezwungen, die Schule zu verlassen. Es gab aber immer noch einige Lehrer, die Werner zutiefst respektierte und von denen er wußte, daß sie unmöglich für Hitler sein konnten. Einer von diesen war Herr Schenk, der Physiklehrer. Eines Tages lud Herr Schenk die begeisterten Fahrradfahrer aus der Klasse zu einem Ausflug ein. Sie wollten alle zusammen von Schenks Wohnhaus in Steglitz aus eine Fahrt in die Umgebung Berlins machen. Werner erinnerte sich noch Jahrzehnte später daran, welche bittere Enttäuschung der Tag für ihn bereitgehalten hatte: »Da standen wir nun alle mit unseren Fahrrädern, fertig zur Abfahrt. Plötzlich wurde oben im Haus ein Fenster geöffnet, ein Fahnenmast wurde durch das Fenster geschoben und an ihm eine riesige Hakenkreuzfahne gehißt. Ich sah das und war fassungslos, daß das möglich war, von einem, von dem ich nie gedacht hatte, er könnte Nazi sein, und den ich so bewundert habe. Ich brach in Tränen aus, stieg aufs Fahrrad und fuhr nach Hause. Von nun an dachte ich, daß in jedem Menschen ein Nazi versteckt sein könnte.«

Der vierzehnjährige Werner konnte aber immer noch bei den Pfadfindern die Freundschaft und die gesellschaftliche Anerkennung finden, die das Regime ihm zu rauben suchte. Doch dann bestellte eines Tages der neue Anführer seiner Pfadfindergruppe Werner ohne Vorwarnung zu sich. Seine Stimme war nicht besonders streng, und er legte sogar seinen Arm sanft um Werners Schultern, als er ihm die harte Wahrheit sagte: »Ich weiß, daß du in der Gruppe sehr engagiert bist und schon eine Menge für sie getan hast. Nun mußt du aber begreifen, daß du eine Belastung für uns bist. Die Nazis wollen keine Mischlinge. Ich muß dich also bitten, uns zu verlassen. Tu uns den Gefallen und tritt aus.«

Da er nicht wußte, wie er sich verhalten sollte, entschied Werner sich, mit den anderen Jungen seiner Gruppe zu sprechen. Er erinnert sich, daß das sehr aufschlußreich gewesen sei. Er konnte niemanden finden, der für ihn aufgestanden sei und gesagt hätte: Nein, wir dulden nicht, daß du rausgeworfen wirst. In diesem Fall würden wir alle die Gruppe verlassen. Nein, er war vollständig isoliert. Allein. »Der Anfang der Verfolgung war ganz klein. Aber eben so war der Anfang.«

Werner erinnerte sich, daß er, als er damals aus der Pfadfinderorganisation austrat, einem Rat folgte, den sein Vater ihm gegeben hatte: »Wenn dich jemand loswerden will, dann dräng dich niemandem mit Gewalt auf.«

Aber wo war er eigentlich erwünscht? Der neue Schuldirektor hatte die Praxis eingeführt, daß auch im Unterricht Uniformen getragen wurden und damit die Juden und die »Mischlinge« rasch und sichtbar von den anderen separiert. Im Nazideutschland erweckten die Uniformen, die von so vielen Menschen getragen wurden – ebenso wie die Massenkundgebungen auf den Straßen –, den Eindruck, daß die Mehrheit des Volkes, oder zumindest dessen Führer, auf der Seite der Nazis standen. In Werners Schule bekamen die deutschen Jungen Uniformen der Hitlerjugend und die Mädchen solche des Bundes Deutscher Mädel. Diejenigen, die keine Uniformen besaßen, fühlten sich ausgeschlossen. Sogar sein alter Freund Karl Wolff, der ganz stolz seine HJ-Uniform trug, ging Werner jetzt aus dem Weg. Werner und Karl hatten gemeinsam den Weg ins Erwachsenendasein angetreten, aber die alte Kameradschaft war jetzt zu Ende.

Werner entschloß sich, von der Schule abzugehen. »Eigentlich wollte ich Medizin studieren, aber das ging nun nicht mehr.« Herr Goldberg merkte, was sein Sohn vorhatte, und bestand darauf, daß er das Schuljahr noch beendete. Er ging sogar zu Werners Lehrer, um dessen Zustimmung einzuholen.

Nachdem er im April 1935 von der Schule abgegangen war, machte Werner eine Lehre in einer der vielen Bekleidungsfirmen in der Königstraße, nicht weit vom Alexanderplatz, direkt gegenüber dem Roten Rathaus und ganz in der Nähe der Rosenstraße. Die Firma hieß Schneller und Schmeider, eine Schneiderei für Lederbekleidung, die einem Juden und einem Deutschen gehörte. Viele von Werners Kollegen waren Juden oder »Mischlinge«. Sein Chef, Herr Grohm, war ein sehr frommer Jude, der streng koscher lebte und, wie es sich gehörte, vor seinen regelmäßigen Besuchen der Synagoge alles Geld aus seinen Taschen nahm. Herr Grohm war der Meinung, daß die Zehntausenden von orthodoxen polnischen Juden, die nach dem Weltkrieg nach Berlin geströmt waren, die wirkliche Ursache für den glühenden Antisemitismus der Nazis waren. »Schmeiß ihn die Treppe runter«, meinte er einmal zu Werner mit Blick auf einen orthodoxen Juden aus dem Scheunenviertel, der neben dem Bekleidungsgeschäft auf dem Gehsteig hockte und Zigaretten verkaufte. »Es sind dieses Juden, die den Antisemitismus hier so schlimm werden ließen.«

Werner setzte sich jetzt mit seiner jüdischen Identität auseinander, der er sich zunächst wegen der Bemühungen seines Vaters nicht hatte stellen müssen. Wie viele andere Deutsche, die sonst die jüdische Identität ihrer Vorfahren ignoriert hätten, befaßte er sich auch mit jüdischen Organisationen. Während der Nazizeit kapselten sich jedoch die jüdische Gemeinden oft gegenüber Mischlingen oder Juden ab, die keine Mitglieder waren. Nachdem die Versicherungsgesellschaft ihn entlassen hatte, weil er jüdisch war, hatte Herr Goldberg sich an Heinrich Stahl, den Vorsitzenden der Jüdischen Gemeinde Berlins, gewandt. »Herr Goldberg«, hatte Stahl gesagt, »Sie gehören nicht zur Gemeinde, und deshalb kann ich auch nichts für Sie tun.« Goldberg fand nach einiger Zeit eine Anstellung bei einer schweizerischen Firma, aber der Besuch bei Stahl hatte ihn, wie Werner sich erinnerte, furchtbar schockiert. Doch man mußte wohl verstehen, daß Heinrich Stahl schon mehr Gemeindemitglieder hatte, als er versorgen konnte.

Offiziell sanktionierte Vorurteile gegen Juden ermutigten latent bigotte Menschen zu einem krassen Antisemitismus, selbst wenn Mitglieder der eigenen Familie in brutaler Weise davon betroffen waren. Was die soziale Diskriminierung betraf, wurden Mischlinge genauso schlecht behandelt wie Volljuden. Werners Onkel war ein Opportunist, der der Partei beigetreten war und sich jetzt weigerte, sich mit einem der Goldbergs zusammen sehen zu lassen, und sogar den Umgang mit seiner Schwester, Werners Mutter, der »Arierin«, mied.

Erika Lewine, ein der Arbeiterklasse entstammender »Mischling« aus Berlin-Friedrichshain, hatte schon vor Hitler mit dem Antisemitismus Bekanntschaft gemacht. Die Eltern ihrer Mutter, die Krügers, waren außer sich gewesen, als ihre Tochter 1922 einen Juden geheiratet hatte. Weder sie noch eine ihrer vier anderen Töchter hatten an der Hochzeitszeremonie teilgenommen. Daran war keine soziale Barriere schuld gewesen: Die Krügers gehörten genau wie die Lewines der Arbeiterklasse an. Herr Lewine betrieb eine Reinigung, und seine Braut, das ehemalige Fräulein Krüger, war arbeitslos und hatte eine uneheliche Tochter namens Mathilde. Erikas Tanten zeigten allen ganz deutlich, daß ihnen Mathilde, die »Arierin«, viel lieber war als die anderen Lewine-Kinder. Erika erinnerte sich daran, wie Mathilde in der Wohnung einer der Tanten an einem Tisch saß und mit Kuchen gefüttert wurde, während Erika selbst, weil sie »von Juden abstammte«, nur auf einem Hocker daneben sitzen und zuschauen durfte.

Erikas Mutter schloß sich aber der Familie ihres Mannes und seiner Religion immer enger an. Sie war getauftes und konfirmiertes Mitglied einer protestantischen Gemeinde, jetzt ließ sie aber jedes ihrer Kinder sofort nach der Geburt als Mitglied der Jüdischen Gemeinde eintragen. Sogar ihre älteste Tochter Mathilde, die einen deutschen Vater hatte, erhielt den Namen Lewine und wurde als Mitglied der Jüdischen Gemeinde angemeldet. Jede Woche ging die ganze Familie in die Reformsynagoge in der Ryckestraße. Wie es oft der Fall war, hielt sich Erikas Mutter als Konvertitin viel strenger an die Vorschriften der jüdischen Religion als viele von denen, die in diese Religion hineingeboren worden waren, ihren Mann eingeschlossen.

Schon vor Hitler gab es große Spannungen zwischen Erikas Mutter und ihren Tanten, aber die Machtübernahme des »Führers« bildete gewissermaßen den Keil, der die Schwestern für immer auseinandersprengte. Aus Trotz konvertierte Erikas Mutter Anfang 1933 zum jüdischen Glauben und heiratete ihren Gatten ein zweites Mal, diesmal nach jüdischem Zeremoniell. Frau Lewines Schwester Lena erklärte daraufhin die in Mischehe mit einem Juden Lebende für tot und behauptete, daß es auch keine lebenden Nachkommen gebe. Zwei Töchter Lenas hatten sich in SS-Männer verliebt, und die strengen Heiratsvorschriften für die Angehörigen der SS erlaubten keinerlei verwandtschaftliche Verbindungen zu Juden.

Nach 1933 besuchte Greta als einzige von Erikas Tanten noch die Familie Lewine. Gretas Mann jedoch, ein früherer überzeugter Kommunist, den Erika als »ganz fiesen Nazi, der nur in Uniform gelaufen ist« charakterisierte, bereitete dem ein Ende. »Also, Alfred darf nicht wissen, daß ich hier war«, damit erklärte Greta Erikas Mutter, warum sie sich nur noch verstohlen her- und wieder fortschlich. Aber Frau Lewine akzeptierte das nicht. »Liebe Greta«, sagte sie zu ihrer Schwester, »nimm deine Sachen und geh wieder nach Hause. Wir sind keine Verbrecher. Und wer zu uns kommt, der kommt richtig, öffentlich, oder gar nicht.«

Wie Charlotte Israel fand auch Erika Lewine Herzenswärme und Solidarität beim jüdischen Teil der Familie, während die deutschen Verwandten sie eigentlich schon fast brutal behandelten: »Ich habe die Verwandtschaft meiner Mutter nie mehr gesehen. Nie mehr! [. . .] Seitdem Adolf Hitler da war. [...] Aber mit der jüdischen Familie, mit den Kusinen, waren wir immer zusammen. Wir halten zusammen. Da, ja. Wir haben sehr zusammengehalten von der jüdischen Seite aus. Die Juden waren viel fähiger, andere zu akzeptieren.«

In der Zeit der Weimarer Republik, als Arbeitslosigkeit und Inflation geherrscht hatten, hatten die Lewines manchmal kaum genug zu essen gehabt. Sie hatten es sich nicht leisten können, eine Zeitung zu kaufen; natürlich hatten sie auch kein Auto besessen, manchmal hatten sie aber noch nicht einmal genügend Geld für die öffentlichen Verkehrsmittel gehabt. Sie hatten eher Zeit als Geld verschwenden können, und wenn sie Erikas Tante in Moabit besucht hatten, dann hatten sie die anderthalb Kilometer dorthin und auch wieder zurück zu Fuß zurückgelegt. Sie hatten sich kaum jemals in die Viertel der Reichen in Charlottenburg hineingetraut. Die Kluft, die sich ihrem Gefühl nach zwischen ihr und den wohlhabenden Juden auftat, war Erika vielleicht sogar noch breiter vorgekommen als die, die sie von den Nachbarn, die zwar keine Juden waren, aber ebenfalls der Arbeiterklasse angehörten, trennte. Das Gefühl für den sozialen Unterschied schwang noch in ihrer Stimme mit, als sie betonte, daß sie damals nie mit Hans-Oskar Baron Löwenstein de Witt bekannt geworden wäre, einem Juden aus einer wohlhabenden Berliner Familie, die am eleganten Kurfürstendamm wohnte, einem Mann, der aber später genau wie sie ein Opfer der »Schlußaktion Berliner Juden« wurde und gemeinsam mit ihr in dem jüdischen Sozialzentrum an der Rosenstraße gefangensaß.

Hans-Oskar Löwenstein de Witt, der mütterlicherseits von den de Witt-Brüdern abstammte, von den brillanten Verfassungsrechtlern, die im 17. Jahrhundert an der Spitze der holländischen Oligarchie standen, war väterlicherseits der Nachfahre wohlhabender jüdischer Unternehmer, die für das, was sie im Krieg für Deutschland geleistet hatten, ausgezeichnet worden waren. Nachdem er nahezu zwei Jahrzehnte in Israel gelebt hatte, war Löwenstein in seine alte Heimatstadt Berlin zurückgekehrt; im Salon der Wohnung, in der er dort lebte, war der Stammbaum seiner illustren Familie mit einer Reihe von Photographien, Portraits und Medaillons an der Wand nachgezeichnet. Ein anderes Zimmer war zur Hälfte mit dem Familiensilber und dem Familienschmuck gefüllt, zu dem auch antike Ringe gehörten, in die das Wappen seiner Vorfahren eingraviert war. Die ganze ungewöhnliche Sammlung war in Plastikfolien gehüllt und wartete auf einen Erben, der sie nach Hans Löwenstein in Besitz nehmen würde.

Während der zwanziger Jahre hatten Hans Löwensteins liberale Eltern ihm sowohl einen jüdischen wie auch einen protestantischen Religionsunterricht angedeihen lassen, damit er sich später selbst für eines der beiden Glaubensbekenntnisse entscheiden könnte. Wie im Fall Werner Goldbergs brachte ein Schulleiter, der eifriger Nazi war, Hans-Oskar dazu, als Mischling von der staatlichen Schule abzugehen. Da sie keine andere Schule für ihren Sohn finden konnten, wandten seine Eltern sich an die Jüdische Gemeinde, die sich dazu bereit erklärte, den Jungen in ihre Schule aufzunehmen – unter der Bedingung, daß er auch Mitglied der Gemeinde wurde. Hans-Oskar trat der Schule und der Gemeinde bei: Das war eine fatale Entscheidung, denn 1935 definierte der Staat auf dem Reichsparteitag von Nürnberg alle Mischlinge, die einer jüdischen Gemeinde angehörten, als »Geltungsjuden«. Und dies bedeutete, daß sie wie Juden angesehen und behandelt wurden; während im Unterschied dazu Mischlinge wie Werner, die eine christliche Taufe empfangen hatten, – anfangs – im Besitz derselben bürgerlichen Rechte wie die anderen Deutschen blieben.

6

Gesellschaft contra Gesetz: deutsch-jüdische Familien und gesellschaftliche Einschränkungen von Hitlers Macht

Politische Kundgebungen, gesetzliche Maßnahmen und öffentliche Meinung

Obwohl Hitler alle Bürokraten und den traditionellen bürokratischen Apparat einer Regierung haßte – das Innen-, das Justiz- und andere Ministerien –, kam er nicht ohne sie aus. Als es 1935 darum ging, die Nürnberger Gesetze zu verabschieden und der Öffentlichkeit zu unterbreiten, griff er auf sie zurück, damit sie seiner rassistischen Politik den Anschein von Legitimität und Ehrbarkeit verliehen. Eine Folge war, daß die Radikalen in der Partei dazu gezwungen wurden, sich zu mäßigen. Was rassische Angelegenheiten betraf, war Hitler so radikal eingestellt wie kaum ein anderer. Aber das Bemühen der Machthaber, um jeden Preis die Ruhe in der Gesellschaft zu bewahren, ermöglichte es beim Nürnberger Parteitag dem Innenministerium, die NSDAP zu einer Mäßigung ihrer Position zu bewegen. Hitlers späteres Verhalten in bezug auf das Problem der deutsch-jüdischen Familien und der »Mischlinge« zeigt, daß er sich nicht von den Nürnberger oder irgendwelchen anderen Gesetzen Schranken auferlegen ließ, sondern nur von der Sorge um seine Popularität.

Für die Verabschiedung der Nürnberger Gesetze und ihre anschließende Verbreitung in der Öffentlichkeit griff man sowohl auf propagandistische Tricks als auch auf die sachlich-nüchternen Bemühungen von Gesetzgebern und den angesehenen Institutionen, denen sie angehörten, zurück. Den Anschein von Ehrbarkeit zu erwecken, war für die Partei vor allem deswegen von Bedeutung, weil sie um eine Allianz mit der konservativen Elite des Landes bemüht war. Die meisten Nazis galten in einem Land, in dem es noch eine intakte Adelsschicht gab, als Emporkömmlinge, und überdies beabsichtigten sie, drastisch von den etablierten gesellschaftlichen Normen abzuweichen. Sie wollten über das Schicksal von Hunderttausenden von Juden bestimmen, die im deutschen Wirtschaftsleben ebenso verankert waren wie in der deutschen Gesellschaft. Einige von ihnen hatten sogar die kulturelle, politische, wissenschaftliche und wirtschaftliche Entwicklung Deutschlands entscheidend vorangetrieben. Würden die Deutschen es dulden, daß man diesen Juden die Staatsbürgerschaft aberkannte, daß man sie ausplünderte und dann aus dem Land warf? Hitler suchte die Hilfe von Gesetzgebern, damit diese Tragödie den Anschein eines ganz korrekten Prozedere erhielt, und gemeinsam mit Goebbels bemühte er sich, unmittelbaren Einfluß auf die Meinung der Bevölkerung über die deutschen Juden auszuüben.

Hitlers Theorie, daß sich Macht auf Unterstützung durchs Volk gründen müsse, stimmte mit seinem Charisma und seiner Überzeugung überein, daß Deutschland den Weltkrieg verloren habe, weil das deutsche Volk der deutschen Armee in den Rücken gefallen sei. Das Propagandaministerium, das er gleich zu Beginn seiner Diktatur einrichtete, war die institutionelle Verkörperung dieser Theorie. Goebbels, der meinte, daß die Deutschen im allgemeinen eine unglückliche Neigung zu einem buchhalterischen bürokratischen Apparat statt zu einer energischen Führung hätten, bereitete das Terrain mit Massenkundgebungen vor.[1] In den Monaten vor der Bekanntgabe der Nürnberger Gesetze organisierte er öffentliche Protestkundgebungen gegen Juden in der Hoffnung, eine allgemeine Billigung der antisemitischen Maßnahmen der Partei zu erzielen, indem er den Eindruck entstehen ließ, daß Antisemitismus bereits die Norm sei. Er wollte, daß öffentliche Demonstrationen allein der Partei vorbehalten blieben, und zwar nicht nur, um mit ihnen das Volk »aufzuklären«, sondern auch um mit ihrer Hilfe, wenn es strategisch angebracht erschien, Unruhe in der Bevölkerung zum Ausdruck bringen zu können. Die Nazi-Partei hielt sich an die Methode, Macht gewaltsam an sich zu bringen, indem sie vorgab, daß unkontrollierte gesellschaftliche Unruhe die Auflösung existierender demokratischer Strukturen rechtfertigte.[2] Goebbels, der die Gewohnheit hatte, die Wahrheit auf den Kopf zu stellen, beschuldigte immer wieder die Juden Deutschlands, für soziale Unruhen verantwortlich zu sein.[3] Mit Hilfe der Aktionen, zu denen sein Ministerium den Straßenpöbel anstachelte, hoffte er, die etablierten Ministerien davon zu überzeugen, daß die Deutschen insgesamt harte antijüdische Gesetze willkommen heißen würden.[4] Im Spätsommer 1935 führten die Parteioberen solche Vorkommnisse als Beweis für die Notwendigkeit von Gesetzen an, welche Deutsche und Juden voneinander schieden, und Hitler glaubte, daß nun der geeignete Moment gekommen sei, die Einstellung der Partei gesetzlich zu kodifizieren.[5]

Eines von Goebbels' Mitteln, um antijüdische Ausschreitungen zu provozieren und Gerüchte in Umlauf zu setzen, war der »Mundfunk«, ein Netzwerk von Zweigstellen und Mitarbeitern, das im gesamten Reich von den zwölf Regionalbüros des Propagandaministeriums unterhalten wurde.[6] Während des Frühjahrs und des Sommers 1935 traten überall im Reich kleinere Gruppen in Erscheinung, die Juden belästigten und schikanierten. Die Polizei hatte das Propagandaministerium in Verdacht, solche öffentlichen Kundgebungen gegen Juden zu inszenieren, und der Umstand, daß diese verstreuten »Einzelaktionen« im Lauf des Jahres 1935 an Zahl dramatisch zunahmen, legt tatsächlich die Vermutung nahe, daß sie von einer zentralen Stelle aus gesteuert wurden. Auf denjenigen, der auf der Straßen Zeuge derartiger antijüdischer Demonstrationen wurde, können sie durchaus als spontane Mißfallensäußerungen der Bevölkerung gewirkt haben. Während er insgeheim solche Aktionen auslöste, erweckte Goebbels den Anschein, als ob sich das Volk selbst mit ihnen eine Stimme verschaffe.

In einigen Regionen hinderte der Pöbel Juden daran, ins Theater zu gehen oder bestimmte Ausflugsorte aufzusuchen. Jüdische Eisdielen wurden boykottiert.[7] In Bayern hatten 1935 einem Polizeibericht zufolge »ungefähr 15 oder 20 badende Jugendliche« verlangt, daß die Juden aus dem Bad entfernt wurden. Mit Sprechchören, denen sich viele Besucher anschlossen, erreichten sie denn auch ihr Ziel. Drei Wochen später brachte die Bäderverwaltung ein Schild an: »Juden ist der Eintritt untersagt.«[8] Der Wirbel in der Öffentlichkeit hatte ausgereicht, um die Verwaltung dazu zu bringen, antijüdische Vorschriften zu erlassen, aber die Polizei mutmaßte, daß nicht die Öffentlichkeit Urheberin der Unruhen gewesen war, sondern daß Goebbels dahintersteckte.[9]

Goebbels sorgte auch dafür, daß bei den Hochzeiten gemischter Paare gegen die Juden gehetzt wurde, und dies vor allem in den Monaten unmittelbar vor der Verabschiedung der Nürnberger Gesetze. Sogar der Justizminister höchstpersönlich unterstellte, daß diese öffentlichen Protestkundgebungen gegen Mischehen in Wirklichkeit von der Partei inszeniert waren.[10] Wenn der Aufruhr seinen Höhepunkt erreichte, erschienen Polizeibeamte auf der Szene und nahmen Braut und Bräutigam in »Schutzhaft« – angeblich, um sie vor der aufgebrachten Menge in Sicherheit zu bringen.[11] So benutzte also Goebbels in einigen Fällen von ihm organisierte Menschenaufläufe dazu, um den Einsatz von polizeilicher Gewalt zu rechtfertigen; die angebliche Empörung der Bevölkerung diente dazu, die normalen juristischen Prozeduren in Gang zu setzen. In einigen Fällen begannen auch lokale Nazigrößen, unter dem Vorwand, empört darüber zu sein, daß es immer noch kein Gesetz gab, welches jüdisch-arische Ehen untersagte, sich einzumischen, wenn solche Paare das Aufgebot bestellten, oder sie versuchten ebenfalls, die Hochzeitszeremonien zu stören.[12] Mobs, die damit drohten, die Missetäter aufzuknüpfen, verfolgten Juden, die im Verdacht standen oder von denen man wußte, daß sie sexuelle Kontakte mit Nicht-Juden hatten, und jeden Tag kam es zu »zahllosen Denunziationen« von jüdisch-deutschen Liebespaaren.[13] Die deutschen Partner in solchen Beziehungen wurden ebenso wie die jüdischen gezwungen, durch die Straßen zu marschieren, mit einem Schild um den Hals, auf dem zu lesen war: »ICH NEHM ALS JUDENJUNGE IMMER NUR DEUTSCHE MÄDCHEN MIT AUFS ZIMMER«, oder auch: »ICH BIN DAS GRÖSSTE SCHWEIN UND LASS MICH NUR MIT JUDEN EIN.«[14]

Im August 1935 entschied die Partei, daß »gesetzliche Maßnahmen« erforderlich waren, damit die öffentliche Ruhe aufrechterhalten blieb.[15] Auf diese Weise distanzierte die Partei sich von den ungestümen öffentlichen Gewaltausbrüchen und bereitete die Bühne für die Verabschiedung neuer Gesetze vor. Es scheint, als sei Hitler beim Parteitag vom September 1935 spontan zu dem Entschluß gekommen, die Gesetze, die Mischehen verboten und die Juden ihrer bürgerlichen Rechte beraubten, bekanntzugeben[16]; dies entsprach aber seiner Gewohnheit, sich von seiner Intuition eingeben zu lassen, wann der geeignete Zeitpunkt gekommen war, in einer bestimmten Sache aktiv zu werden. Man müsse begreifen, daß er immer nur so weit gehe, wie er wagen könne, sagte er. Es sei lebenswichtig, einen sechsten Sinn zu haben, der einem sagt, was man tun kann und was nicht.[17] Die »gesetzliche Regelung des Problems« der in Deutschland lebenden Juden sei die einzige Möglichkeit, um Verteidigungsmaßnahmen von seiten der aufgebrachten Bevölkerung zuvorzukommen, erklärte Hitler, um die Nürnberger Gesetze zu rechtfertigen.[18] Diese Gesetze, die eine Wasserscheide in der Entwicklung der Rassenpolitik der Partei darstellten und einen großen Schritt in Richtung auf den Holocaust bedeuteten, würden die Juden ihrer Staatsbürgerschaft und ihrer Grundrechte berauben. Um eine solche radikale Abkehr von den gesetzlichen und gesellschaftlichen Traditionen Deutschlands bekanntzugeben, konnte es wohl kaum eine bessere Gelegenheit geben als den jährlich in Nürnberg abgehaltenen Reichsparteitag. 1935 gab es für Hitler keine bessere Plattform, um sich dem Volk als der große charismatische Führer zu präsentieren, und bei dieser speziellen Gelegenheit nutzte er seine Popularität, um den Antisemitismus weiter zu fördern, und hielt seine erste größere öffentliche Rede zur jüdischen Frage, seitdem er Reichskanzler geworden war.[19]

Hitler war in Nürnberg mit einem neuen Rassengesetz in der Tasche angekommen, das von Mitarbeitern des Innenministeriums entworfen worden war und offiziell »zum Schutz des deutschen Blutes und der deutschen Ehre« dienen sollte.[20] Hitlers Auffassung zufolge vermischte sich in Deutschland das Blut zweier »Rassen«, die so gegensätzlich waren, daß man eine von ihnen aus dem Land würde vertreiben müssen. Nicht nur die Schicksale einzelner Menschen, sondern die Ehre und die Stärke des Vaterlands seien sonst gefährdet. Wo es um so viel ginge, sei es von allergrößter Bedeutung zu wissen, wer jüdisch war und wer nicht. Bis 1935 habe es jedoch in Deutschland kein Gesetz gegeben, das genau definierte, wer als Jude anzusehen sei (in der Praxis hatte man jede Person mit einem jüdischen Großelternteil als jüdisch bezeichnet).[21] Hitler wollte dies alles ändern, indem er das üblicherweise dafür zuständige Ministerium anwies, ein neues Gesetz zu entwerfen, daß er persönlich unterzeichnen würde; außerdem wollte er am 15. September vor dem Reichstag – also der parlamentarischen Versammlung, die ihm 1933 für einen Zeitraum von vier Jahren die Machtbefugnisse eines Diktators zugestanden hatte – eine Rede halten.

Der Führer lehnte jedoch den vom Innenministerium vorgelegten Gesetzentwurf ab: Dieser Entwurf falle in Anbetracht der Größe seiner Pläne »zu mager« aus. Da sie sich außerstande fühlten, ohne ihre Unterlagen und Akten etwas Großartigeres vorzulegen, riefen die hohen Tiere des Innenministeriums ihren Referenten für jüdische Angelegenheiten, Bernhard Lösener, zu Hilfe. In Berlin hatten sich wegen des bevorstehenden Nürnberger Parteitags die Amtszimmer in der Wilhelmstraße und um sie herum geleert, und alle Regierungsgeschäfte waren mehr oder weniger zum Stillstand gekommen. Lösener feierte gerade mit anderen in einem der Büroräume, als er den Telefonanruf von seinen Vorgesetzten erhielt. Mit einem Bündel Unterlagen zur »jüdischen Frage« im Koffer flog er sofort von Berlin-Tempelhof nach Nürnberg; dort machte er sich unverzüglich mit vier seiner Vorgesetzten an die Arbeit und brachte in aller Hast neue Fassungen des geplanten Gesetzes zu Papier. Einige seiner Mitstreiter waren dabei hilfreicher als andere. Zu diesen anderen gehörte ein Assistent von Rudolf Heß, dem Stellvertreter Hitlers, der sich in der Hotelsuite von Innenminister Frick, wo das Team zusammenkam, die meiste Zeit mit einem Spielzeugpanzer amüsierte. Der Innenminister selbst, von dem man eigentlich erwartet hätte, daß er die Arbeit überwachen würde, tauchte gelegentlich aus einem Privatgemach auf, wo er eine junge Dame mit

Wein und Lebkuchen verwöhnte, um die einzelnen einander folgenden Entwürfe Hitler zu überbringen. Jeder Entwurf kam kurze Zeit später zurück, begleitet vom Befehl des Führers, diesen oder jenen Punkt zu ändern. Gegen Nachmittag gab es schon, so Lösener, viele solcher Entwürfe.[22]

Um Mitternacht, nachdem das Team schon fünfzehn Stunden lang an dem Gesetz herumformuliert hatte, das Mischehen verbieten und sexuelle Kontakte zwischen Juden und Deutschen unterbinden sollte, erschien Frick mit dem jüngsten Befehl Hitlers: Bis zum nächsten Morgen sollten die Experten ein »Grundgesetz, ein Reichsbürgergesetz« vorlegen![23] Die ehrenwerten Beamten konnten ihren Ohren kaum trauen. Hatte Frick Hitler den Verstand geraubt? Was für sorgfältige Vorbereitungen und Überlegungen würde es verlangen, ein Grundgesetz für ein tausendjähriges Reich auszuarbeiten? Frick beruhigte die erschöpften Bürokraten: Sie sollten sich keine Sorgen machen; der Führer verlange nur nach ein paar markigen Worten, die mit den entsprechenden Passagen aus seinem Buch übereinstimmten. Nachdem ihnen ihre Aufgabe derart erleichtert worden war, brachten Lösener und die anderen innerhalb einer halben Stunde auf der Rückseite einer Speisekarte einen kurzen und vagen Gesetzestext zu Papier, den Hitler dann endlich um halb drei in der Nacht akzeptierte.

Hitler hätte natürlich dieses Grundgesetz selbst formulieren können. Er wollte jedoch nicht auf die Mitarbeit und das Imprimatur des Innenministeriums verzichten. Der Führer versuchte die Gesetzgeber keinesfalls auszuschalten, sondern bemühte sich im Gegenteil, sie in seine Entscheidungen miteinzubeziehen. Er hielt sich an die Prozeduren, die für die Regierung von Weimar – wie für alle gerechten Regierungen – typisch gewesen waren. Indem sie mit dem Diktator zusammenarbeiteten, ließ der überkommene Verwaltungsapparat diese extremen, radikalen Maßnahmen als reine bürokratische Routineprozeduren erscheinen. Die Nürnberger Rassengesetze kamen zu einem großen Teil vor Ort durch Improvisation zustande, dennoch entsprachen sie letztlich dem Willen Hitlers, der sich vergewissert hatte, daß die Bürokraten bedingungslos mit ihm zusammenarbeiten würden.

Die schwierige Frage, wie sich ein Jude definieren ließ, wurde in Nürnberg zunächst offengelassen; sie wurde in den folgenden zwei Monaten durch Nachträge zu den Gesetzen beantwortet. Hitler, Goebbels und die anderen Nazi-Führer, die später die Vernichtung der Juden betrieben, hätten gerne allen Halbjuden dieselbe Behandlung angedeihen lassen wie den Volljuden. Hitler bezeichnete die Mischlinge als »Monstrositäten halb aus Menschen und Affen« und behauptete, daß das jüdische Blut eines Halbjuden sich auch nach sechs Generationen, in denen sich nur Deutschblütige miteinander gekreuzt hätten, nicht wieder »ausmendeln« würde.[24] Die Gesetze, die er dann 1935 schließlich guthieß, gestanden aber den meisten Halbjuden weiterhin die bürgerlichen Rechte zu, welche den Volljuden aberkannt wurden.

Nach dem Krieg behaupteten Funktionäre des Innenministeriums, die dabei mitgewirkt hatten, die Rassengesetze zu entwerfen, es sei ihr Verdienst, daß die Gesetze hinsichtlich der Definition von »Mischlingen« gewisse Kompromisse aufwiesen.[25] Das Ministerium widersetzte sich der Ansicht der Partei, daß Halbjuden wie Juden behandelt werden sollten.[26] Beide Institutionen überließen jedoch Hitler die letzte Entscheidung. Zwei Konferenzen (am 29. September 1935 und am 5. November 1935) lieferten Hitler das geeignete Forum, um definitiv darüber zu befinden, welche Personen als Juden einzustufen waren, und man erwartete allgemein, daß er diese Gelegenheiten nutzen werde.[27] Hitler zeigte sich jedoch unentschlossen; wie immer wollte er nicht mit einer unpopulären oder umstrittenen Maßnahme in Zusammenhang gebracht werden und ließ es daher schließlich zu, daß sich die Vertreter des Innenministeriums mit ihrer Ansicht durchsetzten. Obwohl die Nürnberger Gesetze und die in ihnen enthaltenen Kriterien zur Bestimmung eines Juden während der gesamten Nazizeit in Kraft blieben, waren weder sie noch die Bürokraten für das Schicksal der Mischlinge letztlich entscheidend. In einigen Fällen versuchte die deutsche Bürokratie den Nazis ihre Herrschaft zu erleichtern, indem sie die radikale Einstellung Hitlers abmilderte, so daß sie akzeptabler für die Bevölkerung wurde.[28] Auch im Fall der Nürnberger Gesetze bemühten sich die Bürokraten, die Partei zur Mäßigung zu bewegen, letztlich war es aber die Sorge der Machthaber um die Reaktion der Bevölkerung, die bewirkte, daß noch nicht einmal diese bereits gemäßigte Position in die Praxis umgesetzt wurde.

Am letzten Tag des Nürnberger Reichsparteitags führte Hitler den Vorsitz über die Versammlung des Reichstags, bei der die Rassengesetze bekanntgegeben wurden. Für die riesige Menge, die zusammengekommen war, ließ Goebbels alles vom Radio übertragen, einschließlich der Rede Hitlers über die Juden und seiner Ankündigung, daß ein Gesetz, welches den staatsbürgerlichen Status von Juden und ihr Zusammenleben mit Deutschen festlegen werde, in Kraft treten werde. Als der Höhepunkt gekommen war, das heißt der Moment, in dem der Gesetzestext selbst verlesen wurde, ließ Goebbels durch einen geschickten Schachzug den Eindruck entstehen, daß das deutsche Volk geradezu nach solchen Rassengesetzen gierte, indem er die Übertragung der Reichstagsversammlung unterbrechen und statt dessen Musik spielen ließ. Die sofort einsetzende Reaktion der Menge hinterließ einen bleibenden Eindruck bei Lösener, der das Gesetz mitverfaßt hatte. Die Leute, so erinnerte er sich, verlangten mit lauten Rufen zu wissen: Was ist beschlossen worden? Was ist beschlossen worden?[29]

Wer ist in Nazideutschland jüdisch?

Die Nazis behaupteten zwar, die Juden als Angehörige einer Rasse und nicht einer Religion zu definieren, sie nahmen aber dennoch Einblick in die Verzeichnisse der jüdischen Gemeinden. Jeder, der vier Großeltern besaß, die in diesen Verzeichnissen zu finden waren, galt als »Volljude«, jeder, der vier Großeltern besaß, deren Namen in keinem dieser Verzeichnisse auftauchten, wurde entsprechend als »Deutscher« angesehen. Was aber war mit denen, unter deren Großeltern sich ein, zwei oder drei Juden befanden? Diese Menschen wurden durch die Nürnberger Gesetze einer dritten Kategorie zugewiesen, den »Mischlingen«. Nachdem die Deportationen begonnen hatten, stand, jedesmal wenn die Bürokraten und die Parteifunktionäre den Terminus definierten, das Leben von mehr als siebzigtausend Menschen auf dem Spiel.[30]

Den Nürnberger Gesetzen zufolge war jeder, der zwei jüdische Großeltern besaß, ein Mischling ersten Grades oder »Halbjude«, während Personen mit nur einem jüdischen Großelternteil »Vierteljuden« oder »Mischlinge« zweiten Grades waren. Im Dritten Reich war es »Mischlingen« zweiten Grades gestattet, ihre deutsche Staatsbürgerschaft zu behalten, der Zugang zu einflußreichen Positionen blieb ihnen aber verwehrt. Berufe, die Menschen arischen Bluts vorbehalten waren, konnten von »Mischlingen« zweiten Grades nicht ausgeübt werden. Die Deutsche Arbeitsfront und das Militär nahmen »Mischlinge« zweiten Grades auf, ein Befehl Hitlers vom 8. April 1940 schloß sie aber von allen Beförderungen aus.[31] Ihnen konnte auch der Besuch von Gymnasien oder Universitäten verweigert werden, wenn dadurch eine Belastung für die jeweilige Institution entstand oder sich Nachteile für die deutschen Schüler oder Studenten ergaben. Vierteljuden durften Deutsche heiraten, aber keine Juden oder Halbjuden – was darauf hinweist, daß das Regime ihnen zwar den beruflichen Aufstieg erschweren wollte, aber darauf hoffte, ihre Kinder assimilieren zu können.[32] »Mischlinge« zweiten Grades konnten sich sicher sein, daß sie nicht sterilisiert oder ermordet werden würden, solange noch nicht alle Halbjuden oder »Mischlinge« ersten Grades sterilisiert oder ermordet worden waren.

Halbjuden oder »Mischlinge« ersten Grades – Personen mit zumindest zwei jüdischen Großeltern – wurden von den Nürnberger Gesetzen zwei verschiedenen Gruppen zugeordnet. Die erste Gruppe umfaßte all die, die entweder einer jüdischen Gemeinde angehört hatten oder mit Juden verheiratet waren. Im offiziellen Nazijargon wurden sie bald als »Geltungsjuden« bezeichnet – das heißt, sie »galten« als Juden. Den Nürnberger Gesetzen zufolge war jeder Halbjude ein »Mischling« ersten Grades, aber nur die »Geltungsjuden« wurden wie »Volljuden« behandelt, also so, als ob sie vier jüdische Großeltern hätten. Sie durften nur mit anderen Juden oder mit »Geltungsjuden« eine Ehe eingehen.

Zur Kategorie der »Mischlinge« ersten Grades gehörten auch Halbjuden – dies war die zweite große Gruppe –, welche, entweder auf eigenen Wunsch oder auf den ihrer Eltern hin, die katholische oder protestantische Taufe empfangen hatten. Im offiziellen Sprachgebrauch der Nazis wurden diese Menschen einfach nur als »Mischlinge« bezeichnet, wohingegen ja die anderen halbjüdischen Mischlinge ersten Grades »Geltungsjuden« genannt wurden. Es gab neunmal soviel getaufte Mischlinge wie »Geltungsjuden«, da nur ungefähr elf Prozent der Mischlinge insgesamt einer jüdischen Gemeinde angehörten. Schon vor Hitlers Machtergreifung hatten viele jüdisch-deutsche Ehepaare ihre Kinder taufen lassen – in der Hoffnung, ihnen damit die Probleme zu ersparen, die der Antisemitismus gemeinhin in Deutschland und anderen europäischen Ländern den Juden bereitete. In einigen Fällen hatten, in derselben Hoffnung, sogar rein-jüdische Paare ihre Kinder als Christen erzogen.[33] In ihrer ursprünglichen Fassung hatten die Nürnberger Gesetze den Mischlingen ersten Grades weiterhin die deutsche Staatsbürgerschaft zugestanden; eine Reihe von in der Folge erlassenen neuen Gesetzen und Gesetzesergänzungen unterhöhlte aber ihren rechtlichen Status immer mehr, bis sie, wie die »Geltungsjuden«, keine bürgerlichen Rechte mehr besaßen.

Unreines Blut: »in biologischer [und politischer] Hinsicht unangenehme Vorkommnisse«

Deutschen Bürokraten, denen es um deutsche Genauigkeit zu tun war, waren die Nürnberger Gesetze zu unpräzise. Pflichtbewußt wiesen sie darauf hin, daß ein Typus zwischen die Kategorien fallen könnte. Jemand, dessen Vater Jude, dessen Mutter aber ein »Mischling« zweiten Grades war, zum Beispiel, wäre zu fünf Achteln jüdisch. In solch einem Menschen würde also das Blut seiner jüdischen Vorfahren überwiegen, meinten sie. Wenn man jedoch die Kriterien der Nürnberger Gesetze zugrunde legte, wären nur zwei Großelternteile jüdisch, womit diese Fünf-Achtel-Juden lediglich in die Kategorie der »Mischlinge« ersten Grades einzuordnen wären. Himmlers Behörde gab bekannt, daß solchen Juden unter keinen Umständen eine »Gleichstellung« zugebilligt werden sollte (ein von Hitler gewährter Dispens, mit dem ein Mischling von jeder Verfolgung ausgenommen wurde).[34] Von den Nürnberger Gesetzen nicht erfaßt waren Mischlinge, unter deren Großeltern sich noch nicht einmal ein Volljude befand, das heißt, Mischlinge, deren Großeltern ihrerseits auch Mischlinge waren. Solche Personen waren eigentlich als Halbjuden anzusehen, und alle Organisationen und Verbände, die nur rassisch »reine« Deutsche in ihren Reihen duldeten, versuchten, diese Menschen auszuschließen, die, wenn man die Kriterien der Nürnberger Gesetze zugrunde legte, überhaupt kein jüdisches Blut in sich hatten.

Die Nürnberger Gesetze schienen auch mit Bezug auf das Thema Mischehe widersprüchlich zu sein. Auf der einen Seite bezeichneten sie alle weiteren Eheschließungen zwischen Juden und Deutschen als ungesetzlich und erklärten alle bestehenden Heiratsversprechen zwischen gemischtrassigen Partnern für null und nichtig. Personen, die nach der Verabschiedung der Nürnberger Gesetze noch eine Mischehe schlössen, würden gar nicht legal verheiratet sein und möglicherweise wegen des Delikts der Rassenschande strafrechtlich verfolgt werden. Auf der anderen Seite jedoch befürworteten die Nürnberger Gesetze nicht die Scheidung oder Auflösung bestehender deutsch-jüdischer Mischehen. So kamen die jüdischen Partner in solchen Ehen in den Genuß einer vergleichsweise privilegierten Position: Wie andere Juden auch büßten sie ihre Staatsbürgerschaft und ihre Rechte ein, sie konnten aber weiterhin mit Deutschen zusammenleben, die im Besitz von beidem blieben. Wie die Geheimpolizei berichtete, führte dieser Zustand zu Beschwerden darüber, daß jüdisch-deutsche Paare in einem Zustand »legalisierter Rassenschande« lebten.[35]

Für Goebbels stellten Mischehen gleichzeitig ein hartnäckiges und ein heikles Problem dar. Propagandamaßnahmen, die die Partner jüdisch-deutscher Verbindungen zur Trennung bewegen sollten, würden nicht nur den Antisemitismus weiter nähren, sondern auch die Auflösung von Ehen befürworten müssen. Und das war eine gewaltige Aufgabe, da das eheliche Zusammenleben immer noch ein tiefverankerter Wert und die gesellschaftliche Norm, die Scheidung einer Ehe im Deutschland der dreißiger Jahre dagegen immer noch die Ausnahme war. Das Wilhelminische Recht blieb während des Dritten Reichs in seinen Grundzügen in Kraft, und dieses Recht machte eine Scheidung für Frauen äußerst unattraktiv und unvorteilhaft, während es den Männern »Monogamie und lebenslange Ehe« erstrebenswert erscheinen ließ.[36] Sowohl für die protestantische wie auch für die katholische Kirche war die Ehe etwas Geheiligtes und Schützenswertes: Das katholische Dogma war ganz und gar gegen Ehescheidung, während die protestantische Kirche Deutschlands sich erst in jüngerer Vergangenheit nur »ganz vorsichtig mit dem heiklen Problem von Geburtenkontrolle und manchmal sogar von Abtreibung und Scheidung befaßt« hatte.[37] Was Heirat und Ehe anbelangte, hatten die Kirchen bis in die jüngste Vergangenheit allein das Sagen gehabt; erst seit 1875 und dem Kulturkampf war eine standesamtliche Eheschließung in Deutschland Pflicht geworden.

Die Nürnberger Gesetze von 1935 verboten alle weiteren Heiraten zwischen Juden und Deutschen, aber angesichts der Tatsache, daß ein lebenslanges Festhalten am Ehegelübde die gesellschaftliche Norm war, gingen sie nicht so weit, existierende deutsch-jüdische Ehen gewaltsam aufzulösen, obwohl der Geschlechtsverkehr zwischen Deutschen und Juden als Verbrechen galt.[38] Das Regime sah sich in einem Dilemma: Es war unwahrscheinlich, daß es ohne Zwang zu Ehescheidungen kam, da es aber mehr oder weniger verpönt war, sich scheiden zu lassen, würden auch alle Maßnahmen, mit denen man deutsch-jüdische Paare dazu zu zwingen versuchte, keinen Anklang bei der Bevölkerung finden. Das Bemühen, die Juden von den Deutschen zu isolieren, hatte auch zur Folge, daß es jüdischen und jüdisch-deutschen Familien untersagt wurde, arische Hausangestellte zu beschäftigen, die jünger als fünfundvierzig Jahre alt waren; man wollte damit verhindern, daß weitere »Mischlinge« gezeugt wurden. Viele jüdisch-deutsche Ehepaare schmerzte es, daß sie ihre »deutschblütigen« Hausgehilfinnen entlassen mußten, aber nicht, weil der Hausherr deswegen auf den Geschlechtsverkehr mit ihnen verzichten mußte. Dutzende versuchten, Ausnahmegenehmigungen zu erwirken. So auch der Philosoph Karl Jaspers, der mit einer Jüdin verheiratet war. Jaspers sandte Eingaben an verschiedene Ämter, unter anderem auch ans Innenministerium, in denen er darum bat, seine Hausangestellte Erna Baer weiter beschäftigen zu dürfen. Aufgrund seiner Arbeit, seiner angegriffenen Gesundheit und des schlechten gesundheitlichen Zustands seiner Frau würde die Entlassung dieser Hilfe, so schrieb Jaspers, katastrophale Folgen haben. Sie hätten keine Kinder und wären ohne jede Hilfe. Jaspers deutete sogar an, daß er ohne Frau Baer womöglich dazu gezwungen sein würde, seine wissenschaftliche Arbeit aufzugeben.[39]

Für solche Sonderfälle, wie ihn das Ehepaar Jaspers darstellte, schufen führende Parteifunktionäre die Kategorie der »Schutzjuden« – das waren Juden, die aufgrund ihrer politischen oder wissenschaftlichen »Nützlichkeit« für den Staat von den Juden betreffenden Bestimmungen ausgenommen waren. Das Regime war auf die Aura von Ehrbarkeit, die Ministerien und Gerichte umgab, angewiesen, konnte aber auf deren Fachkenntnisse und Fachurteile verzichten. Gerichtsentscheidungen zu Fällen von »Rassenschande« basierten oft auf ausgesprochen bürokratischen Erwägungen und ließen kein besonders großes Verständnis für die übergreifenden politischen Ziele der höchsten Naziführer erkennen. Für die obersten Parteiideologen waren die Gesetze gegen »Rassenschande« nicht nur ein wichtiges Mittel, um die Geburt von weiteren »Mischlingen« zu verhindern, sondern auch, um die gesellschaftliche Isolierung der Juden von den Deutschen herbeizuführen, ein wichtiges Teilziel auf dem Weg zur Konzentrierung und Vertreibung aller Juden. Einige Richter verloren dieses übergeordnete Ziel manchmal aus den Augen und hielten sich statt dessen mit unnötigen Detailfragen auf.

Die Nationalsozialisten gebaren die Idee, die Bürokraten schufen die Gesetze und die deutschen Gerichte sorgten dafür, daß diese Gesetze gegen Rassenschande streng ausgelegt und konsequent angewandt wurden. Ab 1937 wurde die Behauptung, daß einem die jüdische Identität des Partners, mit dem man Rassenschande betrieben hatte, unbekannt gewesen sei, von den Gerichten nicht mehr als Argument akzeptiert: Jeder Jude hatte die Pflicht, einem Deutschen, der Interesse an einer Liebesbeziehung zeigte, über seine »rassische Identität« zu informieren. Schon der Versuch, eine solche Beziehung aufzunehmen, reichte aus, um sich im Sinne der Rassenschande-Gesetze strafbar zu machen, und auch wenn einer der daran beteiligten Partner den Sexualakt nur »geduldet« hatte, hatte er gegen diese Gesetze verstoßen.[40] Selbst gegenseitiges Masturbieren galt als Rassenschande. Ein Mann, der nur seine Genitalien an denen einer Frau gerieben und dann den Akt abgebrochen habe, hatte sich trotzdem schon der Rassenschande schuldig gemacht. Der Besitzer einer Wohnung, in denen gemischtrassige Paare sich liebten, konnte der Mittäterschaft angeklagt werden.[41] Ein Jude, der eine deutsche Frau nur anschaute, konnte dafür schon angeklagt werden. Die Gerichte befanden einen jüdischen Angeklagten für schuldig, der sich damit verteidigte, er habe nicht gewußt, daß seine Partnerin deutsch sei, und sie begründeten dies damit, daß ein Jude sich nicht einfach darauf verlassen könne, wenn eine Frau sage, sie sei jüdisch, sondern daß er sich vergewissern müsse, daß dies tatsächlich stimmte.[42] Im Dritten Reich wurde eine relativ hohe Zahl derer, die wegen Rassenschande vor Gericht standen, für schuldig befunden, auch wenn nur äußerst dürftige Beweise gegen sie vorlagen.[43]

Das Regime und seine Institutionen trieben einen Keil zwischen Juden und Deutsche, die nicht schon durch familiäre Bande miteinander vereint waren. Es läßt sich nicht abschätzen, in welchem Ausmaß das Regime den Antisemitismus tatsächlich erst entstehen ließ, in jedem Fall hatte die von den Nazis propagierte Rassenlehre wenig Einfluß auf deutsch-jüdische Paare, das heißt, sie ließ die Scheidungsrate nicht nennenswert ansteigen. Ein neues Ehegesetz ermöglichte mit Juden verheirateten Deutschen die Scheidung, wenn sie vor Gericht glaubhaft machen konnten, daß sie sich niemals einen jüdischen Ehepartner gewählt hätten, wenn ihnen bewußt gewesen wäre, wie ernst das Problem tatsächlich war, aber nur sehr wenige Deutsche nutzten diese neue Bestimmung aus,[44] und diese Tatsache wurde von dem Regime als Beleg dafür gewertet, daß man eine eheliche Beziehung nicht einfach durch eine neue Gesetzgebung auflösen konnte – wenn die Partner wirklich zusammenbleiben wollten. Ende 1944 ließen die Machthaber ein vorgeschlagenes neues Gesetz fallen, mit dem eine Scheidung erleichtert werden sollte, da polizeiliche Nachfragen ergeben hatten, daß die Bevölkerung im allgemeinen dagegen sein würde, und da es viele deutsch-jüdische Ehen auch noch nach 1933 gäbe trotz der Möglichkeit zur Scheidung.[45]

Bei seiner Anstrengung, ein tausendjähriges Reich zu errichten, wollte Hitler die Traditionen der Deutschen in einer Weise abändern, daß sie sich mit den Wertvorstellungen der Nazis deckten, aber er wußte, daß sich das nicht so rasch bewerkstelligen ließ. Die Propaganda der Nationalsozialisten vermochte weder die sozialen Normen innerhalb kurzer Zeit umzuwandeln, noch konnte sie die alltäglichen Erfahrungen der Menschen Lügen strafen. Jeder Deutsche, so beklagte sich Himmler, habe seinen anständigen Juden.[46] Alltägliche, persönliche Erfahrungen konnten auch der Möglichkeit des Regimes, Gewalt und Terror einzusetzen, Schranken setzen. Denn wie die Geschichte zeigt, fiel es »auch dem schlimmsten Fanatiker schwer, ganz und gar erbarmungslos gegenüber jemandem zu sein, der in derselben Nachbarschaft wie er aufgewachsen war«.[47]

Die Bemühungen der Nazis, Arier und Juden voneinander zu scheiden und zu trennen, hatten ein ganzes Wirrwarr von Widersprüchen zur Folge. Die Bürokraten neigten dazu, logisch vorzugehen und die Menschen den rassistischen Idealen der Partei entsprechend verschiedenen Kategorien zuzuordnen. Die Sorge der Führungsspitze um Unterstützung durch die Bevölkerung war jedoch oft damit unvereinbar, und die Folge war, daß sich zwischen der Ideologie der Partei und der tatsächlich von ihr betriebenen Politik gewisse Widersprüche auftaten. So besaßen Halbjuden, zum Beispiel, denselben Anteil jüdischen Bluts wie »Geltungsjuden«, beide Gruppen wurden aber ganz unterschiedlich behandelt. Die Bestimmung vom September 1941, daß Juden einen gelben Davidsstern zu tragen hätten, galt für »Geltungsjuden«, nicht aber für Mischlinge ersten Grades. Der Stern kennzeichnete sie als Personen, die ihrer Rechte und des Schutzes durch die Polizei verlustig gegangen waren, und er markierte alle die, die ursprünglich zur Deportation verurteilt waren. Allen Gesetzen zum Trotz entgingen aber die Geltungsjuden dem Abtransport in die Vernichtungslager und überlebten den Krieg – weil sie nicht-jüdische Familienangehörige hatten.

7
Gesellschaft und Gesetz:
deutsch-jüdische Familien und deutsche
Kollaboration mit Hitler

Nach Bekanntgabe der Nürnberger Gesetze konnte der Antisemitismus vorübergehend noch sein wahres Gesicht in der Öffentlichkeit verbergen. Man bereitete sich auf die Olympischen Spiele vor, die 1936 in Berlin stattfinden würden. Da die deutsche Hauptstadt deswegen im Brennpunkt des internationalen Interesses stand, schien man dort, wie der »Mischling« Hans-Oskar Löwenstein de Witt es nannte, eine neue »Toleranz« an den Tag zu legen, und die Stadt schien sich in ein »Paradies« zu verwandeln.[1] Die Schilder, die Juden den Eintritt verboten, begannen in ganz Deutschland aus den Schaufenstern der Geschäfte zu verschwinden. Obwohl man diese Hinweise darauf, daß »Juden unerwünscht« waren, von der Regierung nicht verlangt hatte, waren sie nach 1933 in vielen Läden zu sehen gewesen. In einigen Fällen hatten sich die Geschäftsinhaber nicht damit begnügt, Juden den Eintritt zu verwehren, sondern, voller Stolz auf die eigene arische Identität, auch noch antisemitische Hetzartikel und Karikaturen in den Schaufenstern ausgelegt.[2] Das plötzliche Verschwinden der Schilder, die sich gegen Juden richteten, beweist, daß das Regime seinen Willen nicht nur mit Hilfe von Gesetzen und Vorschriften durchsetzte, sondern auch noch über informellere Mittel verfügte (mit der Androhung von Boykottmaßnahmen und von nachteiligen »Konsequenzen«, zum Beispiel, hatte man umgekehrt vorher einige Ladeninhaber und Unternehmer so eingeschüchtert, daß sie Juden den Zutritt verwehrt hatten).[3]

Die Verfolgung von Personen und Unternehmen durch Gesetze und die täglichen Schikanen gingen natürlich weiter. Nazifunktionäre wie Hans Kerrl, der davon ausging, daß die Deutschen aus reinem Eigeninteresse in Zukunft keine Juden mehr heiraten würden, glaubten vielleicht auch, daß der nunmehr so prekär gewordene Status der Juden zur Auflösung der existierenden Mischehen führen würde. Die Nürnberger Gesetze hatten es Juden schon untersagt, die deutsche Fahne zu hissen, vom Dezember 1936 an galt dieses Verbot auch für alle »deutsch-blütigen« Personen, die mit Juden verheiratet waren. In dem Maße, in dem sich das deutsche Volk immer mehr unter seinem Führer zusammenschloß, der nicht nur eine erfolgreiche Wiederaufrüstung betrieben, sondern auch mit der territorialen Expansion begonnen hatte, gewann ein solches »Fahnezeigen« gesellschaftlich immer mehr an Bedeutung, und das Gesetz, welches es mit Juden verheirateten Deutschen verbot, an diesem Zeremoniell teilzunehmen, trieb zumindest einen von ihnen, wie seine Tochter bezeugt, in den Selbstmord.[4]

Die Diktatur griff ebenso auf öffentliche Bloßstellung wie auf Gewalt zurück, um jede Art von Dissens zu unterdrücken. Hitler schmolz die Deutschen zu einer Gemeinschaft zusammen, und gegen Ideale zu verstoßen, für die Hitler stand, konnte einen, selbst wenn man damit gegen kein Gesetz verstieß, gesellschaftlich ruinieren. Die Gestapo stufte nahezu die Hälfte der von ihr untersuchten Fälle als »Nichtkonformes Verhalten im alltäglichen Leben« ein. In den zwölf Jahren der Naziherrschaft bezeichnete die Gestapo von Düsseldorf neunundzwanzig Prozent der Delikte, mit denen sie sich befaßte, entweder als unerlaubte verbale Äußerungen oder als unerlaubte Aktivitäten bei der Arbeit oder in der Freizeit; in weiteren siebzehn Prozent ging es um andere Formen unerlaubten Handelns, wie zum Beispiel Erwerb und Verbreitung verbotener Drucksachen und das Abhören fremder Radiosendungen oder »politische Passivität«. Da es nicht genügend uniformierte Polizeibeamte gab, um das alltägliche Tun und Treiben von achtzig Millionen Deutschen zu überwachen, war man ganz darauf angewiesen, daß Zivilisten solches Fehlverhalten der Partei, der Polizei oder der Gestapo hinterbrachten.[5] Einige sahen es als Freundschaftspflicht an, andere darüber aufzuklären, wie sie es vermeiden konnten, in Schwierigkeiten zu geraten.[6] Die Erfahrungen von Deutschen, die mit Juden verheiratet waren, zeigen, daß das Regime sich darauf verlassen konnte, daß die große Masse der Bevölkerung seinen gesellschaftlichen Normen zur Geltung verhelfen würde. Das deutsche Volk tat – oft unter der Führung von Parteimitgliedern und -funktionären – für das Regime das, was dieses allein nur unvollkommen bewerkstelligen konnte: Es übte Druck auf die in Mischehe Lebenden aus, um diese dazu zu nötigen, ihre Ehen aufzulösen.

Nachbarn und Freunde von Deutschen, die mit Juden verheiratet waren, ließen diese im Stich, sie schikanierten sie und denunzierten sie und hielten auf diese Weise mit den Angriffen Schritt, die durch einen ganzen Hagel von neuen Gesetze erfolgten. Musik, Theater, Literatur, die bildenden Künste, Radio, Kino, die Presse – all dies wurde von Goebbels der Reichskulturkammer unterstellt, die eines dieser Gebiete nach dem anderen Juden und Deutschen, die mit Juden verheiratet waren, unzugänglich machte.

Im April 1936 verlangte die Reichspressekammer, eine der sieben Unterkammern der Reichskulturkammer, von allen ihren Mitgliedern, das heißt von allen, die auf die eine oder andere Weise im Journalismus tätig waren, den Nachweis, daß sie und ihre Ehepartner seit 1800 rein arischer Abstammung waren.[7]

Zu ungefähr der gleichen Zeit forderte die Reichsschrifttumskammer auch von Buchhändlern den Nachweis, daß sie »rassisch rein« seien.[8]

Im Oktober 1936 zog der öffentliche Dienst die Schrauben weiter an mit dem Erlaß, daß alle seine Beschäftigten, die mit Juden verheiratet waren, nicht mehr befördert werden würden.[9]

Zweieinhalb Monate später, am 26. Januar 1937, forderte das Deutsche Beamtengesetz, daß jeder im öffentlichen Dienst Beschäftigte, der einen jüdischen Ehepartner hatte, den Abschied nahm.[10]

Andere Berufsorganisationen folgten dem Beispiel der renommierten Ärztekammer und der ebenso angesehenen Juristenkammer und hielten sich ebenfalls an den Arierparagraphen. Im Februar 1937 wurden die Einstellungspraktiken des öffentlichen Dienstes, die sich gegen in Mischehe lebende Deutsche wandten, von der Notarskammer übernommen, das heißt, Juden und Deutsche, die mit Juden verheiratet waren, wurden ausgeschlossen.[11]

Bald danach schloß die Vereinigung der Geometer ebenfalls Juden und mit Juden verheiratete Deutsche von der Mitgliedschaft aus.[12]

Im zweiten Quartal des Jahres 1937 begann Hitlers Büro eine Kampagne, um »Mischlinge« und mit Juden verheiratete Deutsche aus dem öffentlichen Dienst herauszudrängen.[13]

Diese Flut von Gesetzen läßt sich fast so leicht wie eine Einkaufsliste beschreiben, für viele Deutsche stellte aber jedes einzelne von ihnen einen schweren Schicksalsschlag dar. Im August 1935 erließ Goebbels die Anweisung, daß alle deutsch-jüdischen Künstler nur innerhalb der jüdischen Kulturbünde aktiv werden konnten, die unter der Oberaufsicht von Hans Hinkel standen, dem Sonderbevollmächtigten des Reichsministers für Volksaufklärung und Propaganda für die Kontrolle von Nicht-Ariern, die mit kulturellen Aktivitäten im deutschen Reichsgebiet befaßt waren.[14]

Nach der Verabschiedung des Berufsbeamtengesetzes im April 1933 waren die Auftrittsmöglichkeiten für den Pianisten Julius Israel, den Mann von Charlotte, immer rarer geworden, da mehr und mehr Besitzer von Lokalen und Restaurants keine Juden mehr zur Unterhaltung der Gäste beschäftigten. 1935 gab es überhaupt keine Engagements mehr, so daß Julius in noch stärkerem Maß von Charlotte abhängig war.

Zur Zeit von Hitlers Machtübernahme hatte Julius Israel mit den Musikern Zille Franzke und Günther Schwenn zusammengearbeitet. Nach dem Krieg hörte Charlotte zufällig im Radio ein Interview mit Schwenn, der erzählte, wie seine Karriere begonnen hatte. »Ich trat im Küka auf, dem Künstlercafé neben dem Romanischen Café«, sagte er. »Ich hatte da 'nen Klavierspieler.« Charlotte erinnerte sich daran, daß Schwenn nicht den Namen des Klavierspielers nannte. »Ich war so enttäuscht«, erzählte sie. »Mein Mann hat ihm praktisch die Leiter gehalten.«[15]

Charlotte war jetzt die Hauptverdienerin, und eine Wohnung zu besitzen, in der man still und friedlich leben konnte und die groß genug war, daß Julius in ihr für einen kleinen Kreis von Angehörigen und Freunden spielen konnte, wurde zu einem unerfüllbaren Traum. Nachdem sie geheiratet hatten, war Julius mit Charlotte in die Wohnung im Erdgeschoß gezogen, die sie in der Leibnizstraße neben dem dort von ihr eröffneten Laden gemietet hatte. Der Versuch, Charlotte als Inhaberin dieses zweiten Geschäftes auszugeben, scheiterte nach kurzer Zeit: Die SA fand heraus, daß die Schneiderei Preß in der Leibnizstraße in Wirklichkeit nur ein Ableger des Ladens von Julius Israel war. »Das neue Geschäft haben wir nur gerade ein halbes Jahr gehabt«, erzählte Charlotte. »Es ist ja doch rausgekommen, daß es unter ›jüdischem Einfluß‹ steht. Die Leute haben erfahren, daß mein Mann Jude ist, und wir sind laufend boykottiert worden. Die SA stand immer vor unserer Tür und schickte die Leute weg. Sie sagten: ›Hee, kauf mal nicht bei der Judensau hier!‹ Das war nicht möglich. Ich hatte auch Angst. Wir haben das Geschäft und die anschließende Wohnung aufgeben müssen. Wir hatten also so wenig Wohnplatz wie Arbeit.«

Den Nazis lag viel daran, daß jüdische Geschäfte auch dann boykottiert wurden, wenn keine Posten vor ihnen standen, sie verkündeten daher durch Anschläge, daß Deutsche, die in jüdische Geschäfte hineingingen oder aus ihnen herauskamen, photographiert werden würden; dies war eine Falle, die den nichtsahnenden Missetäter natürlich empfindlich überraschen sollte.[16] Als es ihnen nicht mehr möglich war, ihr Geschäft in der Leibnizstraße weiterzuführen, mußten Charlotte und Julius in ein einzelnes, unmöbliertes Zimmer in einer Vierzimmerwohnung an der Ecke Kaiser-Friedrich- und Bismarckstraße ziehen. Zwei andere Familien teilten sich die Wohnung mit den Israels, die Küche und das Badezimmer standen allen gemeinsam zur Verfügung. Das hätte ganz gut gehen können, meinte Charlotte, wenn die Mitmieter nicht Nazis gewesen wären. Das Propagandaministerium trug überall in Deutschland den Antisemitismus mit Hilfe von Radiosendungen in die Wohnungen der Leute hinein. Die Stimmen der Nazigrößen dröhnten durch die Wohnungen, und ganze Familien versammelten sich andächtig vor den Lautsprechern, um den Worten ihres »Führers« zu lauschen. Charlottes Nachbarn stellten das Radio immer so laut ein, daß sie die Sendungen mit anhören mußte: »Ich wollte das gar nicht hören. Das war die Hölle für mich. Es war nicht zu ertragen.«

Die gemeinsame Nutzung der Küche stellte für die anderen ebenfalls eine Gelegenheit dar, dem jungen Paar das Leben zu vergällen. »Das war eine gemeinsame Lebensordnung, und theoretisch hatte jeder dieselben Rechte und Pflichten«, sagte Charlotte. »Wir hatten wenig Rechte. Die anderen konnten [sie] uns ja immer absprechen, weil wir einen jüdischen Haushalt hatten. Ich habe immer in der Küche zu tun gehabt, nicht mein Mann. Den habe ich nämlich immer ein bißchen im Hintergrund gelassen. Ich habe ihn ja geschützt.«

Durch einen Zufall fanden die Israels eine andere Wohnung, in der Dahlmannstraße 22, zwischen der Sybel- und der Mommsenstraße. Dort waren sie unter sich und für kurze Zeit glücklich. Hier versuchten Charlotte und Julius auch, ein neues Geschäft zu eröffnen. Es gab ein Ladenlokal und auch ein Ladenschild; Charlotte gelang es, das Unternehmen offiziell eintragen zu lassen, und sie konnten es, ohne vom Boykott der SA behelligt zu werden, betreiben. Bald blühte das Geschäft; sogar die Regierungsbeamten, die in der Gegend ihre Büros hatten, kamen zu ihnen, wenn sie Ärmel verlängert oder Säume ausgelassen haben wollten. Charlotte erzählte: »Wir haben diese feine Maßwäsche genäht. Auch Blusen, auch Hemdblusen waren damals sehr modisch. Daß wir nähten, hat sich so herumgesprochen, und die Arbeiten, die wir machten, die brauchte man ja dann auch. So war die Existenz fürs erste gesichert.« Julius konnte mit seiner Musik nichts zu ihrem Lebensunterhalt beisteuern, und ihr Geschäft warf nicht allzuviel ab. Aber sie wohnten in ihren eigenen vier Wänden und konnten immer noch Konzerte und Ausstellungen besuchen und ins Kino gehen. Sie hatten immer noch ihre jüdische Familie und ihren Freundeskreis.

Sie hatten auch immer noch Julius' Musik. Während der ganzen Nazizeit spielte Julius so gut wie jeden Tag Klavier, und Charlotte sang dazu. Manchmal setzte sie sich neben ihn und blätterte mit der einen Hand die Noten um, während sie mit der anderen nähte. Der ganze Stolz des Paares war ein Bechsteinflügel, den Julius' Eltern ihnen zur Hochzeit geschenkt hatten. Er beherrschte ihr kleines Wohnzimmer und war das Zentrum ihres gesellschaftlichen Lebens. »Mein Mann hat früher selbst Lieder komponiert«, erzählte Charlotte. »Der hat Chansons gemacht, das war seine Lieblingsmusik. Ein bis zweimal in der Woche war in unserer Wohnung Musikabend. Unsere Freunde waren alle musikalisch. Einer spielte Flöte, der andere Cello oder Violine, es gab Sänger und Sängerinnen – es war wunderbar. Alle unsere Freunde kamen. Das war alles wie eine Familie damals, nicht? Richtig schön. Ich habe gesungen. Es waren herrliche Stunden, die ich nie vergessen werde.«

Aber während die Israels es erst lernten, sich auf die immer enger werdende Zwangsjacke aus gesetzlichen und wirtschaftlichen Einschränkungen einzustellen, wurde die Propaganda gegen die Juden und gegen Rassenschande immer heftiger. Immer öfter sah man vor Gastwirtschaften, Restaurants, Vergnügungsetablissements und Parks Schilder mit der Aufschrift »Für Juden verboten!«. Sogenannte »Stürmerkästen« wurden überall in deutschen Städten angebracht; in den Ausschnitten aus der Nazizeitung *Der Stürmer*, die in ihnen ausgehängt waren, wurden die Juden diffamiert und als Vergewaltiger und Verderber der arischen Herrenmenschen dargestellt. Auf der Straße gaben Julius und Charlotte ein auffallendes Paar ab: er, der kleine, dunkle, verkrüppelte Jude, und sie, die stattliche Arierin. Für die Öffentlichkeit, »die ein aufmerksames Auge auf Juden hatte, die mit blonden Mädchen Umgang hatten«[17], riefen sie sofort die Vorstellung von »Rassenschande« wach.

Vielleicht auf den Hinweis eines Nachbarn oder eines Kunden hin wurde das Gewerbeaufsichtsamt aktiv; man teilte Charlotte mit, daß ihr Geschäft »unter jüdischem Einfluß stand«, und schloß es. »Ich ging auch zu dem Gewerbeamt und sagte, daß ich mein Gewerbe wieder anmelden möchte! Und es hieß dann immer: ›Sie können sich ja scheiden lassen! Dann können Sie Ihr Gewerbe haben.‹ Ich sagte dann immer: ›Sie sind ja sicher auch verheiratet. Ich weiß nicht, ob Sie sich so leicht scheiden lassen würden. Ich jedenfalls laß mich nicht scheiden!‹«

»Erst waren wir alle arbeitslos«, erzählte Charlotte weiter. »Dann kam ich auf eine Idee. Ich ging in einer Fabrik nähen. Es war schrecklich. In der Riesenhalle war von den vielen Maschinen ein Höllenlärm. Keine einzelne Näherin konnte ein Kleid vollständig nähen. Ich, die immer die feinste Maßarbeit angefertigt hatte, nähte nur einen

Knopf. Immer denselben. Furchtbar. Langweilig. Man machte nur einen Ärmel oder so. Bandarbeit nannte man das. Früher war die Konfektion noch sehr mangelhaft, da gab es immer die Standardgrößen, und wer nicht reinpaßte, hat Pech gehabt! Die Arbeit war so stumpfsinnig, daß man verzweifeln konnte – und schlecht bezahlt auch noch. Das Fabrikmilieu ging mir auf die Nerven. Ich hielt's grade einen Tag aus, und das war's.

Als ich dann abends mit der Straßenbahn nach Hause fuhr, da hatte ich nur den einen Gedanken: Wovon sollen wir jetzt leben? Ich kam mir wie'n Versager vor. ›Was jetzt, was jetzt‹, hab ich gedacht. Ich habe mich selbst verachtet.

Es dauerte eine Woche, bis ich mich von diesem Schock erholt habe. Ich lag die Tage im Koma. Mein Mann hat mich gepflegt. Ich kam mir vollkommen schäbig vor. Ich hätte vor mir selbst ausspucken können. Ich dachte: ›Ich bin nichts! Ich bin nichts mehr! Ich kann das einfach nicht.‹

Ich bin nicht anspruchsvoll, ich kann ganz bescheiden sein. Aber man muß ja doch von irgendwas leben! Das war für mich immer das Wichtigste, daß man für den Morgen hatte, meinetwegen für einen Tag voraus.«

Charlotte blieb schließlich nichts anderes übrig, als den Lebensunterhalt für sich selbst und ihren Mann auf illegale Weise zu verdienen, was wirklich ein kühnes Wagnis war. Ein Gesetz vom April 1938 sah eine Gefängnisstrafe von mindestens einem Jahr für jeden Deutschen vor, der wissentlich dabei half, einen jüdischen Betrieb oder ein jüdisches Geschäft vor der allgemeinen Öffentlichkeit oder den Behörden als als ein deutsches Unternehmen auszugeben. Jeder, der von einem solchen fälschlicherweise als deutsch angemeldeten jüdischen Unternehmen Kenntnis hatte, mußte dies den Behörden unverzüglich mitteilen, wenn er nicht der Beihilfe zum Betrug angeklagt werden wollte.[18] Für Charlotte war es zwar etwas ganz Neues, das Gesetz zu brechen, sie wollte aber schließlich überleben. Sie öffnete ihr Geschäft heimlich wieder und erzählte nur Juden davon.

»Wir schrieben unseren jüdischen Kunden, daß wir wieder arbeiteten. Und alle kamen. Wir haben aber nur für Leute gearbeitet, die wir kannten, denen wir vertraut haben. Wir haben Änderungen gemacht – die Leute wurden alle dünner, inzwischen war ja Krieg. Es mußte alles kleiner gemacht werden.

Wir haben auch eine Ausbildung angeboten. Nähunterricht, und mein Mann gab Unterricht im Zuschneiden. Das war für Juden, die auswandern wollten. Es gab jüdische Frauen, die ihre Kinder zum Aus-

wandern ausbilden wollten. Rechtsanwälte haben ja bei uns sogar zuschneiden gelernt. Alles in unserer Wohnung, und alles geheim. Ich
hatte zwei Nähmaschinen, und wir gaben Unterricht von Montag bis
Donnerstag, von 14 bis 16 Uhr. Pro Stunde zwei Mark. Freitag wollte
ich nicht mehr, denn am Freitag fing der Sabbat schon an, am Nachmittag, und ich wollte für den Haushalt dasein. Ich habe das akzeptiert,
Sabbat.

Vier Tage in der Woche, zwei Stunden pro Tag, pro Stunde zwei Mark.
Das sind schon 16 Mark pro Woche. Davon konnten wir leben. Wir
konnten damit keine großen Sprünge machen, aber wir lebten davon.
Außerdem war alles sowieso für uns verboten.« Charlotte sagte dies
lachend. »Wir konnten sowieso kein Geld ausgeben, also was soll's.«

Während einige Menschen durch die Verfolgung tatsächlich zermürbt
wurden, ließ der Rassismus der Nazis Charlottes Verbundenheitsgefühl mit Julius nur noch stärker werden. Einmal unternahm sie, als sie
sich nach einer Krankheit zur Erholung in Pommern, der Heimat ihrer
Mutter, aufhielt, mit ihrem Bruder eine Fahrradtour an den Strand bei
Ückermünde: »Es war eine herrliche Fahrt, immer durch den Wald, bei
wunderschönem Wetter. Als wir den Strand in Ückermünde erreichten, sagte mir mein Bruder: ›Ist das nicht herrlich, das Meer?‹ Ich sah
kein Meer. Ich sah ein Riesenschild, quer oben über dem Strand angebracht, mit der Aufschrift: ›Für Juden verboten.‹ Das hat mir einen
Tiefschlag gegeben. Das war so siebzehn bis zwanzig Meter mindestens
groß – das war so auf Pfählen. Riesig! In riesigen Lettern etwa ein
Meter hoch, ganz, ganz hoch, ganz weit geschrieben, daß man es bloß
alles lesen konnte. Ich starrte nur auf das Schild und ging nicht weiter.
Meine Freude war dahin. Ich war todunglücklich. Ich hatte nur den
einen Gedanken, den einen Wunsch: zu meinem Mann! Ich nahm mir
vor, nie wieder ohne meinen Mann zu reisen.«

Mit den Stürmerkästen und anderen Mitteln der Straßenpropaganda
wollte man in allen Deutschen das Gefühl erwecken zusammenzu-
gehören und die Juden in die Rolle der heimtückischen Eindringlinge
und Störenfriede drängen. Diese Schaukästen hingen vor allem in der
Nähe von Bus- und Straßenbahnhaltestellen sowie an anderen Orten,
an denen viele Menschen zusammenkamen. Als Charlotte einmal mit
ihrer Freundin Paula über die Kantstraße in Charlottenburg schlen-
derte, stießen sie auf ein paar Deutsche, die sich über die Karikatur
eines Juden in einem Stürmerkasten lustig machten. Paula Schlesinger
war eine wunderhübsche Jüdin, die sich auch von den Nazis nicht aus
der Fassung bringen und sich nicht ihre Vitalität rauben ließ. »Sie brauchen gar nicht zu lachen!« rief sie der spöttische Witze reißenden

Gruppe vor dem Stürmerkasten zu. »Es gibt auch hübsche Juden. Sehen Sie mich an!«

Die Juden auch räumlich von den Nicht-Juden zu trennen, war ein dringendes Anliegen Goebbels', da die Juden, solange sie noch unter den Deutschen lebten, seine gegen sie gerichtete Propaganda Lügen strafen könnten. Die meisten Deutschen mit jüdischen Ehepartnern ließen sich nicht von der antisemitischen Propaganda beeinflussen. Familienbande veranlaßten sie dazu, sich dem Staat bei der Durchsetzung seiner Ziele in den Weg zu stellen. Charlotte hatte ihr Erwachsenenleben begonnen, indem sie sich in Julius verliebt hatte – und nicht als jemand, der den Nazis Widerstand entgegensetzte. Die kleinen Opfer, die sie anfangs für ihn brachte, wurden später zu riesengroßen, und ihre Fähigkeit, dem gesellschaftlichen und politischen Druck standzuhalten, wuchs in dem Maß, in dem auch dieser Druck anstieg. Die Worte, die Charlotte Israel zur Verfügung standen, um ihre Geschichte zu erzählen, blieben jedoch dieselben: »furchtbar, entsetzlich«. Die Worte, die man auch benutzen könnte, um zu beschreiben, wie man in ein Sommergewitter geriet, oder um zu erzählen, wie es war, als man seinen Schlüsselbund verlor, sind die einzigen, die man dafür hat, um das Schicksal eines Opfers des Naziregimes zu schildern. Aber die Trauer um den Verlust, den Charlotte erlitten hatte, den Verlust ihrer Freunde, aber auch den des Vertrauens in ihre Mitmenschen, klang noch in ihrer Stimme an, als sie sich an ihre Freundin Paula Schlesinger erinnerte: »Leider ist auch später Paula vergast worden, wie auch ihre ganze Familie.«

Wally Roßbach und Günter Grodka heirateten, obwohl keiner von ihnen eine Arbeit hatte. Nach der Heirat erhielt Wally von der Gestapo eine Vorladung nach der anderen in eine ihrer Dienststellen. Und noch öfter riefen ihr Nachbarn oder Bekannte Beleidigungen hinterher. Vor allem Ausdrücke wie »Judensau« und »Judenhure« bekam sie immer wieder zu hören. Manchmal wurde sie auch angespuckt oder vom Bürgersteig gestoßen. Sogar der Hund der Grodkas wurde beschimpft, und andere Hundebesitzer herrschten ihre Tiere an, daß sie sich nicht »mit dem Judenköter« einlassen sollten.

»Ich lernte es, besonders auf der Hut zu sein, ich meine wegen der Attacken, wenn zwei Deutsche zusammen waren«, erzählte Wally. Einer allein »war zu feige«, um so brutal zu sein. Andere Überlebende der Zeit erinnerten sich ebenfalls daran, daß Gestapo-Offiziere dazu neigten, lauter zu sprechen und sich strenger zu gebaren, wenn Kameraden dabei waren. Einer von ihnen, der sich »sehr laut und energisch« aufführte, wurde ganz ruhig und sachlich, sobald sein Kamerad das Zimmer verlassen hatte[19]. Um ein guter Gestapo-Mann zu sein, mußte man eben brüllen und schreien. Eine deutsche Zeitzeugin erinnerte sich daran, daß ein Angehöriger der Gestapo, der ganz ruhig, ja beinahe höflich eine Hausdurchsuchung durchführte, Beleidigungen auszustoßen begann, den Inhalt von Schubladen auf den Boden warf und Bücherregale umstieß, als ein anderer Gestapo-Mann das Zimmer betrat.[20] Eine Angst, die damals viele Deutsche hatten, war, in irgendeiner Weise aus der Masse herauszuragen; und wenn sie mit anderen zusammen waren, dann verhielten sich viele manchmal nur deswegen so herzlos, um nicht den Eindruck zu erwecken, »anders« zu sein.[21]

Wally erinnerte sich daran, daß niedere Funktionäre der Partei manchmal die Schikanen gegen sie und Günter auslösten. In fast jedem Haus lebten Parteimitglieder und oft verfolgten sie genau, wer aus der Wohnung einer jüdisch-deutschen Familie herauskam oder in sie hineinging; sie schrien dann Beleidigungen, spuckten aus dem Fenster auf die Angehörigen der Familie, wenn sie unten vorbeigingen, oder schütteten sogar Abfall auf sie. Besonders wichtig dafür, daß die Partei alles unter Kontrolle hatte, waren die sogenannten Blockwarte. Obwohl diese in der offiziellen Parteihierarchie ganz unten standen, waren sie die Augen und Ohren der Führungsspitze; durch sie erfuhren die Parteioberen, was im alltäglichen, ganz gewöhnlichen Leben vor sich ging. Die Blockwarte waren auf der anderen Seite auch verantwortlich dafür, die Anweisungen der Partei nach unten weiterzuleiten. Da das Regime die Hebel der institutionellen Macht zu kontrollieren und das gesellschaftliche Verhalten der Deutschen – sogar ihr Verhalten im Bett – zu ändern versuchte, war es auf eine systematische Überwachung seiner Untertanen angewiesen. Die Blockwarte lieferten diese Überwachung, indem sie zum Beispiel, ohne dafür bezahlt zu werden, viel Zeit dafür aufbrachten, eine »Bewohnerkartei« anzulegen, in der jeder, der in ihrem Block lebte, erfaßt war. Sie trugen dazu bei, daß sich die Normen und Wertvorstellungen der Nazis durchsetzten, indem sie feststellten, wer regelmäßig die Parteizeitung las, darauf achteten, daß der Hitlergruß korrekt ausgeführt wurde, in Erfahrung brachten, wer sich abfällig über das Regime äußerte oder Juden Unterkunft gewährte, und alle diese Informationen an die Gestapo oder an ihre Vorgesetzten innerhalb der Partei weiterleiteten. Funktionäre der Partei berieten sich sich sogar mit dem zuständigen Blockwart, wenn es darum ging, die »politische Zuverlässigkeit« einer Person zu ermitteln, die sich um eine der vielen lebensnotwendigen oder angenehmen Dinge bewarb, über deren Verteilung die Partei wachte.[22] Unmittelbar nach dem Zusammenbruch des Dritten Reichs meinte ein Zeuge, daß diese »kleinen Leute« der Partei mehr als die Gestapo für die Stärke des Regimes getan hätten.[23]

In dem Haus, in dem die Grodkas lebten, waren die Bluts, die im ersten Stock wohnten, als Spitzel für die Partei tätig. Herr Blut war der Blockwart und seine Frau die Hausverwalterin. Günter hatte Herrn Blut als einen typischen »Goldfasan« in Erinnerung, als jemand, der voller Stolz in seiner schmucken Uniform daherstolzierte und Kommandos gab. Den Bluts konnte man kaum entgehen. Auch wenn sie das Haus noch so verstohlen betrat oder verließ, bekam Wally zumeist Frau Bluts Stimme zu hören, die auf »die alte verwanzte, dreckige Judensau« schimpfte. Die Bluts wohnten direkt neben dem Eingang zum Hof und konnten durch ein Fenster das Kommen und Gehen aller Mieter beobachten. Die Grodkas wohnten im Hinterhaus, einem jener Gebäude mit engeren, weniger prachtvollen Treppenaufgängen und kleineren Wohnungen, die ursprünglich für die Berliner Arbeiter errichtet worden waren. Wally begann sich nach einiger Zeit vor dem Moment, in dem sie die Wohnung verlassen mußte oder in dem sie nach Hause kam, zu fürchten. Die Ellbogen auf eine dickes Kissen auf dem Fensterbrett gestützt, klatschte Frau Blut mit den Mietern oder sprach mit ihnen über Politik. Sie schikanierte nicht nur die Juden im Haus, sondern auch deren Besucher und ermunterte die anderen Mieter, ihnen ebenfalls zuzusetzen, wo es nur ging.

Weil sie sich auf die Seite der Juden gestellt hatten, wurden in Mischehe lebende Deutsche von ihren Bekannten, aber auch von Fremden immer wieder angegriffen – manchmal heftiger als die Juden selbst. Wallys Chef verhöhnte sie, und in ihr stieg oft die Wut hoch, wenn sie von ihm das Geld entgegennahm, das sie brauchte, um am Leben zu bleiben. Wenn sie dann zu Hause ankam, wurde Wally mit Haß überschüttet: Man malte ihr Wörter wie »Sau – Dreckfink – Schwein« an die Wohnungstür. Die Kakerlaken in der Wohnung der Nachbarn, so hieß es, seien erst mit den Grodkas zusammen in das Haus eingezogen: »Ich konnte mich nicht wehren«, sagte Wally, »denn wer setzt sich ein für eine ehrlose und verjudete Drecksau?«

Die offizielle Propaganda und die offiziellen Vorschriften zielten auf Günter, nicht auf Wally. Er war ein Jude, Angehöriger einer Gruppe, die keine Chancen hatte, von der man glaubte, daß sie genetisch unheilbar verderbt sei. Für Wally und für andere Deutsche mit jüdischen Ehepartnern bestand jedoch noch die Möglichkeit, sich wieder in die Herrenrasse einzugliedern: Sie brauchten sich nur scheiden zu lassen. Wally wurde mit einer Wut, wie sie sonst nur ein verschmähter Liebhaber aufbringt, dafür angegriffen, daß sie sich weigerte, an die Überlegenheit des »deutschen Menschen« zu glauben. Weil sie gegen den Strom schwamm, wurde sie bezichtigt, unverschämt, dreist und schamlos zu sein. »Meine Frau ist viel mehr belästigt worden als ich«, gab Günter zu. »Die haben meine Frau ständig angepöbelt.«

Obwohl sie durch eine Hölle gehen mußte, beteuerte Wally – wie auch Charlotte und Elsa –, daß sie es nie bereut habe, einen Juden geheiratet zu haben. Hin und wieder habe es auch einen Lichtblick gegeben: einen Nachbarn etwa, der sich weiterhin freundschaftlich verhalten habe. Frau Blut hatte es schließlich den Deutschen im Haus verboten, mit den Juden zu sprechen. »Ich galt als Jüdin, und darum durfte man auch mit mir nicht reden«, erzählte Wally. Drei Frauen im Haus ließen sich aber nicht so leicht einschüchtern und blieben ihre Freundinnen. »Nur Frau Nowakowski, Frau Löwe und Frau Prabsch ließen sich nicht beeinflussen, und es war mir eine große Freude in all dem Leid.«

Für alle, die sich beeinflussen ließen und nicht standhaft blieben, hatte Wally auf der anderen Seite nur Verachtung übrig: »Ich verachte diese Menschen, die aus diesen Gründen ihre [jüdischen] Ehepartner verlassen haben, aus tiefstem Herzen, da sie sie einst, als es ihnen gutging, schätzten. Als sie aber weniger angenehme Zeiten vor sich hatten, verließen sie sie, um sie in den Tod zu schicken.«

Die Erfahrungen, die Werner Goldberg von 1936 bis 1939 als Mischling machte, widersprachen dem, was offiziell, auf nationaler Ebene an antijüdischer Verfolgung stattfand. 1936 und 1937 stießen ihn private Organisationen, obwohl sie gesetzlich nicht dazu gezwungen waren, aus ihren Reihen aus. Anfang 1938 wurde er aber plötzlich wieder in die nationale Gemeinschaft zurückgeholt, zunächst als Angehöriger des Reichsarbeitsdienstes und dann als Soldat der deutschen Wehrmacht. Nachdem er aus den parteinahen Vereinigungen ausgeschlossen worden war, zu denen sein Jugendfreund Karl Wolff gehört hatte, hatte er jetzt die Chance, sich wieder einen Platz in der Gemeinschaft zu erobern. Werners äußerst wechselhafte Erfahrungen spiegelten die Unentschlossenheit der Führungsspitze der Partei wider, die immer noch darum bemüht war, die Widersprüche zwischen ihrer Rassenideologie und der von ihr praktizierten Rassenpolitik zu lösen.

Der Reichsparteitag von 1935 hatte die ehemaligen Freunde Werner und Karl zu Menschen gemacht, die kaum etwas miteinander gemein hatten. Ein weiterer Höhepunkt dieser Veranstaltung, bei der die Nürnberger Gesetze bekanntgegeben worden waren, war eine Ansprache Hitlers an vierundfünfzigtausend Mitglieder der Hitlerjugend gewesen, die feierlich vor ihrem Führer vorbeigezogen waren. Karl, der bald für die exklusivste Einheit der SS ausgewählt werden sollte, war höchstwahrscheinlich dabeigewesen und hatte Hitlers Versprechen mit angehört, daß die nationalsozialistische Erziehung eine antriebsschwache, degenerierte Jugend in eine disziplinierte Truppe, in eine neue Macht verwandeln werde. Karl hatte bereits ein Jahr jener Ausbildung hinter sich, von der Hitler sagte, daß sie junge Menschen zu harten Herrenmenschen machen werde. Werner hingegen, der dazu gezwungen gewesen war, vorzeitig von der Schule abzugehen, arbeitete zusammen mit anderen, die die Gesellschaft verstoßen hatte, in einem jüdischen Textilbetrieb, und Gedanken an die Zukunft erfüllten ihn mit Angst und Unsicherheit.

In der Zeit unmittelbar im Anschluß an die Bekanntgabe der Nürnberger Gesetze hatte Werner weniger unter der Verfolgung durch staatliche als vielmehr durch private Institutionen zu leiden. Sogar eine so alte, große und unabhängige Institution wie die lutheranische Kirche vertraute ihm an, daß er für sie eine Belastung darstelle, die sie nicht länger dulden könne. Werner erzählte:

»Ich habe mich sehr engagiert in meiner Kirche hier in Grunewald. Ich hab die Kirchengelder kassiert, Spenden kassiert, Listen geführt, hab überall was gemacht. Ich hab die Gruppenabende wahrgenommen, die Gebetsabende jeden Donnerstag wahrgenommen, und auch die Bibelstunde. Dreimal in der Woche ging ich in die Kirche. Und eines schönen Tages kam ein Mitglied des Gemeindekirchenrates zu mir und hat mich gebeten, meine Arbeit für die Kirche einzustellen. Weil das eine zusätzliche Belastung für die Kirche darstellt. Der hat mir das sogar sehr lieb nahegelegt, mit seinem Arm auf meiner Schulter. ›Ja, wir mögen dich, Werner. Aber du mußt doch einsehen, daß du eine Belastung für uns bist. Du tust uns 'nen großen Gefallen, wenn du dich zurückziehst.‹«

Werners Kirche wurde von der Deutschen Glaubensbewegung beeinflußt, einer von den Nazis ins Lebens gerufenen protestantischen Vereinigung, die christliche Glaubenssätze mit der nationalsozialistischen Doktrin verschmolz, indem sie dem Nationalsozialismus und dem Führer jene Legitimation durch Gott zugestand, welche die christliche Religion gemeinhin der Kirche und Christus vorbehält. Da der Protestantismus so tiefe Wurzeln hatte, daß das Regime ihn nicht mit Gewalt ausrotten konnte, bot es statt seiner diese Ersatzreligion. Sich auf diese Weise Proselyten zu schaffen, war das Beste, was das Regime tun konnte, denn – wie aus einem Gestapo-Bericht des Jahres 1936 hervorgeht: Eine Lösung des Konflikts zwischen dem Nationalsozialismus und dem traditionellen Protestantismus sei durch Gewalt nicht möglich. Das sei angesichts der jüngsten Entwicklung offensichtlich. Alle Maßnahmen mit Gewalt und alle restriktiven Vorschriften hätten die Bekennende Kirche nicht unterdrückt oder auf ihrem Vormarsch behindert.[24] Die von den Nazis ins Leben gerufene Deutsche Glaubensbewegung übernahm auch deren Rassenlehre und stieß jeden aus, der nicht eine rein deutsche Ahnenreihe bis zurück ins Jahr 1800 vorweisen konnte – eine Forderung, die auch zu Werners Ausschluß führte.[25]

Da er nicht glauben wollte, daß sein Pastor diesem seinem Ausschluß zugestimmt hatte, schrieb Werner ihm und fragte ihn, »ob er damit einverstanden war. Aber er hat nie geantwortet und sich nicht einmischen lassen. Der war wunderbar, aber hatte wahrscheinlich zu viel zu tun. Überall bin ich rausgeschmissen worden – immer wurde es mir ganz nett nahegelegt. Da raus, da raus, da raus. Überall in meiner Welt. Erst mal gern gesehen und akzeptiert, und dann auf einmal war ich 'ne Belastung – mit größtem Bedauern.

Nach der Kirche war das einzige noch mein Tennisklub. Da durfte ich bleiben. Die Inhaber dieses Tennisklubs haben dafür gesorgt, daß ich Mitglied des Reichssportsverbandes werden konnte. Und da war ich wieder anerkannt. Ich bin sehr viel in dem Tennisklub gewesen. Ich habe viele Freunde da gehabt, fühlte mich wieder wohl. Da wurde eben nicht danach gefragt, ob ich Arier bin.

Sehen Sie, ich durfte nur bleiben, wo Leute waren, die das eben nicht mitgemacht haben, mit den Nazis, die sich da vorgestellt haben, nicht. In diesem Tennisklub gab es gerade einen Generalstaatsanwalt, der zum Volksgerichtshof versetzt worden ist. Und der hat sich binnen vierzehn Tagen in den Ruhestand versetzen lassen. Der hat gemeint, diese Arbeit kann er nicht verantworten. Der hat das abgelehnt und hat sich nicht strafbar gemacht. Der hat Charakter bewiesen. Wegen solcher Menschen bin ich nach dem Krieg in Deutschland zum Wiederaufbau geblieben.«

Zu Anfang des Jahres 1938 wurde Werner plötzlich vom Regime selbst dazu eingeladen, sich wieder in die Ränge der Privilegierten einzureihen – und eine Uniform mit dem Hakenkreuz zu tragen. Wie andere junge deutsche Männer wurde Werner, als er neunzehn war, zum Arbeitsdienst eingezogen und leistete zunächst dort seine Pflichtzeit von sechs Monaten ab, um im Anschluß daran seinen zweijährigen Militärdienst anzutreten. Damit erhielt er – ein »Mischling« – eine Identität, die ihn weit über viele rein »deutschblütige« Frauen hinaus erhob. Werner war wieder in jenen Dienst fürs Vaterland eingegliedert, der Deutschen männlichen Geschlechts beschieden war, und der normalerweise elf Jahre dauerte: Wenn er zehn war, wurde ein deutscher Knabe – nach sorgfältiger Überprüfung seiner Biographie und der seiner Eltern und vor allem seiner »rassischen Reinheit« – am Geburtstag des Führers ins Deutsche Jungvolk aufgenommen; wenn er vierzehn war, folgte die Aufnahme in die Hitlerjugend, dann vier Jahre später in die Partei und schließlich in die SA. Werner und die anderen Mischlinge hatte man von den ersten Schritten der Nazifizierung, die seine neuen Arbeitsdienst-Kameraden durchlaufen hatten, ausgeschlossen. Wie er sich erinnerte, gehörte zu seiner Arbeitsdienst-Kluft eine Armbinde mit dem Hakenkreuz. Werner trug seine Uniform sogar zu Hause, in Gegenwart seines Vaters. Und, wie er sagte, er mußte sie auch an Wochenenden anziehen, weil er nur so wenig Zivilkleider besaß. 1938 machte Herr Goldberg ein Photo von seiner Frau zusammen mit dem gemeinsamen Sohn, der in einer Naziuniform steckte – Symbol eines rassistischen Deutschlands, zu dem zu gehören, Goldberg senior mit seiner Assimilation nicht angestrebt hatte.

Werner zog am 1. Dezember 1938 eine andere Uniform an: Er wurde an diesem Tag Mitglied der Wehrmacht. Jetzt gehörte er wirklich dazu und war jemand. Kurze Zeit zuvor hatte er aber noch einen gewaltigen Schock verarbeiten müssen; es war ein weiterer Schlag der Art gewesen, der ihm das Gefühl vermittelte, daß sein Schicksal sich von einem Tag zum anderen wieder zum Negativen wenden könne. Das »Kristallnacht«-Pogrom im November 1938 war die bislang aggressivste öffentliche Attacke auf alle Juden gewesen, auf die Menschen, die Werner liebte, und dieses Pogrom hatte ihn daran erinnert, daß in seinen Adern ebenfalls jüdisches Blut floß. Als »Mischling« mußte er die Ereignisse einfach als Signal für das Prekäre seiner Position auffassen: Er besaß keine klar umrissene Rassenzugehörigkeit und daher auch keinen klar umrissenen, festen Ort in der Gesellschaft.

Für Elsa Holzer war das Jahrzehnt, das ihrer Heirat mit Rudi folgte, das beste und schönste ihres Lebens. Es waren die einzigen Jahre, in denen sie und ihr Mann so leben konnten, wie es ihnen gefiel, ohne daß die Politik hineinspielte. Besonders lebhaft waren ihr die Ausflüge in die Gebirgswelt, in der Rudi seine Kindheit verbracht hatte, in Erinnerung geblieben. Sie hatte sich geweigert, nach Österreich zu ziehen, fand aber, daß es ein wunderbares Land für die Ferien war. Rudis Familie trug sogar ausschlaggebend zu ihrem Glücklichsein bei: »Nach

dem, was ich so unten in dem jüdischen Kreis erlebt habe, führen die
Juden ein herrliches Familienleben«, erzählte Elsa. »Rudis Eltern waren
eigentlich nur gute Menschen. Gute Menschen. Gescheite Menschen.
Und die Kinder von denen waren auch gescheit. Der Schwiegervater
war ein ganz aufgeschlossener Mensch. Ein moderner Mensch. Und
auch noch gewitzt. Charmant.«

In Berlin war der Schlüssel zu Elsas und Rudis Glück hingegen das
Vermeiden und Verleugnen von allem Jüdischen. Schon vor Beginn
des Dritten Reichs hatte Rudi, ein getaufter Katholik, niemandem von
seiner jüdischen Vergangenheit erzählt. In den Dokumenten, die er
benötigte, um eine Heiratserlaubnis zu erlangen, wurden er und seine
Eltern als Katholiken bezeichnet – niemand konnte daher den geringsten Argwohn hegen, und wenn er Ärger vermeiden konnte, indem er
allen religiösen Institutionen aus dem Weg ging, dann würde er dies
tun. Als der Nationalsozialismus sich immer mehr durchsetzte, erwähnte das junge Paar Rudis jüdische Abstammung mit keinem Wort
mehr. Wie andere unpolitische Deutsche ignorierten sie die von den
Nazis erlassenen Vorschriften, die das Leben der Juden um sie herum
immer unerträglicher machten. »Niemand in Berlin wußte, daß Rudi
jüdische Eltern hatte«, erinnerte sich Elsa. »Und wie auch? Sie hätten ja
Verbindungen zu Rudis Vaterstadt haben müssen.«

Als dann die antisemitische Verfolgung immer brutaler wurde, hüteten die Holzers ihr Geheimnis um so sorgsamer. Und jedes Jahr reisten
sie in den Süden zu Rudis Familie. Deutsche Staatsbürger, die die
Grenze nach Österreich überqueren wollten, mußten eine Visagebühr
von horrenden einhundert Mark bezahlen. Elsa hatte jedoch als Frau
die Staatszugehörigkeit ihres Mannes zugewiesen bekommen, das heißt,
sie war seit ihrer Heirat Österreicherin. Mit Rudis Familienangehörigen unternahm sie Wandertouren in den Kitzbüheler Alpen und im
Tennengebirge. Jahrzehnte später erinnerte sie sich noch voller Begeisterung an Kletterpartien, die sie in Höhen von mehr als dreitausend
Metern hinaufgeführt hatten. Halb scherzhaft nannten die Holzers
Elsa die »kleine Flachländerin«, als sie sich verbissen darum bemühte,
mit ihnen Schritt zu halten.

Dreißig Kilometer nördlich vom Heimatort der Holzers lag, von
drei majestätischen Bergriesen umgeben, Berchtesgaden, ein verschla-
fenes Städtchen von dreitausend Einwohnern, das wenig Aussicht
darauf gehabt hatte, jemals Ruhm zu erlangen, bis Hitler es sich zum
Standort für sein prächtiges Anwesen wählte, seinen hoch oben auf
dem Obersalzberg gelegenen »Adlerhorst«. Auf dem »Berghof« ent-
spannte sich Hitler, hier empfing er seine illustren Gäste oder hielt

mit Goebbels, Göring und Bormann Hof, deren kleinere Villen sich in der Nähe befanden. Das gesamte »Führergelände« wurde bald zu einer Wallfahrtsstätte; ein ganzer Strom von Pilgern war ständig zum »Berghof« unterwegs, von der Hoffnung beflügelt, einen Blick auf den Führer zu erhaschen. Holzstücke, die angeblich vom Gartenzaun Hitlers stammten, wurden wie Reliquien gesammelt, und eine Frau klaubte sogar Grassoden auf, die der Fuß des »Führers« berührt hatte. Über Nacht wuchs die Einwohnerzahl von Berchtesgaden auf sechsundzwanzigtausend Menschen an.[26]

Der »Anschluß« Österreichs an Deutschland im März 1938 bedeutete das Ende von Elsas und Rudis Glück. Wie alle nicht-jüdischen Österreicher wurden sie zu deutschen Staatsbürgern. Anders als den anderen neuen Deutschen war ihnen aber nicht zum Feiern zumute. Als deutsche Truppen in Österreich einmarschierten, erreichte die Verehrung Hitlers und die Zustimmung zu seiner Führerschaft einen absoluten Höhepunkt. In Österreich selbst wurden Hitlers Soldaten begeistert willkommen geheißen, und der Führer wurde wie früher die heimkehrenden siegreichen römischen Imperatoren gefeiert. Feldmarschall Wilhelm Keitel, der Hitler begleitete, als er in seine ehemalige Heimatstadt Linz einzog, berichtete, daß die Atmosphäre der ganzen Demonstration elektrisiert und unglaublich erregt gewesen sei. Er habe so etwas nie zuvor erlebt und sei tief beeindruckt gewesen.[27] Leopold Gutterer, Goebbels' Assistent und als solcher zuständig für Massenkundgebungen, war dabei, als Hitler und seine hohen Militärs Einzug in Wien hielten. Obwohl er eine Hand dabei im Spiel gehabt haben mag, die Menschenmengen auf die Beine zu bringen, die Hitler zujubelten, machte sich eine Art von gerechter Empörung in seiner Stimme bemerkbar, als er davon erzählte. So wie die Deutschen, deren »arische« Freunde sich erst von ihnen losgesagt hatten, weil sie mit Juden verheiratet waren, und dann nach dem Krieg das alte Verhältnis wieder hatten herstellen wollen, als ob nichts gewesen sei, fühlte auch Gutterer sich verraten – verraten von Österreichern, die einmal stolz verkündet hatten, Nazis zu sein, und das dann nach dem Ende des Krieges geleugnet hatten. Gutterer erinnerte sich: »Sie hätten sehen sollen, was das für ein Jubel war, als Hitler mit der Wehrmacht nach Wien reingezogen ist. Hunderttausende von Menschen haben von selbst geschrien. Da hätte man Millionen gebraucht, mit einer Peitsche, dieses Jubeln alleine zu erzwingen!« Am größten war die Begeisterung über den »Anschluß« im Grenzgebiet zwischen den beiden Ländern, so auch in der Gegend von Berchtesgaden und in Rudi Holzers Heimatort Sankt Johann. Man sprach dort vom »deutschen Wunder« und verlieh seinem grenzenlosen Vertrauen in Hitler Ausdruck.[28] Die Katholiken Süddeutschlands jubelten vor allem über den Zusammenschluß mit den nahe gelegenen katholischen Regionen. Die Einwohner Sankt Johanns begrüßten den »Anschluß« an das Reich auch deswegen, weil sie allen möglichen Unsinn glaubten – wie zum Beispiel, daß sie als Deutsche nun keine Steuern mehr zu zahlen brauchten. Elsa berichtete: »Selbst in die kleinste Stadt oder in die höchsten Berge haben die geschrien ›Heil Hitler‹! Im Sommer 1938 waren wir noch mal in Österreich, in einem Gasthaus. Und beim Mittagessen wurde gesagt: ›Um halb eins hält der liebe Führer eine Rede.‹ Bald fing die Rede an, und alle am Tisch haben die Hände hochgehalten und nicht mehr gegessen.«

Die Annektierung Österreichs fand auch deswegen allgemeine Zustimmung, weil sie ohne Blutvergießen vonstatten gegangen war. In Deutschland glaubte man mittlerweile, daß Hitler ein noch größerer Feldherr als Napoleon sei, weil er neue Territorien für das Vaterland eroberte, ohne Krieg führen zu müssen. Wie die Angehörigen anderer europäischer Nationen waren auch die Deutschen in keiner Weise darauf erpicht, wieder in einen Krieg ziehen zu müssen. Goebbels sprach im Zusammenhang mit der Hinzugewinnung Österreichs gerne vom »Blumenkrieg«, da die Österreicher den Deutschen nicht mit Gewehren, sondern mit Blumen in den Händen entgegengetreten waren.[29]

Hitler hatte jedoch seit eh und je einen Krieg geplant; wie sechs Monate später anläßlich der Sudetenkrise deutlich wurde, war aber seine Siegeszuversicht stark davon abhängig, ob man das Volk für eine neue bewaffnete Auseinandersetzung gewinnen könnte. Während die Annektierung Österreichs mit Jubel aufgenommen worden war, reagierten die Einwohner Berlins mit Gleichgültigkeit, als eine motorisierte Divison der Wehrmacht am 27. September 1938 die Wilhelmstraße hinunterrollte, um dann die Richtung zur tschechischen Grenze einzuschlagen. Am Abend zuvor hatte Hitler im Sportpalast eine Rede gehalten und dabei gefordert, daß es den deutschen Truppen gestattet werde, am 1. Oktober das Sudetenland zu besetzen und zu annektieren. Hitler war bereit, einen Krieg zu beginnen, um seinen Willen durchzusetzen, und die Verlagerung von Truppen an die tschechoslowakische Grenze, die an diesem 27. September stattfand, ließ einige an den ersten Kriegstag im August 1914 denken. Damals hatten aber jubelnde Menschenmengen am Rand derselben Straße gestanden und die Soldaten mit Blumen und Küssen verabschiedet; man hatte erwartet, daß der Krieg dieselbe belebende und reinigende Wirkung haben würde wie ein Gewitter nach wochenlanger Schwüle und Hitze. Als Hitler am 26. September 1938 seine Rede, in der er im Grunde schon von einem neuen Krieg sprach, beendet hatte, sprang Goebbels auf und erklärte, das deutsche Volk habe nun ein Gefühl nationaler Ehre und Pflicht wiedererlangt – eine Anspielung auf die Überzeugung der Nazis, daß Deutschland den Krieg verloren hatte, weil das Volk den Willen zum Kampf verloren hatte. Und Hitler pflichtete seinem Propagandaminister mit einem »wilden, heftigen ›Ja‹« bei.

Am Morgen des 27. September befahl Hitler, daß der Abmarsch der Wehrmacht in Richtung Tschechoslowakei umfassend bekanntgemacht wurde; er sollte am Abend stattfinden, zu dem Zeitpunkt, zu dem Hunderttausende von Arbeitern und Angestellten nach Hause strömten. Der Journalist William Shirer berichtete aus Berlin, daß die Passanten, als die Division an jenem Montagabend an ihnen vorbeirollte, »sich in Unterführungen flüchteten und sich weigerten zuzuschauen, während die wenigen, die am Straßenrand stehenblieben, in völligem Schweigen verharrten und kein Wort der Aufmunterung für die Blüte ihrer Jugend zu finden vermochten, die in einen glorreichen Krieg zog«. Shirer fügte hinzu, diese Reaktion auf die Mobilisierung bewaffneter Truppen sei »die überwältigendste Demonstration gegen den Krieg«, die er jemals gesehen habe, und meinte: »Was ich hier heute abend miterlebt habe, läßt beinahe wieder ein bißchen Glauben an das deutsche Volk in mir aufleben.« Die Stimmung unterschied sich grundlegend von der, die 1914 geherrscht hatte, und das vollkommen apathische und melancholische Verhalten der Einwohnerschaft von Berlin, das Hitler von einem Fenster der Reichskanzlei aus miterlebte, machte tiefen Eindruck auf ihn, berichtete sein Dolmetscher. Der Führer, der auf dem Balkon der Reichskanzlei stand, um die Truppen vorbeidefilieren zu sehen, wurde erst verbittert, dann wütend und verschwand schließlich im Inneren des Gebäudes. Der Stellvertreter des Reichspresseleiters beschrieb die kleine Menge von zweihundert Menschen, die sich unter Hitlers Balkon versammelt hatten, als »schweigend und ernst«, und er konnte nicht umhin, sich zu fragen, was eigentlich in ihnen vorging. Seinem Dolmetscher zufolge schlug Hitlers Stimmung nach diesem »enttäuschenden Anblick der Menge« rasch um; zunächst verkündete er forsch: »Nächste Woche Krieg!«, dann schrieb er recht ernüchtert einen versöhnlichen Brief an den britischen Premierminister Neville Chamberlain. In Reden, die er am 5. Oktober und 6. November in Berlin hielt, betonte Hitler, der sich wegen der mangelnden Kriegsbegeisterung der Bevölkerung immer noch in schlechter Laune befand, wiederholt, daß seine Kraft von der Zustimmung, die er beim Volk finde, abhängig sei. Und selbst wenn es nicht stimmen sollte, daß militärische Eroberungen vom Willen des Volkes abhingen, so blieb Hitler doch während der gesamten Zeit seiner Herrschaft der festen Überzeugung, daß dem so war.[30]

Im Herbst 1938, nach der Annektierung des Sudetenlands, war das Schicksal Rudis und Elsas, ohne daß sie es wußten, bereits besiegelt. Der »Anschluß«, den die große Mehrheit der Deutschen und der Österreicher so begeistert feierte, stellte sich Elsa Holzer von allem Anfang an als Tragödie dar. Als die Österreicher Hitler akzeptierten, akzeptierten sie auch die Rassengesetze. Die Nürnberger Gesetze und der Arierparagraph, der sich in Deutschland schon so verheerend für Juden und ihre Familien ausgewirkt hatte, galten vom 24. Mai 1938 auch in Österreich, und Rudis Familie wurde dadurch in eine Katastrophe gestürzt.

1925 hatte Rudis Schwester Uta Siegfried geheiratet, einen blonden, blauäugigen Arier, der aus der Gegend stammte. Siegfried hatte damals auf der Straße gesessen, und Rudis Vater hatte deswegen dafür gesorgt, daß er bei der Eisenbahn arbeiten konnte, während er sich gleichzeitig als Techniker ausbilden ließ, um so eines Tages rascher Karriere machen zu können. Nach dem »Anschluß« und der Übernahme des Arierparagraphen wurden alle Angestellten im öffentlichen Dienst darauf überprüft, ob es in ihrer Familie Juden gab – auch Juden, die nur eingeheiratet hatten. Sie werden entweder bei der Eisenbahn bleiben und sich von ihrer Frau trennen oder bei ihrer Frau bleiben und sich von der Eisenbahn trennen müssen, sagte man Herrn Holzers Schwiegersohn. Der entschied sich für die Stelle bei der Bahn und fand nach einiger Zeit auch eine neue Frau. »Der liebte seinen Beruf mehr als seine Frau«, meinte Elsa mit einer Stimme, die vor Enttäuschung fast erstickt war. Darum bemüht, das Verhalten Siegfrieds zu verstehen, fügte sie hinzu: »Die waren ja besessen, die Österreicher, besessen auf den Anschluß.«

Eine andere Schwester Rudis, Annagret, die einen armen Weber geheiratet hatte, wurde für ihren »arischen« Mann plötzlich ebenfalls »untragbar«. Zur Hochzeit hatte Rudis Vater seinem neuen Schwiegersohn drei Webstühle geschenkt, so daß dieser finanziell unabhängig sein würde und sich ein wenig Selbstachtung erwerben könnte. Als Österreich mit Deutschland vereinigt wurde, hatte Annagret ihrem Mann gerade das dritte Kind geschenkt. Nicht lange danach ließ sich ihr Mann scheiden und heiratete eine nicht-jüdische Frau, und Annagret wurde von der Polizei zu einem Verhör bestellt.

Rudi und Elsa hatten begonnen, über die Möglichkeit des Auswanderns zu diskutieren. Anfang 1939 erhielt Rudi dann ganz unvermutet eine Postkarte von der Gestapo, auf der die ganz sachliche Frage stand:

»Ist Annagret Schwarz aus Sankt Johann Ihre Schwester?« Gleichzeitig wurde Rudi aufgefordert, sich im Hauptquartier der Gestapo einzufinden und seine arische Identität nachzuweisen. »Im Sammellager hatte die Annagret in ihrer Angst gesagt: ›Ich will zu meinem Bruder, nach Berlin‹«, erklärte Elsa. »Und die Polizei sagte: ›Aha, Sie haben einen Bruder, was? Na, wo wohnt denn der Bruder?‹ ›Na ja, da und da.‹ Und so hat die Polizei uns festgenagelt.«

Daß die Gestapo auf Rudi aufmerksam geworden war, bedeutete, wie Elsa es nannte, das Ende ihrer gemeinsamen Zeit. Von da ab mußten sie alle ihre Kräfte einzig und allein auf ihr Überleben konzentrieren. »Wir waren so kurz zusammen, Rudi und ich«, meinte Elsa. »Es war von 1929 bis 1938 ungefähr. Dann kam der harte Kern. Dann mußten wir beweisen, ob wir glauben, daß es sich lohnt, unsere Liebe. Ja, ich meine, das kann man sowieso nur vom Herzen machen, so eine Entscheidung. Man kann ja nicht rechnen, lohnt es sich oder lohnt es sich nicht. Man ist bereit oder nicht. Man macht es oder nicht. Wissen Sie, Kinder hatten wir nicht gehabt. Meine Familie war auch letztendlich weg. Und so war mein Mann mein ein und mein alles. Und es hat sich gelohnt, mit meinem Mann zusammenzuleben.«

Von dem Augenblick an, da er als Jude »enttarnt« worden war, galt Rudi dem deutschen Gesetz nach als Verbrecher; er war straffällig geworden, weil er versucht hatte, seine jüdische Identität zu verbergen. Vom 1. Januar 1939 an mußten in Deutschland alle jüdischen Männer ihrem Vornamen noch den Namen »Israel« hinzufügen und alle jüdischen Frauen den Namen »Sara«. Und jedesmal, wenn sie sich vor Polizei- oder Regierungsbeamten auswiesen, mußten Juden besondere Kennkarten vorlegen, auf denen ihre neuen Namen verzeichnet waren und ein großes »J« prangte. Rudi hatte von Juden erfahren, die während des Kristallnacht-Pogroms, das sechs Monate zuvor stattgefunden hatte, verhaftet und dann in Konzentrationslager geschickt worden waren. Erst nach Wochen hatte man die Überlebenden freigelassen und nach Hause zurückkehren lassen – demoralisiert und gebrochen, einige von ihnen kahlgeschoren und mit einem auf die Stirn tätowierten primitiven Davidsstern.

»Ich wußte nicht, daß ich Jude sein sollte«, erklärte Rudi bei der Polizei. »Alle meine Dokumente geben katholisch an.« Aber die Polizisten verhöhnten ihn nur und setzten das zuständige Bezirksgericht von seinem Fall in Kenntnis, damit ihm der Prozeß gemacht würde.

Die deutschen Juden hatten über einen längeren Zeitraum hinweg Bekanntschaft mit dem Antisemitismus der Nazis machen können, sich auf eine Maßnahme und eine Vorschrift nach der anderen einstellen könnnen, Rudi wurde aber gleichsam über Nacht zu einem Verfolgten.

Elsa war sich sicher, daß Rudi nun seine Arbeit verlieren würde. Ende 1938 gab es schon an die zweihundert Gesetze, die Juden in ihrer Existenz einschränkten und »jüdische Haushalte« – Familien, bei denen der Mann Jude war – mit Zwangsmaßnahmen verfolgten.

Elsa begleitete Rudi zu seinem Gerichtsverfahren. Als sie zu Fuß zum Bezirksgericht gingen, sah sie, als ob es das erste Mal wäre, die vielen Schilder mit der Aufschrift »Juden sind unerwünscht«. Sie war schon oft an ihnen vorbeigekommen, jetzt aber schienen sie ihr in allen Richtungen die Sicht zu versperren. Das Gericht war in einem riesigen und prunkvollen Gebäude im neugotischen Stil in Berlin-Moabit untergebracht, wo es viele ausländische Botschaften gab, das aber auch ein bei den Juden Berlins besonders beliebtes Wohnviertel war. Zum Gericht gehörte ein Hochsicherheitsgefängnis, in dem politische Gefangene verhört und bis zu ihrer Hinrichtung festgehalten wurden.[31] Einige Häuserblocks entfernt in östlicher Richtung lag der Lehrter Bahnhof, von dem aus einige der Juden Berlins bald in Güter- und Viehwaggons in die Ghettos und die Vernichtungslager deportiert werden sollten.

Im Inneren des Gerichtsgebäudes führten uniformierte Wächter Rudi sofort in den Verhandlungssaal, während Elsa in der riesigen Eingangshalle zurückbleiben mußte. Über der Tür, durch die Rudi gerade verschwunden war, war in großen Buchstaben zu lesen: »KEINE ÖFFENTLICHKEIT«. »Ich bin draußen da hin und her gegangen wie ein verstörtes Vögelchen«, erinnerte Elsa sich. »Ich dachte nur daran: O Gott, was wird kommen? – Wie wird das ausgehen? Was soll jetzt sein? Und ich sollte gar nicht in den Gerichtssaal rein. Vor jeder Tür war so ein Gerichtsdiener. Und da sehe ich aber, daß einer volltrunken ist. Er war in etwa wie der Diener in der Operette ›Fledermaus‹, so ein Frosch. Aber in den Gerichtssaal ließ er auch keinen rein.«

Elsa riß sich zusammen und näherte sich dem Betrunkenen, den sie dann ganz unterwürfig leise ansprach. Er weigerte sich, sie in den Saal hineinzulassen, aber kurze Zeit später hatte sie den Eindruck, daß er ihr mit Zeichen zu verstehen gebe, daß er Geld wollte. Fünf Mark und das Versprechen, daß sie sich drinnen absolut ruhig verhalten würde, waren nötig, um den Mann zu bestechen. »Dann hat er mich reingelassen. Und nun war ich ganz alleine. Mein Mann ist da vorne in dem kleinen Saal! Und vor ihm saßen in roten und schwarzen Roben fünf Staatsanwälte. Als ob 'ne große Gerichtsverhandlung bevorstünde! Fünf Mann in pompösen Roben, gegen meinen Mann, weil er nicht den Namen ›Israel‹ angenommen hat!

Und da ist jetzt ein Staatsanwalt groß aufgestanden und hat meinem Mann einen Vortrag gehalten. Über Adler. ›Das ist ja unwahrscheinlich, daß Sie so was nicht wissen‹, sagte er. ›Der Name Ihrer Mutter, Adler, ist jüdisch.‹ Und da sprach dieser Nazi vom Judenschwein. Und wie er sprach, fing er an zu schrein: ›Sau‹ und ›Jude‹ und ›Schwein, Sie großes, was erlauben Sie sich hier. Was muten Sie dem Deutschen Reich zu?‹

Und mein Gott, wie die Karteikarte da in seiner Hand zitterte, als ob er von einem größeren Attentat sprach. Und von hinten hab ich gesehen, wie mein Mann so weiße Ohren kriegte. Und ich denke: Mein Gott, hoffentlich passiert ihm nicht irgendwas! Denn so was ist ja eine Anspannung – man weiß ja nicht, was der jetzt noch sagt! Also solche Anspannungen kann man gar nicht vermitteln. Kann man nicht. Wenn man das jetzt erzählt, hört sich das fast lustig an. Aber damals, wo man wußte, was dahintersteckt, was für eine Macht die Nazis hatten, da hat man gezittert.

Am Ende sind wir mit 'ner Strafe davongekommen. Wir mußten fünfhundert Mark zahlen. Aber wie? Das war damals 'ne Menge Geld. Mein Mann hat bei der Zwangsarbeit im Monat nur achtundachtzig Mark rausgekriegt. Er hat vorher ein normales Gehalt bekommen, etwa dreihundert Mark, aber nach dieser Verhandlung war ihm als Jude alles abgezogen worden, bis auf achtundachtzig Mark.«

Elsa erinnerte sich noch gut an einen merkwürdigen Umstand: Es war überraschend schwierig, Rudis neue Kennkarte mit dem Namenszusatz Israel, die er auf höchstrichterliche Anordnung immer bei sich tragen mußte, überhaupt zu bekommen. Die Polizei weigerte sich, einen solchen Ausweis auszustellen, und schickte Elsa zum Standesamt. Der Beamte dort erklärte, daß er nicht zuständig sei, und schlug vor, sie sollten sich an die Kirche wenden. Der Priester, den Elsa daraufhin aufsuchte, befand, daß sich irgendeine »höhere Gewalt« mit der Sache befassen müsse. »Eine höhere Gewalt als die Kirche ist der liebe Gott«, meinte Elsa später. »Und Gott konnte mir den Namen nicht geben. Der hat bis jetzt keine Unterschrift gegeben.« Schließlich wandten sich die Holzers an Vinzenz, den arischen Mann von Rudis dritter Schwester, der Bürgermeister des kleinen Ortes war, in dem er wohnte, und Amtmann für den ganzen Bezirk. Vinzenz ermöglichte es Rudi, sich seine neue offizielle Identität zuzulegen.[32]

Als der Staat seine Vergangenheit offengelegt und ihn offiziell zum Juden gemacht hatte, hatte Rudi die deutsche Staatsbürgerschaft, die er mit dem »Anschluß« erhalten hatte, wieder eingebüßt. Als nächstes verlor er dann seine Stelle bei der Druckerei Schwarzkopf. »Es tut mir leid, daß ich Sie entlassen muß«, versicherte sein Chef ihm. » Aber ich weiß, daß Sie sich gut durchschlagen können.«

Den Holzers fiel es schwer, sich an die neue Lebensweise zu gewöhnen. Juden war es jetzt verboten, ins Kino zu gehen, einmal beschlossen sie aber, ein Kino in Halensee aufzusuchen, wo man französische Filme zeigte. Dort, so weit von ihrem eigenen Wohnviertel entfernt, würde sie mit Sicherheit niemand erkennen, so meinten sie jedenfalls. Um von ihrer Wohnung in Neukölln nach Halensee zu gelangen, mußten sie mit der U-Bahn und dann mit dem Bus fahren und nicht weniger als dreimal umsteigen. Wer würde sich die Mühe machen, ihnen bis zu ihrem Ziel zu folgen?

»Wir haben Glück gehabt, machen wir das öfter«, sagte Elsa zu Rudi, als sie wieder zu Hause angekommen waren. Am nächsten Morgen stand aber ein Polizist vor der Wohnungstür. Es war ein gewöhnlicher Verkehrspolizist, der Elsa vom Sehen kannte. »Ach, SIE SIND DAS!« rief er, als sie die Tür öffnete. »Mensch, macht hier keine Dinge«, sagte er dann, »das zweite Mal werden Sie bestimmt bestraft, lassen Sie das.«

Elsa war davon überzeugt, daß sie damals denunziert worden waren. Obwohl die Mehrheit der Deutschen, wie auch der ehemaligen Österreicher, sich nie eine Katastrophe vom Ausmaß des Holocaust auszumalen vermochten, war es doch ihre Unterstützung des Regimes, die den Massenmord möglich machte. Nur die normalen Bürger konnten die Juden gesellschaftlich isolieren, und das war der erste Schritt, der Schritt, der der Vertreibung und Ermordung der Juden notwendigerweise vorangehen mußte.

Der Antisemitismus war weniger ausschlaggebend dafür, daß der Nationalsozialismus sich zu einer solchen Massenbewegung entwickelte, als die erfolgreiche Bekämpfung der Arbeitslosigkeit in Deutschland und das Wiedererlangen eines nationalen Status, welches ein Resultat von Hitlers außenpolitischen Erfolgen und der Aufhebung des Versailler Vertrags war. Hitler sah jedoch im Antisemitismus eine Kraft, die sich dazu einsetzen ließ, politische Macht zu erlangen und diese dann weiter auszubauen;[33] die Juden dienten als »wichtigstes Symbol für das Unglück des deutschen Volkes [...] dazu, die verschiedenen Nöte, die es heimsuchten, zusammenzufassen«.[34] Hitler hoffte, mit Hilfe des von ihm geförderten Rassismus Differenzen innerhalb der Partei, Klassenunterschiede und sogar nationale Grenzen überwinden zu können. Wenn man die Angehörigen bestimmter Minoritäten als feindselige Außenseiter brandmarkte, konnte man vielleicht seinen Rückhalt bei der Mehrheit verfestigen. Die Vorstellung, daß sich unter den eigenen Nachbarn auch solche Menschen befanden, die einer minderwertigeren Rasse angehörten, war schon vor 1933 während der fünfzig Jahre des Zweiten Reichs zu einer ganz alltäglichen geworden.[35]

Während eine kleine Minderheit von Deutschen die Juden vielleicht wirklich aus rassistischem Idealismus verfolgt haben mag, taten andere dies eher ihrer Karriere zuliebe. Vor allem Beamte, die das ganze Geschehen nur von ihren Schreibtischstühlen aus mitbekamen, dachten, gleichgültig, welche Folgen es für andere hatte, vor allem an ihr berufliches Fortkommen. Hans Pfundtner, Staatssekretär im Innenministerium, erledigte weiterhin seine Pflichten, obwohl ihm die Folgen seiner Arbeit ein schlechtes Gewissen bereiteten. Bernhard Lösener, der »Judenreferent« desselben Ministeriums, behauptete nach dem Krieg, daß Pfundtner im Inneren gegen die ganze antijüdische Agitation eingestellt war, Reibungen aber vermied, um seine Stellung nicht zu gefährden.[36] Pfundtner war noch nicht einmal in der Lage, laut zu sprechen, wenn er in Gegenwart eines Ranghöheren war. Bei jemandem, der eine solche Schlüsselstellung besaß wie er, war »Reibungen vermeiden« gleichbedeutend damit, die technische Abwicklung des Genozids zu ermöglichen und dieser durch die Autorität des Amtes, das man innehatte, den Anschein von Legitimität zu verleihen.

Lösener selbst beharrte darauf, daß er als »Judenreferent« des Innenministeriums nicht die Macht besessen habe, irgend etwas zu ändern. Er behauptete aber zu seiner Selbstverteidigung auch, daß er seine eigene Karriere beträchtlich gefördert hätte, wenn er für härtere Maßnahmen gegen die Juden eingetreten wäre. Wenn er Vorschläge zur Verstärkung des Drucks auf Juden gemacht hätte, wären sie auf fruchtbaren Boden gefallen, schrieb er. Und er hätte in der Gunst der Mächtigsten sehr schnell aufsteigen können.[37] Eine Sekretärin, die für Eichmanns Dienststelle tätig gewesen war, behauptete bei ihrer Zeugenaussage vor einem Nachkriegsgericht, daß ihr Chef, ein Stellvertreter Eichmanns, überhaupt nicht besonders antisemitisch eingestellt gewesen sei, aber voller beruflicher Ambitionen gesteckt habe. Er hatte seine Vorgesetzten mit dem Eifer beeindruckt, mit dem er den Transport von Juden aus ganz Europa in die Vernichtungslager organisiert hatte.

Karrieristen und Aufsteiger innerhalb der Partei hatten erkannt, daß es in ihrem eigenen Interesse war, eine antisemitische Einstellung an den Tag zu legen, da der Antisemitismus mit Sicherheit» das Herzstück der [nazistischen] Ideologie war, an dem der Führer uneingeschränkt festhielt«.[38] Ein junger Mann, der es zu etwas bringen wollte, war Georg Dengler, ein damals neununddreißigjähriger Gestapo-Offizier in Darmstadt, der allerdings, was die Organisation und Durchführung der »Endlösung« betraf, eine weit weniger wichtige Position innehatte als der erwähnte Stellvertreter Eichmanns. Dengler war damit beauftragt, mit Deutschen verheiratete Juden von ihren Ehepartnern zu trennen und zu deportieren, und er erledigte seine Aufgabe, wie der Richter bei dem Nachkriegsprozeß gegen ihn es formulierte, voller Tatkraft, da es eine Chance gewesen sei, um sich des Wohlwollens und der Förderung seiner Vorgesetzten zu versichern.[39] Da man durch einen besonders energischen Antisemitismus zeigen konnte, daß man ein guter Nazi war, wurden oft vor allem die »Mischlinge« und die in Mischehe Lebenden, das heißt die, die Randgruppen angehörten, zum Ziel der Attacken von Beamten niedrigeren Ranges, die ihren Wert für das Regime unter Beweis stellen wollten. Hitler zögerte, konkrete Anweisungen bezüglich der mit Deutschen verheirateten Juden zu geben, Befehle, die der nationalsozialistischen Ideologie wirklich entsprochen hätten. Da diese Ideologie so klar umrissen war, waren jedoch oft rangniedrige Funktionäre, die nicht die Besorgtheit der Führungsspitze um die Moral der Bevölkerung teilten, in Versuchung, mit besonderer Radikalität gegen »Mischlinge« und in Mischehe Lebende vorzugehen.

Bei dem Jerusalemer Prozeß gegen Eichmann sagte dieser, daß er sich von der deutschen Gesellschaft unterstützt gefühlt habe – oder zumindest keinen Widerstand von seiten der Gesellschaft verspürt habe. Seine Aussage belegt, in welch starkem Maß das individuelle Gewissen einer sozialen Konditionierung unterliegt. Goebbels glaubte, daß die »Endlösung« die Erfüllung aller Wünsche des deutschen Volks sei. Denjenigen, die sie in die Praxis umsetzten, fiel es tatsächlich nicht schwer, dies ebenfalls zu glauben, solange die Öffentlichkeit den Kopf abwandte und in die andere Richtung schaute. Eichmann gab bei seinem Prozeß in Jerusalem zu Protokoll, daß kein Faktor so wirksam zur Beruhigung seines Gewissens beigetragen habe wie die schlichte Tatsache, daß er weit und breit niemanden, absolut niemanden entdecken konnte, der wirklich gegen die »Endlösung« gewesen wäre.[40]

8

Die »Kristallnacht«: Mischehen und die Lehren aus einem Pogrom

Die Nacht vom 9. auf den 10. November 1938 – es war die Nacht, die später als »Reichskristallnacht« bekannt wurde: Binnen fünfzehn Stunden wurden in den Städten des Reichs 101 Synagogen niedergebrannt, weitere 76 zerstört und 7500 Geschäfte demoliert. Der Mob brachte einundneunzig Menschen um, und mindestens zwanzigtausend Juden, unter ihnen auch viele, die in Berlin lebten, wurden verhaftet und anschließend in die Konzentrationslager Buchenwald, Dachau und Sachsenhausen deportiert. Wieder war Joseph Goebbels die treibende Kraft hinter den gewalttätigen Ausschreitungen, und auch diesmal gab er Anweisungen, daß es so aussehen solle, als seien die Plünderungen und Verwüstungen das Werk der ganzen Bevölkerung und nicht der Partei.[1] Es war die letzte offene Gewaltaktion im Stil der SA gegen die Juden, und es folgte eine Phase noch viel härterer offizieller Sanktionen gegen sie; es war ähnlich wie drei Jahre zuvor, als die rapide zunehmenden Ausschreitungen gegen Juden und der Boykott ihrer Geschäfte im Frühjahr und Sommer 1935 schon die Nürnberger Gesetze und eine neue Phase der Verfolgung angekündigt hatten. Mit den »Arisierungen« jüdischer Unternehmen, also der Enteignung der Inhaber oder dem Aufkauf von Geschäften und Betrieben zu einem Bruchteil ihres realen Wertes, begann man schon einen Tag nach den Gewalttaten.[2]

Obwohl sie im allgemeinen das Pogrom und die mit ihm einhergehenden planlosen Zerstörungen nicht guthießen[3], sahen die Deutschen wieder passiv zu, und ihr Schweigen ermöglichte es Goebbels, das Pogrom als Ergebnis der gerechten Empörung, die von der deutschen Kolletivseele Besitz ergriffen habe, auszugeben und das Regime als Instanz erscheinen zu lassen, die im Namen des Volkes handelte.[4] Seine Behauptung, daß die öffentliche Meinung die Politik der Machthaber bestimme, war reine Phantasie, aber er hielt an dieser Lüge fest, weil sie den Zielen des Regimes entgegenkam und dem Bild entsprach, das dieses von sich den Menschen vermitteln wollte.

Die »Kristallnacht« in Berlin

Mit Ausnahme von Protesten von Deutschen, die mit Juden verheiratet waren, wurden in der Bevölkerung kaum Stimmen gegen die Vorfälle in der Pogromnacht laut. Diese wenigen Proteste bewirkten aber, daß das Regime sich erstmals richtig der Unvereinbarkeit bewußt wurde, die zwischen der Realisierung zweier seiner grundsätzlichen Ziele bestand: das Bild von einem deutschen Volk, das geschlossen hinter den Nationalsozialisten stand, aufrechtzuerhalten und gleichzeitig die Juden, die mit Deutschen verheiratet waren, zu isolieren und zu vernichten.

Im November 1938 hatte Werner Goldberg gerade seine Zeit im Reichsarbeitsdienst hinter sich gebracht; er arbeitete wieder bei seiner alten Firma, bald würde er aber seinen Militärdienst antreten müssen. Ganz ahnungslos fuhr Werner am Morgen des 9. November zur Arbeit; als der Zug an der Fasanenstraße vorbeikam, sah er, daß von der Synagoge, die dort gestanden hatte, nur noch eine schwelende Ruine übriggeblieben war; am Alexanderplatz waren die Schaufenster der Geschäfte reihenweise zertrümmert worden, und in der Königstraße waren die Bürgersteige so hoch mit Glassplittern bedeckt, daß die Fußgänger auf die Fahrbahn ausweichen mußten. Nur ein Geschäft war verschont worden, das Kaufhaus Israel an der Ecke Königstraße, Spandauer Straße, eines der größten Berlins, mit ungefähr vierzig Schaufenstern. Die Geschäftsräume von Werners Arbeitgeber, Schneller und Schmeider, waren unbeschädigt geblieben, weil sie nicht im Erdgeschoß lagen. Als sein Chef ihm erklärte, daß die nächtliche Verwüstung sich gegen die Juden gerichtet hätte, war Werner überrascht darüber, daß es so viele Läden gab, die im Besitz von Juden waren. Das Kaufhaus Israel war verschont worden, so erfuhr er, weil es einem ausländischen Juden gehörte.

Als Werner und seine Kollegen in der Mittagspause zum Essen gingen, erlebten sie, wie der Angriff auf das bislang noch unbeschädigte Kaufhaus begann. Einige Leute fingen an, Pflastersteine in die Schaufensterscheiben zu werfen. Die meisten Plünderer trugen Zivilkleider, einige von ihnen hatten aber auch die Uniformen von SA-Leuten oder von Angehörigen anderer Organisationen der Partei an. Werner erinnerte sich noch genau daran, wie er damals dachte, daß die gewaltige Menge von Steinen, die da in die Schaufenster geworfen wurden, doch verriet, daß jemand sie eigens zu diesem Zweck herangeschafft haben mußte.

Vor allem das Nichteingreifen der Polizei machte Werner bewußt, wie gefährdet er selbst doch eigentlich war. Als der Mob auf das Kaufhaus Israel losging, stand direkt an der Straßenecke, an der es lag, ein Polizist; der regelte aber weiter unbeirrt den Verkehr und weigerte sich, in irgendeiner Weise einzugreifen. Ganze Stöße von Kleidungsstücken kamen durch die zerschmetterten Scheiben auf die Straße geflogen wo sie dann in ein immer höher auflodendes Feuer geworfen wurden. Werner erzählte:»Binnen einer halben Stunde war das Ganze ein Trümmerhaufen. Die Menschen standen alle mittags dem gegenüber und guckten sich das alles an und machten nichts. Sahen zu. Es traute sich keiner, was zu unternehmen. Aber man konnte sehen, daß die Leute schockiert waren, in der ganzen Stadt. Da war die Faust in der Tasche geballt, aber sie wurde nicht herausgezogen. Die Leute hatten nicht mal den Mut gehabt, den Mund aufzumachen. Selbst die Polizei nicht. Und da fühlte ich mich verfolgt.«

Wally Grodka wurde aus einem anderen Grund von Angst ergriffen. Ihre nicht-jüdischen Freunde weigerten sich, sie in ihre Wohnungen hineinzulassen. Um wieviel weniger wahrscheinlich war es dann, daß ein gewöhnlicher Deutscher Widerspruch gegen das erheben würde, was den Juden angetan wurde? Der einzige Deutsche, der den Grodkas zu helfen versuchte, war ein Nazi. In den frühen Morgenstunden des 10. November hatte Günters Freund Hans Jüttner, der Beziehungen zur SA hatte, die Grodkas davor gewarnt, zu Hause zu bleiben. Die Erfahrung hatte Günter gelehrt, daß man sich auf Jüttner verlassen konnte, und er setzte sich daher mit seinem Vater in Verbindung, um ihn ebenfalls zu warnen. Mit dem für ihn typischen Selbstvertrauen hatte der aber darauf beharrt, daß ihm nichts geschehen könne: Er habe im Weltkrieg vier Jahre lang für das Vaterland gekämpft und zwei Tapferkeitsmedaillen bekommen.»Die Gefahr war nicht in ihn hineinzukriegen«, erinnerte sich Günter.»Das war schlimm. Solche Juden haben sich nur eingebildet, daß der Kriegsdienst ein Schutz für sie wäre.«[5]

Da sie nicht wußten, was auf sie zukommen würde, beschlossen Wally und Günter, sich tagsüber im Grunewald zu verstecken. In der Abenddämmerung gingen sie, erschöpft und halb erfroren, zu Fuß die zehn Kilometer bis zum Alexanderplatz zurück. Juden irrten durch die Straßen und drehten sich beim Geräusch jeder sich nähernden Person oder jedes herankommenden Autos voller Angst um. Schockiert sahen die Grodkas, daß das große zweistöckige Juweliergeschäft in der Münzstraße, in der Nähe des Alexanderplatzes, völlig demoliert war. Nazis, von denen einige Zivilkleider, andere Uniform trugen, standen herum, schlugen große Putzbrocken von der Fassade ab oder sammelten Steine auf, um sie in den Laden zu werfen. Ein Jubelschrei stieg aus der

Menge auf, jedesmal wenn ein Stein besonders viel Schaden angerichtet hatte. Wally erklärte sich bereit, zuerst einmal allein an dem Haus, in dem ihre Wohnung lag, vorbeizugehen, um festzustellen, ob alles in Ordnung war. Günter wartete in einiger Entfernung auf ihre Rückkehr. Als sie am Milchladen an der Ecke vorbeikam, hörte Wally, wie ihre Nachbarin Ulla Hensel über die Sachen frohlockte, die sie in der Nacht erbeutet hatte. Niedergeschlagen und immer noch im unklaren darüber, ob sie in ihrer Wohnung sicher sein würden, wollten die Grodkas bei ihren nicht-jüdischen Freunden unterschlüpfen, aber niemand war bereit dazu, sie aufzunehmen. »Die fühlten sich beobachtet und meinten, es wäre gefährlich, jetzt ›Juden bei sich zu haben‹«, erinnerte sich Wally. »So war es schon 1938.«

Deutsche Frauen, die mit jüdischen Männern verheiratet waren, befanden sich mittlerweile in einer geradezu schizophrenen Situation: Auf der einen Seite waren sie Bürgerinnen des Deutschen Reichs und genossen dessen Schutz, auf der anderen Seite waren sie Angehörige jüdischer Familien und vom Staat bedroht. Wally Grodka und Charlotte Israel konnten viel ungehinderter in der Öffentlichkeit auftreten und auch besser den Feind im Auge behalten als ihre jüdischen Ehemänner, und nach dem Kristallnacht-Pogrom waren beide von ihnen unterwegs, um sich einen Überblick über die Schäden zu verschaffen und die Lage zu erkunden. Die Wohnung von Julius und Charlotte lag abseits von der Straße zum Garten hin, und wie Werner Goldberg bekamen sie bis zum nächsten Morgen gar nichts von den Verwüstungen und Plünderungen mit. Als sie sich gerade zum Frühstück hinsetzen wollten, kam Julius' Schwester Erna hereingestürmt und überbrachte die Hiobsbotschaft. Erna war eigentlich gekommen, um bei Charlotte und Julius Schutz zu suchen – oder genauer bei Charlotte, der »Arierin«. Man erzählte sich, daß der Angriff auf die Juden eine Vergeltungsaktion sei, mit der man sich für das Attentat von Herschel Grynszpan rächen wolle, der zwei Tage zuvor Ernst von Rath, den dritten Sekretär der Deutschen Botschaft in Paris, ermordet hatte. Grynszpan war ein siebzehnjähriger Jude, der 1936 aus Deutschland ausgewandert war, um der Verfolgung zu entgehen. Er hatte gehofft, eine befristete Aufenthaltsgenehmigung für Frankreich zu erhalten, diese war ihm aber im Juli 1938 von den französischen Behörden verweigert worden. Im Oktober, als es zu den ersten Deportationen von Juden aus Nazi-Deutschland gekommen war, hatte das Regime Grynszpans Familie und Tausende anderer polnischer Juden, die in Deutschland lebten, in Güterwagen gesperrt und über die polnische Grenze transportiert. Dort hatten sie lange in einer Art Zwischenhölle festgesessen, unter entsetzlichen Verhältnissen, da die polnische Regierung sich zunächst weigerte, sie einreisen zu lassen, und sich dann lediglich bereit erklärte, siebentausend der fünfzigtausend polnischen Juden, die in Deutschland ansässig waren, aufzunehmen. Der junge Grynszpan war empört darüber, daß Juden allenthalben zurückgewiesen wurden, und marschierte zur Deutschen Botschaft in Paris, wo er den ersten Beamten, der bereit war, ihn zu empfangen, niederschoß.[6] »Die Juden damals waren entsetzt darüber, daß der Grynszpan den Legationsrat von Rath in Paris erschossen hatte«, erinnerte sich Charlotte. »Denn danach wurde für die Juden alles verboten. Sie haben alle gesagt: ›Der Lümmel, was hat der uns damit angetan!‹«

Auf einer Konferenz mit Vertretern der Auslandspresse am Tag nach der »Reichskristallnacht« ließ Goebbels durchblicken, daß das Pogrom in der Tat eine Vergeltungsmaßnahme für die Ermordung von Raths gewesen sei; er wies darauf hin, »daß jede Aktion des internationalen Judentums in der Welt nur den Juden Deutschlands Schaden zufügt«. Weiter sagte er: »Ich bin der festen Überzeugung, daß sich die deutsche Regierung damit in vollkommener und restloser Übereinstimmung mit dem deutschen Volk befindet. Die Judenfrage wird in kürzester Frist einer das deutsche Volksempfinden befriedigenden Lösung zugeführt. Das Volk will es, und wir vollstrecken nur seinen Willen.«[7]

»Privilegierte Mischehen«

Die einzigen, die nach dem Pogrom ihre Stimmen erhoben, um zu protestieren, waren die deutschen Partner von Juden. Sie wandten sich mit ihren Vorwürfen und Anklagen direkt an hohe Funktionäre der Partei. Der Historikerin Ursula Büttner zufolge gehörten gerade bekanntere Juden aus Mischfamilien zu den Opfern der Kristallnacht,[8] und Rudolf Schottländer, ein angesehener Berliner Professor, der mit einer Jüdin verheiratet war, erfuhr damals, daß die deutschen Ehepartner von jüdischen Opfern des Pogroms über alle Maßen empört waren und mit ihren Beschwerden sofort bis zur Spitze vordrangen, zu Männern wie Hermann Göring, der damals Beauftragter für die Durchführung des Vierjahresplans war, und dem ungarischen Politiker Nikolaus Horthy.[9] Nicht lange nach dem Pogrom machte Göring den Vorschlag, zwischen zwei verschiedenen Arten von Mischehen zu unterscheiden, den »privilegierten« und den »nichtprivilegierten« oder »einfachen«. Um eine privilegierte Mischehe sollte es sich dann handeln, wenn die Frau jüdisch war oder das Paar mindestens ein Kind hatte, das christlich getauft worden war und nicht einer jüdischen Gemeinde angehörte. Um eine nichtprivilegierte oder einfache Mischehe sollte es sich hingegen handeln, wenn die »Mischlings«-Kinder des betreffenden Paares als »Geltungsjuden« eingestuft waren oder, bei kinderlosen Paaren, wenn der männliche Partner jüdisch war. Das würde bedeuten, daß es nahezu dreimal soviel privilegierte Mischehen wie nichtprivilegierte geben würde, weil die überwältigende Mehrheit der »Mischlings«-Kinder christlich getauft war. Hitler nahm Görings Vorschlag im Dezember 1938 aber tatsächlich an, und die meisten der »gemischtrassigen« Paare erhielten damit den Status »privilegiert«.[10]

Juden aus nichtprivilegierten Mischehen sollten damit wie alle anderen Juden behandelt werden, während solche, die privilegierten Mischehen angehörten, von den schlimmsten Auswüchsen der Verfolgung bewahrt bleiben sollten. Das Regime nahm diese Unterscheidung vor, um jene mit Juden verheirateten Deutschen, die einen gewissen Einfluß hatten, zu beruhigen und weiteren Aufruhr zu vermeiden. Zu jenem Zeitpunkt planten die Spitzenpolitiker, in den großen Städten eine zwangsweise Separierung der Juden von der deutschen Bevölkerung durchzuführen. Unter dem Einfluß des Regimes hatten die deutschen Bürger die Juden schon gesellschaftlich isoliert; jetzt sollte dies auch ganz konkret, »physisch« gewissermaßen, geschehen: Alle Juden sollten von den deutschen Bewohnern getrennt und in Häusern untergebracht werden, die schon in jüdischem Besitz waren. Zwar würden Juden, auch nachdem sie in solche »Judenhäuser« eingewiesen worden waren, immer noch in verschiedenen Stadtvierteln ansässig sein, aber die Zahl der Adressen, unter denen sie zu finden waren, würde sich drastisch reduzieren. Reinhard Heydrich lehnte als Chef der Sicherheitspolizei und des SD einen Plan ab, die Juden in einigen bestimmten eng umgrenzten Gebieten zu konzentrieren, da das aufmerksame Auge der ganzen Bevölkerung die Juden unter Aufsicht hielte und damit den Juden zwinge, sich anständig zu benehmen.[11]

Heydrich erkannte, daß die Deutschen sich nicht mehr darauf beschränkten, die Juden zu meiden, sondern daß sie dazu übergegangen waren, sie zu denunzieren und aktiv auszugrenzen. Bei dieser Ausgrenzung mußte man aber vor Mischfamilien haltmachen. Das Regime hatte zuviel Angst vor Protesten von seiten der Bevölkerung und der Kirche, um den Versuch zu unternehmen, Ehen mit Gewalt aufzulösen, um so eine Familie auseinanderzureißen. Gegen die Macht der sozialen Traditionen und der religiösen Überzeugungen, nach denen Ehe und Familie etwas Geheiligtes waren, vermochte auch das Terrorregime nichts auszurichten. Konnte man es dann wagen, Deutsche, die mit Juden verheiratet waren, ebenfalls in »Judenhäuser« einzuweisen? Die einzige andere Möglichkeit wäre, es Juden, die mit Deutschen verheiratet waren, zu gestatten, in einem »rassisch gereinigten« Deutschland weiterhin unter Deutschen zu leben.

Das Regime reagierte auf dieses Dilemma genauso wie auf das Problem mit den »Mischlingen«, indem es nämlich die problematische Gruppe in zwei Untergruppen aufteilte. Ein – von den Nürnberger Gesetzen geliefertes – Kriterium, um die Mischfamilien verschiedenen Kategorien zuzuweisen, war das religiöse Bekenntnis der Kinder: Waren sie Mitglieder einer jüdischen Gemeinde oder getaufte Christen – die damit vielleicht unter dem Schutz der Kirche standen? Göring machte sich auch Sorgen über die Beziehungen, die viele »Mischlinge« zu einer anderen ehrwürdigen Institution hatten – dem Militär. Anders als »Geltungsjuden« waren getaufte »Mischlinge« den Nürnberger Gesetzen zufolge keine Juden. Sie dienten immer noch in der Wehrmacht, und das Regime konnte es sich nicht erlauben, seine eigenen Soldaten gegen sich aufzubringen.

Das zweite Kriterium für die Kategorisierung der Mischfamilien spiegelt die traditionell sexistische Auffassung der Parteiführung wider, daß Frauen willensschwach und nur dazu geeignet seien, Kinder auf die Welt zu bringen. Wenn der weibliche Partner jüdisch war, dann würde diese Mischehe zu den privilegierten gehören, wenn die Frau hingegen deutsch war, würde diese Ehe nicht privilegiert sein. Die Einführung dieser neuen Kategorien bewirkte, daß mit Juden verheiratete Frauen viel stärker am Schicksal ihrer Ehemänner teilhatten als zuvor. Und da der Familie ein trautes Heim zu bereiten in Deutschland immer noch der traditionelle »Beruf« einer Frau war, fühlten jetzt auch die deutschen Frauen, die einen jüdischen Ehemann hatten, die ganze Wucht der Diskriminierungen, unter denen früher die deutschen Männer gelitten hatten, die man ja, wenn sie mit Jüdinnen verheiratet waren, von beruflichem Fortkommen ausgeschlossen hatte. Göring hoffte immer noch, solche Frauen dazu bewegen zu können, in die Gemeinschaft der Deutschen und zu einem für diese Gemeinschaft produktiven Gebären von Kindern »zurückzukehren«.[12]

Görings Hoffnung und Hitlers Erlaß spiegelten die Überzeugung der Nationalsozialisten wider, daß Frauen unfähig seien, Führungsfunktionen zu übernehmen – weder im häuslichen Bereich noch in der Politik. Daß Hitler persönlich der Vorstellung anhing, daß »Frauen [sogar deutsche Frauen] sehr schwache Wesen waren, ohne eigenen Willen«, kam auch in seiner Anweisung zum Ausdruck, daß nur Männer –

jüdische wie deutsche – in Fällen von sexuellen Beziehungen zwischen Deutschen und Juden bestraft werden sollten. Frauen sollten von einer strafrechtlichen Verfolgung wegen »Rassenschande« ausgenommen sein.[13]

Zweifelsohne seien Frauen auf ihre Art und Weise auch wichtig, aber die Männer seien in jeder Hinsicht bestimmend. Frauen sollten den deutschen Männern ein gemütliches Heim schaffen und »rassisch reine« Kinder zur Welt bringen. Wenn die Welt des Mannes der Staat sei, seine Anstrengung und sein Kampf dem Staat gelten, dann ließe sich vielleicht sagen, die Welt der Frau sei kleiner. So erklärte Hitler es den Frauen auf dem Nürnberger Parteikongreß 1934. Wie könnte aber die große Welt weiterleben, wenn niemand sich um die kleine Welt sorgte? Nein, die große Welt ruhe auf der kleinen Welt! Die große Welt könne nicht überleben, wenn die kleine unsicher wäre![14]

Frauen fehlte nicht nur die Fähigkeit, eine politische Führungsposition zu übernehmen, auch daheim waren sie den Männern untergeordnet.[15] Im Nazideutschland war der Mann der offizielle Haushaltsvorstand. Folglich entschied die Rassenzugehörigkeit des Mannes über die rassische Einstufung der gesamten Familie. Da Rudi Holzer, Julius Israel und Günter Grodka Juden waren, gehörten Elsa, Charlotte und Wally einem »jüdischen Haushalt« an und waren von vielen antijüdischen Maßnahmen unmittelbar betroffen.

Daß man sich bei der Kategorisierung der Mischehen von der traditionellen Auffassung von den unterschiedlichen geschlechtsspezifischen Rollen leiten ließ, hatte einige, eigentlich nicht zu tolerierende, Kompromisse, was die Ideologie der Nazis betraf, zur Folge. Einige Juden wurden dadurch vor der Verfolgung geschützt, während auf der anderen Seite einige Deutsche mit in diese Verfolgung einbezogen wurden. Deutsche Frauen, die mit Juden verheiratet waren, hatten unter Umständen mehr zu leiden als jüdische Frauen, die mit Deutschen verheiratet waren. Als 1939 die Juden in »Judenhäusern« zusammengepfercht wurden, mußten deutsche Frauen mit jüdischen Ehemännern ihren Partnern in diese Häuser folgen. Jüdische Frauen, die einen deutschen Ehepartner hatten, waren hingegen von dem Gesetz ausgenommen – das heißt, sie mußten überhaupt nicht in Judenhäuser ziehen. Später mußten es in Mischehe lebende deutsche Frauen hinnehmen, daß die Außentüren ihrer Wohnungen oder Häuser mit einem »Judenstern« gekennzeichnet wurden. Die Gestapo konnte jederzeit bei ihnen erscheinen, um eine Hausdurchsuchung durchzuführen, das heißt alles auf den Kopf zu stellen, um den Beweis dafür zu finden, daß die eine oder andere belanglose Vorschrift verletzt worden war. Der Davidsstern gab jedermann zu erkennen, daß sich hinter der Tür ein jüdischer Haushalt befand. Jüdische Frauen, die mit Deutschen verheiratet waren, mußten es hingegen nie erleben, daß ihnen ein solcher Stern an die Tür gemalt wurde, und sie sie mußten auch nie ein solches Abzeichen tragen.[16] Die Regierung ließ jedem Haushalt durch den Hauswart die ihm zustehenden Lebensmittelmarken zukommen, Juden und Mischfamilien mußten sie sich aber bei eigenen Verteilungsstellen abholen. Für die Mitglieder von jüdischen Haushalten wurden im Krieg die Rationen gekürzt. Deutsche Frauen, die mit Juden verheiratet waren, erhielten auch keine Kleiderkarten – und auch nicht die Sonderzuteilungen, die es zu Weihnachten oder nach einem besonders schweren Bombenangriff gab. »Jüdische Frauen, die mit Ariern verheiratet waren, kamen da besser weg als ich«, meinte Charlotte, die den Unterschied aus erster Hand kennenlernte, als sie und Günter sich 1944 mit einem »privilegierten« Paar eine Wohnung teilten. »Verheiratete jüdische Frauen wurden durch ihre arischen Männer geschützt. Ich wurde durch meinen Mann verwundbar.«[17]

Ironischerweise zwang das Regime in Mischehe lebende Frauen dazu, in neuen – in »männlichen« – Rollen aufzutreten – als Hauptverdiener der Familie, offizielle Vertreter des Haushalts und politische Dissidenten. Mit der »Kristallnacht« trat die Verfolgung der Juden in eine neue Phase ein, die vor allem durch die Arisierung jüdischen Besitzes gekennzeichnet war. Am Tag nach dem Pogrom wurden die jüdischen Besitzer von Geschäften und. Betrieben, die ihre Unternehmen nicht bereits »freiwillig« an Deutsche verkauft hatten, durch einen Erlaß dazu gezwungen, dies zu tun.[18] Einige Juden, die mit »Ariern« verheiratet waren, übertrugen ihren Besitz auf ihre Partner, aber schon 1933 hatte das Regime damit angefangen, Verzeichnisse über die Vermögenswerte von Deutschen, die mit Juden verheiratet waren, anzulegen. Sowohl Juden als auch ihre »deutschblütigen« Ehepartner mußten Vermögen von fünftausend Reichsmark oder mehr angeben.[19]

Die mit Juden verheirateten Deutschen übernahmen immer mehr die Verantwortung für den Unterhalt ihrer Familien, da den jüdischen Partnern Schritt für Schritt die Möglichkeit genommen wurde, den Lebensunterhalt zu verdienen. Da beinahe die Hälfte der jüdischen Einwohner Deutschlands selbständig war (gegenüber sechzehn Prozent der nicht-jüdischen Einwohner), traf die Arisierungsmaßnahme die Juden hart. Viele von ihnen waren im Einzelhandel tätig[20], und in der Bekleidungs- und Textilindustrie war über die Hälfte der Betriebe in jüdischer Hand. Das Bekleidungsgeschäft, in dem Werner Goldberg zur Zeit des Kristallnacht-Pogroms arbeitete, war nur eines von insgesamt 3750 Berliner Geschäften dieser Art, die sich in jüdischem Besitz befanden.[21]

In dem Maße, in dem das Regime seine politischen Ziele realisierte, gewannen die mit Juden verheirateten deutschen Frauen in politischer Hinsicht immer mehr an Bedeutung. Das Regime war davon ausgegangen, daß ihr neuer – minderer – Status diese Frauen dazu bewegen würde, sich scheiden zu lassen. Statt dessen übernahmen sie – gezwungenermaßen – neue gewichtige Rollen innerhalb ihrer Familien. Charlotte Israel, Elsa Holzer, Wally Grodka und andere Frauen, die in der gleichen Situation waren, waren niemals politisch aktiv gewesen, und es war ihnen auch nie in den Sinn gekommen, einem erbarmungslosen Regime die Stirn zu bieten, bis die Nazis ihnen überhaupt keine andere Wahl ließen, als entweder politischen Widerstand zu leisten oder ihre Familien zu verlassen.

Charlotte mußte es erst lernen, die Macht, über die sie als Deutsche verfügte, einzusetzen. Sie sah wie eine Bilderbuch-»Arierin« aus, und ihr blondes Haar und ihr gutes Aussehen waren vor allem in Amtsstuben und Büros, wo ja vorwiegend Männer das Sagen hatten, von unschätzbarem Wert. »Mein Mann sagte mir immer, wenn irgendwas bei Beamten zu tun war: ›Charlotte, gehst du mal – besser du gehst hin, mit deinem blonden Kopf.‹« So war es Charlotte, die loszog, um für beide einen Gewerbeschein zu besorgen, eine Wohnung ausfindig zu machen, die Lebensmittelkarten abzuholen, die Einkäufe zu erledigen. In den Bürozimmern und Amtsstuben von Nazibeamten und Nazipolizisten lernte sie es, sich zu verteidigen. Sie erzählte, daß es wichtig gewesen sei, den Polizisten und Funktionären direkt in die Augen zu schauen und um das zu bitten, was man brauchte, so als ob es ganz normal sei, als ob man gar nichts zu verbergen habe. Ganz wichtig sei es gewesen, nie Angst zu zeigen oder gar zu weinen. »Weinen sollte man auf keinen Fall. Das habe ich gefühlt. Das wollten sie nicht. Nee, nee. Ich habe das ganz anders gemacht. Wenn sie mich angeschrien haben: ›Warum lassen Sie sich von dem Kerl nicht scheiden?‹, habe ich gesagt: ›Warum lassen Sie sich nicht scheiden?‹, Und wenn die bedrohlich wurden: ›Na, Sie hören noch von mir!‹, hab ich mich so umgedreht und gesagt: ›Wird mich sehr freuen.‹ Wenn ich mich hätte scheiden lassen, dann wäre mein Mann auch gleich abgeholt worden.«

Die Gestapo rät zur Scheidung

Mit seinem Beschluß, einigen Mischehen Privilegien einzuräumen, kompromittierte das Regime seine Rassenpolitik; damit, daß man anderen diesen Status vorenthielt, bewirkte man einerseits, ohne es zu wollen, daß eine ganze Zahl von Frauen sich von ihrem traditionellen Rollenverhalten befreite, vermochte aber andererseits nicht sehr viele von ihnen nachhaltig einzuschüchtern und zur Scheidung zu bewegen. Mit der Entscheidung, deutschen Männern, die in Mischehe lebten, Privilegien einzuräumen, beugte man sich deren etabliertem, institutionalisiertem Einfluß. Die Macht der Frauen hing jedoch nicht in besonders großem Maße von Institutionen und Verbindungen ab. Zwei, drei Jahrzehnte zuvor hatten deutsche Frauen öffentliche Demonstrationen veranstaltet, um das Wahlrecht zu erlangen und gegen den Weltkrieg zu protestieren. Jetzt weigerten sie sich, in größerer Zahl als die Männer, sich scheiden zu lassen. Sie handelten in der Tat so, wie man Hitler zufolge handeln mußte, wenn man Regierungen, die es nicht wert waren, an der Macht zu bleiben, stürzen wollte.[22]

Daß neue Repressalien erfolglos sein würden, gab schon sehr früh die Reaktion der in Mischehe lebenden Deutschen auf die von der Gestapo 1938 durchgeführten »Eheberatungen« zu erkennen. Das Reichsehegesetz vom Juli 1938 eröffnete Deutschen, die mit Juden verheiratet waren, neue Möglichkeiten, sich scheiden zu lassen, und unmittelbar im Anschluß an die »Kristallnacht« startete die Gestapo eine Kampagne, um diese Menschen dazu zu bewegen, von diesem Gesetz Gebrauch zu machen. Sie begann, die Betroffenen zu »Beratungen« zu sich zu bestellen. Eröffnet wurden diese Sitzungen fast immer mit einem freundschaftlichen Rat: Eine Scheidung liege angesichts der Einstellung des Regimes gegenüber Angehörigen der jüdischen Rasse doch nur im Eigeninteresse von deren deutschen Partnern. Einige Gestapoleute schienen aufrichtig verwirrt zu sein: Wieso sollte eine blonde, gutaussehende deutsche Frau einen Juden heiraten oder mit einem Juden verheiratet bleiben? Wenn die deutsche Frau, die dem Beamten gegenübersaß, sich nicht von seinen Argumenten beeindrucken ließ, konnte es aber geschehen, daß der ganz andere Saiten aufzog und ihr drohte: Deutsche, die darauf bestünden, weiterhin mit Juden zusammenzuleben, würden auch deren Schicksal teilen müssen.

Auch in Berlin mußten die deutschen Ehepartner von Juden zahlreiche Beratungen dieser Art über sich ergehen lassen. Hans-Oskar Löwenstein berichtete, daß seine Mutter mehrere dutzendmal in das Hauptquartier der Gestapo in der Prinz-Albrecht-Straße beordert wurde, wo man sie abwechselnd mit zuckersüßen Versprechungen und mit kaum verhüllten Drohungen bombardierte.[23] Um eine Scheidung zu erlangen, so machte man ihr dort klar, brauchte Frau Löwenstein nur anzugeben, der Nationalsozialismus habe sie so erleuchtet, daß sie jetzt erkenne, was für ein Fehler die Ehe mit einem Juden sei. Frau Löwenstein entstammte einer der großen Adelsfamilien Europas, und die Gestapo versprach ihr, daß ihr Sohn Hans nach ihrer Scheidung von ihrem jüdischen Mann in eine renommierte Militärakademie aufgenommen und zum Offizier ausgebildet werden würde.

Hannelore Steudel, eine Berlinerin, die von ihrer Familie einen großen Besitz im noblen Potsdam geerbt hatte, wurde dazu überredet, sich von ihrem jüdischen Mann zu trennen.[24] Man sagte ihr, daß der Staat ihren Besitz sonst konfiszieren würde. Sie ließ sich also scheiden und behielt ihre Villa, aus der ihr Mann ausziehen mußte. Heimlich trafen die beiden sich jedoch weiterhin bis zum Januar 1944, als er nach Theresienstadt deportiert wurde. Nach dem Krieg heirateten sie erneut, aber ihre Villa ging ihnen verloren: Der ostdeutsche Staat beschlagnahmte sie.

Mit Frauen, die Kinder hatten, ging die Gestapo härter um; sie setzte ihnen sofort die Pistole auf die Brust: Sie müssen Ihren Mann verlassen, wenn Sie Ihre Kinder retten wollen, hieß es. Wenn die Ehe bestehen bliebe, so würde auch den Kindern ein jüdisches Schicksal beschieden sein, bei einer Scheidung hingegen würde der Staat die »Mischlings«-Kinder wie Deutsche behandeln.

Die Gestapo erklärte Erika Lewines Mutter, daß sie ihre ganze Familie retten könne, wenn sie sich scheiden ließe. Wie viele andere hatte Erikas Mutter sich die Verachtung ihrer eigenen Familie zugezogen, als sie sich mit einem Juden verbunden hatte. Sie war aber mittlerweile schon eine ganze Zeit verheiratet und hatte sich an ihr Paria-Dasein gewöhnt. Ihre Familie war das, was ihrem Leben Sinn gab. Und der Rassismus der Nazis trieb sie zu aktivem Protest, ein Protest, der politische Bedeutung hatte. Im Februar 1933, unmittelbar nach der Machtübernahme der Nazis, konvertierte sie zum jüdischen Glauben. »Die Gestapo hat meiner Mutter anheimgestellt, daß sie sich scheiden lassen soll«, erzählte Elsa voller Stolz. »Sie hat aber gesagt: Warum soll ich mich scheiden lassen? Ich habe den Mann geheiratet und ich denke gar nicht daran, mich scheiden zu lassen.« Oft deuteten die »Berater« der Gestapo an, daß die deutschen Frauen nach einer Scheidung doch einen anderen Mann heiraten und eine viel angenehmere Ehe führen könnten, worauf eine solche Frau – die Gattin des jüdischen Photographen Abraham Pisarek – erwiderte: »Ich habe den besten Mann der Welt geheiratet. Warum sollte ich mich scheiden lassen.«[25]

Es wurde bald bekannt, daß allen gegenteiligen Versprechungen der Gestapo zum Trotz die jüdischen Partner von Deutschen nach einer Scheidung dem Untergang geweiht waren. »Es gab einige, die sich trennen ließen«, wußte Elsa zu berichten. »Ja, ja, das war das Schlimme. Wer geschieden wurde, der ist gleich abgeholt worden. Zum Beispiel in Neukölln, da war so ein großer Zigarrenhändler, ein Jude. Aber seine Frau war arisch und die hat sich scheiden lassen, und der Mann war sofort weg. Der Mann war sofort weg.« In Berlin verhaftete die Gestapo binnen vierundzwanzig Stunden jeden Juden, dessen deutscher Ehepartner gestorben war oder sich von ihm hatte scheiden lassen. In Prag wurden diese Menschen binnen eines Monats verhaftet und deportiert.[26]

Elsa Holzer gehörte zu den vielen mit Juden verheirateten Deutschen, die zu einer Beratung in die Diensträume der Gestapo in der Prinz-Albrecht-Straße zitiert wurden. Das Haus Prinz-Albrecht-Straße Nummer 9 war einfach als das SS-Haus oder SS-Hauptquartier bekannt, und das Haus Nummer 8, direkt daneben, beherbergte mehr Verwaltungsbüros des Polizeiimperiums der Nazis als jedes andere Gebäude im Reich. In ihm befanden sich der Hauptsitz der Gestapo, die Dienstzimmer Himmlers und seines persönlichen Stabs und der Hauptsitz der zentralen Abteilung von Himmlers SS, das Reichssicherheitshauptamt (RSHA).[27] Als sie auf das prunkvolle Eingangsportal des riesigen Gebäudes zuging, fragte Elsa sich, was die Gestapo wohl mit ihr vorhatte. Würde Rudi womöglich in der Zeit, in der sie in dem Gebäude festgehalten wurde, verhaftet werden? Nach langer Wartezeit wurde sie endlich zu dem Mann vorgelassen, dessen Aufgabe es war, sie zu befragen; es war, wie sie sich erinnerte, ein Mann mit guten Manieren und einem netten Gesicht, der wie ein Hausarzt wirkte.

Er begann mit Schmeicheleien: »Sie sind eine schöne Frau. Weshalb hängen Sie so an Ihrem Mann?« Er machte einen ernsthaften Eindruck und schien aufrichtig darüber nachzurätseln. »Ich habe meinen Mann geheiratet, weil es so sein sollte«, erwiderte Elsa. »Schön, aber wissen Sie nicht, daß sich ein guter Deutscher nicht mit einem Juden zusammentun sollte?« Als sie sich von ihm nicht beirren ließ, stand er auf und verließ den Raum. Ein anderer Gestapomann kam herein. Er fing an, Elsa zu beschimpfen und dann auch zu bedrohen; er fragte, was ihr denn an ihrem Mann so sehr gefiele, und deutete an, daß er selbst viel besser sei. Aufgebracht verlangte Elsa, seinen Vorgesetzten zu sprechen. Er ging und ließ sie allein. »Da dachte ich, mein Gott, was wird jetzt passieren? Ich hatte furchtbare Angst. Angst. Ich wartete eine halbe Stunde, ich zitterte und schwitzte vor Angst. Dann ging ich weg. Und nichts geschah.

Sie wollten die Leute nur quälen. Sehen Sie, es war eine schlimme, furchtbare Zeit. Ich hätte es wahrscheinlich nicht länger ertragen, wenn mein Mann ein Ungeheuer oder ein Trunkenbold gewesen wäre. Dann hätte ich mir die Scheidung schon überlegt. Aber ich bedauerte es nicht, ihn geheiratet zu haben. Ich tat, was ich zu tun hatte. Wenn ich ihn schützen konnte, dann habe ich ihn eben beschützt.«

Das jüdische Mietgesetz

Wegen der Gesetze, die es Juden verboten, Konzerte, Theateraufführungen und Filme zu besuchen, hatten auch die Deutschen, die bei ihren jüdischen Ehepartnern blieben, immer weniger Gelegenheit, am gesellschaftlichen und kulturellen Leben teilzunehmen. Bald wurden auch die Ausweisepapiere von Juden mit einem großen »J« gekennzeichnet, eine Maßnahme, die das Gesetz von 1941 vorwegnahm, das Juden dazu verpflichtete, den Davidsstern zu tragen. Nach Ausbruch des Krieges, im September 1939, ordnete das Regime neue, strikte Ausgangssperren für Juden an. Später wurden in den Wohnungen und Häusern von Juden die Telefonleitungen gekappt[28], und ihre Radios wurden konfisziert.

Der Januar 1939 brachte unter anderem die schlimme Neuigkeit, daß Juden in Zukunft nicht mehr vom deutschen Mieterschutzgesetz profitieren würden. Wally Grodka schnitt aus einer juristischen Zeitschrift vom 11. Januar 1939 einen Artikel für ihr Tagebuch aus: In ihm wurde berichtet, daß ein Distriktgericht in Berlin entschieden habe, daß Mietschutz entfalle, wenn ein Partner eines Paares, das etwas gemietet habe, ein Jude sei.[29]

Die Entscheidung des Berliner Gerichts stellte nur das Vorspiel zu dem Mietgesetz vom 30. April 1939 dar. Dieses Gesetz verlangte es von Wally, wie von allen Juden, die in einer nichtprivilegierten Mischehe lebten, in ein »Judenhaus« zu ziehen, ein Haus also, das in jüdischem Besitz war und ausschließlich von Juden bewohnt wurde. Nur wenige Monate später wurden im von Deutschland besetzten Polen Juden in Ghettos zusammengepfercht; die Rücksichtnahme des Regimes auf die Stimmung der deutschen Bevölkerung trug aber dazu bei, daß es innerhalb Deutschlands selbst nicht so weit kam.[30] Das Gesetz vom 30. April legte fest, daß Juden nur mit anderen Juden Mietverträge abschließen könnten, was bedeutete, daß sie alle in Judenhäusern dicht zusammengedrängt leben mußten.[31]

Der Vorstand der Jüdischen Gemeinde Berlins wurde von der Gestapo auf mündlichem Wege damit beauftragt, dieses neue Wohngesetz in allen seinen Einzelheiten in die Praxis umzusetzen Die Gemeinde richtete ein Wohnungsamt ein, das unter der Leitung von Dr. Martha Mosse stand, die 1933 als Jüdin aus dem preußischen Polizeidienst entlassen worden war; sie war bis dahin als Polizeirätin dem Berliner Polizeipräsidenten unterstellt gewesen. »Schließlich war man zu dem Ergebnis gekommen, daß es besser sei, die Aufgaben zu übernehmen, weil auf diese Weise noch viel größere Härten vermeidbar erschienen«, erinnerte sich Frau Dr. Mosse, als sie an die neue Tätigkeit, mit der sie 1939 betraut wurde, zurückdachte.[32] Das Wohnungsamt war auch dafür verantwortlich, Statistiken zu führen und die notwendige Korrespondenz zu erledigen.[33] Alle jüdischen Wohnungen wurden – wie das Gesetz es verlangte – bei der Gemeinde registriert. Jede Anmietung einer Wohnung, jeder Wohnungswechsel mußte von der Jüdischen Gemeinde genehmigt werden. Jüdische Haus- und Wohnungsbesitzer waren gezwungen, auf Anweisung der Behörden andere Juden als Mieter oder Untermieter aufzunehmen.[34]

In dem Mietshaus, in dem die Grodkas lebten, und in der ganzen Nachbarschaft begann man von heute auf morgen damit, alle Juden hinauszuwerfen. Die beiden Grodkas hatten Verwandte Günters aufgenommen, die sich, nachdem sie aus ihren Wohnungen vertrieben worden waren, bei ihnen gemeldet hatten. In dem Haus, in dem sie selbst wohnten, erschien eines Tages ein Nazi namens Nikolai bei einem jüdischen Paar und verlangte, daß sie ihre Wohnung räumten. Nikolai trug das goldene Parteiabzeichen, das nur den ersten hunderttausend Parteimitgliedern und einigen prominenten Nazigrößen verliehen worden war. Ein Mann namens Hanke suchte ein anderes jüdisches Ehepaar im Haus auf; er stellte sich als Freund des Nazi-»Märtyrers« Horst Wessel vor und verlangte, daß »die dreckigen Juden« ihre Wohnung innerhalb von drei Tagen frei machten. Die jüdischen Mieter zogen aus, und die Hankes öffneten die Fenster der Wohnung, um einzuziehen, sobald sich der »jüdische Gestank« verflüchtigt hatte. Nikolai zog mit vier Kindern in die andere Wohnung ein.

Das neue Mietgesetz wurde als eine Maßnahme ausgegeben, die dem neuen Deutschland den Weg bereiten sollte. Es stellte auch einen weiteren Schritt zu dem »neuen Berlin« dar, von dem Hitler träumte. Zwei Jahre zuvor, anläßlich des vierten Jahrestages seiner Kanzlerschaft, hatte er seine Vision von der architektonischen Umgestaltung der Reichshauptstadt offengelegt und Albert Speers Plan zur völligen Neugestaltung des Zentrums vorgestellt. Als vorbereitende Maßnahme wurden altehrwürdige Bauten im Herzen Berlins abgerissen und die Juden, die dort wohnten, zwangsweise umgesiedelt.[35]

Das Mietgesetz beraubte die Juden Berlins um mehr als 30000 Wohnungen.[36] In einem von Albert Speer Anfang 1939 angeforderten Bericht wurden 1646 Berliner Wohnungen von fünf Zimmern und mehr sowie 267 kleinere angegeben, in die man die aus ihren eigenen Wohnungen Vertriebenen evakuieren konnte. Ungefähr sechshundert von den größeren und vierzig von den kleineren befanden sich in Charlottenburg – mehr als in jedem anderen Viertel.[37] Die Löwensteins, die in einer vornehmen Zwölfzimmerwohnung am Kurfürstendamm lebten, mußten vier obdachlos gewordene jüdische Familien aufnehmen.

Die Probleme der »bevölkerungspolitischen« Maßnahmen

Als das Regime dazu überging, das jüdische Mietgesetz in die Praxis umzusetzen, hatte es gerade seine Initiative zur rassischen »Säuberung« des deutschen Volkes ins Leben gerufen: das Euthanasie-Programm. Andere Maßnahmen zur Erhaltung der rassischen Reinheit zielten vor allem auf die Beseitigung aller »Nicht-Arier« ab, die Euthanasie eliminierte aber auch »minderwertige« Deutsche; das Vorhaben riß also auch deutsche Familien auseinander und löste aus diesem Grund zahlreiche Proteste aus.

Schon seit dem Juli 1933 hatte das Regime Deutsche mit Erbkrankheiten sterilisieren lassen – und war dabei auf wenig Widerstand gestoßen, außer von seiten der Opfer selbst und ihrer Angehörigen. Die Deutschen hatten die Neigung, nur dann zu protestieren, wenn sich ein Gesetz auf sie selbst nachteilig auswirkte (auch wenn sie immer behaupteten, aus Prinzip Widerspruch einzulegen). Die Propaganda hatte das Prinzip der Nazis »Gemeinwohl vor dem Wohl des einzelnen« zu einem Slogan gemacht.[38] Als jedoch die Zahl der Opfer des Sterilisierungsgesetzes wuchs, nahmen auch die Proteste zu. Viele seiner Untertanen »verurteilten« den Staat »voller Bitterkeit«,[39] weil er gegen die Freiheit des Individuums, des einzelnen Bürgers verstoße. Als das Regime bei seinem Bemühen, ein »rassisch reines« Volk zu schaffen, von der Sterilisierung von Deutschen mit Geistes- oder Erbkrankheiten zu deren Ermordung überging, dazu – wie es in der Naziterminologie hieß –, »lebensunwertes Leben« auszumerzen, war es um äußerste Geheimhaltung bemüht. Es wurde daher auch kein diesbezügliches neues

Gesetz verabschiedet. Sein erstes Opfer forderte das Euthanasie-Programm im Winter 1938/39[40] – im Anschluß an die »Kristallnacht«, als die antijüdischen Maßnahmen immer radikaler wurden.

Hitler meinte 1935, daß man mit der Euthanasie bis zum Krieg warten solle, da die zu erwartende Opposition von seiten der Kirche in Kriegszeiten keine so große Rolle spielen würde wie in normalen Zeiten.[41] Himmler war dafür, das »Sterbehilfe«-Programm zu verschieben, bis die Propaganda die Deutschen dazu gebracht hätte, es ganz uneingeschränkt zu befürworten.[42] Nach Beginn des Krieges drängte Hitler jedoch auf die Durchführung des Geheimprogramms und gab den Befehl, es noch auszuweiten, das heißt noch mehr Menschen darin einzubeziehen.

Geheimhaltung erwies sich aber als unmöglich. Die Euthanasie zeigte, wie schwierig es war, eine Familie mit Gewalt aufzulösen, um einen der ihr angehörenden Menschen zu verfolgen oder zu töten. Da das Ganze auf deutschem Boden stattfand – an die dreißig verschiedene Krankenhäuser und Kliniken nahmen an der Aktion teil –, wurde die entsetzliche Wahrheit bald bekannt. Euthanasieärzte und Beamte, die mit der bürokratischen Abwicklung des Programms beauftragt waren, begingen Fehler. Sie schickten beispielsweise an eine Familie zwei Urnen, von denen jede angeblich die Asche ihres verstorbenen Angehörigen enthielt. Oder sie teilten – unter aufrichtigen Beileidsbekundungen – mit, daß das betreffende Familienmitglied an Blinddarmentzündung gestorben sei, wenn diesem der Blinddarm schon vor langer Zeit entfernt worden war. Mitarbeiter der Euthanasieasyle sprachen auch schon einmal in der örtlichen Gastwirtschaft, wenn der Alkohol ihnen die Zunge gelöst hatte, über ihre grausige Arbeit.[43] Man erfuhr immer mehr darüber, die Gerüchte schwirrten bald durch das ganze Land, so daß die Geheimhaltung des ganzen Unternehmens nicht mehr gewährleistet war. Überdies traten »psychologische Probleme« auf, die nicht nur die Geheimhaltung, sondern auch die Moral der Öffentlichkeit bedrohten.

9

An der Front und in der Heimat –
»Mischlinge« in Hitlers Wehrmacht

> So wie wir uns in Tiere verwandeln, wenn wir an die
> Front ziehen, weil das die einzige Möglichkeit ist, sicher
> durchzukommen, so verwandeln wir uns in Witzbolde
> und Faulenzer, wenn wir ausruhen ... Wir wollen um
> jeden Preis leben.
>
> Erich Maria Remarque

Im Morgengrauen des 1. September 1939 drangen 1 500 000 deutsche
Soldaten über die polnische Grenze ins Landesinnere vor: Der Zweite
Weltkrieg hatte begonnen. Mit erstaunlicher Effizienz und Geschwin-
digkeit stießen die deutschen Truppen von Norden, Süden und Westen her in Richtung Warschau vor. Einer der Soldaten war Werner
Goldberg: Er und sein Jugendfreund Karl Wolff stritten wieder für dieselbe Sache. Obwohl er ein »Mischling« war, gehörte Goldberg wieder
»dazu«. Aber seine Mission ließ ihn in fürchterliche Konflikte geraten,
nicht nur wegen der Polen oder der polnischen Juden, sondern auch
wegen bestimmter Deutscher, wegen Menschen wie Charlotte Israel
oder Elsa Holzer oder seinen eigenen Eltern, wegen all derer, die in
Mischehe lebten und für die ein Sieg Hitlers die Vernichtung bedeuten
würde. Auf Werner wartete daheim ein Vater, der als »rassischer Feind«
Deutschlands galt, während der Vater Karls ein ranghoher SS-Offizier
war.

In seine Wehrmachtsuniform gekleidet, verspürte Werner neue Kraft
in sich. Normalerweise verbindet sich für einen Soldaten mit einem
Krieg das Gefühl von Gefahr, aber Werner empfand ein Gefühl von
Sicherheit – er fühlte sich sicher vor solchen antijüdischen Ausschreitungen, wie er sie beim Kristallnacht-Pogrom miterlebt hatte, und
wurde nicht mehr von den alptraumhaften Erinnerungen an die Polizisten heimgesucht, die sich geweigert hatten, irgend etwas zu unter-

nehmen. Er selbst hatte jetzt ein Gewehr in der Hand und war Mitglied der siegreichen Armee. Die Frage nach seiner rassischen Zugehörigkeit schien irrelevant geworden zu sein. Er erzählte: »Es hat keiner in meinem Kreis gefragt, ob ich den Wehrdienst machen sollte. Aber im Grunde war es so, daß man zunächst dieses rettende Ufer erreicht hat, wo man gesagt hat, mir kann jetzt nichts mehr passieren.« Seit er wieder zu den anderen dazugehören durfte, war Werner auch wieder sehr beliebt. Wenn jemand Fragen nach seinen Vorfahren gestellt hätte, hätte er ihn auf die Presse verweisen können. Eines Sonntags war ein Freund zu ihm gekommen und hatte gefragt, ob Werner schon in das *Berliner Tagesblatt* geschaut hatte. In der Sonntagsbeilage war das Photo des blonden, jungen Goldberg in seiner Wehrmachtsuniform abgedruckt – und darunter stand: »Der Typus des deutschen Soldaten«. »Wir Soldaten mußten Photographien machen lassen«, erklärte Werner, »und ich habe hier in Schmargendorf eine machen lassen, und der Photograph hat das Ding wohl verkauft an die Zeitung. Alle haben in sich hineingelächelt.«

An der polnischen Front war Werner im September 1939 hinter den von der Luftwaffe unterstützten Panzerdivisionen eingesetzt worden, die die polnischen Linien durchbrechen sollten. »Wir mußten hinter den Panzern hinterhermarschieren, jeden Tag vierzig oder fünfzig Kilometer. Das war in einem völlig dichten Wald. Da war so Halbdunkel, keinen hat man sehen können, und man hörte dann bloß immer das Durchladen von Gewehren und Schießen. Das lief nicht gerade so ab wie in einem Manöver. Da saßen die polnischen Soldaten, festgeschnallt auf den Bäumen. Und nun wußte man nicht, von wo sie eigentlich schießen, von vorne, von hinten, von der Seite. Das war eine ganz beschissene Situation. Irgend jemand hat einen entdeckt und auf den geschossen, aber der kam nicht runter, so daß wir dann feststellten, daß die angeschnallt waren. Vielleicht deshalb, so daß sie nicht runterfallen, wenn sie erschossen werden und ihren Platz verraten. Die Panzer hatten dann ihre Rohre da oben auf die Bäume gerichtet, und da war auf einmal Ruhe.«

Nachdem die Wehrmacht die polnischen Streitkräfte in weniger als vier Wochen völlig aufgerieben hatte, herrschte in Deutschland allgemeine Jubelstimmung. Charlotte erinnerte sich noch gut daran, daß es danach fast unmöglich wurde, irgend etwas gegen den Führer zu sagen. Sogar der spätere Anführer der Widerstandsbewegung gegen Hitler, Claus von Stauffenberg, frohlockte über den spektakulären Sieg Deutschlands über Polen.[1] Ein General der deutschen Wehrmacht ließ sich in seiner Hochstimmung sogar zu der Aussage hinreißen, daß Hitler nun nur »die Ungläubigen, die Schwachen und die Zweifler« noch nicht für sich gewonnen habe.[2]

Im August 1939, nur sechs Jahre nachdem er sein tausendjähriges Reich gegründet hatte, spürte Hitler, daß seine charismatische Macht einen solch hohen Grad erreicht hatte, wie sie ihn kaum für längere Zeit behalten würde. Wie jeder politische Führer, dessen Macht auf seiner persönlichen Anziehungskraft beruht, maß er seine Popularität an seinen Erfolgen. Als er im August 1939 darüber nachsann, ob der rechte Zeitpunkt gekommen war, um einen Krieg zu beginnen, stellte er fest, daß niemand jemals wieder das Vertrauen des ganzen deutschen Volkes haben werde wie er jetzt, und dieser Umstand ließ es ihm »günstig« erscheinen, in den Krieg einzutreten, weil in zwei oder drei Jahren die Gunst der Stunde vorbei wäre.[3] Hitler war auf sein ganzes Charisma angewiesen, um die Deutschen kriegswillig zu stimmen, denn im Unterschied zum Jahr 1914 herrschte keinesfalls so etwas wie Kriegsbegeisterung. Hitler war aber überzeugt, daß militärische Siege vom Kampfeswillen des Volkes abhingen.[4] Obwohl er wußte, daß Deutschland weder wirtschaftlich noch militärisch gut vorbereitet war, steuerte das Land entschlossen auf eine bewaffnete Auseinandersetzung zu; er setzte seine Hoffnung auf kurze, blitzschnelle Eroberungszüge, die Deutschland nicht nur einen territorialen Zugewinn und Rohstoffe einbringen, sondern sich auch günstig auf die Moral der Bevölkerung auswirken würden, weil sie in den eigenen Reihen nur wenige Opfer fordern würden; außerdem würde sich mit einer solchen Strategie eine Mobilisierung der Gesamtwirtschaft für einen »totalen Krieg« vermeiden lassen.

Charlotte bemerkte, daß in den Augen ihrer Angehörigen und ihrer Nachbarn die Siege Hitlers der Beweis dafür waren, daß er ein guter Mann war. »Wenn ich meine Mutter besuchte, sprach sie immer nur von den glorreichen Siegen des Führers. Einmal war ich bei ihr, als im Radio gejubelt wurde, wie die Deutschen in Frankreich gesiegt hatten. ›Mutti, mach das Ding aus, sonst schmeiß ich's zum Fenster raus‹, schrie ich da nur. ›Ich bin glücklich, daß die Deutschen gewonnen haben‹, meinte Mutter. ›Zum Teufel, Mutti‹, sagte ich, ›was wird aus uns, wenn Deutschland siegt?‹«

Werner Goldberg dachte gar nicht darüber nach, was bei einem deutschen Sieg sein Schicksal und das seiner Familie sein würde. Fürs erste war er in jenem ersten Kriegswinter zufrieden damit, daß er beim Militär untergekommen war und dort auch akzeptiert wurde, wenn er auch argwöhnte, daß sein Status als »Mischling« vielleicht verhindern könnte, daß er befördert würde. Weihnachten hatte er das, was er sein

»großes Erfolgserlebnis« nannte. Er vollführte nicht etwa eine militärische Großtat, sondern er durfte vor seinem ganzen Regiment ein Gedicht vorlesen, das er selbst verfaßt hatte. Im Dezember 1939 hatte sein
Kommandant ihn gebeten, eine Adventsfeier für das Regiment zu planen und vorzubereiten. Werner hatte sich schon gefragt, warum zehn
oder zwölf seiner Kameraden am 1. Dezember befördert worden waren, er hingegen nicht. Er meinte, das Gespräch des Kommandanten
mit ihm sei die passende Gelegenheit, sich danach zu erkundigen, warum er übergangen worden war. Lag es etwa daran, daß er ein »Mischling« war?

»Da war der Offizier sehr sauer«, erinnerte Werner sich, »und da hat
er mich furchtbar angeschnauzt: ›So was Ungerechtes gibt es gar nicht!
Soldat ist Soldat! Wir kennen hier keine Unterschiede zwischen Arier
und Nicht-Arier. Sie sind Soldat, wie jeder andere, mit Rechten und
Pflichten. Und selbstverständlich werden Sie auch schon noch befördert werden, wenn wir das für richtig halten.«

Werner machte sich also daran, die Feier zu planen. Den Höhepunkt
des Abends sollte die Rezitation seines Gedichts bilden. Als er es mir
fünfzig Jahre später noch einmal vorlas, bebte seine Stimme wieder vor
Erregung. Weihnachten 1939 hatte er geradezu in dem großartigen
Gefühl gebadet, von den anderen akzeptiert zu sein; diese hatten ihm
zugejubelt, weil er mit seinem Gedicht auch ihre eigenen Gefühle zum
Ausdruck gebracht hatte. »Das hatte wie eine Bombe eingeschlagen!
Das ganze Offizierskorps hat kopfgestanden. ›Das ist ja einmalig, Junge!‹
sagten sie mir. Ja. Also ich war nun völlig integriert und aufgenommen
in meinem Regiment.«

Aber die Angst, die tief in ihm steckte, fand bald neue Nahrung. Wie
viele andere Juden hatte auch Werners Vater im Zuge der Maßnahmen, die auf die »Kristallnacht« gefolgt waren, seine Arbeit verloren.
Außerdem hatte sich sein Gesundheitszustand besorgniserregend verschlechtert. Urplötzlich war er ans Bett gefesselt, und sein Leiden wurde
bald als Prostatakrebs diagnostiziert. Werner, der Soldat in seiner Wehrmachtsuniform, hatte es damals schon bewerkstelligt, daß sein Vater in
ein Krankenhaus aufgenommen wurde, nachdem er als Jude bereits
von der berühmten Charité abgewiesen worden war. Zu Beginn des
Frühjahrs 1940 wandte sich Herr Goldberg wieder an seinen Sohn um
Hilfe, dessen Kompanie – in Vorbereitung des deutschen Angriffs auf
Frankreich – nach Trier verlegt worden war. Werners Mutter schrieb
ihm, daß ihr Mann, sein Vater, mit einer ganzen Reihe von schrecklichen neuen Vorschriften zu kämpfen habe. Sein Ausweis sei gestem-
pelt worden, so daß er sofort als Jude zu identifizieren sei; er könne

ohne Sondergenehmigung nicht mehr das Viertel in Berlin, in dem die Familie ansässig war, verlassen. Ihm würden nur »jüdische Lebensmittelrationen« zugeteilt. Juden bezogen ihre Lebensmittelmarken genau wie die Deutschen in großen Bögen, aber ihre waren zum Teil mit einem großen »J« gekennzeichnet, das anzeigte, daß sie nicht eingelöst werden konnten. Juden stand kein Fleisch zu, kein Weißgebäck, keine Eier, keine Milch, kein Fisch. Was Herrn Goldberg aber den Rest gegeben hatte, war die Anweisung, sich zum Arbeitseinsatz bei der Reichsbahn zu melden.

Werner fand dies alles »irgendwie völlig absurd«. Er, der Sohn eines Mannes, der vom Staat verfolgt wurde, war gleichzeitig aktiver Soldat im Dienst desselben Staates. Und sein Vater, der hinfällig und ans Bett gefesselt war, durfte auf Anweisung seines Arztes überhaupt nicht arbeiten! Voll und ganz davon überzeugt, daß seine Argumente stichhaltig waren, trug Werner die Angelegenheit seinem Vorgesetzten vor, der ihn wiederum an seinen unmittelbaren Vorgesetzten verwies. Und so ging es weiter: Werner wurde mit seiner »jüdischen Angelegenheit« von einem Offizier an den Nächsthöheren in der Hierarchie weitergereicht, bis es ihm schließlich mit Hilfe eines Kameraden, eines Neffen des Kommandeurs der Garnison von Potsdam, General Baron Erich von Brockdorff-Ahlefeldt, gelang, ein Treffen mit diesem herbeizuführen. Der General empfing Werner höflich und schritt hinter seinem Schreibtisch auf und ab, als Werner ihm dann seine Geschichte erzählte: »Ich bin an der Front. Und mein Vater darf nicht reisen, kriegt keine Lebensmittel, wird als Jude bezeichnet. Und laut dem Arbeitsamt soll er jetzt schwer arbeiten!«

Werner Goldberg wußte noch genau, was Brockdorff-Ahlefeldt ihm dann geantwortet hatte; der General hatte abrupt aufgehört, hin- und herzuwandern, sich vor ihn hingestellt, den Kopf geschüttelt und gesagt: »Hiermit befördere ich Sie zum Gefreiten. Sie lassen sich sofort die Rangabzeichen annähen, schnallen Sie eine Pistole um, fahren Sie nach Berlin und regeln Sie das, wie sich das für einen deutschen Soldaten gehört. Sie haben vierzehn Tage Urlaub. Und wenn das nicht reicht, schicken Sie mir ein Telegramm, er wird verlängert.«

Mit wiedererwachtem Glauben an die Gerechtigkeit hatte Werner sich nach Berlin aufgemacht. »Erst mal«, erinnerte er sich, »bin ich für meinen Vater beim Arbeitsamt gewesen. Da haben sie erst mal Abstand genommen, nichts damit zu tun haben wollen. Aber da ist es mir sehr schnell gelungen, die zu überzeugen, daß das so nicht geht. Ich in Uniform. Dann war ich beim Heereskommando, am Hohenzollerndamm, um zu erreichen, daß meine Eltern Lebensmittelkarten bekommen wie alle andern auch. Da mußte ich auch noch zum Lebensmittelamt. Ich bin bei furchtbar vielen Dienststellen und Ministerien gewesen. Alles in Uniform.«

Kaum war er wieder ins Hauptquartier zurückgekehrt, als Werner die neuesten Nachrichten erfuhr: Hitler hatte befohlen, alle »Mischlinge« und alle Deutschen, die mit Juden verheiratet waren, aus der Armee auszustoßen![5] Mit diesem Befehl, den er am 8. April 1940, kurz vor dem Beginn der Offensive im Westen erließ, nahm Hitler den »Mischlingen« den Status, der ihnen mit den Nürnberger Gesetzen zuerkannt worden war. Diese Neueinstufung der »Mischlinge« lief auch völlig einem anderen, zur gleichen Zeit eingeleiteten Verfahren zuwider: der sogenannten »Gleichstellung« der »Mischblütigen« mit den »Deutschblütigen«. Durch eine solche Gleichstellung, also dadurch, daß den »Mischlingen« derselbe Status zuerkannt wurde wie den Ariern, sollte vor allem der Widerspruch zwischen der Rassenlehre der Nazis und der Tatsache, daß »Mischlinge« es auf den verschiedensten Gebieten zu spektakulären Leistungen brachten, aus der Welt geschafft werden. Die Partei und die Ministerien hatten zunächst ein ganzes Netz von Verfügungen ersonnen, die sich gegen die »Mischlinge« richteten, und dann ausgefeilte und zeitaufwendige Prozeduren festgelegt, mit denen sie eine Gleichstellung, also eine Befreiung von diesen Verfügungen, erreichen konnten. In der Praxis wurde allerdings eine solche Gleichstellung äußerst selten gewährt. Das Innenministerium überprüfte zunächst die entsprechenden Anträge und leitete solche, die es zu verdienen schienen, an Hans Lammers, den Chef der Reichskanzlei, weiter. Lammers bestimmte dann, welche dieser Anträge Hitler vorgelegt werden sollten, dem die letzte Entscheidung über sie vorbehalten blieb. Erfolgreiche Antragsteller erhielten einen Abstammungsnachweis, der sie als »deutschblütig« auswies, allerdings auf hellblauem Papier gedruckt war, wodurch deutlich wurde, daß der Betreffende nicht wirklich »arischer« Abstammung war. Gewöhnlich erhielten auch die Kinder dieser auf dem Wege der Gleichstellung zu Deutschen erklärten Personen den Status von Deutschen – auch dies ein Hinweis darauf, daß man sich der politischen Komplikationen bewußt war, die sich ergeben hätten, wenn man innerhalb einer Familie eine Trennlinie gezogen hätte. Wenn jemandem das Privileg zuteil wurde, zur exklusiven nationalen Gemeinschaft der Deutschen zugelassen zu werden, sollte man es ihm dann nicht gestatten, auch jene mit in diese Gemeinschaft zu bringen, die für ihn persönlich am wichtigsten waren? Nur kurz bevor er befohlen hatte, alle »Mischlinge« aus der Armee auszuweisen, hatte Hitler in einer Reihe von Fällen eine Gleichstellung gewährt, wobei er auf die besondere Tapferkeit der derart Ausgezeichneten im Krieg hingewiesen hatte.[6]

Hitler ließ die »Mischlinge« und die mit Juden Verheirateten sowohl aus strategischen wie auch aus ideologischen Gründen aus dem Militär entfernen. Einige Nazis, wie Himmler zum Beispiel, glaubten, daß die »Mischlinge« besonders unzuverlässig seien, einmal aufgrund ihres »zusammengesetzten« Blutes, zum anderen aber auch aufgrund der recht unschönen Art und Weise, in der der Staat bislang schon mit ihnen umgegangen war.[7] Natürlich hätte es nie Fälle von »Gleichstellung« gegeben, wenn dies gestimmt hätte, wenn also »Mischlinge« samt und sonders unzuverlässig gewesen wären. Letztlich lief jede Gleichstellung aber der Rassenideologie der Nationalsozialisten zuwider, und, indem man »Mischlinge« vom Militärdienst ausschloß, nahm man ihnen die Gelegenheit, sich zu bewähren und ebenfalls darum nachzukommen.

Als Werner von dem Befehl Hitlers erfuhr, der ihn der Zuflucht beraubte, den die Wehrmacht für ihn bedeutet hatte, und ihn wieder schutzlos machte, beschloß er, alles einfach zu ignorieren. Er versuchte immer noch, irgendwelche Treffen zu arrangieren und sich bei den Mächtigen Gehör zu verschaffen, als er aus dem Radio erfuhr, daß die Wehrmacht Luxemburg besetzt hatte: Diese Invasion war der vorbereitende, erste Schritt zu einem die Maginot-Linie umgehenden Vorstoß nach Nordfrankreich hinein. Es war der 10. Mai 1940, und das Radio meldete weiter, daß Winston Churchill in Großbritannien Neville Chamberlain als Premierminister abgelöst hatte. Werner beschloß, an die Front und damit ans »sichere Ufer« zurückzukehren. Er suchte seinen Kompanieführer auf, der sich zufällig ebenfalls in Berlin aufhielt, und legte diesem dar, daß es seiner Ansicht nach keinen Sinn mache, wenn er, der jugendliche Kämpfer, in einem für Deutschland so kritischen Augenblick den Abschied nähme. Sein Kommandeur stimmte ihm zu. Werner erinnerte sich, daß er sagte: »Ich weiß noch nichts von irgendeinem Führerbefehl. Ich gebe Ihnen den Befehl, sofort zur Front zurückzufahren.«

Werner Goldberg sollte jedoch bald erfahren, wie begrenzt die Macht des Militärs war – oder, zumindest, wie begrenzt die Bereitschaft seiner Vorgesetzten war, der Partei Widerstand entgegenzusetzen. Er brauchte sechs Wochen, um wieder bei seinem Regiment anzukommen – mehr als vier Wochen länger als sein Kommandeur. »Ich war immer da gewesen, wo meine Truppe nicht gewesen ist«, erklärte er. »Und war bei anderen Truppen gewesen, hab Gefangene bewacht und so, und hatte die Tasche voll von Stempeln, wo ich überall bei verschiedenen Truppen gewesen bin.« Als er schließlich seinem Kommandeur wiederbegegnete, lag der in einer Hängematte und genoß den triumphalen Sieg, den die Wehrmacht errungen hatte. Frankreich hatte bereits ein Waffenstillstandsabkommen unterzeichnet. Die Leichtigkeit, mit der Deutschland das Nachbarland bezwungen hatte, verblüffte den Rest der Welt und ließ das Selbstvertrauen des Regimes wachsen. Vielleicht hätte sein Vorgesetzter Werner zurückgehalten, wenn die Kämpfe länger angedauert hätten und mehr Opfer gefordert hätten. Aber so wie die Lage war, setzte er Werner bei dessen Ankunft sofort über die neue Order in Kenntnis, die für ihn eingetroffen war: »Fahren Sie nach Potsdam zurück. Und ziehen Sie die Uniform aus! Sie sind entlassen worden.«

Es tat seinem Kommandeur leid, daß er ihn wegschicken mußte, und er veranstaltete deswegen eine Abschiedsfeier für ihn: »Das war wirklich rührend. Es wurde gesungen, Reden wurden gehalten, es wurde gesoffen, das war eine wirklich herzliche und nette Verabschiedung, wie bei Freunden. Ich hatte da wieder Freundschaften gefunden. Wir saßen ja in einem Boot, aus dem niemand aussteigen konnte, oder nicht? Und da steigt jemand plötzlich aus. Ins Wasser. Kann er schwimmen oder nicht? Das war ja sehr problematisch.«

Das Wasser, in das Werner jetzt springen mußte, war schon sehr gefährlich geworden, und er versuchte daher, sich ans Ufer zu retten. Als er wieder im Hauptquartier seiner Kompanie in Berlin war, weigerte Werner sich, sich wieder den gejagten und verfolgten Randgruppen der Gesellschaft zuzugesellen; er versuchte auf Teufel komm raus, seinen Platz in der Armee zu behaupten. »Ich hab natürlich zunächst versucht, solange wie möglich die Uniform anzubehalten.« Aber es half alles nichts: Er wurde gezwungen, seine Uniform auszuziehen, und mußte in die Firma für Lederbekleidung zurückkehren, wo er früher schon unter Herrn Grohm gearbeitet hatte. Der Betrieb war mittlerweile arisiert worden und hieß jetzt Feodor Schmeider, weil man auch den jüdischen Namen Schneller getilgt hatte.

Der junge Mann, der einst als die leibhaftige Verkörperung deutschen Soldatentums in der Zeitung Modell gestanden hatte, wurde, als er jetzt ohne Uniform in Berlin herumlief, ständig mit Fragen konfrontiert wie: »Warum sind Sie eigentlich nicht an der Front?« Wie die Frauen, die Kinder und die Männer, die zu alt waren, um zu kämpfen, hielt Werner sich mit Hilfe der Nachrichten über das Kriegsgeschehen auf dem laufenden. Im Sommer 1940 war Berlin noch vom Ruhm der jüngsten Triumphe der Wehrmacht erfüllt. In den weniger als zehn Monaten, die seit der Unterwerfung Polens vergangen waren, hatte Deutschland Norwegen, Dänemark, Holland, Luxemburg und Frankreich bezwungen. Nur Großbritannien leistete noch Gegenwehr. Wie in der deutschen Presse zu lesen war, wurde die unabwendbare Niederlage des Inselreichs damit aber nur hinausgezögert. Die Nazis platzten vor Allmachtsgefühlen – und Werner war wieder einmal ein Außenseiter. Wenn er als Mann im waffenfähigen Alter auf das Zivilistendasein angesprochen wurde, das er führte, dann behauptete er, »auf Fronturlaub« zu sein.

Möglicherweise hätte man es Werner gestattet, bei seiner Kompanie zu bleiben, wenn er nicht mit seinen Beschwerden über die ungerechte Behandlung eines Juden, seines Vaters, bei verschiedenen staatlichen Stellen zu sehr auf sich aufmerksam gemacht hätte. Denn trotz Hitlers Befehl und trotz des raschen Siegs über Frankreich entfernten Generäle und Kommandeure, denen es mehr um militärische Siege zu tun war als um rassische Reinheit, manchmal »Mischlinge« nicht aus den ihnen unterstellten Einheiten. Dafür brauchten sie Juden noch nicht einmal besonders zu mögen; ein ganz normales und gesundes Eigeninteresse genügte schon. Ungewöhnliche Fähigkeiten, über die ein »Mischling« verfügte, Besorgtheit um die Moral der Truppe in ihrer Gesamtheit, vielleicht auch eine Art von Loyalitätsgefühl gegenüber den Untergebenen – all dies konnte schon ausreichen. So kam man Hitlers Befehl, alle »Mischlinge« und Ehepartner von Juden aus der Wehrmacht auszustoßen, nur partiell nach. Einige »Mischlinge« zogen es sogar Mitte des Jahres 1944 – als sogar mancher Nazi darum bemüht war, Kontakt zu den Feinden Deutschlands zu bekommen – noch vor, beim Militär zu bleiben, weil sie glaubten, dadurch eine Verbindung zu den Mächtigen zu besitzen, die es ihnen vielleicht ermöglichte, von den Rassengesetzen verschont zu werden. Dem Regime blieb nicht verborgen, daß einige der allerhöchsten Offiziere die Anweisung Hitlers ignorierten; bis zum Oktober 1944 erließ es daher eine Reihe von Bekräftigungen und klärenden Erläuterungen des ursprünglichen Befehls.[8]

»Gleichstellungen« von »Mischlingen« und die Gewährung von anderen Dispensen dieser Art begannen schließlich einige führende Männer der Partei – darunter auch Himmler – zu irritieren. Nicht wenige »Mischlinge« beantragten bestimmte Sondergenehmigungen, weil diese am Ende zu einer Gleichstellung führen könnten. Dazu gehörte auch die Erlaubnis, mit einem deutschen Partner oder einem »Mischling« zweiten Grades, also mit jemandem, der durch den Nationalsozialismus nicht in besonderer Weise benachteiligt oder gefährdet war, die Ehe einzugehen. Eine solche Ehe war letztlich genausoviel wert wie eine Gleichstellung oder konnte zu einer solchen führen. Tausende von »Mischlingen« suchten daher um die Genehmigung nach, sich aus ihrer prekären Existenz »herausheiraten« zu dürfen, aber so gut wie keiner von ihnen hatte mit seinem Antrag Erfolg.[9] Himmlers Abteilung beklagte sich darüber, daß ein »Mischling«, der beispielsweise eine so unbedeutende Ausnahmegenehmigung erhalten hatte, eine Universität besuchen zu dürfen, sich nach dem Abschluß seines Studiums um eine Arbeitsstelle bewerben würde, die eigentlich für Deutsche reserviert war. Und nachdem er dieses Ziel erreicht hätte, würde der »Mischling« dann mit ziemlicher Sicherheit versuchen, eine Deutsche zu heiraten und so weiter. Ein »Mischling«, dem man einmal entgegengekommen war, sei in der Tat »geneigt, sich erst dann zufriedenzugeben, wenn er einschließlich seiner gesamten Verwandtschaft Deutschblütigen gleichgestellt und in die NSDAP aufgenommen wurde«.[10]

Die Zahl der »Mischlinge«, denen tatsächlich eine Gleichstellung gewährt wurde, war verschwindend gering (ingesamt waren es weniger als tausend), aber die Nachricht, daß einer eine solche Absolution erhalten hatte, verbreitete sich unter den anderen »Mischlingen« wie die Nachricht von der Begnadigung eines ihrer Schicksalsgenossen im Trakt der zum Tode Verurteilten. Und neue Anträge auf Gleichstellung wurden daraufhin eingereicht, deren Bearbeitung viele Beamte, die Angst davor hatten, mit ihren Entscheidungen Präzedenzfälle zu schaffen, viel Zeit kostete. Mitarbeiter des Innenministeriums überschritten ihre Befugnis, indem sie Entscheidungen fällten, die Himmlers Meinung nach eigentlich nur von der Partei gefällt werden durften. In der Regel war es notwendig, die Gesuche, mit denen »Mischlinge« den Status eines »Ariers« zu erlangen suchten, abzulehnen; mitfühlende Angestellte im Innenministerium hatten versucht, den Schock, den das für die Betroffenen bedeutete, abzumildern, indem sie ihnen versprachen, daß sie zumindest in ihrem beruflichen Werdegang nicht weiter behindert werden würden.

Himmler gab der Bürokratie die Schuld an der Verwirrung, die durch diese inkonsequente Behandlung der »Mischlinge« entstand. Hitler selbst gewährte jedoch weiterhin Gleichstellungen und gestattete es einer ganzen Reihe von »Mischlingen«, weiter in der Wehrmacht zu dienen. Bis zum 10. September 1940 hatte der Führer 339 »Geltungsjuden« und 394 »Mischlingen« ersten Grades die Gleichstellung gewährt, und entgegen seiner eigenen Anweisung hatte er es 238 »Mischlingen« zweiten Grades ermöglicht, in höhere Positionen aufzusteigen.[11] Die Parteiführung war über das von ihr selbst erlassene Gesetz erhaben. Goebbels, Göring und sogar Hitler selbst bewahrten Juden vor Verfolgung und Vernichtung, solange diese ihnen zu bestimmten Zwecken nützlich waren. Diese sogenannten »Schutzjuden« waren bedeutende Männer, deren geschäftliche Verbindungen, deren besondere Fähigkeiten oder deren Renommee dem Staat dienlich waren, und zwar auf eine Weise, daß man kaum einen Ersatz für sie gefunden hätte.[12] Göring und Goebbels gestanden einer ganzen Zahl von mit Juden verheirateten Deutschen, »Mischlingen«, jüdischen Künstlern oder sogar den jüdischen Ehepartnern von beliebten Künstlern Sondergenehmigungen zu. Jüdische Komiker durften in ihrem Beruf tätig bleiben, weil sie die Bevölkerung bei Laune hielten; das galt auch für Personen, die so bekannt oder beliebt waren, daß ihr plötzliches Verschwinden einen Aufruhr ausgelöst und die Öffentlichkeit nach einer Erklärung dafür verlangt hätte. Angeblich bot Hitler der jüdischen Physikerin Lise Meitner seinen persönlichen Schutz an und stellte ihr auch einen Lehrstuhl an einer Universität in Aussicht, falls sie nach Deutschland zurückkehren und Otto Hahn dabei assistieren würde, eine Atombombe zu entwickeln.[13] Allein in Berlin gab es an die zweihundert »Schutzjuden«, die unter dem persönlichen Schutz von allerhöchsten Nazi-Funktionären standen.[14]

Angesichts dieser verwirrend vielen Sonderfälle und der Tatsache, daß auch das Militär gelegentlich weiter auf die Dienste von »Mischlingen« zurückgriff, überrascht es nicht, daß Betriebe der Rüstungsindustrie sich Werner Goldbergs Dienste zunutze machten, nachdem er von der Front verbannt worden war. Gesellschaftliche Organisationen jedoch ächteten ihn weiterhin, und der Paulus-Bund, eine Vereinigung christlicher »Mischlinge«, wurde aufgelöst. »Für uns Mischlinge gab es keine Organisation mehr«, erzählte Werner, »und das erschwerte natürlich manches. Die Arier hatten ihre eigenen Organisationen, und die Juden hatten die jüdische Gemeinde. Mischlinge waren aber alles los.« Er erinnerte sich noch mit Schrecken daran, wie der *Stürmer* den Status, den er als »Mischling« hatte, einmal bildlich dargestellt hatte: Ein Jude saß auf einem gelben, ein Deutscher auf einem grünen Stuhl, und zwischen beiden, ohne überhaupt einen Stuhl unter sich zu haben, kauerte der »Mischling«.

Nachdem man es ihm verwehrt hatte, dem Vaterland mit der Waffe in der Hand zu dienen, bemühte Werner sich angestrengt darum, auf andere Weise die Verbindung zum Militär aufrechtzuerhalten und seine Ideen und seine Energie in den Dienst von Hitlers Armee zu stellen. Er verstand es, sich dem Staat über den Beruf, den er bei Schmeider erlernt hatte, nützlich zu machen. Wie er Jahrzehnte später erzählte, wurde sein weiteres Schicksal dadurch entschieden, daß er einer der wenigen Nicht-Juden in Berlin war, die etwas von der Bekleidungsfabrikation verstanden. Beinahe jeder andere wehrfähige Mann war eingezogen worden, und Juden arbeiteten nicht mehr bei Schmeider. Werner erhielt immer mehr Verantwortung übertragen. Die Deutsche Arbeitsfront, die darüber entschied, ob jemand, anstatt zur Zwangsarbeit verpflichtet zu werden, offiziell angestellt werden konnte, ließ »Mischlinge« generell als normale Arbeitskräfte zu; Hitlers Anweisung vom April 1940 schloß sie aber von jeder Art von Beförderung aus.[15]

»Betriebsleiter durfte ich nicht werden«, erinnerte sich Werner, »aber ich war die Seele vom Geschäft. Immer wenn irgendwas war, dann hieß es, gehn Sie mal zu Goldberg in die Königstraße. Und so kam ich also auch zum Deutschen Offiziersverein, zum DOV, in der Jebensstraße, am Zoo.« So geschah es also, daß er in der Fabrikationsstätte des Unternehmens in der Königstraße die Anfertigung von Uniformen für die Streitkräfte überwachte. »Die Marine suchte irgendwelche Leute, die die Sachen für die Kriegsmarine machen konnten«, erzählte er, »und da sind die auf mich gekommen. Alle wußten, daß ich Mischling war. Aber alle anderen, die nicht Mischlinge waren, waren eingezogen. Ich bin eingeladen worden nach Kiel, bekam den Auftrag, Uniformen zu beschaffen, die gleiche Zahl in Schwarz und Grau. Und ich hab vorgeschlagen, aus den Abfällen von diesem Leder noch für die Soldaten an der Front Handschuhe zu machen.«

Als im weiteren Verlauf des Krieges die Rohstoffe immer knapper wurden, erweiterte Werner seinen Tätigkeitsbereich, indem er Vorträge darüber hielt oder Artikel darüber schrieb, wie man die verschiedensten Materialien effizienter nutzen konnte. Er hatte die Schule des REFA, des Reichsausschusses für Arbeitsstudien, besucht und ausgezeichnete Leistungen erbracht: Er gehörte zu den insgesamt vier von achtzig Studenten, die die entsprechenden Prüfungen bestanden, um selber als Lehrer für den REFA tätig werden zu dürfen. Zusätzlich zu seiner normalen Arbeit hielt Werner danach auch Vorlesungen über das Fach Bekleidungsfabrikation. »Ich mußte Vorträge halten und Unterricht geben für viele Betriebsführer.« Werner war beständig darauf aus, Armeeoffizieren und führenden Geschäftsleuten seine Kenntnisse zur Verfügung zu stellen. Als er in der Fachzeitschrift *Die Textilwoche* einen Artikel über Rationalisierungsmaßnahmen bei der industriellen Fertigung von Bekleidung veröffentlichte, wurde er vom Verein Deutscher Ingenieure eingeladen, einen Vortrag über das Thema zu halten. Er wollte gerade das Podium erklimmen, als jemand ihn auf die Seite zog und fragte: »›Goldberg? Goldberg? Sagen Sie mal, sind Sie Arier?‹ ›Nein, bin ich nicht‹, sag ich. ›Na, um Gottes willen, dann können Sie doch hier den Vortrag nicht halten.‹ ›Na ja, dann nicht, dann geh ich‹, sag ich. ›Nein, um Gottes willen, der Saal ist voll, das müssen Sie noch machen.‹«

Werner schämte sich später nicht, Hitlers Armee gedient zu haben; er meinte, daß sein Verhalten von damals ein Fall von erweitertem Egoismus, von »Nosismus« gewesen sei, jener Überlebensstrategie, die es von einem verlangte, daß man sich zunächst einmal um sich selbst kümmerte – und danach vielleicht auch um andere, auf die man angewiesen war.[16] Er kämpfte unter Hitler, um sich selbst zu retten, und damit auch die, die ihm am nächsten standen. Er meinte, daß er mit jenen »Mischlingen« mitfühlen könne, die versucht hätten, ihre wahre Identität zu vertuschen, oder sich um Gleichstellung bemühten. »Ich habe Verständnis für die, die dann versucht haben, bei den Ariern Anlehnung zu finden, die, die sich arisieren haben lassen, zum Beispiel, oder durch Verschweigen das alles gedeckt haben. Es gab auch Mütter, die erklärt haben, daß der Sohn gar nicht von dem jüdischen Mann war. Jede suchte dann, sich selbst zu retten.«

Viele »Mischlinge« versuchten, sich selbst und ihre Angehörigen zu retten, indem sie sich unter den Schutzmantel des Nationalsozialismus flüchteten. Eine Handvoll von ihnen schaffte es, bis zum bitteren Ende ihre Positionen innerhalb der Wehrmacht zu behaupten. Anderen gelang es, ihre jüdische Abstammung mit Hilfe der Ausweispapiere und Dokumente ihrer angeheirateten »deutschblütigen« Partner zu verheimlichen, und einige von ihnen stellten ihre Dienste sogar voller Selbstbewußtsein der Partei zur Verfügung. Andere wiederum waren um eine Kompromißlösung bemüht und suchten nach dem begrenzten Schutz, den die Mitgliedschaft in einer Organisation gewährte, die der Staat oder die Partei unter die Fittiche genommen hatten. Wie Werner waren manche von ihnen anfangs einer Parteiorganisation wie der Hitlerjugend oder dem Bund Deutscher Mädel beigetreten; Himmler hatte dies als Versuch gewertet, sich entweder als besonders zuverlässig zu zeigen oder seine wahre Identität zu verbergen.[17] Rudi Holzers Neffe Peter, auch er ein »Mischling«, beantragte wie Werner, in der Wehrmacht bleiben zu dürfen – und hatte damit Erfolg. Da er erst als »dienstunwürdig« eingestuft worden war und ihm sowohl eine Ausbildung wie auch irgendwelche Arbeitsmöglichkeiten verweigert wurden, wußte Peter nicht, was er mit seinem Leben anfangen sollte. Sein Vater, der beliebte nicht-jüdische Landrat der Region, sorgte dafür, daß sein Sohn (der später nach Frankreich zog und dort Tierarzt wurde) weiter als Soldat seinem Vaterland dienen durfte. »Peter war sogar in Rußland dabei«, berichtete Elsa mit Trauer in der Stimme, »und unterstützte diesen scheußlichen Krieg. Er tat das aber nur, um zu überleben. Was für eine Tragödie das ist.«

Elsa brachte damit auf den Punkt, welches die Tragik im Leben von Werner, Peter und anderen »Mischlingen« war. Ihr uneindeutiger Status ermöglichte es ihnen in einigen Fällen, persönlich zu überleben, während sie gleichzeitig jener Macht dienten, die darauf aus war, die jüdischen Mitglieder ihrer Familie umzubringen und die auf lange Sicht auch sie selbst vernichtet hätte. Da er nur eine – unbedeutende – Einzelperson in einem gigantischen Krieg gewesen war, kam es Werner nicht in den Sinn, daß seine Tätigkeit für das Militär in besonderer Weise dazu beigetragen haben könnte, die Zeit der deutschen Herrschaft zu verlängern, während der Millionen von Juden – einschließlich seiner eigenen Großeltern – ermordet wurden.

Seinen Vater vermochte er mehr als einmal zu retten. Im Dezember 1942, während die Massenvernichtungen in Auschwitz einen Höhepunkt erreicht hatten, wurde Goldberg senior in die Bavaria-Klinik aufgenommen, die ein »deutsches« Krankenhaus war. Die Gestapo führte jedoch in dieser Klinik eine Razzia durch, und Goldberg mußte in das Jüdische Krankenhaus verlegt werden. Die Gestapo lehnte Werners Forderung ab, seinen Vater nach Hause holen zu dürfen, da dieser ein »politischer Häftling« sei. Das Jüdische Krankenhaus diente zwar immer noch zur medizinischen Versorgung von Juden, war aber gleichzeitig von der Gestapo zum Gefängnis umfunktioniert worden, von dem aus viele Menschen in die Züge geschafft wurden, deren Bestimmungsort Auschwitz war. Am Heiligabend fuhr Werner, der davon ausging, daß die Wachposten der Gestapo betrunken sein oder sich woanders aufhalten würden, vor dem Krankenhaus vor, schritt ganz geschäftsmäßig durch die Haupttür und stieg dann die Treppen zum Zimmer seines Vaters empor. »Bitte helfen Sie mir«, flehte er dort eine Schwester an, »ich will meinen Vater nach Hause bringen.« Gemeinsam trugen sie den alten Herrn in das bereitstehende Auto, mit dem Werner ihn dann in Sicherheit brachte. Zwei Monate später hielt die Gestapo Herrn Goldberg in der Rosenstraße erneut in ihren Fängen – und wieder holte sein Sohn ihn heraus. Im April 1943 erhielt Herr Goldberg dann die Aufforderung, sich zur Deportation in einer Sammelstelle einzufinden. Werner beharrte aber darauf, daß er sich einfach nicht dort hin begab, und rettete ihn auf diese Weise erneut vor dem sicheren Tod.

In gewisser Weise ähnelt Werner Oskar Schindler, dem Fabrikanten, der zu Recht dafür gerühmt wird, daß er so vielen Juden das Leben gerettet hat. Schindler war ein gerissener und wagemutiger Unternehmer, der trotz enormer Risiken auch gegenüber den Nazischergen einfach seinen Willen durchsetzte.[18] Mit einer solchen Kühnheit und solchem Unternehmungsgeist konnte man vielleicht Erfolg haben, wenn man eine sichere Ausgangsbasis hatte, das heißt, wenn man »Arier« war. Mit sehr starken Abstrichen scheint das aber auch für »Mischlinge« gegolten zu haben.

10

Rassenhygiene, katholischer Protest und bürgerlicher Ungehorsam 1939-1941

Ich packe, weil sie dir sonst die Oberarztstelle wegnehmen. Und weil sie dich schon nicht mehr grüßen in deiner Klinik und weil du nachts schon nicht mehr schlafen
kannst. Ich will nicht, daß du mir sagst, ich soll gehen.
Ich beeile mich, weil ich dich nicht noch sagen hören
will, ich soll gehen. Das ist eine Frage der Zeit. Charakter, das ist eine Zeitfrage. Er hält soundso lange, genau
wie ein Handschuh. Es gibt gute, die halten lange.
»Die jüdische Frau« in Bertolt Brechts
Furcht und Elend des Dritten Reiches

Auch nach dem Kristallnacht-Pogrom dachten die meisten Deutschen,
die mit Juden verheiratet waren, nicht an Scheidung, sondern widersetzten sich weiter allen Maßnahmen, mit denen man sie dazu zu bewegen suchte. Goebbels war die treibende Kraft hinter einer Reihe
neuer Repressionen wie zum Beispiel dem Erlaß, der es Juden verbot,
sich in deutschen Luftschutzkellern aufzuhalten. Als immer mehr Rohstoffe für die Fortsetzung des Krieges unentbehrlich wurden, wurden
die Lebensmittelrationen der Juden weiter beschnitten. Von Mitte 1942
erhielten sie keine Lebensmittelmarken mehr, die sie zum Bezug von
Fleisch, Eiern, Milch, weißem Mehl und noch einigen anderen Nah-
rungsmitteln berechtigten. Sie bekamen auch keine Kleiderkarten mehr,
und nach Ausbruch des Krieges konnten sie nicht einmal ein Paar
Socken kaufen. Würden ihre deutschen Partner trotzdem an ihrer Seite
ausharren? Als das Regime im Oktober 1941 mit der Deportation in
die Vernichtungslager begann, bewirkte das standhafte Eintreten vieler Deutscher für ihre jüdischen Ehepartner, daß die Machthaber die
Deportation dieser Menschen und der »Mischlingskinder« aus deutsch-
jüdischen Verbindungen »vorübergehend« aufschoben.

Von März 1939 an, nachdem sie durch die Arisierung ihrer Geschäfte und Unternehmen beraubt worden waren, wurden die deutschen Juden zur Mitarbeit bei verschiedenen großen Projekten gezwungen; sie mußten bei Bauvorhaben mitwirken oder auch bei der Urbarmachung von Land, und dies zu einem Lohn, der noch nicht einmal ausgereicht hätte, um einen einzelnen Menschen am Leben zu erhalten. Andere wurden in Fabriken eingesetzt oder erhielten irgendeine Position in dem sich ständig erweiternden Netzwerk von Unterabteilungen der jüdischen Gemeinden zugewiesen.[1] Die zur Zwangsarbeit Herangezogenen konnten natürlich nicht selber darüber entscheiden, wann und wo sie arbeiteten, und selbstverständlich konnten sie auch nicht über ihren Lohn bestimmen. Günter Grodkas Vater wurde dem Arbeitstrupp der Jüdischen Gemeinde von Berlin zugeteilt, während Günter selbst sich in einer Textilfabrik in Zehlendorf melden mußte, wo seine Arbeit darin bestand, Textilfasern in großen Fässern mit Chemikalien zu reinigen. Rudi Holzer wurde zum Dienst für die Reichsbahn zwangsverpflichtet, Julius Israel hingegen mußte Uniformen instand setzen. Alle diese Zwangsarbeiter erhielten nur ungefähr achtundachtzig Mark im Monat – ein Bruchteil von dem, was niedere Angestellte im Durchschnitt verdienten.

Als die Lebensbedingungen immer schlechter wurden, waren die mit Deutschen verheirateten Juden nun mehr und mehr auf die Loyalität und die Treue ihrer Partner angewiesen. Sie konnten sich nie vor einem plötzlichen Zugriff der Gestapo sicher fühlen, hofften aber darauf, daß ihre Ehepartner einschreiten würden, wenn es tatsächlich dazu käme. Diesen blieb es, da sie im Besitz »arischer« Kennkarten waren, auch überlassen, alle die Familie betreffenden öffentlichen Angelegenheiten zu regeln. Rudi Holzers Lebensmittelrationen reichten kaum, um ihn nicht verhungern zu lassen, also teilte Elsa ihre mit ihm. Sie verdiente viel mehr als er – dreihundertzwanzig Mark im Monat. Alle, die ihre Ehemänner oder Ehefrauen nicht einfach der Gestapo überließen, riskierten es, es selbst mit dieser Terrororganisation zu tun zu bekommen und das Schicksal ihrer jüdischen Partner zu teilen. Außerdem ließ das Zusammenleben mit einem Juden die alltäglichen Belastungen noch größer werden, unter denen man in allen Städten, die unmittelbar vom Krieg betroffen waren, schon zu leiden hatte. Weil die Juden zustehenden Lebensmittelrationen einen nur knapp vor dem Verhungern bewahrten, waren deutsch-jüdische Paare ständig darum bemüht, etwas Eßbares aufzutreiben. Als die Bombenangriffe der Alliierten auf Berlin immer heftiger wurden, machten die wenig soliden Luftschutzbunker, die den Juden und ihren Angehörigen zugewiesen wurden, diesen ebenfalls immer wieder bewußt, was für eine prekäre Existenz sie als verachtete Außenseiter führten.

Als Rudi Holzer zur Zwangsarbeit herangezogen wurde, nahm Elsa eine zweite Stelle an. Seitdem er seine Stelle bei der Druckerei Schwarzkopf verloren hatte, war die Arbeit für Rudi die reine Hölle gewesen. Zuerst war er in die Druckerei einer großen Firma gesteckt worden, welche Juden gehört hatte. Nach dem Kristallnacht-Pogrom war der Betrieb in aller Hast arisiert worden, es gab danach aber niemanden mehr, der die Maschinen zu bedienen wußte, die aus den USA importiert worden waren und sich auf dem neuesten technologischen Entwicklungsstand befanden. Man drohte Rudi an, daß es ihn das Leben kosten könne, wenn er nicht innerhalb von drei Wochen herausbekäme, wie die Druckmaschinen funktionierten und wie der ganze Betrieb organisiert war. In diesen drei Wochen, in denen er fieberhaft versuchte, alles wieder in Gang zu bringen, bekam Elsa Rudi kaum zu Gesicht. Als sie viele Jahre später versuchte, seine Erzählungen von damals wiederzugeben, hörte sich das Ganze wie eine Science-fiction-Story an, wie die Geschichte von einem verrückten Wissenschaftler, der irgendwo in seinem unterirdischen Laboratorium zu einem verzweifelten Wettlauf um sein Leben gegen finstere, extraterrestrische Kräfte angetreten ist. Die Druckmaschine, größer als eine ganze Wohnung, war die einzige ihrer Art in Deutschland. Für Rudi stellte sie sich zunächst nur als ein erschreckendes Gewirr von Zahnrädern, Hebeln und anderen Metallteilen dar, aber er beschäftigte sich ohne Pause mit ihr und legte sich nur, wenn er überhaupt nicht mehr weiterkonnte, vor Ort auf einen Strohsack, um ein paar Stunden zu schlafen. Aber »Juden sind intelligent«, meinte Elsa, »und befassen sich mit Sachen, die sie nicht kennen«. Rudi schaffte es am Ende tatsächlich. Das war jedoch erst der Beginn einer langen Zeit gewesen, in der er immer wieder zu Arbeitseinsätzen verpflichtet wurde, die ihn von zu Hause fernhielten. 1940 wurde er zusammen mit mehreren Dutzend anderer Juden zur Arbeit bei der Reichsbahn gepreßt. Viele von Rudis Leidensgenossen gehörten der Berliner Intelligentsia an; unter ihnen waren Komponisten, Apotheker, Akademiker, Schriftsteller, Pianisten, Dentisten, Ärzte – keiner von ihnen war an schwere körperliche Arbeit gewöhnt.

Das ganze Jahr hindurch mußten sie unter freiem Himmel ihre Spitzhacken schwingen und die schweren Schwellen schleppen. Im Winter froren sie erbärmlich; erst fingen ihre Finger und Zehen an zu schmerzen, dann der ganze Rest ihres Körpers, bis die Schmerzen schließlich einem tauben Gefühl wichen. Im Sommer schwitzten sie unter der sengenden Sonne manchmal derart, daß sie sich wieder nach dem Winter zu sehen begannen. Oft mußten sie auch das Gepäck der Reisenden tragen, die auf dem Bahnhof Friedrichstraße eintrafen, einem der wichtigsten Bahnhöfe auf einer der Hauptstrecken des deutschen Eisenbahnnetzes. Dort kamen auch fast alle Soldaten und Offiziere an, die von der Ostfront zurückkehrten.

Nach der Ankunft eines Zuges voller Fronturlauber war der ganze Bahnsteig grau-grün von Uniformen, in denen entweder wichtigtuerische Offiziere steckten oder brave, auf Beförderung bedachte Soldaten, die für kurze Zeit dem heroischen Ringen den Rücken kehren durften. Rudi und seine Gefährten, die sich mit ihren schweißüberströmten Gesichtern und schäbigen Kleidern zwischen den uniformierten Fronturlaubern wie Ausgestoßene vorkamen, trugen deren Gepäck, wobei sie versuchten, genau die richtige Haltung – zwischen Unterwürfigkeit und Diensteifer – an den Tag zu legen. Ein aufgeweckter Jude mit seinem ausgeprägten Überlebensinstinkt spürte sofort, in welcher Stimmung der andere sich befand, und wußte, wie man mit ihm umgehen mußte. Man konnte sich bei einem Offizier einschmeicheln, indem man ihn mit seinem korrekten Dienstgrad ansprach, und einem gewieften Gepäckträger reichte ein Blick auf Uniform und Abzeichen, um herauszufinden, welchen Rang der Betreffende bekleidete. Juden waren die niedrigsten, Offiziere die höchsten Wesen in diesem Deutschland, ja in dieser Welt. Das war der Eindruck, den Rudi und seine Leidensgenossen ihren »Kunden« zu vermitteln versuchten. Ein Güterwagen nach dem anderen rollte durch den Bahnhof, bis unters Dach vollgestopft mit Kisten und Fässern voller Dinge, die man in der Sowjetunion erbeutet hatte – Sonnenblumensamen und Öl, Käse und Zucker, Kaviar und Wodka. Für die Berliner Juden waren das Sachen, die sie gezwungenermaßen schon seit langem aus ihrem Denken verbannt hatten, sie waren zu Luxusgütern oder überflüssigen Kinkerlitzchen geworden.

Die Schicht war zermürbend lang. Außerdem wußte man nie im voraus, wann man zum Dienst anzutreten hatte. Oft mußte Rudi die ganze Nacht durcharbeiten. Man konnte nie wissen, was passieren würde, und auch Elsa war in ständiger Sorge. Die seelische Qual lastete auf diesen Menschen ebenso schwer wie die physische Anstrengung. Jüdische Arbeiter durften nur bestimmte Fußwege benutzen, damit die deutschen Reisenden nicht durch ihren Anblick belästigt wurden. Sie besaßen keinerlei Rechte, sie durften nach Belieben verhöhnt, verspottet und herumgeschubst werden. Einige hatten bald das Gefühl, nur eine Last für ihre Familien zu sein. In den allerschlimmsten Momenten wird wohl auch Rudi daran gedacht haben, sich umzubringen. Einige seiner Kameraden begingen tatsächlich Selbstmord: »Sie haben sich vor'n Zug geworfen«, wußte Elsa zu berichten. Elsa war normalerweise allenfalls einmal ironisch, wenn sie von früher erzählte, und meistens sogar ganz sanft. Jetzt aber verengten sich ihre Augen vor Wut, als sie weitersprach: »Und die Nazis haben das ›öffentliche Ärgernisse‹ genannt. Öffentliche Ärgernisse waren die Juden, die das nicht mehr aushalten konnten. Und wegen öffentlichen Ärgernisses durften sie nicht mehr oben am Oberbau sein, wo die Schienen laufen.« Die Nazis hätten auf die Selbstmorde reagiert, indem sie bestimmte Bereiche des Bahnhofsgeländes für Juden sperrten.

Elsa, die noch etwas dazuverdienen wollte, um den geringen Lohn, den Rudi als Zwangsarbeiter bekam, weiter aufzubessern, fand eine Stelle bei der deutschen Schriftstellerin Marlou Droop; sie mußte alle möglichen Arbeiten im Haus ausführen und kleine Besorgungen erledigen. Sie erzählte: »Ich kann mir nicht vorstellen, daß ich Lust hatte, mehr zu arbeiten. Ich hatte soviel am Halse, nicht – immer wieder was Neues, immer wieder was Neues. Und Siemensstadt, wo ich arbeitete, war weit draußen, so daß ich 1½ Stunden mit Umsteigen unterwegs war. Wenn wir da um fünf Feierabend hatten, war ich erst um halb sieben zu Hause in Britz. Dann hab ich da noch gekocht und saubergemacht und alles, also ich hatte zu tun! Aber jetzt hatte Rudi etwa ein Viertel oder ein Fünftel seines Gehaltes von Schwarzkopf.«

Da sie unter solchem Druck stand, für sie beide den Lebensunterhalt zu verdienen, sah Elsa sich gezwungen, an ihrem Arbeitsplatz zu verschweigen, daß sie mit einem Juden verheiratet war, und sie lebte in ständiger Furcht, daß alles herauskommen würde. Bei der Firma Siemens, für die sie arbeitete, waren die meisten geneigt, alles, was die Nazis anfingen, »mitzumachen«. Man mußte seine Kollegen mit »Heil Hitler« grüßen statt mit »Guten Morgen« oder »Guten Tag«. Elsa vermied den Hitlergruß, wo es nur ging. Immer kam sie aber nicht darum herum. Zu ihren Vorgesetzten sagte sie »Heil Hitler«, zu ihren Kollegen einfach nur »Guten Tag«. Jede Woche erhielt Elsa ein kostenloses Exemplar der neuesten Ausgabe des *Stürmer*, des antisemitischen Hetzblattes. Wie sie sich erinnerte, wurden mit Juden verheiratete Deutschen damals von Siemens gekündigt. Sie hütete sich daher davor, irgend jemandem zu erzählen, daß sie einen jüdischen Mann hatte, einmal aber wurde sie, wie auch die anderen Angestellten, aufgefordert, einen Fragebogen auszufüllen; augenscheinlich wollte man mit diesem Fragebogen herausfinden, wie »zuverlässig-deutsch« jemand war. Eine gewisse Zahl von Fragen betraf auch den jeweiligen Ehepartner: »Wo arbeitet ihr Gatte?

Wieviel verdient er?« – und so weiter. Elsa ließ einfach die Fragen, die sich auf Rudi bezogen, unbeantwortet; sie hoffte, daß sie nie wieder etwas von der Sache hören würde. Der Personalchef ließ sie jedoch zu sich kommen und stellte ihr dieselben Fragen persönlich noch einmal. Sie beteuerte, daß sie nicht wisse, wo Rudi arbeite und wieviel er verdiene. Sie spreche nie mit ihm darüber, jeder von ihnen verdiene sein Geld und stecke es in eine alte Keksdose, die auf der Kommode stand. Wenn jemand etwas brauche, würde er sich aus dieser Dose bedienen, behauptete sie. Als sie das Büro des Personalchefs verließ, dachte sie: »Jetzt wird sicher bald etwas passieren.«

Ein anderes Mal sagte sie, als eine Kollegin sie mit entsprechenden Fragen bedrängte, daß sie gegen den Krieg sei. Bald danach bestellte der Stellvertretende Leiter ihrer Abteilung sie zu sich. Ob sie wirklich gegen den Krieg sei? Elsa erklärte hastig, daß sie gerne Kinder bekommen würde, der Krieg das aber unmöglich mache. Nach dem Gespräch hatte sie lange Zeit noch Angst, es wurde jedoch nichts gegen sie unternommen. Aber sie wußte jetzt, daß alle ihre Äußerungen registriert wurden, und wenn sie sich noch einmal einen solchen Ausrutscher leistete, würde sie womöglich nicht so glimpflich davonkommen.

Auch für Charlotte und Julius Israel war das Leben ein Kampf gegen die Verzweiflung und das Regime. Ihr kleines Geschäft warf nur wenig ab, und Charlotte arbeitete daher zusätzlich als Verkäuferin in dem Milchladen an der Ecke und ließ sich ihren Lohn in Lebensmitteln auszahlen. Frau Statler, die Besitzerin des Ladens, hatte ein »Aushilfe gesucht«-Schild ins Schaufenster gehängt, Charlotte hatte aber zunächst gezögert, sich um die Stelle zu bewerben. Frau Statler konnte ja eine begeisterte »Nazisse« sein. Jeden Tag aber mußte sie, wenn sie auf ihrem Heimweg von der Arbeit an dem Geschäft vorbeikam, daran denken, daß sie Milch für Julius bekommen würde, wenn sie die Stelle annähme, Milch, die ja normalerweise Juden nicht zustand. Je länger das Schild im Fenster hängenblieb, desto mehr Mut schöpfte Charlotte: Die Ladenbesitzerin würde wohl kaum eine Aushilfskraft in Gefahr bringen wollen, die so schwer zu bekommen war.

Wie sich dann herausstellte, war Frau Statler viel mehr daran interessiert, finanziellen Gewinn zu machen, als Charlotte Probleme zu bereiten. Sie war ein Geizkragen und eine Pfennigfuchserin, die heimlich Butter von den Halbpfundportionen abkratzte und den Rahm von den Milch abschöpfte. Sie verwahrte das, was sie mal hier, mal dort abzweigte, unter dem Ladentisch. Sie ging bereitwilligst auf Charlottes Bedingungen ein, daß sie nämlich im Laden nur mit ihrem Mädchennamen angeredet werden und ihr Lohn in Form von Milch ausgezahlt werden würde. Als das Geschäft bei einem Luftangriff leicht beschädigt wurde, vertraute Frau Statler Charlotte an, daß sie daraus noch Gewinn geschlagen habe: Sie hatte einfach einen größeren Verlust an Waren angegeben, als sie wirklich erlitten hatte. »Erzählen Sie niemandem davon«, sagte sie. »Geht in Ordnung«, antwortete Charlotte. »Aber wir teilen den Profit natürlich, halbe-halbe.«

Die durch das ewige Hungern schon angegriffenen Nerven wurden durch die vielen Bombenangriffe weiter strapaziert. Anders als die Israels entschieden sich die Grodkas trotz allem zu einem Kind. Wally und Günter waren es gewöhnt, mit sehr wenig auszukommen, und seitdem Hitler deutsch-jüdischen Ehepaaren, die ein christlich getauftes Kind hatten, bestimmte Privilegien zugestanden hatte, hatten die beiden gemeint, Kinder zu haben, könne – statt der Emigration – ein möglicher Weg aus dem Elend heraus sein. Günter war jetzt zur Zwangsarbeit herangezogen worden; in seinem Fall hatte sich jedoch sein Einkommen dadurch tatsächlich erhöht.

Als bei Wally im Winter jenes Jahres, es war der 5. Februar 1940, die Wehen einsetzten, rief sie eine deutsche Nachbarin, Frau Nowakowski, zu Hilfe. »Sie war außer noch einer anderen Mieterin immer nett zu mir, was ich nie vergessen werde«, sagte Wally. Wally brachte an jenem Februartag Zwillinge zur Welt. Es waren jedoch Frühgeburten. Die Zentralheizung in der Wohnung der Grodkas funktionierte nicht, und Wally versuchte, die beiden Kleinen zu retten, indem sie lauter Wärmflaschen um sie herum aufbaute. Beide erkälteten sich aber dennoch und weigerten sich, irgendwelche Nahrung zu sich zu nehmen. Ihre Mutter war verzweifelt, sie hatte Angst, daß man ihre Kinder vorsätzlich sterben lassen würde, wenn sie sie in ein Krankenhaus brächte. Die Nachbarn wußten, daß da zwei junge Leben in höchster Gefahr schwebten, »aber da es ja nur ›Judenkinder‹ waren, stand man der Sache gefühllos gegenüber«.

Nach drei Tagen versuchten die Grodkas trotz ihrer Bedenken, die Zwillinge in ein Krankenhaus zu bringen, aber die Krankenhäuser weigerten sich alle, sie aufzunehmen. Schließlich schaffte Günter es, sie im Jüdischen Krankenhaus unterzubringen; dort stellte man allerdings die Bedingung, daß die Eltern sich in das Mitgliedsverzeichnis der Jüdischen Gemeinde eintragen ließen. Günter war gerade erst wieder daheim angekommen, als die Nachricht eintraf, daß die beiden Kinder gestorben waren. Wally wußte, daß sie von den meisten Nachbarn kein Mitgefühl erwarten durfte, sie hatte aber nicht damit gerechnet, daß einige sogar mit Schadenfreude reagieren und den Tod ihrer

Kinder regelrecht feiern würden: »Da hat die Frau Blut ein Freudenfest angefangen, daß diese ›Judenbrut‹ endlich gestorben ist!«

Trotz allem entschieden sich die Grodkas, es noch einmal zu versuchen. Sie hofften, daß sie mit Hilfe eines Kindes, das die christliche Taufe empfangen hatte, den Status einer privilegierten deutsch-jüdischen Mischfamilie erlangen würden. Und dann würde Günter die regulären Lebensmittelrationen erhalten und von den vielen Repressionen verschont bleiben.

Die ersten deutschen Juden wurden in der Nacht vom 11. auf den 12. Februar 1940 deportiert, und zwar aus Stettin. Man brachte sie in drei in der Nähe von Lublin im besetzten Polen gelegene Ghettos. Bald danach wurden auch aus dem benachbarten Schneidemühl die jüdischen Einwohner weggeschafft. Die Nachrichten von dieser »Zwangsumsiedlung« von ungefähr eintausendzweihundertsechzig ihrer Glaubensgenossen sorgten unter den Juden Berlins für Unruhe. Stettin lag nur einhundertfünfzig Kilometer nordöstlich von Berlin; es kann als sicher gelten, daß die Grodkas von dieser Aktion erfuhren, vor allem da Günter so gute Verbindungen zur Jüdischen Gemeinde der Hauptstadt hatte. Der Gauleiter von Stettin, Franz Schwede-Coburg, der darauf brannte, sich als begeisterter und kompromißloser Nazi zu erweisen, war der erste Gauleiter, der seinen Bezirk »judenrein« machte und nicht nur Juden, sondern auch deutsche Frauen, die mit Juden verheiratet waren und sich geweigert hatten, die Scheidung einzureichen, deportieren ließ.[2]

Die Gestapo gab »Mangel an Lebensraum« als Grund für die Deportationen an. Außerdem hieß es, daß die Wehrmacht mehr Raum benötige.[3] Die Reichsvereinigung der Juden in Deutschland, die sich auf Anweisung der Machthaber am 4. Juli 1939 konstituiert hatte, war der Dachverband aller – jetzt in »Jüdische Kultusvereinigungen« umbenannten – Jüdischen Gemeinden Deutschlands. Alle Juden – einschließlich der »Geltungsjuden« und der, die in Mischehe lebten – waren verpflichtet, sich bei einer der vierzehn Zweigstellen, in denen zwei bis sechs Angestellte tätig waren, als Mitglieder registrieren zu lassen. Leo Baeck, seit 1912 Rabbiner in Berlin, stand der Reichsvereinigung vor.[4] Die ursprüngliche Aufgabe des Verbands war es gewesen, für die Interessen der deutschen Juden einzutreten, ihre Rechte und Ansprüche wahrzunehmen, und jetzt legte Paul Eppstein, der Vorstand des Direktoriums, auch tatsächlich Protest gegen die Deportationen ein.

Eppstein traf eine Zeitlang mehrmals in der Woche mit Obersturmführer Jagusch zusammen, einem Stellvertreter Adolf Eichmanns aus dem Reichssicherheitshauptamt. Wie Eppsteins Aufzeichnungen über diese Treffen zu erkennen geben, hoffte er auch noch 1939 und 1940, daß man die Juden als eine Bevölkerungsgruppe mit gewissen Rechten behandeln würde. Er stellte Forderungen, verhandelte mit Jagusch von Mensch zu Mensch, und der Obersturmführer legte ausführlich seine Gründe dar, wenn er Eppsteins Forderungen zurückwies.

Sofort nach den Deportationen der Stettiner Juden verlangte Eppstein, daß man diese Menschen nach Hause zurückkehren lassen und ihnen ihr Eigentum wiedergeben solle. Er bat das RSHA um die Versicherung, daß diese Deportation nur das Ergebnis einer vereinzelten, örtlichen Initiative sei und sich ähnliches nicht wiederholen werde. Er erhielt diese Versicherung auch. Wie es aussah, verfügte die Reichsvertretung tatsächlich über einigen Einfluß. Im April versuchte sie – vielleicht als Gegenleistung für das Entgegenkommen, das das RSHA gezeigt hatte –, der Unruhe, die sich in allen jüdischen Gemeinden Deutschlands regte, mit einem Rundschreiben entgegenzuwirken.[5]

Bald wurde jedoch deutlich, daß die Repressionen gegen Juden gewaltig zunahmen und alle von der Reichsvertretung vorgebrachten Bitten und Kompromißvorschläge auf taube Ohren stießen. Am 25. Juni wurde Eppstein über einen Plan der deutschen Regierung informiert, alle Juden Europas in ein »Koloniales Reservat« umzusiedeln.[6] Wenn jedoch das Regime zu diesem Zeitpunkt auch wirklich ganz ernsthaft Pläne ausarbeiten ließ, wie man alle Juden nach Madagaskar umsiedeln könnte, so traf Goebbels doch gleichzeitig schon Vorkehrungen für die Deportation der Berliner Juden in den Osten. Am 19. Juli 1940 setzte er die Sektionschefs des Propagandaministeriums davon in Kenntnis, daß er sich entschieden habe, alle 62 000 noch in Berlin lebenden Juden nach Polen »auszusiedeln«. Dies, so meinte er, ließe sich innerhalb einer Zeitspanne von nur acht Wochen bewältigen und sollte unmittelbar nach Kriegsende – das Goebbels damals noch für Ende des Sommers voraussah – in die Wege geleitet werden. Von der katastrophalen Niederlage, die Deutschland Frankreich bereitet hatte, beflügelt, diskutierte Goebbels am 19. Juli 1940 mit seinen Mitarbeitern darüber, wie man den von der Front heimkehrenden Berliner Divisionen einen triumphalen Empfang bereiten könne, der sich, wie er hoffte, ganz spontan zu einem Volksfest entwickeln würde. Durch Radiosendungen und öffentliche Veranstaltungen wollte er den starken Eindruck vermitteln, daß die ganze Welt zuhört. Als er dieses Szenario entwarf, schaltete sich sein Stellvertreter Leopold Gutterer ein, um seinen obersten Vorgesetzten zu warnen: Man müsse damit rechnen, daß sich das respektlose »Lumpenpack« wieder auf dem Kurfürstendamm sehen lassen würde. »In diesem Zusammenhang« gab Goebbels seine Entscheidung bekannt, alle Berliner Juden nach Polen deportieren zu lassen. Solange Juden in der Hauptstadt lebten, so meinte er, würden sie die Stimmung beeinflussen, die im westlichen Teil der Stadt herrschte. Hans Hinkel, Goebbels' Sonderreferent für kulturelle Angelegenheiten, der damit beauftragt war, den Jüdischen Kulturverband zu überwachen, trug dann einen gemeinsam mit der Polizei ausgearbeiteten Plan vor, wie man Berlin von allen Juden säubern könne. Goebbels wies anschließend Gutterer an, die Verantwortung für die Vorbereitung auch dieser Aktion zu übernehmen.[7] Zwei Monate später gab Hinkel bei einem anderen Treffen der Stellvertreter Goebbels' bekannt, daß es noch 72 327 Juden in Berlin gebe. Hinkel wies darauf hin, daß das Vorhaben, 3 500 000 Juden nach Madagaskar umzusiedeln, genehmigt worden sei: Goebbels hatte aber, was die Berliner Juden betraf, andere Pläne; er wiederholte noch einmal, daß 60 000 von ihnen binnen vier Wochen nach dem Ende des Krieges »nach Osten« geschickt werden würden, und der Rest von ihnen werde »ebenfalls verschwinden«.[8]

Im Sommer 1940 drängte Goebbels darauf, daß bestimmte antijüdische Regelungen und Bestimmungen, die die von ihm geplanten Deportationen erleichtern würden, zu Gesetzen erklärt wurden. Als Gauleiter von Berlin und als Reichsminister übernahm er eine führende Rolle bei den Versuchen, die Juden von den Deutschen zu isolieren. Als Reichsminister verabschiedete er antijüdische Regelungen für das ganze Land, oft nachdem er sie zuerst in Berlin eingeführt und erprobt hatte. Nachdem er zunächst im Gau Großberlin eine neue, gegen die Juden gerichtete Vorschrift erlassen hatte, übte er in einigen Fällen Druck auf die Gesetzgeber aus, damit sie dieser Vorschrift landesweite Geltung verschafften. Gegen den Widerstand des Innenministeriums, so konnte Goebbels in jenem Sommer seinen Stellvertretern mitteilen, habe das Propagandaministerium es erfolgreich geschafft, durchzusetzen, daß alle Juden in Berlin von ihren Telephonen abgeschnitten wurden.[9]

Gutterer war Goebbels' rechte Hand, derjenige, der zumindest in den frühen Phasen von dessen Bemühungen, die Juden Berlins zusammenzuziehen und zu deportieren, die Pläne seines Vorgesetzten in die Tat umsetzte. Als er im Frühjahr 1940 damit begann, praktische Pläne dafür auszuarbeiten, erhob Goebbels ihn formell in den Rang eines Staatssekretärs. Gegen Ende des Sommers waren auch seine SS-Oberen auf Gutterer aufmerksam geworden. Am 31. Oktober 1940 verfaßte Reinhard Heydrich, der Chef des RSHA und damit auch der Sicherheitspolizei, ein Empfehlungsschreiben für Gutterer, in dem er Himmler in einem recht blumigen Stil nahelegte, Gutterer zum SS-Brigadeführer zu befördern. In keinem Ministerium habe es jemand besser verstanden, die Geheimberichte des SD über die Lage im Land so geschickt auszuwerten und auszunutzen wie Gutterer, schrieb Heydrich. Mit den Mitteln der Presse, des Rundfunks, des Films und der allgemeinen Propaganda habe Gutterer auf jede denkbare Weise mit den angemessenen Verwaltungsmaßnahmen auf die Wünsche, Impulse, Klagen und Irritationen der Menschen reagiert, die von den Polizeispitzeln in Erfahrung gebracht worden waren, teilte Heydrich weiter voller Begeisterung mit. Seitdem er als Verbindungsmann zwischen seinem Ministerium und Heydrichs RSHA fungiere, hätten sich die Beziehungen zwischen diesen beiden Behörden grundlegend gewandelt. Das Reichssicherheitshauptamt arbeite jetzt enger mit dem Propagandaministerium zusammen als mit den anderen Ministerien. Heydrich schloß seinen Brief mit einem recht fragwürdigen Kompliment. Er strich heraus, wie blendend Gutterer bei seinem Besuch der letzten Großveranstaltung des Führers in seiner SS-Uniform ausgesehen habe.

Um die Vertreibung der Berliner Juden vorzubereiten, arbeitete Goebbels mit tatkräftiger Unterstützung Gutterers weiter daran, der Öffentlichkeit das Bild von den Juden als einer Gruppe gesellschaftlicher Außenseiter zu vermitteln. An ihren Arbeitsplätzen isolierte er die Juden Berlins von ihren deutschen Kollegen, indem er eigene »Judenkolonnen« schuf. Er tat dies, damit in naher Zukunft »eine Trennung so rein wie möglich durchgeführt werden könnte«. Bald wurde dieses Berliner Beispiel überall im Reich nachgeahmt. Mit einer Bestimmung vom 4. Juli 1940 begrenzte Goebbels die Zeitspanne, in der Juden in Berlin Lebensmittel einkaufen durften, auf eine Stunde, von vier bis fünf Uhr nachmittags.[10] Wie viele andere deutsche Frauen erledigten Wally Grodka, Charlotte Israel und Elsa Holzer sowohl die Einkäufe für sich selbst als auch für ihre Ehemänner; sie waren daher auch daran gebunden, während dieser einen Stunde einkaufen zu gehen.

Nach Ausbruch des Krieges wurde jeder Betrug mit Lebensmittelmarken mit Inhaftierung in einem Konzentrationslager oder manchmal sogar mit dem Tode bestraft. Die Alliierten warfen von Flugzeugen aus gefälschte Marken über den großen Städten ab, aber alle, die man bei ihrer Verwendung ertappte, mußten damit rechnen, hingerichtet zu werden. Der Hunger trieb jedoch Charlotte einmal dazu, einen Lebensmittelhändler mit Julius' Marken hinters Licht führen zu wollen. Sie fuhr eigens mit dem Zug nach Königs Wusterhausen, einem entlegenen Teil Berlins, in dem kaum Juden wohnten. Charlotte legte ihre eigenen Marken auf die von Julius – dessen Fleischmarken ja durch ein »J« ungültig gemacht waren – und verlangte Fleisch für zwei Personen. Ohne sich die Karten genau anzusehen, begann der Kaufmann zwei Fleischrationen abzuwiegen. Charlotte atmete schon auf, da wehte ein plötzlicher Luftzug die Marken von der Theke herunter, so daß das große »J« sichtbar wurde. Der Kaufmann bückte sich, um sie aufzuheben. »Ein ›J‹?« Charlotte war wie gelähmt vor Schrecken. Sie hatte jedoch schnell eine Erklärung parat: »Ach, das heißt Jugend.« Der Mann war nett und gab ihr Fleisch. Charlotte mußte lachen, als sie wieder daran dachte: »Dabei konnten wir uns gar keine Kinder leisten. Wir waren so arm, und ich war nur noch ein Nervenbündel. Aber der Mann hat mir sooo viel Fleisch gegeben. Julius und ich haben nur noch Fleisch gegessen.«

Sie versuchte diesen Trick aber nie wieder. »Stellen Sie sich mal vor, wie überrascht der Mann gewesen sein muß, als er die jüdischen Karten abrechnen wollte«, sagte sie.

Um durchzusetzen, daß die neue Einkaufszeit für Juden tatsächlich eingehalten wurde, war Goebbels natürlich auf die Mithilfe von Ladenbesitzern und von deren nicht-jüdischen Kunden angewiesen. Einige Ladenbesitzer gingen weiter, als das Gesetz es verlangte; sie hängten in ihren Schaufenstern Erklärungen auf, daß auch die Deutschen, die mit Juden verwandt waren, nur während der einen Stunde einkaufen durften, die Juden dafür zur Verfügung stand.[11] Natürlich konnte es nie genug uniformierte Polizisten geben, die darüber wachten, daß Juden ihre Einkäufe nur zwischen vier und fünf erledigten. Genauso wie das Regime darauf vertraut hatte, daß es genügend deutsche Privatpersonen gab, die nur allzu bereit dazu waren, Juden ihre Geschäfte zu einem Schleuderpreis abzukaufen, verließ es sich jetzt darauf, daß es genügend »normale Bürger« gab, die darauf achteten, daß die neuen, die Juden betreffenden Bestimmungen von diesen auch tatsächlich eingehalten wurden. Berichte der Geheimpolizei belegen, daß im allgemeinen Angehörige »aller Kreise« der deutschen Bevölkerung die strenge Beschränkung der Einkaufszeit für Juden befürworteten.[12] Einige deutsche Hausfrauen denunzierten Juden, die diese Vorschrift ignorierten, weil sie einfach nicht mit Juden in Berührung kommen wollten – gleichgültig wo. Wally machte diesbezüglich eigene Erfahrungen. Frau Hensel, eine fanatische Anhängerin der Nazis, die im selben Haus wohnte, bezog vor dem Laden an der Ecke Posten und hinderte Juden daran, vor oder nach der vorgeschriebenen Stunde das Geschäft zu betreten; sie schrie sie an oder schlug sogar auf sie ein, wenn sie nur fünf Minuten nach Ablauf der Frist wieder aus dem Geschäft herauskamen.

Als diese neuen Bestimmungen 1940 bekanntgegeben wurden, legte Eppstein sofort Einspruch gegen sie ein und lotete auf diese Weise gleichzeitig aus, wieviel Einfluß er als Vorsitzender der Reichsvertretung hatte. Er versuchte, die Frist, innerhalb derer Juden ihre Einkäufe erledigen konnten, für alle, die einer Arbeit nachgingen, um zwei Stunden verlängern zu lassen.[13] Außerdem bemühte er sich, die Freilassung von vierzig bis fünfzig Juden zu erwirken, die in Schutzhaft genommen worden waren und in verschiedenen Konzentrationslagern saßen. Eppstein versprach, daß diese Juden binnen eines Monats auswandern würden. Um seinen Argumenten mehr Überzeugungskraft zu geben, füllte er für die Betroffenen sogar die Fragebögen aus, die für eine solche Auswanderung nötig waren.[14] Es war alles vergebens. Das Regime ließ sich auf keinen Handel mehr ein. Eppstein kämpfte trotzdem weiter. Im Mai schloß die Reichsvertretung eine von ihr durchgeführte Erhebung unter den arbeitsfähigen Juden ab. Vierzigtausend seien als arbeitsfähig eingestuft, meldete Eppstein und ließ sofort die Bitte folgen, daß man den körperlich-schwachen Männern und den Frauen keine körperliche Schwerarbeit zuweisen möge. Das RSHA antwortete darauf mit einem »Wir werden sehen, was sich machen läßt« – was einer Ablehnung gleichkam.[15] Mitte 1940 begann es Eppstein und anderen führenden Männern der Jüdischen Gemeinde klarzuwerden, daß die Machthaber bei ihrem Versuch, alle Juden von den deutschen Staatsbürgern fernzuhalten, nicht bei einer Umsiedlung haltmachen würden. Der Staat würde zu den radikalsten Mitteln greifen, um alle Juden aus den von Deutschen bewohnten Gebieten entfernen.

Günter Grodka mußte bald erfahren, daß Juden bei Luftangriffen weit größeren Gefahren ausgesetzt waren als ihre deutschen Schicksalsgenossen. Viele Berliner hatten den Prahlereien Hermann Görings nur allzu gerne Glauben geschenkt, der einmal getönt hatte, daß er Meier heißen wolle, wenn jemals eine Bombe über der Reichshauptstadt abgeworfen werden würde. Den ganzen Sommer 1940 tobte zwischen der Luftwaffe und der Royal Air Force die sogenannte »Schlacht um England«. Deutschland versuchte die Herrschaft über den Luftraum über dem Ärmelkanal und über Südostengland an sich zu bringen, da dies eine Voraussetzung für eine erfolgreiche Invasion der britischen Inseln war. Die RAF flog Vergeltungsangriffe gegen Berlin. In der Fabrik, in der Günter arbeitete, mußten die jüdischen Arbeitskolonnen während der Angriffe in den Maschinenhallen bleiben, während die anderen im Keller Schutz suchten. »Sobald die Maschinen kaputtgegangen wären«, meinte Günter, »wären wir auch mitgegangen.«[16]

Deutsche und die jüdischen Luftschutzräume

Im Sommer 1940 gewöhnten sich die Berliner allmählich an die Bombenangriffe der Royal Air Force. Im September wurde dann aber der erste Bewohner von einer britischen Bombe getötet, und eine nationale Organisation ließ daraufhin Kinder zwangsweise evakuieren. Goebbels bestand auf seinem Recht, allein über alles entscheiden zu dürfen, was seinen Gau betraf, und beschwerte sich bei Hitler, daß diese Intervention von außen in Berlin nur für Verwirrung gesorgt habe. Der Führer stellte sich, wie es sich gehörte, auf die Seite seines Ministers, und Goebbels kehrte zu seiner Arbeit zurück – voller Begierde, sein vom Führer bestätigtes Recht auf Alleinherrschaft über Berlin anderen zur Kenntnis zu bringen: Er werde ein Rundschreiben an alle Autoritäten im Reich senden mit dem Effekt, daß er in Zukunft keinerlei Einmischung im Gau Berlin mehr dulden werde.[17]

Goebbels nahm nicht nur das Vorrecht in Anspruch, über Evakuierungen der Zivilbevölkerung aus Berlin zu entscheiden, sondern auch darüber, wie diese Bevölkerung über das Kriegsgeschehen informiert wurde. Über die »Volksempfänger«, die so eingestellt waren, daß sich mit ihnen nur von Goebbels genehmigte Sendungen empfangen ließen, wurde den Hörern mitgeteilt, daß die Luftwaffe dabei sei, England in Schutt und Asche zu bomben. Jede Meldung über einen neuen Luftsieg gegen die Briten wurde mit einem Fanfarenstoß angekündigt und anschließend wurde »Wir fahren gen Engelland« abgespielt, ein Marschlied, das einer von Wallys Nachbarn einfach unwiderstehlich fand. Jedesmal wenn er es laut mitgröhlte, kochte Wally vor Wut. Im September beendeten die Deutschen endlich von ihrer Seite aus die »Schlacht um England«, das heißt, sie gaben den Versuch auf, die Herrschaft über den Luftraum über dem Ärmelkanal und Südostengland zu erobern, und Goebbels mußte seine Taktik ändern. Vorher hatte seine Propaganda England als einen schwachen Gegner verhöhnt und einen raschen Sieg versprochen, jetzt mußte sie die Deutschen auf einen länger währenden Krieg und eine sich daraus ergebende weitere Verschlechterung der Versorgungslage einstimmen.[18]

Als die Angriffe der RAF auf Berlin weitergingen, ließ Goebbels über den Polizeipräsidenten der Stadt bekanntgeben, daß Juden nicht mehr dieselben Luftschutzräume aufsuchen durften wie die deutschen Bewohner.[19] Zwei Wochen später folgte der Reichsminister für die Luftfahrt seinem Vorbild und verfügte, daß im ganzen Reich Juden sich bei Luftangriffen nicht mehr in die für Deutsche bestimmten Schutzräume flüchten durften.[20] Vielleicht war Goebbels überzeugt davon, daß diese neue Repression deutsch-jüdische Ehepaare endgültig auseinanderreißen würde. Die Gesellschaft eines vertrauten Menschen war oft das einzige Gegenmittel gegen die Panik, die in einem aufstieg, wenn man hilflos im Luftschutzkeller saß und auf das immer näher kommende Heulen der Bomben lauschte. In dem Haus, in dem die Holzers in Berlin-Britz wohnten, war Rudi der einzige Jude, und so kauerten er und Elsa während der schrecklichen Stunden alleine in dem schmutzigen und dunklen »jüdischen« Luftschutzraum unten im Keller. »Die Luft, die sie ausatmen, wollen wir nicht einatmen müssen«, erklärte ein Nachbar Elsa, als er sie und Rudi in den jüdischen Schutzraum verbannte und es ihnen überließ, allein mit ihrer Angst fertig zu werden.[21]

Elsa erzählte: »Ein Luftangriff war wie ein Erdbeben. Zuerst kamen die Vorflieger, die Leuchtkugeln runtergeworfen haben. ZZZZZZ-ZZZ. Dann wurde richtig gebombt. Stundenlang. Die Flugzeuge sind während eines Angriffs über eine Gegend rübergeflogen. ZZZZZZ-ZZZ. Ich habe gesehen, wie hier in der Parallelstraße eine Bombe runtergegangen ist. Und wir in unserem Keller, wir haben uns gar nicht mehr gesehen, wegen Kalkstaub von dem Druck. Und in der Nebenstraße – genau wo wir mal einziehen wollten –, da ist eine Bombe runtergegangen, und der Kessel war geplatzt. Und die im Keller sind alle im heißen Wasser von der Heizung verschmort. So sind sie alle im Haus umgekommen. Wir haben uns gesagt: Ein Glück, daß wir da die Wohnung nicht genommen haben. Ich meine, das kann sich auch kein Mensch vorstellen, Krieg, was man da miterlebt hat, mittendrin in der Stadt. Ich sag, das kann sich keiner vorstellen. Wir saßen im Keller, und wie wir nach oben kamen, war alles Schutt und Asche geworden. Zum Schluß des Krieges haben wir mehr im Keller gesessen als in unserer Wohnung. Schon wegen der Luftangriffe wußten mein Mann und ich nie, ob wir uns am nächsten Tag noch wiedersehen.«

Hitlers Anordnung, daß alle in Mischehe lebenden Deutschen aus der Wehrmacht auszustoßen seien, hatte deutlich gemacht, wie gefährdet diese jetzt waren. Lotte Paepcke, eine Jüdin mit einem deutschen Mann, erinnerte sich daran, was für ein Unbehagen es ihr bereitet hatte, sich in die Rolle eines Außenseiters hineinfinden zu müssen; es sei ungefähr so gewesen, als ob man dazu gezwungen worden wäre, ein Kleid zu tragen, das einem nicht paßte.[22] Da sie aber einer privilegierten Mischfamilie angehörte, durfte sie ihren Ehemann in den deutschen Luftschutzraum begleiten.

Die Grodkas erfuhren von der neuen Luftschutzbestimmung durch Frau Blut, die in der Niebuhrstraße 67 die Funktion des Hauswarts versah. Der Keller des Gebäudes war zu einem Schutzbunker umgebaut worden, indem man zusätzliche Stützpfeiler eingezogen hatte. Der Blockwart, Herr Blut, hatte vorgeschlagen, man solle doch Juden generell den Zutritt zu den Kellerräumen verwehren. »Die Juden sollten auf dem Hof stehen, wenn die Bomben fallen«, hatte er gemeint, »dann krepieren sie zuerst.« Schließlich wurde es den Juden aber doch gestattet, im Kohlenkeller das Ende des Angriffs abzuwarten; dort waren aber die Wände und die Decke nicht verstärkt worden, so daß alles leicht einstürzen konnte. Wally erinnerte sich auch daran, daß man im Kohlenkeller das Heulen der fallenden Bomben und das Krachen der Flak viel deutlicher hören konnte. Sogar den Mutigsten von denen, die da kauerten, gefror manchmal das Blut in den Adern.

Nicht Herr oder Frau Blut, sondern Frau Brase, eine fanatische Anhängerin Hitlers, nahm es auf sich, inmitten des Bombenhagels, der sie alle leicht ins Jenseits hätte befördern können, darauf zu achten, daß Juden und Deutsche fein säuberlich voneinander getrennt blieben. Und immer wenn ein Angriff vorüber war, baute sie sich mit ausgestreckten Armen vor dem Eingang des »arischen« Bunkers auf, um die Juden daran zu hindern, den Keller zu verlassen, bevor alle Deutschen wieder oben waren. »Sie sorgte dafür, daß die arischen Mieter nicht mit uns in Berührung kamen«, erzählte Wally.

Die Grodkas besaßen jedoch ein paar Verbündete unter den Deutschen. Genauso wie es Deutsche gab, die die repressiven Maßnahmen gegen Juden erst mit Leben füllten, indem sie alle denunzierten, die sich nicht an sie hielten, gab es andere, die aus Sympathie für die Unterdrückten, oft in aller Stille oder in aller Heimlichkeit, kleine Dinge taten, um ihnen zu helfen. Außer Jüttner, Günters Nazifreund, der die Grodkas gerade noch rechtzeitig von den Nürnberger Gesetzen in Kenntnis gesetzt und sie vor der »Kristallnacht« gewarnt hatte, waren da noch drei Nachbarinnen, die sich Wally gegenüber freundschaftlich verhielten. Ein sozialistischer Parteigenosse Günters aus alten Zeiten wagte es ebenfalls, ihnen die Treue zu halten. Der ehemalige Stadtrat lud die Grodkas zu sich ein, damit sie gemeinsam den englischen Rundfunk hören konnten. Zu Beginn des Krieges hatte der Staat die

Radios von Juden konfisziert. Wie Günter sagte, waren sie aber schon fast zum Überleben darauf angewiesen, Nachrichten aus London zu hören, die Licht in das Kriegsgeschehen brachten und einen wieder Hoffnung schöpfen ließen.

Goebbels kontrollierte mittlerweile das ganze öffentliche Kommunikationsnetz so lückenlos, daß es ihm möglich war, die deutsche Bevölkerung fast vollständig von aus dem Ausland kommenden Informationen abzuriegeln. Berichte über bestimmte Geschehnisse, die den von offizieller Seite aus verbreiteten widersprachen, oder ganz andere Auslegungen von bestimmten Ereignissen konnten sein Ministerium in Mißkredit bringen, öffentlichen Dissens auslösen oder Zweifel an seinen Strategien aufkommen lassen – diese Gefahren bestanden natürlich vor allem dann, wenn er nicht genau wußte, welche anderslautenden Informationen seine Zuhörerschaft besaß. Wenn er die Bevölkerung erfolgreich täuschen wollte, mußte er wohl manchmal die Wahrheit sagen, um glaubwürdig zu bleiben. Leiden und Entbehrungen, die die Leute persönlich erfahren hatten, ließen sich nicht einfach hinwegleugnen. Goebbels ließ daher im engeren Umkreis der Stadt, auf die ein Luftangriff niedergegangen war, wahrheitsgemäß über die Opfer und die Schäden berichten, versuchte aber, alle die, die nicht persönlich davon betroffen waren, weiterhin im dunkeln zu lassen. Öffentliche Proteste und Gerüchte konnten ebenfalls Zweifel an den von Goebbels gelieferten Berichten aufkommen lassen, aber solange es keine anderen Informationsquellen gab, konnte er sich einfach über die »objektive Wahrheit« hinwegsetzen und sogar militärische Niederlagen der Wehrmacht verklären, indem er behauptete, daß sie zu einem großangelegten, überaus komplexen strategischen Plan gehörten. »Bei uns am sogenannten Volksempfänger«, erinnerte sich Elsa Holzer, »hat die Wehrmacht nur gesiegt! Und wenn die Armee zurückgegangen ist, dann haben sie hier gesagt: ›Das gehört zum Siegen! Wir locken die!‹«

Günter Grodka erinnerte sich, wie er damals hoffte, daß »das sowieso kein tausendjähriges Reich werden würde, daß es noch kürzer dauern würde als die zwölf Jahre. Aber das war irrig, denn die zwölf Jahre waren doch eine lange Zeit.«

Ebenso wie Elsa Holzer und Wally Grodka kam es auch Charlotte Israel nie in den Sinn, ihren Mann allein seinem Schicksal zu überlassen. 1940 lebte in dem Mietshaus, in dem sie wohnten, noch ein Dutzend jüdischer Familien, und Charlotte gesellte sich bei den Angriffen zu ihnen in den jüdischen Keller. »Ich blieb selbstverständlich bei meinem Mann. Im jüdischen Keller ging es manchmal lustig zu. Wir haben jüdische Witze erzählt. Wir waren auch lustig! Warum nicht? Der Keller selber war so ein bißchen versteckt. Ich habe manchmal gesagt: ›Na, wenn hier mal was passiert, uns buddelt kein Mensch aus!‹ Das hätten die auch nicht gemacht! Aber trozdem habe ich mich da mit meinen Juden wohler gefühlt. Da wurde man nicht angeekelt.«

»Das war aber nicht so einfach, mit meinem Mann schnell in den Keller zu kommen. Wenn Fliegeralarme sind, sind alle gerannt. Und er ging normal. Ein Bein war von oben bis unten geschient.« Außerdem mußten sie immer ihre Wertsachen mit nach unten nehmen: »Ich nähte zwei Rucksäcke, einen trug er, den anderen ich. Außerdem trug ich in der linken Hand einen Koffer. Mit dem rechten Arm hielt ich meinen Mann, damit er sich fest einhaken konnte. Mit der rechten Hand hielt mein Mann seinen Stock.«

»Ich hoffte immer, daß mein Mann durch mich geschützt wäre. Dennoch, ich nähte unsere Namen auf unser Gepäck und packte das Notwendigste ein. Wir würden alles nehmen und wenn nötig gleich fliehen. Ich war bereit, in jedem Augenblick dahin zu gehen, wohin er gehen mußte.«

»Später sah ich, daß unsere verwundeten Soldaten auf der Straße zwei französische Stockstützen hatten. Damit konnten sie sich schneller bewegen. Und ich habe gesagt: ›Wo haben Sie die Stöcke her?‹ Wissen Sie, man muß gucken, man muß alles sehen können. Ich ging in ein Bandagengeschäft, um solche zu kaufen. ›Nur für Arier‹, wurde mir gesagt. Also habe ich versucht, die Stockstützen, wie man so sagt, ›auf schwarz zu kaufen‹. Es ist mir gelungen. Somit konnte mein Mann schneller und besser laufen, und ich hatte eine Hand frei.«

Manchmal waren Charlotte und Julius gerade in der Stadt unterwegs, wenn die Sirenen aufheulten und einen neuen Luftangriff ankündigten. Einmal waren sie gerade im Zug, nur zwei Haltestellen von zu Hause entfernt. Sie stiegen am Bahnhof Zoo aus und hasteten in den großen Bunker, der sich unter dem Bahnhofsgebäude befand. Ein Polizeibeamter kam herein und überprüfte die Papiere aller, die dort Schutz gesucht hatten: »Ausweise!« Sie hätten nur einen vorzuweisen gehabt, der mit einem »J« gekennzeichnet war, und das hätte die Verhaftung von Julius und seine anschließende Deportation zur Folge haben können, weil er verbotenerweise einen »arischen« Luftschutzbunker aufgesucht hatte.

Charlotte erinnerte sich: »›Den Ausweis hat meine Frau‹, sagte Julius. ›Ich hab'n nicht, den mußt Du haben‹, erwiderte ich, wobei ich so tat, als ob ich wütend sei. Nachdem das ein paarmal so hin- und hergegangen war, sagte ich: ›Komm, dann müssen wir eben raus.‹ Aber da schaltete sich der Polizist ein: ›Nein, nein, bleiben Sie schon hier, Kamerad.‹ ›Kamerad‹ hat er noch zu meinem Mann gesagt, ›Kamerad!‹ Er dachte, er hätte die Stöcke von Kriegsverwundungen her.«

Je länger der Krieg dauerte, desto knapper wurden die Lebensmittel. Charlotte glaubte schon, daß sie verhungern würden. Es gelang ihr einmal, Julius' Hochzeitsfrack gegen einen ganzen Schinken einzutauschen. Es gab da einen Kellner, der solch ein formelles Kleidungsstück brauchte, aber als dieser dann mit dem Schinken über der Schulter bei den Israels auftauchte und den »Judenstern« an der Tür sah, weigerte er sich, in die Wohnung einzutreten. Charlotte andererseits wollte den Anzug nicht hergeben, bevor sie den Schinken selber in den Händen hielt. Nach einigem Hin und Her kam sie auf den Flur heraus, wo der Kellner den Frack anprobierte und das Geschäft schließlich zustande kam. Der Schinken, diese kostbare Delikatesse, wanderte danach, zusammen mit den anderen Wertsachen, gemeinsam mit den beiden Israels in den Luftschutzkeller, wenn ein neuer Bombenangriff bevorstand. Und jedesmal wenn so ein Angriff wieder vorüber war, schnitten sie sich ein Stückchen von ihm ab. Als schließlich nur noch der Knochen übrig war, kochte Charlotte eine Suppe damit.« Hm, das schmeckte einfach großartig«, sagte sie, als sie wieder daran dachte, und schmatzte genießerisch mit den Lippen.

Trost fand Charlotte in jenem elenden jüdischen Luftschutzkeller vor allem in der Gesellschaft der anderen. Als die Gestapo jedoch begann, immer mehr Juden zu verhaften und zu deportieren, wurde die jüdische Gemeinschaft in ihrem Haus immer kleiner, und 1943 war Julius der einzige Jude, der dort noch lebte. Charlotte hatte Angst, daß niemand nach ihr und ihrem Mann suchen würde, falls sie verschüttet würden, und überlegte, wie sie sich Einlaß in den »arischen« Schutzraum verschaffen könnten. Sie sprach mit dem Obmann, der, wie sie sagte, kein »großer Nazi« war. Der meinte aber, daß er die Israels nur in den »arischen« Keller hineinlassen könne, wenn alle anderen im Haus auch dafür seien. Vielleicht hatte er Angst davor, denunziert zu werden, in jedem Fall brachte er Charlotte auf eine Idee. Sie erinnerte sich daran, was ihr damals durch den Kopf ging: »Sie sind alle ein bißchen feige, wie der Obmann. Keiner wird sich trauen, als erster ja zu sagen. Sie wollen nicht alleine stehen.« Also ging sie im ganzen Haus herum, um von jedem einzelnen die Erlaubnis einzuholen. Sie sagte immer: »Tag, ist es Ihnen recht, wenn ich mit meinem Mann in Ihren Luftschutzkeller gehe? Die anderen sind schon alle einverstanden.« Und weil jeder dachte, daß alle anderen schon zugestimmt hätten, erklärte er, daß er ebenfalls nichts dagegen habe: »Ich wußte genau, wie ängstlich die Leute waren voreinander«, meinte Charlotte. »Manche haben uns ein bißchen schräg angeguckt, aber jedenfalls waren wir jetzt im Keller mit den anderen. Da waren wir nun mit drin.«

Im Oktober 1940 mußten die führenden Männer der Jüdischen Gemeinde Berlins und alle, die zu dieser Gemeinde gehörten oder mit ihr in Verbindung standen – wie zum Beispiel die Grodkas –, mit erschütternden Meldungen fertig werden. In einigen Teilen des Reichs, in Baden, in der Pfalz und im Saarland, waren alle jüdischen Bewohner – insgesamt an die siebentausendfünfhundert – eines Nachts ohne Vorwarnung verhaftet und dann in ein Lager in Gurs, einer Stadt im unbesetzten Frankreich, abtransportiert worden. Hitler selbst hatte diese Deportationen angeordnet[23]; die Gestapo hatte ihr Versprechen, keine weiteren Juden zu deportieren, gebrochen. Zwei Gauleiter hatten die Gestapo dazu gebracht, ihnen bei ihren Bemühungen zu assistieren, alle Juden aus den ihnen unterstehenden Gebieten zu entfernen. Zu denen, die bei dieser Aktion ergriffen wurden, gehörten auch Eppsteins Schwiegermutter und seine Schwägerin. Adolf Eichmann selbst begleitete den Zug, mit dem die Verhafteten nach Frankreich gebracht wurden, um die französischen Grenzschutzbeamten davon zu überzeugen, daß es sich um einen Militärtransport handelte. Es war dies eine Art von Versuch, mit dem man herausfinden wollte, ob Juden auf eigenen Beinen in ihren Untergang laufen könnten ... welches die Reaktion ihrer Nachbarn sein würde ... wie eine ausländische Regierung darauf reagieren würde.[24]

Man lotete auf diese Weise aber auch aus, wie stark die Willenskraft von Eppstein und der Reichsvertretung der deutschen Juden war. Wie würden die obersten Vertreter der deutschen Juden reagieren? Würde man sie lehren müssen, nie mehr zu protestieren oder Forderungen zu stellen, wie sie es nach den Deportationen aus Stettin getan hatten? Zwar wurden die nach Gurs Geschafften dort nicht umgebracht, aber die Sprecher der deutschen Juden konnten dies nicht wissen, weil man ihnen keinerlei Informationen mehr zukommen ließ; zumindest vom Dezember 1940 an erfuhr Eppsteins Frau nichts mehr über das weitere Schicksal ihrer Mutter und Schwester.

Erneut legte Eppstein sofort im Anschluß an die Deportationen Widerspruch ein. Der Abtransport der Juden aus Baden hatte einen Protest von jüdischen Organisationen in ganz Deutschland zur Folge, wie es ihn danach in vergleichbarer Heftigkeit nicht mehr geben sollte. Otto Hirsch, ein Direktor der Reichsvertretung, beschwerte sich mit bitteren Worten beim RSHA und verkündete, daß die Reichsvertretung alle ihre Mitarbeiter in ganz Deutschland aufgefordert habe, »zum Zeichen der Trauer«, nicht etwa »als Protestmaßnahme gegen die Regierung«, einen Tag lang zu fasten und für denselben Zeitraum alle kulturellen Veranstaltungen abzusagen. Das RSHA schritt sofort ein und untersagte es der Reichsvertretung, wie geplant zu dieser Fastenaktion aufzurufen. Julius Seligsohn wurde bezichtigt, zu der Protestkundgebung angestachelt zu haben, und verhaftet. Die Reichsvertretung beantragte, daß zumindest einige der Deportierten wieder freigelassen würden und daß man den übrigen Pakete mit Lebensmitteln und anderen lebensnotwendigen Dinge schicken dürfe. Statt dessen wurde ihr noch nicht einmal eine wie auch immer geartete Form der Kommunikation mit den Deportierten erlaubt. Eppstein selbst wurde verhaftet, Anfang Januar 1941 aber wieder freigelassen.

Ab Januar 1941 war nicht mehr Jagusch dafür zuständig, den Delegierten der Reichsvertretung zu den fast täglich stattfindenden Besprechungen zu empfangen, sondern der abgestumpfte Rohling Fritz Wöhrn. Wöhrn gab sofort bekannt, daß man in Zukunft mit jedem Mitglied der Reichsvertretung, das nicht kuschen würde, kurzen Prozeß machen werde – so wie man es schon mit Seligsohn getan habe. Obwohl man von seiten der Reichsvertretung mehrere Gesuche um die Freilassung Seligsohns stellte, blieb dieser weiterhin in Haft, und niemand bekam ihn je wieder zu Gesicht. Wöhrn verkündete auch, daß es keine Diskussionen mit Eppstein mehr geben werde. Anträge, die vor langer Zeit gestellt worden waren, wurden jetzt abschlägig beschieden: Die Mitglieder der Reichsvertretung würden nicht die Ausweispapiere erhalten, um die sie gebeten hatten. Man teilte Eppstein mit, daß es ihm und den anderen ranghohen Mitarbeitern der Reichsvertretung nicht mehr gestattet sei, das Land zu verlassen, weil sehr viel Arbeit auf sie warte. »Keine Sorge, Sie werden schon zur rechten Zeit wegkommen«, meinte Wöhrn voller Zynismus. »Machen Sie nur erst einmal Ihre Arbeit.«

Seligsohns Auswanderungsantrag wurde »im Interesse der Erfüllung der ihm obliegenden Aufgaben« abgelehnt.[25]

Eppstein war ein gebrochener Mann. Die Protokolle der Organisation von Anfang 1941 zeigen, daß er sich geändert hatte. Dabei arbeitete er nach wie vor wie besessen. Sekretärinnen der Abteilung Eichmann erinnerten sich Jahrzehnte später beim Prozeß gegen den ehemaligen Gestapochef von Berlin, Otto Bovensiepen, an ihn. Eine wußte noch, wie sie ihn damals einmal als »Herr« Eppstein bezeichnet hatte und man ihr sofort befohlen hatte, ihn nur noch »der Jude« Eppstein zu nennen. Er avancierte zum Gesprächspartner von Eichmann und dessen Stellvertretern, gab sich als unermüdlicher Bürokrat zu erkennen, den die Sekretärinnen anscheinend irgendwie mochten. Hirsch und Eppstein wurden zu Assistenten Leo Baecks, des Vorsitzenden der Reichsvereinigung, ernannt. Rabbiner Baeck war in Deutschland geblieben, obwohl er mehr als einmal die Möglichkeit gehabt hätte auszuwandern, weil er bei seinem Volk bleiben wollte, um ihm in der Not beistehen zu können.[26] Hirsch wurde jedoch beinahe unmittelbar nach seiner Ernennung zu Baecks Assistenten in Schutzhaft genommen und in ein Lager gesteckt.

Kurz vor seiner Verhaftung hatte Hirsch sich den Nazis gegenüber ganz besonders entgegenkommend gezeigt; vielleicht hatte man ihn davor gewarnt, was passieren würde, wenn er sich nicht zu »benehmen« wüßte.[27] Eppstein blieb weiter im Amt, nachdem man Hirsch aus dem Verkehr gezogen hatte, und Eichmann, der ein besessener Bürokrat war, verlangte von ihm, das schriftliche Protokoll ihrer gemeinsamen Treffen nur eine Stunde, nachdem sie auseinandergegangen waren, vorzulegen.[28] In diesen Protokollen, die schon aufgrund der Sorgfalt, mit der sie getippt waren, und der Übersichtlichkeit der Darstellung als Musterbeispiele ihrer Art gelten konnten, wies Eppstein gelegentlich sogar selbst auf mögliche Schwachstellen in den Anweisungen der Gestapo zur technischen Abwicklung der Deportationen hin. Einem Gerücht zufolge gab es eine direkte Telephonverbindung zwischen seinem Büro und dem von Eichmann. Eppstein war wohl ein Mann, »der in normalen Zeiten ein effizienter Verwaltungsbeamter gewesen wäre, kein Heiliger, kein großer Führer, mit Sicherheit aber auch kein Schurke. Ein Mann, dessen Wunsch es war, der Gemeinde zu helfen, nicht, ihr zu schaden.«[29]

Anfang 1941 waren die Deportationen deutscher Juden noch nicht über das Planungsstadium herausgekommen, und dennoch war der Geist der führenden Männer der Reichsvertretung schon unbarmherzig gebrochen worden. In Zukunft würden sie es nicht mehr sehr oft wagen, um eine mildere Behandlung ihrer Schutzbefohlenen zu bitten, und manchmal gaben sie, vielleicht auch um Vergeltungsmaßnahmen zuvorkommen, dem RSHA sogar Ratschläge, wie man von seiten des Amtes aus effektiver vorgehen könnte. Ihre ganze Hoffnung schien nur noch darin zu bestehen, Hitler und seine Vollstrecker zu besänftigen, und mehr schien auch tatsächlich nicht in ihrer Macht zu liegen.

Versuche zu fliehen, Versuche zu konvertieren

Die Tyrannei der Nazis zwang ihre Opfer zu schmerzhaften Kompromissen, um selber zu überleben und anderen helfen zu können. Und am schmerzhaftesten waren solche Kompromisse, mit denen man das Regime sogar in irgendeiner Weise unterstützte, solche, wie sie zum Beispiel die »Mischlinge« eingingen, die in der Wehrmacht dienten. Einige der ranghöchsten Vertreter der deutschen Juden, die ihren Schutzbefohlenen möglichst schmerzlos durch einen Prozeß hindurchhelfen wollten, den sie als unvermeidlich ansahen, fingen an, von der Gestapo Befehle entgegenzunehmen. Sowohl Elsa Holzer als auch Charlotte Israel schien es damals so, als hätten die Kirchen die Verbindung zur Wirklichkeit verloren und wären nur noch in der Lage, sich um institutionelle Praktiken zu kümmern anstatt um die Nöte wirklicher Menschen.

Aus Angst und weil sie um Julius' und ihr eigenes Wohlergehen besorgt war, hatte Charlotte einmal sogar für Hitler gestimmt. Bis zum Ausbruch des Krieges wurden in Deutschland Wahlen abgehalten, und jeder Wahlberechtigte erhielt mit der Post einen Stimmzettel. Auf dem stand nur die Frage: »Stimmen Sie für die Liste des Führers?« Und neben dem »Ja« befand sich ein großer Kreis, neben dem »Nein« ein kleiner. Charlotte erinnerte sich an das erste Mal, als sie einen solchen Wahlzettel im Briefkasten fand: » Da sagte ich zu meinem Mann: ›Ach, was soll der Quatsch? Was soll ich da wählen? Ich gehe nicht hin!‹ Bis sechs Uhr war die Wahl ja nur. Es war schon dreiviertel sechs. Plötzlich klingelt es bei uns. Es waren zwei SS-Leute. Ich bekam bald 'nen Ohnmachtsanfall, daß solche Leute da standen, das war man doch nicht gewöhnt. Da sagt der eine: ›Sie haben Ihre Wahlpflicht noch nicht erledigt!‹ ›Ach, es ist ja noch Zeit!‹ sagte ich. Ich habe die Dumme gespielt. ›Zeit gibt es nicht mehr!‹ sagten sie mir. ›Na ja, gut, ich komme dann gleich‹, sagte ich.«

Charlotte hoffte, daß das den beiden genügen würde und sie abziehen. Sie bestanden aber darauf, sie bis zum Wahllokal zu begleiten. »Das Wahllokal war in der Sybelstraße in der Schule, und als ich da reinkam, war kein Mensch mehr da. Ich war die einzige. Da war nur die Wahlurne, und die Männer, die da saßen. Man konnte auch hinter so einen Vorhang gehen. Da nahm ich dann den Zettel und wollte nach hinten gehen. Aber da riefen sie: ›Nee, nee! Sie können ja gleich hierbleiben, Sie brauchen nicht dahinten zu wählen.‹ Da hab ich gedacht, ich muß jetzt ein Kreuz machen! Dafür schäm ich mich heute noch. Aber was sollte ich machen? Mein Mann hat zu Hause gezittert.

Als ich zurückkam, fragte er sofort: ›Wo hast du das Kreuz gemacht?‹ ›Leider im großen Kreis! Ging nicht anders.‹ ›Das hab ich gehofft‹, hat er nur gesagt.«

Charlotte und Julius entschlossen sich, Deutschland zu verlassen, aber alle Versuche scheiterten daran, daß sie ein deutsch-jüdisches Paar waren. Anfänglich hatte das Regime sogar die Juden dazu ermuntert zu emigrieren, und eine Auswanderung war bis zum Herbst 1941 noch möglich. Adolf Eichmann sammelte erste Erfahrungen in der Massen-»Umsiedlung« von Juden als Leiter einer Dienststelle in Wien, die man eigens eingerichtet hatte, um deren Enteignung abzuwickeln und ihre Auswanderung voranzutreiben. Eine der wichtigsten Aufgaben der Reichsvertretung der Juden war es, ihren Schutzbefohlenen die Emigration zu erleichtern.

Einige deutsche Juden emigrierten nach Shanghai. Julius und Charlotte Israel dachten zuerst daran, ihrem Beispiel zu folgen, entschieden sich dann aber dagegen, weil Julius an Asthma litt. Dann fiel ihre Wahl auf die USA. »Ich wollte nicht hierbleiben«, erzählte Charlotte mehr als vierzig Jahre später in Berlin, »aber wir hatten kein Geld, um auszuwandern.«

Julius wandte sich an eine jüdische Organisation, das Joint Distribution Committee, das mittellose Juden bei der Auswanderung unterstützte. Das JDC konnte jedoch kein Geld für Charlottes Emigration zur Verfügung stellen, da sie keine Jüdin war. »›Joint‹ konnte nur für meinen Mann was machen, da er jüdisch war. Er wäre rübergekommen, aber ich hätte hierbleiben müssen. Er sollte mich dann nachher holen. Das haben wir aber nicht gemacht, weil ich mir das Leben ohne meinen Mann nicht vorstellen konnte. Ich hab schlaflose Nächte gehabt. Bis ich dann eines Nachts wieder eine Idee gehabt habe: ›Ich trete zum Judentum über! Dann müssen sie mir auch helfen.‹ Julius war erstaunt. Er hätte nicht gedacht, daß ich übertreten würde. Gar nicht. Er hat gedacht, ich bin richtige Katholikin. Jetzt war er begeistert von meiner Idee. Wir waren sehr erfreut. Ich ging dann an dem Tag gleich hin zur Synagoge und sagte: ›Ich möchte zum Judentum übertreten.‹ Kein Problem. Der Rabbi hat mir erklärt, wo und wie. Wir haben alles abgesprochen. Zweimal in der Woche sollte ich zum Unterricht kommen. ›Drei Monate dauert es‹, sagte er.«

Bevor sie der jüdischen Glaubensgemeinschaft beitreten konnte, mußte Charlotte aber zunächst einmal aus der katholischen Kirche austreten. Eine Frau, die wie eine Nonne gekleidet war, schaute sie von oben herab an und meinte: »So schnell geben Sie Ihren Glauben weg?« Charlotte erwiderte, daß sie gerne ihrer Religion treu bleiben würde, wenn die Kirche ihre Passage nach Amerika bezahlen würde. Sie bebte wieder vor Empörung, als sie sich an die Antwort erinnerte, die sie damals erhalten hatte: »Wir haben keine Zulassung dafür, die Zahlung zu machen.«

Charlotte hatte daraufhin geantwortet, daß die Kirche sich schnell darum bemühen solle, etwas für sie und für andere Menschen, die in derselben Notlage waren, zu tun. »Diese Nonne wollte eine Seele retten«, meinte sie im Rückblick, »eine Seele! Ich aber wollte Julius retten.«

Als der Rabbiner schließlich erklärte, daß es soweit sei und Charlotte ein Mitglied der Jüdischen Gemeinde werden könne, war Julius plötzlich dagegen. Charlotte war völlig überrascht. »Julius sagte: ›Ja, weißt du, ich habe auch darüber nachgedacht, die ganze Zeit, wie alles so ist. Sieh mal. Die lieben Nazis‹ – so hat er die immer genannt –, ›die erfahren doch alles und die werden auch erfahren, daß du zum Judentum übergetreten bist. Das ist klar. Und dann sind wir alle beide verloren.‹«

»Ich habe gedacht, wenn er das sagt, muß es auch stimmen«, meinte Charlotte im Rückblick, wohl wissend, daß Julius damals nicht recht gehabt hatte, »denn für mich war er mein Evangelium. Ja, ich wäre nach Shanghai, aber er hatte Asthma. Für mich war er mein Evangelium. Was er sagte, habe ich akzeptiert. Das Übertreten habe ich einfach fallengelassen. Ich sagte dann nur noch: ›Na ja, dann habe ich eben umsonst gelernt.‹ Er antwortete: ›Man hat nie umsonst gelernt.‹«

Während Charlotte im Übertritt zum jüdischen Glauben Rettung suchte, erwartete sich Elsa Hilfe von einer Konversion zum Katholizismus. Sie war überhaupt nicht religiös, aber ihre Arbeitgeberin und Freundin Marlou Droop überredete sie dazu, zum katholischen Glauben überzutreten und Rudi dann nach katholischem Ritus noch einmal zu heiraten.

»Ich arbeitete schon seit 1939 bei dieser Marlou, die Drehbücher für Filme und Bücher geschrieben hat«, erzählte Elsa, wobei sich so etwas wie Zärtlichkeit in ihrer Stimme bemerkbar machte. »Die Arbeit war wie ein Familienbetrieb. Ich habe ihr Haus geputzt, Telephongespräche abgenommen, Bücher aus der Staatsbibliothek geholt, ihre Bankgeschichten manchmal erledigt.

Diese Marlou war eine Kaisertreue, 'ne Monarchistin, aus steinreichem Haus. Die Marlou hatte eine ganz kleine Nazi-Parteinummer, aber sie war keine Nazi. Sie hat von einer Ausrottung der Juden nie geträumt. Sie ist in die Partei reingegangen, weil sie gedacht hat: ›Die Nazis besorgen uns einen Kaiser.‹

Marlou und ich hatten gleich Freundschaft geschlossen, aber wir wa-

ren natürlich per ›Sie‹. Ich konnte immer nicht ›Du‹ sagen. Die war ja
so gescheit! Gott, war die gescheit! In Paris hat sie Französisch gelernt,
in England hat sie Englisch gelernt. Als Kind schon. Auf englisch hat
sie Gedichte gemacht, die in der Zeitung abgedruckt wurden. Die
hätte nicht arbeiten brauchen, aber sie hat eben geschrieben und dadurch ihr Geld verdient. Und wenn sie gesprochen hat, dann war man
fasziniert.«

Frau Droop war 1942 zum Katholizismus konvertiert und überredete
Elsa, dasselbe zu tun. Sie meinte, daß die Kirche vielleicht dazu beitragen könne, Rudi vor dem Schlimmsten zu bewahren. Elsa hatte eine
skeptische Einstellung gegenüber jeder Religion. »Ich habe eigentlich
mit Glauben nichts zu tun«, sagte sie. »Ich glaube, daß der Mensch
schön ist, und bewundere, wie jeden Sommer die Bäume wieder so
voll werden. Da freue ich mich halb tot. Aber, daß das der liebe Gott ist
und das alles lenkt . . .? Welcher Gott? Ich habe nichts dagegen, wenn
das einer glaubt. Und zwar, alle, die ich verehre, sind gläubig. Sind
gläubig! Meine Marlou auch. Aber ich kann nicht glauben. Damals
habe ich aber gedacht: ›Ja, wir werden uns bei der katholischen Kirche
trauen lassen – vielleicht hilft das uns doch irgendwie.‹«

Elsa denkt nicht gerne an ihre Erfahrungen mit der katholischen
Kirche zurück. Eine Mitarbeiterin der Kirche, eine Frau Sommer, wie
Elsa sich zu erinnern glaubt, klärte sie darüber auf, daß sie in einer
»wilden Ehe« lebte, und erkundigte sich dann, was für eine Art von religiöser Erziehung Elsa ihren Kindern zukommen lassen könnte. »Kin-
dererziehung war meine kleinste Sorge«, erinnerte sich Elsa. »Wir wollten ja keine Kinder. Ja, wir wollten schon Kinder. Rudi hatte Kinder
sehr gern. Aber zu der Zeit hatten wir ja nicht mal für uns genug.«

Trotz allem gestattete es die Kirche Elsa, sich auf eine Konversion
vorzubereiten. Sie ging jeden Sonntag ins Pfarrhaus, um den Katechis-
mus zu lernen. Dort lernte sie einen zwölfjährigen Knaben und dessen
jüdischen Vater kennen, die beide ebenfalls eifrig studierten, um Katholiken werden zu können. »Bei dem Priester im Pfarrhaus war eine
Nonne als Sekretärin angestellt, und die hat mir mal ganz begeistert gesagt: ›Der Priester hat Vögel und die Natur so gern.‹ Und ich dachte: ›Ja,
die Vögel und die Hühner hat er bestimmt gern.‹ Denn der hat jeden
Sonntag nach Huhn gerochen! Und wenn schon nicht zu uns, dann
hätte er zu dem Zwölfjährigen sagen können: ›Heute kannst du bei uns
ein Hühnerschenkelchen essen.‹«

Elsa war eine schlechte Schülerin und sagte einmal sogar zu dem
Priester: »›Verlangen Sie nicht, daß ich was lerne! Sie können mir alles
erzählen, aber nicht abfragen.‹ Ich hab das nicht behalten.« Trotzdem

konvertierte sie dann und bekam auch einen Taufschein ausgehändigt. »Nur wegen des Stempels auf dem Taufschein habe ich mir anhören müssen, was die katholische Kirche zu sagen hat. Ich dachte: ›Vielleicht können die Katholiken uns in der schlimmen Nazizeit helfen.‹ Ich hatte nicht viel Hoffnung. Ich habe gedacht: ›Vielleicht‹ hilft das was. ›Vielleicht, vielleicht‹, hab ich gedacht.«

Nach ihrer Konversion heiratete Elsa Rudi noch einmal – diesmal nach katholischem Ritus. Zuvor war es aber zu heftigen Turbulenzen gekommen: Der Priester hatte Rudi gesagt, er würde ohne seinen Judenstern vor den Altar treten müssen, Elsa hatte daraufhin einen Wutanfall bekommen und den Geistlichen bezichtigt, er wolle ihren Mann umbringen. »Ohne Stern, das wissen Sie genau, wird er festgenommen, und es wird aus sein.« Sie kamen schließlich überein, daß die Trauung in der Privatwohnung des Priesters vollzogen werden sollte.

»Na ja, die Kirchenleute sind katholisch erzogen worden«, resümierte Elsa, und nachdem sie einen Augenblick lang nachgedacht hatte, verflog ihr Ärger etwas, und ihre Stimme wurde wieder sanfter. »In der Wohnung des Priesters ist die Trauung vollzogen worden. Nicht mal in der Kirche. Aber das hat wohl nicht geholfen. Also ich kann nur sagen, die Kirche war was Fürchterliches. Ich habe gesagt: ›Rudi, wir brauchen gar keinen Glauben. Wir glauben an uns, und keiner tut dem anderen weh. Versuch es mal!‹ Anscheinend ist es uns gelungen.«

Katholiken gegen das Regime

Am Vorabend des Holocaust bewirkte ein energischer öffentlicher Protest, daß ein Vorhaben der Nazis, das den Massenmord an den Juden in gewisser Hinsicht schon vorwegnahm, abgebrochen werden mußte. Von Ende 1940 an kursierten Gerüchte, daß das Regime auch Deutsche umbrachte. Das Rassenhygieneprogramm der Nazis sah die Ausmerzung aller »erbkranken« Menschen vor – auch wenn sie »Arier« waren. Zahllose Berichte über das Euthanasieprogramm und Anträge, daß man Angehörige davon verschonen möge, belegen, daß ein großer Teil der Bevölkerung in allen Teilen des Reichs aufs höchste beunruhigt war.[30] Das Justizministerium zog es vor, die Menschen, die die Gerüchte über die von den Nazis praktizierte »Sterbehilfe« verbreiteten, nicht zu verfolgen, weil es besser schien, die unerwünschte Publizität, die das Geheimprogramm schon erhalten hatte, nicht noch weiter zu steigern. Schon sechs Jahre zuvor hatte Hitler die Befürchtung gehegt, daß die Kirche sich jeder Art von Euthanasie widersetzen würde, und nachdem das Programm bekanntgeworden war, hatten einige prominente katholische Kleriker auch tatsächlich Protestschreiben verfaßt.[31] Im Juli und August 1941 sorgte dann Clemens von Galen, der katholische Bischof von Münster, dafür, daß sich der Protest von den Machthabern nicht mehr ignorieren ließ, indem er ihre Euthanasiemaßnahmen von der Kanzel herab öffentlich anprangerte. Nach Galens dritter Predigt zu diesem Thema ordnete Hitler Ende August den Stop des »Gnadentod«-Programms an.

Galen war der Katalysator, der Hitler dazu zwang, sich zwischen dem Wunsch nach der Durchführung eines wichtigen Programms und dem Verlangen nach rückhaltloser Unterstützung durch die Öffentlichkeit zu entscheiden.[32] Obwohl Hitlers Befehl dem Morden kein vollständiges Ende setzte, kam es danach zu keinen öffentlichen Protesten gegen die »Sterbehilfe« mehr. Wenn er auch als gefürchteter Diktator über erhebliche Macht verfügte, blieb es doch Hitlers grundlegendes Ziel, das deutsche Volk ohne Gewalt zu einer bewußten Zustimmung zu seinem Regime zu bringen. Eine solche Zustimmung war für ihn von entscheidender Bedeutung, auch zu einer Zeit, als die Wehrmacht noch triumphale Siege zu verzeichnen hatte und sich noch nicht auf dem Rückzug befand. Schon im Herbst 1941, als sich an keiner der vielen Fronten eine militärische Niederlage der Deutschen abzeichnete, beschnitt Hitler das Rassenhygieneprogramm ganz beträchtlich, um nicht seine Popularität beim Volk einzubüßen. J. P. Stern, der Historiker, der Hitler noch persönlich erlebte und Zeuge wurde, wie rasch der Nationalsozialismus sich durchsetzte und verbreitete, kommt zu dem Schluß, daß »wohl kein Zweifel daran bestehen kann, daß es, wenn die Kirchen sich ebenso energisch gegen die Verfolgung und Vernichtung der Juden ausgesprochen hätten, wie sie sich gegen die Ausmerzung derer gestellt hatten, die an geistigen oder körperlichen Erbkrankheiten litten, keine ›Endlösung‹ gegeben hätte.«[33]

Bischof von Galen, dem durch einen erfolgreichen Protest im Jahr 1936 gegen eine antikirchliche Maßnahme und durch die ebenso erfolgreiche Auflehnung gegen die Euthanasie im Jahr 1941 deutlich gewesen sein muß, welches Gewicht die Nazis der Meinung der deutschen Katholiken beimaßen, muß wohl in der Lage gewesen sein, genau abzuwägen, welches Risiko ein Mann in seiner Position eingegangen wäre, wenn er dem Regime auch, was die Vernichtung der Juden betraf, öffentlich Widerstand entgegengesetzt hätte. 1936 hatte der Bischof zu denen gehört, die sich gegen eine regionale Verordnung zur Wehr gesetzt hatten, welche die Schulen in Oldenburg, im vorwiegend protestantischen Norddeutschland, betroffen hatte. Als der örtliche NSDAP-Leiter am 4. November des Jahres bekanntgab, daß alle Kruzifixe – und Lutherbilder – aus den öffentlichen Schulen zu entfernen seien, löste dies in Cloppenburg, einer katholischen Enklave, einen – wie es in einem Bericht des SD hieß – »Sturm der Empörung« aus. Die Prälaten der Region unterstützten die Proteste »mit allen Mitteln«.[34] Ein neuntägiger Sondergottesdienst wurde abgehalten, und jeden Abend wurden aus Protest die Kirchenglocken geläutet. Einige Familien begannen damit, zu Hause eigene Andachten abzuhalten. Kinder gingen mit Kruzifixen um den Hals zur Schule, und überall bildeten sich Komitees, die die Aufhebung der Verordnung forderten. Zur Bestürzung der hohen Funktionäre in Berlin griff die »schwere Unruhe«, die durch den Kruzifix-Erlaß ausgelöst wurde, sogar auf parteiinterne Kreise über: Verwaltungsangestellte der NSDAP stellten die Einrichtungen ihrer Büros zur Verfügung, der nationalsozialistische Frauenverband weigerte sich, bestimmten Befehlen nachzukommen, und sogar die Hitlerjugend verweigerte ihre Mitarbeit. In Reaktion auf die öffentliche Empörung berief der Parteileiter von Oldenburg am 25. November eine Versammlung in einem großen Saal ein, bei der er bekanntgab, daß die Anordnung zurückgenommen worden sei.[35] Die Kirche wertete diese Ereignisse als »den ersten Sieg der katholischen Kirche über den Staat«[36], und katholische Aktivisten kamen zu dem Schluß, daß die Gläubigen in der Lage seien, sich allen antikatholischen Aktionen des Staates erfolgreich zu widersetzen, solange sie eine geschlossene Front bildeten.[37]

Im April 1941, nur wenige Monate vor Beginn des Rußlandfeldzugs und der Massenvernichtung der Juden, wurde der Erfolg, den die Gläubigen in Cloppenburg errungen hatten, richtungweisend für einen weiteren Kampf, den die katholische Kirche gegen den Staat austrug. Die Aktionen richteten sich ebenfalls gegen ein Kruzifixverbot. Am 23. April ordnete der bayerische Erziehungsminister Adolf Wagner an, daß alle Kruzifixe aus den Schulen seines Zuständigkeitsbereiches entfernt werden sollten; außerdem sollte das übliche gemeinsame Schulgebet durch das Aufsagen von nationalsozialistischen Parolen oder das Absingen nationalsozialistischer Lieder abgelöst werden, und nach dem Ende der Sommerferien sollten alle Bilder christlichen Inhalts durch solche ersetzt werden, die »der gegenwärtigen Zeit besser entsprachen«. Als die Bevölkerung gemeinsam mit vielen regionalen Parteifunktionären protestierte, verlegte Wagner die Termine, bis zu denen die Änderungen durchgeführt sein sollten, vor, was noch heftigere Proteste zur Folge hatte. Nach zwei Wochen sah Wagner sich gezwungen, seine Anordnung wiederaufzuheben. Da er sein Gesicht wahren wollte, tat er dies aber heimlich.

Das Ergebnis war ein politisch-brisanter Massenungehorsam von seiten frommer Landbewohner, der bis in den Sommer hinein anhielt und »umfassender war als irgendein anderer in Bayern zu einem früheren Zeitpunkt während des Dritten Reiches«, wie Ian Kershaw meint.[36] Die Mütter von Schulkindern riefen eine »Revolte der Mütter« ins Leben; sie sandten Delegationen zu Schuldirektoren oder örtlichen Parteivorsitzenden und drohten damit, ihre Kinder von der Schule zu nehmen, wenn man die Kruzifixe nicht wieder aufhängen würde. »In vielen Fällen«, schreibt Kershaw, überzeugten Schulstreiks die örtlichen Behörden davon, daß sie dem Druck nachgeben müßten, vor allem weil »jede Art von mangelnder Bereitschaft [von ihrer Seite aus] nachzugeben Demonstrationen von kleineren Gruppen oder großen Scharen verärgerter Menschen auslöste, bei denen die Frauen des Ortes immer in erster Reihe standen«.[38]

Petitionen, kritische Äußerungen und Drohungen, aus der Partei und aus den Frauenorganisationen der Partei auszutreten, begannen sich bald in den Büros der NSDAP zu stapeln. Während Deutschland an der neuen Ostfront den »gottlosen Bolschewismus« bekämpfte, erhob die Gottlosigkeit ihr häßliches Haupt mitten im Vaterland. Die Frauen ermutigten sich gegenseitig dazu, ihren Ehemännern, die an der Front standen, von ihrem eigenen Kampf zu schreiben. Die Antwortbriefe, die sie erhielten, wurden dann von ihnen – zum Entsetzen der Männer – als zusätzliche Waffen im Streit um die Kruzifixe eingesetzt. Eine Frau bekam einen Brief von ihrem Mann, in dem dieser erklärte, die Nachrichten von daheim hätten ihn zu der Entscheidung bewegt, nicht länger zu verhehlen, wie entsetzlich die Verhältnisse an der Front wirklich waren.

Der Parteivorsitzende von Augsburg-Land bezichtigte die Kirche, ihre Offensive gegen den Kruzifix-Erlaß mit alten Nazimethoden zu führen; er verglich die Methoden zur Beeinflussung der öffentlichen Meinung und die Versammlungen, die die Kirche einsetzte, mit den Strategien, zu denen die Partei seinerzeit gegriffen hatte, um sich Anhänger zu verschaffen. Der Statthalter von Bayern, Franz Epp, beklagte sich bitter über Wagners Kruzifix-Erlaß; er schrieb Ende Dezember 1941 an den Chef der Reichskanzlei, Hans Lammers, und berichtete, daß Wagner Demonstrationen provoziert habe und Schulstreiks und Unruhe in der ganzen Provinz ... Aber noch schlimmer: Die Verwüstung im Innern und damit die Bildung einer »geistigen Widerstandsfront« halte an. Epp meinte, daß es doch vielmehr Wagners Aufgabe als verantwortlichen Führers sei, die Moral an der Heimatfront während des Krieges zu stärken und alle unnötigen Belastungen dieser Moral zu vermeiden. Wisse jeder, der den Ersten Weltkrieg mitgemacht habe, doch, daß die Moral in der Heimat je nachdem die Moral an der Front heben oder zerstören könne.[39]

Wieder einmal lenkten die Behörden ein; Wagner ordnete an, daß man damit aufhören solle, die Kruzifixe aus den Schulen zu entfernen. Der Kampf gegen die Euthanasie trat zur selben Zeit in seine entscheidende Phase. Er war vor allem von führenden Männern der Kirche, allen voran Bischof von Galen, ausgefochten worden, in ihm kamen aber Ängste zum Ausdruck, die in weiten Kreisen der Bevölkerung verbreitet waren, und dies bewirkte, daß er von vielen Menschen getragen wurde. Im Februar 1941 hatte die gesamte Einwohnerschaft eines Dorfes öffentlich ihre Sympathie für eine Reihe von Menschen bekundet, die dem Euthanasieprogramm zum Opfer fallen sollten. Als die geistig Behinderten zusammengetrieben und dann in Bussen abtransportiert worden waren, hatte sich die gesamte Bevölkerung von Asberg, strenge Katholiken, versammelt und mit Tränen in den Augen das Geschehen mit angesehen.[40] Jedem war klar gewesen, daß diese Menschen in den Tod geschickt wurden. Die politische Führungsspitze reagierte auf die vielen Gerüchte über die Tötung von Menschen mit Erbkrankheiten mit der Anweisung an den SD, Sonderberichte über solche »Gerüchte und politischen Witze« vorzulegen, und zwar vor dem Termin, zu dem Berichte über die Stimmung der Bevölkerung normalerweise fällig waren. Der SD wurde damit beauftragt, die Quellen von negativen Gerüchten und Witzen ausfindig zu machen. Liefen diese innerhalb einer ganzen Region oder nur innerhalb einer bestimmten Gruppe um? Wo und wann war ein Gerücht zum erstenmal laut geworden, und wie weit hatte es sich verbreitet? SD-Spitzel erhielten die Anweisungen, solche Gerüchte bis zu ihrer Quelle zurückzuverfolgen. Jeder, der eines weitererzählte, sollte darauf befragt werden. Wenn möglich, sollte die Person, die ein Gerücht oder einen Witz in Umlauf gebracht hatte, namhaft gemacht werden.[41]

Wenige Wochen später berichtete der SD, daß zahlreiche politische Witze und Gerüchte von schädlichem und gegen den Staat gehässigem Charakter, zum Beispiel abträgliche Witze über den Führer, führende Persönlichkeiten, die Partei, die Wehrmacht usw. in Umlauf seien.[42] In einem Brief vom 4. März 1941 an den Chef der Reichskanzlei, Hans Lammers (an den viele der schriftlichen Proteste gegen das Euthanasieprogramm gerichtet gewesen waren), erklärte der amtierende Justizminister Franz Schlegelberger, daß es nicht ratsam sei, Leute strafrechtlich zu verfolgen, die etwas über das Euthanasieprogramm herumerzählten, weil ein Prozeß das Vorhaben nur noch bekannter machen würde.[43] Der Chef der Gestapo, Heinrich Müller, hingegen vertrat eine ganz andere Meinung; er versprach am 13. März 1943, er werde ernste Maßnahmen gegen alle ergreifen, die solche gehässigen Witze und Gerüchte in Umlauf brächten.[44]

Im Spätsommer hielt Galen die schon erwähnten drei Predigten und warnte von der Kanzel herab vor der durch keinerlei Gesetze eingeschränkten Macht der Gestapo. Der Bischof legte dar, daß niemand vor der Polizeiwillkür sicher sein könne; wenn man ein Programm, das alle die ausmerzte, die von keinerlei erkennbarem Nutzen für den Staat waren, logisch weiter entwickelte, dann würde man bald auch invaliden Soldaten und Krüppeln, den Alten und den Schwachen Sterbehilfe angedeihen lassen müssen. Von dieser dritten Predigt des Bischofs wurden Tausende von Exemplaren gedruckt und verteilt.[45] Riesige Scharen von Gläubigen versammelten sich im Dom von Münster, um schweigend ihre Unterstützung Galens zu bekunden.[46]

Galen verlieh der allgemeinen Angst, die sich mit der Euthanasie verband, Ausdruck. Sobald er sich öffentlich gegen dieses Vorhaben der Nazis geäußert und die Bevölkerung auf seinen Konflikt mit den Machthabern aufmerksam gemacht hatte, war er bis zu einem gewissen Grad geschützt: Wenn man ihn verhaften würde, würde die Öffentlichkeit sofort davon erfahren und auch den Grund dafür wissen.

Der Bischof trug also selbst dazu bei, daß sich in der Öffentlichkeit die Meinung bildete, die ihn vor Revanchemaßnahmen des Regimes schützte. Martin Bormann, Hitlers Parteichef, und andere hohe Funktionäre forderten, daß man Galen aufhängen solle. Goebbels ließ der Parteikanzlei die Antwort zukommen, daß nur Hitler selbst den Geistlichen zum Tode verurteilen könne. Jetzt, mitten im Krieg, würde es aber äußerst schwer, ja nahezu unmöglich sein, Galen hinzurichten, fügte er hinzu. Wenn etwas gegen den Bischof unternommen würde, könnte man während des Krieges mit keinerlei Unterstützung der Menschen in Münster mehr rechnen, schrieb er und äußerte dann noch die Befürchtung, daß vielleicht ganz Westfalen danach den Krieg nicht mehr unterstützen würde.[47]

Hitler gab den Befehl, das Euthanasieprogramm abzubrechen, weil er den öffentlichen Protesten ein Ende setzen wollte. Man hörte auch tatsächlich mit der Vergasung der »Kranken« auf, begann aber statt dessen mit einer Aktion, die weniger stark zentralisiert war und sich daher nicht so leicht dem Regime anlasten ließ. In den neunzehn Monaten vom Januar 1940 bis zum August 1941 hatte die Euthanasie an die siebzigtausend Menschenleben gefordert, in den vierundvierzig Monaten, die das Programm in stark reduzierter Form weiterbetrieben wurde, fielen ihm weitere dreißigtausend Menschen zum Opfer. Man teilte Ärzten, auf die man sich verlassen konnte, mit, daß es nicht unerwünscht sei, wenn bestimmte geistig oder körperlich behinderte Patienten durch eine medikamentöse Überdosis oder weitgehenden Nahrungsentzug ums Leben kämen. Kooperationswillige Ärzte beförderten auf diese Weise weiterhin »unnütze Esser« ins Jenseits und schrieben Totenscheine aus, in denen das Ableben ihrer Patienten auf natürliche Ursachen zurückgeführt wurde.[48] Viele der Opfer dieser »wilden Euthanasie« besaßen keine deutschen Angehörigen; sie waren Waisen oder auch Zwangsarbeiter aus dem Osten.[49] Die Rassenhygiene, dieser Grundstein der nationalsozialistischen Politik, ließ in den Deutschen Ängste wach werden, wenn die eigenen Landsleute davon bedroht waren. Die Opfer der »wilden Euthanasie« hatten niemanden, der für sie eintrat.

Galen wurde kein Leid zugefügt. Er war ein zu geachteter und von vielen geradezu verehrter Mann; man hätte ihn nicht eliminieren können, ohne jene Unruhen auszulösen, die das Regime um jeden Preis zu verhindern suchte. Er machte das allgemein bekannt, was das Regime verbergen wollte. Die ganze Tötungsmaschinerie wurde danach für eine noch umfassendere Operation frei: für die Massenvernichtung der Juden.[50]

11
Der »Judenstern«-Erlaß: die offizielle Geschichte und die Erfahrungen der Betroffenen

Die menschliche Wirklichkeit von Leben, Tod und Geschichte ist so schrecklich, daß nur eine gewisse Taubheit im Denken oder ein Mesmerismus unserer selbst sogar die Glücklichsten von uns davor bewahrt, wie wahnsinnig aufzuschreien. Gute Arbeit am Morgen, eine schöne Segeltour am Nachmittag, eine halbe Stunde Liebe, eine gute Mahlzeit und ein Ankerplatz an einem milden Abend, das lenkt uns ab. Wir können dankbar für diese Zerstreuung sein, weil der Python des Todes auch dann nicht verschwindet. Es ist das Meer, auf dem wir segeln, es sind Kette und Schuß, mit dem sich die Geschichte fortwebt, der Boden unter unseren Füßen. Das Wunder ist dann nicht, daß Mut, Großherzigkeit, Altruismus, Barmherzigkeit und der Rest rar sind, es ist der Umstand, daß sie hier, in diesem Schlangennest, überhaupt noch vorkommen.

John Barth

Im November 1939 verlangte die deutsche Zivilverwaltung im besetzten Polen erstmals von Juden, als Erkennungsmerkmal einen »Judenstern« zu tragen; sie mußten entweder eine Armbinde mit dem Stern anlegen oder – zuerst im Wartheland – sich einen gelben Stoffflicken von 12 cm Größe hinten und vorn auf die Kleidung nähen.[1] Vom September 1941 an waren alle Juden in ganz Deutschland, die älter als sechs Jahre waren, dazu verpflichtet, einen leuchtendgelben Stern gut sichtbar auf der linken Brustseite an ihrer Kleidung zu befestigen.

Alle Menschen, die von den Nürnberger Gesetzen zu Juden erklärt worden waren, mußten sich dieser neuen Regelung unterwerfen. Ausgenommen waren von ihr nur einige wenige, die in einer privilegierten Mischehe lebten, und »Mischlinge« wie Werner Goldberg, die

Christen waren. Juden, die für Deutschland gekämpft hatten, sogar Offiziere, die von Hitler selbst mit Tapferkeitsmedaillen ausgezeichnet worden waren, mußten sich auf diese Weise kennzeichnen; und auch die Invaliden und die Verwundeten, die in Krankenhäusern oder Lazaretten lagen, waren nicht von der Vorschrift befreit.[2] Der Stern mußte fest angenäht sein, so daß er nicht ohne weiteres entfernt und erneut angeheftet werden konnte. Wenn ein Gestapo-Mann es schaffte, einen Bleistift zwischen den Stern und das Tuch der Jacke oder des Mantels zu schieben, dann war dieser zu locker angenäht. Eine Berliner Fahnenfabrik stellte schon zwei Wochen nach dem Erlaß bettlakengroße Stoffbahnen her, auf die die goldenen Sterne in langen Reihen aufgedruckt waren, und die Jüdische Gemeinde übernahm deren Verkauf. Sie kosteten zwanzig Pfennig das Stück.[3]

Diese Brandmarkung war von Goebbels initiiert worden, dessen Aufgaben als Propagandaminister auch die Vermeidung öffentlichen Aufruhrs einschlossen. Wie bei einer Pressekonferenz des Propagandaministeriums bekanntgegeben wurde, sollte der neue Erlaß einen noch tieferen Keil zwischen Juden und Deutsche treiben. Mit dem gelben Stern sollten die Juden als gefährliche Verbrecher gebrandmarkt werden. Alle Juden, einschließlich jüdische Kriegshelden, sollten in den Augen der Öffentlichkeit als diejenigen dastehen, die für den neuen Krieg verantwortlich waren. Ohne durch Gesetze geschützt zu sein, würden sie auf den Straßen zu Vogelfreien werden und den Übergriffen des Pöbels wehrlos ausgesetzt sein.[4] Der »Judenstern« markierte den Teil der Bevölkerung, der für die Vernichtungslager bestimmt war.

Wenn sie auch nur einen Teil der mit Deutschen verheirateten Juden und der »Mischlinge« zum Tragen des Sterns verpflichteten, drückte sich darin schon die Erwartung der Machthaber aus, auch diese Menschen einmal deportieren zu können. Goebbels sah jedoch die Deportation dieser Menschen als eine heikle Angelegenheit an. Er beabsichtigte, sich sehr bedächtig und immer nur Schritt für Schritt seinem Endziel, der völligen Auslöschung aller »Mischlinge« und in Mischehe lebenden Juden, zu nähern. Letztere stellten in den Augen der Machthaber das größere Problem dar, da sie ja im Gegensatz zu den »Mischlingen« keine »Halb-«, sondern »Volljuden« waren.

Sein Verlangen, die Moral der Bevölkerung unter keinen Umständen zu schädigen, veranlaßte Hitler Anfang 1941 dazu, den Versuchen von hohen Parteifunktionären und Beamten der Sicherheitspolizei, die »Mischlinge« und die Juden mit deutschen Ehepartnern in die bevorstehende »Endlösung« mit einzubeziehen, einen Riegel vorzuschieben. Den Nürnberger Gesetzen zum Trotz, die bestimmten »Mischlingen«

einen anderen Status einräumten als den »Volljuden« – also denen mit drei oder vier jüdischen Großeltern –, kamen hohe Nazifunktionäre im Januar 1941 überein, alle »Mischlinge« wie Juden zu behandeln. Diese Funktionäre, die der Parteikanzlei, dem Sicherheitsdienst und dem Rassenpolitischen Amt angehörten, wollten auch – was durchaus im Einklang mit den Rassengesetzen gestanden hätte – die mit Deutschen verheirateten Volljuden, und zwar auch die, deren Verbindung als eine privilegierte Mischehe eingestuft worden war, deportieren. Am 13. August 1941, bei einem letzten Treffen vor dem Beginn des Genozids, kamen dieselben Männer überein, die Definition von »Jude« mit Wirkung für alle besetzten Gebiete zu erweitern und die »Mischlinge« in die Kategorie der Juden mit einzubeziehen. Aber wenige Tage später, bei einem Zusammentreffen mit Goebbels, lehnte Hitler kategorisch alle Pläne der Parteikanzlei ab, »Mischlinge« als Juden einzustufen.[5] Die Gestapo erhielt daraufhin die Anweisung, alle deutschen »Mischlinge« und alle Juden mit deutschen Ehepartnern »vorläufig zurückzustellen«, das heißt, sie von den Deportationen, die Mitte Oktober 1941 begannen, auszunehmen.[6]

Goebbels, der wie kaum ein zweiter das Vertrauen Hitlers genoß, stattete dem Führer in dessen ostpreußischem Hauptquartier einen Besuch ab; dort konnte er Hitler dazu bewegen, den »Judenstern«-Erlaß zu unterzeichnen. Ihre gemeinsame Entscheidung, von einer Minderheit der »Mischlinge« und in Mischehe lebenden Juden zu verlangen, einen solchen Stern zu tragen, sie aber gleichzeitig in ihrer Gesamtheit »vorläufig« aus der »Endlösung« auszuklammern, entsprach einer von Goebbels bevorzugten Taktik: Der Minister unterwarf gerne eine beschränkte Anzahl von Mitgliedern jüdisch-deutscher Familien ebenfalls den allerhärtesten Repressionen, um die Reaktion der Öffentlichkeit darauf zu testen.[7]

Bei der Auseinandersetzung darüber, welches nationalsozialistische Ideal Vorrang haben sollte – die Wahrung des gesellschaftlichen Friedens oder die Reinigung der Rasse – , ging es auch um die persönliche Macht der Kontrahenten. Goebbels war innerhalb der Partei nach einem erbarmungslosen Machtkampf rasch nach oben gestiegen; oft hatte er Hitler dazu gezwungen, sich auf seine Seite zu stellen, indem er damit drohte zurückzutreten, wenn er nicht seinen Willen bekäme. 1933 hatte der intellektuelle Außenseiter in dem Dickicht schon lange etablierter Ministerien mit sicheren Budgets um seinen Zuständigkeitsbereich und um Geld für sein neues Ministerium gekämpft. Viele zerknitterte alte Bürokraten müssen sich durch solch ein zahnloses Ministerium zunächst eher irritiert als bedroht gefühlt haben. Aber Hitler hatte genau begriffen, welche zentrale Rolle der Propaganda bei seinem Bemühen, uneingeschränkte Zustimmung von seiten der Bevölkerung zu erhalten, zukommen würde. Goebbels hatte sich schlauerweise mit der Erklärung Hitlers zufriedengegeben, daß sein Ministerium in allen Angelegenheiten, die die öffentliche Stimmung betrafen, das letzte Wort haben werde.

Hohe Vertreter der Partei und der SS hatten Goebbels 1941 nicht in ihre Überlegungen zur »Endlösung« mit einbezogen – sie selbst waren schon zu einem Übereinkommen bezüglich der Behandlung von in Mischehe lebenden Juden und »Mischlingen« gekommen und fest entschlossen, selbst dafür zu sorgen, daß alle zukünftigen Entscheidungen zur »jüdischen Frage« von ihrem Kreis getroffen würden.[8] Anstatt den Versuch zu unternehmen, in diesen Kreis einzudringen, verließ Goebbels sich auf sein enges Verhältnis zu Hitler[9] und veranstaltete seine eigene Konferenz. Am 15. August 1941 spielte Goebbels' Stellvertreter im Propagandaministerium, Leopold Gutterer, den Gastgeber für vierzig Beamte, die zusammengekommen waren, um über die Frage zu debattieren, wie man die deutschen Juden öffentlich kennzeichnen könne.

Gutterer war seit dem April des Jahres – vielleicht auch schon früher – damit beauftragt, Pläne dafür auszuarbeiten. Er selbst hatte Goebbels vielleicht dazu gedrängt, auf einer solchen Kennzeichnung aller deutschen Juden zu beharren.[10] Als er bei der Konferenz, die sich mit diesem Problem befassen sollte, den Vorsitz führte, hatte er gerade eine besondere Auszeichnung für seine Loyalität und seinen unermüdlichen Einsatz erhalten. Hitler hatte ihn an seinem Geburtstag in seiner Wohnung aufgesucht, um ihm mitzuteilen, daß er zum alleinigen Stellvertreter Goebbels' im Propagandaministerium ernannt worden war.

Bernhard Lösener, der Judenreferent des Innenministeriums, hatte eine kleine Runde von Teilnehmern und ruhige Gespräche unter Experten erwartet. Statt dessen erlebte er Reden, denen »Beifall folgte – gar nicht wie bei einer Konferenz, sondern wie bei einem Wahlkampf«. Lösener, der die Nürnberger Gesetze ausformuliert hatte, hatte auch den »Judenstern«-Erlaß entworfen.

Gutterer eröffnete die Konferenz mit Vorwürfen gegen die deutschen Juden; er prangerte bestimmte, für sie angeblich typische Verhaltensweisen, die dem Propagandaministerium zufolge die öffentliche Stimmung beeinträchtigten und also in seinen Zuständigkeitsbereich fielen. Gutterer schloß mit der Feststellung, daß die Basis für eine wirkungsvolle Durchsetzung aller Maßnahmen die öffentliche Identifizierung der Juden sei. Die Juden riefen durch ihre unverschämte Art

Empörung in Kreisen der deutschen Bevölkerung hervor, und dies wiederum brächte die Frontsoldaten in Harnisch. In Berlin hätten die Unruhestifter ihr Hauptquartier. Außerdem würden sie den anderen wichtigen Lebensraum wegnehmen und kostbare Lebensmittel wegessen. Die Juden, so lautete ein Anklagepunkt Gutterers, seien an der Erdbeerknappheit in Berlin schuld! Ihre Lebensmittelrationen sollten weiter reduziert werden, sagte er, bevor er damit schloß, daß es am besten wäre, sie allesamt totzuschlagen.[11]

Die Konferenzteilnehmer kamen sehr schnell überein, daß es dringend notwendig sei, die Juden zu kennzeichnen. Göring ließ jedoch durch einen Stellvertreter die Forderung übermitteln, daß alle Maßnahmen, die die »Judenfrage« betrafen, zuerst ihm zur Überprüfung unterbreitet würden, und gab auf demselben Wege bekannt, daß das Innenministerium in diesen Angelegenheiten die höchste zuständige Instanz sei. Gutterer stimmte dem zu, stellte jedoch gleichzeitig fest, daß das Propagandaministerium immer dann einschreiten müsse, wenn die Öffentlichkeit »erregt« würde. Eine von Goebbels' Seite kommende Behauptung, daß die Öffentlichkeit erregt sei oder erregt zu werden drohe, fand mit Sicherheit die Aufmerksamkeit Hitlers – und Goebbels verstand es auf diese Weise sicherzustellen, daß er die oberste Entscheidungsgewalt in den allerwichtigsten jüdischen Angelegenheiten hatte.

Vierzig Jahre nach Kriegsende schilderte Leopold Gutterer ganz beiläufig, wie er damals den Vorsitz bei jenem Treffen geführt hatte: Er sprach davon so, als ob er über den Flur geschlendert und – ohne daß man ihm eine Erklärung gegeben oder besondere Verantwortung übertragen hätte – plötzlich in den Saal hineingezogen worden sei, um einen Moment lang einen Ausschuß zu leiten, der damit beauftragt war, alle Juden öffentlich zu brandmarken, so daß man sie bald in die Vernichtungslager schicken könnte.[12]

Am ersten Tag, an dem Juden sich mit dem gelben Stern an ihrer Kleidung auf den Straßen zeigten, erlebten viele Menschen eine große Überraschung. Deutsche wie auch Juden stellten verblüfft fest, daß langjährige Nachbarn und Bekannte, von denen sie nie geglaubt hätten, daß sie jüdisch seien, den Stern trugen. Es gab noch 150 000 Juden in Deutschland, von denen mehr als 70 000 in Berlin lebten. Charlotte Israel nähte die Abzeichen an die Mäntel und Jacken ihres Mannes. »Von da an wollte mein Mann nicht mehr auf die Straße gehen: ›Ich warte, bis alles vorbei ist, es kann nicht mehr lange dauern‹, sagte er. Das haben alle gesagt. Viele haben das geglaubt. Also ging ich nur noch zum Einkaufen raus und blieb sonst bei meinem Mann. Nachdem wir zwei Monate nicht draußen gewesen waren, hab ich ihn dann endlich zu einem Spaziergang überredet – es war so'n herrlicher sonniger Tag. Er braucht sich doch nicht zu schämen, sagte ich – das sollten die andern tun. Wir waren auf unserer Straße bekannt, aber kaum einer wußte, daß mein Mann jüdisch war. Wir gingen also spazieren. Leute, die uns begegneten, sahen weg. Nur ein Mann rief, als er schon vorbei war: ›Deutsches Mädchen, schäm dich!‹ Ich hab überhaupt nicht reagiert.«

Juden, die mit dem Stern an ihren Kleidern zu einem christlichen Gottesdienst erschienen, lösten peinlichen Unwillen aus. In Breslau erwog der Klerus, besondere Messen für die so Stigmatisierten abzuhalten, und in Berlin erklärte sich ein Priester nur unter der Bedingung bereit dazu, ein deutsch-jüdisches Paar zu trauen, daß der jüdische Bräutigam während der Zeremonie nicht seinen Stern trug.[13] Sogar die jüdischen Partner in privilegierten Mischehen fühlten sich über jene »erhaben«, die den Stern trugen, und vermieden es, sich in der Öffentlichkeit zusammen mit ihnen sehen zu lassen.[14] Hans-Oskar Löwenstein, der damals fünfzehnjährige »Mischling«, trug das Abzeichen genau wie sein Vater. »Natürlich hatten wir furchtbare Angst«, erzählte er, als er sich an den ersten Tag erinnerte, an dem er mit dem »Judenstern« auf die Straße mußte. Er habe viele Menschen gekannt, aber nicht gewußt, daß sie Juden seien, bis sie plötzlich mit dem Stern erschienen. In den ersten Tagen sahen uns die Leute an, als seien wir von einem anderen Stern. Aber das änderte sich bald. Solange sie in Berlin mit diesem Stern lebten, sahen die Leute durch sie hindurch, wie durch Glas. Er wußte, daß niemand eingeschritten wäre, wenn ihn jemand niedergeschlagen hätte. Nur zweimal habe er Freundlichkeit erfahren. Einmal habe ihm jemand einen Apfel zugesteckt, ein anderes Mal habe ihm ein Mann mit starkem Berliner Akzent gesagt: Keine Sorge, die Dinge werden eines Tages besser laufen.[15]

Sechs Monate später, im März 1942, mußten alle jüdischen Haushalte den Stern an ihren Wohnungs- oder Haustüren anbringen. Danach überschritt nur noch ein Deutscher, der nicht zur Familie gehörte, die Schwelle zur Wohnung der Israels. Er war der Besitzer einer Wäscherei in der Mommsenstraße, der schon seit Jahren mit Julius Schach spielte. Julius war passionierter Schachspieler, und es war schwer, einen anderen Partner seines Kalibers zu finden. »Wie er wegging, hat mir dieser Mann immer was hingelegt, was Süßes oder so, auf meine Nähmaschine. Und wenn er weg war, dann fand ich das immer«, erinnerte sich Charlotte voller Rührung. Solche kleinen Gesten bedeuteten ihr und Julius sehr viel, aber sie waren selten. Auch andere Juden erzählten, daß manche Deutsche den mit dem Stern Gebrandmarkten kleine Gefälligkeiten erwiesen, ihnen zum Beispiel verstohlen Zigaretten oder irgendwelche Eßsachen zusteckten.[16]

Warum sie den Stern tragen mußten und in die soziale Isolierung geraten waren, war etwas, das jüdische Eltern ihren Kindern kaum erklären konnten. Eine von Charlottes Nachbarinnen, eine russische Jüdin, hatte eine entzückende sechsjährige Tochter namens Nora. Als ihre Mutter ihr sagte, daß sie den Stern an ihrer Kleidung tragen müsse, da sie jüdisch sei, meinte Nora ganz verblüfft: »Was? Ich dachte, wir sind Russen!« Eines Tages stand sie in einem Gartenrestaurant plötzlich auf, ging zu einem Mädchen am Nebentisch hinüber und fragte die Kleine, ob sie auch jüdisch sei. Dann lief sie zwischen den anderen Tischen hindurch und stellte anderen Kindern die gleiche Frage. Einige von ihnen wußten es nicht. Den Erwachsenen war das alles fürchterlich peinlich. Es waren anständige, wohlerzogene Menschen, denen es vor allem darauf ankam, daß die Etikette nicht verletzt wurde. Das Regime brauchte keine Diskussionen über das schreckliche Schicksal der Juden zu fürchten, solange die Öffentlichkeit es vorzog, über das Ganze zu schweigen. »Alles guckte auf uns, man kam sich vor wie ein Krimineller«, erinnerte sich Charlotte. »Es war schrecklich. Einem Kind kann man so etwas doch so schwer beibringen, daß sie das nicht sagen soll.« Was es bedeutete, Jude zu sein, und was für ein Schicksal einen Juden erwartete, war natürlich wirklich kein Gesprächsthema für eine Tischgesellschaft.

Für Wally und Günter Grodka kam ihr Sohn Rainer gerade noch rechtzeitig auf die Welt. Die Geburt des nur fünf Pfund schweren Jungen am 22. Mai 1941 befreite seinen Vater einige Monate später davon, den »Judenstern« anlegen zu müssen, weil die Grodkas durch ihn den Status einer privilegierten Mischfamilie erlangten. Die Nürnberger Gesetze verhinderten es zwar, daß ein »Mischling«, der der jüdischen Gemeinde angehörte, konvertierte, um sich vom Status eines »Geltungsjuden« zu befreien, die Grodkas machten aber einen »antifaschistischen« protestantischen Pfarrer ausfindig, der bereit war, ihren Sohn zu taufen. Über die Reichsvertretung der deutschen Juden konnten sie sich dann, wegen ihres christlichen Sohnes, die Stellung eines privilegierten deutsch-jüdischen Paares verschaffen.[17] Als der jüdische Partner in einer privilegierten Mischehe erhielt Günter nun im Unterschied zu früher die gleichen Lebensmittelrationen, Zigaretten- und Kleiderzuteilungen wie ein Deutscher. Er durfte ungehindert alle öffentlichen Verkehrsmittel benutzen und das Viertel, in dem er wohnte, oder auch die Stadt ohne Sondererlaubnis verlassen. Außerdem genoß er noch eine ganze Reihe anderer Rechte, aufgrund derer sich sein Leben grundlegend von dem all jener Juden, die den Stern tragen mußten, unterschied.[18]

Ironischerweise war es durchaus möglich, daß der »Judenstern«-Erlaß das Leben von Juden, die einer privilegierten Mischfamilie angehörten, erheblich erleichterte. Die Leute auf der Straße glaubten nun, daß jeder, der nicht mit einem Stern gebrandmarkt war, kein Jude sei; die meisten nahmen dies nun auch für Günter an. Diese alles andere als beabsichtigte Auswirkung der Bestimmung ist nur ein Beispiel für die vielen Komplikationen, die sich aus der Existenz deutsch-jüdischer Ehepaare für die Rassenpolitik der Nazis ergaben. 1941 und 1942 verbrachten Beamte der verschiedenen Ministerien immer noch ungeheuer viel Zeit mit dem Versuch, mit diesen Komplikationen fertig zu werden.

Für Günters Nachbarn jedoch war die Sachlage nach wie vor ganz klar: Günter war Jude, Wally war mit einem Juden verheiratet, und ihr gemeinsames Kind war ein Bastard. Die Regierung mochte ihnen ruhig den Status eines privilegierten Paares zuerkennen, für die Nachbarn änderte sich nichts. Das Regime gewährte aus taktischen Gründen bestimmten Paaren einen solchen Sonderstatus, sein letztes Ziel war jedoch eine Gesellschaft, die die nationalsozialistischen Werte ganz und gar verinnerlicht hatte und nicht nur die Juden, sondern alle, die mit ihnen verheiratet waren, aus dem Land jagen würde. Die Leute, die im selben Haus wie die Grodkas wohnten, wurden von Frau Blut nachdrücklich daran erinnert, daß man keinen Kontakt mit Juden pflegen durfte; die Blut sprach mit jedem Mieter und warnte ihn, daß sie ihn anzeigen würde, wenn er es wagte, mit den Grodkas auch nur ein Wort zu wechseln. »Ich mußte also damit rechnen, daß diese Frau sich irgend etwas einfallen lassen würde, um mir Schwierigkeiten zu machen«, meinte Wally.

Auch der kleine Rainer war vor den Attacken der Blut nicht sicher. Sie wies jeden im Haus an, sich nicht mit dem Jungen abzugeben, den Kindern der Nachbarn sagte sie, daß er ein widerlicher »Judenlümmel« sei, und diese spuckten ihn an und verspotteten ihn, wenn er in seinem Wägelchen an ihnen vorbeigefahren wurde. Als sie sich einmal gegen den Gartenzaun der Grodkas drängten, um das kleine Monster besser betrachten zu können, kam einer der Väter und verscheuchte sie mit den Worten: »Weg von der Judenbrut!«

Wäre es für Deutsche möglich gewesen, dem Nazismus Widerstand entgegenzusetzen? Die Erfahrungen, die die Grodkas machten, lassen diese Frage eigentlich gar nicht aufkommen: In ihrer Mehrheit gaben die Deutschen zu erkennen, daß sie sich die Rassenideologie der Nazis zu eigen gemacht hatten, wenn auch vielleicht nur, weil sie Schwierigkeiten aus dem Weg gehen wollten.

Das Regime ermunterte zur sozialen Isolierung der Juden – welche eine Voraussetzung für ihre spätere Massenvernichtung war –, aber nur die deutsche Bevölkerung selbst konnte diese Ausgrenzung tatsächlich bewerkstelligen. Hätte das Regime seine Repressionen bis zum Punkt der öffentlichen Ausplünderung und der Deportation der Juden treiben können, wenn nicht beinahe die gesamte deutsche Bevölkerung diese Menschen so bereitwillig ins gesellschaftliche Abseits getrieben hätte?

Weil sie ein kleines Kind hatten, wurden die Grodkas aber manchmal auch freundlich behandelt. Günter erinnerte sich daran, daß es vor allem Frauen waren, die Wally in einem Geschäft, in dem sie einkaufte, verstohlen Lebensmittel oder Lebensmittelkarten in die Tasche schoben. »Wir hatten immerhin noch Leute, die heimlich zu uns gehalten haben«, erzählte Wally. Der Gemüsehändler Salzmann zum Beispiel ließ immer ein paar Kleinigkeiten für Rainer in Wallys Einkaufstasche gleiten. Er hatte selber zwei Kinder und konnte mit den Grodkas mitfühlen. Dann gab es da auch noch einen Bäcker, bei dem Wally manchmal etwas umsonst bekam. Das geschah aber nur bei gewissen Gelegenheiten, wenn niemand anders in dem Geschäft war, oder kurz vor Ladenschluß. »Die Leute, die uns geholfen haben, waren zwar zum Teil in der NSDAP«, erklärte Wally, »aber keine richtigen Nazis. Sie waren drin, weil sie Geschäftsleute waren oder weil sie sich sonst was davon versprochen haben; aber in der Judenfrage ging ihnen doch manches gegen den Strich. Sie konnten natürlich nicht offen für die Juden kämpfen, denn sie haben selber Familie gehabt.«

Die Ehe der Holzers war keine »privilegierte«, und der »Judenstern«-Erlaß zwang Rudi dazu, eine religiöse Identität anzunehmen, nach der ihn gar nicht verlangte. Er mußte sich ständig öffentlich wegen einer Sache mit Hohn überhäufen lassen, die er gar nicht aus eigenem Willen zu der seinen gemacht hatte. Nachdem der Erlaß bekanntgegeben worden war, weigerte sich Rudi – ähnlich wie Julius –, fortan aus dem Haus zu gehen. Doch Elsa gelang es, ihn dazu zu überreden. »Rudi, wir sind außergewöhnliche Menschen, wir gehören nicht dazu, zu dieser Masse«, sagte sie zu ihm.

»Ja, du nicht «, erwiderte er.

»Was heißt ich? Wir!« korrigierte sie ihn. »Und dann hat er seine Aktentasche über dem Stern getragen«, erzählte sie weiter, »und wir sind losgegangen. Dieser Judenstern hatte ein richtig strahlendes Gelb. Und so auf einem dunklen Mantel wäre das grausam gewesen. Ich hab ihn mit Ruß schwarz gemacht, und dann hat man den nicht so leicht sehen können.«

Als Rudi anfing, sich mit dem Stern in der Öffentlichkeit sehen zu lassen, lernte Elsa ihre Nachbarn ganz neu kennen. Vielleicht haßten sie sie, weil sie anders war, oder auch deswegen weil sie ihnen vor Augen führte, daß es möglich war, sich gegen den Terror der Nazis zu behaupten. »Für uns Frauen von Juden war das damals nicht einfach. Wir sind angefeindet worden«, erzählte sie. Elsa hatte noch Herrn Rexi vor Augen, den ganz Berlin kannte, da er im wohlhabenden Halensee eine Reihe von Viehhöfen besaß. Rexi lebte im gleichen Haus. Er war ein Riese von Mann, und seine Beine waren so unförmig dick, daß er wie ein Elefant einherstampfte. Rexi wohnte im zweiten Stock; er schaute immer aus dem Fenster, wenn sie das Haus verließen, und starrte sie wütend an. Eines Tages hörten sie einen gewaltigen Krach hinter sich. »Wir sind beinahe hochgesprungen vor Schreck«, erzählte Elsa, »haben uns rumgedreht, und neben uns war ein größerer Blumentopf. Ja, eine vergammelte Pflanze lag da auf der Straße, von oben runtergeflogen. Also, wenn man den auf'n Kopf gekriegt hätte, hätte man das gemerkt. Der Rexi wollte uns beängstigen. Ja. Einmal haben sie einen Pinkeltopf ausgegossen; wenn man da gerade vorbeigegangen wäre . . .! Ganz schlimm war das aber, als einer mal auf unserer Türschwelle draußen ein Geschäft hingemacht hat. Ja, ein großes Geschäft. Ich bin frühmorgens zur Arbeit gegangen. Verdunkelt war alles zu der Zeit, morgens früh. Die Birnen waren verdunkelt, die Fenster auch, wegen Luftangriffen. Und ich geh schnell raus, trete in irgendwas rein, und weich war das ja alles, überall an meinen Schuhen. Weich. Und unsere Hauswirtin, die mochte meinen Mann so furchtbar gern, die war Gott sei Dank nicht gegen uns, die Hauswirtin hat am nächsten Tag gesagt, es wurde im Haus erzählt, die Holzers sind solche großen Schweine, daß sie sogar die Kacke im Haus rumtreten. Ja. Die Nachbarn haben gesagt, die Holzers würden das ganze Haus voll Kacke machen. Und zu uns haben die Hausbewohner gesagt: ›Wie kommt es dazu, daß sie so eine Scheiße rumtreten?‹

Einmal bin ich nach Hause gekommen, vom Bahnhof Neukölln, die Treppe runter. Und da kamen drei alte Damen, Nachbarinnen. Und ich grüße die so: ›Tag.‹ Und plötzlich spucken sie mich alle an! Alle drei. Von oben bis unten. Bah! *Alte Damen!* Gesagt haben sie nichts. Nur gespuckt. Da ich mit einem Juden verheiratet war.

Und der Ehemann von einer der Frauen war auch Buchdrucker und hat sich mit Rudi gut verstanden – vorher. Vorher hatten wir zusammen manchmal auf ihrem Balkon gesessen, abends. Haben da schöne Stunden verbracht. Sie hat sogar meinen Mann mal verehrt, weil, er hatte eben ein gewinnendes Wesen und war irgendwie sprachgewandt. Und diese Frau hat mir mal gesagt: ›Der Rudolf, mit dem zu leben, muß ja wunderbar sein!‹ Dann, wie rauskam, Rudi ist 'n Jude, fragte mich dann diese Dame: ›Sagen Sie mal, wie lange wollen Sie noch mit dem Kerl zusammensein?‹ Ja. Sie war empört. Und die Frau war mal recht nett – aber eben eine Falsche.

Auch in meiner Familie wußten alle plötzlich gleich, daß Rudi jüdisch war. Das war wie bei einer Litfaßsäule, da gingen diese Nachrichten ja ringsherum. Und nachher kamen wir und meine Schwestern gar nicht mehr zusammen. Denken Sie, die wollten mit uns gehen, wenn der da einen Judenstern trägt?

Meine Kusine Jutta war auch gerne mit uns zusammengewesen. Aber nachher nicht mehr. Wir sind mal in Wilmersdorf spazierengegangen und sind uns beinah begegnet. Auf einmal seh ich sie und sag: ›Rudi, o Gott, da kommt ja Jutta!‹ Noch drei Schritte, und ich hätte gesagt: ›Ach, Jutta, Liebste, wie geht's dir?‹ Und Jutta hätte vorher gesagt: ›Mensch, die Holzers! Mensch, grüß euch!‹

Jetzt wollte sie aber nicht mehr. Die Jutta ist, sobald sie uns gesehen hat, rübergegangen, auf die andere Seite. Wie 'n Hase. Rüber und weiter. Auf einmal war sie weg. Na, ich meine, sie war nicht gegen uns. Aber sie wollte keine Gemeinschaft mehr haben. Die Menschen sind so. Ich find es heute wie damals. Eben lieben sie dich noch, und auf einmal können sie dich zertreten. Fünfundsiebzig Prozent der Menschen sind so. Meine Eltern auch.«

»Ja, selbst meine Eltern«, sagte Elsa noch einmal, mit ganz leiser Stimme. Nach so vielen Jahren schämte sie sich noch für ihren Vater und ihre Mutter. »Meine Eltern waren ja das Schlimmste – das war das Schlimmste. Vor Hitler hatten meine Eltern überhaupt nichts gegen unsere Ehe gehabt. Aber nachher! Nachher, als der Krieg kam, war ich wegen Rudi die ›Gefahr für die Familie‹. Die Gefahr. Ja, ich war aber diejenige, die in Gefahr war. Ich wußte ja nie, ob ich meinen Mann am nächsten Tag noch wiedersehe. Und ich sollte die Gefahr für die Familie sein. Sehen Sie mal, die Eltern haben weder geschrieben noch Besuch gemacht. Nicht zu Weihnachten, nicht zum Geburtstag. Nie! Die ganze Zeit hab ich überhaupt nichts von ihnen gehört. Überhaupt nichts – und sie haben ja nicht dreihundert Kilometer entfernt gelebt, sondern man konnte mit dem Wagen in zwanzig Minuten da sein.«

»Wenn du dich nur trennst, Elsa, ist alles wieder gut«, sagte ihr Vater zu ihr beim letzten Mal, als sie ihn während des Krieges sah. »Dann hättest du genug zum Heizen.« Sie hatte ihren Eltern unter anderem auch deswegen einen Besuch abgestattet, um sie um ein wenig Brennholz zu bitten. Als Elsa diese Geschichte Jahrzehnte später erzählte, schlug sie die Augen nieder. Die ganze Sache war ihr so peinlich gewesen, daß sie es bis lange nach dem Krieg nicht über sich gebracht hatte, Rudi davon zu berichten. Zugetragen hatte sich alles 1941, kurz vor Weihnachten; sogar in diesem frühen Stadium des Krieges wurde die Kohlezuteilung immer stärker eingeschränkt. Zwei Deutsche konnten damals noch ganz behaglich mit ihren Lebensmittelrationen und Kohlezuteilungen leben, aber die Karten und Bezugsscheine, die Juden bekamen, waren so gut wie wertlos. Rudi und Elsa hätten jedoch genug von allem gehabt, wenn Elsas Familie und ihre gemeinsamen Freunde ihnen beigestanden hätten. Sie hätten genügend Lebensmittel und auch genügend Heizmaterial gehabt, wenn ihre Verwandten und Bekannten mit ihnen geteilt hätten. Aber sie wurden von allen im Stich gelassen und mußten sehen, wie sie alleine zurechtkamen.

Elsa erinnert sich, wie sie auf den für sie absurden Vorschlag ihres Vaters mit der Frage reagierte: »Warum sollte ich mich scheiden lassen? Ich habe den allerbesten Mann in der Welt geheiratet.«

»Dein Rudi, der ist ein Verbrecher«, erwiderte ihr Vater. »Es steht alles in der Zeitung.«

»Um Gottes willen, du kennst doch Rudi«, antwortete Elsa ganz verblüfft. »Wir sind schon zwölf Jahre verheiratet, und du weißt doch, wie er ist.«

Sie wandte sich ihrer Mutter zu, vor der sie glaubte, daß sie sie mit Sicherheit unterstützen würde. »Mutti, bitte jetzt sag du mir: Du kennst deinen Mann, du kennst seine Familie und du weißt genau, wie er ist. Und es kommt irgendeiner und sagt: ›Du, das ist ein Verbrecher, da mußt du dich von trennen.‹ Was würdest du denken?«

»Elsa, ich würde meine Kinder nehmen und würde ihn verlassen«, sagte ihre Mutter.

Da sie sich von allen im Stich gelassen fühlte, fing Elsa, wie sie noch genau wußte, hysterisch zu lachen an; sie mußte so sehr lachen, daß sie kaum noch aufhören konnte. Ihr Vater meinte, daß sie wohl verrückt geworden sei, und sie sagte ihm daraufhin ins Gesicht: »Papa, du tust mir leid. Ich steh da anders zu meinem Mann. Du würdest dich vielleicht von deiner Frau trennen, aber ich nicht.«

Er brüllte sie an: Sie solle sofort die Wohnung verlassen und sich nie wieder blicken lassen. »Darauf habe ich nur gewartet«, gab Elsa ganz trocken zurück. »Hier werd ich nur schlechtgemacht. Über diese Schwelle trete ich nicht mehr. Braucht ihr keine Angst zu haben.«

Sie ging. Ihre Mutter rief noch hinter ihr her, sie solle das Brennholz mitnehmen, aber Elsa hörte gar nicht mehr auf sie.

1941 hatte das Regime ein neues Gesetz erlassen: Jeder Deutsche, der »freundschaftlichen Umgang« mit Juden pflegte, konnte dafür mit mehrjähriger Haft bestraft werden.[19] Vielleicht hatten Elsas Eltern Angst davor gehabt.

Was Elsa vor allem anderen von jener Nacht, in der sie aus der Wohnung ihrer Eltern gerannt war, im Gedächtnis geblieben war, war die Dunkelheit, die überall geherrscht hatte. Wegen der britischen Luftangriffe war allgemeine Verdunkelung angeordnet worden. Weder in den Privatwohnungen noch draußen auf den öffentlichen Straßen und Plätzen brannte Licht. Auch im Bahnhof und in der Bahn war es vollkommen dunkel, und in der Wohnung der Holzers war es finster wie in einem Kohlenkeller. Elsa saß da und wartete auf Rudi, der jeden Augenblick nach Hause kommen müßte. Sie brauchte ihn, so dringend wie kaum jemals zuvor. Aber in jener Nacht kam er nicht zur gewohnten Stunde nach Hause: »Er hatte immer Dienst. Nicht bloß acht Stunden Dienst, sondern zwölf. Oder sogar mehr. Und manchmal ist er gar nicht nach Hause gekommen, und ich wußte die ganze Zeit nicht, was bei ihm passiert ist. Also immer war man in höchster Spannung.«

Als Rudi dann viele Stunden später endlich die Wohnung betrat, log sie ihm etwas vor: Sie sehe so schlecht aus, weil sie eine Erkältung bekäme. Einige Monate danach meinte er, daß man doch wieder einmal Elsas Eltern besuchen müsse. »Nein, nein«, antwortete sie, »weißt du, ich hab mir das überlegt. Wir sind so wenige Stunden zusammen, wir müssen die Zeit für uns sparen.«

»Ich wollte ihn bloß schützen«, erklärte Elsa. »Wenn ich gesagt hätte: ›Ja, ich war bei meinen Eltern‹, dann hätte er gesagt: ›Du hast geweint!‹ Ich hätte mich geschämt. Geschämt, daß Menschen – selbst meine Eltern – so was machen! Ja, das ist schon was. Und komischerweise kennt noch heute keiner aus unsrer Familie diese Geschichte. Meine Schwestern leben noch und wissen nichts. Nach dem Krieg, wenn ich drüber sprechen wollte, hat mich meine älteste Schwester sofort unterbrochen. ›Mensch, du‹, sagte sie, ›geh nicht auf die alten Kamellen. Ich will's nicht hören. Du willst Papa schon wieder schlechtmachen, du Kleine. Laß das sein!‹«

Wie ist es zu begreifen, daß eine Frau, die der Gestapo Trotz bot – obwohl sie wußte, daß es sie das Leben kosten konnte –, es nicht vermocht hat, ihre eigenen Schwestern mit dieser für alle unangenehmen Geschichte zu konfrontieren? Elsa war ganz aufgewühlt; sie versuchte sich zu beruhigen, indem sie sich in ihre Eltern hineinversetzte: »Aus

Angst haben sie mich aufgehetzt. Die wollten einfach, daß ich mich trenne von meinem Mann, weil sie Angst hatten, alle beide. Aber«, fügte sie hinzu und beugte sich zu mir herüber und sah mich eindringlich an, »man kann nicht aus Angst jemand in den Tod schicken. Oder kann man das?« In ihrer Wohnung in Ostberlin hatte sie seit Jahrzehnten ganz allein mit ihren Erinnerungen an die Nazizeit gelebt. Sie wollte wissen, ob das alles »ein Kapitel für sich« gewesen war oder ob man die Erfahrungen von damals verallgemeinern müsse, ob man aus ihnen auf das menschliche Verhalten an sich rückschließen müsse. »Wenn ich Angst hab, soll ich dann sagen: Den müssen wir umbringen, und wenn er weg ist, haben wir keine Angst mehr? Nee, nee! Laß dies das letzte Mal sein, daß wir darüber sprechen. Lassen wir dies das letzte Mal sein.«

Als ihre Erinnerungen zu schmerzhaft für sie wurden, bat Elsa mich, mit meinen Interviews aufzuhören. Die Kluft, die uns trennte, schien zu tief zu sein. Ich war nicht dabeigewesen, und sie hatte eine Wirklichkeit erlebt, die man sich nie hatte vorstellen können, die man auch nicht verstehen konnte, wenn man sie nicht selbst erlebt hatte. Sie war jetzt überzeugt davon, daß die meisten Leute sich brutal verhalten, wenn sie selber in Not sind. »Vor dem Krieg war ich sicher anders«, sagte sie, traurig, weil da etwas unwiederbringlich verlorengegangen war. »Damals vor dem Krieg hätte ich jeden Menschen umarmen können. Alle Menschen hatte ich lieb. Aber ich sage: Sie kennen den Menschen nicht, wenn es irgendeine Not gibt. Wenn es eine Not gibt. Dann werden sie dich zertreten. Mit beiden Händen greifen die Menschen zu, dich zu zerschlagen.«

12
Der Preis der Gefügigkeit und die Vernichtung der Juden

Deportationen in den Osten

Ungefähr zwei Monate nach der von Gutterer geleiteten Konferenz wurde die »Endlösung der Judenfrage« konkret in Angriff genommen. Am 18. Oktober 1941 begann man mit der Deportation der 23 000 noch in Berlin lebenden Juden.[1] Eintausend von ihnen wurden in Güterzüge gepfercht, deren Bestimmungsorte »Arbeitslager im Osten« waren.[2] Innerhalb weniger Wochen wurden zwanzigtausend Juden aus dem Gebiet des alten Reichs (das heißt des Reichs in den Grenzen von 1938) in das Ghetto von Lodz transportiert, darunter befanden sich auch mehrere tausend Berliner Juden.[3]

Es war keineswegs so, daß die Sprecher der deutschen Juden nichts gegen diese Aktion zu unternehmen versuchten; sie hatten schon 1940 protestiert, aber ihre Bemühungen hatten ihnen nur erbarmungslose Vergeltungsmaßnahmen eingebracht. Mit Gewalt und auch mit Täuschung waren sie dazu gezwungen worden, das Geschehen hinzunehmen.

Tatsächlich entwickelten sich die führenden Männer der Jüdischen Gemeinde Berlins im Lauf der Zeit immer mehr zu Handlangern der Gestapo. Dabei hatte alles scheinbar harmlos begonnen: Die Gestapo hatte den Gemeindeangestellten gewisse Befugnisse verliehen, als es darum ging, die Juden der Stadt umzusiedeln und in eigens für sie bestimmten Häusern unterzubringen. Ein Jude, der eine Wohnung von einem Deutschen gemietet hatte, mußte umziehen, wenn die Jüdische Gemeinde ihm einen neuen Wohnraum zuwies, das heißt, er mußte *auf Anweisung* der Gemeinde umziehen. Es war dies das erste Mal gewesen, daß Juden innerhalb Deutschlands zwangsweise umgesiedelt und in ganz bestimmten, eng umgrenzten Lebensräumen »konzentriert« worden waren – eine Probe für die späteren Zwangsverschickungen in den Osten. Was aber noch wichtiger war: Man hatte auf diese Weise schon Informationen erhalten, Namens- und Adressenlisten, die für die Durchführung der »Endlösung« von größter Bedeutung waren, man hatte sich eine Truppe von schon geübten und kompetenten Verwaltungsbeamten geschaffen sowie geeignete Prozeduren für den Transport der Juden in die Vernichtungslager entwickelt, der nun – zweieinhalb Jahre später – tatsächlich begann. Und so erhielten dann auch die Vorsitzenden der Jüdischen Gemeinde Berlins erneut den Befehl, die »Umsiedlungsaktion« vorzubereiten, die die betroffenen Menschen diesmal allerdings nicht nur aus Berlin, sondern sogar weit aus Deutschland heraus führen sollte. Der genaue Termin im Oktober 1941, den die Gestapo wählte, um den Vorsitzenden der Jüdischen Gemeinde diese neuen Anweisungen zukommen zu lassen, verlieh dem Befehl noch eine zusätzliche sadistische Note: Die Juden feierten gerade das Yom-Kippur-Fest, als sie vom Beginn der Deportationen in Kenntnis gesetzt wurden.

Rabbiner Dr. Leo Baeck, der Vorsitzende der Reichsvertretung der Juden in Deutschland, wurde durch einen Telephonanruf mitten aus der Predigt herausgerissen, die er in der Synagoge in der Joachimstalerstraße hielt. Am anderen Ende der Leitung war der Scharführer Prüfer, der Leiter des Judenreferats der Berliner Gestapo. Prüfer befahl Baeck, sich sofort in seinem Büro in der Burgstraße einzufinden. Als der Rabbiner dort eintraf, stellte er fest, daß sein Stellvertreter Philipp Kozower und Frau Martha Mosse, die Leiterin des Wohnungsamtes der Gemeinde, sowie einige andere Mitarbeiter der Gemeinde schon dort versammelt waren. Prüfer erklärte den Anwesenden einleitend, daß das, was er ihnen mitzuteilen habe, geheim bleiben müsse. Da die Wohnungsnot sich durch die britischen Bombenangriffe noch verschärft habe, würde eine bestimmte Zahl von Juden an die Ostgrenze des Reichs, in die Nähe von Lodz, umgesiedelt werden. Er bezeichnete die Aktion als »Wohnungsräumungsaktion«. Frau Mosse gab später an, daß Prüfer versprochen habe, die Juden dürften »einen halben Zentner Kleidungsstücke und Wäsche und dergleichen mitnehmen [...] und sie würden dort eben normal leben können«.[4] Die Vorsitzenden der Jüdischen Gemeinde sollten bei dieser Evakuierungsmaßnahme Hilfestellung leisten, indem sie eine Liste mit den Namen derer anfertigten, die für eine solche Umsiedlung in Frage kämen. Prüfer ließ den Gemeindevertretern dreitausend Exemplare eines Fragebogens übergeben. Verlangt wurden vor allem Angaben zum Lebensalter, zum Beruf, zur Größe der Familie; es wurde aber auch danach gefragt, ob derjenige, der ihn ausfüllte, im Ersten Weltkrieg irgendeine militärische Auszeichnung erhalten hatte. Frau Mosses Mitarbeiter sollten dreitausend Mitglieder der Gemeinde in das Haus in der Rosenstraße zitieren, damit diese an Ort und Stelle die Fragebögen ausfüllten. Danach sollten die Formulare an die Gestapo zurückgeschickt werden, die sie auswerten würde, um dann eine Liste von eintausend Personen aufzustellen, die für eine Umsiedlung geeignet seien. Bevor sie Prüfers Büro verließen, fragten einige seiner Besucher ihn, ob sie nicht andere Mitglieder der Reichsvertretung von seinem Befehl in Kenntnis setzen könnten; dies sei ihrer Meinung nach notwendig, wenn man die Umsiedlungspläne wirklich realisieren wolle. Prüfer erlaubte ihnen das. Dies bedeutete aber auch, daß die Führungsgruppe der deutschen Juden über Informationen verfügte, die der großen Masse ihrer Schutzbefohlenen vorenthalten blieb.

Kurze Zeit nach ihrem Zusammentreffen mit Prüfer konferierten die Vorsitzenden der Jüdischen Gemeinde Berlins mit Vertretern der Reichsvereinigung der deutschen Juden. Man diskutierte darüber, ob man den Forderungen der Berliner Gestapo nachkommen solle. Vielleicht glaubten diese Männer, daß man eine gewisse Autonomie erlangen würde, wenn man sich kooperativ zeigte. Vielleicht waren sie auch der Ansicht, daß die Festsetzung der Personen, die evakuiert werden sollten, sich problemloser abwickeln ließe, wenn sie ihre Autorität ins Spiel brachten. Ohne Zweifel dachten die Versammelten aber auch über die äußerst nachteiligen Folgen nach, die ein Zögern von ihrer Seite für sie selbst haben könnte. Einer von ihnen, Otto Hirsch, war bereits ins Lager Mauthausen gebracht worden, wo er später ums Leben kam. Diese Männer nahmen Prüfer beim Wort; sie glaubten daran, daß mit der Aktion vor allem Wohnraum in Berlin geschaffen werden sollte, und mit Sicherheit ahnte keiner von ihnen, was für ein schreckliches Schicksal all jene erwartete, die Richtung Osten abtransportiert wurden. Sie waren überzeugt, daß die Evakuierung in jedem Fall stattfinden würde und daß sie dazu beitragen könnten, daß die Umsiedlung für die Betroffenen schmerzloser über die Bühne gehen würde.[5]

Der Vorstand der Jüdischen Gemeinde wählte also dreitausend Menschen für eine Evakuierung aus, und zwar vor allem anhand einer Liste, die 1939 für das Wohnungsprogramm angelegt worden war. An weitere Namen und Adressen war man dadurch herangekommen, daß man den Verkauf der »Judensterne« übernommen hatte. Die Daten von Personen, die aufgrund der Nürnberger Gesetze als Juden galten, aber bei keiner jüdischen Organisation registriert waren, erhielt man, indem man im *Jüdischen Nachrichtenblatt*, der Zeitschrift der Reichsvertretung, die jedem deutschen Juden zugestellt wurde, entsprechende Aufrufe veröffentlichte.

Während der gesamten Zeit, in der Juden deportiert wurden, griff die Gestapo, um deren Namen zu erhalten und ihre Adressen ausfindig zu machen, auf die Verzeichnisse der Reichsvereinigung zurück. Diese erwiesen sich als höchst zuverlässig, wie 1943 ein Statistiker Himmlers konstatierte; die Jüdische Gemeinde hatte wirklich eine sehr sorgfältige und gründliche Arbeit geleistet.[6]

Die Gestapo ordnete an, daß man die Synagoge in der Levetzowstraße für die Aufnahme von eintausend Personen herrichtete; außerdem solle man dafür sorgen, daß genügend Personal bereitstehe, welches sich Tag und Nacht um die Menschen, die dort untergebracht werden sollten, kümmern könne. Die Gestapo schaffte alle Personen, die verhaftet wurden, umgehend in die Synagoge, ein Gebäude, das die meisten Juden natürlich eher als Zuflucht und Ort der Fürsorge durch die Gemeinde unter dem Schutz Gottes betrachteten. Dutzende von jüdischen Ordnern, die an ihren blauen Armbinden zu erkennen waren, waren dort damit beschäftigt, die Namen derer festzuhalten, die abtransportiert werden sollten; andere übernahmen die medizinische Betreuung der Neueingetroffenen, versorgten sie mit Essen und achteten darauf, daß Ruhe herrschte. Die Verhafteten mußten auch einen Fragebogen ausfüllen, den die Jüdische Gemeinde entworfen hatte. Gefragt wurde vor allem danach, welche beruflichen Erfahrungen oder besonderen Fähigkeiten jemand besaß, damit der Betreffende in dem Arbeitslager, das ihn erwartete, sinnvoll eingesetzt werden konnte. Mit Genehmigung der Gestapo versorgte die Jüdische Gemeinde die in der Synagoge Festgehaltenen mit warmen Mahlzeiten. Frau Mosse zufolge gelang es dem Vorstand auch, die Gestapo dazu zu bewegen, alle die, die zur Deportation vorgesehen waren, einer medizinischen Untersuchung zu unterziehen, damit man sicher sein konnte, daß sie sowohl für den Transport als auch für die Arbeit, die sie erwartete, gesund genug waren. Diese Untersuchungen wurden von Ärzten der Jüdischen Gemeinde vorgenommen.[7]

Die persönlichen Besitztümer der Personen, die am Ende für den Abtransport in den Osten ausgewählt wurden, wurden an Ort und Stelle konfisziert – und zwar mit der Begründung, daß diese Menschen, wie alle Juden, »Staatsfeinde« seien. Überall in Berlin beschlagnahmte die Gestapo das restliche Eigentum der Verhafteten; sie verschloß und versiegelte dann deren Wohnungen, die in den Besitz des Reiches übergingen. Die Gestapo war angewiesen, jeden Wertgegenstand und jede Mark, die sie konfiszierte, an den Finanzoberpräsidenten von Berlin-Brandenburg weiterzuleiten.[8]

Als die Gestapo den Vorsitzenden der Jüdischen Gemeinde Anfang Oktober 1941 die Anweisung gegeben hatte, diese Namensliste anzulegen, waren diese davon ausgegangen, daß insgesamt nicht mehr als eintausend Juden von dieser Aktion betroffen sein würden. Viele Juden – vor allem solche, die nicht-jüdische Freunde hatten – waren damals davon überzeugt, daß sich ihre Lage nicht mehr wesentlich verschlimmern würde. So jedenfalls gab später Martha Mosse zu Protokoll. Sie glaubten, daß ihre »arischen« Freunde und Bekannten es nicht zulassen würden, daß ihnen noch größeres Leid zugefügt würde. Tatsächlich jedoch hatte die Gestapo den Befehl, in der Zeit vom 1. November bis zum 4. Dezember 1941 fünfzigtausend Juden aus dem Reichsgebiet – einschließlich Österreichs und des Protektorats Böhmen und Mähren – nach Minsk und Riga zu schaffen. In der Zeit zwischen dem 18. Oktober, als der erste Transport abgegangen war, und dem 27. November verließen weitere sieben Güterzüge Berlin, in die man jeweils eintausend Juden gezwängt hatte.[9]

Die Angestellten der Jüdischen Gemeinde wurden immer mehr von der Vorbereitung und Durchführung der Deportationen vereinnahmt. Die maßgeblichen Männer und Frauen der Gemeinde kamen beinahe täglich mit Vertretern der Gestapo und des RSHA zusammen, um mit ihnen bestimmte organisatorische Dinge zu beraten.[10] Außer den Mitarbeitern des Wohnungsamtes und den Ordnern mußten auch Stenotypistinnen, Pflegerinnen des Jüdischen Krankenhauses, Statistiker und andere ihre besonderen Fachkenntnisse und Fähigkeiten zur Verfügung stellen, damit die Transporte reibungslos über die Bühne gingen. In einer Liste von sechsundzwanzig Juden, die für die Gestapo tätig gewesen waren, bevor man sie 1943/44 mit dem sogenannten »Ordner«-Transport nach Osten geschafft hatte, ist auch genau festgehalten, welche Aufgaben diese Menschen zu erledigen gehabt hatten; nahezu dreißig verschiedene Tätigkeiten sind da aufgeführt: Die Juden waren als Krankenpfleger, Friseure, Elektriker, Klempner, Schreibkräfte, Gefangenenaufseher, Detektive (die nach anderen Juden fahndeten, die untergetaucht waren), Köche und Verwalter der Kleiderkammern eingesetzt worden.[11] Juden, die im Dienst der Gestapo standen, wurden von der Reichsvertretung bezahlt.[12] Für das RSHA arbeiteten außer einer Zahl von Bauarbeitern noch siebzehn weitere Juden. Ihre Besoldung richtete sich nach dem Lohn, den sie als Angestellte der Reichsvertretung zuletzt erhalten hatten.[13]

Das Wohnungsamt verschickte weitere Fragebögen, mit deren Hilfe die Gestapo dann die Personen auswählte, die als nächste deportiert werden sollten.[14] Wenn auf diese Weise ein neuer Transport auf dem Papier zusammengestellt worden war, versandte das Wohnungsamt Postkarten an die betroffenen Personen, um sie über ihre bevorstehende

»Evakuierung« in Kenntnis zu setzen. Meistens blieben ihnen noch fünf bis sieben Tage, um sich darauf vorzubereiten. Einem acht Seiten starken Verzeichnis konnten sie genau entnehmen, was sie mitnehmen durften und was nicht, wieviel ihre Koffer wiegen durften und so weiter.[15] Eine solche Benachrichtigung vom Wohnungsamt zu erhalten, hieß in der Umgangssprache der Berliner Juden bald einfach nur »die Karte bekommen«.

Die Deportationen von Berliner Juden erfolgten in vier großen Phasen, die sich in den Methoden unterschieden, mit denen die Verhaftungen vorgenommen wurden. Das Verfahren, die Betroffenen schon ein paar Tage vorher von ihrem Abtransport zu benachrichtigen, mußte schon nach wenigen Monaten – vielleicht waren es auch nur wenige Wochen – wiederaufgegeben werden, da »zu viele« Juden flüchteten, anstatt sich in dem Sammellager einzufinden. Das Bezirksgericht Berlin kam zu dem Schluß, daß es nicht nur »eine kleine Zahl von Juden« war, die sich den Deportationen auf diese Weise erfolgreich entzog; Berlin war ja eine riesige Stadt und bot zahllose Möglichkeiten, »in den Untergrund« zu gehen.[16] Die englischen Fliegerbomben hatten Tausende von Häusern in unbewohnte Ruinen verwandelt, am Ufer der Spree gab es Gartenhäuschen, die von ihren Besitzern im Winter nur selten benutzt wurden. Einige Stadtviertel wurden von der Polizei kaum kontrolliert. In Berlin waren die Nazis nach ihrer Machtübernahme von der Bevölkerung nicht mit besonders großer Begeisterung aufgenommen worden, und es mußte damit gerechnet werden, daß es Leute gab, die Juden aus Überzeugung – oder gegen Bezahlung – Unterschlupf gewährten.

In einer zweiten Phase der Deportation verschickte das Jüdische Wohnungsamt nach wie vor Fragebögen, mit deren Hilfe die Personen für den nächsten Transport ausgewählt wurden, aber anstatt die Opfer vorher davon in Kenntnis zu setzen, daß sie betroffen waren, erschien die Gestapo ohne Vorwarnung bei ihnen und verhaftete sie in ihren Wohnungen. Die Festgenommenen wurden dann erst in die Synagoge gebracht und anschließend in geschlossenen Lastwagen zu einem der vielen Bahnhöfe der Stadt. Dies blieb das Prozedere, bis im November 1942 Alois Brunner auf der Szene erschien und die dritte Phase begann. Brunner zwang jüdische Helfer dazu, die Gestapobeamten zur Verhaftung von anderen Juden zu begleiten. Als die Zahl der noch in Berlin lebenden Juden immer mehr abnahm und es immer schwerer wurde, die restlichen von ihnen ausfindig zu machen, erzwang die Gestapo rücksichtslos die Kooperation ihrer Glaubensbrüder. In der vierten Phase – in deren Verlauf auch die letzten noch in Berlin verbliebenen führenden Männer der Jüdischen Gemeinde und der Reichsvertretung abtransportiert wurden – setzte die Gestapo sogar Juden als »Greifer« ein. Das waren Spitzel, die die letzten Juden aufstöbern und aus ihren Verstecken locken sollten. Mit List oder auch mit Gewalt schafften diese »Greifer«, die zumeist selbst um ihr Leben fürchteten, es tatsächlich, viele Menschen in die Fänge der Gestapo zu treiben. Günther Abrahamsohn, den die Gestapo sogar mit einer Pistole ausgerüstet hatte, damit er sich durchsetzen konnte, beschrieb die von ihm begangenen Verbrechen Jahrzehnte später als die Taten eines moralisch noch nicht ganz reifen Dreiundzwanzigjährigen, der überaus ehrgeizig gewesen sei, dem aber keine Möglichkeit offengestanden habe, Karriere zu machen, und der als Waisenkind, das im provinziellen Prenzlau aufgewachsen war, nach seiner Übersiedlung nach Berlin vom Glanz der Reichshauptstadt und der Einladung, sich in den Dienst der Machthaber zu stellen, vollkommen überwältigt gewesen sei.[17]

Offiziell waren »Mischlinge« und Juden mit deutschen Ehepartnern »vorläufig« vom Abtransport in den Osten zurückgestellt.[18] Nachdem die Deportationsmaschinerie aber einmal ins Laufen gekommen war, drohte diesen Menschen bei der geringsten Gesetzesübertretung ebenfalls der Abtransport. Wenn sie von jemandem denunziert wurden, konnte das den Tod für sie bedeuten. Frau Böhm, eigentlich eine »Halbjüdin«, die aber von den Nazis als Jüdin eingestuft worden war, da sie mit einem Juden verheiratet war, war mit ihrem Mann und ihrem neugeborenen Kind, einem Jungen, in das Haus eingezogen, in dem die Grodkas wohnten. Beide Böhms bekamen nur die jüdischen Lebensmittelrationen und durften nur zwischen vier und fünf Uhr nachmittags einkaufen gehen. Wenn sie ihr Kind am Leben erhalten wollten, mußten sie mehr Lebensmittel auftreiben. So ging Frau Böhm eines Tages ohne den gelben Judenstern am Mantel in ein Geschäft, um sich die Rationen, die einer Deutschen zustanden, zu verschaffen. Frau Hensel, die darauf aufpaßte, daß beim Kaufmann an der Ecke niemand gegen die Vorschriften verstieß, erwischte jedoch Frau Böhm bei diesem Täuschungsversuch und zeigte sie an. Nach kurzer Zeit erschien die Gestapo, verhaftete Frau Böhm und ließ ihren Mann allein mit dem kleinen Kind zurück. »Furchtbar war es mit anzusehen, wie sie ihr Kind noch einmal in die Arme nahm, es herzte und küßte«, erzählte Wally.[19]

Die Zahl der Juden im Haus der Grodkas verringerte sich von Woche zu Woche. Auch Günters Verwandte, die dort seit 1939 wohnten, wurden deportiert. »Mitten beim Abendbrot holen die Häscher diese armen Menschen ab«, schrieb Wally in ihr Tagebuch. »Nichts dürfen sie mitnehmen. Es herrscht eine panikartige Stimmung.« Um einigen Bekannten beizustehen, die die Anweisung erhalten hatten, sich zur »Evakuierung« in der Synagoge einzufinden, begleitete Wally sie dorthin. Sie zog einen kleinen Handwagen, auf den sie das Gepäck ihrer Bekannten geladen hatte. »Dabei wurde sie oftmals angepöbelt, weil sie den Juden half«, erzählte Günter. »Das hat meine Frau gemacht, denn ich selbst durfte mich nicht dabei sehen lassen.«

»Wir sind oft selbst in Gefahr gewesen, da die Gestapo uns für unsere Hilfe das ›Mitnehmen‹ androhte«, erinnerte sich Wally. »Es gab ununterbrochenes Hetzen und Verleumdung, im Haus und draußen, und dann dieses Nachrufen auf der Straße: ›Da geht ja die alte verwanzte Judensau!‹ Ich bin weitergegangen, wenn ich auf der Straße beschimpft wurde. Es wäre sinnlos gewesen, irgendwie darauf zu reagieren, denn man mußte ja damit rechnen, daß diese Provokation die Absicht verfolgte, einen irgendwie in die Enge zu treiben.«

Der Hausmeister der Synagoge in der Levetzowstraße war ein Bekannter der Grodkas. Er erzählte Wally, die nicht mit hineindurfte, was drinnen vor sich ging. Im Hauptsaal der Synagoge halfen jüdische Ordner den Gestapoleuten dabei, die Neuankömmlinge zu registrieren und zu durchsuchen. Sie wurden einer nach dem anderen mit Namen aufgerufen und mußten an einen großen Tisch treten. Jedem von ihnen wurde eine Nummer zugeteilt, und ein Zettel mit derselben Nummer wurde an ihrem Koffer befestigt. An einem zweiten Tisch saßen Ordner, die die persönlichen Daten des zum Abtransport Bestimmten aufschrieben. An einem dritten Tisch wurden ihm alle persönlichen Gegenstände, die er nicht in den Koffer gepackt hatte, weggenommen. Sein Paß, seine Ausweispapiere, etwaige Orden und Ehrenabzeichen, Schmuckstücke und andere Wertsachen – wozu auch Lebensmittel gehörten – wurden konfisziert. An einem vierten Tisch wurde sein Koffer durchsucht, und alle wertvollen oder gefährlichen Gegenstände wurden aus ihm herausgenommen. Dann mußte jeder sich ausziehen und eine Leibesvisitation über sich ergehen lassen. Zum Schluß erhielt er eine Plakette mit seiner Nummer drauf, die er sich um den Hals hängen mußte. Sein Koffer wurde mit derselben Nummer gekennzeichnet und ihm dann zurückgegeben. »Es ging zu wie bei der Postabfertigung«, erklärte Anton Loderer, ein ehemaliger Gestapo-Offizier, der damals bei der Durchsuchung der Festgenommenen in der Synagoge mitgewirkt hatte, »im Hintergrund des Raumes hielten sich etwa dreißig bis fünfzig Juden [d.h. Ordner] auf. Außer mir durchsuchten etwa fünf oder sechs Kollegen das Gepäck, das uns, von Hand zu Hand gehend, von einem Kollegen zum anderen zugereicht wurde.« Er und seine Kollegen, so berichtete Loderer weiter, hätten unter Aufsicht von SS-Leuten die Wertsachen der Juden konfisziert und auch guterhaltene Kleidungsstücke. Nachdem das geschehen war, wurden Männer und Frauen getrennt. Sie wurden einzeln in kleine Kammern geführt, wo sie sich nackt ausziehen mußten und auf am oder im Körper verborgene Wertsachen oder Geld untersucht wurden – sie durften nur so viel Geld behalten, wie die Zugfahrt kostete. Ein gewisser Kunze, der einen großen Teil der verschiedenen Prozeduren überwachte, befahl seinem Helfer manchmal sogar, in den After eines Mannes zu greifen, um nach dort versteckten Wertsachen zu suchen. Loderer schloß seinen Bericht mit den lakonischen Sätzen: »Sobald wir mit der uns zugewiesenen Aufgabe fertig waren, gingen wir nach Hause. Die in dem Raum anwesenden Juden verblieben in der Sammelstelle.«[20] Die ganzen Erfassungs- und Untersuchungsprozeduren nahmen im Schnitt immer zwei Tage in Anspruch. Am dritten Tag wurden die Juden dann in Möbelwagen geladen und zum Bahnhof geschafft, wo man sie wie Vieh in schon bereitstehende Waggons trieb.[21]

Im Dezember 1941 wurden in Berlin erste Gerüchte laut, daß Juden, die in Richtung Osten transportiert worden waren und von denen man nie wieder gehört hatte, am Rand offener Massengräber erschossen und dann verscharrt worden seien. Frau Mosse sagte vor Gericht aus: Während des Krieges habe sie von einem Freund gehört, daß es in Litauen Massenerschießungen gegeben habe, sie habe diesem Gerücht aber nicht geglaubt, weil sie sich so etwas nicht habe vorstellen können.[22] Andere Juden waren, nachdem sie durch die BBC von dem Massenmord an ihren Glaubensbrüdern gehört hatten, überzeugt davon, daß diese Berichte nur Teil der britischen Propaganda seien; sie redeten sich selbst ein, daß es für das Regime doch viel vorteilhafter sei, die Deportierten zur Zwangsarbeit heranzuziehen.[23] Günter Grodka hingegen, dessen Vater und dessen Neffe für die Jüdische Gemeinde arbeiteten, sagte, daß er damals diesen Berichten sofort geglaubt habe. Sein Vetter, der auch wußte, daß jüdische Ordner die Transporte Richtung Osten begleiteten, hatte ihm 1941 von den Erschießungen erzählt. Davon, wie die Menschen aus den Zügen getrieben und nach vorne geprügelt wurden, wie Gräber gegraben wurden und daß die SS hinter den Juden in Stellung gegangen sei, um sie dann niederzumähen.[24]

Natürlich tat das Regime sein möglichstes, um diesen Massenmord geheimzuhalten. Die Machthaber durften es nicht riskieren, daß sich ihre deutschen Untertanen von ihnen distanzierten, und sie mußten eine Gehorsamsverweigerung und Massenproteste von seiten der noch im Reich lebenden Juden verhindern.[25] Offiziell wurde weiter verbreitet, daß die Juden in Arbeitslager verbracht würden. In den die Transporte betreffenden Direktiven, die streng geheimgehalten wurden, wurde anfänglich sogar dafür gesorgt, daß die deportierten Frauen ihre Nähmaschinen mitnehmen konnten, und Wally erinnerte sich daran, daß viele deshalb Hoffnung schöpften und diese Möglichkeit tatsächlich nutzten.

Trotz allem begriffen Charlotte Israel und ihre jüdischen Freunde rasch, daß Deportation Abschied für immer bedeutete. Wenn auch die Schar ihrer jüdischen Freunde und Bekannten rapide abnahm, veranstalteten die Israels weiter ihre Musikabende. Manchmal lud Charlotte auch ihre Mutter dazu ein, die sich im Lauf der Zeit über ihre Tochter mit einigen Juden angefreundet hatte. Besonders gern mochte sie Frau Rosenstiel, eine Bekannte von Julius' Eltern.

Eines Abends schlüpfte Frau Preß, als sie sich nach einer solchen geselligen Runde auf den Nachhauseweg machte, aus Versehen in den Mantel von Frau Rosenstiel, der natürlich mit dem leuchtendgelben »Judenstern« gekennzeichnet war. Die eigentliche Besitzerin des Mantels merkte erst, als sie ihn anziehen wollte, daß er nicht mehr da war. Charlotte erzählte: »Und da suchte Frau Rosenstiel ihren Mantel. ›Na, hier muß er doch sein‹, sagte ich. ›Nein, das ist nicht mein Mantel!‹ meinte sie. ›Wenn das nicht Ihr Mantel ist, dann hat meine Mutter Ihren an‹, sagte ich. ›Das ist nämlich der Mantel meiner Mutter. Hoffentlich ist die heil nach Hause gekommen.‹ – ›Na, ja, es ist schon dunkel‹, sagte Frau Rosenstiel. ›Niemand wird den Stern jetzt gemerkt haben.‹«

Im Winter fing die Ausgangssperre für Juden schon um acht Uhr an. Die erfahrene Frau Rosenstiel wußte, wie man die Dunkelheit für sich nutzen konnte, aber Charlottes Mutter war in dieser Hinsicht natürlich völlig hilflos. »Ich hab jemand zu meiner Mutter geschickt, das war ja nicht weit«, erinnerte sich ihre Tochter. »Und dann haben wir die Mäntel getauscht, und nun war's wieder gut.«

Obwohl sie selbst damals ständig in Nöten war, half Charlotte anderen, wo sie nur helfen konnte. Einige Deutsche behaupteten später, daß sie sich damals ihrer eigenen Familien wegen nicht um Fremde gekümmert hätten. Charlotte aber hatte keine solche Bedenken; sie verbrachte mit Juden, die die »Abholkarte bekommen« hatten und außer sich vor Angst waren, die letzte Nacht vor ihrem Abtransport oder nähte Rucksäcke, die sie mit auf die Fahrt nehmen konnten. Auch als Frau Rosenstiel die Aufforderung bekam, sich in einem Sammellager einzufinden, verbrachten Charlotte und ihre Mutter die Nacht bei ihr. Frau Rosenstiel weinte und flehte Frau Preß an, sie bei sich zu verbergen: »Verstecken Sie mich doch irgendwo! Auf dem Boden, im Keller, ich will auch nie wieder rauskommen, bis der Krieg zu Ende ist.« Charlotte ließ das aber nicht zu: »Wenn meine Mutter sie genommen hätte, und die Gestapo hätte Frau Rosenstiel gefunden bei meiner Mutter, dann wäre alles aus gewesen.« Auch Julius hätte in keinem Fall die Einwilligung dazu gegeben. Er wußte, daß Charlotte sein einziger Schutz war und er in höchster Lebensgefahr schwebte, wenn sie nicht bei ihm war. In den Nächten, in denen sie der verzweifelten Frau Rosenstiel Gesellschaft leistete, war Julius ein einziges »Nervenbündel«, erzählte Charlotte. »Ich hätte manchmal auch mehr an meinen Mann denken sollen! Aber er war ja nicht der direkt Betroffene – sie war die Betroffene.«

»Am nächsten Morgen bin ich dann wieder rübergegangen. Mein Mann sagte gleich: Geh nicht rüber zu Frau Rosenstiel! Der hatte Angst, daß ich mal nicht wiederkomme.« Charlotte ging aber doch zu Frau Rosenstiel und fand diese tot vor. Sie hatte den Gashahn aufgedreht und war sanft eingeschlafen.

»Ich war fertig«, schloß Charlotte ihre Erzählung. »Ich konnte nicht mehr! Für mich war das so furchtbar. Ich gab mich immer als die Starke, aber danach habe ich immer den Weinkrampf und den Zusammenbruch gekriegt! Ich habe wegen dieser Erlebnisse sehr oft immer noch Depressionen. Ich versuche dagegen anzukämpfen, aber so ein Trauma ist nicht wegzukriegen. Ich kriege ja deswegen heute vom Entschädigungsamt eine kleine Rente, wegen der nervlichen Belastung. Meine Feinde haben mehr!«

1942: Neue Überlegungen zum Problem der Mischehe

Allen denen, die mit der Durchführung der »Endlösung« beauftragt waren, waren natürlich Deutsche, die weiterhin zu Juden hielten, ein gewaltiger Dorn im Auge, und, ähnlich wie Wally, verspürte auch Charlotte ungefähr ab 1942, daß sie als deutsche Ehefrau eines Juden beinahe in genauso großer Gefahr war wie dieser selbst. Während die Existenz von zahllosen Juden zerstört wurde, ganze Familien ausgelöscht und Gemeinden ausgerottet wurden, stritt man weiter dar-

über, ob man nicht die in Mischehe lebenden Juden und die »Mischlinge« ebenfalls deportieren solle. Himmlers Mitarbeiter drängten
darauf, daß man diese Menschen mit in die »Endlösung« einbezog,
während Goebbels sich zurückhielt und – wie Hitler – auf den geeigneten Augenblick wartete.

Goebbels geriet wegen seiner Abwartetaktik mit Himmler selbst aneinander, der ja für die Vernichtungslager und für die verschiedenen
Maßnahmen zur rassischen Reinigung des deutschen Volkes verantwortlich war. Nach Ausbruch des Krieges ergriff Hitler wechselnd sowohl für Goebbels als auch für Himmler Partei: Ebenso wie er sich
hinsichtlich der »Gleichstellung« von »Mischlingen« und ihrer Befreiung von bestimmten Vorschriften äußerst widersprüchlich verhielt,
waren auch seine Anweisungen, wie man sich gegenüber in Mischehe
lebenden Juden verhalten solle, alles andere als eindeutig. Eigentlich
kann man kaum von »Anweisungen« sprechen, sondern allenfalls von
»Andeutungen«. Bei verschiedenen Gelegenheiten schob er den Versuchen von Himmlers SS, diese Juden und die »Mischlinge« ebenfalls
in die Konzentrationslager zu schicken, einen Riegel vor. Schon sehr
bald nach Beginn der Deportationen war Hitler zu der Überzeugung
gekommen, daß man mit der definitiven Lösung des »Mischlings-« und
»Mischfamilien«-Problems bis nach dem Ende des Krieges werde warten müssen.[26] Er verstand sehr gut, was Goebbels im März 1943 dazu
bewog, die jüdischen Ehemänner und Ehefrauen von Deutschen, die
man schon verhaftet hatte, um sie in die Vernichtungslager im Osten
zu schaffen, wieder freizulassen. Im Juni gab er aber auch Himmler
recht, als dieser meinte, daß die Judenfrage nun endlich auf »radikale«
Weise gelöst werden müsse: Eine solche »radikale« Lösung verlangte,
daß man – ungeachtet des Aufruhrs, den dies auslösen würde – auch
alle in Mischehe lebenden Juden deportierte. Hitler wartete, wie es
seine Art war, auf den richtigen Moment, um aktiv zu werden.[27]

Theoretisch stimmte Goebbels mit Himmlers Männern aus dem
RSHA überein. Mehr als einmal äußerte er sich in seinem Tagebuch
dahingehend, daß Deutsche, die sich herabließen, Juden zu heiraten,
keineswegs einen Schutz für ihre Partner darstellten, sondern vielleicht
deren Schicksal würden teilen müssen, da sie sich weigerten, die
grundlegendsten Glaubenssätze des Nationalsozialismus zu verstehen.
Was sollte mit »Halbjuden« geschehen? Was mit Verwandten von Juden? Was mit Menschen, die mit Juden verheiratet waren? So fragte
der Propagandaminister sich im März 1942.[28] Goebbels kam damals –
genau wie ein Jahr später, im März 1943 – zu dem Schluß, daß weder
die Sache des Nationalsozialismus noch der Krieg es zuließen, daß man

sich irgendwelche Sentimentalitäten leistete. Daß die Juden, die mit Nicht-Juden verheiratet waren, beseitigt werden müßten, stand für ihn völlig außer Zweifel, darüber dachte er gar nicht erst nach, er stellte nur Überlegungen an, ob man auch ihre nichtjüdischen Ehepartner, Schwiegereltern und andere Anverwandte umbringen solle. Ihm war aber natürlich bewußt, daß die deutschen Ehepartner von Juden eine große Zahl von »rassisch reinen« deutschen Verwandten hatten.

Da es eine sehr heikle Sache war, Familien auseinanderzureißen, zügelte Goebbels sich, und Himmlers Männer, die darauf brannten, die »Endlösung« endlich zu einem Abschluß zu bringen, hatten die Rechnung ohne ihn gemacht. In den besetzten Ostgebieten hatte man die Deutschen, die sich geweigert hatten, sich von ihren jüdischen Ehemännern oder Ehefrauen zu trennen, zusammen mit diesen deportiert, und Himmler wollte das eigentlich auch in Deutschland so handhaben. Bei einem Gespräch am 10. Oktober 1941 waren Reinhard Heydrich, der Stellvertreter Himmlers, Adolf Eichmann und andere führende Nazis übereingekommen, daß ein Deutscher, der sich nicht von seinem jüdischen Ehepartner lossagen wollte, wie dieser in ein Lager geschafft werden sollte.[29] Diese Entscheidung hatten sie jedoch ohne Goebbels gefällt, der ja wie Hitler über mögliche Unruhen in der Öffentlichkeit besorgt war. Auf der Wannseekonferenz, am 20. Januar 1942, stand das Problem der Mischehen erneut auf der Tagesordnung. Heydrich, der alle »Mischlinge« einfach genauso wie »Volljuden« behandeln wollte,[30] hatte den Propagandaminister nicht zu dieser Besprechung eingeladen, bei der die entscheidenden Beschlüsse zur Herbeiführung einer »Gesamtlösung der europäischen Judenfrage« gefällt wurden.

Hitler hatte im August 1941 alle Versuche des RSHA, deutsche »Mischlinge« und deutsche Juden, die in Mischehe lebten, in die Deportationen einzubeziehen, vorläufig abgeblockt. Fünf Monate später verwandten die Teilnehmer der Wannseekonferenz jedoch rund die Hälfte der neunzigminütigen Sitzung darauf, über die besonderen Hindernisse, die »Mischlinge« und »Mischehen« für die Durchführung der »Endlösung« darstellten, zu diskutieren. Heydrich war mittlerweile zu Kompromissen bereit: Juden, die mit Deutschen verheiratet waren, sollten generell wie alle anderen Juden behandelt werden; in bestimmten Fällen sollten sie aber aus Rücksicht auf einen nichtjüdischen Verwandten nach Theresienstadt geschickt werden. In Theresienstadt gab es zwar keine Anlagen für Massentötungen und auch keine Öfen zur Beseitigung der Leichen, trotzdem war auch dieses »Musterghetto«

Teil der großen Vernichtungsmaschinerie. Für die meisten war es nur ein Durchgangslager: Sogar Juden, für die hohe Militärs um Gnade gebeten hatten, wurden aus Theresienstadt heimlich nach Auschwitz verlegt.[31] Es ist jedoch ein weiterer Beleg für die Furcht des Regimes vor Unruhen in der deutschen Bevölkerung, daß die wenigen jüdischen Ehepartner von Deutschen, die – manchmal nach einer Scheidung – nach Theresienstadt geschafft wurden, nicht von dort nach Auschwitz, das heißt in die Gaskammern, weitertransportiert wurden.[32]

Die Teilnehmer der Wannseekonferenz kamen am Ende überein, daß die »Endlösung« in den besetzten Ostgebieten so schnell wie möglich zu einem Abschluß gebracht werden müsse. Währenddessen sollten aber Unruhereaktionen in der Bevölkerung vermieden werden.[33] Weiter beschloß man, daß es den »Mischlingen« gestattet sein solle, im Reichsgebiet zu leben, unter der Voraussetzung allerdings, daß sie sich »freiwillig« sterilisieren ließen. Wenn sie sich nicht zu einem solchen Eingriff bereit erklärten, würden auch sie deportiert werden. Heydrich hatte mit mehr Einwänden von seiten der Funktionäre gegen diese seine Vorschläge gerechnet. Wie er nach dem Ende der Besprechung Eichmann anvertraute, war er sehr erfreut darüber, daß er auf so gut wie überhaupt keinen Widerstand gestoßen war.[34]

Als eine Kopie des Protokolls der Konferenz auf seinem Schreibtisch gelandet war, verlangte Goebbels energisch, daß sein Ministerium bei allen zukünftigen Besprechungen dieser Art vertreten sein müsse.[35] Er nahm für sich in Anspruch, der Experte für alle heiklen Angelegenheiten, das heißt für solche, die Einfluß auf die Stimmung der Bevölkerung haben könnten, zu sein. Bei der nächsten Konferenz in Sachen »Endlösung«, die am 6. März in Eichmanns Diensträumen in der Kurfürstenstraße stattfand, waren dann auch zwei Mitarbeiter des Propagandaministeriums dabei, und daß diese den Standpunkt sowohl Goebbels' als auch Hitlers selbst vertraten, geht aus der gemeinsamen Erklärung aller Konferenzteilnehmer hervor: Die weitere Präsenz von »Mischlingen« im Reich, selbst wenn sie sterilisiert seien, werde zwar den tatsächlichen Abschluß der »Endlösung« verhindern, man könne aber aus »politischen Gründen« keine härteren Maßnahmen gegen diese Menschen ergreifen. Man lehnte einen Gesetzesvorschlag ab, dem zufolge alle »Mischlinge«, die mit Nichtjuden verheiratet waren, zur Scheidung gezwungen werden sollten, da eine erzwungene Auflösung der Ehe zu beträchtlicher Unruhe unter den deutschen Verwandten führen könnte. Und das müsse vermieden werden.[36]

Die letzte Entscheidung darüber, ob man in ideologischer Hinsicht zurückstecken sollte, um den sozialen Frieden zu wahren, das heißt

konkret, ob man auf die Deportation von Juden mit deutschen Ehepartnern verzichten sollte, überließ man der absoluten Führungsspitze.
Der Staatssekretär im Innenministerium Wilhelm Stuckart, der später
behauptete, aus Gewissensgründen für die Gruppe der »Mischlinge«
eingetreten zu sein, erwies sich, was die Mischehen anbelangte, als
engstirniger Bürokrat. Er schlug vor, daß das Innen- und das Außenministerium ein Gesetz vorbereiten sollten, das alle deutsch-jüdischen
Paare zur Scheidung zwang, und die anderen Teilnehmer der Konferenz vom 6. März stimmten dem tatsächlich zu. Für gewöhnlich blieben damals Juden mit deutschen Ehepartnern von der Deportation
verschont, wurden aber umgehend abtransportiert, wenn die deutschen Partner die Scheidung beantragten oder verstarben.[37] Wenn das
Hauptproblem darin bestehe, daß die Deutschen sich nicht »freiwillig«
von ihren jüdischen Ehemännern oder Ehefrauen scheiden ließen, so
argumentierte Stuckart, so müsse man eben ein Gesetz verabschieden,
daß sie zur Scheidung zwinge.[38]

Stuckarts Vorschlag wurde aber später nicht nur von Goebbels zurückgewiesen, sondern auch von dem amtierenden Justizminister Franz
Schlegelberger, von dem man nicht erwartet hatte, daß er die Partei des
Propagandaministers ergreifen würde. Goebbels sprach sich aus politischen Gründen, vor allem aber wegen der zu erwartenden Reaktion
des Vatikans gegen den Vorschlag Stuckarts aus,[39] während Schlegelberger dagegen war, weil ein solches Gesetz seiner Meinung nach nicht
zu dem gewünschten Ergebnis führen würde, das heißt dazu, daß man
die jüdischen Partner deportieren könnte, ohne Unruhen auszulösen.[40]
Schlegelberger machte einen Gegenvorschlag, wie man Ruhe und
Frieden in der Bevölkerung wahren und doch gleichzeitig eine rassische Säuberung vornehmen könne: Man solle Partner einer Mischehe
nach Theresienstadt bringen. Goebbels meinte aber, daß eine solche
Maßnahme zu Protesten von seiten der deutschen Verwandten dieser
Paare führen könne.[41]

Ohne Zweifel lag Hitler viel daran, daß dieses Problem so schnell
wie möglich, das heißt sobald sich die geeignete Gelegenheit dazu ergab, gelöst wurde.[42] Am 28. Juli 1942 forderte Himmler aber dennoch
dazu auf, von diesem Gesetz, das die Auflösung von Mischehen erzwingen sollte und bereits in Entwurfsform existierte, abzusehen, weil
man sich mit diesen Albernheiten nur die Hände binden würde.[43]
Himmler hielt es für besser, im geeigneten Moment mit seinen Poli-
zeistreitkräften gegen die in Mischehe lebenden Juden loszuschlagen.
Also wurde das Gesetz zur zwangsweisen Auflösung von Mischehen
nicht verabschiedet. Diejenigen, die sich trafen, um über Stuckarts

Vorschlag zu diskutieren, kamen schließlich überein, daß man einem Deutschen mit jüdischem Ehepartner auf seinen Antrag hin die Scheidung gewähren sollte – damit blieb das Regime aber weiterhin von der Kooperation der deutschen Partner abhängig.

Die »rassische Säuberung« des deutschen Volkes hätte durchgeführt werden können, ohne daß sich die Gefahr irgendwelcher Unruhen in der Bevölkerung ergeben hätte, wenn die in Mischehe lebenden Deutschen kooperiert hätten, das heißt, wenn sie sich hätten scheiden lassen. Von welch großer Bedeutung es war, daß diese Deutschen ihre Kooperation jedoch verweigerten, wurde Anfang 1942 deutlich, als das Regime sich bemühte, den Juden den Zugang zu allen Zeitungen und Zeitschriften zu blockieren. Im Januar 1942 ordnete die Reichspressekammer an, daß den Juden im gesamten Reichsgebiet nur noch das *Jüdische Nachrichtenblatt* zugänglich sein dürfe und instruierte sowohl Zeitungsverkäufer als auch Postzusteller, Juden kein anderes Blatt mehr zu verkaufen oder zuzustellen.

Da aber Deutsche, die mit Juden verheiratet waren, weiterhin andere Zeitungen für ihre Partner kauften oder in ihrem eigenen Namen abonnierten, blieb diese Verordnung wirkungslos. Vom Januar 1942 bis Ende Juni beschäftigten sich gleich mehrere staatliche Stellen mit diesem Problem, konnten aber nicht verhindern, daß die Juden, auch wenn sie nur einer nichtprivilegierten Mischfamilie angehörten, von ihren deutschen Partnern weiterhin mit dem gewünschten Lesestoff versorgt wurden. Zunächst kamen daher die zuständigen Stellen überein, das Verbot etwas zu lockern und es Juden, die einer privilegierten Mischfamilie angehörten, wieder zu gestatten, alle Zeitungen zu beziehen, die sie lesen wollten. Bald wurde aber deutlich, daß das Regime auch nicht über die Mittel verfügte, Juden, die in einer nichtprivilegierten Mischehe lebten, daran zu hindern, sich alle Zeitungen zu verschaffen, die es gab; das Verbot wurde daher nach einiger Zeit ganz wiederaufgehoben, weil es ganz unmöglich sei, herauszufinden, welcher Zeitungskäufer aus einer Mischehe stamme.[44]

Daß es so schwer, ja unmöglich gewesen war, die Einhaltung des Verbots durchzusetzen, führte zu einer Auseinandersetzung zwischen Himmler und Goebbels. Goebbels nahm für sich die Oberhoheit über das gesamte Pressewesen in Anspruch, während Himmler sich als zuständig für die Durchführung der »Endlösung« betrachtete. Der Streit zwischen den beiden entbrannte über die Frage, wer von ihnen der Reichsvereinigung der deutschen Juden vorschreiben durfte, was in der offiziellen jüdischen Zeitung veröffentlicht werden sollte. Goebbels beschwerte sich darüber, daß Himmlers RSHA der Reichsvereinigung, die mittels des *Jüdischen Nachrichtenblattes* alle deutschen Juden von den sie betreffenden Reichsverordnungen in Kenntnis setzte, direkte Anweisungen erteilt habe. Das RSHA argumentierte gegenüber der Pressekammer damit, daß es notwendigerweise mit der Reichsvereinigung habe in Verbindung treten müssen, da Göring seinen Chef Reinhard Heydrich zur Abwicklung der »Endlösung« ermächtigt habe.

Widerstand, Vergeltungsmaßnahmen, Bereitwilligkeit

Ironischerweise war es das Schicksal ihrer Haustiere, das in vielen Juden die Ahnung aufkommen ließ, daß auch die Menschen nicht verschont bleiben würden. Im Mai 1942 wurde eine neue Verordnung erlassen, nach der alle jüdischen Haushalte die von ihnen gehaltenen Tiere von einem Mitarbeiter des Tierschutzvereines oder von einem privaten Tierarzt töten lassen mußten. Auch deutsch-jüdische Familien wurden nicht davon befreit, auch dann nicht, wenn der deutsche Partner als der offizielle Besitzer des Tieres eingetragen war. Einige schickten Photos von sich und ihren Tieren und verbrachten ganze Tage in städtischen und staatlichen Ämtern, um eine Ausnahmegenehmigung zu erwirken. Die Gestapo ließ sich aber nur in sehr wenigen Fällen erweichen.[45] Charlotte Israel wußte noch genau, wie verbittert sie war, als sie ihren Kanarienvogel zum Tierarzt trug, damit der ihn einschläferte. Für sie verkörperte der Vogel, als er aus voller Kehle sein letztes Lied sang, die vielen unschuldigen Opfer der Nazis. Die Behörden verlangten nicht, das tote Tier zu sehen, sondern gaben sich mit einer Bescheinigung des Arztes zufrieden. Als sie wieder an damals zurückdachte, fragte Charlotte sich unwillkürlich, warum der Veterinär ihr nicht einfach eine solche Bescheinigung gegeben und es ihr erlaubt hatte, den Vogel wieder nach Hause zurücktragen.

Wenig später kam es zu Ereignissen, die noch viel katastrophalere Folgen für das Leben der deutschen Juden hatten. Mitte Mai 1942 jagte eine Widerstandsgruppe junger Kommunisten eine von Goebbels' antisowjetischen Ausstellungen in die Luft; diese Ausstellung im berühmten Berliner Lustgarten trug den ironisch gemeinten Titel »Das Sowjetparadies«. Eine ganze Reihe von Besuchern wurde bei dem Anschlag verletzt. Einige der Mitglieder der kommunistischen Untergrundgruppe, die sich nach ihrem Anführer »Gruppe Baum« nannte, waren Juden. Die Polizei ergriff alle von ihnen, und bis Anfang 1943 waren

die meisten von ihnen bereits erschossen oder durch den Strang hingerichtet worden. Herbert Baum selbst beging angeblich Selbstmord.[46]

Zehn Tage nach dem Bombenanschlag im Berliner Lustgarten, am
27. Mai 1942, wurde in der Nähe von Prag auf Reinhard Heydrich,
den Reichsprotektor von Böhmen und Mähren und gleichzeitig Chef
des Reichssicherheitshauptamtes, von tschechischen Widerstandskämpfern ein Attentat verübt. Heydrich trug schwere Verletzungen davon,
denen er eine Woche später erlag. Diese Art von Widerstand gegen das
Regime wog natürlich schwerer als ein Anschlag auf eine Ausstellung
des Propagandaministeriums. Die Behörden bezichtigten natürlich die
Juden, die Drahtzieher dieses »Verbrechens gegen den Staat« zu sein,
und einen Tag nach dem Attentat wurden die Sprecher der Jüdischen
Gemeinde Berlins zusammen mit den Vorsitzenden der Jüdischen Gemeinden von Prag und von Wien ins Reichssicherheitshauptamt zitiert.
Nachdem die Männer voller Anspannung mehrere Stunden gewartet
hatten, erfuhren sie, daß man in der Nacht fünfhundert Berliner Juden
verhaftet und zweihundertfünfzig exekutiert hatte. Einhundertvierund-
fünfzig von diesen zweihundertfünfzig gehörten zu den in der Nacht
zuvor Verhafteten, während die restlichen sechsundneunzig schon seit
längerem im Lager Sachsenhausen festgehalten worden waren.[47]

Hinter diesen Terrormaßnahmen verbarg sich wieder einmal der
Gauleiter von Groß-Berlin. Am 28. Mai 1942 trug Goebbels in sein
Tagebuch ein:

»Ähnlich werde ich jetzt meinen Kampf gegen die Juden in Berlin
durchführen. Ich lasse augenblicklich die Judengeiselliste zusammen-
stellen und dann umfangreiche Verhaftungen vornehmen. Ich habe
keine Lust, mir unter Umständen von einem 22jährigen Ostjuden – solche Typen sind unter den Attentätern bei der Antisowjetausstellung –
eine Kugel in den Bauch schießen zu lassen.«

Aus einem Eintrag, den Goebbels ein paar Tage nach den Hinrich-
tungen in seinem Tagebuch vornahm, geht hervor, daß seine Reaktion
auf die Anschläge gar nicht so sehr von irgendwelchen konkreten Beweisen für eine jüdische Beteiligung abhängig gewesen war:

»Wir sind über die Hintergründe des Attentats noch nicht im Bilde . . .
Jedenfalls halten wir uns an den Juden schadlos. Ich lasse in Berlin die
von mir geplante Verhaftung von 500 Juden vornehmen und den jüdischen Gemeindevorstehern eröffnen, daß für jedes jüdische Attentat
oder für jeden jüdischen Revolteversuch 100 oder 150 in unserer Hand
befindliche Juden erschossen werden. In Verfolg des Heydrich-Atten-
tats sind in Sachsenhausen eine ganze Reihe inkriminierter Juden erschossen worden.«[48]

Das Reichssicherheitshauptamt versuchte weitere Sabotageakte mit massiven Drohungen zu verhindern: Man erklärte, daß man die führenden Männer der deutschen Juden für solche Aktionen verantwortlich machen werde – in der Annahme, daß diese aus Angst vor Vergeltungsmaßnahmen ihre Leute davon abhalten würden, irgendwelche Anschläge zu begehen. Eppstein traf mehrfach mit Vertretern des RSHA – unter anderem auch mit Eichmann selbst – zusammen. Sollte die Reichsvereinigung die jüdische Bevölkerung über den Sabotageakt informieren? Und wenn ja, wie? Goebbels schwankte bisweilen zwischen zwei Möglichkeiten: nämlich über Aktionen von Widerstandskämpfern zu berichten und ganz gezielt Vergeltungsmaßnahmen zur Abschreckung einzusetzen oder alle Nachrichten über die Sabotageakte und Anschläge, die zu den Vergeltungsmaßnahmen geführt hatten, zu unterdrücken.[49] In diesem Fall wurde schließlich – verschiedenen Vorschlägen von Mitarbeitern des RSHA zum Trotz – jegliche öffentliche Verlautbarung über das Vorgefallene verboten. Die Angehörigen der Menschen, die man hingerichtet hatte, erhielten Briefe, in denen sie über den Tod ihrer Verwandten informiert wurden. Es wurde ihnen ganz klargemacht, daß Deportation und Exekution der Preis waren, den man für jede Form von Widerstand gegen das Regime zu zahlen habe, und die Vorsitzenden der Jüdischen Gemeinden wurden nachdrücklich gewarnt: Jeder Jude, der jetzt noch bei hohen Regierungsstellen um eine Sondererlaubnis zur Auswanderung nachkommen würde, würde zusammen mit seiner ganzen Familie sofort deportiert werden.[50] Die Führer der deutschen Juden befanden sich jetzt im eisernen Griff der Gestapo, deren Willkür sie schutzlos ausgesetzt waren.

Den ganzen Sommer 1942 hindurch riß der Strom von Berliner Juden, die »nach Osten« deportiert wurden, in Regionen, aus denen es keine Rückkehr gab, nicht ab. Ein »Osttransport« folgte dem anderen, und nach der Abfahrt jedes Güterzuges gab es an die tausend Juden weniger in Berlin. Am 11. Juli verließ der erste Zug die Hauptstadt mit Ziel Auschwitz.

Kurze Zeit später fiel die Ehe von Erna, der Schwester von Julius Israel, dem Nationalsozialismus zum Opfer: Ihr deutscher Mann setzte sich ohne jede Vorwarnung ab. Seine Tochter Inge sah ihren Vater nie wieder, obwohl sie noch lange alle Männer musterte, die ihr auf der Straße begegneten und ihrem Vater – oder ihrem langsam verblassenden Bild von ihm – ähnelten. Charlotte erinnerte sich daran, daß Inges Vater blond war, und auch seine Tochter sah mit ihrem hellblonden Haar typisch »arisch« aus und war eine strahlend schöne junge Frau.

Obwohl sie ein »Mischling« mit einem deutschen Vater war, galt Inge den Nürnberger Gesetzen nach als Jüdin, da sie damals, als die Gesetze verabschiedet worden waren, bei der Jüdischen Gemeinde Berlins gemeldet war. Vom 1. Juli 1942 an blieben alle jüdischen Schulen geschlossen,[51] und Inge und ihre Freundin Sonja begannen daher, bei den Israels Nähstunden zu nehmen. Manchmal spielte Julius auch Klavier und die Mädchen sangen dazu, und Charlotte erinnerte sich, daß sie ihnen die ersten Tanzschritte beibrachte. Sonja sei immer fröhlich gewesen, »ein richtiger Sonnenschein«. Sie habe davon geträumt, eines Tages ihr eigenes Schneideratelier aufzumachen.

Als sie von den beiden Mädchen erzählte, um die sie sich ein halbes Jahrhundert zuvor gekümmert hatte, wurde Charlottes Stimme lebendig; ihre ganze Müdigkeit war verflogen. Sie empfand immer noch Liebe und Zuneigung für die vielen jüdischen Verwandten und Freunde, die ihr entrissen und in die Gaskammern geschickt worden waren. Die Schar ihrer und ihres Mannes Freunde war immer kleiner geworden, einer nach dem anderen war plötzlich verschwunden. Immer weniger Menschen kamen zu den Musikabenden oder zum Nähunterricht. In jener düsteren und trostlosen Welt waren die beiden Israels für die Juden, die bei ihnen das Schneiderhandwerk lernten, so etwas wie eine Insel der Hoffnung. Für einige von ihnen war es die einzige Beschäftigung, die sie überhaupt hatten, und sie ließ sie von einer etwas glücklicheren Zukunft träumen. »Keiner unserer Schüler hat überlebt«, erzählte Charlotte. »Sie wollten auswandern, aber keiner hat's geschafft. Alle sind abgeholt worden. Alle weg, alle in die Gaskammern. Bis auf einen Schüler; der hatte Zuschneiden gelernt, aber richtig, nach Maß, und schaffte es gerade noch, nach Shanghai zu entkommen. Ich hab später erfahren, daß er dort das größte Herrenausstattergeschäft gehabt hat. Der ist ein reicher Mann geworden, ich habe mich natürlich gefreut.«

Aus irgendeinem Grund hatten die Eltern von Julius noch nicht »die Karte bekommen«. Charlotte hoffte, daß die Gestapo die beiden alten Leute übersehen hatte. Sie waren beide in den Siebzigern und verließen nur noch selten die Wohnung. Charlotte erinnerte sich, wie Julius und sie sich eingeredet hatten, daß die Gestapo es wohl kaum der Mühe für wert befinden würde, den alten Herrn Israel in ein »Arbeitslager« zu stecken: »Wir dachten uns: Na ja, die alten Leute, die können ja nicht mal laufen. Die werden sicher verschont bleiben vom Abholen.« »So was denkt man!« sagte sie und schlug die Augen nieder, als ob sie sich Vorwürfe mache, daß sie sich damals selbst über die Realität hinwegzutäuschen versucht habe.

Denn: Als sie schon nicht mehr damit gerechnet hatten, war dann doch der schreckliche Tag gekommen. Am 29. September, der in jene Woche fiel, in der Goebbels und Hitler sich zusammensetzten, um über den Abschluß der »Entjudung« Berlins zu sprechen, erschien die Gestapo, um das alte Ehepaar wegzubringen. Herr Israel hatte den ganzen Sommer über mit Magenkrebs im Jüdischen Krankenhaus in der Iranischen Straße gelegen und war gerade erst wieder nach Hause zurückgekehrt.

Während des Krankenhausaufenthalts hatte sich sein Zustand unablässig verschlechtert, aber Charlotte war – als Deutsche – die einzige von der ganzen Familie gewesen, die ihn hatte besuchen dürfen. Juden benötigten eine Sondererlaubnis, um ihr Wohnviertel verlassen zu dürfen, und ein Besuch bei einem todkranken Angehörigen galt nicht als hinreichender Grund für die Erteilung einer solchen Genehmigung. Herr Israel wurde von Dr. Walter Ludwig betreut, einem Juden, der mit einer Deutschen verheiratet war. Dr. Ludwig war am Gesundheitsamt von Groß-Berlin tätig gewesen, bevor er wegen des Arierparagraphen einem deutschen Arzt weichen mußte. Im September 1942 hatte Ludwig zu Charlotte gesagt, sie solle ihren Schwiegervater wieder nach Hause mitnehmen, man könne sowieso nichts mehr für ihn tun.

In der Wohnung der Israels in Charlottenburg hatten Erna, Charlotte und eine Frau Weizel, eine Nachbarin, die immer sehr freundlich zu ihnen war, die Couch im Wohnzimmer zu einem Bett umgebaut. Sie meinten, daß der alte Herr sich dort weniger einsam fühlen würde als allein in seinem Schlafzimmer. Seine Frau erledigte alle Arbeiten, soweit das möglich war, wie Strümpfestopfen oder Kartoffelschälen, am Rand seines Lagers.

Als die Gestapo erschien, um das Ehepaar abzuführen, bekam Frau Weizel das mit und rief sofort Erna bei ihrer Arbeitsstelle an. Erna erhielt die Erlaubnis wegzugehen; sie lief los, um Charlotte zu holen. In einem solchen Zustand wie an jenem Tag hatte Charlotte die Wohnung ihrer Schwiegereltern noch nie gesehen: Schranktüren standen offen, Kommodenschubladen lagen auf dem Boden, überall waren Kleidungsstücke verstreut. Der Stuhl und der Fußschemel von Frau Israel standen noch am Kopfende des provisorischen Bettes, in dem ihr Mann gelegen hatte. Die Kartoffeln, die sie geschält hatte, waren auf den Boden gerollt und hatten mittlerweile eine glasig-graue Farbe bekommen. Charlotte fragte, ob es nicht verständlich sei, daß sie seit damals keine Kartoffelpuffer mehr möge. Von der Tür ihrer Wohnung aus hatte Frau Weizel alles voller Entsetzen mitverfolgt. Die Gestapoleute hatten Herrn Israel die Treppen hinuntergezogen und -geschleift und

ihn dann brutal auf die Ladefläche des vor dem Haus wartenden Lastwagens gehievt, da der krebskranke fünfundsiebzigjährige Mann nicht
mehr habe laufen können.

Auf dem Küchentisch fanden Charlotte und Erna einen Zettel, auf
den nur hastig gekritzelt war: »Wir sind in der Gerlachstraße. Wir haben
nichts.« »Gerlachstraße« stand für die Juden Berlins für ein ehemaliges
jüdisches Altenheim in Berlin-Mitte, das die Gestapo in ein Sammellager für Juden umgewandelt hatte, die auf ihren Abtransport warteten.
Außerdem diente es als Durchgangslager für jüdische Häftlinge, deren
Bestimmungsort Theresienstadt war. Charlotte wußte noch sehr gut,
wie ihr damals zumute war, als sie und ihre Schwägerin ein paar Kleider, Lebensmittel und Waschzeug zusammenpackten und dann zur
U-Bahn rannten, um zur Gerlachstraße zu fahren. Als Jüdin mußte
Erna in allen öffentlichen Verkehrsmitteln stehen bleiben; wie viele
ihrer Leidensgenossen versuchte sie, den gelben Stern zu verdecken,
indem sie ihre Tasche darüber hielt oder sich gegen die Wand drückte.

Der Arbeitstag ging gerade zu Ende. Am Alexanderplatz stiegen
viele Angestellte aus den Ämtern in der Wilhelmstraße ein, setzten sich
und lehnten sich bequem zurück. An manchen Tag herrschte in Berlin
oft noch ein Gefühl von Normalität, was die Propaganda natürlich
weiter zu fördern suchte. Charlotte, die die wenigen Dinge an sich
preßte, die sie ihren Schwiegereltern bringen wollte, kam es so vor, als
ob es um sie herum nur so von Nazis wimmele. Am Vorabend ihrer
ersten verheerenden Niederlage schien die deutsche Wehrmacht noch
unschlagbar zu sein. Seit dem August 1942 kontrollierte sie ein riesiges
Gebiet, das sich halbkreisförmig bis tief nach Rußland hinein erstreckte.
Den ganzen Sommer über war die Heeresgruppe Süd weiter Richtung
Osten vorgestoßen und hatte die russischen Streitkräfte westlich des
Don eingeschlossen. Es schien, als würde die Sowjetunion auseinan-
derfallen oder kapitulieren. Im September 1941 hatten die Vereinigten
Staaten noch vorgehabt, die amerikanische Armee auf eine Stärke von
zweihundertdreizehn Divisionen zu bringen, jetzt – nur ein Jahr spä-
ter – war der amerikanische Generalstab der Ansicht, daß man mindestens dreihundertfünfzig Divisionen benötige, wenn man den Krieg
gewinnen wolle. Die Wehrmacht schien kurz vor der Einnahme Sta-
lingrads zu stehen, wodurch die Hauptversorgungsroute der Roten
Armee unterbrochen und den Deutschen der Zugang zur wichtigsten
Ölförderregion Rußlands eröffnet sein würde.

In der Gerlachstraße angekommen, erhielt Charlotte die Erlaubnis,
dem alten Paar einen fünfzehnminütigen Besuch abzustatten. Offiziell
war so etwas nicht gestattet, aber Charlotte schaffte es irgendwie.

Charlotte erzählte: »Meine Schwiegermutter hat gesagt, sie hat gewußt, daß ich komme. ›Ich hörte schon deine Schritte‹, sagte sie. Da war sie ganz glücklich. Schwiegervater lag im Bett. ›Du holst uns doch hier raus‹, sagte er, als er mich sah. ›Ja, Papa‹, sagte ich. Das war eine barmherzige Lüge. Sollte ich ›nein‹ gesagt haben? Das konnte ich nicht. Der war doch schon ein Todeskandidat. ›Ja, Papa‹, sagte ich, ›ich hol dich hier raus.‹ Da hat er sich so gefreut wie ein kleines Kind und aufgepaßt, was ich mitgebracht habe.«

Frau Israel wirkte resigniert, aber gefaßt. Charlotte zufolge war sie eine sehr couragierte Frau. »Wenn der Krieg aus ist, werden wir uns wiedersehen«, sagte sie zu ihrer Schwiegertochter. »Ich kann arbeiten. Ich melde mich freiwillig.« Sie war siebzig. »Papa«, sagte sie zu Charlotte, »wird ja bald in die Ewigkeit eingehen. Damit hätten wir auch zu Hause rechnen müssen.«

Frau Israel litt an entzündeten Fußballen und setzte die Füße beim Gehen schief auf. Um mehr Halt zu haben, trug sie stets nur feste Schnürschuhe. Charlottes Mutter hatte ihr ein Paar Schnürstiefel geschenkt, und sie bat ihre Schwiegertochter, ihr diese Schuhe zu bringen. Charlotte sagte, daß sie erst geflickt werden müßten, Frau Israel meinte aber, daß man das in Theresienstadt für sie erledigen werde. »Die war so zuversichtlich, meine Schwiegermutter«, meinte Charlotte voller Bewunderung.

Nachdem sie sich von ihren Schwiegereltern verabschiedet hatte, suchte Charlotte sofort das Polizeirevier in der Grolmanstraße, nicht weit von ihrer Wohnung, auf. Sie wollte für Julius eine Erlaubnis besorgen, die U-Bahn benutzen zu dürfen, so daß er seine Eltern besuchen könnte. Es verstieß zwar gegen alle Vorschriften, aber man gab ihr diese Erlaubnis. Erna, Julius' Schwester, beantragte auch eine solche Sondergenehmigung, sie wurde ihr aber verweigert. »Die Erna hat immer so gejammert, und das wollten die Behörden gar nicht hören. Jammern wollten die nicht hören. Ich habe das ganz ruhig gesagt, als ob das 'ne ganz einfache Sache ist. ›Herr Polizist, ich brauche bitte so und so, geben Sie mir das bitte?‹ Auf keinen Fall mit Tränen, wenn mir auch so zumute war. Man mußte sich eben beherrschen können. Ich habe immer Angst gehabt, gezeigt habe ich's aber nie. Ich habe nie kläglich gefragt und habe das bekommen, was ich wollte.«

Am nächsten Tag ließ man Charlotte das Haus in der Gerlachstraße nicht mehr betreten. Die Israels hatten nichts mitnehmen können, sie besaßen nur das, was sie am Körper trugen, und sie benötigten eine ganze Reihe von Sachen für die lange Fahrt ins Lager. Charlotte ließ sich von der Abweisung nicht beeindrucken und begann den Wachposten am Eingang zu beobachten, ohne daß dieser das merkte. Es war beinahe Mittag, und sie hoffte, daß sich zumindest die Gelegenheit ergeben würde, ihren Schwiegereltern die Lebensmittel und die Kleidungsstücke, die sie von daheim mitgebracht hatte, durch ein Fenster im Erdgeschoß hineinzuschieben. Um Punkt zwölf zog der Wachposten ab. Charlotte wartete ein Weilchen, ob ein anderer seine Stelle einnehmen würde, aber nichts rührte sich. Nach zwanzig Minuten erschien derselbe Mann wieder und baute sich erneut vor der Eingangstür auf. Auch am Tag darauf war Charlotte kurz vor zwölf zur Stelle. Als es zwölf schlug, der Posten wegging und keine Ablösung in Sicht war, huschte Charlotte rasch zu dem Fenster des Raumes hin, in dem ihre Schwiegereltern saßen. Sie klopfte an die Scheibe und Frau Israel öffnete sofort. »Das war für mich und für Schwiegermutter sehr gefährlich«, meinte Charlotte. Aber die beiden alten Leute wußten nun wenigstens, daß jemand Anteil an ihrem Schicksal nahm. In den folgenden fünf Tagen besuchte Charlotte sie regelmäßig, wobei sie immer darauf achtete, schnell zu verschwinden, wenn sie hörte, daß der Wachposten zurückkam.

Als Charlotte ihre Schwiegermutter zum letzten Mal sah, es war am 4. Oktober 1942, fragte sie sie, ob sie eine warme Kopfbedeckung habe. Frau Israel hatte nur einen kleinen Hut. »Ich dachte mir nur, ihr kleines Hütchen fliegt ihr doch weg vom Kopf. Ich hab dann ganz spontan meine Kapuze abgenommen und sie ihr durchs Fenster gereicht. ›Nimm das, Mama, ich näh mir eine neue‹, sagte ich. Sie war selig. Sie hat auch gedacht, daß ich mir wieder eine nähe. Aber das konnte ich leider nicht. Ich hatte kein Material. Ich nahm meinen warmen Schal ab und band ihn mir um den Kopf. Dann haben wir uns durch das Fenster mit einem Händedruck und mit Tränen in den Augen verabschiedet. ›Du hast gesegnete Hände‹, hat sie mir gesagt. Das waren immer so ihre Worte. Schwiegermutter war eine gläubige Frau. Sie sagte dann immer beim Abschied: ›Gottes Segen auf dein Haupt.‹«

»Danach spielte mein Mann nicht mehr Klavier«, setzte Charlotte ihre Erzählung fort. »Ich sang nicht. Unsere Musiktage wurden erst mal abgeschafft.« Auch die wenigen Freunde, die noch übriggeblieben waren, trauerten um die Eltern von Julius. Julius' Nichte Inge, die Freundin von Sonja, war gerade fünfzehn Jahre alt und von all dem, was um sie herum passierte, zu Tode erschreckt. Sie hatte gehört, daß »Mischlingen« wie ihr in einigen Fällen eine Gleichstellung gewährt worden war, durch die sie den Status von Ariern bekommen hatten und allen weiteren Verfolgungen entgangen waren. »Ich laß mich arisieren, da mein Vater Arier ist, und werde nicht mehr bei der jüdischen Familie wohnen«, verkündete sie eines Tages. Charlotte antwortete ihr: »Du gehörst zu Julius' Familie, genauso, wie ich dazugehöre. Und ich steige auch nicht aus.« Inge, die nach dem Krieg in die USA auswanderte und sich in Maine niederließ, war die einzige Überlebende von Charlottes »großer jüdischer Familie«.

Charlotte und Julius hatten kaum noch die Kraft, um mit neuen Tragödien fertig zu werden. Aber am 7. Januar war plötzlich Sonja verschwunden, die Freundin Inges, die seit einiger Zeit täglich zu den Israels gekommen war, um das Schneidern und Nähen zu erlernen und vielleicht eines Tages selber ein Atelier eröffnen zu können. Als die Israels am nächsten Tag den Briefkasten öffneten und ihre Post durchgingen, fanden sie schnell heraus, was geschehen war. Sonja hatte nur noch in aller Hast ein paar Worte für die »lieben Ischens«, wie sie ihre Freunde immer nannte, auf eine Karte kritzeln können:

> »Auf Wiedersehen für immer.
> Heute werden wir abgeholt, 7. 1. 43.
> Behaltet mich lieb.
> Bleibt gesund und stark.
> Ich grüße alle recht innig,
> > Eure Sonja.«

»Wir waren von den Zeilen überwältigt«, sagte Charlotte mit erstickter Stimme. »Wir weinten, alle beide, als ob wir eine Tochter verloren hätten. Ich sah sie nie wieder.«

Es überrascht nicht, daß zu den neuen Freunden der Israels vor allem die neuen Außenseiter zählten, die es seit einiger Zeit in Deutschland gab. Schon Mitte 1942 hatte das Regime begonnen, Franzosen zum Arbeitseinsatz in Deutschland zu zwingen, und als die Zahl der Juden, die noch im Reich lebten, immer geringer wurde, fing man an, auch aus den besetzten Gebieten im Osten Zwangsarbeiter heranzuschaffen. Solche »Fremdarbeiter« bildeten bald den neuen Bekanntenkreis von Charlotte und Julius. Charlotte hatte einen deutsch-russischen Freund, der sie mit seinem Mädchen bekannt machte, Inna, die aus der Ukraine stammte. Inna war eine aus der großen Schar versklavter Russinnen und Polinnen, die ins Reich verschleppt worden waren. Man hatte diese Frauen gebrandmarkt – auf der linken Brustseite war auf ihrer Kleidung in roten Lettern das Wort »Ost« zu lesen – und sie auf entwürdigende Weise, ohne ihnen auch nur ein Minimum an Privatsphäre zu lassen, zu Tausenden in Baracken untergebracht.

Charlotte erzählte: »Die Inna und ihre Leute waren sonst nur auf ihre Baracken angewiesen. Sie haben gearbeitet und sonst nichts. Und daher haben die das so geschätzt, wenn sie mal ein bißchen Atmosphäre hatten, ein bißchen familiäre Gemütlichkeit. Also habe ich die immer eingeladen. Am Sonntag wurde dann wieder bei uns musiziert. Die Inna hatte eine schöne Stimme. Sie brachte eine Art Balalaika mit, und mein Mann spielte Klavier. Na bitte, also was Musik anbelangt, bin ich ganz bestimmt nicht zu kurz gekommen – alles durch meinen Mann.«

Im Spätsommer 1942 stand die Berliner Gestapo unter erheblichem Druck. Goebbels war unzufrieden mit dem Tempo, in dem die Deportation der Juden aus seinem Gau abgewickelt wurde; er meinte, daß die Mitarbeiter der Gestapo wie biedere Beamte wirkten, die von neun bis fünf ihre Arbeitszeit absäßen, und nicht wie politische Aktivisten, die für eine Sache kämpften.[52] Die Deportationen aus Berlin waren bei weitem nicht so rasch über die Bühne gegangen wie die aus Wien, der Stadt, die die traditionelle Rivalin der Reichshauptstadt war. Und dann kam die zweite Phase der »Entjudung« Berlins beinahe zu einem vorzeitigen Ende, als die SS im September 1942 einen vernichtenden Schlag gegen das aus zwei Dutzend Männern bestehende Judenreferat der Gestapo führte. Obwohl es ihnen streng verboten war, ihre Opfer zu bestehlen, hatten die Mitarbeiter des Judenreferats regelmäßig die von ihnen Verhafteten ausgeplündert. Von einigen Gestapo-Leuten wußte man, daß sie in den Wohnungen von festgenommenen Juden in den Öfen und Kaminen in der Asche herumgestochert hatten, weil sie Schmuckstücke oder vielleicht nur leicht angekohlte Geldscheine zu finden hofften. Einige von ihnen waren ein paar Stunden, nachdem sie die jüdischen Bewohner abgeholt hatten, heimlich in deren Haus oder Wohnung zurückgekehrt, um alles in größter Muße nach Wertgegenständen zu durchsuchen. Ein kleiner Beamter, der sonst in seinem ganzen Leben nicht genügend hätte zusammensparen können, um einen fünfkarätigen Diamanten zu kaufen, brachte auf diese Weise unter Umständen in ein paar Wochen eine ganz Handvoll solcher Preziosen an sich. Nach einigen Wochen waren die Mitarbeiter des Judenreferats sogar so unverfroren gewesen, ihre Beute in großen Haufen auf ihren Schreibtischen zur Schau zur stellen – und das hatte sich schließlich herumgesprochen.

Am frühen Morgen des 2. September sauste für diese Männer das Fallbeil herunter: Eine Staffel der SS drang in die Amtsräume der Mitarbeiter des Judenreferats ein, bevor einer von diesen eingetroffen war, und durchsuchte jeden einzelnen Schreibtisch nach Gegenständen, die dessen Besitzer widerrechtlich an sich gebracht hatte. Jeder Verdächtige wurde, sobald er sein Zimmer betrat, um seinen Dienst anzutreten, auf der Stelle verhaftet. Wie eine Sekretärin berichtete, waren die Räume des Judenreferats am Tag nach der Aktion so gut wie menschenleer. Auch Dr. Kunze, der eine überwachende Funktion hatte, wurde verhaftet und im Hauptquartier der SS in der Prinz-Albrecht-Straße festgehalten: Man warf ihm vor, seine Aufsichtspflicht vernachlässigt und die Diebstähle seiner Untergebenen nicht verhindert zu haben.[53] Gerhard Stubbs, der Nachfolger Prüfers als Leiter des Judenreferats, erfuhr von den Verhaftungen gerade noch rechtzeitig, um seiner eigenen Festnahme zuvorkommen zu können: Er jagte sich eine Kugel in den Kopf. Polizeirat Karl Laßmann, der Leiter der Haushalts- und Wirtschaftsabteilung der Polizei, schoß sich ebenfalls in den Kopf, war aber nicht ganz so erfolgreich wie Stubbs. Laßmann, der aufgrund seines »ungewöhnlich arroganten Verhaltens« als »der liebe Gott« bekannt war, erblindete nur auf einem Auge.

Die Verhafteten wanderten ins Gefängnis und wurden dann dem Polizeigerichtshof der SS in Berlin-Grunewald vorgeführt. Die Anklage lautete auf Diebstahl von Staatseigentum. Frau Mosse sagte gegen die Männer aus, die die Wohnungen von deportierten Juden geplündert hatten. Wie sie später angab, hatte der Anklagevertreter der SS, Dr. Berger, ihr versprochen, daß sie dafür vor einer Deportation bewahrt bleiben solle. Ein jüdischer Angestellter des Judenreferats, der ebenfalls des Diebstahls bezichtigt wurde, wurde auf der Stelle in ein Lager geschickt.[54] Zumindest einer der unter Anklage stehenden Gestapo-Offiziere wurde hingerichtet, vier weitere wurden in einem Berliner Gefängnis inhaftiert und kamen bei einem Luftangriff der Alliierten im März 1944 ums Leben. Andere wurden im Konzentrationslager Dachau interniert.[55]

Der nun einäugige Laßmann, der wegen der guten Beziehungen, über die er verfügte, gefürchtet gewesen war, überlebte die ganze Affäre und starb erst im März 1956 in Berlin.[56] Otto Bovensiepen, der Gestapochef von Berlin, ein guter Freund Heinrich Himmlers, wurde damals ebenfalls seines Amtes enthoben und erhielt die Auflage, sich zwei Jahre lang jeglichen Alkoholkonsums zu enthalten.[57]

Es war wohl Himmler höchstpersönlich, der in letzter Instanz das Urteil über die in den Skandal Verwickelten fällte. In einer Rede, die er am 6. Oktober 1943 in Posen hielt, warnte der Reichsführer der SS seine Zuhörer noch einmal eindringlich: Alle Angehörigen der SS, die jüdisches Eigentum an sich brächten, würden auf der Stelle exekutiert werden – diese Strafe habe er gerade über ein Dutzend Männer verhängt, die sich eines solchen Verbrechens schuldig gemacht hätten. Himmler wollte mit allen Mitteln verhindern, daß jüdischer Besitz, den der Staat an sich bringen wollte, diesem unter der Nase weggestohlen würde. Er verkündete daher in Posen, daß einem SS-Mann nur ein einziges Verhalten angemessen sei: Befehlen absolut zu gehorchen, ohne dabei sein eigenes Interesse im Auge zu haben. Nach dem Kristallnacht-Pogrom wurden sechsundzwanzig SS-Leute, die man wegen des Mordes an ebenso vielen Juden verhaftet hatte, nicht aus der Partei ausgestoßen, und der Justizminister wurde sogar bedrängt, das Verfahren gegen sie einzustellen. Vier andere jedoch, die Frauen vergewaltigt hatten, wurden aus der Partei ausgeschlossen, und gegen sie wurde ein Strafverfahren eröffnet. Raul Hilberg meint, daß sie viel strenger behandelt wurden, weil sie aus egoistischen Motiven heraus straffällig geworden waren.[58]

Als die Zahl der jüdischen Bewohner Berlins kleiner und kleiner wurde, wurden die Methoden, mit denen man diese letzten noch in der Stadt lebenden Juden zusammentrieb, immer brutaler. Es wurde auch zunehmend schwerer, genügend Opfer zu finden, um einen ganzen Güterzug mit ihnen zu füllen. Viele von denen, die noch übrig waren, versuchten sich mit allen denkbaren Mitteln der Verhaftung zu entziehen, da sich herumgesprochen hatte, daß die »Osttransporte« im Tod endeten. Außerdem waren ja die Juden mit deutschen Familienangehörigen »vorläufig zurückgestellt« worden. Also gehörten immer mehr der noch in Berlin lebenden Juden der Gruppe derer an, die man kaum oder nur mit größten Schwierigkeiten in ein Lager abtransportieren konnte.

Hauptsturmführer Alois Brunner, der junge SS-Mann, der für die Deportationen aus Wien verantwortlich gewesen war, war seinen Vorgesetzten durch das Tempo aufgefallen, mit dem er die Stadt von Juden »gesäubert« hatte. In Wien hatten einmal zehntausend Juden mehr als in Berlin gelebt, aber ihre Deportation war fast abgeschlossen. Da es in Berlin immer noch an die vierzigtausend Juden gab und das Berliner Judenreferat außer Gefecht gesetzt war, ließ man Brunner in die Hauptstadt kommen. Er traf dort am 1. November 1942 ein; in Gestapokreisen munkelte man, daß Hitler selbst ihn für die neue Aufgabe ausgewählt habe.[59] Angestellte der Jüdischen Gemeinde hatten Brunner als einen Mann in Erinnerung, der für seine einunddreißig Jahre »lächerlich jung« aussah. Er war dunkelhaarig und klein und hatte ein ausdrucksloses Gesicht, in dem kleine runde Augen glänzten. Sein Aussehen brachte ihm bei seinen SS-Kumpanen den Spitznamen *Jud Süß* ein, so heißt die Hauptfigur eines antisemitischen Propagandafilms, den Goebbels in Auftrag gegeben hatte. Wie Brunner es sah, bestand seine Aufgabe in Berlin darin, den »blöden Preußenschweinen« zu zeigen, wie man mit Juden umging.[60]

Brunner war in den Jahren 1938 und 1939 der persönliche Sekretär Eichmanns gewesen; er hatte gerade geheiratet, er war jung und er hatte es eilig. Mit seinem Einsatz in Berlin begann seine Karriere als eine Art reisender Fachmann in Sachen Deportation. Er zog von Land zu Land, um auf Befehl des Regimes ganze Regionen »judenfrei« zu machen. Sein Aufstieg war unaufhaltsam, da er sich ganz skrupellos zeigte und die Erfüllung seiner Aufgabe tatsächlich als eine Berufung ansah. Einmal hatte nach einem Luftangriff ein deutscher Arzt, der sich um die Verwundeten kümmerte, einen jüdischen Kollegen dazu gezwungen, ihm zu helfen. Als Brunner das erfuhr, vermochte er es kaum zu glauben, daß man einen Juden an Deutsche heranließ, und er klärte den deutschen Mediziner darüber auf, daß ein jüdischer Arzt, der deutsche Patienten behandele, deren Blut verunreinige: »Besser wäre es für die Opfer, wenn sie umkommen würden – wo würde sonst die deutsche Ideologie bleiben?« meinte er.[61] Bei einer Gelegenheit empfahl er, französische Juden, die man zum Abtransport zusammengetrieben hatte, mit einem langen Tau aneinanderzufesseln, damit sie nicht wieder entkommen könnten.[62]

In Berlin begann mit der Ankunft Brunners eine neue, eine viel brutalere Phase der Deportation. Brunner brachte ein ganzes Gefolge von Wiener Gestapobeamten mit und auch vier jüdische Hilfspolizisten. Diese sogenannten »Jupos« mußten ihn überall hin begleiten. Juden mitleidslos dazu zu zwingen, ihm zu dienen und willfährig zu sein, war eine Art Markenzeichen Brunners. Jeder Jude, der nicht bereit dazu war, mußte damit rechnen, daß man ihn und seine ganze Familie deportierte und umbrachte. Vierundzwanzig Stunden nach seinem Eintreffen hatte Brunner schon das jüdische Altenheim in der Großen Hamburger Straße als Hauptsammellager für die Menschen, die bald Richtung Osten abtransportiert werden sollten, eingerichtet. Günter Abrahamsohn, einer seiner jüdischen Mitarbeiter, der später als bewaffneter »Greifer« für die Gestapo tätig werden sollte,[63] erhielt die Anweisung, innerhalb einer halben Stunde die Liste derer zusammenzustellen, die den nächsten Transport bilden sollten. Um das Altenheim in aller Eile für die Aufnahme von eintausendzweihundert bis eintausendfünfhundert Menschen vorzubereiten, warf man einfach Möbelstücke aus den Fenstern und breitete Stroh auf den Fußböden aus. Brunner verfügte, daß Juden aufstehen und sich mindestens zwei Schritte von ihm entfernt halten mußten, wenn ein Deutscher den

Raum betrat, in dem sie sich befanden.[64] Dann erklärte er, daß die letzten Juden unverzüglich aus Berlin herausgeschafft werden würden. Max Reschke, der Vertreter der Jüdischen Gemeinde, der in der Großen Hamburger Straße für den reibungslosen Ablauf der Aktion verantwortlich war, gab später an: »Es versteht sich von selbst, daß alle Rücksichtnahmen von früher, wie sie in der Levetzowstraße noch geschehen konnten, hier wegfielen. Die Gemeinde hatte keinerlei Einwirkungsmöglichkeiten mehr.«[65]

Brunner zwang jüdische Ordner dazu, die Gestapobeamten auf ihren Runden zu begleiten und ihnen bei der Festnahme anderer Juden zur Hand zu gehen. Während die deutschen Polizisten draußen in ihren Lastwagen warteten, gingen die Ordner in die Wohnungen der Menschen, die sich in das Sammellager begeben mußten, und halfen ihnen, die wenigen Habseligkeiten zusammenzupacken, die sie mitnehmen durften. Dann führten sie sie zu den Lastwagen. Diese Ordner waren selbst überzeugt davon, daß sie für die Verhafteten eine große Hilfe darstellten. Einer sagte, daß er nur bezeugen könne, wie glücklich diejenigen waren, die er begleitete, unter dem Kommando eines Gestapomannes zu stehen. Sie wußten, daß sie froh sein konnten, daß man ihnen beim Packen half, mit ihnen eine letzte Mahlzeit einnahm, ihnen Ratschläge gab und versuchte, es ihnen bequem zu machen – wir waren das, nicht die SS-Männer.[66]

Brunner führte zwei neue Methoden ein, um sicherzugehen, daß niemand der Verhaftung entgehen konnte. Die eine bestand darin, ganze Bezirke der Stadt abzuriegeln und dann Häuserblock für Häuserblock, Haus für Haus und Wohnung für Wohnung zu durchsuchen. Türen wurden eingetreten, Wohnungen verwüstet. Die Frau eines Zahnarztes, der in der Nähe der Spandauer Brücke wohnte, wurde erschossen, als sie nicht schnell genug aus der Badewanne stieg, um Brunner auf sein Klopfen hin die Tür zu öffnen.[67] Für diese Hausdurchsuchungen war Brunner auf die Mitarbeit der normalen Schutzpolizei angewiesen. Bald zwangen ihn wütende Proteste versehentlich festgenommener nichtjüdischer Personen, mit diesem brutalen Vorgehen aufzuhören, und sogar die Berliner Polizisten »streikten«. Brunner wandte sich daraufhin an die Jüdische Gemeinde und verlangte von ihr eine Liste mit den Namen und Adressen aller noch in Berlin lebenden Juden.[68]

Brunner führte aber noch eine weitere Praxis ein: Seine Männer griffen einfach Juden auf der Straße auf. Seine Leute und auch er selbst fuhren während der Geschäftsstunden langsam mit ihren LKWs durch die Stadt; sie hatten Schäferhunde dabei, und wenn sie jemand erspähten, der jüdisch aussah oder den Judenstern trug, dann hetzten sie ihre

Hunde auf ihn, sprangen aus den Lastwagen und überwältigten ihr unglückliches Opfer inmitten der Passanten oder des Autoverkehrs. Wenn der Festgenommene wirklich Jude war – oder seine Identität sich nicht mit letzter Sicherheit klären ließ –, dann wurde er auf den LKW gestoßen und zu weiteren Befragungen in die Große Hamburger Straße gefahren. Ein Augenzeuge berichtete, daß es mitten auf dem Kurfürstendamm zu »gewaltigen Menschenansammlungen und sehr lauten Protesten« gegen die Aktionen Brunners gekommen sei.[69]

Beide von Brunner eingeführten Verhaftungsmethoden hatten zur Folge, daß »zufällig« auch Juden mit deutschen Ehepartnern und »Mischlinge« unter den Festgenommenen sein konnten. Aus Wien hatte Brunner einige der in Mischehe lebenden Juden deportieren lassen, obwohl seine Direktiven ihm das eigentlich untersagten.[70] Georg Zivier, ein jüdischer Journalist, der mit einer Deutschen verheiratet war, berichtete nach dem Krieg, daß Brunner auch aus dem westlichen Teil Berlins einige Juden, die mit Deutschen verheiratet waren, deportiert und mit seinen Verhaftungen erstmals Familien auseinandergerissen habe.[71]

Brunner ging also mit größter Brutalität auch an Probleme heran, die von Goebbels als »heikel« eingestuft worden waren. Er konnte nicht verstehen, daß das Regime sich aus Sorge um die Stimmung in der Bevölkerung Schranken auferlegte. Als er einmal die Papiere eines »Mischlings« in die Hand nahm, strich er das Wort »Mischling« aus und schrieb statt dessen »Jude« hin. »Was, Sie sind Mischling?« sagte er einem Augenzeuge zufolge. »A dreckige Jüdin sind's!«[72]

Auch andere Funktionäre von niedrigerem Rang, als Brunner es war, ließen gelegentlich Juden, die mit Deutschen verheiratet waren, verhaften. Das stand letztlich mit der Ideologie der Nazis im Einklang, und es gab ihnen den Anstrich, es besonders ernst zu meinen. Von Zeit zu Zeit ließen auch Gestapo-Offiziere die jüdischen Ehepartner von Deutschen, die in dem ihnen unterstellten Bezirk lebten, zusammentreiben und gemeinsam mit anderen Juden abtransportieren. Gauleiter, die den Auftrag erhalten hatten, ihr Gebiet »judenfrei« zu machen, nahmen sich bei der Erfüllung dieser Aufgabe manche Freiheit heraus. Die nach ethnischen Kriterien nicht klar definierbare »Mischfamilie« und ihr zweideutiger gesellschaftlicher Status schufen Verwirrung, und dies schien einigen niedrigeren Funktionären die Möglichkeit zu eröffnen, ein Spiel um ihre persönliche Macht zu veranstalten. Gerade zu den Menschen, die in »Mischehe« lebten und damit das Regime vor eine Reihe von Problemen stellten, wurden keine einheitlichen Entscheidungen von einer zentralen staatlichen Stelle getroffen. Wenn man sich mit der Geschichte deutsch-jüdischer Familien in Nazideutschland beschäftigt, dann trifft man immer wieder auf einen Diktator, der nicht willens war, öffentlich einen dezidierten Standpunkt zu beziehen, und nicht auf einen entschlossenen Führer, der einem disziplinierten Beamtenapparat klare Befehle erteilte, die dieser ohne Fehl und Tadel in die Tat umsetzte. Wenn lokale oder regionale Parteifunktionäre, die sich damit größeren politischen Einfluß verschaffen wollten, die Angehörigen deutsch-jüdischer Familien deportierten, dann griff Hitler nicht ein – vielleicht erfuhr er aber auch gar nichts davon.[73]

Auf Verlangen von Goebbels schaltete sich Himmlers Reichssicherheitshauptamt in die Aktionen der Gestapo zur »Entjudung« Berlins ein. Bisweilen ging auch Adolf Eichmann, der für das RSHA die Deportationen von Juden in ganz Europa dirigierte, direkt gegen die Juden Berlins vor. Brunner stand in engster Verbindung zu Eichmanns Abteilung, und zusammen mit dessen Stellvertreter, Hauptsturmführer Rolf Günther, ging er jetzt auch ganz gezielt gegen Menschen vor, die zum Mitarbeiterstab der Jüdischen Gemeinde gehörten.

Bei der Jüdischen Gemeinde angestellt zu sein, hatte bis zu jenem Zeitpunkt als das sicherste Mittel gegolten, um den Deportationen zu entgehen, und die verschiedenen Amts- und Verwaltungsstellen der Gemeinde hatten sich darum bemüht, so viele jüdische Mitbürger wie möglich auf ihren Besoldungslisten zu führen. Auf Anweisung Eichmanns sollten jetzt aber Gemeindeangestellte entlassen und deportiert werden, und zwar in einem bestimmten Verhältnis zur Gesamtzahl der Juden, die bereits deportiert worden waren. Diese Verfügung Eichmanns wurde den Leitern aller Zweigbüros der Gestapo und der Reichsvereinigung der deutschen Juden übermittelt.[74] Die Gestapo hatte bislang die Gemeinde als Institution erhalten, weil sie ihr die Abwicklung der Deportationen erleichtern sollte, je weniger Juden es gab, desto geringer wurde aber auch die anfallende Verwaltungsarbeit. Juden, die mit Deutschen verheiratet waren, waren von den »Entlassungen« ausgeschlossen, aber »nur geringfügig genutzte« Kriegsveteranen konnten dafür »vorgeschlagen« werden. Schon seit dem November 1941 waren Angestellte der Gemeinde entlassen worden, die maßgeblichen Stellen zögerten aber immer, eine solche Entlassung auszusprechen, da sie stets die anschließende Deportation des Betreffenden bedeutete.[75]

Im Laufe des Jahres 1942 forderten verschiedene staatliche Stellen – darunter auch das Propagandaministerium – die weitere Reduktion jüdischer Angestellter.[76] Ohne Vorankündigung erschienen Brunner und Günther eines Tages gegen Ende November in den Büros der Jüdischen Gemeinde in der Oranienburger Straße; beide waren in Uniform und hatten noch drei oder vier Assistenten im Schlepptau. Bei dem nächsten Transport müßten auch fünfhundert Angestellte der Gemeinde dabeisein, gab Günther bekannt. Jede Abteilung müsse auf eine entsprechende Zahl von Mitarbeitern verzichten.[77]

Günther befahl, daß sich alle anwesenden Angestellten der Gemeinde ins Erdgeschoß in den großen Versammlungssaal begeben sollten. Die meisten Angestellten hielten sich an diesem Tag auf besondere Anweisung ihrer obersten Vorgesetzten in dem Gebäude auf.[78] Günther verkündete, daß die Leiter jeder Abteilung umgehend persönlich die Personen auswählen müßten, die beim nächsten »Osttransport« mit dabeisein würden. Der Leiter der Abteilung für Soziales, Leo Kreindler, brauchte sehr lange dafür, um seine Liste fertigzustellen. Mit zitternden Händen übergab er sie schließlich Brunner. »Und nun setzen Sie Ihren Namen noch als letzten auf die Liste«, sagte der, »dann ist sie fertig.« Kreindler brach zusammen und erlag einem Herzschlag. »Bringt den Juden hier raus«, befahl Brunner. »Ich mag es nicht, wie er daliegt.«[79] Auch Frau Mosse zögerte lange, bis sie einen Namen auf die Liste setzte. Günther meinte schließlich: »Die Mosse besinnt sich aber lange«, und nachdem er diese Bemerkung gemacht hatte, trieb einer seiner Assistenten Frau Mosse an: »Zackig, zackig!« Dies war aber, wie sie selbst später meinte, zu ihrem Besten gedacht.[80]

Günther verließ schließlich das Gebäude, und alle kehrten an ihre Arbeitsplätze zurück, alle, mit Ausnahme der fünfhundert, die für den nächsten Transport ausgewählt worden waren. Diese mußten sich in einen bestimmten Raum begeben, wo Brunner sie sechs Stunden lang in Habachtstellung stehen ließ, während er, Eichmann und Günther sich lässig vor ihnen in Sesseln herumfläzten.[81] Dann befahlen sie einem der Ausgewählten, einem Herrn Kosower, auf einen Tisch zu klettern und den anderen mitzuteilen, daß sie in den Osten geschickt werden würden. Für jeden von ihnen, der sich nicht rechtzeitig zu seinem Abtransport einfinden würde, würde ein leitender Funktionär der Jüdischen Gemeinde verhaftet und erschossen werden. Dann wurden die fünfhundert Männer und Frauen nach Hause geschickt. Am Tage der Deportation fehlten zwanzig von ihnen. Zwei von ihnen trafen schließlich noch ein, sie hatten sich nur verspätet. Für die achtzehn, die sich in irgendein Versteck geflüchtet hatten, wurden achtzehn Geiseln aus der Führungsspitze der Gemeinde genommen, von denen acht erschossen und zehn ebenfalls deportiert wurden.[82] Es war das zweite Mal, daß es wegen Widerstands gegen das Regime zu einer Vergeltungsmaßnahme kam – aber das letzte Mal, daß dies in Berlin überhaupt nötig wurde.

Im November 1942 glaubten die Männer, die mit der »Endlösung« betraut waren, daß ihre Aufgabe in Deutschland so gut wie erledigt sei. Das RSHA befahl der Reichsvertretung, ein Verzeichnis aller Orte und Regionen mit weniger als einhundert jüdischen Einwohnern vorzulegen. Sechs Tage später lag dieses Verzeichnis vor, in dem 1411 Gebiete aufgeführt waren, auf die dies zutraf; außerdem waren 6275 jüdische Einwohner aufgelistet.[83] Am 27. November veröffentlichte die Reichsvertretung auch im *Jüdischen Nachrichtenblatt* den Befehl, daß alle Personen, die den Nürnberger Gesetzen zufolge als Juden anzusehen waren und auch die »Geltungsjuden«, die sich noch nicht bei der Dachorganisation hatten einschreiben lassen, dies nun tun müßten, und zwar bis spätestens zum 1. Dezember 1942. Zwei Wochen später wurde dieser Befehl noch einmal veröffentlicht; gleichzeitig erging eine »letzte Aufforderung«, sich registrieren zu lassen. Juden in einer Mischehe mußten sich einschreiben lassen, gleichgültig, ob sie nun in einer privilegierten oder einer nicht-privilegierten Ehe lebten.[84]

Konsequenzen

Schon vor Beginn der Deportationen hatte die Gestapo führende Persönlichkeiten der Reichsvereinigung der Juden in Deutschland an ihren Entscheidungen und Aktionen teilhaben lassen. Immer mehr Menschen, denen die Einlieferung in ein Konzentrationslager drohte, begannen nun jene Haltung einzunehmen, die Primo Levi als »Nosismus« bezeichnet hat, als »erweiterten Egoismus, und zwar erweitert auf den, der mir am nächsten stand«.[85] Charlotte Israel, die selbst in beständigen Nöten war, wurde gleichzeitig unablässig von Juden in Anspruch genommen, denen die Deportation bevorstand. Wie die Jüdische Gemeinde und deren Vorsteher konnte sie nur versuchen, diesen Menschen das Leben etwas zu erleichtern, während sie voller Angst auf die Gestapomänner warteten.

Da jetzt so viele Deutsche die Juden einfach ihrem Schicksal überließen, wurden die wenigen, die weiter dazu bereit waren, ihnen beizustehen, mit Bitten um Hilfe überschwemmt. Charlotte mußte sich oft schweren Herzens entscheiden, ihren Mann für eine Zeit allein zu lassen, um sich um andere zu kümmern. »Ich habe damals mehrere Zusammenbrüche gehabt vor lauter Aufregung«, erinnerte sie sich. »Ich

hab doch alles mit angesehen. Ich hab gesehen, wie meine Schwiegereltern abgeholt wurden. Alle unsere Freunde verschwanden. Leute haben manchmal die Karte bekommen, daß sie dann und dann abgeholt
werden, und dann haben sie zueinander gesagt: ›Gehen Sie mal zu Frau
Israel, die hilft!‹ Die waren so kopflos, wenn sie die Karte kriegten, die
wußten gar nicht, was sie machen, was sie einpacken sollten! Ich tat
eben immer so mutig, aber ich hatte ja auch furchtbare Angst. Man
durfte sich nicht einschüchtern lassen! Ich half, wo ich helfen konnte.
Ich habe für viele Leute, die die Abholkarte bekamen, Rucksäcke genäht. Das hat sich so rumgesprochen, und die mußten dann alle einen
Rucksack haben.«[86]

Elsa Holzer, die gleichfalls der Gestapo trotzte, um ihren Mann zu
retten, hatte weniger Gelegenheit, gegen den »Nosismus« anzukämpfen. Auf ihrem Weg zur Arbeit kam sie jeden Tag am Lehrter Bahnhof
vorbei, dem Güterbahnhof, von dem aus Tausende Berliner Juden in
die Lager geschafft wurden. Der Bahnsteig wurde mit Seilen abge-
sperrt, wenn die Lastwagen vorfuhren und weitere eintausend Juden in
die Waggons getrieben wurden. Wie die anderen Passanten bekam Elsa
aber etwas von ihrer Todesangst mit, sie sah, wie sich die Menschen im
Inneren der Waggons an die winzigen Luken drängten. Zumeist wurden sie in Güterwagen gepfercht, die sich nicht heizen ließen.[87] Elsa
verspürte ein Gefühl unendlicher Ohnmacht. Sie habe die Juden nie
wieder besucht, gab sie zu. Sie waren so furchtbar unglücklich, und sie
seien selbst so schrecklich mißhandelt worden, daß sie noch mehr
Schmerz nicht ertragen hätte.[88]

Um ihren Schutzbefohlenen beizustehen, hatten die führenden
Männer der Jüdischen Gemeinde angefangen, mit der Gestapo zu kollaborieren. Zu Beginn hatte alles ganz harmlos gewirkt; mit der Zeit
hatten sie aber der Gestapo nicht nur das ganze Gewicht ihrer Autorität
zur Verfügung gestellt, sondern auch bei der technischen Abwicklung
der Deportation assistiert. Raul Hilberg erklärt diese Art der »Bereitwilligkeit« damit, daß sie Teil des Verhaltensmusters sei, welches die Juden sich im Laufe von zwei Jahrtausenden hätten zu eigen machen
müssen. Die Führer der Juden »waren in den Augen der deutschen Tä-
ter zuverlässige Handlanger, die aber weiterhin das Vertrauen ihrer
jüdischen Mitbürger genossen«.[89] Die Gemeinde lieferte zuverlässige
Informationen darüber, wer Jude war und wo man ihn fassen konnte.
Was aber vielleicht noch wichtiger war: Die Juden erhielten von ihren
geistlichen Führern die Anweisung, sich zum Abtransport einzufinden
und jedem Befehl der Gestapo Folge zu leisten. Jede Abholkarte, die
die Gemeinde an ein Gestapo-Opfer schickte, hatte auf der einen Seite

Gewicht aufgrund der religiöser Autorität, welche die Männer, die offiziell als Absender fungierten, besaßen, und auf der anderen Seite wegen der angedrohten Vergeltungsmaßnahmen von seiten der Polizei. Das war eine äußerst wirkungsvolle Verbindung.

Einige Historiker bezichtigen heute die geistlichen Führer der Juden, den Einfluß, den sie ausübten, unterschätzt zu haben; diese Kritik ähnelt der, die Guenter Lewy an die Adresse der katholischen Bischöfe gerichtet hat.[90] »Wenn die jüdische Bevölkerung tatsächlich unorganisiert und ohne Führer gewesen wäre, dann hätte es Chaos und großes Elend gegeben, aber die Gesamtzahl der Opfer hätte kaum zwischen viereinhalb und sechs Millionen Menschen betragen«, meinte Hannah Arendt.[91] Ein Jahrzehnt später konterte der Historiker Isaiah Trunk mit dem Argument, daß die Kooperation von jüdischer Seite in keiner Weise ausschlaggebend für die Zahl der Holocaustopfer in Osteuropa gewesen sei. In jedem Fall, so fügte er hinzu, hätten die maßgeblichen Männer der Jüdischen Gemeinde aus ehrenwerten Motiven heraus gehandelt, welches auch immer die Ergebnisse gewesen seien. In den jüdischen Ghettos habe damals die Meinung vorgeherrscht, daß ein wie auch immer gearteter Widerstand sofort zur Zerstörung des gesamten Ghettos und zur Vernichtung seiner Bewohner geführt hätte.[92]

Von Anfang an hatten die Führer der Juden Deutschlands klargemacht, daß sie sich bei all ihrem Taktieren immer an die Gesetze halten würden. Sie waren überzeugt, daß sie in keiner Weise Einfluß auf die Zahl der deportierten Personen nehmen könnten. Haben sie aber vielleicht ihre Möglichkeiten, auf die Situation einzuwirken, unterschätzt? Hätten sie nicht zum bürgerlichen Ungehorsam aufrufen sollen? – oder auch nur dazu, sich zu verstecken? Konrad Kwiet meinte dazu: »Paradoxerweise bedeutete, in den Untergrund zu gehen, daß man zunächst einmal Organisationen, die die Juden vertraten, überwinden mußte. Die Reichsvereinigung verschickte die Meldeformulare und war verantwortlich dafür, daß die Deportationen ohne Probleme vonstatten gingen. Dies bedeutete unter anderem aber auch, daß jüdische Funktionäre eindringlich davor warnten, sich in irgendeiner Weise den Deportationsbefehlen zu widersetzen.«[93]

Als sie im Dezember 1942 der Gestapo die Ergebnisse einer neuen statistischen Erhebung zukommen ließen, wiesen die Vorsitzenden der Jüdischen Gemeinde Berlins darauf hin, daß die angegebene Zahl der Juden mit deutschen Ehepartnern »ganz offensichtlich zu niedrig« sei, da die Gemeinde in vielen Fällen nicht über deren Aufenthaltsort Bescheid wisse; diese Juden hätten sich einfach geweigert, sich bei der Jüdischen Gemeinde eintragen zu lassen.[94] Auch Rudi Holzer, zum Beispiel, hätte sich nie registrieren lassen; er wäre folglich auch nie der Polizei in die Hände gefallen, wenn seine Schwester nicht in Haft genommen worden wäre. Trotz mehrfach veröffentlichter Anordnungen, daß jeder Jude sich eintragen lassen müsse, und trotz Warnungen davor, daß jede Zuwiderhandlung schwere Strafen nach sich ziehen würde[95], hatte es eine Reihe von Juden vorgezogen, diesen Befehlen nicht Folge zu leisten, und die Gestapo war in diesen Fällen relativ hilflos.

In Haifa, auf dem Berg Carmel, sprach ich mit Edith Wolf, einer intelligenten, sensiblen Frau in den Achtzigern, die sich sehr klar auszudrücken wußte; es tat ihr weh, sich an die Deportationen zu erinnern.[96] Hannah Arendt sei nicht in der Lage gewesen, die Situation zu beurteilen, in der sich damals viele Menschen befunden hätten, da sie das Ganze nur von ihrem Schreibtisch aus miterlebt habe. Frau Wolf, die ein bei der Jüdischen Gemeinde registrierter »Mischling« war, hätte eigentlich den »Judenstern« tragen müssen; eine Tante, die im Meldeamt der Jüdischen Gemeinde arbeitete, hatte jedoch ihren Namen aus dem Verzeichnis der »Geltungsjuden« getilgt, und diese mutige Tat habe sie definitiv vor der Verfolgung bewahrt. Als die österreichischen Juden nach Polen verschleppt wurden, 1939 oder 1940, war sie einmal nach Wien gereist und hatte dort erfahren, daß einige Juden sich nicht den Vorschriften entsprechend bei der Gestapo gemeldet hatten. Eine solche Idee wäre nicht einmal ihr gekommen, sagte sie. Und natürlich hätten sich diese danach verstecken müssen. Nach ihrer Rückkehr nach Berlin schlug sie den maßgeblichen Männern der Jüdischen Gemeinde, auch jenen, die für Auswanderungen nach Palästina zuständig waren, vor, daß man sich den Anweisungen der Gestapo widersetzen solle. Es sei das einzige Mittel, um die Leute zu retten. Aber die Vorstellung, sich des bürgerlichen Ungehorsams schuldig zu machen, war diesen Männern zutiefst zuwider. Frau Wolf erzählte: Die Führung der Jüdischen Gemeinde und des Palästina-Büros waren dagegen. Und so hätten sie sie davongejagt.

Die Geschichte der führenden Männer der Juden Deutschlands ist schmerzlich. Sie wollten der Gemeinschaft keinen Schaden zufügen, sondern ihr helfen, und unter normalen Umständen wäre ihnen dies auch gelungen. Sie hatten die Wahl zwischen zwei Extremen: Märtyrertum oder Mittäterschaft. Man könnte sich fragen, ob sie zum Zustandekommen dessen beitrugen, was sie als unabwendbar ansahen, und gleichzeitig dieses Geschehen etwas erträglicher machten. Aber vielleicht läuft man mit dieser Frage Gefahr, jene langsam vor sich gehenden Entwicklungen nicht zu begreifen, aufgrund derer ehrbare

Männer, die die besten Absichten hatten, sich komprimittierten, da man sich dann nämlich möglicherweise von Mitgefühl mit Menschen leiten läßt, die in ihrer Todesangst dazu gezwungen wurden, mit der Gestapo zu kollaborieren.

13

Die Pläne, das Reich »judenrein« zu machen, der Widerstand der Frauen und der »totale Krieg«

> Ich habe beständig Angst davor, daß man irgendein Ge-
> heimnis entdecken könnte, das dazu geeignet wäre,
> Menschen schneller zu Tode zu bringen und ganze Län-
> der und Nationen auszulöschen.
>
> Montesquieu

Für Deutschland erreichte der Krieg seinen Höhepunkt im Winter 1942/43. Die Schlacht um Stalingrad, der wichtigen Industriestadt am Westufer der Wolga, ungefähr achthundert Kilometer südöstlich von Moskau, wurde für Deutschland zum größten militärischen Debakel seiner Geschichte. Hitler blieb nicht nur der Sieg versagt, der so entscheidend dafür gewesen wäre, der Moral der Bevölkerung neuen Auftrieb zu geben, sondern die verheerende Niederlage hatte auch zur Folge, daß man sich in der Heimat in vielerlei Hinsicht noch stärker einschränken mußte als zuvor. Das Regime blieb jedoch weiterhin entschlossen, die »Endlösung« zu einem Abschluß zu bringen, und konzentrierte sich jetzt vor allem auf die Juden, die mit Deutschen verheiratet waren, und auf die »Mischlinge«.

Die Katastrophe von Stalingrad brachte Hitlers Wunsch nach einer »rassischen Reinigung« des deutschen Volkes in noch größeren Widerspruch zu seinem Verlangen, die rückhaltlose Unterstützung durch die Bevölkerung in ihrer Gesamtheit zu bekommen. Der »Führer« reagierte auf die militärische Niederlage, indem er den »totalen Krieg« befahl, das heißt die Mobilisierung auch der letzten Kräfte. Da deshalb immer mehr Männer zum Dienst mit der Waffe herangezogen wurden, wurde die »Heimatfront« vor allem von den deutschen Frauen gebildet, und bekanntlich war Hitler überzeugt davon, daß diese in einem Krieg von entscheidender Bedeutung sei. Der von ihm geforderte Eintritt in einen »totalen Krieg« verlangte von den Frauen, deren Arbeitspotential bisher noch nicht voll ausgeschöpft war, größere Opfer als von den Männern und wertete gleichzeitig die Rolle auf, die ihnen als denjenigen zukam, die den Männern durch ihren Einsatz in der Heimat die Fortführung ihres Kampfes erst ermöglichten.[1]

Auch im Herbst 1942 war zwischen Goebbels' und Himmlers Leuten das Tauziehen um das Schicksal der deutsch-jüdischen Familien weitergegangen. Wenn die Deutschen, die mit Juden verheiratet waren, sich die Ziele der Nazis zu eigen gemacht und mit ihnen kooperiert hätten, dann hätte man überhaupt nicht befürchten müssen, daß es wegen der Deportation ihrer jüdischen Ehepartner zu Unruhen kommen könnte, und es wäre auch zu keinen Meinungsdifferenzen zwischen den Machtgruppen in der Führung gekommen. So aber schienen die Juden aus Mischehen immer mehr das letzte Hindernis darzustellen, das der tatsächlichen »Beendigung« der »Endlösung« im Wege stand, und einflußreiche Funktionäre stritten darüber, wie und wann man auch diese Juden in die Lager deportieren lassen sollte. Ein militärischer Sieg hätte möglicherweise aus dieser Pattsituation herausführen, der deutschen Bevölkerung und ihrer Moral wieder Auftrieb geben können, außerdem hätte er das Risiko von Unruhen gemindert, das sich für die Machthaber unlösbar mit ihrem Vorhaben verband, in Mischehe lebende Juden von ihren deutschen Angehörigen zu trennen. Im September 1942, als die Vernichtungsmaschinerie auf so hohen Touren lief wie nie zuvor und Abertausende von Opfern forderte, hatte man durchaus noch mit einem Sieg der Sechsten Armee bei Stalingrad rechnen können, und in Erklärungen Hitlers und Goebbels' zur »Endlösung«, wie sie sie mit solcher Offenheit noch nie zuvor abgegeben hatten, kam das nahezu grenzenlose Selbstvertrauen der beiden zum Ausdruck. Am 23. September sprach Goebbels als erstes Mitglied der nationalsozialistischen Führungsspitze ganz unverblümt von der »Ausrottung« der deutschen Juden. In einer Rede, die er in Berlin vor sechzig Zeitungsredakteuren hielt, erklärte der Propagandaminister, es gebe noch 48 000 Juden in Berlin. Sie wüßten »mit tödlicher Gewißheit«, daß sie, da der Krieg fortschreitet, nach Osten geschafft und ihrem Todesschicksal ausgeliefert würden. Sie fühlten schon die unausweichliche Härte der physischen Vernichtung, und deshalb schaden sie dem Reich noch zu Lebzeiten, wo immer sie können.

Eine Mitschrift dieser Rede wurde dem britischen Außenministerium zugespielt, eine Reihe führender Mitarbeiter des Foreign Office nahm den Text zur Kenntnis, man gab ihn aber weder an die zuständigen amerikanischen Regierungsstellen noch an internationale Organisationen weiter.[2] Hitler trug am 30. September einen seiner seltenen öffentlichen Angriffe gegen das Judentum vor; er meinte, daß er geradezu prophetische Gaben an den Tag gelegt habe, als er bei früherer Gelegenheit behauptet hatte, der Krieg würde die Ausrottung der Juden zum Ergebnis haben.[3] Da die meisten der noch nicht deportierten und noch nicht ermordeten deutschen Juden in Berlin wohnten, würde vor allem die Reichshauptstadt von den abschließenden Aktionen zur Verwirklichung der »Endlösung« betroffen sein.[4]

Da man in jenen Monaten noch fest an einen weiteren glanzvollen Triumph der Wehrmacht in Rußland glaubte, arbeitete man auch Pläne zum Abtransport der Juden aus, die mit Deutschen verheiratet waren. Ihre Deportation war ja – wie auch die der »Mischlinge« – nur »vorläufig aufgeschoben« worden. Die Rüstungsindustrie beschäftigte immer noch Tausende von Juden – die meisten davon in Berlin –, aber das Schicksal dieser Menschen wurde von den hohen Funktionären, die sich am 27. Oktober 1942 zusammensetzten, um die letzten Probleme bei der »Endlösung« aus der Welt zu schaffen, gar nicht erst diskutiert[5]; auf der Tagesordnung standen die besonderen Probleme, die Mischehen und »Mischlinge« bereiteten. Man kam rasch überein, daß Volljuden, die einen deutschen Ehepartner hatten, wie auch Halbjuden aus Mischehen, die sich mit einem »Judenstern« kennzeichnen mußten, gewaltsam von ihren Partnern getrennt und deportiert werden sollten. Wie ein Stellvertreter Eichmanns nach dem Krieg bezeugte, wären auch Juden aus privilegierten Mischehen von dieser Maßnahme betroffen gewesen.[6]

Der wesentliche Unterschied zwischen diesem Beschluß und jenem, zu dem man bei der Konferenz vom Oktober 1941, bei der das RSHA tonangebend gewesen war, gekommen war, bestand darin, daß man nun den Plan aufgegeben hatte, auch die deutschen Ehepartner von Juden zu deportieren, wenn sie sich nicht scheiden lassen wollten. Das Euthanasieprogramm hatte gezeigt, daß man mit unliebsamen Protesten rechnen mußte, wenn man Familien auseinanderriß und vor allem wenn man auch Deutsche in die Vernichtungskampagne einbezog. Schon im Mai 1942 hatte Gestapochef Heinrich Müller von dem Vorhaben Abstand genommen, auch die deutschen Ehepartner von Juden in Lager zu bringen. In einem Telegramm an alle Zweigstellen seiner Organisation gab er bekannt, daß alle »Mischlinge«, die den Stern trugen – also »Geltungsjuden« waren –, alle Juden aus »einfachen«, das heißt nicht-privilegierten Mischehen und alle aus privilegierten Mischehen, deren deutsche Partner gestorben waren oder sich hatten scheiden lassen, von den Deportationen erfaßt werden sollten. Bei der

»Schlußaktion der Berliner Juden« im Februar 1943 hielt man sich dann auch im großen und ganzen an diese Anweisung Müllers.[7]

Was die »Mischlinge« betraf, die sich nicht mit dem Stern zu kennzeichnen brauchten, sprachen sich die Teilnehmer der Konferenz vom Oktober 1942 für deren Sterilisation aus. So könnte ein Halbjude dem deutschen Staat seine Arbeitskraft zur Verfügung stellen, wäre aber nicht in der Lage, das in seinen Adern fließende Blut weiterzugeben. Neue Verfahren würden diese Massensterilisation erleichtern; die »Mischlinge« sollten dem Eingriff als Gegenleistung dafür, daß man es ihnen gestatte, weiterhin im Reich zu leben, freiwillig zustimmen. Denjenigen, die sich widerspenstig zeigten, würde man klarmachen, daß die Alternative, aus dem Reich »vertrieben« zu werden, eine viel »schwerwiegendere Maßnahme« sei. Um nachteilige psychische Auswirkungen zu vermeiden, sollte der Eingriff vorgenommen werden, ohne daß der Betreffende zunächst merkte, was da vor sich ging: Ein Vorschlag ging dahin, die Genitalien eines »Mischlings« schnell einer unfruchtbar machenden Bestrahlung auszusetzen, wenn er – oder sie – an einer bestimmten Stelle stand, um aufforderungsgemäß einen Fragebogen auszufüllen. Es gab jedoch keine solchen Methoden, was Sterilisationsmethoden betraf, und solche Eingriffe in großem Umfang vorzunehmen, hätte sich während des Krieges einfach als unmöglich erwiesen.[8]

Unmittelbar im Anschluß an die Konferenz vom 27. Oktober 1942 befahl Himmler, alle Konzentrationslager im Reich »judenfrei« zu machen und alle »Mischlinge« ersten Grades als jüdische Häftlinge einzustufen.[9]

Himmler hatte schon am 29. September erste, noch begrenzte und vor allem der Erprobung der Deportationsprozeduren dienende Anweisungen gegeben, deutsche Juden aus Mischehen und »Mischlinge« in Lager zu transportieren. Den Anfang hatte man mit Frauen gemacht, die einer der beiden Kategorien angehörten, und aus diesem Grund war zunächst der Befehl ergangen, das Frauenlager Ravensbrück »judenfrei« zu machen: Die Insassinnen sollten mit ihren »ganzen Familien« nach Auschwitz verlegt werden; in »ernsten Fällen« sollten auch Jüdinnen, die mit Deutschen verheiratet waren, in den Osten deportiert werden, allerdings »ohne ihre Angehörigen«.[10] Da man damit zu rechnen hatte, daß es bald, das heißt, wenn deren jüdische Ehemänner in die Vernichtungslager gebracht worden waren, Tausende von deutschen Frauen ohne Mann geben würde, wurde es den Soldaten der Wehrmacht am 24. September 1942 offiziell untersagt, Frauen zu ehelichen, die vorher mit einem Juden verheiratet gewesen waren.[11]

Am 7. November 1942 erfuhr Paul C. Squire, der amerikanische Konsul in Genf, von Carl Burckhardt, daß Hitler schon im Januar 1941 einen Erlaß unterzeichnet hatte, dem zufolge Deutschland bis Ende 1942 von Juden »gesäubert« sein müsse.[12] Wie der Historiker Uwe Adam meint, waren danach auch Juden, die mit Deutschen verheiratet waren, in großer Gefahr.[13]

Goebbels hatte anscheinend beschlossen, alle in Mischehen lebenden Juden, die keine Kinder hatten, in Konzentrationslager bringen zu lassen.[14] Es war an ihm, den Anfang damit zu machen, da die meisten Menschen, die zu dieser Gruppe gehörten, in seinem Gau lebten, und was Goebbels in die Wege leiten würde, um Berlin von den Juden zu säubern, würde für das Regime bei seinem Bemühen, das ganze Reich »judenfrei« zu machen, richtungweisend sein. Dem besonderen »Anstandsgefühl« der Nazis entsprach es, wenn man in den besetzten Gebieten den Regeln für die Deportation folgte, die im Reich aufgestellt worden waren, und wenn das Reich wiederum sich an das hielt, was ihm in dieser Hinsicht in der Hauptstadt von Goebbels vorexerziert worden war.

Daß man Menschen aus deutsch-jüdischen Familien deportierte, die keine Kinder hatten, war in zweifacher Hinsicht logisch: Zum einen entsprach es der Rassenideologie der Nazis, und dann bestand keine Gefahr, daß die Bevölkerung durch eine solche Maßnahme aus ihrer Passivität gerissen werden würde. Nach rassenideologischen Gesichtspunkten war es dringender, Volljuden, die mit Deutschen verheiratet waren, zu beseitigen als deren nur »halbjüdische« Kinder (die das RSHA allerdings auch auf die Liste der zu deportierenden Personen setzen wollte). Und auf der anderen Seite engte man, wenn man nur den jeweils jüdischen Teil eines Paares, das kinderlos geblieben war, deportierte, die Personen, welche Widerspruch und Protest erheben könnten, auf die der allein zurückgebliebenen deutschen Ehemänner und Ehefrauen ein. Goebbels sah jedoch trotz allem dem ganzen Unternehmen mit äußerst gemischten Gefühlen entgegen.

Die – Ende 1942 gefällte – Entscheidung der Führungsspitze, die jüdischen Partner aus deutsch-jüdischen Verbindungen zu deportieren, nahm in der »Schlußaktion der Berliner Juden« konkrete Gestalt an. Man versuchte einen möglichen Protest von vornherein auszuschalten, indem man ganz überraschend und mit demonstrativer Gewalt zuschlug. Im Grunde handelte es sich um eine Variante der »Blitzkriegs«-Strategie, die ja Deutschland im Kampf gegen den äußeren Feind, dessen Stärke noch auf Schnelligkeit und Härte beruhte[15], so große Siege eingetragen hatten. Hitlers persönliche Schutztruppe, die

SS-Leibstandarte »Adolf Hitler«, würde an dieser ohne jegliche Vorwarnung erfolgenden Massenverhaftung der Berliner Juden maßgeblich beteiligt sein.

Das Regime hatte die Methode entwickelt, schnell zuzuschlagen und dann das Resultat als vollendete Tatsache zu präsentieren, falls irgendwelche Fragen oder Zweifel laut werden sollten. Als Himmler im Juli 1942 schon beinahe verzweifelt gefordert hatte, man solle endlich aufhören, gesetzliche Möglichkeiten zur Lösung des Mischehe-Problems zu diskutieren, hatte er zu erkennen gegeben, daß er ein entschlossenes gewaltsames Eingreifen im rechten Moment allen »politischen« Strategien vorzog. Indem Hitler die Lösung des Problems durch eine geheime Verfügung in Angriff nahm, anstatt einen öffentlichen und offiziellen bürokratischen Prozeß in Gang zu setzen, sicherte er sich und seinen Gefolgsleuten die Möglichkeit, ihre Politik rasch zu ändern, wenn dies opportun zu sein scheinen sollte. Die durch die Nürnberger Gesetze vorgenommene genaue Festlegung dessen, wer als Jude anzusehen war, war ein wichtiger Schritt zur Ausgrenzung dieser Menschen gewesen. Die Deutschen, die mit Juden verheiratet waren und sich weigerten, sich scheiden zu lassen, brachten das Regime jedoch in Verlegenheit, und man würde es der Öffentlichkeit, so gut es ging, verbergen müssen, daß es das Problem der Mischehe gab. Indem er es vermied, die Öffentlichkeit einzubeziehen und bürokratische Prozesse zuzulassen, konnte Hitler auch, was die konkrete Lösung dieses Problems anbelangte, improvisieren, das heißt, dann schnell aktiv werden, wenn die Gelegenheit günstig zu sein schien.

Die Pläne zum Abschluß der »Endlösung« wurden Ende 1942 ausgearbeitet. Es waren jedoch so viele Eisenbahnzüge im Einsatz, um Soldaten von der Front zu einem kurzen Urlaub zu ihren Angehörigen in der Heimat und dann wieder in die entgegengesetzte Richtung zu transportieren, daß man nur sehr wenige für die Deportation in die Lager im Osten hätte entbehren können.[16] Während die Nazis noch darauf warteten, ihre Pläne in die Tat umsetzen zu können, wurde die Sechste Armee bei Stalingrad vernichtet und der »totale Krieg« erklärt. Im mit Deutschland verbündeten Finnland lösten die Verhaftungen von Juden und Kommunisten um die Jahreswende 1942/1943 einen »Sturm der Entrüstung« aus. Hier wurde von den Nazis – wie auch in westeuropäischen Territorien unter deutscher Besatzung – durchaus auf die öffentliche Meinung Rücksicht genommen, und man stellte die Deportationen wieder ein.[17] Dennoch kamen Goebbels und Hitler Ende Januar 1943 wieder überein, daß in der Reichshauptstadt die »jüdische Frage« so schnell wie möglich geklärt werden müsse. Goebbels befürchtete auch eine mögliche Koalition von Fremdarbeitern und revoltierenden Juden; er meinte, daß es keine innere Sicherheit in Deutschland geben könne, solange noch Juden in Berlin lebten, und Hitler gab ihm in diesem Punkt recht.[18]

Der »totale Krieg« und die deutschen Frauen

Die Niederlage, die die deutsche Wehrmacht in Stalingrad hinnehmen mußte, erschütterte das Vertrauen vieler Deutscher in die militärische Überlegenheit ihres Landes zutiefst. Die ganze Sechste Armee wurde im Februar 1943 vernichtet, ihre Ausrüstung ging verloren, ihre Soldaten kamen ums Leben oder gerieten in Gefangenschaft. Nach der Schlacht von Stalingrad wurden Hitlers Streitkräfte allenthalben zum Rückzug gezwungen. Zwei Drittel der deutschen Arbeiter begannen nun daran zu zweifeln, daß Deutschland als Sieger aus dem Krieg hervorgehen würde, während noch in den letzten Dezembertagen des Vorjahres »kaum einer« von einem solchen Triumph überzeugt gewesen war.[19] Die Schlacht von Stalingrad stellte also in mehr als einer Hinsicht einen Wendepunkt dar – an der Front ebenso wie in der Heimat. Die Machthaber mußten sich entscheiden, ob sie weiterhin unter allen Umständen ihren Prinzipien treu bleiben oder eine Politik verfolgen wollten, die eher dazu geeignet war, eine endgültige Niederlage abzuwenden. Man mußte sich, was das alltägliche Leben betraf, noch stärker als zuvor einschränken und gleichzeitig die Produktion von Waffen und Ausrüstung für die Wehrmacht steigern. Die deutschen Frauen, die die immer häufigeren Luftangriffe auf die Großstädte am stärksten zu spüren bekamen und von denen viele bereits ihren Mann an der Front verloren hatten, mußten sich jetzt mit weiteren Kürzungen und Einschränkungen bei der Versorgung mit Lebensmitteln und Dienstleistungen abfinden. Dennoch gingen die neuen Arbeitszwangsverpflichtungen, die durch den »totalen Krieg« notwendig geworden waren, unverhältnismäßig stark zu Lasten der Frauen. Das Regime war daher Anfang 1943 mehr als zuvor darauf bedacht, Unruhen innerhalb der weiblichen Bevölkerung zu vermeiden.

Überall im Land erfuhren immer mehr Menschen am eigenen Leib, welche Opfer der Krieg forderte. Immer mehr alte und junge Frauen legten schwarze Kleidung an, aus Trauer um einen gefallenen Ehemann oder Sohn. Viele waren schon seit mehr als drei Jahren von ihren Angehörigen getrennt, und der immer größere Mangel an Lebensmitteln und an Heizmaterial ließ sich immer schwerer ertragen. Die reduzierten Rationen und wachsenden Verluste hinterließen bei der Zivilbevölkerung ihren Eindruck, und dies genau in dem Moment, in dem sich das Schreckgespenst einer katastrophalen militärischen Niederlage am Horizont erhob. Berlin hatte schon seinen Beitrag zum Krieg geleistet: Im Durchschnitt waren im ersten Kriegsjahr jeden Monat 361 Soldaten gefallen, die aus der Hauptstadt stammten; im zweiten Kriegsjahr waren es durchschnittlich 467 im Monat und im dritten 661 gewesen. Dann aber, zwischen Oktober 1942 und April 1943, war diese Zahl auf 1565 angestiegen. Allein im März 1943 zählte man 1713 tote Soldaten, die aus Berlin kamen.[20] Goebbels behauptete, daß eine mitreißende Rede des Führers eine ebenso positive Auswirkung auf die Moral der Zivilbevölkerung haben würde wie ein glorreicher Sieg der Wehrmacht. Aber Hitler war »ernsthaft erkrankt«; zum ersten Mal weigerte er sich, mit Parteiführern zusammenzukommen, und bis zum Ende des Krieges vermied er es, in der Öffentlichkeit aufzutreten.

Ebenfalls um die Jahreswende 1942/1943 verstärkten die Alliierten ihre Bombenangriffe. Bei der Konferenz von Casablanca, am 21. Januar 1943, waren sie übereingekommen, daß nur eine bedingungslose Kapitulation der nationalsozialistischen Machthaber den Krieg wirklich beenden würde, und man war sich bewußt, daß die gemeinsamen Luftangriffe der Briten und der Amerikaner ganz entscheidend dazu beitragen würden, Deutschland zu solch einer Kapitulation zu zwingen. Aufgrund technologischer Fortschritte erhöhte sich die Effizienz britischer Bombenflugzeuge innerhalb weniger Wochen um das Zweifache. Am 27. Januar 1943 griffen zum ersten Mal amerikanische Bomber Ziele in Deutschland an. Berlin wurde nachts von den Engländern bombardiert und tagsüber von den Amerikanern. Bis zum Ende des Krieges kamen in Deutschland vier- bis fünfhunderttausend Zivilisten durch Bomben der Alliierten ums Leben.[21]

Es überrascht nicht, daß sich das Regime angesichts der eigenen Niederlagen und der immer heftiger werdenden Luftangriffe der Alliierten mit dem völligen Zusammenbruch der Moral seiner Untertanen konfrontiert sah. Anfang 1943 war die Stimmung der Bevölkerung auf einen absoluten Tiefpunkt gesunken.[22] Wie sehr die Führungsspitze überzeugt davon war, daß die Frauen einen überaus wichtigen Beitrag zur Aufrechterhaltung der Moral leisteten, geht aus einem Tagebucheintrag Goebbels' hervor, in dem es heißt, Frauen trügen große Verantwortung für die allgemeine Gefühlsverfassung.[23] In einem Bericht des amerikanischen Geheimdienstes wurde festgehalten, daß vor allem die Frauen über die katastrophalen Nachrichten aus Stalingrad und über den Schrecken der Bombenangriffe und das Chaos, das durch sie entstand, ihren Unmut bekundeten.[24] Und jetzt wurden die Frauen auch noch aufgefordert, die Arbeit der Männer zu übernehmen, die an die Front abkommandiert waren. Einer Berliner Tageszeitung zufolge wurden viele Frauen bei der Flugabwehr eingesetzt.[25] In den Zeitungen ergingen Aufrufe, daß sie sich freiwillig als Lastwagenfahrerinnen melden sollten – sie würden auch keine Langstreckentransporte übernehmen müssen.[26]

Obwohl sich die Situation in Deutschland schon dramatisch verschlechtert hatte, nutzte Goebbels die Niederlage von Stalingrad dazu, bestimmte Änderungen an der Heimatfront einzuführen, die zusätzliche Belastungen darstellten. Der Propagandaminister, der einmal eine Bewegung zur Organisation von Optimismus angekündigt hatte[27], ging jetzt davon aus, daß der Krieg nun nicht mehr einfach durch Schaffung von Vertrauen gewonnen werden könne.[28] Zum ersten Mal gab er der Presse die Anweisung, keine Karikaturen zu veröffentlichen, mit denen die Gegner Deutschlands herabgesetzt oder lächerlich gemacht wurden.[29] Um den Deutschen nachhaltig klarzumachen, daß der Krieg nun zu einer sehr ernsten Sache geworden war, ordnete er nach der Vernichtung der Sechsten Armee eine dreitägige Trauerzeit an, in der man sich aller Vergnügungen zu enthalten hatte. Die Ankündigung des »totalen Krieges« signalisierte ebenfalls, daß die Regierung es todernst meinte. Goebbels fürchtete, daß das Vertrauen des Volkes in die Führungsspitze auf dem Spiel stehe, und Agenten des SD berichteten tatsächlich, daß das Regime bei der Bevölkerung zunehmend an Glaubwürdigkeit verloren habe.[30]

Da Hitler und andere ranghohe Funktionäre überzeugt davon waren, daß der Kampfeswille des ganzen Volkes für den Ausgang eines Krieges zumindest ebenso ausschlaggebend sei wie die Waffen, hatte das Regime bislang versucht, seiner Popularität nicht zu schaden, indem es nur sehr geringe materielle Opfer verlangte. Nachdem sie durch das von ihnen herbeigeführte Wirtschaftswachstum bei vielen Deutschen große Erwartungen erweckt hatten, widerstrebte es den führenden Männern, nach Ausbruch des Krieges den Befehl auszugeben, den Gürtel enger zu schnallen. Obwohl man schließlich über sechzig Prozent des Bruttosozialprodukts für militärische Zwecke ausgab, blieb der Lebensmittelkonsum während des Krieges weiterhin auf recht hohem Niveau. Sogar als sie ihr immer höhere Opfer abverlangten, versuchten die Machthaber weiterhin das Bild einer Gesellschaft zu malen, in der Ruhe und Frieden, ja sogar so etwas wie Normalität herrschten. Vor 1943 griff das Regime auch kaum auf die Arbeitskraft der Frauen zurück.

Als die Wehrmacht im Winter 1941/1942 erste Schwächen gezeigt hatte, hatte das Regime schon mit der Mobilisierung zusätzlicher Kräfte begonnen,[31] jetzt aber, im Januar 1943, war Goebbels der Meinung, daß das alles noch nicht ausreichte. Die vernichtende Niederlage, die die Deutschen nur wenige Wochen nach Kriegsbeginn bei Dünkirchen den englischen Truppen bereitet hatten, hatte sich im nachhinein als Segen für die Briten herausgestellt: Sie waren durch diese Niederlage von Anfang an zu einer Mobilisierung aller ihrer Kräfte gezwungen worden. Deutschland hingegen war durch die lange Reihe seiner anfänglichen Siege geradezu eingeschläfert worden und hatte nur »halbherzig« weitere Ressourcen für den Krieg verfügbar zu machen versucht. Stalingrad wurde jetzt für Deutschland das, was Dünkirchen für Großbritannien gewesen war. Die katastrophale Niederlage zwang das Regime dazu, den Lebensmittelverbrauch der Bevölkerung zu kontrollieren, den üppigen und kontraproduktiven Verwaltungsapparat abzubauen, kulturelle Aktivitäten weitgehend einzuschränken und Frauen zur Arbeit in der Rüstungsindustrie heranzuziehen.[32]

Die geringe Zahl von weiblichen Arbeitskräften, die zu Beginn des Jahres 1943 in der Rüstungsindustrie tätig waren, ist vielleicht das deutlichste Zeichen dafür, daß Deutschland seine Reserven nicht in dem Maß mobilisiert hatte, wie seine Feinde das schon getan hatten. Schon sehr früh, bei Gelegenheit des deutschen Einmarsches in Rußland, hatte Goebbels den Vorschlag gemacht, Frauen zur Arbeit in den Fabriken zwangszuverpflichten. Hitler hatte sich damals jedoch nicht damit einverstanden erklärt. Von Anfang 1942 an, nach seiner Ernennung zum Rüstungsminister, war auch Albert Speer dafür eingetreten, die weibliche Bevölkerung zur Fabrikation von Waffen und anderen Ausrüstungsgegenständen heranzuziehen. Im April 1942 hatte sich Hitler erneut gegen einen solchen Vorschlag gesträubt; er hatten vom deutschen »Frauentum« gesprochen und dem moralischen Schaden, den Fabrikarbeit ihm zufügen könne. Eine solche Art von Tätigkeit könne das »seelische und emotionale« Leben einer Frau gefährden und auch ihre Fähigkeit, Kinder zu gebären. Außerdem sei ein Arbeitseinsatz in den Fabriken der Moral der gesamten Bevölkerung – nicht nur der weiblichen – abträglich. Arbeitsminister Fritz Sauckel gab kurz darauf bekannt: Um die deutsche Hausfrau, vor allem Mütter mit vielen Kindern, spürbar zu entlasten, habe ihn der Führer beauftragt, aus den östlichen Territorien etwa vier- bis fünftausend ausgewählte, gesunde und kräftige Mädchen ins Reich zu bringen.[33] Damit die Deutschen nicht auf allzuviel verzichten mußten, plünderte man die besiegten Länder aus, und die Menschen dieser Länder wurden zur Sklavenarbeit in der deutschen Rüstungsindustrie gezwungen.

Hitler hatte einen Krieg führen wollen, ohne stärker in die traditionelle Lebensweise seiner Untertanen eingreifen zu müssen – daß heißt, die Frauen hatten weiterhin am häuslichen Herd stehen sollen und nicht etwa am Fließband. Und wie Hitler war auch Goebbels überzeugt davon, daß der eigentliche Platz einer Frau in der Familie sei.[34] Die Frau mußte aus dem öffentlichen Leben verbannt werden, damit ihre Ehre wiederhergestellt wird.[35] Da es jetzt aber einen Krieg zu gewinnen galt, war Goebbels bereit, von diesen Prinzipien abzuweichen. Um das Reich zu retten, drängte der Minister, der für die Moral der Bevölkerung verantwortlich war, auf die Einführung von Neuerungen, von denen zu erwarten war, daß sie die allgemeine Stimmung weiter drücken würden.

Goebbels und seinen Verbündeten schien es jetzt unerläßlicher als jemals zuvor, Frauen zur Arbeit in der Rüstungsindustrie zwangszuverpflichten. Dieses Vorhaben wurde von Wilhelm Keitel, dem Chef des Oberkommandos der Wehrmacht, Martin Bormann, dem »Sekretär des Führers«, und Hans Lammers, dem Chef der Reichskanzlei, die zusammen das Dreierkomitee bildeten, das Hitler damit beauftragt hatte, die zur Führung des totalen Kriegs notwendigen Maßnahmen in die Wege zu leiten, nicht gutgeheißen. Sie schlugen vor, daß man statt dessen weitere Fremdarbeiter aus eroberten Gebieten nach Deutschland holen solle. Auf Goebbels' Seite stellten sich jedoch Wirtschaftsminister Funk, Robert Ley, der Leiter der »Deutschen Arbeitsfront« und vor allem Rüstungsminister Albert Speer, der darauf hinwies, daß man sich bei der Produktion lebenswichtiger Güter – wie zum Beispiel Waffen – nicht auf ausländische Zwangsarbeiter verlassen dürfe, da immer die Gefahr der Sabotage bestehe.[36] Durch die schonungslose Bekanntgabe der unangenehmen Fakten und dadurch, daß man ihr weitere Entbehrungen zumutete, riskierte man es, sich die Bevölkerung zu entfremden, doch Goebbels, der große Meister der Lüge und der Täuschung, suchte – ausnahmsweise – bei seinem verzweifelten Bemühen, die Deutschen zu noch größeren Anstrengungen zu motivieren, bei der Wahrheit Zuflucht. Am 13. Januar 1943 gelang es ihm, sich durchzusetzen: Hitler verabschiedete – widerstrebend – einen Erlaß, mit dem er die äußerste Totalisierung des Krieges befahl, die sein Minister schon seit 18 Monaten gefordert hatte.[37] Durch die Einführung einer

Arbeitspflicht für Frauen zwischen siebzehn und fünfundvierzig hoffte das Regime, an die 3 500 000 zusätzliche Arbeitskräfte zu gewinnen.[38] Bis zu diesem Zeitpunkt arbeiteten nur dreizehn Prozent der berufstätigen Frauen in Fabriken. Das Arbeitspotential von rund 5 500 000 Hausangestellten und Frauen ohne kleine Kinder wurde von der Industrie nicht genutzt.[39] Rüstungsminister Speer rechnete damit, daß durch die Zwangsverpflichtung von 4 900 000 weiblichen Arbeitskräften der Prozentsatz von Frauen, die außerhalb ihres eigenen Heims einer Arbeit nachgingen, auf einundsechzig Prozent ansteigen würde, was genau dem Prozentsatz werktätiger Frauen in England entsprochen hätte.

Indem es die Gesamtzahl der Arbeitskräfte durch die zwangsweise Hinzuziehung von Frauen vergrößerte, geriet das Regime jedoch in offenen Widerspruch zu seiner eigenen Ideologie und bislang befolgten Praxis: Frauen hatten ja eigentlich zu Hause zu bleiben, um ihren Männern ein gemütliches Heim zu schaffen und zukünftige Soldaten für die großdeutsche Armee auf die Welt zu bringen. Hitlers Metapher von den zwei Welten, der großen Welt der Männer und der Politik und der kleinen Welt des häuslichen Bereichs und der Frauen, welche die Männer unterstützten, bezog die Frauen mit in eine – von den breiten Massen getragene – Politik ein; durch sie wurde Arbeitsteilung im Dienst einer gemeinsamen Sache postuliert, und die allerhöchste gemeinsame oder nationale Sache, die es geben konnte, war natürlich ein Krieg. Um ihre Kriege führen zu können, waren die Männer auf die schwächeren Frauen angewiesen. Die kleine Welt der Frauen lag im Zentrum der großen Welt der Männer, die Geschichte machten, und bildete den Kern dieser großen Welt, sie war ein Zufluchtsort, an den die Männer sich vorübergehend zurückziehen konnten, um sich vom Kampf zu erholen, sich wieder aufzurichten, sich fortzupflanzen und neue Kraft zu tanken.[40] Je kräftezehrender und aufreibender die Kriege für die Männer wurden, desto größere Bedeutung kam dem unterstützenden und regenerierenden Reich der Frauen zu. Der Staat konnte einem Soldaten Orden für seine Tapferkeit im Kampf verleihen, eine Mutter, eine Ehefrau oder eine Geliebte konnten es aber viel wirkungsvoller erreichen, daß ein Mann sich wie ein Held fühlte; die Kämpfer an der Front wurden durch Briefe aus der Heimat ermutigt und angespornt, Briefe, in denen sie ermahnt wurden, tapfer zu sein, aus denen sie erfuhren, daß daheim alles in Ordnung war, daß liebende Menschen hinter ihnen standen und für ihren Sieg beteten.[41] In Nazideutschland leisteten Frauen, auch wenn sie in ihren traditionellen Rollen verharrten und nicht in einer Fabrik arbeiteten, bereits Großes, wenn sie weiterhin an den Führer und die gemeinsame nationale Sache glaubten.

Weil Frauen nun stärker in die Produktion von kriegswichtigen Gütern einbezogen wurden, wurde ihre mögliche Einflußnahme auf die Politik größer. Von ihrer Kooperationsbereitschaft hing immer mehr ab. Die sogenannte »Stillegung« von Betrieben, die im Rahmen der Vorbereitungen auf den »totalen Krieg« beschlossen worden war, verlangte Opfer vor allem von der weiblichen Bevölkerung. Deutsche, die in den Unternehmen und Betrieben angestellt waren, die als nicht kriegswichtig galten, wurden jetzt anderswo eingesetzt, und die meisten der durch die Stillegungen freigewordenen Arbeitskräfte waren weiblich. Goebbels' Pläne sahen auch die Schließung von öffentlichen Unterhaltungs- und Vergnügungslokalen – von »Luxus«-Restaurants, Kabaretts, Bars und Spielhallen – vor. Damit würden weitere Ressourcen und Arbeitskräfte für die Rüstungsindustrie frei werden und überdies Unternehmen beseitigt werden, die nur zu frivolem Müßiggang einluden und Ablenkungen der Art boten, wie sie nach Meinung des Ministers, der für die Stimmung der Bevölkerung verantwortlich war, einem am Ende siegreichen kriegerischen Ringen nur abträglich waren.

Die Hoffnungen des Regimes, die Kontrolle über das Kriegsgeschehen wieder an sich reißen zu können, stützten sich viel mehr auf die weibliche als auf die männliche Bevölkerung. Anfang 1943 wären daher die deutschen Frauen eine besonders einflußreiche Gruppe gewesen, wenn sie im Kollektiv versucht hätten, dem Naziregime Widerstand entgegenzusetzen.

Von 1933 bis 1943 hatten die Nazis mit Hilfe von Propaganda, einer entsprechenden Sozialpolitik und besonderen Parteiorganisationen für Frauen und Mädchen die traditionelle Vorstellung zu untermauern versucht, daß eine Frau zu Hause zu bleiben, Kinder zu gebären und für ein gemütliches Heim zu sorgen habe. Diese Tradition sollte unangetastet bleiben, damit keinerlei Unruhe aufkam. Die Machthaber wollten um jeden Preis verhindern, daß Frauen sich als eine eigenständige gesellschaftliche Gruppe zu erkennen gaben. Hitler spürte, daß man die Position der Frauen stärkte und ihnen ein größeres politisches Gewicht gab, wenn man sie zum Arbeitseinsatz in den Fabriken heranzog. Als Goebbels am 18. Februar 1943 im Berliner Sportpalast die berühmte Rede hielt, mit der er die Bevölkerung für den »totalen Krieg« begeistern wollte, gab es in der Tat schon Meldungen, daß ein großer Teil der weiblichen Bevölkerung Hitlers Anweisungen, einen noch größeren Beitrag zum Krieg zu leisten, einfach ignorierte oder umging.

Als sich in jenem Februar erstmals ein für Deutschland katastrophaler Kriegsausgang abzeichnete, begehrte der weibliche Teil der Bevölkerung auf und zeigte sich nicht gewillt, weiter die Härten und Entbehrungen hinzunehmen, die der Krieg mit sich brachte. Es erinnerte alles sehr stark an 1918, und eine Auflehnung, wie es sie damals gegeben hatte, war für die Nazis seit eh und je ein Schreckgespenst gewesen.[42] Nur sehr wenige Frauen weigerten sich ganz direkt – sozusagen in einem bewußten Akt bürgerlichen Ungehorsams –, den Befehlen des »Führers« Folge zu leisten[43], doch Geheimagenten des SD berichteten, daß es in der weiblichen Bevölkerung immer mehr Anzeichen für Defätismus und Kriegsmüdigkeit gebe. Frankfurter Bürgerinnen hätten angeblich gesagt, daß dieser Wahnsinn bald vorbei wäre, wenn sich alle Frauen zusammentäten.[44] Hunderttausende von Frauen aus dem gesamten Reichsgebiet meldeten sich krank: Sie könnten leider die ihnen zugewiesenen Aufgaben nicht übernehmen. Rasendes Kopfweh, plötzliche Nebenhöhlenentzündungen, chronische Rückenschmerzen, hartnäckige Erkältungen, Infektionen der verschiedensten Art oder auch Knochenbrüche hinderten sie bedauerlicherweise daran. Die Gestapo von Karlsruhe konstatierte: Es gibt gar nicht so viele Krankheiten, wie hier beim Arbeitsamt in Traglasten von Gesundheitsattesten genannt worden sind.[45] Viele Frauen behaupteten auch, daß sie sich dringend auf eine Reise begeben müßten, schwiegen sich aber darüber aus, wohin diese sie führen würde oder wann sie wieder daheim sein würden. Frauen mit Ehemännern oder Verwandten, die im Staatsdienst tätig waren, versuchten, deren »Beziehungen« für sich auszunutzen. Es war natürlich ganz ausgeschlossen, daß die Gestapo jeden einzelnen Fall untersuchte, in dem jemand eine Entschuldigung vorbrachte oder ein Attest vorlegte, um vom Arbeitseinsatz befreit zu werden. Weil sich so viele Frauen auf diese Weise ihrer Zwangsverpflichtung entzogen, berichtete Speers Ministerium für Rüstung und Kriegsproduktion Anfang 1944, daß es »die Mobilisierungen der deutschen Frauen für die Kriegsanstrengungen als völlig gescheitert« ansehen müsse.[46]

Obwohl diese Frauen sich einem ausdrücklichen Befehl Hitlers widersetzten, wurden sie nicht bestraft.[47] Weil in ihrer Weigerung, eine Arbeit außerhalb des häuslichen Bereichs anzunehmen, Ideale zum Ausdruck kamen, die das Regime selbst jahrelang propagiert hatte, wurde ihr Verhalten nicht als Widerstand gegen Hitler betrachtet. Das zeigt aber auch, daß in den letzten Kriegsjahren eine Gehorsamsverweigerung von seiten der Bevölkerung unter gewissen Umständen ungeahndet bleiben konnte.[48]

Die Machthaber befanden sich in einer zu schwachen Position, als daß sie Hitlers Anordnungen mit Gewalt hätten durchsetzen können. Man konnte es sich nicht leisten, sich die Gunst der weiblichen Bevölkerung durch irgendwelche harten Maßnahmen zu verscherzen. Vor allem aber konnte man nichts gegen sie unternehmen, solange sie nur darauf bestanden, Idealen treu zu bleiben, zu denen sich die Nazis selbst bekannt hatten. Es lag aber nicht nur an ihrer Geschlechtszugehörigkeit, daß viele Frauen mit einem – eingeschränkten, das heißt nur gegen eine bestimmte Sache zielenden – öffentlichen Protest Erfolg haben konnten, sondern auch daran, daß sie die im Lande herrschende Stimmung negativ zu beeinflussen drohten.

Daß es ihm gelungen war, Hitler dazu zu bewegen, den »totalen Krieg« zu erklären, war für Goebbels nicht nur eine letzte Bestätigung seiner Macht und seines Einflusses; er nutzte diese Situation auch, um seine Macht weiter auszubauen. Als von der Front eine Hiobsbotschaft nach der anderen eintraf, weigerte Hitler sich, den öffentlichen Auftritt zu absolvieren, den Goebbels für so überaus wichtig hielt. Der kleinwüchsige Demagoge sprang daher für den Führer ein und hielt am 18. Februar im Berliner Sportpalast die berüchtigte Ansprache, in deren Verlauf er immer wieder die Frage stellte: »Wollt ihr den totalen Krieg?« Der Minister wollte die rückhaltlose Unterstützung eines solchen Krieges durch die Bevölkerung erreichen, indem er den Eindruck erweckte, daß diese tatsächlich schon ganz und gar für eine derartige Eskalation des Kampfes sei. Die Volksempfänger trugen das donnernde »Ja«, mit dem die im Sportpalast versammelte Menge jedesmal antwortete, wenn der Minister seine Frage herausschrie, auch in die entferntesten Ecken des Landes. Albert Speer erlebte alles vor Ort mit und meinte später, daß er, abgesehen von Hitlers öffentlichen Auftritten, noch nie ein so fanatisch aufgestacheltes Publikum gesehen hätte.[49]

Goebbels wollte aber mit dieser Rede keineswegs nur die Volksseele zum Kochen bringen, sondern, wie Speer schrieb, Lammers und die anderen Bummler dem Druck des Mobs ausliefern. Goebbels selbst schrieb, daß er die Meinung der Öffentlichkeit gegen den Dreierausschuß einsetzen wolle.[50]

Die etablierten Mitarbeiter renommierter Ministerien, die er in seinem Sinne zu beeinflussen suchte, schauten auf Goebbels' Propagandaministerium und den »Emporkömmling« herab. Goebbels gelang es aber, in den internen Kämpfen, die er führen mußte, um seine Macht auszubauen, die öffentliche Meinung zu seinen Gunsten zu mobilisieren, auf Kosten der Bürokraten alten Stils, die einfach nicht wie er begriffen hatten, welches Gewicht Hitler dem beimaß, was die Massen meinten und dachten. Als im Zuge der Vorbereitung des »totalen Krieges« auch das Restaurant Horcher in Berlin geschlossen wurde, setzte sich ein berühmter Stammgast zur Wehr: Hermann Göring ließ vor dem Nobellokal einen Wachposten aufziehen, um es vor den törichten Anweisungen von Goebbels zu schützen. Goebbels hatte jedoch erklärt, daß er keinerlei Einmischung in seinem Berliner Gau dulde, und blieb unnachgiebig.[51] Er zettelte eine »spontane« Demonstration vor dem Gebäude an, so daß es aussah, als ob die Bevölkerung die Schließung des Lokals verlange. Göring erklärte sich am Ende einverstanden damit, daß das Lokal zumindest dem allgemeinen Publikum nicht mehr zugänglich sein sollte.[52]

Goebbels, den Himmlers Stellvertreter Ernst Kaltenbrunner bei den Nürnberger Kriegsverbrecherprozessen als den zweitmächtigsten Mann im Reich bezeichnete, begriff, daß eine staatliche Verordnung, wenn sie wirklich effektiv sein sollte, den Tenor bestehender gesellschaftlicher Praktiken haben mußte, und seine Fähigkeit, die öffentliche Meinung zu beeinflussen und zu mobilisieren, war der Hauptgrund dafür, daß Hitler ein so enges Verhältnis zu ihm hatte. In der Rede, mit der der Propagandaminister das deutsche Volk für den »totalen Krieg« zu begeistern suchte, nahm Goebbels in verdeckter Form auch schon die »Schlußaktion der Berliner Juden« vorweg. Das letzte der drei großen Themen, die er in dieser Rede behandelte, war die Kriegstreiberei der Juden, jener dämonischen Unruhestifter, die im Bolschewismus eine terroristische Militärgewalt aufgebaut hätten.[53] Auch bei diesem Satz brüllte die Menge in einhelliger Zustimmung.

Mischehen in ernster Gefahr

Anfang 1943 drohte Eichmann, alle in Mischehen lebenden Juden und alle »Mischlinge« mit in die »Endlösung« einzubeziehen. Eichmann und seine Leute handelten, auch ohne entsprechende Anweisungen von Hitler empfangen zu haben, sicherlich in dessen Sinn, als sie eine Reihe von Plänen zur Deportation ausarbeiteten und Strategien ersannen, wie man diese Aktion vor den Augen der Öffentlichkeit verbergen könnte. Eichmann hätte diese Pläne vielleicht auch, einen nach dem anderen, in die Tat umgesetzt – und sich damit das Lob der Führungsspitze verdient –, wenn die »Schlußaktion Berliner Juden« über die Bühne gegangen wäre, ohne daß es zu jenem heftigen Massenprotest gegen sie gekommen wäre.

Die politische Führung und das RSHA verfolgten jetzt dasselbe Ziel, waren sich aber nach wie vor uneins darüber, welche Taktik man anwenden sollte. Obwohl das Kriegsglück Deutschland verlassen hatte, hielt Eichmann stur an den Plänen fest, die »Endlösung« zu einem radikalen Abschluß zu bringen, indem man auch Menschen, die deutsch-jüdischen Familien angehörten, deportierte.

Ähnlich wie Alois Brunner, der meinte, die Probleme, die sich aus der Deportation von »Mischlingen« ergaben, lösen zu können, indem er die Papiere dieser Menschen einfach so abänderte, daß sie zu Juden wurden, hatten Eichmann und seine Leute im allgemeinen kein Verständnis für die Sorge der Männer an der Spitze um die Stimmung, die in der Bevölkerung herrschte. Ebensowenig begriffen sie den Sinn der taktischen Rückzugsmanöver, die die Führung jetzt befahl, damit der Krieg am Ende doch noch gewonnen werden könne. Daß sie sich eher voller Hingabe um die Erledigung bestimmter Einzelaufgaben kümmerten, anstatt einem übergeordneten strategischen Plan zum Erfolg zu verhelfen, war laut Goebbels typisch für die Deutschen.[54] Eichmanns Pläne zur Deportation der jüdischen Ehepartner von Deutschen und der »Mischlinge« befanden sich noch im Entwicklungsstadium, als Brunner einige Berliner Juden aus Mischfamilien deportieren ließ. Ein Bericht von Gerhard Lehfeld von Mitte März 1943 aus Berlin bestätigt andere Berichte darüber, daß auch das RSHA zu dieser Zeit versuchte, die Deportationen in die Wege zu leiten. Im Januar 1943 hatte das RSHA der Gestapo von Frankfurt am Main befohlen, die nötigen Vorbereitungen zum Abtransport von Juden, die in Mischehe lebten, aus der Stadt zu treffen. Frankfurt war nach Berlin die deutsche Stadt, in der die meisten Menschen wohnten, die dieser Kategorie angehörten. Nachdem es schon den größten Teil der jüdischen Einwohner hatte wegschaffen lassen, beschloß das RSHA nun, als Teil der Kampagne zur »Entjudung« des gesamten Reichsgebiets auch diese »letzte Aktion« gegen die Frankfurter Juden durchzuführen.[55] Anstatt aber die Juden mit deutschen Partnern als geschlossene Gruppe abzutransportieren, wie man es mit den anderen Juden gemacht hatte, stellte die Gestapo jeden einzelnen von ihnen wegen irgendeiner Gesetzesübertretung unter Anklage, nahm ihn dann in Schutzhaft und steckte ihn zur Abbüßung einer dreimonatigen Freiheitsstrafe in ein Arbeitslager. Man dachte, daß die Verhafteten in diesen Lagern, in denen grauenhafte Bedingungen herrschten, zugrunde gehen würden; falls jemand die Haftzeit überlebte, sollte er anschließend nach Auschwitz geschickt werden.[56] Örtliche Gestapokommandanten waren ermächtigt, Personen bis zu drei Monaten in Schutzhaft zu nehmen, längere Freiheitsstrafen mußten vom RSHA genehmigt werden. Die Frankfurter Gestapo mußte also Anfang 1943 mit dem RSHA zusammenarbeiten, und das Amt selbst wurde auf diese Weise in den systematischen Versuch verwickelt, auch Juden, die mit Deutschen verheiratet waren, zu beseitigen, um das gesamte Reich endlich »judenfrei« zu machen.

Wie ein deutsches Nachkriegsgericht befand, war es das Ziel dieser Aktion, im Zusammenhang mit der angestrebten »Endlösung« das Reich von Juden zu »säubern«.[57] Dem Frankfurter Gericht zufolge ließ das RSHA die Betroffenen zunächst einzeln als Kriminelle brandmarken, anstatt sie sofort als geschlossene Gruppe abzutransportieren, um den Anschein von Legalität zu erwecken. Dies habe man damals für notwendig erachtet, da diese Juden deutsche Verwandte gehabt hätten und mit Deutschen befreundet gewesen seien.[58] Die Deportation von Einzelpersonen aufgrund angeblicher Delikte war aber nur durch die aktive Kollaboration der deutschen Öffentlichkeit möglich, da man auf Denunziationen angewiesen war, um diese Menschen unter Anklage stellen zu können. Auf Juden lasteten zu jener Zeit Hunderte von Verboten, die zum Teil ganz banale Dinge betrafen, während andere so geartet waren, daß man gar nicht leben konnte, ohne gegen sie zu verstoßen. Die Aufdeckung dieser kleinen Verstöße war aber nur den Menschen aus ihrer näheren Umgebung möglich. Auf eine entsprechende Aufforderung des Gauleiters von Hessen, Jakob Sprenger, traf von verschiedenen Regierungs- und Parteistellen eine Flut von Anzeigen gegen Juden mit deutschen Ehepartnern ein. Martin Bormann, der Leiter der Parteikanzlei, hatte es am 9. Oktober 1942 in einem Rundschreiben zur Pflicht jedes Mitglieds der NSDAP erklärt, seinen jeweiligen Ortsgruppenleiter über jedes ihm bekannte »jüdische Vergehen« zu informieren.[59]

Indem das RSHA der Aktion in Frankfurt den Anschein eines legalen Verfahrens gab, konnte es verhindern, daß es wegen der Deportation von Juden mit deutschen Ehepartnern zu den von der Staatsführung befürchteten Unruhen kam. Sich aller Juden, die mit Deutschen verheiratet waren, auf diese Weise, das heißt, indem man sie zuerst in »Schutzhaft« nahm, zu entledigen, wäre aber ein äußerst ineffizientes Verfahren gewesen. Das RSHA richtete bei der Gestapo von Darmstadt eine Stelle ein, die ausschließlich mit der Verhaftung und Deportation von in Mischehe lebenden Juden befaßt war, aber man brauchte dort zwei Monate, um auf die umständliche »Frankfurter« Methode zwölf Juden zu deportieren. Wahrscheinlich hätte man mit dieser Methode in Berlin die Massenproteste verhindern können, da die deutschen Partner der Verhafteten isoliert geblieben wären und daher Angst gehabt hätten, ihrem Protest offen Ausdruck zu verleihen. Aber ein solches Verfahren, das heißt die Verhaftung, Aburteilung und anschließende Deportation jedes einzelnen in Mischehe lebenden Juden hätte viel zu lange gedauert, da es in Berlin zwischen fünftausend und siebentausend von ihnen gab.[60]

Laut Gerhard Lehfeld, der seinerzeit vom Ministerialdirektor Erich Gritzbach Informationen erhalten hatte, existierten für die Reichshauptstadt andere Pläne. Gritzbach, Görings persönlicher Berater in Sachen Vierjahresplan, bleibt eine recht rätselhafte Gestalt; in den Jahren 1940 bis 1941 gab er einige streng geheime Informationen an Gero von Gävernitz weiter.[61] Gritzbach befürwortete das Vorhaben, Deutschland von allen Juden zu »säubern«, weil die Industrieunternehmen dann dazu gezwungen gewesen wären, ihre jüdischen Arbeiter durch andere zu ersetzen. Goebbels hatte seine Einwilligung zur Deportation von Juden gegeben, die mit Deutschen verheiratet waren, aber keine Kinder hatten; alle die, die in einer »privilegierten« Ehe lebten, sollten aber verschont bleiben. Im Januar 1943 jedoch, als sich die militärische Lage aufs äußerste verschärfte, drängten die Radikalen aus dem Reichssicherheitshauptamt dazu, auch diese zu deportieren. Gleichzeitig arbeiteten sie einen Plan aus, sogar die »Mischlinge«, die keinen »Judenstern« zu tragen brauchten, in Arbeitslager in Polen zu schicken.[62]

Lehfeld berichtete, daß das RSHA ebenfalls im Januar 1943 einen Plan vorlegte, wie die »Mischlinge« nach Polen zu verschieben seien, zweifellos zum Zwecke ihrer Vernichtung. Eichmann hatte einen entsprechenden Gesetzentwurf ausgearbeitet. Dieses Gesetz zielte auf alle »Mischlinge«, gleichgültig, ob sie den Stern trugen oder nicht.[63] Eichmann wollte es mit der Begründung durchsetzen, daß Geschlechtsverkehr zwischen Deutschen und »Mischlingen« um jeden Preis verhindert werden müsse. Sogar Deutsche, die mit »Mischlingen« verheiratet waren, die nicht den gelben Stern trugen, sollten vom Rest der Bevölkerung isoliert werden.[64]

Eichmann setzte gegen Ende des Jahres 1942 einen protestantischen Pfarrer und einen katholischen Bischof, die ihn in seinem Büro aufsuchten, von diesen Absichten in Kenntnis. Die beiden Geistlichen fragten ihn, inwieweit die von Bernard Lösener aus dem Innenministerium verbreiteten Gerüchte zutreffend seien, daß auch Juden, die mit Deutschen verheiratet waren, bald deportiert werden sollten. Lösener hatte schon von in vielen gesellschaftlichen Kreisen umlaufenden Gerüchten berichtet, daß »Mischlinge« ersten Grades auch bald dazu gezwungen sein würden, den »Judenstern« anzulegen, und daß sie danach aus Deutschland fortgeschafft würden. Aufgrund dieser Gerüchte habe sich in der Gesellschaft in einer Woge der Erregung große Unruhe verbreitet.[65] Eichmanns Verhalten veränderte sich schlagartig, als man ihm diese Fragen nach dem Schicksal der »Mischlinge« stellte; er war bis dahin sehr ruhig und beinahe freundlich gewesen, jetzt aber sprang er plötzlich auf. Mit sich überschlagender Stimme habe er geschrien, daß er das Problem nun radikal lösen wolle, so wie er andere Probleme auch gelöst habe.[66]

Viele deutsche Unternehmer und Fabrikbesitzer waren daran interessiert, daß zumindest eine bestimmte Zahl von Juden vor dem Abtransport bewahrt blieb. Als die Deportationen begonnen hatten, waren Juden, die in Rüstungsfabriken arbeiteten, »Mischlinge« und Juden mit deutschen Ehepartnern zurückgestellt worden. Deutsche Firmen verzichteten nur sehr ungern auf ihre jüdischen Arbeiter, um sie durch Fremdarbeiter aus dem Osten zu ersetzen. Sie mußten den Juden weniger Lohn und weniger Prämien zahlen, und diese arbeiteten härter als andere, weil sie Angst hatten, sonst deportiert zu werden. »Die Fabrikanten rissen sich geradezu um die Juden, die als zuverlässige und gewissenhafte Arbeiter galten, und man beschäftigte sie viel lieber als die Ausländer«, erinnerte sich der frühere Leiter der Jüdischen Gemeinde Berlins.[67]

Auch in Berlin waren Tausende von »Mischlingen« und Juden aus Mischehen in den großen Fabriken beschäftigt. Als deren Besitzer im Dezember 1942 angewiesen wurden, ihre jüdischen Arbeiter bis zum 1. März des folgenden Jahres durch andere zu ersetzen, entschloß Eichmann sich, auch das die »Mischlinge« betreffende Gesetz noch für drei Monate in der Schublade zu lassen. Im Herbst 1942 hatte Hitler selbst angeordnet, daß man nun allen Argumenten der Unternehmer und Fabrikanten zum Trotz mit der Deportation der jüdischen Arbeiter beginnen müsse.[68] Auch Goebbels, der gemeinsam mit Hitler entschieden hatte, daß kein einziger Jude in Berlin zurückbleiben dürfe, wollte schon seit langem auch jene Juden wegschaffen lassen, von denen die Industriellen behaupteten, daß sie als Arbeitskräfte unentbehrlich seien.[69]

Anfang Dezember 1942 erklärte der neue Leiter des Judenreferats der Berliner Gestapo, Kriminalkommissar Walter Stock, er werde das Problem der noch in der Hauptstadt verbliebenen Juden bis zum 1. März des darauffolgenden Jahres gelöst haben. Den Besitzern und Direktoren der Berliner Industriebetriebe teilte Stock mit, daß man ihre jüdischen Arbeiter – und zwar auch die, die mit Deutschen verheiratet waren – so schnell wie möglich durch Zwangsarbeiter aus dem Osten ersetzen werde. Die Fabrikanten sollten sich schon auf diesen Austausch einstellen und entsprechende Vorkehrungen treffen.[70]

Um sicherzustellen, daß die Räumung der Stadt von allen Juden bis zum vorgesehenen Termin – dem 1. März – über die Bühne ging, leitete Goebbels es am 2. Februar 1943 in die Wege, daß die SS-Leibstandarte »Adolf Hitler« am 27. und 28. an einer Massenverhaftung Berliner Juden teilnahm. Die SS-Leute sollten den Leiter des Judenreferats, Stock, unterstützen, der dabei war, den technischen und administrativen Apparat aufzubauen, der für die Deportation notwendig war. Am 15. Februar befahl die Gestapo der Jüdischen Gemeinde, neunzig zusätzliche Helfer zu bestimmen, die bei einer bald bevorstehenden »Aktion« mitwirken könnten, bei der weitere Juden – und dieses Mal auch solche, die deutsche Ehemänner beziehungsweise Ehefrauen hatten – verhaftet werden würden.[71] Siegbert Kleemann von der Gemeinde übernahm es, die angeforderten Einsatztrupps aus Mitarbeitern der verschiedenen Verwaltungsabteilungen der Gemeinde zusammenzustellen. Die Pläne der Gestapo sahen vor, daß die Verhaftungen und Deportation kontinuierlich, Tag für Tag erfolgen und die Angestellten der Jüdischen Gemeinde, die dabei geholfen hatten, dann am Ende selbst abtransportiert werden sollten.[72]

Einige der Vorbereitungen, die die Gestapo für die »Schlußaktion« traf, ließen bald das Gerücht aufkommen, daß man auch eine neue Erhebung bezüglich der Juden, die in »Mischehe« lebten, anstellen werde.[73] Mitte Februar wies die Gestapo die beiden großen Kirchen an, die Richtigkeit der von ihnen geführten Verzeichnisse über deutschjüdische Paare zu bestätigen oder diese gegebenenfalls auf den neuesten Stand zu bringen. Im Januar hatte man die Juden, die in Mischehe lebten, schon dazu verpflichtet, sich zusammen mit ihren deutschen Partnern bei der Jüdischen Gemeinde registrieren zu lassen.[74] Am 17. Februar wandte sich das Bischöfliche Hilfswerk von Berlin an die einzelnen katholischen Gemeinden der Stadt mit der Aufforderung, alle bei ihnen gemeldeten deutsch-jüdischen Paare und deren Kinder namhaft zu machen und in einigen Fällen auch anzugeben, wo diese Personen arbeiteten. Die meisten Gemeindeämter hatten die geforderten Unterlagen bis zum 27. Februar eingesandt, einige brauchten bis Anfang März dazu. Die Verzeichnisse, die man mit Hilfe dieser Informationen anfertigte, wurden entweder an die Jüdische Gemeinde weitergeleitet oder direkt der Gestapo übergeben. Sie enthielten Hunderte von Namen und Adressen, fein säuberlich nach verschiedenen Kategorien geordnet: »Privilegierte Mischehen«, »Nicht-privilegierte Mischehen«, »Katholische Nichtarier« usw.[75] Wie der Deckname »Schlußaktion« sagte, beabsichtigte die Gestapo, jeden Juden zu deportieren, der den gelben Stern trug; überdies wollte sie aber alle Juden, die einer privilegierten Mischehe angehörten, zumindest erfassen – wenn schon ihre Deportation für den Augenblick nicht durchführbar war.

Das RSHA bereitete also zu Beginn des Jahres alles dafür vor, um die Deportationen der deutschen Juden zu einem Abschluß zu bringen, und Berlin sollte die erste Stadt sein, die wirklich »judenfrei« war. Eichmann hatte für alle »Mischlinge« und in Mischehe Lebenden einen eigenen Plan ausgearbeitet, seine Abteilung verteilte aber zur selben Zeit noch Kopien der gewöhnlichen Deportationsdirektiven.[76] Hitler, Himmler und Goebbels wollten jedoch die »Endlösung« unter allen Umständen zum Abschluß bringen, und uneindeutige oder widersprüchliche Anweisungen konnten sogar von Vorteil sein, wenn dann wirklich der Moment kam, schnell zuzuschlagen. Befehle, die von ganz oben ausgegeben wurden, waren in der Tat notorisch vage gehalten, weil man sich so die Möglichkeit offenhielt, abzustreiten, daß man in eine kontroverse Angelegenheit verwickelt war.

Die Versuche, Juden in Mischehe zu registrieren, festzusetzen und zu deportieren, mögen vom RSHA ausgegangen sein, aber angesichts Goebbels' in den Monaten davor ständig gewachsenen Interesses daran, seinen Gau von Juden zu »säubern«, ist es kaum denkbar, daß er nicht über sie informiert gewesen sein soll. Berlin zu »entjuden«, sah Goebbels als eine seiner größten politischen Leistungen an.[77] Aus seinem Tagebuch geht hervor, daß er sowohl mit Hitler als auch mit Sepp Dietrich über den geplanten Einsatz der Leibstandarte »Adolf Hitler« während der ersten beiden Tage der »Schlußaktion« sprach. Ein anderer Tagebucheintrag enthüllt, daß die SS ebenfalls »Mischlinge« und mit Deutschen verheiratete Juden verhaftete.[78] Die Tatsache, daß Görings Luftwaffenkaserne und die dazugehörigen Garagen für die Aktion benutzt wurden, zeigt, daß noch höhere Instanzen als das RSHA in das Unternehmen verwickelt waren. Goebbels selbst hatte einen Plan zur Deportation von mit Deutschen verheirateten Juden, die keine Kinder hatten, ausgearbeitet. Mit Blick auf die »Schlußaktion« sprach er von »unseren Plänen« und gab den Redakteuren schwedischer Zeitungen in Berlin die Anweisung, nichts über die bevorstehende Massenverhaftung zu veröffentlichen.[79]

Am 24. Februar 1943 gedachte Hitler der zweiundzwanzig Jahre zuvor erfolgten Gründung der nationalsozialistischen Partei; er hielt eine Rede, in der er versprach, daß der Krieg dank der Ausrottung aller Juden bald beendet werde. Diese Rede wurde unter dem Titel »Die Vernichtung der europäischen Juden« von der deutschen Presse ausführlich behandelt.[80] Schon einen Monat zuvor waren mit Leo Baeck und Paul Eppstein zwei der führenden Männer der Juden Deutschlands in das KZ Theresienstadt gebracht worden.[81] Brunner hielt sich mittlerweile nicht mehr in der Hauptstadt auf, aber die Berliner Gestapo hatte seine brutalen Pläne und Methoden zur Verhaftung der letzten Berlin Juden übernommen.[82]

Ende Februar 1943 liefen in Berlin die ersten Gerüchte über eine solche kurz bevorstehende Massenverhaftung um, von der diesmal auch die Juden mit deutschen Ehepartnern nicht verschont bleiben sollten. Die Unruhe wuchs. Am 26. Februar nahm Walter Stock, der Leiter des Judenreferats, an einem Treffen mit Vertretern der Wehrmacht teil, bei dem besprochen wurde, wie man die jüdischen Arbeiter durch Zwangsarbeiter aus Polen und Rußland würde ersetzen können. Gegen Mittag desselben Tages meldete sich Moritz Henschel, der Vorsitzende der Jüdischen Gemeinde, auf Befehl der Gestapo in den Räumen des Judenreferats in der Burgstraße. Dort wimmelte es von Hunderten von nicht der Gestapo angehörenden Polizisten in Zivilkleidung, die auf weitere Anweisungen warteten. Nachdem er in höchster Anspannung stundenlang gewartet hatte, erhielt Henschel schließlich den Befehl, weitere Einsatztrupps zusammenzustellen und neue Sammellager für verhaftete Juden einzurichten. Außerdem würde die Gestapo noch fünf oder sechs Erste-Hilfe-Stationen benötigen, mit jüdischen Krankenschwestern und jüdischen Schreibkräften. Diese Anweisungen ließen natürlich nur den Schluß zu, daß, wie Henschel es ausdrückte, »eine Evakuation« großen Ausmaßes unmittelbar bevorstand.[83]

Schon dadurch, daß er Hitlers persönliche Schutztruppe zur Mitwirkung an der Aktion gewann, gab Goebbels zu erkennen, daß er befürchtete, die gewaltsame Trennung von Familienangehörigen werde zu ernsthaften Problemen führen. Er hoffte, daß die Zurschaustellung der Leibstandarte »Adolf Hitler« bei einer im »großen Stil« durchgeführten Verhaftungsaktion jeden Protest oder Widerstand sofort im Keim ersticken würde. Er hatte jedoch weiterhin Bedenken, daß es, so kurz nach der Katastrophe von Stalingrad und nachdem das Regime nun auch begonnen hatte, der Heimatfront weitere Anstrengungen abzuverlangen, nicht der Zeitpunkt sein könnte, um dieses Problem mit Gewalt zu lösen.[84]

14

Die mutigen Frauen der Rosenstraße

Wenn Menschen leibhaftig handeln,
dann ist Freiheit eine Kraft.

Edmund Burke

Alles über die Wahrheit hinaus wäre
zu schwach gewesen.

Robert Frost

Die Höhle des Löwen

Am 27. Februar 1943 lief, schon lange vor dem Morgengrauen, die
»Schlußaktion Berliner Juden« an. Fahrer der Gestapo hielten sich an
jenem Morgen bereits seit 4 Uhr bereit. Jeder geschlossene Lastwagen,
den es noch in Berlin gab, war für das Unternehmen beschlagnahmt
worden.[1] Die Männer der SS-Leibstandarte drangen ohne jede Vorwarnung in die Fabriken ein, um die dort arbeitenden Juden fest-
zunehmen, während die Beamten der Gestapo und der normalen
Schutzpolizei Juden aus ihren Wohnungen holten oder auf den Straßen verhafteten – sogar solche, die sich nur zu einem Besuch in Berlin
aufhielten.[2] Erika Lewine, jene lebhafte junge Frau von achtzehn Jahren, die einer in ärmlichen Verhältnissen lebenden Arbeiterfamilie
entstammte, erinnerte sich Jahrzehnte später noch ganz genau an diesen Tag. Erika arbeitete für Siemens; ihre Schicht begann um sechs
Uhr morgens. Sie war gerade an ihrem Arbeitsplatz eingetroffen, als
sie aus der Etage über sich das Stampfen von schweren Militärstiefeln
hörte. Ihren Abteilungsleiter hörte sie sagen: Ja, die SS wird euch alle
fassen. Wir können nichts dagegen unternehmen.

Sekunden später kamen SS-Männer mit Reitpeitschen in den Händen
zur Tür herein; sie begannen um sich zu schlagen und brüllten: »Alle
Juden raus!« Die ganze jüdische Arbeitskolonne mußte zusehen, wie sie
ohne Trittleitern oder andere Hilfsmittel auf die hohe Ladefläche des

Lastwagens hinaufkamen. Mit Tausenden anderer Menschen zusammen wurde Erika Lewine in die Pferdeställe der Hermann-Göring-Kaserne gesperrt.[3]

»Als dann die Männer und Frauen sortiert wurden«, erzählte Erika später, »habe ich meine Tanten und Onkel gesehen und meine Kusinen und die ganze Familie – und dann nie mehr wieder. Alle meine Verwandten väterlicherseits sind vergast worden – 22 Verwandte, alle aus Berlin. Alle sind bei dieser Großaktion abgeholt worden, außer einer Tante, die man schon 1942 weggeholt hatte.«

In einem anderen Stadtteil wurde Dr. Ernst Bukofzer an jenem Morgen ebenfalls von der SS überrascht. Bukofzer war frisch approbierter Anwalt, als man ihn 1914 an die Front geschickt hatte, um zusammen mit einem anderen jungen Gefreiten, dessen Name Adolf Hitler lautete, für das Vaterland zu kämpfen. Wie Hitler wurde auch Bukofzer für seine Tapferkeit im Kampf mit dem Eisernen Kreuz ausgezeichnet. Nach dem Krieg heiratete er eine Deutsche, die zwei Töchter mit in die Ehe brachte; er arbeitete wieder als Anwalt, bis er unter Hitler erneut gezwungen wurde, seine berufliche Laufbahn zu unterbrechen.[4]

Bukofzer war gerade bei seiner Arbeitsstelle angelangt, als die jüdische Arbeitskolonne in den Hof hinausbeordert wurde. Er erinnerte sich, daß die Männer zuerst glaubten, sie sollten den dort stehenden Lastwagen beladen. Statt dessen befahl aber ein wild gestikulierender SS-Mann Bukofzer und den anderen, auf den Wagen zu springen. Man sagte ihnen nicht, wohin die Fahrt gehen sollte. Im Dunkeln schaffte es einer von ihnen sich davonzustehlen und unter dem Zaun durchzuschlüpfen. Sechs SS-Männer wurden ihm nachgeschickt, kehrten aber nach einiger Zeit unverrichteter Dinge zurück. Dann ließ sich ein Offizier den Namen jedes einzelnen Gefangenen sagen und hakte ihn auf einer Liste, die er in Hand hielt, ab. Man nahm den Männern ihre Arbeitspapiere und alle scharfen oder spitzen Gegenstände weg. Ein SS-Mann ließ sich Bukofzers Taschenlampe aushändigen. Ein anderer warnte die Festgenommenen dann: Die Wachposten, die sich an der hinteren Ladeklappe des Lkws niederließen, würden sofort von ihren Waffen Gebrauch machen, wenn jemand zu fliehen versuchte. Dann ging es in rasendem Tempo zur Hermann-Göring-Kaserne. Unterwegs hielten sie mehrfach an, um weitere Gefangene einzusammeln; sie fuhren sogar vor Fabriken vor, die nur einen einzigen jüdischen Arbeiter beschäftigten. Ferdinand Wolff, ein Jude, der mit einer Deutschen verheiratet war, wurde in der Firma Warnicke & Böhme verhaftet.

Nachdem sie bei der Hermann-Göring-Kaserne angekommen waren, mußten alle, wie Bukofzer sich erinnerte, »schnellstens den Wagen verlassen«.

»Und wir hörten«, erzählte Bukofzer weiter, »wie einer der Fahrer den nächsten Wachposten fragte: ›Habt ihr schon Munition geladen?‹ Wenn wir vorher noch über unser Schicksal im Ungewissen gewesen waren, so glaubten wir jetzt, daß unser letztes Stündlein geschlagen habe. Aber es wurde erst Mittag, Nachmittag, dann Abend. Zu essen gab es nichts. Allmählich trafen weitere Wagen ein. Das Lager füllte sich immer mehr mit jüdischen Zwangsarbeitern beiderlei Geschlechts. Als am Nachmittag eine Anzahl von Männern abkommandiert wurde, um auf dem Gelände Gräben auszuheben, waren wir überzeugt, daß wir unser eigenes Grab schaufelten. Aber dann waren die weiblichen Lagerinsassen geschlossen dorthin geführt worden. Als sie zuerst dorthin geführt wurden, glaubten sie ebenfalls, daß sie erschossen und in den Gräben beerdigt werden sollten, und stimmten ein großes Wehklagen an. Aber unter Aufsicht der SS-Posten und höhnischen Zurufen wurden sie eben gezwungen, ihre Notdurft zu verrichten.«

Die SS-Leute und die Lastwagen fielen an jenem Morgen weder Charlotte noch Julius auf, und die beiden sahen auch keine Anzeichen dafür, daß dieser Samstag anders als gewöhnlich sein würde. Julius mußte sich bei der Polizei melden, um den Erlaubnisschein, den er brauchte, damit er mit öffentlichen Verkehrsmitteln zur Arbeit fahren konnte, erneuern zu lassen. Juden mußten zu Fuß zu ihrem Arbeitsplatz gehen, es sei denn, daß dieser mehr als sechs Kilometer von ihrer Wohnung entfernt lag. Führerscheine waren ihnen bereits 1938 abgenommen worden.[5] »Mein Mann ging schon morgens um sieben Uhr los«, erzählte Charlotte, »er sagte noch zu mir: ›Ich bin dann so gegen zehn Uhr zurück.‹ Aber er kam nicht zurück!«

Auf dem Polizeirevier befahl man Julius, sich neben zwei Frauen zu setzen, die beide den gelben Stern trugen. Sie wußten ebensowenig wie er, was auf sie zukommen würde. Nach einiger Zeit trat ein Streifenpolizist, den Dienstrevolver im Koppel, mit zwei weiteren Juden ein. Die reguläre Polizei jedes einzelnen Stadtbezirks war herangezogen worden, um die Gestapo und die SS zu unterstützen. Ohne eine Erklärung eskortierten zwei Polizisten Julius und seine Schicksalsgenossen zu einer nahe gelegenen Straßenbahnhaltestelle. Als die Bahn ankam und Julius in den Wagen einstieg, hörte er jemand murmeln: »Jetzt nehmen sie auch schon die Krüppel!« Für Juden war es verboten, sich in öffentlichen Verkehrsmitteln hinzusetzen, und Julius mußte versuchen, sich mit Hilfe seiner Krücken aufrecht zu halten, als die Bahn über die Gleise schlingerte. Er dachte darüber nach, wie er Charlotte eine Nachricht zukommen lassen könnte, und entschied sich dann, dem Fremden zu vertrauen, der sich bei seinem Einstieg halblaut über die Methoden der Gestapo beschwert hatte. Er kritzelte eine Telephonnummer auf eine Streichholzschachtel, drückte sie dem Fremden in die Hand und flüsterte: »Würden Sie meine Schwiegermutter anrufen und sagen, was sie hier gesehen haben? Sie ist Arierin.«

Charlotte hatte um die Mittagszeit angefangen, nach Julius zu suchen. Gegenüber dem Haus, in dem sie wohnten, gab es ein Milchgeschäft mit einem Telephon, und sie hatte mit Julius vereinbart, daß er sie dort anrufen würde, wenn er sie brauchte. »Die Inhaber waren sehr nett«, erinnerte sich Charlotte. »Richtige Anti-Nazis – natürlich nur heimlich.« Julius hatte aber nicht angerufen, und jedesmal, wenn Charlotte wieder hinüberrannte, hieß es nur, daß immer noch keine Nachricht von ihm da sei.

»Ungefähr um halb drei sah ich meine Mutter kommen«, erzählte Charlotte weiter. Ein ihr unbekannter Mann hatte sie angerufen und mitgeteilt, daß Julius zusammen mit fünf anderen Juden in die Levetzowstraße gebracht worden sei. Voller Angst hatte Frau Preß zunächst abgestritten, mit irgendwelchen Juden bekannt zu sein. Als der Fremde dann aber erklärt hatte, daß ein Jude mit Krücken ihm ihre Nummer gegeben habe, wußte sie, daß es sich um Julius handelte.

Charlotte lief sofort zum Polizeirevier, um das Protokoll von Julius' Verhaftung einzusehen. Ein freundlicher Beamter, der sie erkannte, sagte ihr, daß sie sich in die Rosenstraße begeben müsse.

Zur gleichen Zeit versuchte Julius' Schwester Erna, die auf der anderen Seite der Stadt wohnte, mit Charlotte in Verbindung zu treten. Ihre »arische« Schwägerin war für sie die einzige, von der sie sich Hilfe versprechen konnte. Als sie an jenem Morgen auf dem Weg zur Arbeit die Kantstraße heruntergegangen war, hatte ein Polizist sie aufgefordert, nach Hause zurückzukehren. Erna hatte ihn sofort wiedererkannt: Es war derselbe Beamte gewesen, der sie jeden Morgen gegrüßt hatte, wenn sie zur Arbeit ging, und es kam nicht oft vor, daß ein Deutscher jemanden grüßte, der den »Judenstern« trug.

Da die Gestapo sich das Überraschungsmoment zunutze machen wollte, hatte sie ihre Pläne geheimzuhalten versucht. Um die Verhaftungen vorzubereiten, hatte man jedoch Arbeitgebern und Vertretern der Kirche, aber auch den führenden Männern der Jüdischen Gemeinde gewisse Hinweise geben müssen, und so hatte sich etwas über die geplante Aktion herumgesprochen. Ursula Braun berichtete, daß bei den Familien die Gestapo-Aktionen durchgesickert waren, zum Beispiel durch einen Fahrer bei der Gestapo, der mit einem ihrer

Nachbarn schon darüber gesprochen hatte.[6] Diese Gerüchte hatten unter anderem zur Folge, daß eine Jüdin aus einer privilegierten Mischehe mit ihrer Tochter aus Berlin zu Verwandten in Braunschweig floh.[7] Zu Rudi, dem jüdischen Mann Elsa Holzers, kam einer seiner Freunde, Abraham Moritz, der Verbindungen zur Jüdischen Gemeinde hatte, mit dem Vorschlag, daß sie beide gemeinsam sich irgendwo verstecken sollten, um der Verhaftung zu entgehen. Rudi weigerte sich aber, da er, wie er sagte, nicht über die nötigen finanziellen Mittel verfüge und sich nicht in Abhängigkeit von Moritz begeben wolle.[8] Ingeborg Schneider-Lüschow erzählte, daß sie damals durch ihren ehemaligen Chef gewarnt worden sei, der in ständigem Kontakt mit der Berliner Gestapo gestanden habe. Er habe sie informiert, daß eine weitere Deportation unmittelbar bevorstehe und diesmal auch Juden, die mit Deutschen verheiratet waren, davon betroffen sein würden.[9] Goebbels raste vor Wut, als er erfuhr, daß »kurzsichtige« Unternehmer es geschafft hatten, viertausend Juden rechtzeitig zu warnen. Er schrieb in sein Tagebuch: »[...] unsere Aktion [ist] vorzeitig verraten worden, so daß uns eine ganze Menge von Juden durch die Hände gewischt sind. Aber wir werden ihrer doch noch habhaft werden. Jedenfalls werde ich nicht ruhen, bis die Reichshauptstadt wenigstens gänzlich judenfrei geworden ist.«[10]

Die Gestapo tat ihr möglichstes, damit alles ganz normal wirkte, bis die Juden unrettbar in der Falle saßen. Die Väter von Werner Goldberg und Dieter Elkuß hatten wie viele andere Juden mit deutschen Ehepartnern mit der Post die Aufforderung erhalten, sich an jenem Morgen im Arbeitsamt an der Fontanepromenade im Zentrum Berlins einzufinden. Hilda Elkuß hatte ihren Mann im Dezember 1933 geheiratet, nachdem ihnen Gerüchte zu Ohren gekommen waren, daß Mischehen bald verboten werden sollten. Das sei so mutig gewesen, meinte sie. Man hätte ja gewußt, was kommen würde. Und so sei es ja gekommen.

Hilda Elkuß befand sich in dem Glauben, daß ihrem Mann an diesem Tag eine neue Arbeit zugewiesen werden würde. Und beide waren eigentlich ganz erleichtert darüber, da Dieter, wie Rudi Holzer, bisher für die Eisenbahn hatte schuften müssen. Hilda war jedoch auf der Hut. Zu ihrem Freundes- und Bekanntenkreis gehörten vor allem andere deutsch-jüdische Paare, und sie wußte, daß eine ganze Reihe von Juden mit deutschen Partnern eine ähnliche Aufforderung erhalten hatte. »Die Mischehen kannten sich, ein großer Teil«, sagte Hilda, »Wir kannten uns zum Teil durch den Tennisklub oder durch den Bridgeklub – noch bevor der Krieg ausbrach. Man suchte nach Gleichgesinnten.« Hilda und die anderen Frauen aus ihrem Bekanntenkreis, die mit Juden verheiratet waren, beschlossen, an diesem Morgen zusammen mit ihren Männern als geschlossene Gruppe zum Arbeitsamt zu gehen. Als sie gemeinsam dort ankamen, wurden die deutschen Frauen jedoch mit Gewalt von ihren jüdischen Männern getrennt; die Männer lud man auf Lastwagen, die Frauen schickte man nach Hause, ohne ihnen irgendwelche Erklärungen zu geben.

Die Männer, die an jenem Tag zum Arbeitsamt bestellt worden waren, hatten entweder deutsche Ehefrauen oder sie waren »Geltungsjuden«, »Mischlinge«, die den Stern tragen mußten. Unter ihnen war auch Gad Beck, ein dreiundzwanzigjähriger Halbjude. Er rechnete ebenfalls damit, daß man ihm eine neue Arbeit zuweisen würde; er erinnerte sich noch gut daran, wie sie damals vor dem Amt im Lastwagen der Gestapo warten mußten, bis vierzig, fünfzig Mann zusammengekommen waren. Dann wurden sie zur Rosenstraße gekarrt, wo man sie alle gemeinsam in einen einzigen Raum pferchte. Gad war im Berliner Scheunenviertel aufgewachsen, wo die armen orthodoxen Juden aus dem Osten zu Hause waren, und er kannte die ganze Umgebung der Rosenstraße wie seine Westentasche.

Indem man die Juden ins Arbeitsamt kommen ließ, konnte man sie ohne jede Mühe und ohne jedes Aufsehen verhaften; vielleicht führte man auf diese Weise auch einige Vertreter der Kirche und Mitarbeiter des Innenministeriums hinters Licht, die sich wegen der »Mischlinge« besorgt gezeigt hatten. Eichmann gab den Befehl, daß man die festgenommenen »Mischlinge« und die jüdischen Ehepartner von Deutschen von den anderen Festgenommenen trennen und in dem Gebäude in der Rosenstraße festsetzen solle.[11] Man habe vermutet, daß die Juden in der Rosenstraße in einen Zug gesteckt würden und daß man niemals wieder etwas von ihnen hören würde, erklärte Jahrzehnte später Siegbert Kleemann von der Jüdischen Gemeinde, der die jüdischen Trupps zusammengestellt hatte, die der Gestapo bei der »Schlußaktion« zur Hand gehen mußten.[12] Man trennte diese Menschen von den anderen am gleichen Tag verhafteten Juden, um den Anschein zu erwecken, daß ihnen nicht dasselbe Schicksal beschieden sein werde. Vielleicht hatte man sogar vor, sie zunächst in Arbeitslager zu bringen, aus denen sie schnell wieder herausgeholt werden konnten, wenn Proteste dies angebracht erscheinen lassen sollten. Goebbels rechnete damit, daß es Widerstand gegen die gewaltsame Auflösung von Mischehen geben würde[13], und mit Täuschungsmanövern könnte man diesen Opponenten vielleicht den Wind aus den Segeln nehmen – zumindest bis die Opfer der Aktion schon weit genug weggebracht worden waren. Als Hilda und ihre Freundinnen die Polizisten fragten, was denn eigentlich mit ihren Männern geschehen sei, sagte man ihnen, daß sie am nächsten Tag wiederkommen sollten. Die Frauen warteten tatsächlich geduldig bis zum nächsten Morgen, aber als sie sich dann erneut nach dem Schicksal ihrer Männer erkundigten, gab man ihnen immer noch keine Informationen.

Gad Beck verspürte keine Angst, als er mit dem Lastwagen der Gestapo zum Haus Rosenstraße 2-4 transportiert wurde: Er befand sich ja gewissermaßen in vertrauter jüdischer Umgebung. In diesem Viertel, dem ältesten der Stadt, dessen Anfänge bis ins 13. Jahrhundert zurückreichten, hatten sich schon 1348 die ersten Juden niedergelassen. Später wurden sie bezichtigt, die Pest verbreitet zu haben, und aus der Stadt vertrieben, in die sie vier Jahrhunderte lang nicht zurückkehrten. Anfang des 20. Jahrhunderts gab es indessen beinahe wieder eine Viertelmillion Juden in Berlin. Jetzt, 1943, sollte diese große Gemeinde wieder so gut wie ausgelöscht werden.[14]

Für Gad verband sich mit der Gegend um die Rosenstraße die Vorstellung von Gemeinschaftlichkeit und Geborgenheit. »Diese Ecke war für die Scheunenviertel-Juden ihr Zentrum«, erklärte er. »Dieses Viertel war ein jüdisches Viertel, etwas, was wir heute kaum begreifen können. Die Juden lebten und hatten ihre Geschäfte da, und von den Juden lebte dieses ganze Viertel. Dort waren kleine Konfektions- und Stoffgeschäfte. Nichts Vornehmes. In der Gegend gab es auch noch ein oder zwei Caféhäuser, die nur Juden besuchten. In der Woche gingen alle Schulkinder dort zu den jüdischen Schulen – Auguststraße, Große Hamburger Straße. Ich selbst ging in die Schule in der Großen Hamburger Straße. Ich fuhr also jeden Tag immer bis Hackescher Markt, wo ich ausstieg, und sah jeden Tag die Rosenstraße. Hinter dieser Rosenstraße war die Heidereuter-Synagoge, die ich jahrelang besucht habe. Freitag und Samstag war es hier von Juden beherrscht, weil die hier in die Synagoge gingen.«

Gad verspürte so etwas wie Neugierde, als er an jenem Sabbatmorgen in der Rosenstraße eintraf. Wer sonst war noch da? Kannte er irgend jemanden von den anderen? »Ich traf einen Mann, der vielleicht ein Mitarbeiter der Gestapo war«, erzählte er. »Der war kein Schlimmer, denn ich kannte ihn von einer Beziehung, die er zu einer untergetauchten jüdischen Familie hatte. Er guckte auf mich, sah einen ganz ungeheuer Sportlichen, mit der Breeches-Hose, mit den schwarzen Dreiviertel-Stiefeln und einer tollen kurzen Jacke mit Reißverschluß. Und der sagte mir: ›Du wirst Ordner! Du wirst hier alles ordnen, was hier drinnen passiert, so daß die Leute ruhig sind, so daß wir alles hier in Ruhe abwickeln können.‹«

Die Gestapo hatte für die »Schlußaktion« die Hilfe von so vielen Angestellten der Jüdischen Gemeinde in Anspruch genommen wie noch nie zuvor. Jeder von diesen unfreiwilligen Helfern erhielt einen gelben Ausweis, der vom Vorsitzenden der Jüdischen Gemeinde unterzeichnet war. Auf diesem Ausweis stand, daß sein Besitzer von der Aktion ausgenommen sei, da er aus dringenden Gründen gebraucht werde; im Zweifelsfall möge man das Büro von Walter Stock, dem Chef des Berliner Judenreferats, anrufen.[15] Viele Mitarbeiter der Jüdischen Gemeinde, die dazu gezwungen waren, sich der Gestapo zur Verfügung zu stellen, trugen rote Armbinden mit einer Nummer darauf. Diese Armbinden sollten die Polizei davon abhalten, sie zu verhaften, solange die Aktion lief, da sie ja auch den gelben »Judenstern« trugen.

»Also ich wurde Ordner und bekam ein Band«, erzählte Gad mit ganz leiser Stimme. Er war jetzt mit seinen Gedanken wieder in der Vergangenheit. Wir führten das Gespräch in Berlin; Gad war nach achtzehn Jahren in Israel wieder in seine alte Heimatstadt zurückgekehrt. Er fühle sich in Berlin mehr zu Hause, meinte er. »Ich hatte mit dem Band nun Zugang zu den Zimmern und Zellen in der Rosenstraße«, setzte er seinen Bericht fort, »und so traf ich mein Schwesterchen Miriam, die man von Siemens weggeholt hatte. Es tauchten nach und nach sehr viele meiner Freunde auf. Ich konnte mit diesem Ordnerband rumgehen. Und da bin ich rein in ein Zimmer und habe auch meinen Vater gefunden, der ganz gebrochen war.«

Werner Goldbergs Vater war an jenem Tag ebenfalls festgenommen worden. Als der alte Herr am späten Nachmittag noch nicht nach Hause zurückgekehrt war, begannen Werner und seine Mutter das Schlimmste zu befürchten. Werner zog los, um ihn zu suchen. Die Fontanepromenade, in der das Arbeitsamt lag, war menschenleer, aber im Park auf der gegenüberliegenden Straßenseite hatte sich eine kleine Schar versammelt. Werner erfuhr, daß man die Juden am Morgen mit Lastwagen fortgebracht habe, niemand wisse aber, wohin. Also machte sich Werner wieder auf und fragte jeden, der ihm begegnete, ob er etwas wisse. Irgend jemand meinte, daß man die Juden zum »Clou«, dem vor kurzem geschlossenen großen Vergnügungsetablissement gebracht habe. Als Werner dort ankam, hieß es jedoch, daß alle Juden, die mit Deutschen verheiratet waren, in die Rosenstraße geschafft worden seien, und er eilte sofort weiter.

In der Rosenstraße erblickte Werner als erstes eine Ansammlung von einhundertfünfzig bis zweihundert Personen – zumeist Frauen.

»Was ist los?«, fragte er einen Polizisten, der dort Posten bezogen hatte. »Ich denke, mein Vater ist da drin.«

»Schreibt seinen Namen auf und gebt ihn mir«, antwortete der Polizist. Er nahm dann Werner den Zettel aus der Hand und gab ihn an einen SS-Mann weiter, der an der Tür stand.

»Kurze Zeit später kam er raus und nickte zu mir rüber«, erzählte Werner. Nun war er sicher, daß sein Vater im Gebäude war. Werner holte seinen Bruder; abwechselnd hielten die beiden auf der Straße vor dem Gebäude Wache, bei Tag und bei Nacht. Das Gebäude besaß nur eine Tür, und wenn man ihren Vater freilassen würde, so müßte er durch ebendiese Tür herauskommen.

Am Abend des ersten Tages der »Schlußaktion« wartete Elsa Holzer verzweifelt auf eine Nachricht von Rudi. Als sie viele Jahrzehnte später die Ereignisse zeitlich einzuordnen versuchte, fiel ihr wieder ein, daß sie und Rudi kurz zuvor ihren neununddreißigsten Geburtstag gefeiert hatten. Rudi kam samstags normalerweise immer gegen zwei Uhr von der Arbeit heim; an diesem besonderen Tag erwartete sie ihn aber erst eine Stunde später zurück: Ihr Mann war geradezu süchtig nach Süßem, und sie wußte, daß er in der Nähe der Jannowitzbrücke auf dem Schwarzmarkt Zucker besorgen wollte. Er hatte ihr gesagt, daß er nach der Schicht dort hingehen wolle; er werde aber gegen halb drei zu Hause sein.

»Es wird halb drei und es wird halb vier«, erinnerte sich Elsa, »da hatte ich schon furchtbare Angst. Ich wußte eben nicht, wo mein Mann war. Ich habe gedacht, der hätte irgendwelche Probleme mit dem Zuckerschwarzhändler. Und ich dachte mir, ich hätte sagen müssen: ›Nein! Wir essen keinen Zucker mehr!‹ Ich wollte zu ihm hin, aber ich wußte nicht wo. ›O Gott‹, dachte ich, ›ich hätte ihn nur fragen sollen, wo an der Jannowitzbrücke ist der Zuckerfritze? Ich hätte mir sagen lassen müssen, wo er genau hingeht! Die Jannowitzbrücke, die ist ja groß! Also, was mache ich bloß?‹ Ich machte mir weiter Vorwürfe. Also ich hab gewartet. Ich hab mir gesagt: ›Wenn ich gehe, dann kommt er vielleicht.‹ Also blieb ich noch. Aber er ist nicht gekommen. Die Stunden vergingen. Anrufen konnte man ja nicht, wir hatten kein Telephon mehr. Fürchterlich. Ich hatte an dem Samstag zu Hause Kartoffelsuppe gekocht. Seither koche ich keine Kartoffelsuppe mehr. Damals hab ich gedacht, ich werd jetzt verrückt. Aber dann wurde das Warten doch zu lange! Ich konnte gar nicht mehr zu Hause sitzen bleiben. Und da bin ich um zehn Uhr losgeschoben. Ich habe den Mut zusammengebracht und bin zum Bahnhof Friedrichstraße runtergefahren, wo Rudi arbeitete. Am Bahnhof ist mir gleich ein Leiter raus aus der Glasbude entgegengekommen. ›Frau Holzer, ich warte schon auf Sie‹, sagte er, ›nehmen Sie die Sachen Ihres Mannes!‹«

Man merkte es Elsa an, daß sie das alles wieder intensiv durchlebte. Es hatte sie damals viel Überwindung und Kraft gekostet, die Frage zu stellen. »Wo ist mein Mann?« Sie flüsterte diese Frage noch einmal mit gepreßter Stimme vor sich hin, so wie sie es vor vielen Jahrzehnten schließlich getan hatte. »Die Juden sind alle abgeholt worden«, hatte der Mann ihr geantwortet. »Die SS ist wie die Feuerwehr gekommen und hat sie alle auf einmal festgenommen. Ich weiß nicht, wohin. Weg sind'se. Nehmen Sie bitte seine Sachen mit.«

Rudis Wintermantel, seine Straßenschuhe und seine Aktentasche waren zurückgeblieben; man hatte ihm nicht die Zeit gelassen, diese Sachen mitzunehmen. Das bedeutete, daß er nur seine Windjacke trug. Auf der Straße zog Rudi diese Jacke oft über seinen Wintermantel, weil auf den Mantel kein »Judenstern« aufgenäht war. An seinem Arbeitsplatz, inmitten seiner jüdischen Kollegen, trug er immer die Jacke mit dem Stern. Elsa hatte das Abzeichen mit Asche bearbeitet, bis die leuchtendgelbe Farbe einem schmutzigen Gelbgrau gewichen war. Sie fürchtete sich jetzt beinahe, seine Kleider mitzunehmen, es kam ihr so vor, als ob sie damit sein Schicksal besiegele, sich damit abfände, daß sonst nichts von ihm geblieben war. Als sie gegen Mitternacht wieder zu Hause war, fand sie keine Ruhe: »Im Kopf war nur, wer weiß denn, wie . . . wo . . . was. Wo sollte ich hin, um meinen Mann zu finden?«

Obwohl er schon dreiundneunzig Jahre alt war, erinnerte sich Ernst Bukofzer noch sehr genau an die Nacht, in der er auf dem Betonfußboden der Hermann-Göring-Kaserne gelegen hatte. Das Gebäude hatte keine Fenster, und nachdem die großen Tore, die sich über seine ganze Längsseite erstreckten, geschlossen worden waren, hatte drinnen pechschwarze Finsternis geherrscht. Hunderte von Personen mußten die Winternacht ohne Decken auf dem nackten Beton verbringen. Viele waren überzeugt, daß das Ende ihres Lebens gekommen sei; einige von ihnen erlitten Nervenzusammenbrüche. Das ängstliche Gemurmel und leise Schluchzen der Gefangenen war die ganze Nacht über zu hören. Viele sehnten sich nach einer Nachricht von den Menschen, die ihnen am nächsten standen. Bukofzer selbst hatte seine Mutter zuletzt zu Gesicht bekommen, als die Gestapo sie ergriffen und wie ein »Holzscheit« auf einen Lastwagen geworfen hatte. »Um Frau und Kinder brauchte ich mir mindestens keine Sorgen zu machen«, meinte

Bukofzer. »Dagegen war das für meine Leidensgefährten, die nicht in einer Mischehe lebten, das Schlimmste.«

Am Morgen wurden die Tore plötzlich geöffnet, grelles Licht flutete in die Räume, und SS-Leute strömten herein, rangniedrige Männner mit ihren Helfern. Das Lager stand unter dem Kommando von Hauptscharführer Karl Krell, der als Bäcker keine Arbeit gefunden hatte und schließlich bei der Gestapo untergekommen war. Krell gab den Befehl, daß Juden, die mit Deutschen verheiratet waren, sich auf der einen Seite des Raumes aufstellen sollten. Eine Jüdin, deren deutscher Mann sich 1939 von ihr hatte scheiden lassen, trat an Krell heran und erzählte ihm, daß sie drei Kinder habe und der Vater nicht mehr da sei, um sich um sie zu kümmern. »Das spielt keine Rolle«, antwortete dieser, »Ihr Mann kann dann auch gleich ins Konzentrationslager gesteckt werden.« Damit wies er sie an, sich der Gruppe jener zuzugesellen, die in der Kaserne zurückbleiben sollten.[16] Als er ihr jedoch dann den Rükken zukehrte, schlüpfte sie zusammen mit Ernst Bukofzer schnell zu der Gruppe von Juden mit deutschen Ehepartnern hinüber. Gegen Mittag wurden diese auf einen Lastwagen geladen und zur Rosenstraße transportiert.

Die ganze Straße war bis hinunter zur Spandauer Brücke schwarz von Menschen. Vor dem Gebäude der Jüdischen Gemeinde wogte eine erregte Menge. Als Bukofzer von dem Lastwagen stieg, erblickte er seine jüngste Stieftochter. »Ganz impulsiv winkte ich ihr zu«, erzählte er. »Daraufhin hat aber der Wachposten mir einen Tritt in mein Gesäß versetzt, so daß ich beinahe zu Fall kam und mit den anderen ins Haus eilte.«

Ganz in der Nähe war die Burgstraße, in der das Judenreferat der Gestapo untergebracht war; man konnte die Menge, die sich in der Rosenstraße versammelt hatte, dort noch hören. Mit ein paar Maschinengewehrsalven hätte man den kleinen Platz vor dem Gebäude der Jüdischen Gemeinde leerfegen können. Das Gesetz verbot alle öffentlichen Versammlungen, und die Gestapo registrierte jede noch so kleine Ansammlung von Menschen und schritt sofort ein, wenn es auch nur entfernt so aussah, als ob diese dem Regime feindlich gesonnen sein könnten. Jetzt fahndete sie vergeblich nach Drahtziehern der Demonstration in der Rosenstraße.[17]

An diesem ersten Tag der »Schlußaktion« nahmen die Gestapo, die SS und die Geheimpolizei fünftausend Juden fest und schlossen sie in Sammellagern ein. Am Sonntag fing alles wieder von vorn an: Schwere Lastwagen donnerten durch die Straßen Berlins, die Segeltuchplanen vermochten die menschliche Fracht, die sie an Bord hatten, nicht ganz zu verbergen. Arbeitskollegen und Nachbarn hätten beim Anblick der Gefangenen ihre Blicke gesenkt, schrieb ein Jude, der sich rasch vor den Häschern verbarg, als er auf dem Weg zur Arbeit die Lastwagenkolonne zu Gesicht bekam, und dann in den Untergrund ging.[18] Charlotte Israel erlebte es einmal, wie sich einige Passanten frohlockend die Hände rieben, als die Gestapo jüdische Gefangene auf einen Lastwagen stieß. Das Regime hatte den Deutschen versprochen, daß sie Geschichte schreiben würden, und dies alles war ein notwendiger Teil davon, so meinten viele von ihnen.

Jedes Mitglied der Familie Weigert hatte seine eignen Erinnerungen an die Ereignisse in der Rosenstraße; man erzählte sich gegenseitig immer und immer wieder davon. Mehr als vierzig Jahre später durchlebten Frau Weigert und ihre Kinder Horst und Helga alles noch einmal, und wieder verband sie das, was sie gemeinsam durchlitten hatten. Als sie da in Frau Weigerts Berliner Wohnung alles wieder Revue passieren ließen, widersprachen sich ihre individuellen Erinnerungen manchmal in einzelnen Punkten, zusammengenommen ergaben sie aber eine sehr lebendige Darstellung der Ereignisse von damals.

Helga Weigert war 1943 acht Jahre alt gewesen; das »Mischlings«-Kind hatte sich allein mit seiner deutschen Großmutter in der Wohnung der Familie befunden, als – es war der zweite Tag der »Schlußaktion« – plötzlich die Gestapo erschienen war. »Ziehen Sie das Kind bitte warm an«, hatten die Männer zu der Großmutter gesagt, »und geben Sie ihm warme Milch mit.« Während die alte Frau gerade der Aufforderung gefolgt war, war Herr Weigert gekommen. Helgas Vater stand auch auf der Liste der Gestapo, und ihr Bruder ebenso. Die Beamten gaben sich aber mit Herrn Weigert und seiner Tochter zufrieden und brachten die beiden, ohne die Rückkehr des kleinen Horst abzuwarten, zur Synagoge in der Levetzowstraße.

»Da mußte man angeben, wie man heißt, und Geburtsdatum und wer die Eltern sind«, erinnerte sich Helga. »Und da wurde sofort unterschieden – eine Gruppe hier, eine da.« Eltern wurden von ihren Kindern getrennt, Männer von ihren Frauen. Einige Wagemutige, die aus ihrer Gruppe ausscherten, um einen Freund oder einen Verwandten zu grüßen, wurden von einem Gestapomann zurückgetrieben, der mit einem Ochsenziemer auf sie einschlug und »Hunde« und »dreckige Juden« brüllte. Ein Deutscher, der zu der Synagoge gekommen war, um mit seiner jüdischen Frau zu sprechen, schaffte es tatsächlich, auf die Galerie hinaufzugelangen, wo die Juden mit deutschen Ehepartnern festgehalten wurden. Dort versetzte ihm aber einer der Aufseher einen solchen Tritt, daß er die Treppe wieder hinunterstürzte.[19] »Geltungsjuden«, die mit Juden verheiratet waren oder der Jüdischen Gemeinde angehörten, wurden unter die Juden mit deutschen Ehepartnern eingereiht.

»Als noch eine Anzahl von Menschen zusammen war«, erzählte Helga, »kamen wir in einen geschlossenen Möbelwagen. Türen zu, und dann wurden wir irgendwo hingefahren und kamen dann in dieses Gebäude, das sich nachher als die Rosenstraße herausgestellt hat.« Ihr Vater befand sich auch in dem Gebäude, aber in einem anderen Raum. »Kinder wie ich, die mit Elternteilen dort waren«, erinnerte sie sich, »wurden sofort getrennt. Manche Kinder waren noch nicht schulpflichtig, also noch unter sechs Jahren. Eines, das die da getreten haben, war herumgekullert wie ein Fußball. Viele Kinder sind von der Straße, beim Spielen oder während sie alleine auf dem Weg von der Schule waren, gleich mitgenommen worden. Natürlich wußten die Eltern nicht Bescheid, da keine Nachricht hinterlassen wurde.« Dreiundvierzig jüdische Kinder, die nicht wußten, wo ihre Eltern geblieben waren, meldeten sich bei der Jüdischen Gemeinde.[20] Julius Lewine, ein Künstler, der bei der Jüdischen Gemeinde als Helfer arbeitete und selbst wenige Monate später in Auschwitz umkommen sollte, entdeckte zwei Kinder, die von ihrer Mutter getrennt worden waren. Mit einem Kind auf jedem Arm zog er durch das riesige Sammellager und rief den Namen der Frau. Nachdem er sie einen halben Tag lang gesucht hatte, fand er sie endlich und vereinte sie mit ihren Kindern – für die Fahrt Richtung »Osten«.[21]

Frau Weigert war an jenem Tag an ihrem Arbeitsplatz, als sie einen Telephonanruf von ihrer Mutter erhielt: Die Gestapo sei gekommen und habe ihren Mann und ihre kleine Tochter weggebracht. »Ich rannte, rannte, rannte nach Hause«, erzählte sie, »und von da aus bin ich nach der Levetzowstraße gerannt. Da wollte ich in die Synagoge hinein. Ich wollte sehen, ob mein Kind hier ist und mein Mann. Aber ich wurde nicht reingelassen. SS-Leute standen vor der Tür. Einer sagte mir: ›Hier werden Leute abtransportiert.‹ Ich habe gefragt: ›Wo werde ich meinen Mann wiedersehen? Wohin er geht, gehe ich auch. Ich muß es wissen. Und dann hab ich mich also in der Gegend aufgehalten, um das da zu beobachten, und hab dann gesehen, wie die jüdischen Leute ziemlich brutal in so einen Wagen reingeschubst wurden. Es war ein älterer Mann, der brutal da reingestoßen wurde, auch ein kleines Kind mit 'nem Fußtritt und so weiter. Also entsetzlich. Ich war entsetzt, hatte furchtbare Angst. Da habe ich dreimal ungefähr versucht, dort reinzugehen. ›Irgendwo muß ich meine Angehörigen wiederfinden‹, sagte ich. Ich versuchte schon wieder reinzugehen. Und dann griff mich der SS-Mann am Arm und sagte: ›Wenn Sie jetzt nicht hier verschwinden, dann werden wir handgreiflich.‹«

»Dann bin ich zurückgegangen, hatte unglaubliche Angst um meine Angehörigen. Und da habe ich auf der Straße eine Szene gemacht. Ich war empört und rief: ›Hilfe, Hilfe, was passiert hier? Hilfe!‹ Und da war die Straße vollkommen leer – bis auf dieses Gebäude, die Synagoge. Und dann kam eine Frau, 'ne kleine Dame, die sehr nett gesprochen hat, und fragte: ›Was ist denn los? Kommen Sie sofort weg – mach hier keine Szene, es wird viel schlimmer werden! Wenn Sie etwas tun wollen, gehen Sie zur Rosenstraße. Da sind mehrere Leute, denen es genauso geht, die sich versammeln.‹ Und dann bin ich da hingegangen und bin dann dort umhergelaufen, herumspaziert, und da waren viele Leute, denen es ebenso ging. Und dann kam meine Schwägerin. Der Bruder von meinem Mann war auch an dem Tag abgeholt worden. Wir beiden Familien wohnten ja in einem Haus übereinander. Wir sind dann nachher wieder nach Hause – und für den nächsten Morgen haben wir uns verständigt: ›Sobald es hell wird, kommen wir wieder.‹ Ich mußte schon nach Hause, denn mein Sohn war noch da, und meine Mutter – die war ja auch über achtzig Jahre und hatte Angst. Wenn ich nun auch nicht nach Hause gekommen wäre, sie hätte gar nicht gewußt, was sie machen sollte.«

Den ganzen Tag lang wurden weitere Halbjuden und jüdische Ehepartner von Deutschen in das Gebäude Rosenstraße 2-4 gebracht. Es handelte sich zumeist um jüdische Männer, die deutsche Frauen hatten, aber auch um männliche »Mischlinge«, die den Stern trugen. Doch waren auch an die hundert Frauen und Mädchen unter den Festgenommenen.[22] Innen herrschte bald qualvolle Enge. Vierzig Männer waren in einen Raum von 20 Quadratmeter Grundfläche gezwängt, so daß sie sich nur abwechselnd hinsetzen konnten. Wenn es nicht gerade an ihnen war, aufrecht stehen bleiben zu müssen, dann hockten oder knieten sich die Männer auf den blanken Fußboden; einige hatten auch irgendwo einen Strohballen aufgetrieben, andere eine alte Matratze. In einem besonders kleinen Raum blieben die jüngeren Gefangenen die ganze Zeit über stehen, damit die älteren sich setzen konnten. Ein verzweifelter und vom Hunger geschwächter älterer Mann starb an Herzversagen.[23]

Erika Lewine war zusammen mit anderen Frauen, darunter auch einer ungefähr vierzigjährigen Schauspielerin, in einen Raum gesperrt worden. Erika erinnerte sich noch voller Sympathie an diese Frau, daran, daß sie ihnen manchmal »etwas vorgeführt oder vorgespielt« hatte, »so daß wir lachen konnten«.

»Ich weiß, daß sie so einen Pony getragen hat – richtig gerade, schwarze Haare. Ich sehe sie immer noch vor mir auf der Erde sitzen. Das sind so Bilder, die man behalten hat. Und dann hatten wir eine, die hat uns immer Lieder gepfiffen, so daß man ein bißchen abgelenkt war. Sie konnte wunderbar pfeifen, herrlich!«

»Wir hatten keine Toilette. Nur einen Eimer, und der war in so einer Kammer drin, und da mußten alle Frauen raufgehen. Alle Frauen haben ihre Tage bekommen vor Aufregung. Wir konnten uns nicht waschen, wir hatten nichts da, wir waren vollkommen verdreckt. Und dann haben wir uns gerissen, um den Eimer rauszutragen, mit zugehaltener Nase, damit wir mal ein paar Schritte auf einen Gang tun konnten. Und da habe ich meinen Vater gesehen. Und mein Vater war bald umgefallen vor Schreck. Er dachte, daß ich zu Hause war. Und dann sagte mein Vater: ›Ich geb dir mein Brot.‹ Und ich sagte: ›Nein, iß du das bitte, tu mir den Gefallen!‹«

Ernst Bukofzer war mit seinen Leidensgenossen in ein kleines Zimmer im zweiten Stock gepfercht worden, dessen Fenster auf die Straße ging. »Wenn ich verstohlen aus meinem Fenster sah, konnte ich, wenn ich Glück hatte, mal einen meiner Angehörigen unter den Vorübergehenden auf der Straße erblicken.« Mehr als einmal sah er auch, wie die Menschenmenge dort draußen von der Polizei auseinandergetrieben wurde.[24] Gad Beck erinnerte sich daran, daß er zusammen mit seinem Vater in einem Raum untergebracht wurde, in dem sich so viele Menschen drängten, daß man nur gemeinsam auf der Erde hocken konnte: »Man hockte, man konnte gar nicht liegen. Da saß neben mir ein ganz junger Mann. Er stellte sich vor, mit dem Familiennamen Siegel. Sein Vater saß daneben. Johann Siegel war sehr gut angezogen, im Gegensatz zu den Arbeitern, die neben ihm saßen. Und wir kamen ins Gespräch. Diese Familie hatte eine Villa in Grunewald, und der Vater war einer der ganz großen Biochemiker.«

Als Ordner durfte Gad Beck das Gebäude verlassen. Er erzählte, was sich draußen abgespielt hat: »Ich habe draußen sofort am ersten vollen Tag meine Mutter mit ihren vier christlichen Schwestern entdeckt. Und die standen nebeneinander und sagten: ›Wir wollen unsere Männer!‹ Ich sehe diesen Kreis vor mir – vielleicht zweihundert, keine dicke Mauer. Am zweiten Tag standen schon mehr Leute da auf der Straße. Da war schon wieder Mutter. Die Tanten standen auch da – alle spießbürgerliche deutsche Typen. Für diese Christen war das die Heldentat ihres Lebens, das war eine Heldentat. Aber diese Frauen haben nichts mehr zu verlieren gehabt. Die haben ihre Männer zu verlieren gehabt. Die waren aber weg. Sie wußten also: ›Wir können ganz offen auftreten.‹ Das war für sie endlich mal Aktion.«

Gads Mutter hatte drei kleine Päckchen mit Lebensmitteln für ihn, seine Schwester und seinen Vater gebracht; Gad nahm sie in Empfang. Auch andere Personen kamen mit solchen Gaben für ihre inhaftierten Angehörigen an die Tür des Gebäudes – mit Essen, Waschzeug oder auch kleinen, in Butterbroten versteckten Zetteln, auf die sie ein paar liebevolle und aufmunternde Worte geschrieben hatten – und verlangten, daß jemand diese Päckchen ins Haus hereinholte. Einige schrieben auch einfach den Namen des Empfängers darauf und warfen es dann vor die Tür. Gad, der später mit anderen zusammen verfolgte Juden zu retten versuchte[25], sagte über seine persönlichen Erlebnisse in der Rosenstraße: »Ich war fröhlich. Alle haben gesagt: ›Der ist Ordner, der spricht, kontrolliert mit Stiefelchen, kommt und geht und macht.‹«

Werner Goldberg und sein Bruder hatten rund um die Uhr vor dem Haus der Jüdischen Gemeinde Wache gestanden. Wie sie waren noch viele andere auch nach Einbruch der Nacht in der Rosenstraße geblieben. Plötzlich kam ein offener Kübelwagen der SS-Leibstandarte »Adolf Hitler« herangerast. Die in ihm sitzenden vier Männer aus dem Club der langen Kerle – wie man die Leibstandarte im Volksmund nannte, da man über einsachtzig groß sein mußte, wenn man ihr angehören wollte – sollten die Menge auseinandertreiben. Auf einem der Vordersitze saß kein anderer als Werners alter Klassenkamerad und Freund Karl Wolff. Werner lief zu ihm hinüber und, indem er ihn am Arm faßte, sagte er: »Karl, dich schickt der Himmel!«

»Warum?« fragte sein alter Freund, den die plötzliche Wiederbegegnung verlegen machte.

»Mein Vater sitzt da drin, und ich brauche deine Hilfe, um ihn rauszuholen. Kannst du mir helfen, damit ich mit ihm sprechen kann?«

»Hören Sie, ich kann hier nicht mit Ihnen reden«, erwiderte Karl. »Hier ist meine Karte, rufen Sie mich abends an.«

Am Abend des zweiten Tages der »Schlußaktion« erhielt Anton von Kryshak, ein Angehöriger der normalen Schutzpolizei, der seinen Beruf schon vor dem Beginn des Dritten Reichs ausgeübt hatte, den Befehl, ein Sammellager für die Juden in der Rosenstraße 2–4 zu bewachen. »Ich mußte mich nur mit meiner Dienstpistole bewaffnet abends gegen 22 Uhr in dem Rosenstraße-Lager melden, um fünf SS-Angehörige abzulösen, die schwarze SS-Uniformen trugen«, erzählte er. »Ich war sehr erstaunt, daß man mir bei der Ablösung nichts gesagt hat, wie ich mich verhalten sollte, bzw. hat man mir auch nichts übergeben. Ich hatte den Eindruck, daß die Leute mein Kommen sehnsüchtig erwartet hatten und schnellstens das Lager verlassen wollten. Am nächsten Morgen, gegen 8 Uhr, wurde ich von etwa 20 Angehörigen der Schutzpolizei abgelöst. Sie zeigten sich sehr erstaunt, daß ich die ganze Nacht über allein geblieben bin und es zu keinerlei Zwischenfällen gekommen ist.«[26]

Kryshak erhielt einen dreitägigen Sonderurlaub, weil keiner der Inhaftierten geflüchtet war. Wie er später von seinem Vorgesetzten erfuhr, hätte eigentlich jeder Berliner Polizeibezirk einen Beamten zur Rosenstraße abkommandieren sollen, aber nur der Kommandant seines eigenen Bezirks sei diesem Befehl gefolgt. Vielleicht hatten die Männer, die die »Schlußaktion« geplant hatten, nicht damit gerechnet, das Gebäude in der Rosenstraße länger als zwei Tage bewachen zu müssen, und vielleicht hatten sie daher auf die Schnelle eine provisorische Lösung finden müssen.

Am Montag, dem 1. März, fuhr die Gestapo fort, Juden in ihren Wohnungen und auf der Straße zu verhaften. Auch Kinder blieben nicht verschont. In der Uhlandstraße in Wilmersdorf wurde ein neunjähriges Kind, das fliehen wollte, von einem SS-Mann angeschossen.[27] Wally Grodka schrieb in ihr Tagebuch: »In der Nähe des Bayerischen Platzes... In den Abendstunden will die SS zwei Kinder holen, deren Eltern erfaßt sind. Das jüngere Kind wurde aufs Auto gestoßen. Das ältere läuft fort. Es läuft einige Schritte und bleibt schreiend liegen. Ein SS-Häuptling hat ihm in die Knie geschossen, um es am Flüchten zu hindern.«[28]

Gerhard Braun, ein neunzehnjähriger »Geltungsjude«, hielt sich gerade zu Hause auf, als die Gestapo am Montag kam, um ihn zu holen. Braun, der sich soeben verlobt hatte, war mit Stella Kübler, der infamen Gestapo-»Greiferin« zur Schule gegangen.[29] Nach dem Krieg wurde er Professor an der Berliner Universität. Zusammen mit seiner Verlobten von damals, Ursula, zog er fünf Kinder groß. Wie Gerhard war auch Ursula ein »Mischling«. Da sie aber kein Mitglied der Jüdischen Gemeinde gewesen war, hatte sie den Stern nicht zu tragen brauchen und war infolgedessen auch nicht verhaftet worden. Gerhard hatte am Samstag, dem ersten Tag der Aktion, krank im Bett gelegen und war daher der Festnahme durch die SS an seinem Arbeitsplatz entgangen. An dem Montag aber wurde er, »unter dem Heulen meiner Mutter«, ebenfalls abgeholt.

In der Rosenstraße verstrich die Zeit in qualvoller Langsamkeit. Damit ihm und seinen Mitgefangenen die Stunden, in denen man voller Ungewißheit darauf wartete, was mit einem geschehen würde, etwas schneller vergingen, riß Gerhard ein Stück Stoff von einer Matratze ab, die der Jüdischen Gemeinde gehörte, und zeichnete mit Bleistift ein Schachbrett darauf – dieses »Schachbrett« befand sich 1985 noch immer in seinem Besitz. Indem sie anstelle von Schachfiguren Streichhölzer benutzten, waren Gerhard und einige seiner Leidensgenossen in der Lage, eine Partie zu spielen und so vorübergehend ihr ganzes Leid zu vergessen.[30] Zu essen gab es Kohlrüben und noch mehr Kohlrüben. »Dieses traumatische Erlebnis in der Rosenstraße führte dazu, daß ich nie wieder Kohlrüben gegessen habe«, so Gerhard Braun. Ein ehemaliger Leidensgenosse von ihm erinnerte sich, daß bei der »Verpflegung alles drunter und drüber ging«; so hätten die Inhaftierten einmal morgens gegen sechs Kartoffeln und Sauerkraut bekommen.[31] Niemand sagte ihnen etwas darüber, was als nächstes mit ihnen passieren würde. Ab und zu hielt die Gestapo einen Anwesenheitsappell ab. Gerhard hörte bisweilen die Rufe der draußen Demonstrierenden und schöpfte neue Hoffnung. »Diese nichtjüdischen Ehepartner waren – trotz aller Unbill, trotz aller Zwänge, sich von ihren Partnern zu trennen – gewillt durchzuhalten. Und insofern hat es vielleicht gar nicht aus dem Inneren des Hauses Rosenstraße, also von den jüdischen Partnern her, ein so großes Erstaunen gegeben, so hoch man das heute einschätzen muß. Sie haben es fast täglich gewagt, wenn auch nicht für die Öffentlichkeit, in einer so sichtbaren Form.«

Um die Berliner von der Rosenstraße fernzuhalten, wo sie eine Menschenmenge hätten sehen können, die verbotenerweise eine Protestveranstaltung abhielt, schlossen die städtischen Verkehrsbetriebe die nächstgelegene Hochbahnstation, den Bahnhof Börse.[32] Die Demonstrierenden konnte man damit natürlich nicht abhalten, jeden Tag aufs neue zur Rosenstraße zu kommen: Leute, die bereit waren, sich der Gestapo zu widersetzen, und sich auch von massiven Drohungen nicht beeindrucken ließen, nahmen es selbstverständlich auch auf sich, ein, zwei zusätzliche Kilometer zu Fuß zurückzulegen. Frau Weigert war mit ihrer Schwägerin zur Rosenstraße gekommen. Sie erinnerte sich, daß dort auf der Straße »Leute, die zusammengehörten, in kleinen Gruppen« standen, »pro Familie mehrere Mitglieder. Man hat sich dann da auf der Straße verstreut, weil das so ein Gebäudekomplex war, und man ist so rummarschiert. Und da haben wir gesagt, im Sprechchor: ›Wir wollen unsere Männer wiederhaben! Wir wollen unsere Männer wiederhaben!‹ Ja. Wir wollten eben unsere Männer haben. Wir wußten ja gar nicht, ob nun tatsächlich unsere Angehörigen da sind oder nicht. Man wußte ja nicht genau – nur was man von der Allgemeinheit gehört hatte.«

Obwohl sie sich also nicht sicher war, ob ihre Tochter und ihr Mann in dem Gebäude der Jüdischen Gemeinde festgehalten wurden, beschloß Frau Weigert sich den dort Protestierenden anzuschließen und ihre Solidarität mit den anderen Frauen zu bekunden. Je größer die Menge war, desto sicherer war man wohl auch in ihr aufgehoben. Frau Weigert hatte schon von öffentlichem Protest als Mittel der Einflußnahme auf die Politik gehört; sie hatte von Mahatma Gandhi gelesen und davon, wie er die Massen seines Landes mobilisiert hatte. Vor allem aber war sie empört: Man hatte sich gegen ihre Familie vergangen. Dagegen mußte etwas unternommen werden. Einige Frauen, die sich da in der Rosenstraße versammelt hatten, hatten sicherlich etwas über die in der Weimarer Republik so häufigen Protestkundgebungen von Kommunisten oder Sozialisten gehört oder diese sogar persönlich miterlebt; vielleicht wußten sie auch noch von den ja vor allem von Frauen getragenen Massenprotesten und Straßenaufständen gegen den Ersten Weltkrieg und für das Frauenwahlrecht.

Gerhard Brauns Mutter hatte die Verlobte ihres Sohnes, Ursula, an ihrem Arbeitsplatz benachrichtigt, und Ursula hatte sich so schnell wie möglich zur Rosenstraße begeben. »Da gab es nichts Neues zu erfahren«, so erzählte sie. »Das einzige, was wir tun konnten, war, sich der Menge anzuschließen und zu hoffen. Wir waren gezwungen, gegen das Gesetz zu verstoßen.« Ihrer eigenen Aussage nach hatte Ursula sich nie zuvor in solcher Weise genötigt oder geradezu »gezwungen« gefühlt, dem Staat ganz offen den Gehorsam zu verweigern – und danach auch nie wieder. Sie sprach von jener besonderen Kraft, die die Frauen erfüllte und sie dazu brachte, sich zusammenzuscharen und gemeinsam zu protestieren, als vom »Mut der Verzweiflung«. Es sei diese höchste Not gewesen, die sie angetrieben hätte.[33] Sie erzählte: »Ich habe nicht überlegt, ob das den Männern helfen könnte, auf die Straße zu gehen. Aber der Antrieb war, sie wieder zurückzuhaben. Ich traf eine Dame, die nichts von mir wußte. Ich wußte von ihr allerdings, daß sie einen jüdischen Mann hatte, und wir haben uns dann für den nächsten Tag da verabredet.«

In Berlin herrschte während des Krieges vom Abend an völlige Dunkelheit. Man hielt sich strengstens an die Verdunklungsvorschriften, die es den Piloten der Royal Air Force erschweren sollten, das Ziel für ihre Bomben zu finden, und achtete darauf, daß auch nicht der kleinste Lampenschimmer aus dem Fenster einer Wohnung drang.

Viele Berliner erinnerten sich später an die Nacht des 1. März 1943 als an die Nacht des »ersten großen Luftangriffs«. Dieser Angriff ließ sie ahnen, was noch alles auf sie zukommen würde. Dabei war der Tag feierlich begangen worden: Er war zum »Tag der Luftwaffe« ausgerufen worden – den Gegenspielern von Generalluftmarschall Göring war dies nicht verborgen geblieben.

Gegen halb neun abends hatten an diesem Tag die Sirenen zu heulen begonnen, und die Berliner waren in ihre Schutzräume gekrochen. Hunderte von Häusern waren von Bomben getroffen worden und in sich zusammengestürzt oder in Flammen aufgegangen. Hunderte von Menschen waren verbrannt oder erstickt oder unter den Trümmern ihrer Häuser verschüttet worden. Kirchen, Kulturdenkmäler, Museen mit ihren Sammlungen antiker Kunstwerke, die zusammenzutragen Jahrhunderte gedauert hatte, waren in wenigen Sekunden in Schutt und Asche gelegt worden.

Die Rosenstraße lag im Zentrum der Stadt, wo die meisten Bomben niedergingen. Beim ersten Anzeichen für den Luftangriff flüchteten die Polizisten und die anderen Wachposten aus dem Gebäude, nachdem sie vorher die Fenster vernagelt hatten. Die Juden ließ man einfach dort zurück, wo sie waren; es blieb ihnen nichts anderes übrig, als sich in ihr Schicksal zu ergeben und zu hoffen, daß sie noch einmal davonkommen würden. Bomben hagelten auf die Gebäude in der Nachbarschaft herunter; man hörte eine Explosion nach der anderen. Auf der anderen Seite der Spree wurde das Opernhaus getroffen. Der St. Hedwigs-Dom, wo der katholische Priester und Domprobst Bernhard Lichtenberg bei seinen Messen ganz offen für die Juden gebetet hatte, erhielt einen Volltreffer und wurde dem Erdboden gleichgemacht. Auch der nahe gelegene Marstall des Königlichen Schlosses wurde zerstört. Die Häuser auf beiden Seiten der Königstraße brannten lichterloh. Ein Flügel von Görings Hauptquartier wurde getroffen und ging in Flammen auf. Ein amerikanischer Geheimagent meinte, daß bei dem Luftangriff vom 1. März in Berlin eine größere Zerstörung angerichtet wurde als bei allen früheren Angriffen zusammen. Eintausend Menschen wurden getötet und wahrscheinlich mehr als dreitausend schwer verwundet; drei- bis viertausend Häuser wurden zerbombt. Der Angriff löste, wie der amerikanische Agent berichtete, »große Furcht und Besorgnis bei der Bevölkerung Berlins aus, die begriffen hat, daß dies erst der Anfang war«.[34]

Das Gebäude der Jüdischen Gemeinde in der Rosenstraße bebte und schwankte, die Wände erzitterten, und der Widerschein der explodierenden Bomben und brennenden Häuser erleuchtete die Räume taghell. Wie viele andere Juden und Deutsche, die mit Juden verheiratet waren, durchlebte auch Gerhard Braun den Bombenangriff in jener Nacht mit sehr zwiespältigen Gefühlen. Auf der einen Seite hatte er schreckliche Angst, als er da im zweiten Stock des Gemeindehauses gefangensaß, auf der anderen Seite hoffte er, daß die englischen Bomben seinen Todfeinden, dem deutschen Staat und allen, die diesen Staat unterstützten, den Garaus machen würden. Auch Ursula, seine Verlobte, wurde von solchen Gefühlen heimgesucht: »Auf der einen Seite war da diese Wut und dieser Haß auf die Nazis, denen ja diese Angriffe galten, auf der anderen Seite dieses furchtbare Elend rund um uns, die schreienden Menschen, das Feuer. Ich habe mich nie wieder in einem solchen seelischen Zwiespalt befunden wie damals.«

Für die Juden konnten solche Bombenangriffe Momente der Gnade darstellen, da die extremen sozialen Unterschiede durch sie vorübergehend aufgehoben wurden. Sechshunderttausend deutsche Zivilisten kamen bei diesen Angriffen um, und die Juden waren natürlich genauso gefährdet wie alle anderen. Doch solange die Bomben fielen, saß auch die Gestapo in den Luftschutzkellern. Die Verfolger hatten nicht weniger Angst als die Verfolgten, und genau wie ihren Opfern blieb auch ihnen nichts anderes übrig, als untätig das Ende des Bombardements abzuwarten. Sonst so großspurig auftretende Gestapoleute ließen die Augen voller Nervosität über den Himmel schweifen und sprinteten sofort in die Schutzräume, wenn die Sirenen aufheulten. Einigen Juden gelang in solchen Momenten sogar die Flucht, und bei der jüdischen Bevölkerung Berlins herrschte 1943 Jubel, als bekannt wurde, daß Prüfer bei einem Luftangriff ums Leben gekommen war. Der Tod, der vom Himmel fiel, konnte jeden treffen, und den Juden schien diese Gefahr erträglicher zu sein, weil jeder bedroht war – und nicht nur sie selbst. Wie Lotte Paepcke schrieb, ist eine Last, die jeder einzelne in einer Gemeinschaft trägt, leichter als eine, die man ganz alleine trägt und die einen »brandmarkt und abtrennt«.[35] Wie die Juden, die so erbarmungslos verfolgt wurden, wollte auch Charlotte Israel, daß das Regime in Grund und Boden gebombt würde. »Ich hatte bei Bombenangriffen immer Angst. Aber an dem Tag nicht! Da habe ich gedacht: ›Das geschieht ihnen recht!‹ Ich hatte so 'ne Wut! Ich war mit einigen andern zusammen, die haben auf Knien gebetet. Die hätte ich auslachen können. Aber dann dachte ich an meinen Mann, der in der Rosenstraße war. Ich wußte ja, daß sie da nicht raus konnten!«

Nach einer Stunde, die schier endlos zu sein schien, war das Bombardement vorbei – für jene eine Nacht. Ganze Häuserblocks lagen in Schutt und Asche, aber irgendwie war das Haus der Jüdischen Gemeinde in der Rosenstraße unversehrt geblieben, wie Erika Lewine meinte, ein Zeichen, daß »Gott noch immer mit uns war«. Werner Goldbergs Vater lag nach dem Ende des Angriffs immer noch auf dem nackten Fußboden, als sich die Tür öffnete und ein Mann mit einer Taschenlampe eintrat. »Goldberg«, rief er. Ohne zu wissen, wer es war, der da seinen Namen rief, stand Herr Goldberg auf und stieg vorsichtig über die rund dreißig auf dem Boden liegenden Menschen, bis er an der Tür war. Dort drückte ihm ein Offizier ein zusammengefaltetes Blatt in die Hand, das, wie sich herausstellte, ein Entlassungsschein war. Goldberg und einige andere Männer aus privilegierten Mischehen – das heißt mit Kindern, die getauft und Mitglieder der christlichen Kirche waren – wurden in jener Nacht wieder freigelassen.[36]

Die Goldbergs lebten weit von der Rosenstraße entfernt im Süden Berlins, in Wilmersdorf, einem bei Juden sehr beliebten besseren Wohnviertel. Herr Goldberg benötigte mehrere Stunden, um nach Hause zu gelangen; vorsichtig mußte er sich seinen Weg an brennenden Hausfassaden vorbei und unter Balkonen hindurch, die abzustürzen drohten, über das mit Glassplittern übersäte Pflaster bahnen. Ein fürchterlicher Geruch nach Verbranntem und nach Schwefel hing noch Stunden in der Luft, und überall versuchten Leute ein paar Möbelstücke oder andere Habseligkeiten aus den brennenden Ruinen zu bergen. »Um halb fünf klingelte es an der Tür«, erinnerte sich Werner, »und da stand mein Vater, völlig beschmutzt und unrasiert und fast verhungert. Er kam direkt aus der Rosenstraße und ist vier Stunden lang durch die brennende Stadt, Straße für Straße, gekommen.«

Am Dienstag, dem 2. März, waren die deutschen Morgenzeitungen voller Hetzartikel auf die Briten wegen ihres »Terrorangriffs« auf Berlin. Da man sich an Goebbels' neue Taktik hielt und die Menschen mit der Lage konfrontierte, ohne diese zu beschönigen, kamen in den Berichten über den Luftangriff die Wörter »Kummer« und »Leid« überaus häufig vor. Goebbels selbst ermahnte das Volk in einem Leitartikel, die Lasten des Krieges gemeinsam zu tragen, und erklärte erneut, daß das Wohlergehen der Gemeinschaft Vorrang vor dem des einzelnen habe.[37] Er versprach, daß Deutschland dem Feind bald einen fürchterlichen Hieb versetzen werde, und seinem Tagebuch vertraute er an jenem Tag an: »Wir schaffen die Juden endgültig aus Berlin heraus. Sie sind am vergangenen Sonntag schlagartig zusammengefaßt worden und werden nun in kürzester Frist nach dem Osten abgeschoben.«[38] Goebbels war zu diesem Zeitpunkt gar nicht in Berlin; er hielt sich bis zum 3. März auf dem Obersalzberg auf, und seine Mitarbeiter hatten ihn noch nicht über den Protest in der Rosenstraße informiert. Sein Stellvertreter Leopold Gutterer erzählte später, die Verantwortlichen hätten gehofft, daß die Frauen den Mut verlieren und nach einiger Zeit zu erschöpft oder auch zu ängstlich sein würden, um ihre Demonstration fortzusetzen.[39]

Doch schien die Frauen wider Erwarten der Mut keineswegs zu verlassen: Sie stellten weiterhin laut ihre Forderungen und zeigten sich auch von der Anwesenheit der Polizei nicht genügend beeindruckt, um auseinanderzugehen. Immer mehr Angehörige der im Gemeindehaus Festgehaltenen strömten in die Rosenstraße. Ständig kamen neue Demonstranten hinzu, während andere weggingen, um zu arbeiten oder andere für sie wichtige Angelegenheiten zu erledigen. Zur Feierabendzeit wuchs die Menge immer noch einmal an. Am Tag nach dem Bombenangriff kletterten einige Frauen auf die verkohlten Mauerreste eines zerbombten Hauses, das auf einem Grundstück ganz in der Nähe gestanden hatte, um in die Fenster der oberen Stockwerke hineinschauen zu können. Alfred Schneider, ein schmächtiger, jungenhaft wirkender ehemaliger Friseur, der der SS beigetreten war, war damit beauftragt, die in dem Haus festgehaltenen Juden zu bewachen.[40] Schneider residierte in einem Büro im Erdgeschoß; er stolzierte bei Tag und bei Nacht in seiner SS-Uniform umher, knallte immer die Türen laut zu, brüllte seine Befehle heraus und trat extra hart auf, wenn er mit seinen Stiefeln über die Korridore marschierte. Dieser »Pinsel, dieser Niemand, der jemand sein wollte«, wie eine der Frauen, die draußen protestierten, ihn nannte, versuchte die Menge zu zerstreuen, indem er den Demonstranten einfach den Befehl erteilte, nach Hause zu gehen. Als er überhaupt nicht beachtet wurde, zog er sich in ein Café auf der gegenüberliegenden Straßenseite zurück, in das auch viele Protestierende immer wieder kamen, um sich aufzuwärmen, und verfolgte die weitere Entwicklung des Geschehens durch die Gardine hindurch.

Bei verschiedenen Gelegenheiten erhoben die Wachposten ihre Gewehre und riefen: »Wenn Sie jetzt nicht verschwinden, werden Sie erschossen.« Die Demonstranten schlüpften dann in Hauseingänge oder brachten sich unter der Überführung über die Spandauer Straße hinweg in Sicherheit. Wenige Minuten später kamen sie aber wieder aus ihren Schlupfwinkeln hervor und nahmen ihre alten Plätze ein. Das wiederholte sich mehrmals. Wenn die SS-Leute ihre Gewehre in Anschlag brachten »und uns mit der Erschießung bedroht haben«, erinnerte sich Frau Weigert, »da haben wir uns ein bißchen zerstreut, sind ein bißchen auseinandergegangen – der eine ist nach links gegangen, der andere ist nach rechts gegangen, so daß es nicht so auffiel, so daß sie uns nicht greifen konnten und denken würden, daß wir weggegangen sind. Und nach fünf Minuten, nach 'ner Viertelstunde sind wir wieder alle erschienen und haben dann alle wieder gerufen, aber eben nur gesagt: ›Wir wollen unsere Männer wiederhaben!‹ Das ging jeden Tag, einige Tage lang.« Frau Weigert meinte noch, daß damals niemand mit Sicherheit gewußt habe, ob die Drohung, das Feuer zu eröffnen, an die Adresse der Demonstranten oder an die der Arretierten gerichtet gewesen sei. Für Gutterer bestand aber kein Zweifel daran, daß die demonstrierenden Frauen gemeint gewesen waren.

Seit der Verhaftung ihres Vaters am ersten Tag der Aktion war Ruth Groß, ein zehnjähriges »Mischlings«-Mädchen, täglich mehrmals zur Rosenstraße gekommen. Jedesmal nahm sie ein kleines Päckchen mit Broten mit, in der Hoffnung, daß sie die Gelegenheit haben würde, es ihrem Vater irgendwie zukommen zu lassen. »Wir gingen mehrmals am Tage dorthin«, erinnerte sie sich. »Manchmal wurden wir bei dem Ordner in Zivil, der vor der Tür des Hauses stand, ein Stullenpäckchen los. Ich habe meinen Vater hinter einem Fenster entdeckt, er hat mit dem Zettelchen gewinkt, das wir zu den Broten getan hatten. Sie waren also angekommen! An der Ecke war eine Litfaßsäule, an der stand ich immer, denn von dort konnte ich genau das Fenster beobachten, hinter dem manchmal mein Vater zu sehen war. Wenn wir von dem Platz verscheucht wurden, konnte ich mich an der Litfaßsäule immer länger halten, weil die Polizei nicht von allen Seiten kam. Sie wollten offensichtlich mit dem Vertreiben der Frauen kein zusätzliches Aufsehen erregen.«[41]

Als immer mehr Menschen davon erfuhren, daß die Gestapo das Gebäude der Jüdischen Gemeinde als Sammellager für die Verhafteten benutzte, kamen auch immer mehr in der Rosenstraße zusammen, um zu protestieren. Die Holzers waren nicht in das »Mundfunk«-Netz der Berliner Juden und ihrer deutschen Verwandten einbezogen. Elsa wandte sich daher an Marlou Droop, die Schriftstellerin, für die sie arbeitete, um Hilfe. Frau Droop war, obwohl sie Anhängerin der Nazis war, empört darüber, daß man ihren jüdischen Freund Rudi verhaftet hatte. Elsa erzählte: »Als Parteimitglied fühlte sich die Marlou beteiligt an allem, was jetzt im Staat geschah. Jetzt hatte sie überhaupt keine Ruhe mehr. Montag früh ging meine Marlou Droop zu der Familie von Webel. Es waren alte Freunde von ihrer Familie, und der Herr von Webel war im Generalstab. Die Marlou hat dann mit dem Militärfritzen gesprochen. Aber er hat gemeint: ›Da kann man nichts tun!‹ Und weiter hat er gesagt: ›Man kann solche Judensachen nicht erwähnen.‹ Jedenfalls mußte man damals schon brav unsichtbar sein! Also die haben abgelehnt, irgendwas zu unternehmen. Die Marlou ist dann zur katholischen Kirche gegangen. Rudi war doch Katholik, da mußte doch die Kirche was machen. Die Kirche hat aber nichts getan. Also die Marlou hat schon ihre Gänge gemacht und mußte jetzt mit ihrer kleinen Parteinummer zur Burgstraße gehen. In der Burgstraße waren Gestapomänner für Judenangelegenheiten.«

Elsa informierte ihren Abteilungsleiter, daß sie am nächsten Tag erst später zur Arbeit kommen werde. Sie war eine sehr zuverlässige Angestellte, und niemand vermutete, daß sie in einer Mischehe lebte. Der Abteilungsleiter war sofort einverstanden. »Ich hab gedacht, daß ich da [in der Rosenstraße] alleine sein würde«, erinnerte sich Elsa. »Da wird ja vielleicht 'n Haus sein, und vielleicht guckt er am Fenster, hab ich gedacht. Und ich sehe, wie ich dahinkomme, daß da ein Auflauf ist. Die Leute fluten hin und her, schon früh um sechs! Die kleine Straße war voll! Ist ja bloß 'ne kleine, enge Straße. Aber die war schwarz mit Menschen. Überwiegend Frauen, aber auch Männer. Die Menge war wie eine Welle. Sie bewegte sich wie ein Körper, das war ein wogender Körper, das wuchtete da hin und her.«

Elsa hoffte, daß einer der Posten ein kleines Paket mit Lebensmitteln für Rudi entgegennehmen würde. Rudi mochte Pumpernickel besonders gern, und sie hatte ihm eine Pumpernickelstulle zurechtgemacht und zwischen die beiden Brotscheiben einen Zettel aus Pergamentpapier gelegt. Darauf hatte sie eine Botschaft geschrieben: »Liebster Rudi, alles Gute und Liebe. Für immer, Deine Elsa.« »Ich wußte ja nicht, wie lange er da noch bleibt«, erzählte Elsa. »Niemand wußte das. Vielleicht ist er morgen weg!«

Nachdem sie sich rasch einen Überblick über die Situation verschafft hatte, fing Elsa an, nach einem »menschlichen Gesicht« in den Reihen der Polizisten zu suchen, das heißt, nach jemandem, der so aussah, als ob er vielleicht helfen würde. Einige der Schutzpolizisten hatten schon lange vor der Machtübernahme der Nazis ihren Dienst auf den Straßen Berlins versehen; damals waren viele Angehörige der Polizei Mitglieder der Sozialdemokratischen Partei gewesen. Einige der Polizisten hatten den Juden, die sie bewachen mußten, ein paar Worte oder Zeichen der Aufmunterung zukommen lassen, und einer von ihnen war plötzlich in das Zimmer von Kurt Radlauer getreten und hatte zu den dort Untergebrachten gesagt: »Glauben Sie nicht, daß wir damit einverstanden sind.«[42] Frau Weigert beschrieb die Polizisten später als »verständnisvoll, aber ohne Mitgefühl«. Als sich die Frauen in der Rosenstraße nicht vertreiben ließen, fand sich ein Gestapobeamter hin und wieder sogar bereit, ihnen die paar Sachen abzunehmen, die sie für ihre Männer mitgebracht hatten. Auch Charlotte erlebte das: Ein Gestapobeamter versprach ihr ein kleines Päckchen weiterzuleiten, das sie für Julius eingesteckt hatte. Charlotte hatte sich gerade wieder in die Schar der Frauen eingereiht, als sie plötzlich einen Ordner erblickte, den sie persönlich kannte. Es war ein Herr Hirschfeld; Charlotte rannte zu ihm hin und fragte ihn, ob er nicht Julius das Päckchen übergeben könnte. Der Mann neben Hirschfeld wollte wissen, was in dem Päckchen drin war: »Doch kein Messer?« Als Charlotte am Tag darauf Hirschfeld erneut begegnete, warnte der sie ganz aufgeregt davor, so etwas noch einmal zu machen. »Um Gottes willen, Frau Israel«, sagte er, »das war doch ein Gestapo-Offizier, der mich gestern in Zivil begleitet hat.«

Elsa Holzer sah plötzlich ihren Hausarzt, Doktor Cohn, der ganz in der Nähe wohnte, aus dem Gemeindehaus herauskommen. Er war zum medizinischen Betreuer der gefangenen Juden bestimmt worden und konnte diese besuchen und anschließend das Gebäude ungehindert wieder verlassen. Elsa lief zu ihm hin und hielt ihn am Arm fest: »Dr. Cohn, was machen Sie hier? Haben Sie meinen Rudi drinnen gesehen?‹ ›Ja, ich bringe Ihnen Grüße von Rudi‹, sagt er. Ich sage: ›Was?‹ Ich bin beinahe umgekippt«, erzählte sie. Elsa war voller Fragen nach Rudis Befinden. Sie war ganz aufgeregt und fragte den Arzt, ob er nicht etwas für Rudi mit ins Haus hineinnehmen könne. Doktor Cohn hatte jedoch Angst und erwiderte, daß er das Gebäude nur in seiner Funktion als Mediziner betreten dürfe.

Elsa traute sich schließlich am nächsten Morgen an einen der Polizisten heran. Sie hatte gesehen, daß der Mann sich am Vortag lange mit einer anderen Frau unterhalten hatte. »Am nächsten Morgen waren wieder nur graue Schutzpolizeiuniformen bei der Wachmannschaft zu sehen«, erzählte sie. »Und jetzt dachte ich, ich könnte vielleicht den einen oder anderen ansprechen. Ich hatte auch gemerkt, wie einer mit jemandem gesprochen hatte. Vielleicht könnte einer ein Päckchen zu Rudi raufnehmen. Oder vielleicht gibt er mir eine Ohrfeige – oder nimmt mich gleich mit ins Lager. Könnte ja sein. Aber wenn man so bedroht ist, hat man vielleicht manchmal mehr Mut!«

Hilda Elkuß kam ebenfalls erst mehrere Tage, nachdem Dieter, ihr Mann, verschwunden war, in die Rosenstraße. Sie war voller Panik gewesen, als sie miterlebt hatte, wie man in ganz Berlin Jagd auf die Juden gemacht hatte. Die zwei Schwestern Dieters und zwei seiner Tanten waren schon früher deportiert worden. Eine der Frauen hatte auf dem Weg nach Auschwitz eine Postkarte aus dem Zug geworfen, und das war das letzte Lebenszeichen von ihr gewesen.

Durch den »Mundfunk« hatten Hilda und ihre Freundinnen schließlich erfahren, daß ihre Männer in der Rosenstraße festgehalten wurden. Sie begaben sich nach der Arbeit gemeinsam dorthin und sahen, daß »die Frauen da promenierten«. An jenem Tag war Hilda nur zur Rosenstraße gegangen, um Erkundigungen einzuziehen, den Tag darauf aber ging sie wieder hin, um, wie sie sagte, »etwas zu tun«. »Das war'n Proteste, ja sicher. Denn wir bildeten ja kleine Gruppen und riefen aus: ›Wir möchten unsre Männer wiederhaben!‹« Wie andere Deutsche ihrer Generation war Hilda so erzogen worden, daß ihr unter normalen Umständen kaum in den Sinn gekommen wäre, Gesetzen nicht zu gehorchen.

Als sie sich interviewen ließ, lebte Frau Elkuß in einem blitzsauberen Appartement in Berlin-Charlottenburg und war immer noch aktives Mitglied eines exklusiven Tennisklubs. Hilda war der Protest von damals als eine Aktion in Erinnerung geblieben, die nicht außer Kontrolle geraten, sondern immer durch diplomatische Erwägungen gezügelt worden war. Ähnlich diplomatisch waren ihr ganzes Verhalten und auch ihre Aussagen. Während andere deutsche Frauen, die mit Juden verheiratet waren, sich erinnerten, wie sie angebrüllt worden waren oder wie die Gestapo sie mit Drohungen zu einer Scheidung zu bewegen versucht hatte, konnte Hilda sich nur daran erinnern, daß man ihr eine Trennung von ihrem Mann »höflich nahegelegt« habe. Und der Protest in der Rosenstraße sei ein behutsamer – oder eben »diplomatischer« – Versuch gewesen, auf die Gestapo einzuwirken: »Wir bildeten kleine Grüppchen, denn man mußte ja denken, man könnte uns ja auch vielleicht festnehmen, und wenn wir in kleinen Gruppen auftraten, schien uns das diplomatischer, so daß wir dann auf und ab patrouillierten und spazierengingen, gewissermaßen, und dann immer wieder zu den Fenstern hochsahen und riefen. Das war ein Protest, ein Hilferuf, eine Bitte um Einsehen. Vorsichtig mußte man sein. Man hatte gehofft, es würde vielleicht etwas nützen. Die Hauptsache war eben auch, daß wir immer zu den Fenstern hochwinkten. Falls jemand raussah, daß er sah, da ist jemand, der weiß von uns.«

Wie Hilda Elkuß ging auch Frau Weigert jeden Abend nach dem Ende der Arbeit mit ihrer Schwägerin zur Rosenstraße. Und wie Hilda betonte sie später, daß sie damals, in jener Straße, nur ihre Rechte verteidigt habe. »Wir wollten unsere Männer wiederhaben, wir hatten ein Recht darauf«, sagte sie, »das war doch Selbstbehauptung. Die Familie Weigert ist immer eine anständige Familie gewesen, und wir haben einen gewissen Stolz. Ich mußte etwas machen, das war selbstverständlich. Wir mußten etwas unternehmen, wir wollten helfen. Sicher wären die deportiert worden, wenn wir nicht nachgefragt und demonstriert hätten.« Dann fügte sie noch hinzu: »Wenn man hat Not, hat man auch Mut!«

Auch Elsa meinte voller Nachdruck: »Man würde nicht glauben, wozu jemand in der Not fähig ist!«

Alle Frauen wollten nichts anderes als ihren Mann wiederhaben. Mehrere von ihnen wiesen darauf hin, daß sie darauf geachtet hätten, nur gemeinsam, nur in der Gruppe die Stimme zu erheben und die Forderung zu stellen, daß man ihre Männer freilassen solle. Es scheint aber nicht sicher, ob sie sich gegenseitig entsprechende Instruktionen gaben. Einige Augenzeugen erinnerten sich, daß damals eine einzelne Stimme rief: »Wir wollen unsere Männer...«, und daß dann die anderen einstimmten und den Satz zu Ende brachten.[43] »Wir bangten um unsere Männer«, sagte Hilda, »das hatten wir Frauen ja alle gemeinsam. Verzweiflung – daß man die Männer verlieren würde – hatten wir da eigentlich noch nicht. Wir hatten immer Hoffnung. Man hatte noch Hoffnung und, na ja, man mußte etwas unternehmen, nicht?« Frau Weigert bestätigte das: »Wir teilten dasselbe Schicksal. Wir haben uns nicht groß unterhalten, nur bloß über die notwendigen Sachen gesprochen. Und es hieß immer wieder: ›Wir wollen unsre Männer haben‹.«

Johanna Löwenstein, die Mutter von Hans-Oskar, war auch die Solidarität, die unter den Demonstrantinnen herrschte, im Gedächtnis geblieben. Zuerst sei sie wie gelähmt gewesen, als sie erfahren habe, daß ihr Mann und ihr Sohn im Gemeindehaus in der Rosenstraße festgesetzt seien. »Aber es war geradezu eine Menschenflut, die sich dorthin ergoß, und ich schloß mich natürlich auch an. Was uns dabei antrieb und Mut machte, war ein Gefühl von Verbundenheit miteinander.«[44] Neben Frau Löwenstein stand ihre Schwester, die schon seit langem Parteimitglied war und den Oberbürgermeister von Potsdam geheiratet hatte; sie trug das Goldene Parteiabzeichen, als sie mit den anderen Frauen ihre Wut über die Aktion der Gestapo bekundete.[45]

Gad Beck erinnerte sich, daß seine Mutter in der Rosenstraße »laufend neue Bekanntschaft gemacht hat. Sie hat eine ganz neue jüdische Gesellschaft gefunden, wie viele andere. Sie konnten sich auf einmal offen zu ihren jüdischen Verwandten bekennen. Sie brauchten das nicht mehr versteckt zu machen – sondern konnten es auf offener Straße tun. Eine ganz neue Gesellschaft wurde geformt.«[46]

»Clou« war der Name eines sehr beliebten großen Vergnügungsetablissements und Konzertsaals. Hitler hatte dort am 1. Mai 1927 seine erste Berliner Rede gehalten, die meisten Veranstaltungen, die dort stattgefunden hatten, waren aber weniger ernsthafter Natur gewesen: Im »Clou« hatte man getanzt, sich Konzerte angehört, sich über Kabarettdarbietungen oder Sketche amüsiert. Nur wenige Tage vor der »Schlußaktion« hatte Goebbels im Zuge der Vorbereitung des »totalen Krieges« auch das »Clou« als einen kriegsunwichtigen Betrieb schließen lassen, und es wurde jetzt zu einem weiteren Sammellager für Juden, die der Verhaftungswelle zum Opfer gefallen waren.

Am Nachmittag des 3. März kam es vor dem Lokal und in ihm zu unbeschreiblich brutalen Szenen. Unter den Augen der Anwohner drängte und prügelte die Gestapo ihre Gefangenen in die üblichen Lastwagen hinein. Der SS-Mann vom Judenreferat der Berliner Gestapo, der für dieses spezielle Sammellager verantwortlich war, hatte sich in einen schwarzen Nadelstreifenanzug gekleidet, als ob er an einer Cocktailparty teilnehmen würde. Vor Überheblichkeit und Selbstgefälligkeit geradezu platzend, trieb er die Juden mit einer Peitsche auf die LKWs, wobei er »Schneller, schneller!« brüllte.[47] Vom »Clou« wurden die Juden zum Güterbahnhof in der Quitzowstraße gekarrt – von wo aus es dann nach Auschwitz ging. Von ihre Reitpeitschen schwingenden Peinigern wurden 1736 Juden in offene Viehwaggons getrieben.[48] Männer wurden von ihren Frauen getrennt, Mütter von ihren Kindern. Als der Zug mit unbekanntem Ziel losdampfte, war schon die Nacht hereingebrochen. Niemand war auf dem Bahnhof gewesen, um gegen die Deportation dieser Menschen zu protestieren, und nicht ein einziger von ihnen kam mit dem Leben davon. Wer Zeuge ihres Abtransports gewesen war, versuchte später seine Gewissensbisse zu unterdrücken, indem er darüber schwieg.

Damit das wahre Schicksal der deportierten Juden weiterhin geheim blieb, hatte die Gestapo alles darangesetzt, daß ihre Verhaftung und ihr Abtransport so geordnet und so schnell wie möglich über die Bühne gingen, daß die Öffentlichkeit gar nicht darauf aufmerksam wurde. Ein SS-Mann, der Zeuge des Abtransports der Juden aus dem »Clou« geworden war, beschwerte sich jedoch. Er wußte mit Sicherheit, welches Schicksal diese Menschen erwartete, das war es aber keinesfalls, worüber er sich beklagte, sondern er hielt es für »politisch unklug«, daß man die Juden in aller Öffentlichkeit so brutal behandelt hatte. Der Anblick solcher Szenen könnte für Unruhe in der Bevölkerung sorgen und Zweifel daran wach werden lassen, ob diese Menschen wirklich, wie das Regime behauptete, nur in Arbeitslager geschickt wurden.

Hauptsturmführer Rudolf von der Rissen, der Chefredakteur der SS-Zeitschrift *Das Schwarze Korps*, hatte das Geschehen vom Fenster seines Büros aus mitverfolgt; das Gebäude, in dem die Redaktionsräume der Zeitschrift untergebracht waren, lag in der Zimmerstraße, das »Clou« befand sich genau um die Ecke, und von der Rissen konnte auf den Hof des Vergnügungslokals schauen. Er berichtete später Rudolf Brandt, einem ranghohen persönlichen Mitarbeiter Himmlers, folgendes: »Die augenscheinlich abgezählten Juden stürmten so schnell wie möglich beim Ankommen eines Wagens im Eilschritt aus dem ›Clou‹ und versuchten, so schnell wie möglich ... auf den Wagen zu kommen. Als ungefähr die Hälfte der Juden auf dem Wagen war, schneller ging es wirklich nicht, kam ein Zivilist, mit der Zigarette im Mund, eine große Hundepeitsche schwingend, ebenfalls aus dem ›Clou‹ gelaufen und schlug wie ein Wildgewordener auf die zum Einsteigen drängenden Juden ein. Ich muß bemerken, daß sich unter diesen Jüdinnen mit kleinen Kindern auf dem Arm befanden. – Der Anblick war entwürdigend und beschämend zugleich ...

Der Mann schlug vor allem auf die Frauen ein, und zwar so, daß es ein großes Geschrei gab, worauf der Mann zu den umliegenden Häusern heraufbrüllte, die Fenster seien zu schließen. ... Ein Mann der Waffen-SS hatte anscheinend einem Juden einen dicken Spazierstock weggenommen und schlug nun seinerseits genauso blödsinnig auf Juden ein, die sogar an der Wagenseite standen, also überhaupt nicht aufsteigen konnten. Das gleiche tat ein Polizeibeamter mit einem kleineren Stock. ... Nachher erhielt ich noch einen Anruf von der Stapo, ... es sei auch von dort direkt jemand dagewesen, um die Angelegenheit zu kontrollieren, man habe jedoch nichts gesehen, sondern nur festgestellt, daß auf einem Tisch eine Hundepeitsche lag ... Ich darf dazu bemerken, daß währenddessen an allen Fenstern und Türen der hohen umliegenden Gebäude Arbeiter und Angestellte standen, die diese Vorgänge beobachteten. Dieser [kommt einer] unmöglichen und politisch geradezu irrsinnigen Handlungsweise [gleich] ...«[49]

Brandt hielt dieses Fernschreiben für so wichtig, daß er eine Kopie davon in seinem Safe deponierte. Die Führungsspitze der SS fühlte sich veranlaßt, die Auswirkung dieser Ereignisse zu überdenken – zu denen es in der Hauptstadt des Landes gekommen war, wo es nicht nur ausländische Journalisten und Botschafter gab, sondern auch Agenten, alles Menschen, vor denen verborgen bleiben mußte, wie man die Juden behandelte, die vor allem aber auch nicht erfahren durften, daß nicht alle Deutschen mit dem Vorgehen des Regimes einverstanden waren.

Man kam zu dem Schluß, daß man Goebbels nicht länger über die Vorfälle im dunkeln lassen durfte.

An jenem 3. Mai 1943 war auch Charlotte Israel zum »Clou« gegangen. Ihren Mantel hatte sie gar nicht anzuziehen brauchen, denn, wie sie sagte, hatte sie ihn auch nachts nicht mehr abgelegt. Sie mußte allzeit bereit sein. Sie hatte zu Hause einen Brief von ihrer besten Freundin, Edith Knopf, vorgefunden; aus diesem Brief ging hervor, welchen Alptraum die Berliner Juden durchlebten – jeder für sich allein.

»Liebe Lotte«, so begann der Brief, »ich hatte vor Tagen meine Mutter anrufen lassen. Was ist mit Mutti? ... Ich bin im Clou, Mauerstraße. Habe gar keine Sachen. Schicke das Notwendigste, Zahnbürste, Wäsche etc. Meine Sachen Balkonzimmer. Sprich mit der netten Frau. Bringe mir selbst vor ½ 8 Uhr auch Bescheid über Mutti.

Vielleicht kannst Du vorbeifahren – Aschaffenburgerstraße 22, Masur, dasselbe für Schwägerin. Komme recht bald, solange ich noch da bin. Heutige Nacht gut überstanden. Du hoffentlich auch. Was macht Julius? (Vor allem Stopfgarn, Nadeln.) Hautcreme, Mundwasser, Zellstoff, Watte, Hansaplast. Möglichst schnell alles. Vielen herzlichen Dank, vielleicht auch Decke, Kissen, steht alles da. Bestecke, Eßgefäß. Herzl. Küßchen. Auf baldiges Wiedersehen von Deiner, Eurer Edith.«

Charlotte packte alles zusammen, was sie in der Eile auftreiben konnte, und machte sich sofort auf den Weg zum »Clou«; zur Rosenstraße wollte sie erst danach gehen. Sie verstand auch Jahrzehnte später nicht, was Edith mit ihrer Bitte, daß sie mit »der netten Frau« sprechen solle, gemeint hatte; sie war aber der Ansicht, daß der Brief ein Beleg dafür sei, welche großen Hoffnungen die Juden damals auf Deutsche gesetzt hätten, die sich mitfühlend gezeigt hatten. Als Charlotte beim »Clou« ankam, sah sie gerade noch große Lastwagen in Richtung Güterbahnhof wegfahren. Vielleicht ist Edith dabei, dachte sie, auf dem Weg in den »Osten«. Ein Wachposten vor der Tür des »Clou« fragte, was sie wolle, und sah dann auf einer Liste nach. »Ja, sie ist gerade weggebracht worden«, bestätigte er Charlottes Vorahnung. Charlotte machte sich Vorwürfe, daß sie nicht früher gekommen war. Edith wird gedacht haben, daß ich sie im Stich lasse, das war der Gedanke, der sie von da ab immer wieder martern sollte.

Vom 4. März an ging die Berliner Gestapo immer brutaler gegen die Juden vor. August Schiffer, der Vorgesetzte Walter Stocks und einer von den drei Beamten, die für die Abwicklung der »Schlußaktion« verantwortlich waren, bestimmte mehrfach kaltlächelnd einen verhafteten Juden zur Deportation, während er gleichzeitig im Nebenzimmer einen anderen foltern ließ, der zu fliehen versucht hatte. Am selben Tag ließ man die noch lebenden Mitglieder der Gruppe um Herbert Baum hinrichten, von denen einige mit den Familien derer, die in der Rosenstraße protestierten, verwandt oder persönlich bekannt waren.[50] Diese Widerstandskämpfer, die im Mai 1942 verhaftet worden waren, nachdem sie den Anschlag auf die Ausstellung verübt hatten, mit der die Nazis den Kommunismus lächerlich zu machen versuchten, wurden im Gefängnis Plötzensee exekutiert, einem Ort, mit dem sich die Vorstellung von nazistischer Grausamkeit in besonderem Maß verbindet.

Am Tag zuvor hatte die Gestapo mehrere mit Deutschen verheiratete Juden festgenommen, die bekannte Intellektuelle waren. Zumindest einer von ihnen gehörte einer privilegierten Ehe an, womit er eigentlich vor einer Verhaftung bei der »Schlußaktion« geschützt gewesen wäre, das Regime verfolgte mit seinem Haß aber besonders diejenigen, die sich ein unabhängiges Denken bewahrt hatten und möglicherweise Einfluß auf die öffentliche Meinung nehmen konnten. Zu den Intellektuellen, die der Gestapo zum Opfer fielen, gehörten Dr. Arenberg, ein früherer Angestellter des preußischen Landtags – er war Landtagsstenograph gewesen –, der freie Schriftsteller Wolf, der Vater von Charlottes Freundin Edith, und der Dichter Arthur Silbergleit. Nachdem Silbergleit von der Verhaftungsaktion erfahren hatte, hatte er sich selbst den Arm gebrochen, weil er hoffte, sich auf diese Weise ein medizinisches Gutachten verschaffen zu können, das ihn vorläufig vor der Deportation bewahren würde. Als er von den Gestapoleuten ergriffen wurde, war sein Arm eingegipst.[51] Herr Wolf, der in demselben Haus gewohnt hatte wie Kurt Tucholsky, hatte eine Zeitlang die antizionistische Zeitschrift *Toleranz* herausgegeben; er hatte sich – auch nach der Machtübernahme Hitlers – nie dazu durchringen können, Deutschland zu verlassen. Wie Silbergleit wurde auch Wolf in seiner Wohnung verhaftet und dann zur Großen Hamburger Straße hinübergebracht.

Arenberg war ein mutiger Mann, der schon vielen Juden zu falschen Pässen verholfen und ihnen so die Flucht in ein sicheres Land ermöglicht hatte; er war in Deutschland geblieben, um weiteren Verfolgten zu helfen. Im Sammellager in der Großen Hamburger Straße mußte er sich eine zehn Quadratmeter große Kammer mit fünfunddreißig anderen Menschen teilen. Vom ersten Tag der »Schlußaktion« an hatte in dem Lager ein ständiges Kommen und Gehen geherrscht – sowohl von den Verfolgten als auch von den Verfolgern. Lastwagen waren herangerollt, Schreie waren zu hören gewesen, und Hunderte der Gestapo-Opfer waren in das Gebäude hinein- oder aus ihm herausgetrieben worden. Beamte der Gestapo waren mit gewichtiger Miene in Erfüllung ihrer Pflicht herumstolziert. Arenberg hatte sich den allgemeinen Trubel zunutze gemacht und war geflüchtet. Nach vorne geneigt, den Hut tief ins Gesicht gezogen, war er hinter drei Gestapo-Offizieren einfach aus der Tür geschlendert, an den Wachposten vorbei, die die Papiere aller Personen prüften, die kamen oder gingen, und war dann losgerannt.

Als er von dieser geglückten Flucht erfuhr, geriet Schiffer außer sich vor Wut. Er zitierte Felix Lachmuth, den Mitarbeiter des Judenreferats, der für das Lager in der Großen Hamburger Straße zuständig war, zu sich: Wenn Arenberg nicht bis Mitternacht wieder gefaßt sei, würde Lachmuth selbst in ein Konzentrationslager geschickt werden. Außerdem würden zehn willkürlich bestimmte jüdische Ordner im Hinterhof des Gebäudes erschossen werden. Leichenblaß schlurfte Lachmuth aus dem Büro seines Vorgesetzten und informierte die jüdischen Ordner unter Schluchzen von Schiffers Drohung. Die Gestapoleute und ihre jüdischen Hilfskräfte machten sich sofort in Zweiergruppen auf die Suche nach Arenberg, und tatsächlich gelang es ihnen, diesen kurz vor Mitternacht auf dem Bahnhof von Berlin-Grünau, von wo aus er die Stadt verlassen wollte, aufzugreifen.

Arenberg wurde noch in derselben Nacht einem »Verhör« unterzogen. Den »Vorsitz« führte dabei Schiffer, der im ersten Kriegsjahr in einem Posener Gefängnis mit eigener Hand fünf Priester umgebracht hatte. Zuerst hatte er sie mit seiner Dienstpistole in den Magen geschossen, und als sie sich dann schreiend auf dem Boden gewälzt und ihn um den Gnadenschuß angefleht hatten, hatte er jedem einzelnen von ihnen noch eine Kugel ins Gesäß gejagt. Dies hatte er einmal, als er betrunken in einer Kneipe saß, »schluchzend« gestanden; gleichzeitig hatte er jedoch behauptet, er würde nie in der Lage sein, Kinder zu töten, obwohl dies nötig sei, da auch alle »zukünftigen Rächer ausgelöscht werden« müßten.

Ein jüdischer Ordner, der Arenberg am Morgen nach seinem Verhör durch Schiffer zu Gesicht bekam, meinte später, daß dieser sich in einem Zustand befunden habe, der sich mit Worten nicht mehr beschreiben ließe. Mund, Nase und Augen seien nicht mehr zu erkennen gewesen. Man hatte ihm beide Arme gebrochen und ein Bein aus dem Hüftgelenk gekugelt; sein ganzer Körper war mit Wunden bedeckt, die ihm eine Foltermaschine zugefügt hatte, welche die Gestapobeamten eingeschaltet hatten, nachdem sie selber des Folterns müde geworden und sich ins Bett gelegt hatten. Arenberg teilte dem Zeugen mühsam stammelnd mit, daß die Gestapomänner ihm gesagt hatten, sie wollten nur, daß er »zur Einsicht« käme. Seine Peiniger ließen ihn auf einer

Tragbahre nach Auschwitz transportieren, wo er in einer der Gaskammern oder einem der Verbrennungsöfen umkam.

Am 4. März deportierte die Gestapo dreizehn jüdische Männer, die mit deutschen Frauen verheiratet waren und im Haus der Jüdischen Gemeinde in der Rosenstraße festgesetzt waren, nach Auschwitz. Auch die verhafteten Intellektuellen, die ja gleichfalls deutsche Ehepartner hatten, wurden deportiert und man bekam sie nie wieder zu Gesicht.[52] Das gleiche widerfuhr fünf Frauen, die des Verrats angeklagt waren; eine von ihnen hatte man bezichtigt, einen Zettel mit einer »staatsfeindlichen« Botschaft aus dem Fenster des Gemeindehauses geworfen zu haben.[53] Erika Lewine berichtete, daß Scharführer Alfred Schneider plötzlich an der Tür des Raumes erschienen sei, in dem sie mit den anderen festgehalten wurde, sich in militärischer Haltung vor ihnen aufgebaut und gebrüllt habe: »Ich hätte gern gewußt, wer hier den staatsfeindlichen Zettel aus dem Fenster geworfen hat. Wenn sich nicht fünf freiwillig melden, dann such ich mir die Leute heraus.« Die Fenster waren vernagelt worden, jeder wußte also, daß es sich um eine ganz absurde Anschuldigung handelte. »Niemand hat das gemacht, wir konnten das nicht, da die Fenster zu waren. Aber man mußte sehr ruhig sein«, berichtete Erika Lewine.

Am 4. März kamen die Juden, die am Vortag aus dem »Clou« abtransportiert worden waren, in Auschwitz an. Dort erinnerte Obersturmbannführer Maurer den Lagerkommandanten Rudolf Höß daran, daß die Neuankömmlinge in der Rüstungsindustrie tätig gewesen waren und in Auschwitz gut eingesetzt werden könnten. Sie wurden daher nicht sofort in die Gaskammer geschickt, sondern in das Arbeitslager von IG-Farben in dem in der Nähe gelegenen Buna-Monowitz. Dieser Chemiekonzern besaß die Erlaubnis, die von ihm benötigten Arbeitskräfte aus den Reihen der deportierten Juden zu rekrutieren. Obersturmführer Schwarz war aber nicht sehr beeindruckt von dem »Material«, das mit dem neuen Transport gekommen war. Er beklagte sich darüber, daß nur 632 Männer dabei waren; den meisten der 913 Frauen und Kinder müsse man sofort eine »Sonderbehandlung« angedeihen lassen.

Das bedeutete, daß sie unverzüglich vergast und ihre Leichen dann verbrannt werden sollten. Die Wirtschaftsverwaltung der SS in Auschwitz rechnete mit der Ankunft von fünfzehntausend Berliner Juden; ungefähr achttausend wurden auch wirklich in das Lager geschafft, aber die Juden aus Mischehen und die »Mischlinge« wurden erneut »vorläufig« von den Deportationen zurückgestellt.[54]

Das RSHA faßte den Protest in der Rosenstraße offensichtlich als

Angriff auf die Staatsmacht auf; Goebbels jedoch begriff, daß die Frauen nur ihre Familien zu retten versuchten und keinesfalls den Sturz des Regimes herbeiführen wollten. Was die politische Behandlung von Frauen anbelangte, war er ein ebensolcher Fachmann wie im Umgang mit der Menge, und an dem Protest in der Rosenstraße waren zwar einige Männer beteiligt, den entscheidenden Anstoß hatten aber ganz offensichtlich die Frauen, deren jüdische Ehemänner verhaftet worden waren, gegeben. Obwohl Goebbels dafür eingetreten war, daß die Frauen in den Fabriken arbeiten sollten, hatte er gerade den Vorschlag abgelehnt, daß man die Zigarettenrationen der Frontsoldaten erhöhen solle, indem man die der Frauen in der Heimat einfach reduzierte. Politischer Haß von Frauen, meinte Hitler 1944, sei extrem gefährlich.[55]

Gerade zu der Zeit, als die Frauen der Rosenstraße gegen die Verhaftung ihrer jüdischen Angehörigen protestierten, gingen auch zahllose Meldungen darüber ein, daß Hunderttausende von Frauen Hitlers Anweisungen mißachteten oder geschickt umgingen und sich nicht zu dem Arbeitseinsatz meldeten, der den »totalen Krieg« möglich machen sollte. Der Krieg verlieh damals, zusammen mit der politischen Bedeutung, die die Nazis der »Masse« beimaßen, und ihrer Furcht vor sozialen Unruhen jedem Dissens oder Protest von seiten der weiblichen Bevölkerung besonderes Gewicht. Das Regime hatte die politische Rolle der Frauen aufgewertet, indem es sie zu Tätigkeiten zwangsverpflichtete, die sie mehr als jemals zuvor zur dominierenden Kraft an den Heimatfront machten; außerdem war man auf ihre Arbeitskraft angewiesen. Nach Stalingrad machte sich in der Bevölkerung wachsender Defätismus bemerkbar, und eine Kriegsmüdigkeit griff um sich, die den Machthabern nichts Gutes zu verheißen schien. Für Goebbels war der Protest in der Rosenstraße nur ein zusätzlicher Beleg dafür, daß eine wachsende Zahl von Bürgern nicht mehr mit dem Regime einverstanden war; die öffentliche Bekundung eines solchen Dissenses konnte vielleicht auch ein Zeichen dafür sein, daß alle Versuche des Regimes, die Bevölkerung zu einer weiteren Steigerung ihres Einsatzes für den Krieg zu bewegen, vor vornherein zum Scheitern verurteilt waren. Von dem Versuch, Mischehen gewaltsam aufzulösen, waren nur Zehntausende von Frauen betroffen, wenn aber hunderttausend andere Frauen gleichzeitig Hitlers Aufruf zum »totalen Krieg« mißachteten, dann ergab das zusammen eine öffentliche Zurschaustellung von Opposition gegen das Regime, die gewiß nicht ohne Auswirkung bleiben würde.

Wenn es nicht zu den Protestkundgebungen in der Rosenstraße gekommen wäre, dann hätte die Gestapo mit Sicherheit weiter Juden verhaftet und deportiert, bis vielleicht sogar die radikalsten Pläne Eichmanns Realität geworden wären. Zwischen der Abteilung Eichmann und der Führungsspitze gab es Differenzen darüber, wie wichtig es war, daß die Deportationen nicht die gesellschaftliche Ruhe störten; dies wäre aber ohne Relevanz gewesen, wenn es während der »Schlußaktion« nicht zu Protesten gekommen wäre. Interne Kämpfe, die bei den Entscheidungen über das Schicksal der in Mischehe lebenden Juden und der »Mischlinge« im Spiel waren, erklären eigentlich weniger das Überleben dieser Menschen, als daß sie auf die Furcht des Regimes vor sozialen Unruhen hinweisen. Wenn die Deutschen, die mit Juden verheiratet waren, sich die Rassenideologie der Nazis voll und ganz zu eigen gemacht und mit den Machthabern kooperiert hätten, dann hätte es in den Reihen der allerhöchsten Parteifunktionäre keine Meinungsverschiedenheiten und auch kein Zögern gegeben. Der Widerstand gegen alle Versuche, sie von ihren Partnern zu trennen, den die in Mischehe lebenden Deutschen nahezu einmütig geleistet hatten, war ausschlaggebend dafür gewesen, daß die Männer an der Spitze dem RSHA zum Trotz den Befehl erlassen hatten, alle Juden aus Mischehen und alle »Mischlinge« »vorläufig« nicht zu deportieren. Die Widerspenstigkeit dieser Deutschen hatte die divergierenden Ansichten der Führungsspitze und des RSHA darüber, wie wichtig es war, daß die gesellschaftliche Ruhe gewahrt blieb, erst relevant werden lassen, und der Protest dieser Menschen im Februar und März 1943 veranlaßte Goebbels dazu, die »Lösung« der Problemfälle, die Juden aus Mischehen und Mischlinge darstellten, noch einmal »vorläufig« hinauszuschieben.

Etwa am 5. März ergriff die Gestapo neue Maßnahmen, um mit den Protestkundgebungen Schluß zu machen. Einige ihrer Beamten führten ungefähr zehn demonstrierende Frauen ab, ein Auto wurde eingesetzt, um die Menge auseinanderzutreiben. Eine Frau, die mit Gewalt vom Schauplatz des Protestes fortgebracht worden war, berichtete später, daß man sie alle zum Arbeitsamt an der Fontanepromenade gefahren habe, wo sie Kartoffeln hätten schälen müssen. Am Abend hätte man sie freigelassen, und sie hätten nach Hause gehen dürfen.[56] Diejenigen, die es mit ansehen mußten, wie diese Frauen verschleppt wurden, waren aber in größter Sorge um sie – und um sich selbst. »Wo diese Frauen wirklich hinkamen, wußten wir nicht«, erzählte Charlotte. »Da hab ich mich dann auch nie mehr vorne hingestellt, sonst wäre ich vielleicht auch noch weggekommen. Ich hätte ihm dann ja nicht mehr helfen können.«

Elsa Holzer erlebte mit, wie ein offener Kübelwagen plötzlich bis an den Rand der Menge vorfuhr:»Der Wagen war so ein kleines Ding, wo da zwei vorne sitzen, einer, der fährt, und dann neben ihm noch einer und dahinten sind zwei oder drei. Und ich sehe, daß das SS-Männer sind, mit Maschinengewehren. Ja, in Stahlhelmen und schwarzen Uniformen. Und da sind die zwei hinten aufgestanden, mit Gewehren, die so einen Kranz hatten wie Maschinengewehre. Und plötzlich wurde gebrüllt: ›Straße frei!‹ Und der Wagen ist auf uns zugekommen! Sie haben gerufen ›Straße frei‹ und sind losgefahren – nicht etwa langsam. Die mußten eben die Straße frei machen. Gleichzeitig hat es geknattert: kack–kack–kack–kack. Also da wären glatt alle abgesäbelt worden, wenn sie wirklich geschossen hätten. Wir sind alle wie die Wilden gerannt. Alle versuchten, in die Höfe der Häuser zu rennen, oder die Treppen rauf. Aber die Türen waren alle gesperrt in dieser Umgebung. Die Gestapo hatte uns ausgeschlossen. Die kleinen Türeingänge waren gepackt mit Leuten, von hinten wurde geschubst, und da kam noch eine und noch eine, so daß vielleicht zehn Menschen standen, wo normalerweise nur drei hätten stehen können. Die vorne wollten rein, und die hinten wußten nicht, daß die anderen nicht reinkommen konnten, und drückten dann von hinten. Also ganz fürchterliche Zustände, grausam. Na, wer will sich denn erschießen lassen? Wir wollten ja erst mal unsere Männer befreien, nicht?«

Dadurch, daß sie so hartnäckig weiterkämpften, begannen die Demonstranten allmählich ein anderes Bewußtsein von dem zu entwikkeln, was da in der Rosenstraße vor sich ging. Elsa spürte plötzlich, daß sie Teil einer größeren Gruppe war, die immer mehr Selbstvertrauen gewann. Sie war ursprünglich nur in die Straße gekommen, um Erkundigungen einzuholen; jetzt hoffte sie, daß sie tatsächlich etwas für ihren Mann erreichen könne:»Ich bin jeden Tag wieder sehr früh zur Rosenstraße gegangen. Ob wieder viele Leute da waren, konnte ich nicht wissen. Aber es gab wieder eine Flut von Menschen. Woher die Leute alle von der Rosenstraße wußten, weiß ich nicht. Weder ist es inszeniert worden noch sonst was. Alle sind von selbst dahin, das war das Eigenartige. Es ist ja keiner aufgefordert worden. Ich bin nicht gegangen, weil irgend jemand gesagt hat: ›Sie müssen dort hingehen.‹ Ich bin nicht gegangen, weil jemand sagte: ›Gehen wir!‹ Das ist das Wunderbare an dieser Geschichte.«

Frau Droop hatte für Elsa einige Dienststellen der Gestapo aufgesucht, um mit den Beamten zu sprechen, die für die Aktion verantwortlich waren, aber auch viele der Frauen, die in der Rosenstraße demonstrierten, wandten sich direkt an die Gestapo, um die Freilassung ihrer Angehörigen zu erreichen. Charlotte Israel begab sich, nachdem das Geschehen in der Rosenstraße ihr neuen Mut eingeflößt hatte, mehrfach zum Judenreferat in der Burgstraße: »Wenn ich nicht grade etwas anderes vorhatte, war ich bei der Gestapo. Ich bin überall hin, um ihn freizukriegen. Ich wollte ihn frei haben! Ich habe gesagt: ›Sie können ja mit ihm doch nichts anfangen. Früher hat er Musik studiert – und das wird doch jetzt nicht gebraucht, oder?‹ Die Gestapo-Männer haben mich immer rausgeschmissen. Na ja, da konnte ich ja auch nichts anderes erwarten!«

Hilda Elkuß drang sogar bis in das Gebäude der Jüdischen Gemeinde, in die »Höhle des Löwen«, wie sie es nannte, vor. Sie wollte um jeden Preis herausfinden, ob ihr Mann dort gefangengehalten wurde, und ein Wachposten gewährte ihr Eintritt, während er in einer Liste nachsah. Dieter war tatsächlich dort, und der Posten erlaubte es Hilda, ihm am nächsten Tag ein Päckchen zu bringen.

Frau Weigert drang auf der Suche nach ihrem Mann ebenfalls bis in die Zentrale des Terrorsystems vor. »Und dann bin ich zu der Gestapo in der Burgstraße gegangen und hab mit einem Führer gesprochen. In Uniform war der. Also, ich bin ziemlich gefaßt gewesen – nur Ruhe bewahren. Ich bin nicht rebellisch geworden. Ich habe mit dem Mann verhandelt. Sofern etwas zu antworten war, habe ich geantwortet. Der hat auch geantwortet. ›Na ja, das erledigt sich alles‹, meinte er. Und ich bin auch in die Kurfürstenstraße 116 [wo die Abteilung Eichmann untergebracht war], aber da waren meine Angehörigen nicht. Alle haben auch gesagt: ›Das wird sich noch herausstellen‹ oder ›Wir wissen nicht ...‹ Also da mußte ich ja wieder gehen. Was sollt ich machen?«

Hannah Herzbergs Mann Erich, ein Schuhmacher, gehörte zu den Juden, die man am 4. März nach Auschwitz deportiert hatte, obwohl sie mit Deutschen verheiratet waren. Natürlich setzte die Gestapo Hannah nicht davon in Kenntnis. Als sie Nachforschungen anzustellen begann, wiesen einige Funktionäre sie auch noch ganz barsch zurecht; sie sagten: »Lassen Sie sich scheiden, dann sind Sie den ganzen Quatsch los! Sie finden doch'n anderen Mann.« Mehrere Tage nachdem sie Erich zum letztenmal gesehen hatte, bekam sie eine Postkarte von ihm. Er hatte es auf der Fahrt nach Auschwitz geschafft, irgendwo in Schlesien diese Karte aus dem Waggonfenster zu werfen. »Er hat geschrieben: ›Ich bin auf der Fahrt nach dem Osten. Kopf hoch!‹ Und dann stand auf dieser Karte noch der Vermerk: ›Bitte den Finder, die Karte zu befördern!‹«

Mit dieser Karte ging Hannah zu den Gestapo-Offizieren in der

Burgstraße. »Ich wurde zu einem älteren Herrn geführt im oberen Stock und erzählte ihm meine Geschichte«, erinnerte sie sich. »Er erklärte: ›Das kann ja gar nicht stimmen! Wenn Ihr Mann in Mischehe lebt, ist er nicht abtransportiert worden.‹« Auch anderen Frauen, deren Männer erst in der Rosenstraße festgehalten und dann nach Auschwitz geschickt worden waren, sagte man, daß dies einfach nicht sein könne. Hannah konnte jedoch die Postkarte ihres Mannes als Beweisstück vorlegen. »Hier bitte‹, sagte ich. Er las die Karte durch und mit sehr erhobener Stimme sagte er: ›Ich möchte wissen, wer diese Post weiterleitet!‹ Darauf sagte ich ihm: ›Menschen!‹ Er schrie mich an: »Wollen Sie damit sagen, daß wir keine Menschen sind?‹«

Mitte der Woche war Elsa Holzer schon an so vielen aufeinanderfolgenden Tagen zu spät bei Siemens zur Arbeit erschienen, daß ihr Chef wütend wurde und ihr drohte, daß das Konsequenzen für sie haben würde. Elsa war eine vorbildliche Angestellte gewesen. »Ich war weder krank noch habe ich gefehlt, und wo Not am Mann war, hab ich geholfen.« Aber nach drei, vier Tagen »hatte mein Chef dann genug«. Wie Werner Goldberg und andere war Elsa gezwungen gewesen, sich dem Regime nützlich zu machen, um es ihrer Familie zu ermöglichen, dieses Regime zu überleben; jetzt setzte sie ihre Weiterbeschäftigung aufs Spiel. So schenkte sie ihrem Vorgesetzten schließlich aus lauter Verzweiflung reinen Wein ein und erklärte, warum sie so oft zu spät gekommen war: »Ich suche meinen Mann, und mein Mann ist als Jude abgeholt worden.«

»Da ist der bald umgefallen. Der wußte das doch nicht. Keiner wußte das. Sonst hätte ich doch nicht bleiben können, Siemens hatte solche Fälle rausgeschmissen. ›Frau Holzer‹, sagte er bleich, ›Sie haben mir nichts erzählt, bitte. Sie haben mir nichts erzählt. Sonst müßte ich das ja weiter an die Leitung tragen. Gehen Sie so oft, wie Sie müssen, aber Sie dürfen mir nichts sagen!‹«

Am 6. März fuhr die Gestapo, genau wie es Eichmanns Plänen entsprach, mit der Verhaftung von Juden aus Mischehen fort, und indem sie den Vorschlag Goebbels' vom Ende des Jahres 1942 aufgriff, deportierte sie außerdem fünfundzwanzig Juden, die mit deutschen Frauen verheiratet waren, aber keine Kinder hatten.[57] Einer der Männer, Kurt Blaustein, erinnerte sich noch daran, daß ihm damals der Umstand aufgefallen war, daß sie alle kinderlos waren, und er mit den anderen darüber diskutiert hatte.[58] Unter denen, die an jenem Tag weggebracht wurden, befand sich auch der Musiker Ferdinand Wolff. Er hatte seinen Beruf 1935 aufgeben müssen, als Goebbels alle Juden aus der Reichsmusikkammer ausgeschlossen hatte, und seit 1941 war er auf dem Bau als Zwangsarbeiter eingesetzt worden.[59] Am siebten Tag seiner Haft im Gemeindehaus hielt die Gestapo einen Anwesenheitsappell ab. Walter Stock, der Leiter des Judenreferats erklärte, daß Wolff und vierundzwanzig andere für einen Arbeitstrupp ausgewählt worden seien. Diese fünfundzwanzig Männer wurden dann auf einem Lastwagen, dessen Ladefläche mit einer Plane vor neugierigen Blicken abgeschirmt war, zum Güterbahnhof in der Putlitzstraße gebracht, um den Gestapoleuten in Uniform einen Kordon gebildet hatten.

»Wir wußten, daß man nichts Gutes mit uns vorhatte«, erinnerte sich Kurt Blaustein, einer der Gefangenen.[60] Als die Männer ihn fragten, wohin man sie bringen würde und ob sie ihre Frauen benachrichtigen könnten, sagte Stock: »Ihr fahrt dorthin, wo ihr eure Frauen niemals wiedersehen werdet.« Zu diesem Zeitpunkt, also im März 1943, waren schon viele Verwandte dieser Männer, die, da sie mit deutschen Frauen verheiratet waren, bisher überlebt hatten, deportiert worden, und von den meisten hatte man nie wieder etwas gehört. Ferdinand Wolffs Bruder war 1938 im Kristallnacht-Pogrom verhaftet und ins Lager Sachsenhausen gebracht worden, wo er umkam. Ein anderer von denjenigen, die jetzt zum Bahnhof Putlitzstraße gefahren wurden, ein ehemaliger Geschäftsmann, hatte im Januar 1942 seine Eltern, seine Schwester und seinen Neffen verloren. Man hatte die vier nach Riga verschleppt, und einer seiner früheren Kunden, ein Soldat, der in Riga stationiert gewesen war und sich auf Urlaub befand, hatte ihm gesagt: Warten Sie nicht darauf, daß Sie sie jemals wiedersehen.[61]

Am Güterbahnhof befahlen drei SS-Männer den Gefangenen, einen Zug zu besteigen, der schon übervoll war; sie stiegen dann selbst ein, um auf der Fahrt das Kommando über die Gruppe zu übernehmen. Das Ziel der Männer – wie das der übrigen 665 Juden, die die Waggons füllten – sollte Auschwitz sein. Einige schafften es, einen Zettel mit einer flüchtig hingekritzelten Botschaft an ihre Frauen aus dem Waggon zu werfen: Sie hofften, daß irgendeine freundliche Seele sie finden und dem Adressaten zustellen würde. Ferdinand Wolffs Frau, die sich von Kriminalkommissar Walter Stock nicht einschüchtern ließ, sondern darauf bestand, daß man ihr sagte, was mit ihrem Mann geschehen sei, erhielt ein paar Dokumente vorgelegt, aus denen hervorging, daß ihr Mann in Schutzhaft genommen worden war.[62] Seit dem Beginn der »Schlußaktion« waren mittlerweile 7031 Juden nach Auschwitz deportiert worden.

Günter Grodka war zu Hause, als die Gestapoleute kamen, um ihn zu verhaften. Er wurde zur Großen Hamburger Straße gefahren. Da das Sammellager in der Rosenstraße völlig überfüllt war, sich das Gebäude in der Großen Hamburger Straße hingegen nach den Deportationen weitgehend geleert hatte, wurden neu verhaftete Juden aus Mischehen und »Geltungsjuden« jetzt dort festgesetzt. Die Gestapo plante offensichtlich eine weitere Verhaftungswelle: Sie forderte von Günter Grodka die Namen und die Adressen fünf anderer Juden aus Mischehen, die in Berlin wohnten. Zu ihrer Enttäuschung kamen deutsche Verwandte der Juden, die in der Großen Hamburger Straße festgehalten wurden, nun in großer Zahl auch hierher, um lautstark die Freilassung ihrer Angehörigen zu fordern. Je mehr Menschen man verhaftete, desto mehr Demonstranten rief man auf den Plan.[63]

Der 6. März war der Tag, an dem neue Lebensmittelmarken ausgegeben wurden, und die Gestapo verhaftete alle Juden, die sich an den Ausgabestellen einfanden. Eine Zeugin dieser Aktion war Rita Kuhn. Gewöhnlich holte ihre Mutter die Lebensmittelmarken für die ganze Familie in dem Schulgebäude ab, wo sie ausgegeben wurden. An diesem 6. März teilte man Frau Kuhn aber mit, daß ihr Mann und ihre »Mischlings«-Tochter sich persönlich einfinden müßten. Als die ganze Familie dann später noch einmal wiederkam, schlossen Gestapoleute Rita und ihren Vater einfach in einem der Klassenzimmer ein, und den ganzen Tag lang schoben sie immer mehr verhaftete Juden und Halbjuden zu ihnen hinein. Rita hörte ihre Mutter draußen schreien: »Sie dürfen mir meinen Mann und mein kleines Mädchen nicht nehmen!« Sie weigerte sich, das Gebäude zu verlassen, und war immer noch da, als die Verhafteten zu einem Lastwagen geführt wurden, der sie dann zur Rosenstraße brachte.[64]

In einer anderen Ausgabestelle für Lebensmittelmarken, in der Knesebeckstraße, fiel Wally Grodka zunächst nur auf, daß sich an jedem Ausgang zwei Gestapoleute aufgebaut hatten. Dann wurde auch sie Zeuge der Verhaftungen; sie hielt das, was sie mit angesehen hatte, später in ihrem Tagebuch fest: »An den Ausgängen postierten sich je zwei Beamte der Gestapo. Keiner darf heraus. Die Lebensmittelkarten sind sozusagen Passierscheine. Wer einen Stempel ›J‹ in der Kartei hat, bekommt keine Karten und wird von den Beamten an der Tür festgehalten. Es ist furchtbar, dies alles mit anzusehen, ohne helfen zu können, das verzweifelte Weinen und Schreien von den Müttern zu hören, deren Kinder zu Hause waren.«[65]

Als Wally an jenem Tag nach Hause zurückgekehrt war, hatte ein weiterer Schrecken auf sie gewartet: »Zwei Beamte sind da, meinen Mann zu holen. Ich gab mir Mühe, tapfer zu sein. Geb Löffel, eine Decke und etwas zu lesen mit.« Nach ein paar Stunden hatte sie herausgefunden, daß Günter in der Großen Hamburger Straße festgehalten wurde, und machte sich sofort dorthin auf. Auch über das, was sie dort erlebte, findet sich ein Eintrag in ihrem Tagebuch: »Es waren schon sehr viele da, Hunderte, Männer und Frauen. Sie warteten auf der Straße, vor dem Eingang. Die Wachposten trieben uns auseinander: ›Gehen Sie weg, oder wir schießen!‹ Dann sind wir gerannt, drängten uns in die Eingänge verschiedener Häuser. Vorsichtig gleitet mein suchender Blick an der Fensterfront entlang, und mit einem Mal sehe ich ihn hinter den Gittern. Nur für Sekunden begegnen sich unsere Blicke, da geschossen wird, wenn sich einer am Fenster zeigt.«

Am 6. März waren schon sechs Tage verstrichen, seitdem Charlotte Israel zum letztenmal ihren Mann gesehen und ihren Mantel ausgezogen hatte. Sie erinnerte sich noch genau daran, daß es an diesem bewußten Tag so kalt war, daß ihr die Tränen auf den Wangen gefroren, als sie wieder einmal vor dem Haus stand, in dem ihr Mann gefangengehalten wurde. Ihr fünfzehnjähriger Bruder Günther hatte sie begleitet.

Sie erzählte, daß die Straße schwarz von Menschen gewesen sei. Tausend Leute etwa. »Ich ging jeden Tag hin. Und mit jedem Tag wurden es mehr und mehr.«[66] Mittlerweile beteiligten sich auch Menschen an der Demonstration, die gar nicht direkt betroffen waren. Sie hatten keine Angehörigen, die in dem Gebäude festgehalten wurden, und, wie Charlotte sich erinnerte, nahm die Kundgebung an jenem Tag einen immer politischeren Ton an, und die Stimmung wurde immer regimefeindlicher: Die Menschen schrien jetzt nicht mehr nur »Gebt uns unsere Männer zurück!«, sondern »Ihr Mörder!«. Charlotte erzählte: »Die Lage vor dem Sammellager spitzte sich zu. Die SS richtete Maschinengewehre auf uns: ›Wenn Sie jetzt nicht gehen, schießen wir!‹ Die Menge flutete unwillkürlich zurück, aber dann fingen wir erstmals an richtig zu brüllen. Nun war uns alles egal. Wir brüllten: ›Ihr Mörder!‹ Hinter den Maschinengewehren riß ein Mann den Mund groß auf. Vielleicht gab er ein Kommando. Ich habe es nicht gehört, es wurde übertönt. Dann geschah etwas Unerwartetes: Die Maschinengewehre wurden abgeräumt. Vor dem Lager herrschte jetzt Schweigen, nur noch vereinzeltes Schluchzen war zu hören.«

Rückkehr

Am 6. März 1943, als die Verhaftungen noch in vollem Gang waren, gab Goebbels schließlich den Befehl, die schon festgenommenen Juden aus Mischehen und die »Mischlinge« freizulassen. »Ich gebe dem SD

Auftrag, die Judenevakuierung nicht ausgerechnet in einer so kritischen Zeit fortzusetzen«, schrieb er, womit er sich vor allem auf die Niederlage von Stalingrad bezog. »Wir wollen uns das lieber noch eine Woche aufsparen; dann können wir es um so gründlicher durchführen.« Goebbels klagte darüber, daß das RSHA eine loyale Behörde sei und alle Befehle pflichtschuldigst ausführe, gleichzeitig aber unfähig sei, sich rasch auf eine veränderte Lage einzustellen und die Taktik zu ändern. Das RSHA wollte allen Protesten zum Trotz an dem Plan festhalten, die Juden zu deportieren, was Goebbels zu dem Kommentar veranlaßte: »Man muß überall eingreifen, um Schäden zu verhüten. Gewisse Stellen sind in ihren Maßnahmen politisch so unklug, daß man sie nicht zehn Minuten alleine laufen lassen kann.«[67] Am 11. April 1943 ging von der amerikanischen Botschaft in Bern folgende Depesche nach Washington ab: »Maßnahmen gegen jüdische Ehefrauen und Ehemänner von seiten der Gestapo mußten vor einiger Zeit eingestellt werden wegen des Protestes, den sie auslösten.«[68]

Goebbels rechtfertigte seine Entscheidung mit dem Argument, daß der Zeitpunkt für diese Aktion der Gestapo äußerst ungünstig gewesen sei. Leopold Gutterer jedoch, der 1943 Goebbels' erster Stellvertreter war und Einblick in fast alle Vorgänge im Propagandaministerium hatte, meinte, daß sein Chef den Menschen deshalb die Freiheit schenkte, weil das die beste und einfachste Methode war, um den Protest zu beenden. Gutterer sagte: »Goebbels hat die Juden freigelassen, um den Protest aus der Welt zu schaffen. Das war die einfachste Lösung. Man hat den Grund des Protestes aus der Welt geschafft, so daß es keinen Sinn mehr hatte zu protestieren. Auch damit es nicht Schule macht. Goebbels haßte Unruhe, und er meinte, das könnte dann von Bezirk zu Bezirk gehen. Was die Stimmung des Volkes beeinträchtigen konnte, hat er immer versucht zu verhindern, denn dafür war er ja verantwortlich als Minister. Warum sollte er die Demonstranten inhaftieren lassen? Das würde mehr Unruhe verursachen.«[69] Dennoch, meinte Gutterer, wäre jede Art von Polizeigewalt gegen die Demonstranten denkbar gewesen: »Sie mußten mindestens damit rechnen, daß sie inhaftiert würden. Die Polizei hätte die verhaften können und: ›Paß raus oder Kennkarte!‹ und die eingebuchtet ins Gefängnis mindestens oder ins KZ.«

Gutterer, der immer behauptete, die Nationalsozialisten hätten nur lautere Absichten verfolgt, bis der Krieg Hitler in den Wahnsinn getrieben habe, meinte: »Diese Frauen haben als Menschen, als Personen demonstriert. Die waren in Person da. Die konnte jeder erkennen oder feststellen, wer es war. Diese Frauen haben mit ihrer ganzen Bekanntheit, offen mit ihrem physischen Dasein demonstriert. Sie haben Mut gehabt zweifellos, nicht? Wenn die eine oder die andere eine Pistole dabeigehabt hätte, dann müßten ja die Polizisten schießen, dann müßten sie schießen. Sicher, es wurde geforscht, ob irgendeiner dahintersteckte, der die Leute aufgehetzt hat. Und da hat man nichts gefunden. Wenn das so gewesen wäre, hätte man das verhindern können. Es gab hier keinen Rädelsführer, der die Gruppe zu einem bestimmten Zweck aufgehetzt hat. Es war nicht organisiert, aber mündlich verbreitet. Das war eine spontane Reaktion. Diese Frauen wollten gar keine Revolution. Die haben einfach nicht verstehen können: ›Wieso? Weswegen? . . . Was soll denn das? Was ist das?‹«[70]

Für Elsa bestand die besondere Eigenart des Protestes darin, daß alle Beteiligten einfach ihrem Herzen folgten, das heißt nicht aus Berechnung handelten oder sich durch andere beeinflussen ließen. Auch Gutterer sprach davon, daß es sich um einen »offenen« und »öffentlichen« Protest gehandelt habe, dem jegliches konspirative Element gefehlt habe, und daß gerade dies ihm seine Stärke gegeben habe. Die wirkliche Schlagkraft des Protestes kam aber daher, daß so viele Menschen sich so stark motiviert fühlten, daß sie, obwohl es keine zentrale Organisation gab und keine Weltanschauung, die sie alle einte, ihr Leben riskierten. Elsa Holzer sagte, daß sie nur den Mut gefunden habe, ihr Leben aufs Spiel zu setzen, weil der Protest aus der Tiefe ihres Herzen gekommen sei; die Menge von Gleichgesinnten habe ihr dann die Kraft gegeben, in der Rosenstraße zu bleiben und immer wiederzukommen. Der Massenprotest sei ganz spontan ausgebrochen, ohne jede Organisation, weil das Regime eine von der Tradition geheiligte Institution angegriffen habe. Die meisten Deutschen würden Sympathie für Menschen empfinden, die ihre Familien zu retten versuchten. Man erwartete von Eheleuten, daß sie einander beistanden, vor allem in der Not, und Frauen käme auf diesem Gebiet eine besondere Bedeutung zu. Goebbels erkannte, daß er nicht alle Menschen ermorden lassen konnte, die er gerne ermorden lassen wollte – die jüdischen Ehepartner, angeheirateten Verwandten, die Sympathisanten. Von einem bestimmten Punkt an hätten die Deutschen begonnen, sich mit ihren Mitbürgern zu identifizieren anstatt mit einer Regierung, die immer mehr Opfer an Menschenleben forderte.

Goebbels befürchtete, daß die Deutschen aus Empörung über die Zwangsdeportationen ihrer Ehepartner und ihrer Kinder anfangen könnten, am Regime zu zweifeln und sich zu beklagen. Unruhe über das Schicksal der Juden könnte verhindern, daß jenes gesellschaftliche Zusammengehörigkeitsgefühl erhalten blieb, das notwendig war, um den Krieg zu einem siegreichen Ende zu führen. Aus diesem Grund wurde es auch immer unerläßlicher, alles, was mit der »Endlösung« zusammenhing, geheimzuhalten: Wenn entsprechende Pläne bekanntgeworden wären, hätte die Moral der Bevölkerung, die das Regime vor allem seit Ausbruch des Kriegs um jeden Preis bewahren wollte, Schaden genommen. Eine öffentliche Diskussion über das Schicksal der deportierten Juden drohte, das Projekt der »Endlösung« allgemein bekanntzumachen, und hätte die Realisierung des ganzen Vorhabens gefährdet.[71] Goebbels konnte die Presse kontrollieren, aber öffentliche Proteste machten ganz klar, daß die Einheit, zu der angeblich alle Deutschen verschmolzen waren, nur eine Erfindung der Propaganda war. Die Demonstranten in der Rosenstraße bekundeten, daß sie mit dem Kern der nazistischen Ideologie nicht einverstanden waren, und bald würden sie vielleicht Fragen zu einem Tabuthema stellen – dem Schicksal der Juden.

Nach dem Protest in der Rosenstraße erschienen in der ausländischen Presse Berichte darüber, daß die Moral der deutschen Bevölkerung angeschlagen sei und immer mehr Deutsche sich von der Partei distanzierten; es gab Meldungen und Gerüchte über weitere Protestkundgebungen von seiten der Bevölkerung. Indem er sich an sein bewährtes Verfahren hielt und die Wahrheit zu Propagandazwecken auf den Kopf stellte, wies Goebbels seine Mitarbeiter an, auf diese Berichte und Gerüchte mit der Erklärung zu reagieren, daß es sich bei den »Zehntausenden«, die auf die Straße gegangen waren, um gegen die Verhaftung der Juden mit deutschen Angehörigen zu protestieren, in Wirklichkeit um Menschen gehandelt habe, die durch die Bombenangriffe der RAF ihr Heim verloren hätten! Er behauptete weiter, daß am 3. März Tausende dem Aufruf der Partei gefolgt seien und an einer Straßensammlung teilgenommen hätten; diese Sammlung habe sogar siebzig Prozent mehr eingebracht als die im Vorjahr, obwohl Tausende ohne ein Dach über dem Kopf im wahrsten Sinne des Wortes auf der Straße säßen.[72]

Die Frauen, die sich in der Rosenstraße zusammengeschart und in Sprechchören die Freilassung ihrer Ehemänner gefordert hatten, konnten nicht wirklich als »Staatsfeinde« eingestuft werden; bei Hitler riefen sie aber die beständig in ihm schlummernde Angst vor einem Aufruhr in den Reihen des eigenen Volkes wach; vor einem neuen »Dolchstoß« in den Rücken des Staates, der wie 1918 zur Niederlage Deutschlands führen würde. Vor allem zu einer Zeit, da die Stimmung der Bevölkerung so leicht umschlagen konnte, ließ die nationalsozialistische Ideologie, daß eine umfassende Unterstützung durch das Volk das Fundament politischer Macht sei, es nicht zu, daß man einfach mit Gewalt gegen eigene Untertanen vorging. Als Goebbels Hitler am 9. März in seiner »Wolfsschanze« aufsuchte, bestätigte der Führer ihm, daß er richtig auf den »psychologischen« Druck reagiert habe, den der Protest dargestellt habe.[73] Obwohl er jedoch Goebbels in diesem Fall recht gab, machte er ihm unmißverständlich klar, daß er dafür zu sorgen habe, daß alle Juden so bald wie möglich aus Berlin »verschwinden« müßten − dies war jedenfalls die Ansicht Gutterers. Zu diesem Zeitpunkt war aber die große Mehrheit der noch in Berlin lebenden Juden mit Deutschen verheiratet. Was Hitler meinte und sagte, hatte nach wie vor Gewicht. Er vertraute auch im allgemeinen darauf, daß die Gauleiter − allen voran Goebbels − in ihren Gebieten in seinem Sinne handeln würden. Was den Gauleiter von Groß-Berlin betraf, schrieb er: Er habe nie bedauert, Goebbels die Macht gegeben zu haben, die er verlangt hat.[74] In seinem Tagebuch erklärte Goebbels seinen Entschluß, die schon verhafteten Juden aus Mischehen wieder freizulassen, damit, daß er in wenigen Wochen eine viel gründlichere Säuberung der Hauptstadt von allen Juden würde vornehmen können.

Gerade in Berlin jedoch, wo über die Hälfte aller Juden mit deutschen Ehepartnern lebte, war es alles andere als einfach, diese Menschen zu beseitigen. Im Vergleich zu anderen deutschen Städten und Regionen hatte die NSDAP in Berlin nie einen besonders starken Rückhalt gefunden, und die Führungsspitze fühlte sich in der Stadt immer etwas unbehaglich. In München etwa hatte die nationalsozialistische Bewegung eine viel stärkere und tiefergehende Unterstützung, und der Parteileiter von München, Paul Giesler, hätte sich nicht so um die Meinung der Bevölkerung der Stadt gesorgt, wie Goebbels sich um die Meinung der Berliner sorgte. Gutterer betonte, daß es zu einer Protestkundgebung wie in der Rosenstraße nur in Berlin hatte kommen können. »Der Protest war nur denkbar in einer Großstadt, wo viele zusammen leben und viele Bekannte haben, ob sie nun Juden oder nicht gewesen sind«, sagte er. »Und in Berlin war auch die internationale Presse vertreten, die so was sofort aufgegriffen hätte, um groß zu tönen.«

Obwohl es Berichte darüber gibt, daß einige Betroffene Kontakt zu Göring (oder zu seiner Frau oder seinem persönlichen Berater Erich Gritzbach) aufnahmen, kann man die Freilassung der Juden mit deutschen Ehepartnern nicht auf den Einfluß einer oder auch mehrerer Einzelpersonen zurückführen. Sowohl Göring als auch Hitler und Goebbels hatten Juden unter ihren persönlichen Schutz gestellt. Allein in Berlin gab es zwischen ein- und zweihundert »Schutzjuden«. Beschwerden der wenigen Soldaten oder einflußreichen Persönlichkeiten, die unmittelbar von der »Schlußaktion« betroffen waren, hätte man schnell und leicht aus der Welt räumen können, indem man deren Verwandte mit auf die Liste der »Schutzjuden« gesetzt hätte. Es gab auch vereinzelte Einwände von Funktionären der Kirche wie auch von Unternehmern, denen daran gelegen war, ihre jüdischen Arbeitskräfte zu behalten. Sowohl die Vertreter der Kirche als auch die Fabrikanten wurden jedoch zu ihren Mißfallensbekundungen erst durch das Beispiel derer ermutigt, die offen auf der Straße protestierten. Anders als die Männer der Kirche oder der Industrie hatten die Deutschen, die in Mischehe lebten, schon seit langem immer wieder zu erkennen gegeben, daß sie alles tun würden, um ihre Angehörigen zu retten, ja daß sie sogar ihr eigenes Leben riskieren würden. Ein Schreiben von dem einen oder anderen Kirchenfunktionär oder eine Forderung von diesem oder jenem Unternehmer hatte so gut wie kein Gewicht, verglichen mit einer gemeinsamen und vor allem öffentlichen Aktion von deutschen Bürgern. Die hatten bereits früher gezeigt, wie sehr ihnen ihre jüdischen Angehörigen am Herzen lagen – und was für einen Aufruhr sie daher machen würden, falls man versuchen sollte, diese zu deportieren. Hitler und Goebbels fürchteten Proteste von kirchlicher Seite, aber in der Rosenstraße war es ein Protest des Volkes, der zur Einstellung der Deportationen führte.

Fabrikbesitzer wie Vertreter der Wehrmacht erhoben vor allem dagegen Einwände, daß ihnen auf einen Schlag ihre jüdischen Arbeiter genommen wurden, die, da ihr Leben davon abgehangen hatte, oft ganz herausragende Leistungen erbracht hatten. Dem jüdischen Ordner Max Reschke zufolge, dem man die Aufsicht über den jüdischen Arbeitstrupp in der Großen Hamburger Straße übertragen hatte, erschienen Unternehmer wie Vorarbeiter aus Fabriken höchstpersönlich im Sammellager, um nachzuweisen, daß sie dazu berechtigt waren, bestimmte dort festgehaltene Juden in ihren Betrieben zu beschäftigen. Von Rüstungsfabriken, privaten Unternehmen und auch von der Wehrmacht selbst habe die Gestapo Briefe bekommen, ja Proteste, alle mit dem Ziel, so berichtete Reschke, ihre jüdischen Arbeiter wieder freizubekommen.[75] Wie die deutsche Industrie hatte auch die Wehrmacht einen vergeblichen Versuch unternommen, einige Juden, die in ihrem Dienst standen, zu retten. Anfang 1942 hatte man auf das RSHA eingewirkt, Juden, die im Ersten Weltkrieg eine militärische Auszeichnung erhalten hatten, statt in eines der Vernichtungslager nach Theresienstadt zu deportieren. Das Regime ließ jedoch diese Menschen

anschließend von Theresienstadt nach Auschwitz schaffen.[76] Ebensowenig wie die Einwände der Industriellen vermochten die der hohen
Militärs Juden vor der Vernichtung zu bewahren. Ein öffentlicher Protest jedoch vermochte sie zu retten.

Görings Ansicht darüber, wie man in der Rosenstraße vorgehen
sollte, hätte kein besonderes Gewicht gehabt, da er zu jener Zeit schon
sehr in Hitlers Achtung gesunken war. Himmler hätte sich vielleicht
Hitlers und Goebbels' Einschätzung der Lage angeschlossen. Obwohl
es ihn drängte, die »Endlösung« zu einem definitiven Abschluß zu
bringen, war der ehemalige Propagandachef der Partei bereit dazu, auf
die Verwirklichung bestimmter Ideale zu verzichten, wenn das die
eigene Position stärkte; er hatte bis zu einem gewissen Grad auch Verständnis für Hitlers Angst vor gesellschaftlichen Unruhen. Goebbels
hingegen war ihm zutiefst zuwider.[77] Himmler »fühlte den Puls des
deutschen Volkes«, und um eine öffentliche Auflehnung gegen die
»Euthanasie«-Morde zu verhindern, hatte er vorgeschlagen, diese einzustellen, bis man die Öffentlichkeit so erzogen hätte, daß sie sie ohne
Einwände akzeptierte.[78] Himmler sollte es sein, der am 22. Dezember
1943 die Deportation einer Gruppe von Juden anordnete, deren deutsche Ehepartner gestorben waren oder sich hatten scheiden lassen; bezeichnenderweise nahm er aber auch von dieser Aktion alle die aus, die
Kinder hatten; diese Kinder hätten ja die Ursache dafür sein können,
daß sich in der Öffentlichkeit Protest gegen die Deportation ihres jüdischen Elternteils regte.[79]

Himmler und Hitler waren anläßlich der Ereignisse in der Rosenstraße nicht zum ersten Mal bereit, von ihren Prinzipien abzuweichen,
um an der Macht zu bleiben. Ende 1942 hatte Himmler vorgeschlagen,
an die zehntausend Juden, die Verwandte in den USA hatten, gegen
Lösegeldzahlungen freizugeben. Hitler war, für den Fall, daß man
durch die Freigabe dieser Menschen tatsächlich beträchtliche ausländische Devisen erhalten würde, damit einverstanden gewesen. Seine und
Himmlers Bereitschaft, inhaftierte Juden gegen Geld freizulassen,
zeigt, daß sie von ihrer Ideologie Abstriche gemacht hätten, wenn dies
dazu beigetragen hätte, eine kritische Situation zu überbrücken, und
wenn nur relativ wenige Juden dadurch mit dem Leben davongekommen wären.[80] Auf der anderen Seite ist es durchaus auch vorstellbar, daß
Hitler eingewilligt hätte, zwanzigtausend Juden gegen eine entsprechend hohe Summe ausreisen zu lassen, wenn das den militärischen
Triumph Deutschlands garantiert hätte, oder daß das Regime unter
Druck noch umfassendere Konzessionen gemacht hätte, als die eintausendsiebenhundert Personen am Leben zu lassen, die es in Reaktion

auf den Protest in der Rosenstraße Anfang 1943 wieder in die Freiheit entließ.

Nachdem er die Freilassung der Inhaftierten angeordnet hatte, mußte Goebbels rasch entscheiden, welche Lügen er verbreiten sollte, um zu verschleiern, daß es zu einem Protest gekommen war und daß man diesem auch noch nachgegeben hatte. Mitarbeiter des Innenministeriums, das einen gewissen Widerstand gegen die Deportation der »Mischlinge« zu erkennen gegeben hatte, nahmen später für sich in Anspruch, das Leben von Juden gerettet zu haben,[81] und sogar der völlig unbedeutende Karl Krell, der arbeitslose Bäcker, der für das Judenreferat der Berliner Gestapo tätig war, behauptete nach dem Krieg bei seinem Entnazifizierungsprozeß, daß er die Freilassung von zweitausend Juden mit deutschen Ehepartnern angeordnet habe.[82]

Offiziell erklärte man aber die Freilassung dieser Menschen damit, daß die Gestapo ihre Machtbefugnisse durch die Verhaftung und Deportation von Personen, die deutsch-jüdischen Familien angehörten, überschritten habe.[83] Die Staatsführung und sogar das RSHA bestritten, in irgendeiner Weise dafür verantwortlich zu sein. Da es nun aber offiziell zu einem solchen Machtmißbrauch gekommen war, mußte es auch jemanden geben, der ihn begangen hatte, und die Schuld wurde nach unten weitergereicht, bis zu August Schiffer, dem als Chef der Berliner Gestapo auch die Aufsichtspflicht über deren Judenreferat zukam. Schiffer wurde strafversetzt, weil er seine Befugnisse überschritten hatte.[84] Wenn es zu keinen Protesten gegen die Verhaftungen gekommen wäre, wären Schiffer und seine Vorgesetzten natürlich dafür belobigt worden, daß sie Berlin von allen Juden gesäubert hatten. Den Deutschen, die Erkundigungen nach ihren verschleppten jüdischen Angehörigen angestellt hätten, hätte man wahrscheinlich gesagt, daß die Deportation auf das Konto irgendeines unbotmäßigen Subalternen gehe, daß man sie jetzt aber – leider – nicht mehr rückgängig machen könne. Genau diese Ausrede hatte das RSHA schon den Vorsitzenden der Jüdischen Gemeinden präsentiert, als diese im Februar 1940 gegen die Deportationen aus Stettin Protest erhoben hatten.[85]

Goebbels (der ja gemeint hatte, daß die deutschen Ehepartner von Juden ebenfalls in Lager gesteckt werden sollten[86]) erhob keine Einwände gegen die Deportation der Berliner Juden an sich, sondern nur gegen den Zeitpunkt, zu dem man damit begonnen hatte. Er meinte, daß man die Stadt in einigen Wochen viel gründlicher »judenrein« machen könne.[87] So kritisierte er vehement den SD – die Abteilung innerhalb des RSHA, die die Entscheidungen bezüglich der Deportationen fällte – dafür, daß er trotz des Protestes weiterhin starr an den

einmal ausgegebenen Befehlen festhielt und die Deportationen fort-
setzte. Er schrieb, daß die grundlegende Schwäche der Führungsspitze
und vor allem des Beamtenapparats darin bestehe, daß sie alles »nach
Schema F« ausführten. Weiter hieß es in dieser Eintragung vom 6.
März: »Man hat manchmal den Eindruck, daß die Leute, die diese oder jene
Maßnahmen durchführten, überhaupt nicht persönlich nachdächten,
sondern sich nur an ein geschriebenes Wort anklammern, bei dem sie
den Hauptwert darauf legen, daß sie nach oben gedeckt sind.« Diese
Anspielung darauf, daß das RSHA Anweisungen von oben bekommen
hatte, wurde von Gutterer bestätigt, der sich erinnerte, daß der »SD
einen Befehl hatte und den durchführen wollte. Der SD hat gedrängt,
die hatten wohl ihren Befehl von Himmler und wollten den Befehl
ausführen. Sie waren nicht der Meinung, daß man auf die allgemeine
Stimmung achten muß. Goebbels war nicht dagegen [gegen die De-
portationen]. Aber er meinte, *jetzt* wäre das Unsinn.«[88] Bei dem Prozeß, der nach dem Krieg gegen ihn geführt wurde, sagte Walter Stock,
der ehemalige Leiter des Berliner Judenreferats, aus, daß er Juden, die
mit Deutschen verheiratet waren, auf Befehl des RSHA habe deportieren lassen.[89] Jeder versuchte, einem anderen die Schuld zuzuschie-
ben, aber Stocks – zu seiner eigenen Entlastung vorgebrachte – Aussage
wird durch anderes Beweismaterial bestätigt.

In der Rosenstraße begann die Gestapo unverzüglich damit, die im
Jüdischen Gemeindehaus Inhaftierten freizulassen. Man drohte ihnen
zwar damit, daß man sie bald wieder festnehmen werde, vielen schien
es aber tatsächlich so, als ob ein neues Leben begänne. Gerhard Braun
erinnerte sich daran, wie sie eines Tages den Befehl bekamen, im Hof
zum Appell anzutreten. Uniformierte Beamte der Gestapo setzten
ihnen dort zunächst noch mit Drohungen und Beschimpfungen zu,
dann wiesen sie sie aber an, ihre Sachen zusammenzupacken, und die
Gefangenen wurden ganz offiziell freigelassen. Gerhard Braun erzählte:
»Ich mußte dann meine Arbeitspapiere abholen, bei meiner alten Ar-
beitsstätte nach Treptow, und wurde erneut zu einer anderen Arbeitsstelle vermittelt. Und auf dem Wege zur Fabrik hat eine uralte Frau
mich offensichtlich als Jude erkannt. Diese Frau hat mich auf offener
Straße umarmt, etwa mit den Worten: ›Es ist aber schön, daß du wieder da bist, Junge.‹ Also auch solche Sympathiekundgebungen hat es in
Berlin gegeben, und auch das sollte man erwähnen.«

Keiner der freigelassenen Juden durfte wieder an seinem alten Platz arbeiten. »Als ich das Gebäude mit meinem offiziellen Entlassungsschein
und den Anweisungen, mich wegen einer neuen Stelle beim Arbeits-

amt zu melden, verließ, warteten draußen meine Frau und meine beiden Töchter schon auf mich.« Ernst Bukofzer lächelte, als er sich an das Wiedersehen mit seiner Familie erinnerte. »Sie hatten schon seit Stunden auf mich gewartet, ganz geduldig, und geleiteten mich jetzt voller Freude nach Hause. Ich selbst war ganz erschöpft, es war, als ob mir eine schwere Last von den Schultern genommen worden sei. Es hatte wirklich Stunden gegeben, in denen ich nicht mehr daran geglaubt hatte, jemals wieder in den Kreis meiner Familie zurückkehren zu dürfen.«

»Zu Hause angelangt, hatte ich vor allem das Bedürfnis nach einem warmen Bad, denn ich sah wie ein Schwein aus.« So ein Bad war aber gar nicht so leicht zu bekommen, da wegen der Kohlenknappheit nur noch kaltes Wasser aus den Hähnen rann. So mußte man Wasser in vielen kleinen Töpfen und anderen Gefäßen auf dem Küchenherd heiß machen. Die Freunde Bukofzers, die im gleichen Haus wohnten, hatten aber von seiner Entlassung gehört und schon vor seiner Rückkehr begonnen, einen Kessel mit warmem Wasser nach dem anderen ins Badezimmer der Bukofzers zu schleppen, so daß man die Wanne schnell füllen konnte. »Natürlich war ich von diesen Beweisen der Zuneigung meiner ›arischen Volksgenossen‹ sehr gerührt«, sagte Bukofzer.

»Judenschwein, wir werden dich bald wieder hier haben«, rief ein Gestapomann Julius noch hinterher, als der nach Hause gehen durfte. Charlotte hatte einen Tag zuvor von einem jüdischen Ordner die schriftliche Mitteilung überbracht bekommen, daß man ihren Mann entlassen werde. »Mein Bruder wohnte in der Nebenstraße mit meiner Mutter und kam mit 'nem Kuchen rüber«, erzählte sie. »Und nun wollte er bleiben, bis mein Mann kam. Aber das wollte ich nicht. ›Aber ich will ihn auch begrüßen‹, sagte er. Dann hat er gewartet, und er kam nicht. Er kam nicht. Und dann sagte Günther: ›Kann ich Musik machen?‹ Ich sagte: ›Sieh mal, Günther, was wird er denken, wenn wir hier Musik machen?‹ ›So‹, sagte er, ›dann spiele ich was Trauriges.‹ Und dann hat er eine Platte aufgelegt, die ich nie vergessen werde, von Zarah Leander: ›Ich weiß, es wird einmal ein Wunder geschehn, und dann werden tausend Märchen wahr.‹ Und das war alles für mich wie ein Wunder. Und dann hörte ich seine Schritte, und dann kam er. Er war total krank. Er war seelisch so fertig. Und hat fürchterlich gerochen. Er hat immer geweint, immer geweint. ›Im Lager ist man weniger als eine Laus‹, hat er gesagt. ›Die nehmen einem jede Kraft.‹

Ach, ich war glücklich, daß er da war, denn für mich war das wie ein Geschenk. Und ich fragte ihn: ›Was möchtest du jetzt zuerst?‹ Er sagte: ›Erst baden.‹ Dann sagte ich: ›Was möchtest du zum Essen?‹ Dann hat er gesagt: ›Ich möchte gebadet haben, dann gleich ins Bett gehen, und dann möchte ich vom Bett aus Kaffee und Kuchen essen.‹«

Rudi Holzer kam am 8. März wieder nach Hause. »Er sah wie ein Räuber aus«, erinnerte sich Elsa. »Rudi hatte sich die ganze Zeit nicht rasiert. Der hatte einen starken Bartwuchs und mußte zweimal am Tag sich rasieren. Jetzt hatte er überall Haare, so schwarz, daß es blau war.«

»Natürlich hat er nachher erzählt, wie er den Zettel in seinem Butterbrot gefunden hat«, erinnerte sie sich weiter, und es klang beinahe so etwas wie Triumph in ihrer Stimme mit. »Ja, mein Mann hat das Brotpäcken bekommen. Das hat er gekriegt, ja. Dieses Zettelchen hat er dann immer in seinem Geldbeutel gehabt. Der Zettel, der verfettete, war sein Talisman.«

Nach ihrer Ankunft in Auschwitz waren die fünfundzwanzig Männer, die man von der Rosenstraße dorthin deportiert hatte, sofort von den anderen Juden getrennt worden. Sie mußten nicht jenen Ausmusterungsprozeß über sich ergehen lassen, von dem es abhing, ob man die allerhärteste Zwangsarbeit verrichten mußte oder sofort in die Gaskammer geschickt wurde. In einem Fernschreiben, das der Lagerkommandant am 8. März an die Wirtschaftsverwaltung schickte, hieß es, daß es sich bei diesen fünfundzwanzig Juden um Männer handelte, die in »Schutzhaft« genommen worden waren.[90] Offensichtlich hatte man sie dazu bestimmt, durch Schwerstarbeit umgebracht zu werden. Sie wurden in die Fabrik der IG-Farben im benachbarten Arbeitslager Buna-Monowitz gesteckt. Sie wurden in verschiedenen Baracken untergebracht; jedem wurde eine Zahlenreihe in den linken Unterarm eintätowiert, und fortan wurden sie nicht mehr mit ihrem Namen angesprochen, sondern nur noch mit ihrer Nummer.

»In Buna arbeitete man zwölf Stunden am Tag«, erinnerte sich einer dieser Männer. Die Wachposten hätten häufig auf die Insassen geschossen, weil sie mit drei Tagen Sonderurlaub, fünf Reichsmark und einer Schachtel Zigaretten belohnt wurden, wenn sie einen Fluchtversuch vereitelten. »Beliebt war ein Spiel, dem Häftling die Mütze wegzunehmen, und wenn er sie zurückholen mußte, wurde er ›auf der Flucht‹ erschossen.«[91] Die Gefangenen wurden regelmäßig von Kapos mißhandelt und viele von ihnen begingen Selbstmord, indem sie in die unter Starkstrom stehenden Zäune hineinliefen, die das Lager umgaben.[92]

Am zwölften Tag nach ihrer Einlieferung, als sie sich morgens gerade zur Arbeit fertig machten, erschien ein SS-Führer und befahl ihnen, zu duschen und dann zur »medizinischen Untersuchung« anzutreten. Bei dieser Untersuchung erfuhren sie, daß sie auf Befehl »höchster Stellen«

nach Berlin zurückgeschickt werden würden.[93] Sie traten ihre Rück-
fahrt in einem richtigen Personenzug, genauer, in einem Schnellzug, an.
»Man konnte uns gar nicht schnell genug loswerden. Also hatte es aus
Berlin einen auf den Deckel gegeben«, meinte später einer von ihnen.[94]
Bevor man sie jedoch endgültig entlassen hatte, hatte man ihnen ge-
droht, daß sie bald wieder in Auschwitz sitzen würden, wenn sie nur ein
Wort darüber erzählten, was sie dort gesehen und erlebt hatten.

Einer der fünfundzwanzig aus der Rosenstraße mußte in Auschwitz
zurückbleiben, da er zu krank war, um die Fahrt anzutreten.[95] Zu den
anderen stießen noch elf weitere Männer, die wie sie deutsche Ehefrauen hatten; diese elf waren am 4. März aus dem Sammellager in der
Großen Hamburger Straße nach Auschwitz gebracht worden. Die La-
gerverwaltung war von dem Befehl, diese Gefangenen freizulassen, so
überrascht, daß man ihnen Kleider aushändigte, die ihnen gar nicht
gehörten.[96] Die Nachricht von ihrer Entlassung verbreitete sich rasend
schnell unter den anderen Häftlingen. Johnny Hüttner, Jude und Kommunist, der seit 1936 in verschiedenen Konzentrationslagern gesessen
hatte, erinnerte sich später: Sie hätten hin und her überlegt, ob es wirklich eine Entlassung gewesen sei. Sie hätte ja auch ein besonderes
»Menschenexperiment« sein können.

Hannah Herzberg hatte den Tag, an dem ihr Mann Erich wieder aus
Auschwitz nach Berlin zurückgekehrt war, noch ganz genau in Erinnerung: »Man hatte ihnen die Klamotten, die die anderen getragen hatten, gegeben«, erzählte sie. »Also sie kamen halb angezogen an. Ganz
schrecklich. Mein Mann sagte mir später einmal, sie hatten es so eilig,
da waren keine vorgeschriebenen Maßnahmen mehr, nur: ›Raus!
Raus!‹. Sie wurden in aller Eile in Auschwitz zusammengetrommelt
und dann zur Bahn gebracht und in einem Zwei-Personen-Abteil untergebracht. Und zwar mit nur einem Bewacher. Jeder war der Ansicht, daß sie nun entlassen würden. Außerdem hat er erzählt, wie jeder
sich große Sorgen gemacht habe, weil keiner Geld bei sich hatte, um
nach Hause zu fahren. Aber als sie dann auf dem Bahnhof Friedrichstraße ankamen, wurden sie sofort von der SS wieder empfangen und
in zwei Lastwagen verladen.«

Der Zug hielt so, »daß wir direkt in einen von SS- und Gestapoleu-
ten gebildeten Kordon hineintraten«, erinnerte sich ein anderer.[98] Die
Gestapo brachte sie in ihr Gebäude in der Burgstraße, wo sie in die
Zellen im Souterrain eingesperrt wurden. Dort verbrachten sie die
Nacht. Stock, Schneider und Krell befragten am nächsten Morgen fünf
bis acht von ihnen über ihre Erlebnisse in Auschwitz; sie hatten zwei
Sekretärinnen mitgebracht, die alles mitstenographierten. Ein »hoch-

rangiger Mann von der Wehrmacht« war auch zugegen, um zu hören, wie »anständig es in Auschwitz zuginge«. Die Befragungen dauerten ungefähr fünfzehn Minuten und endeten – was für Stock und seine Handlanger natürlich am wichtigsten war – damit, daß die Verhörten schriftliche Geständnisse unterzeichneten, in denen sie bekannten, Verbrechen wie Spionage, Verrat und Verbreitung von staatsfeindlichen Gerüchten begangen zu haben. Erich Herzberg erinnerte sich: Die Gestapo habe mit den Fragen begonnen, an ihn. Er habe geantwortet: Ich habe eine Erklärung unterschrieben, daß ich völliges Schweigen bewahre über alles, was ich erlebt habe. Gut, sagte er, dann frage ich Sie, wie das Essen war. Gut, sagte ich. Wurden Sie geschlagen? Nein. Sahen Sie jemals, daß ein anderer geschlagen wurde? Nein. Na, na, ich bin nicht dumm. Er sei in ihrer Gewalt gewesen, erklärte Herzberg, und er hätte natürlich nichts gesagt, was die nicht hören wollten.[99]

Die Berliner Gestapo wagte es jedoch nicht, diese Männer, die mit eigenen Augen gesehen hatten, was in Auschwitz vor sich ging, wieder mit anderen Menschen zusammenkommen zu lassen. Man isolierte sie daher, indem man sie willkürlich eines Kapitalverbrechens anklagte, sie in Schutzhaft nahm und in das nahe gelegene Arbeitslager Großbeeren schickte.

»Die Gestapo machte uns die offizielle Mitteilung, daß unsere Männer zurück seien«, erzählte Erichs Frau Hannah. Sie wußte noch genau, daß die Gestapo ihr und den Ehefrauen der anderen untersagte, sich als größere Gruppe in der Burgstraße einzufinden, weil das zu sehr einer Protestkundgebung hätte ähneln können. »Wir sollten zur Burgstraße kommen. Man hat uns aufgefordert, nur in kleineren Gruppen dorthin zu kommen! [Unsere Männer] hatten sich, so die Gestapo, angeblich der Spionage schuldig gemacht und sollten jetzt in ein Arbeitslager in Großbeeren, drei Stunden von Berlin, kommen.«

In Großbeeren wurden die Männer, die Auschwitz heil überstanden hatten, von einem Kommissar Schulz mit der verärgerten Frage in Empfang genommen: »Euch scheint auch noch mal die Sonne?« Ihre Frauen durften sie aber in der Folgezeit besuchen, und sie überlebten, sofern ihre Ehepartnerinnen sich nicht von ihnen scheiden ließen.

Die Juden mit deutschen Ehepartnern, die man aus dem Sammellager in der Rosenstraße freigelassen hatte, lebten auch weiterhin in ständiger Anspannung und Ungewißheit. Die Auswirkungen des Protestes machten sich jedoch auch noch nach dem März 1943 bemerkbar und waren nicht auf den Raum Berlin beschränkt. Obwohl Goebbels am 6. März angekündigt hatte, die in Mischehe lebenden Juden ein paar Wochen später deportieren zu lassen, kam man schon am 18. März zu der Entscheidung, daß dies nicht geschehen solle. An diesem Tag trug Himmler in seinen Tageskalender stichwortartig den Inhalt eines Telephongesprächs mit Gestapochef Heinrich Müller ein: »Keine Deportation privilegierter Juden«.[100] Um diesen Zeitpunkt herum wurden auch jene Juden, die man nach ihrer Verhaftung bei der Berliner »Schlußaktion« nach Auschwitz geschickt hatte, wieder freigelassen.[101] Am 20. März meldete Goebbels Hitler, daß »die Juden zum größten Teil aus Berlin herausgebracht seien«.[102] Viele der Berliner Juden begannen – manchmal auf den Rat ihrer Arbeitgeber hin –, den gelben Stern von ihren Kleidungsstücken abzutrennen.[103] »Ich möchte nicht, daß Juden noch mit dem Judenstern in der Reichshauptstadt herumlaufen«, schrieb Goebbels am 18. April 1943 in sein Tagebuch. »Entweder muß man ihnen den Judenstern abnehmen und sie privilegieren, oder sie im anderen Falle endgültig aus der Reichshauptstadt evakuieren.«[104]

Am 19. Mai 1943 erklärte der Gauleiter von Berlin die Stadt für »judenfrei«, und wenn Berlin tatsächlich von allen Juden »gesäubert« worden war, dann durfte man natürlich auch keine mehr auf den Straßen sehen.[105] Seit dem Protest in der Rosenstraße war es zu keinen weiteren Deportationen von Juden mit deutschen Ehepartnern oder »Mischlingen« gekommen. Goebbels stand aber unter Druck, er fühlte sich anscheinend verpflichtet, den Vollzug des Auftrags, für den er als Gauleiter verantwortlich war, zu melden, und da er keinen weiteren Protest riskieren wollte, hielt er sich lieber an seine bewährte Methode, die Wahrheit zu verdrehen.

Am 21. Mai beantwortete Eichmanns Stellvertreter Rolf Günther eine Anfrage der deutschen Polizei in Paris: Man hatte vom Hauptquartier wissen wollen, wie man mit den dortigen Juden, die in Mischehe lebten, verfahren solle. Günther schrieb, daß man, bevor man nicht die Frage im Reich selbst endgültig »geklärt« habe, keine Richtlinien für die ausländischen Territorien erlassen könne. Zu einer solchen Klärung für das gesamte Reichsgebiet konnte es aber nur in Berlin kommen, da ungefähr die Hälfte aller Juden, die mit Deutschen verheiratet waren, dort ansässig war, und weil die Nationalsozialisten es »schicklich« fanden, wenn man in der Hauptstadt die Präzedenzfälle schuf, an die man sich dann im übrigen Reich halten konnte.[106] Goebbels hielt also nicht nur als Reichspropagandaminister, sondern auch als Gauleiter von Groß-Berlin das Schicksal aller in Mischehe lebenden Juden in ganz Deutschland in den Händen.

Ebenfalls am 21. Mai 1943 gab Ernst Kaltenbrunner, der Chef des Reichssicherheitshauptamtes, ein Memorandum heraus. Kaltenbrunner erteilte zunächst die Anweisung, daß alle Juden aus Mischehen unverzüglich aus den Konzentrationslagern zu entlassen seien, mit Ausnahme derer, die wegen eines kriminellen Vergehens inhaftiert waren. Dann ging er auf Himmlers Befehl ein, daß alle Juden bis zum 30. Juni 1943 aus dem Gebiet des Reichs entfernt sein müßten, und listete vier Kategorien von Juden auf, die bisher von den Deportationen verschont geblieben waren, wie zum Beispiel die, welche die Rüstungsindustrie als »unentbehrlich« hatte einstufen lassen. Die Angehörigen der ersten drei Kategorien sollten jetzt ebenfalls deportiert werden, die der vierten, Juden, die mit Deutschen verheiratet waren, hingegen nicht: Kaltenbrunner befahl ausdrücklich, daß jüdische Partner in Mischehen eventuell in »Schutzhaft« zu behalten seien, in keinem Fall aber deportiert werden dürften. Seien sie schon deportiert worden, dann seien sie unverzüglich wieder freizulassen.[107]

Im Oktober 1943 wollten die Mitarbeiter der verschiedenen Ministerien nach endlosen Diskussionen Hitler schließlich selbst die Entscheidung darüber überlassen, wie man mit den in Mischehe lebenden Juden verfahren sollte. Der Führer weigerte sich jedoch, die Position, die er 1941 eingenommen hatte – daß es nämlich besser sei, alle Juden mit deutschen Ehepartnern »vorläufig« von den Deportationen auszunehmen – zu überdenken.[108] Trotzdem unternahmen das RSHA und die Organisation Todt weitere lebensbedrohliche Attacken auf diese Menschen. Genauso wie Hitler sich im September und November 1935 geweigert hatte festzulegen, wer als Jude zu gelten hatte – diese »Definition« war ja wegen der Nürnberger Gesetze unerläßlich geworden –, so weigerte er sich acht Jahre später, öffentlich zum Problem von Juden mit deutschen Partnern Stellung zu nehmen oder in dieser Frage zwischen den rivalisierenden Fraktionen zu vermitteln. Und so bezogen einige Gauleiter – wie Schwede-Coburg und Sprenger – weiterhin auch diese Juden in die »Endlösung« ein, und auch Hitler selbst bestand weiter darauf, daß alles irgendwann zu einem Abschluß gebracht werden müsse, und zwar – wie er schon im Juni 1943 gemeint hatte – ungeachtet der politischen Auswirkungen, die dies haben würde.[109]

In der Rosenstraße hatte nackte Polizeigewalt nicht ausgereicht, um die Juden, die mit Deutschen verheiratet waren, von ihren Partnern zu trennen und dann zu deportieren. Das Regime hatte gegenüber den Protestierenden nachgegeben, weil es immer noch hoffte, die Bevölkerung geschlossen für sich gewinnen und so das Reich retten zu können. Ende 1944, als keiner der Naziführer mehr auf einen Sieg gehofft haben kann, schlug ein zweiter Versuch, mit Waffengewalt gegen diese Menschen vorzugehen, fehl. Im September 1944 erhielt Gustav Noßke, der Stellvertreter Otto Ohlendorfs, des Kommandeurs der Einsatzgruppe D, der kaltblütig Tausende von Juden getötet hatte, den Befehl, alle Juden im Bezirk Düsseldorf, die einer deutsch-jüdischen Familie angehörten, zusammenzutreiben und erschießen zu lassen.[110] Noßke weigerte sich, dies zu tun; er protestierte gegen den Befehl, der dann widerrufen oder dessen Ausführung zumindest nicht erzwungen wurde. Noßke wurde nicht bestraft, noch nicht einmal degradiert. Die Nichteinwilligung und der Protest der deutschen Ehepartner von Juden hatte deren Deportation und Vernichtung so lange verzögert, bis aus der »vorläufigen« Ausklammerung dieser Menschen aus dem Holocaust eine endgültige geworden war.

Die Juden, die man aus dem Jüdischen Gemeindehaus in der Rosenstraße wieder in die Freiheit entlassen hatte, überlebten also den Krieg. Für Ruth Groß, das damals zehnjährige »Mischlings«-Kind, das in der Rosenstraße immer wieder versucht hatte, einen Blick auf ihren Vater zu erhaschen, der bei jenen eingesperrt war, die sterben sollten, hatte die Freilassung ihres Vaters Anfang März auch eine symbolische Bedeutung gehabt: Das Leben hatte sich als stärker erwiesen als der Tod. Wie für alle anderen, die die Gestapo von ihren Angehörigen zu trennen versucht hatte, war es auch für Ruth von allergrößter Bedeutung gewesen, den geliebten Menschen wissen zu lassen, daß sie wußte, wo er war, und daß sie sich um ihn sorgte. In dem Moment, in dem das gelang, waren die drinnen und die draußen vereint – trotz der Gestapo. Ruth hatte ihrem Vater einen kleinen Zettel mit ein paar liebevollen Worten zukommen lassen, den sie in einem Lebensmittelpäckchen versteckt hatte, und als er ihr mit diesem Zettel zuwinkte, verspürte sie ein ganz starkes Verbundenheitsgefühl mit ihm, das sich dann später immer wieder einstellte, wenn sie sich an die Szene zurückerinnerte:

»Die Rosenstraße war so ein Band zwischen meinem Vater und mir. Diese Szene, wie er eben da am Fenster gestanden hat und mir gewinkt hat, das habe ich immer im Bewußtsein gehabt. In den letzten zwei Jahren, als er im Krankenhaus lag, habe ich ihn natürlich jeden Tag besucht. Und als ich wegging, da konnte er noch aufstehen. Und da dachte ich an das Fenster von früher in der Rosenstraße, und wie er da so gewinkt hat. Dann habe ich mich auf dem Flur auch ein paarmal umgedreht und auch gewinkt, wie damals. Wir haben darüber nie gesprochen. Aber ich bin immer überzeugt, daß er immer an diese Szene gedacht hat. Daß er da steht und mir winkt.«[111]

15
Protest, Rettung und Widerstand

Deutsche Eheleute als Retter

Wie war es möglich, daß ein diktatorisches Regime, das brutale Gewalt zu politischer Macht einsetzte, und fest entschlossen war, alle Juden auszurotten, sich von einem Protest unbewaffneter Bürger dazu bewegen ließ, eintausendsiebenhundert Juden freizulassen, die schon zur Deportation in Sammellagern festgesetzt waren? Ich wollte in meinem Buch aufzeigen, wie Aktionen normaler Bürger aussehen mußten, um die Diktatoren zu Kompromissen zu zwingen, welche Art von Opposition von seiten der Bevölkerung also die Macht der Herrschenden, ihren Willen durchzusetzen, einschränkte. Wie sehr war in den Augen des totalitären Regimes selbst seine Macht auf der freiwilligen Zustimmung des Volkes begründet – die verschiedene Formen, von enthusiastischer Unterstützung bis hin zu passiver Akzeptanz, annehmen konnte? Wie konnte daher die Verweigerung dieser Zustimmung das Regime dazu veranlassen, ideologische Kompromisse zu machen und auf die Realisierung bestimmter Maßnahmen zu verzichten? Das größte Hindernis für eine solche Untersuchung besteht darin, daß es nur äußerst selten zu einem solchen Widerstand von seiten der Bevölkerung kam. Wissenschaftler haben die nahezu ausnahmslose Duldung des Regimes und seiner Maßnahmen auf den Nazi-Terror zurückgeführt, neuere Forschungen zeigen jedoch, daß es durchaus auch eine nicht auf Zwang beruhende Konformität gab und die Praxis der »Selbstüberwachung« weit verbreitet war. Ein Weg zur Erforschung des Grades, in dem das Regime tatsächlich die Kontrolle über die Bevölkerung besaß, ist es, sich mit einer bestimmten sozialen Gruppe zu befassen, einer Gruppe, die sich dem Regime während der ganzen zwölf Jahre seiner Herrschaft offen widersetzte und aktiv gegen es protestierte.

Als Kollektiv stellten die Deutschen eine gewaltige Kraft dar, die weitgehend im Sinne des Nazismus wirksam war. Die Sorge der Regierenden, daß sie die Zustimmung, die ihnen die Deutschen entgegenbrachten, aufs Spiel setzen könnten, führte dazu, daß sie bei der politischen Umsetzung ihrer Rassenideologie auf bestimmte Ziele verzichten mußten; konkret schlug sich das darin nieder, daß Juden, die mit Deutschen verheiratet waren, und – in geringerem Ausmaß – auch »Mischlinge« von der Verfolgung verschont blieben. Das Überleben von »Volljuden«, die einen deutschen Ehepartner hatten, zeigt, daß es schon ausreichte, deutsche Verwandte zu haben, um vor der Deportation bewahrt zu bleiben. Das erklärt auch, warum das Innenministerium im Jahr 1942 die Verabschiedung eines Gesetzes vorschlug, das deutsch-jüdische Paare zur Scheidung zwingen sollte und so die Deportation der jüdischen Partner – oder Ex-Partner – wesentlich erleichtert hätte.[1] Hitler machte sich wegen der normalen Bürger Sorgen, nicht wegen der Bürokraten, die, wie die Militärs, wegen des enormen Anklangs, den der »Führer« bei der Bevölkerung gefunden hatte, mehr oder weniger dazu gezwungen waren, ihn zu unterstützen. Wie aus Hitlers Reden hervorgeht und wie auch enge Mitarbeiter von damals bezeugen, war er zutiefst verstört über die Teilnahmslosigkeit, mit der die Berliner die motorisierte Wehrmachtsdivision verabschiedeten, als diese sich im September 1938 auf den Weg zur tschechischen Grenze machte. Hitler glaubte, daß seine ungewöhnliche Popularität von allergrößter Bedeutung für die Kampfkraft Deutschlands im Krieg sei.[2] Nach dem Krieg nahmen Angehörige des Innenministeriums für sich in Anspruch, »Mischlinge« unter ihren Schutz gestellt zu haben,[3] aber diese »Mischlinge« überlebten ebenfalls, weil sie deutsche Verwandte hatten. Die Partei wollte sie beseitigen,[4] und in den besetzten Gebieten im Osten wurden auch Juden, die mit Deutschen verheiratet waren – wie auch diese deutschen Partner selbst –, verhaftet und umgebracht. Ein Hinweis darauf, daß Juden mit nicht-jüdischen Ehepartnern in Deutschland selbst nur aus Rücksicht auf die öffentliche Meinung von der »Endlösung« ausgenommen wurden.[5] In Finnland führten Proteste dazu, daß die Deutschen die Verhaftung und Deportation von Kommunisten und Juden wieder einstellten. Und sogar in den Ostgebieten, deren Bewohner das Regime ja als »Untermenschen« abzutun versuchte, sah dieses sich gezwungen, aus taktischen Gründen auf die Stimmung der Bevölkerung Rücksicht zu nehmen.[6]

Ein öffentlicher Massenprotest erwies sich als die wirkungsvollste Opposition von seiten der normalen Bürger. Das »Rassenhygiene«-Programm löste solche Proteste aus, als Familien auseinandergerissen und Menschen umgebracht wurden. Als man diese Proteste nicht mehr ignorieren konnte, waren die Machthaber gezwungen, sich zu entscheiden, ob sie ihre Pläne vollenden oder sich lieber die Zustimmung von seiten der Gesellschaft erhalten wollten. Sowohl bei der Euthanasie als auch bei der gewaltsamen Auflösung von Mischehen nahm das Regime schließlich mit Rücksicht auf die Stimmung der Bevölkerung davon Abstand. Obwohl die Zahl der Deutschen, die der Euthanasie potentiell zum Opfer gefallen wären, viel größer war als die der jüdischen Ehepartner von Deutschen, die möglicherweise umgebracht worden wären, war der Widerstand der in Mischehe lebenden Deutschen gleichfalls erfolgreich, weil auch sie ja Angehörige der »arischen Herrenrasse« waren und als solche ihre Familienmitglieder vor der Verfolgung durch die Nazis schützten. Sie setzten sich mit Erfolg für ihre Angehörigen ein, obwohl der Krieg, wie die Machthaber es vorausgesehen hatten, den Genozid leichter machte und obwohl viele Deutsche – wie die Herrschenden selbst – im Verlauf des Krieges immer radikaler wurden.[7]

Vergleichbare Fälle von Protesten von seiten der Kirchen und christlichen Familien zeigen, daß nicht-jüdische deutsche Bürger der Macht des Regimes Grenzen zu setzen vermochten. Zivilisten brachten dem Regime Widerstand entgegen, um bestimmte Traditionen und Werte zu verteidigen oder auch die »Einrichtung« Familie – und dies aller nazistischer Terrormaßnahmen zum Trotz. Die Opposition, die sie leisteten, war stark genug, um, sogar gegen Ende des Krieges, eine wirklich »totalitäre« Herrschaft des Regimes zu verhindern. Die Opposition von seiten der Katholiken erreichte ihren Höhepunkt schon im Jahr 1941, der Widerstand von Deutschen, die mit Juden verheiratet waren, zeigt jedoch, daß im Verlauf des Krieges die Abhängigkeit des diktatorischen Regimes vom Volk nur noch größer wurde und daß es zumindest bis Anfang 1943 auf öffentlichen Protest reagierte. Die Ereignisse in der Rosenstraße bewirkten, daß das nazistische Ideal der »rassischen Reinigung« mit dem tiefen Bedürfnis nach Vermeidung gesellschaftlicher Unruhe und nach Geheimhaltung in Konflikt geriet. Wenn das Regime es auch letztlich nicht verhindern konnte, daß zumindest eine beschränkte Anzahl von Deutschen von dem Völkermord erfuhr, so bemühte es sich doch unausgesetzt, diesen geheimzuhalten.

Nur einem einzigen Protest gegen die Deportation von Juden gab das Regime nach – aber es hat auch nur diesen einen Protest gegeben. Hätten weitere Kundgebungen dieser Art den Abtransport und die Vernichtung der Juden Deutschlands aufhalten oder gar beenden können?

Der Kontext, in dem solche Proteste stattgefunden hätten, wäre von entscheidender Bedeutung für ihren Erfolg oder Mißerfolg gewesen (Berlin etwa war für einen Protest, an dem nur relativ wenige Menschen teilnahmen, ein sehr günstiger Ort).[8] Erfolgreiche Widerstandsbekundungen waren im allgemeinen limitierter Natur, das heißt, sie richteten sich nur gegen ganz spezifische Initiativen des Staates. Bestimmte Maßnahmen der Regierenden veranlaßten eine große Zahl von einzelnen dazu, gleichzeitig ihr Mißfallen kundzutun, und daher war auch kaum so etwas wie eine »Organisation« des Protestes vonnöten. Man kann nicht ohne weiteres davon ausgehen, daß eine organisierte Form von Opposition denselben Erfolg gehabt hätte. Es ist möglich, die Freilassung der in dem Gemeindegebäude in der Rosenstraße gefangengehaltenen Juden als relativ unbedeutenden Ausnahmefall zu sehen, das heißt, man kann die Ereignisse dahingehend deuten, daß das Regime in diesem einen Fall nachgab, um ungehindert weitaus radikalere Pläne verwirklichen zu können. So gesehen stellten die Demonstranten eine isolierte und begrenzte Forderung, der nachzugeben sich das Regime erlauben durfte. Die Freilassung der Häftlinge war gewissermaßen eine einmalige Ausgabe, die es sich leisten konnte. Die Zahl der Protestierenden ließ sich recht genau bestimmen, aber auch das Maß ihrer Forderungen: eintausendsiebenhundert Juden, ein paar mehr, ein paar weniger. Die Machthaber konnten sicher sein, daß der Protest beendet sein würde, wenn man die Forderung nach Freilassung dieser Menschen erfüllte, und sie würden dann dort, wo man von keinen solchen Widerstandskundgebungen behindert sein würde, ungestört mit dem Völkermord fortfahren. Man könnte die Ansicht vertreten, daß ein umfassenderer und weitreichenderer Protest als der in der Rosenstraße, das heißt ein Protest gegen die »Endlösung« überhaupt, gegen den Völkermord, den das Regime plante, die Machthaber dazu veranlaßt hätte, mit brutaler Gewalt zu reagieren. Leopold Gutterer meinte, daß der Erfolg der Demonstranten in der Rosenstraße nicht notwendigerweise bedeute, daß massivere Proteste, an denen mehr Menschen beteiligt gewesen wären, zur Freilassung von noch mehr Juden geführt hätten.

Eine solche Behauptung läßt sich natürlich leicht aufstellen, da keine anderen Deutschen außer solchen, die jüdische Ehepartner hatten, sich jemals zu einem derartigen Protest veranlaßt fühlten. Gutterer meinte, daß die Ereignisse in der Rosenstraße und die Reaktion des Regimes darauf nur »Episoden« gewesen seien, da der Demonstration nur »persönliche Gründe« zugrunde gelegen hätten. Goebbels sei sich bewußt gewesen, daß die »negative Wirkung«, die dieser Protest auf die »Bevölkerung im allgemeinen« ausübte, sofort aus der Welt geschafft werden könne, wenn man in diesem einen Fall die gefangenen Juden wieder freiließe.[9] Wir könnten uns fragen, ob weitere Widerstandsbekundungen von seiten deutscher Bürger dem Abtransport deutscher Juden in die Vernichtungslager ein Ende bereitet hätten; die Deportationen beruhten ja auf der gesellschaftlichen Isoliertheit der Juden, und ihre immer stärkere Ausgrenzung war ein Prozeß, für den in erster Linie die deutschen »Normalbürger« verantwortlich waren. Die Identifizierung der Juden und ihre Konzentration in bestimmten, engbegrenzten Gebieten, beides unerläßliche Voraussetzungen für die Deportation dieser Menschen, waren nur durch die Mithilfe der Bevölkerung möglich, und diese bereitwillige Mithilfe ermunterte auch das Regime dazu, seinen realistischen Haß bis zum Extrem des Genozids zu treiben – und dieser Völkermord ist ein Abschluß der Judenverfolgung, der sich auch aus der Ideologie der Nazis – aller ihrer Radikalität zum Trotz – nicht notwendig ergibt und für den diese Ideologie eigentlich auch keine Erklärung liefert. Das Jahr, in dem die Deutschen noch mit Erfolg gegen die antijüdische Politik der Nationalsozialisten hätten protestieren können, war das Jahr 1933 – nicht 1943. Daß die Juden, die mit Deutschen verheiratet waren, überlebten, zeigt, daß die gesellschaftliche Isolierung der anderen, die nicht über solche verwandtschaftlichen Bindungen verfügten, die entscheidende Voraussetzung für den Völkermord war. Eine These, die ich in diesem Buch aufstellen möchte, lautet, daß die Tatsache, daß die in Mischehe lebenden Deutschen durch ihre Verbindung mit Juden schon immer eine Art von Dissens bekundet hatten, dieser Dissens also eine Art von »Geschichte« hatte, entscheidend für das Ergebnis des Protestes in der Rosenstraße war.

Gutterer erklärte mit Nachdruck, daß Goebbels' Entschluß, die Juden freizulassen, der einzig logische war. Da eine Maßnahme, die das Regime unbedingt geheimhalten mußte, für soviel Aufsehen sorgte und für Unruhe, die »von Bezirk zu Bezirk« zu gehen drohte, war es nur natürlich, daß Goebbels zunächst einmal bemüht war, die Ansammlung von Protestierenden so schnell wie möglich aufzulösen, um dann später nach einem geeigneteren Weg Ausschau zu halten, mit dem er seine Ziele erreichen könnte. Gutterer wußte noch sehr gut, in welche Konflikte die Entscheidung, die mit Deutschen verheirateten Juden »vorläufig« von den Deportationen auszunehmen, die politische Führungsspitze gestürzt hatte: Die Juden samt und sonders auszurotten, war für die Nazis allerhöchstes Gebot, auf der anderen Seite mußte aber jede Art von Unruhe, die, vor allem im Krieg, die Moral der Bevölkerung gefährden und die Geheimhaltung der »Endlösung« bedrohen konnte, vermieden werden. Das Geschehen in der Rosenstraße zeigt, daß eine verhältnismäßig kleine Zahl von Protestierenden einen unverhältnismäßig großen Druck ausüben konnte, weil sie »die Stimmung des Volkes« hätten »beeinträchtigen« können. Das Regime hätte verhindern können, daß es zu einem weiteren Protest kam, indem es die in Mischehe lebenden Juden einzeln hätte deportieren lassen; es konnte es sich aber nicht leisten, die dafür notwendigen Mittel zur Verfügung zu stellen. Man könnte daher auch sagen, der Protest in der Rosenstraße hatte zur Folge, daß es kostspieliger wurde, sich der in Mischehe lebenden Juden zu bemächtigen. Ein Protest größeren Umfangs hätte also vielleicht bewirkt, daß die Kosten zu hoch geworden wären – und nicht nur die Kosten für die Deportation von Juden mit deutschen Ehepartnern, sondern auch die für die Deportation einer viel größeren Gruppe von Menschen.

Kann man jedoch von einem Menschen so ohne weiteres erwarten, daß er sein Leben für einen anderen riskiert – vor allem wenn dieser nicht mit ihm verwandt ist? Ist dazu nicht schon eine Art von Heroismus erforderlich? Deutschen mit jüdischen Ehepartnern, die zugunsten ihrer Angehörigen protestierten, blieb nichts anderes übrig, als sich öffentlich gegen das Regime zu stellen. Jeder einzelne von ihnen wurde aus ganz persönlichen Gründen aktiv, leistete aber damit seinen Beitrag zu einer gemeinschaftlichen Aktion, die so geschlossen wirkte, daß sie organisiert zu sein schien. Was für ein Ereignis hätte andere Deutsche dazu bewegen können, sich so spontan zusammenzuscharen? Viele Deutsche, auch einige von denen, die mit Juden verheiratet waren, weigerten sich einfach, den Berichten und Gerüchten zu glauben, daß die Juden in einem Massenmord umgebracht wurden. Einige mögen sich aus diesem Grund nicht aus ihrer Passivität gelöst haben, diejenigen jedoch, die mit Juden verheiratet waren, brauchten nicht erst von dem Genozid zu erfahren, um Widerstand zu leisten. Überdies hätte die Öffentlichkeit im allgemeinen – und an diese dachte das Regime ja in erster Linie, als es die Gefangenen wieder freiließ – vielleicht Deutschen, die gegen die Deportation von Juden protestiert hätten, ohne mit diesen verwandt zu sein, nicht soviel Sympathie entgegengebracht wie Menschen, die nichts anderes versuchten, als ihre eigene Familie davor zu bewahren, zerstört zu werden. Ehepartner waren traditionell dafür zuständig, einander zu beschützen und zu behüten, Frauen waren für das Heim und das Wohl der Familie verantwortlich – und die Nazis forderten dazu auf, an diesen Traditionen festzuhalten.[10]

Ich habe die Wirkungen der Protests in der Rosenstraße aus seinem unmittelbaren historischen Kontext heraus zu erklären versucht. Die Machthaber glaubten, daß der Krieg Umstände schaffe, die die Durchführung des Euthanasieprogramms und des Genozids begünstigten.[11] Die hochgesteckten Kriegsziele verlangten jedoch eine noch größere Unterstützung durch das Volk, und dies wiederum zwang das Regime, den Völkermord im verborgenen zu betreiben. Ein solches Bemühen um Geheimhaltung stellte gleichzeitig das Eingeständnis dar, daß die öffentliche Meinung für sie nicht ohne Belang war. Die Notwendigkeit, ein bestimmtes Vorhaben geheimzuhalten, verlieh dem öffentlichen Widerstand dagegen größere Schlagkraft. Anfang 1943 hätten die deutschen Frauen gemeinsam größeren Druck auszuüben vermocht als jemals zuvor, da ihnen im Zusammenhang mit den Maßnahmen, die den »totalen Krieg« ermöglichen sollten, neue Rollen im öffentlichen Leben zugewiesen worden waren.

Die Frauen in der Rosenstraße waren jedoch nicht nur deswegen erfolgreich, weil sie Frauen waren. Das Regime fürchtete – vor allem während des Krieges – öffentliche Unruhe im allgemeinen – nicht nur in der weiblichen Bevölkerung. Gehorsamsverweigerung und Protest von seiten zum Wehrdienst eingezogener Männer, die bestimmten problematischen Gruppen angehörten, hätten ebenfalls ein ernsthaftes Problem dargestellt. Um dem zuvorzukommen, wurden Deutsche, die mit Juden verheiratet waren, und »Mischlinge« aus der Wehrmacht ausgestoßen.[12] Wenn die Frauen der Rosenstraße jedoch Jüdinnen gewesen wären, hätte man ihren Protest brutal niedergeschlagen, genau wie man jeden bewaffneten Protest oder jeden Protest eines einzelnen Menschen, ob Frau oder Mann, sofort mit Gewalt unterdrückt hätte. Die Führungsspitze der Nazis wollte jegliches Handeln von Frauen zunächst einmal als unpolitisch ansehen; daher fiel auf Frauen nicht so schnell der Verdacht, daß sie politische Widersacher sein könnten. Wenn man Frauen wegen politischer Aktionen bestraft hätte, hätte man damit anerkannt, daß sie politisch eine Rolle spielten – und das war etwas, was die Nationalsozialisten immer energisch bestritten hatten.[13] Auf einen Protest gegen den Nationalsozialismus selbst von seiten der weiblichen Bevölkerung hätte das Regime möglicherweise aber doch mit schonungsloser Härte reagiert. Die deutschen Frauen setzten im Dritten Reich viel öfter die Mittel der Verweigerung und des Protestes ein als die deutschen Männer – und man müßte einmal sorgfältiger erforschen, warum dies so war.[14]

Als das Regime auf die Forderungen der Frauen von der Rosenstraße einging, versuchte es nicht, eine mächtige Opposition zum Schweigen zu bringen, sondern es wollte sich eher die Gewogenheit einer Bevölkerungsgruppe erhalten, die Hitler zu seinen begeistertsten Bewunderern zählte.[15] Wenn die Doktrin der Nationalsozialisten, daß jede Politik von den Massen getragen werde müsse, vielleicht auch das Regime dazu veranlaßte, unnötige Zugeständnisse zu machen, damit die Moral der Bevölkerung keinen Schaden nehme, so kann doch kein Zweifel daran bestehen, daß diese Doktrin – im Zeitalter der Massen –

den Nazis weniger Schranken auferlegte, als sie ihnen dazu verhalf, die Macht zu gewinnen und zu festigen. Das Regime verschaffte sich mit seinen politischen Anschauungen weit mehr Unterstützung, als es mit ihnen für Unruhe sorgte.

Ein Schlüssel zum Erfolg der Frauen von der Rosenstraße ist darin zu sehen, daß sie schon vorher eine Art Geschichte des Widerstands geschrieben hatten. Dadurch, daß sie schon ein Jahrzehnt lang in Opposition gelebt hatten, hatten sie bewirkt, daß sich die Meinungsdifferenzen führender Nationalsozialisten darüber, wie gefährlich gesellschaftliche Unruhe sein könnte, nur noch verschärften. Für die Ranghöchsten von ihnen, die Unruhe dieser Art regelrecht fürchteten, kam den Deutschen, die mit Juden verheiratet waren, ganz ungewöhnlich hohe Bedeutung zu. Diese Menschen hatten immer wieder zu erkennen gegeben, daß sie sich dem Regime bei der Realisierung seines wichtigsten Ziels hartnäckig in den Weg stellen würden, jedenfalls dann, wenn ihre eigene Familie dadurch zerstört werden könnte. Die Angst der Machthaber vor einem ähnlichen »Aufstand« an der »Heimatfront« wie dem, zu dem es gegen Ende des Ersten Weltkriegs gekommen war, wurde wieder lebendig, als Deutsche, die es abgelehnt hatten, sich von ihren jüdischen Ehepartnern scheiden zu lassen, mitten im Krieg auf die Straße gingen, um zu protestieren. Nach der abstoßenden Logik der nationalsozialistischen Rassenlehre hätten die Juden mit deutschen Ehepartnern eigentlich die ersten sein müssen, die man deportierte. Solche Juden aus Mischehen, deren Partner sich von ihnen hatten scheiden lassen, wurden auch tatsächlich sofort in Lager verschleppt. Wenn alle Deutschen mit jüdischen Ehepartnern sich von diesen hätten scheiden lassen oder aus irgendeinem Grund nicht in der Lage gewesen wären, den Versuchen des Regimes, ihre Familie zu zerstören, Widerstand entgegenzusetzen, wären ihre jüdischen Angehörigen und die »Mischlinge« 1941 in den Vernichtungslagen verschwunden.

Als die Gestapo 1941 die Juden aus Mischehen und die »Mischlinge« »vorläufig« von den Deportationen zurückstellte, waren deren deutsche Angehörige ihrem Ziel, sie vor dem sicheren Tod zu retten, bereits ein beträchtliches Stück nähergekommen. Goebbels wollte sogar die Deutschen zusammen mit ihren jüdischen Familienmitgliedern deportieren, er fürchtete aber, daß das den Bemühungen, die er in seiner Eigenschaft als Propagandaminister unternahm, abträglich sein würde. Ein Vorhaben, das Familien auseinanderriß und dem auch Deutsche zum Opfer fallen würden, hätte absolut geheimgehalten werden müssen, und dies war, wie das Euthanasie-Programm gezeigt hatte, kaum möglich.

Goebbels begründete seinen Anspruch darauf, für alle »jüdischen Angelegenheiten« zuständig zu sein, damit, daß er grundsätzlich für alles verantwortlich war, was die Stimmung der Öffentlichkeit in irgendeiner Weise beeinflussen könnte; dieses Argument dafür, bei der Lösung der »jüdischen Frage« ein entscheidendes Wort mitsprechen zu dürfen, wurde aber im Grunde dadurch entkräftet, daß die Öffentlichkeit normalerweise keinerlei Einspruch gegen die Isolierung, Entrechtung und Verstoßung der Juden erhob. Geheimagenten ermittelten, in welcher Weise die Bevölkerung auf das plötzliche Verschwinden von Juden reagierte; gewöhnlich konnten sie berichten, daß die Deportationen völlig reibungslos vonstatten gingen. Nur die Deutschen, die deutsch-jüdischen Familien angehörten, gaben Widerstand zu erkennen oder äußerten offenen Protest, der es tatsächlich gerechtfertigt erscheinen ließ, daß Goebbels sich mit ihnen und ihren jüdischen Angehörigen befaßte. Das Problem der Mischehe hatte einen Machtkampf in der politischen Führung entfesselt, dies aber nur, weil die Deutschen, die mit Juden verheiratet waren, bewiesen hatten, wie resistent sie gegenüber allen Maßnahmen waren, mit denen man ihre Ehen aufzulösen versuchte.

Goebbels' Bestreben, dem Regime um jeden Preis die bedingungslose Unterstützung an der Heimatfront zu erhalten, spiegelte eine frühe, von Hitler weiterentwickelte Doktrin der Nazis wider, daß eine solche Unterstützung durch das Volk der stärkste Stützpfeiler politischer Herrschaft sei. Hitler und Goebbels waren der Ansicht, daß man mit Gewalt die Zustimmung der breiten Massen zu einem Regime nur weiter stabilisieren könne. Die führenden Funktionäre des Reichssicherheitshauptamtes, und auch Martin Bormann, machten sich über die negativen Auswirkungen, die bestimmte politische Maßnahmen bei der Bevölkerung haben konnten, kaum Gedanken. Himmler war besorgt, aber in viel geringerem Maß als Goebbels; seine die »Mischlinge« und die in Mischehe lebenden Juden betreffenden Anweisungen geben aber zu erkennen, daß auch er der Ansicht war, daß man gesellschaftlichen Unruhen in jedem Fall aus dem Weg gehen müsse.

In Berlin, wo die Machthaber am aufmerksamsten beobachtet wurden, wurden sie durch die öffentliche Meinung auch am stärksten in ihrem Handeln eingeschränkt. In der Hauptstadt saßen nicht nur zahlreiche ausländische Beobachter, dort war auch der größte Teil aller deutsch-jüdischen Familien zu Hause, und dort zeigte sich deutlicher als anderswo im Reich, daß das radikale Ziel der Nazis, nach und nach alle Juden in die Vernichtung zu treiben, nicht mit dem ebenso fundamentalen Verlangen vereinbar war, sich die Zustimmung der Bevölkerung zu erhalten – wozu es ja auch nötig war, diese über das Schicksal der Juden im dunkeln zu lassen. Die Aktion, mit der Goebbels Berlin »judenfrei« machen wollte, fiel zeitlich mit der umfassenderen Kampagne, mit der ganz Deutschland von den Juden »gesäubert« werden sollte, zusammen, und mit dem Höhepunkt des Krieges. Goebbels konnte, was den Protest in der Rosenstraße betraf, mit solcher Entschlossenheit einschreiten, weil er der Gauleiter von Groß-Berlin war (der Heimatstadt von gut der Hälfte aller deutsch-jüdischen Familien).

Bis zur »Schlußaktion« hatte man das Problem, daß die ideologisch begründete Forderung nach »rassischer Reinigung« des deutschen Volkes mit dem Bedürfnis des Regimes nach Ruhe unvereinbar war, zu lösen versucht, indem man die Deportation von in Mischehe lebenden Juden und ihren »Mischlings«-Kindern »vorläufig« aufgeschoben hatte. Die Ideologie der Nazis verlangte die Ausrottung aller Juden und »Mischlinge«; die Nürnberger Gesetze hatten insofern eine Modifikation dieser radikalen Forderung mit sich gebracht, als durch sie nur bestimmten »Mischlingen« derselbe Status wie »Volljuden« zugewiesen wurde; was die Juden, die mit Deutschen verheiratet waren, betraf, so war man bei der Verabschiedung der Rassengesetze davon ausgegangen, daß sie genauso behandelt werden würden wie alle anderen Juden. Die vorläufige Entscheidung, alle Juden mit deutschen Ehepartnern und alle »Mischlinge« den Nürnberger Gesetzen und allen ideologischen Forderungen zum Trotz von den Deportationen zu verschonen, blieb so lange unproblematisch, wie der Vernichtungsmaschinerie genügend Opfer in Form von Juden, die keine deutschen Verwandten hatten, geliefert wurden. Ende 1942 jedoch gerieten die in Mischehe lebenden Juden immer stärker ins Blickfeld der mit der Durchführung der »Endlösung« Beauftragten, da nur sie deren endgültigen Abschluß in Deutschland noch verhinderten.

Es gab jedoch auch weiterhin keinen Ausweg aus dem Dilemma, das die Machthaber dazu veranlaßt hatte, diese Menschen zunächst nicht in die Vernichtung einzubeziehen. Die Deutschen, die mit ihnen verheiratet waren, weigerten sich, freiwillig zu kooperieren, und ließen dem Regime keine andere Wahl, als entweder auf die Deportation ihrer jüdischen Angehörigen zu verzichten oder diese mit Gewalt durchzuführen. Der Protest in der Rosenstraße, der durch die »Schlußaktion« ausgelöst wurde, zeigt, daß die Machthaber mit ihrer Entscheidung, Juden mit deutschen Ehepartnern vorläufig nicht in Lager zu schaffen, um öffentlichen Aufruhr zu vermeiden, recht gehabt hatten.

In Mischehe lebende Deutsche retteten ihre jüdischen und halbjüdischen Familienangehörigen bei Gelegenheit der »Schlußaktion«, aber auch schon vorher. Goebbels wollte verhindern, daß dies, im Ausland wie auch im Reich selbst, bekannt wurde, da auf jeden Fall der Eindruck erhalten bleiben sollte, daß die überwiegende Mehrheit der deutschen Bevölkerung hinter der antisemitischen Politik der Nationalsozialisten stehe; er ließ daher verkünden, daß es sich bei den Demonstranten um ganz normale Einwohner Berlins handele, die bei dem britischen Luftangriff vom 1. März 1943 ausgebombt worden seien. Nazi-Funktionäre erklärten die Freilassung der im jüdischen Gemeindehaus Festgehaltenen damit, daß man nur das eigenmächtige Vorgehen einiger lokaler Gestapokommandanten, die durch die Verhaftung von Juden mit deutschen Ehepartnern ihre Befugnisse »überschritten« hätten, wiedergutgemacht habe. Natürlich war das eine Lüge: Die »Schlußaktion« war eine für die Führungsspitze typische Aktion, ein Anschlag, zu dessen Gelingen Lug und Trug beitragen sollten, den man unternahm, sobald der rechte Moment für ihn gekommen zu sein schien, und dessen Ergebnis man dann der Bevölkerung als vollendete Tatsache präsentieren wollte. Auch weniger ranghohe Gestapoleute wußten, daß der Antisemitismus den Kern der nazistischen Ideologie darstellte, und der Mangel an expliziten Anweisungen Hitlers, wie man Juden mit deutschen Angehörigen und »Mischlinge« zu behandeln habe, ließ ein Vakuum entstehen, das diese Gestapobeamte dazu verlockte, es auszufüllen – das heißt, mit radikalen Maßnahmen gegen Juden ihre Tüchtigkeit und ihren Wert für die Partei unter Beweis zu stellen. Vor allem Menschen, die jener Zwischenkategorie von »Mischlingen« und in Mischehe lebenden Juden angehörten, schienen ihnen die Gelegenheit zu bieten, einmal zu zeigen, aus was für einem Holz sie geschnitzt waren, indem sie dort aktiv wurden, wo einige höhere und höchste Parteifunktionäre sich unsicher und zögerlich zeigten. Die allerhöchsten Parteimitglieder waren bekannt dafür, daß sie ihre Befehle lieber mündlich als schriftlich erteilten, wenn das taktisch geboten zu sein schien, und man wußte, daß Hitler sich immer die Möglichkeit offenhalten wollte abzustreiten, daß er etwas mit einer umstrittenen Maßnahme zu tun hatte, um sicherzustellen, daß das Bild des integren »Führers« erhalten blieb, das so wichtig dafür war, daß ein ganzes Volk sich mit ganzer Kraft in den Dienst der nationalsozialistischen Sache stellte.

Der Protest in der Rosenstraße, ein Widerstandsakt?

Die Geschichte der deutsch-jüdischen Familien im Dritten Reich liefert weitere substantielle Belege dafür, daß auch das Nazi-Regime einen Rückzieher machte, wenn es auf offenen Protest von seiten eines größeren Teils der Bevölkerung stieß. Sie zeigt, daß dieses Regime sogar noch zu einem späten Zeitpunkt, im März 1943, einem solchen Protest nachgab und daß zumindest einige seiner führenden Leute sogar auf die Realisierung eines Vorhabens verzichteten, das dem Kern ihrer rassistischen Ideologie entsprungen war. Der innere Widerstand von Deutschen mit jüdischen Ehepartnern machte deutlich, daß es zwischen der Ideologie der Nazis und den konkreten politischen Möglichkeiten, die ihnen offenstanden, eine Kluft gab, und veranlaßte Hitler dazu, sich vorerst gegen die Ideologie zu entscheiden.[16]

Einigen Historikern zufolge (die aber die Geschichte der deutsch-jüdischen Familien nicht zur Kenntnis genommen haben) ist die Periode von 1941/42 bis zum Ende des Krieges durch eine »Akzeleration der Gewalttätigkeit und des Terrors« gekennzeichnet, womit auch impliziert wird, daß der Widerstand, der von einem Teil der Bevölkerung ausging, energischer unterdrückt wurde.[17] Für einige Juden, die überlebten, waren die Deutschen, die für ihre jüdischen Angehörigen gekämpft hatten, Helden, die es verdienten, aufs höchste geehrt zu werden – wegen der Menschenleben, die sie gerettet hatten, und des Leids, das sie damit auf sich genommen hatten.[18] Ohne Zweifel sind sie »Retter«. Sind sie aber auch »Widerstandskämpfer«? Wenn sie das wären, würden sie uns dazu zwingen, unsere Vorstellung vom Widerstand oder der Möglichkeit eines Widerstands in Nazideutschland zu korrigieren.

Nach dem Krieg wurde »Widerstand« zunächst als zentral organisierter, ideologisch motivierter Versuch, das Regime in seiner Gesamtheit zu stürzen, definiert,[19] der zumeist aus dem Untergrund und mit Waffengewalt unternommen wurde. Indem man aber Widerstand in dieser Weise definierte, lenkte man die Aufmerksamkeit weg von solchen bürgerlichen Aktionen wie Massenprotesten oder Gehorsamsverweigerungen, die doch ebenfalls eine Form des Widerstands darstellen, und gleichzeitig definierte man »Macht« als etwas, das nur von einflußreichen Institutionen ausgehen konnte – wie politischen Parteien, den Kirchen, dem Militär. Mittlerweile hat man sich jedoch von wissenschaftlicher Seite auch mit Einzelpersonen als »Widerständlern«[20] befaßt sowie – noch eingehender – mit »partiellem« oder aus ganz bestimmtem Eigeninteresse heraus geleistetem Widerstand, mit Handlungen, die aus einer Meinungsabweichung oder Nichtzustimmung stammen und die Martin Broszat der Kategorie »Resistenz« zugeordnet hat.[21]

Obwohl ihre Handlungen Auswirkungen hatten, die nicht nur sie selbst und ihre eigenen Interessen betrafen, kann man sagen, daß die in Mischehe lebenden Deutschen zu ihrer Opposition gegen das Regime aus Gründen der Selbstverteidigung motiviert wurden, das heißt, der Widerstand, den sie leisteten, richtete sich nur gegen jene Maßnahmen, mit denen das Regime unberechtigterweise in ihr privates Leben eindrang. Wenn man die Standarddefinition von Widerstand zugrunde legt, haben auch die Deutschen, die mit Juden verheiratet waren, versagt. Sie haben nicht gegen das Regime selbst opponiert und auch nicht gegen dessen antisemitische Politik insgesamt.

Es ist nicht im einzelnen bekannt, welche konkreten Motive Hunderte von in Mischehe lebenden Deutschen dazu veranlaßten, in der Rosenstraße zu demonstrieren; wir wissen aber, zumindest in vielen Fällen, was Deutsche dazu bewegte, ihre Ehe mit einem jüdischen Partner um keinen Preis aufzulösen. Die allermeisten Demonstranten in der Rosenstraße nahmen nicht an irgendwelchen anderen Widerstandsbekundungen oder an Protestversammlungen zugunsten einer anderen Sache teil. Sie ließen sich, obwohl das für sie selbst ein großes Risiko mit sich brachte, nicht von ihren jüdischen Partnern trennen: aus Liebe oder Ehrgefühl, aus Gewohnheit oder der Tradition wegen, um sich ihren gesellschaftlichen oder wirtschaftlichen Status zu erhalten oder auch aus Egoismus. Möglicherweise hatte sie auch der gemeinsame Kampf, den sie schon seit längerem führten, zusammengeschmiedet. Einige dieser Menschen ließen sich sofort nach dem Sturz der Nazis, als sie in keiner Weise mehr bedroht waren, scheiden.[22]

Die meisten Menschen, mit denen ich über ihre damaligen Erfahrungen gesprochen habe, charakterisierten ihre Entscheidung, gegen die Verhaftung ihrer Angehörigen zu protestieren, als eine spontane, unreflektierte Reaktion.[23] Sie hätten einfach etwas für die, die ihnen am nächsten standen, tun müssen, gleichzeitig aber versucht, die eigene Integrität zu wahren. Für einige von ihnen war es auch um die Verteidigung bestimmter Grundrechte gegangen – man könnte auch sagen, daß sie um die Erhaltung der menschlichen Freiheit an sich besorgt waren. Obwohl sie ein ganz persönliches Motiv für ihren Protest hatte, verspürte eine Demonstrantin damals auch etwas von dem tiefen Unrecht in den Aktionen des Regimes. Sie verspürte aber auch etwas von der politischen Wirkungskraft, die einem solchen Protest innewohnte, und kämpfte dann auch später im Nachkriegsdeutschland für eine demokratische Gesellschaft und gegen den Antisemitismus. Einige der Frauen von der Rosenstraße entstammten der oberen Mittelschicht, und eine von ihnen deutete an, daß sie damals auch aus einer Art von Klassendünkel heraus gegen die rüpelhaften Nazi-Parvenüs protestiert habe.

Als er erfuhr, daß ich mich für die Ereignisse in der Rosenstraße interessierte, rief mich ein Augenzeuge an, der sich aber weigerte, seinen Namen zu nennen. Sein Vater hatte zu denen gehört, die anläßlich der Massenverhaftungen, die den Protest ausgelöst hatten, von der Gestapo ergriffen worden waren. Als Achtzehnjähriger hatte er mit angesehen, wie man seinen Vater auf einen Lastwagen gestoßen hatte; er war ebenfalls auf die Ladefläche gesprungen und hatte sich zu seinem Vater und den anderen Gefangenen gesellt. Obwohl die Gestapomänner ihm befohlen hatten, sofort wieder von dem Wagen herunterzuklettern, hatte er sich geweigert, und die Gestapobeamten waren schließlich losgefahren – mit der Drohung, daß er dasselbe Schicksal erleiden werde wie die Juden auf dem Wagen. Wenn seine Mutter und die anderen Frauen nicht aktiv geworden wären, wäre das für ihn der Anfang einer Reise gewesen, die in Auschwitz oder einem anderen KZ geendet hätte. Nicht weniger erstaunlich als die Geschichte selbst war die Art und Weise, wie der Mann sie erzählte. Die Juden nannte er immer nur »die J«. Er erklärte auch, warum er das tat. »Ich sitze hier in meinem Büro und sage immer nur ›J‹ statt ›Jude‹, weil man nie wissen kann, wer mithört und ob er nicht für die Nazis ist und für das, was sie den Juden angetan haben.«

Ein Mann, der sich damals entschieden hatte, seinem Vater treu zu bleiben und ihm zu folgen, wohin der Weg sie auch führen würde, hatte Angst davor, in seinem Büro das Wort »Jude« auszusprechen. Konnte das ein mutiger Mensch sein? Jemand, der für die Wahrheit eingetreten war oder für ein Ideal gefochten hatte? Andere Deutsche, die mit Juden verheiratet waren, neigten dazu, jeden, der nicht Antisemit war, zu einem Nazigegner zu erheben, sogar wenn der Betreffende Parteimitglied gewesen war. Ihre Abneigung gegen den Nationalsozialismus war ebenso tief wie die der Nazis gegen die Juden; gleichzeitig war sie aber auf Personen beschränkt, die in ihrer Gegenwart ihren Antisemitismus bekundet hatten.

Auch wenn sie generell nicht aus humanitären Beweggründen aktiv wurden, eilten einige Frauen von der Rosenstraße – wie Charlotte Israel – auch solchen Opfern des Regimes zur Hilfe, die nicht mit ihnen verwandt waren. Die Geschichten, die die in Mischehe lebenden Deutschen zu erzählen hatten, zeigen, daß diese Menschen anfänglich nur wenig riskierten und dann, als der Druck, den das Regime ausübte, wuchs, immer mehr Gefahren auf sich nahmen und immer größere Hilfe leisteten. Das Dritte Reich verwandelte einige dieser Deutschen, die eigentlich nur ihr Privatleben hatten verteidigen wollen, in eine Gruppe semi-politischer Oppositioneller. Der Protest in der Rosenstraße bewirkte seinerseits auch eine Verwandlung: Verzweiflung, eine Befindlichkeit, die einen kaum dazu ermuntert, über längere Zeit hinweg wirkungsvoll Widerstand zu leisten, motivierte einige Leute dazu, sich der Schar der Demonstranten anzuschließen.[24] Als sie Tag für Tag immer wieder in die Rosenstraße zurückkehrten und es danach aussah, daß die Gestapo nicht in der Lage war, sie auseinanderzutreiben, begannen einige Demonstranten, die ursprünglich nur gekommen waren, um Erkundigungen über ihre Angehörigen einzuziehen, darauf zu hoffen, daß ihr Protest ein konkretes Ergebnis haben könnte. Und obwohl sie einzeln oder allenfalls zu zweit in die Rosenstraße gekommen waren, wurden sie bald Teil einer Gruppe und handelten nicht mehr nur für sich selbst, sondern auch für die anderen, mit denen sie sich solidarisch fühlten. Ist das Widerstand?

Obwohl die in Mischehe lebenden Deutschen nur um einer einzigen Sache willen opponierten, kann man ihnen – genauso wie allen anderen, die sich nur, was einen einzigen, engbegrenzten Bereich betrifft, den Machthabern widersetzten – nicht den Status von Widerstandsleistenden aberkennen. Diesen Dissidenten wird gemeinhin attestiert, daß sie in allen grundlegenden Fragen mit den Nazis übereinstimmten; ihre auf eine ganz bestimmte Teilfrage beschränkte Opposition soll es den Machthabern sogar möglich gemacht haben, effektiver zu reagieren, da sie den Unzufriedenen die Möglichkeit bot, einen Druck abzubauen, der sich sonst vielleicht so angestaut hätte, daß das Regime viel ernsthafter bedroht gewesen wäre. Ein Dissens dieser Art ist auch mit bloßem Nonkonformismus in Zusammenhang gebracht worden, das heißt, man hat ihn nicht als aktiven Kampf eingestuft[25] und ihn so bewertet, daß er die allgemeine Regierungsfähigkeit der Nazis in keiner Weise eingeschränkt habe.[26] Bei der Analyse eines Widerstands um einer einzigen begrenzten Sache willen hat man sich aber vorwiegend mit dem religiös motivierten Dissens in Nazideutschland beschäftigt, und die Ergebnisse dieser Studien treffen nicht unbedingt in allen Einzelheiten auf die Art von Protest zu, den Deutsche um ihrer jüdischen Ehepartner willen äußerten.[27]

Der Unterschied zwischen der Opposition von mit Juden verheirateten Deutschen und der Opposition, welche andere, die für eine bestimmte und begrenzte Sache eintraten, an den Tag legten, ergibt sich aus der Dauer der Widerstandsbekundung, aus der mehr oder minder großen Bedeutsamkeit seiner Folgen und aus der generellen Einstellung der Menschen, die den Widerstand leisteten, gegenüber dem Regime. Mit Juden verheiratete Deutsche, die sich scheiden ließen, taten dies ganz offensichtlich aus egoistischen Motiven heraus. Kann man aber angesichts der offiziellen Ächtung von Deutschen, die mit ihren jüdischen Partnern verbunden blieben, angesichts des Hasses, der ihnen entgegenschlug, der erniedrigenden ungerechten Behandlung, die ihnen zuteil wurde, und der quälenden Ungewißheit über ihr eigenes Schicksal, in der sie lange Jahre lebten, davon sprechen, daß auch diese Menschen sich aus reinem Eigeninteresse heraus an ihre Partner klammerten? Ihre Selbstverteidigung deckte sich mit der Verteidigung ihrer jüdischen Angehörigen – es war eine Art selbstsüchtig-edelmütigen Handelns.

Deutsche mit jüdischen Partnern waren nicht grundsätzlich mit dem Nationalsozialismus einverstanden; sie konnten gar nicht gleichzeitig für den Nationalsozialismus sein und an ihren Angehörigen festhalten.[28] Sie wußten, daß nur ein Sieg der Alliierten sie vor dem Untergang bewahren würde. Mit Juden verheiratete Deutsche, die sich nicht von ihren Angehörigen scheiden ließen, haben mehr mit jenem sehr kleinen Teil der deutschen Bevölkerung gemein, der sich mit überhaupt keinem Aspekt des Nationalsozialismus identifizieren konnte,[29] als mit den Bürgern, die aus irgendeinem besonderen Grund Widerstand leisteten, generell aber Anhänger der Nazis waren. Außerdem hielten sie ihren Widerstand über die ganzen zwölf Jahre der Terrorherrschaft hinweg aufrecht. Das demonstriert ihre Integrität und ihre Bereitschaft, den Kampf *ad infinitum* fortzusetzen. Daß sie dem Regime die Unterstützung verweigerten, war nicht darauf zurückzuführen, daß sie sich stärker einer anderen Ideologie verpflichtet fühlten als andere Dissidenten, die in einem bestimmten Punkt nicht mit den Machthabern übereinstimmten, sondern daß sie sich weniger leicht über das Schicksal täuschen ließen, welches ihre jüdischen Angehörigen und sie selbst unter deren Terrorregime erwartete. Nicht alle, die sich nur wegen einer bestimmten Sache gegen das Regime stellten, waren grundsätzlich für die Nazis – zum Teil schon deswegen nicht, weil nicht alle Angelegenheiten, um die es bei dieser Art von Opposition ging, für das Regime das gleiche Gewicht hatten. Außerdem waren die in Mischehe lebenden Deutschen auch keine passiven Nonkonformisten. Weil sie sich, was eine so signifikante Angelegenheit wie ihre Verbindung mit einem »Nicht-Arier« betraf, gegen das Regime stellten, blieb ihnen gar nichts anderes übrig, als zu aktiven

Widerstandsleistenden zu werden. Daß sie verheiratet blieben, war bereits eine unablässige öffentliche Bekundung ihrer Nichtzustimmung zum Nazi-Regime.

Vielleicht wird man den Deutschen mit jüdischen Ehepartnern am ehesten gerecht, wenn man sie als »Retter« und als »Protestierende« charakterisiert und nicht so sehr als »Widerstandsleistende«; auf jeden Fall aber sollte man sie nicht mit jenen Dissidenten gleichsetzen, die dadurch charakterisiert sind, daß ihr Widerspruch oder ihre Verweigerung sich nur gegen einen engen Teilbereich oder einen ganz bestimmten Aspekt richten. Das Beispiel, das die in Mischehe lebenden Deutschen gaben, als sie sich weigerten, sich scheiden zu lassen, war ausschlaggebend dafür, daß das Regime nicht ein schon geplantes Gesetz verabschiedete, das deutsch-jüdische Paare, die kinderlos waren, zur Scheidung zwingen sollte.[30] Obwohl sie sich nicht grundsätzlich gegen eine Scheidung aussprachen, sondern sich nur weigerten, sich von ihrem eigenen Partner zu trennen, nahmen Tausende von in Mischehe lebenden Deutschen mit ihrer Weigerung auch auf das Leben anderer Menschen Einfluß. Sie machten gewissermaßen deutlich, welches das »Normalverhalten« des deutschen Bürgers war, und das Regime mußte bald davon ausgehen, daß die Ehen, die es aufzulösen versuchte, allen neuen Gesetzen, die man verabschieden würde, zum Trotz halten würden.

Angesichts der großen Zahl unterschiedlicher Handlungen, die man als Bekundung von Opposition auffassen kann, sprechen die Historiker von verschiedenen Formen oder Arten des Widerstands.[31] Eine einzige Definition kann der Komplexität dieses Phänomens – so wie es im Lauf der Geschichte immer wieder begegnet – nicht gerecht werden. Obwohl der Protest in der Rosenstraße bedeutender war als andere Bekundungen von partieller Opposition, vermag er zu zeigen, welche entscheidenden Merkmale eine solche limitierte Opposition aufweisen mußte, damit sie Erfolg hatte. Die Demonstranten in der Rosenstraße waren bis zu einem gewissen Grad dadurch geschützt, daß sie immer wieder beteuerten, nur ihre Familien vor Unheil bewahren und nicht etwa das Regime stürzen zu wollen. Erfolgreich war ihr partieller Widerstand – wie der der Katholiken – aber deshalb, weil er ganz bestimmte Formen annahm.

Die Merkmale von Protesten, die wesentlich für deren Erfolg waren, leiteten sich ebenso wie die von bestimmten Vorhaben, die diese anfällig für Proteste machte, von der Überzeugung des Regimes ab, daß es absolut unerläßlich sei, sich die anhaltende Zustimmung des ganzen Volkes zu sichern. Erfolgreiche Proteste gegen Vorhaben, die für die Nazis so große Bedeutung hatten wie die Euthanasie und auch die »Endlösung«, mußten einen öffentlichen Charakter haben und von genügend Menschen getragen sein, damit in den Machthabern die Befürchtung aufkam, daß die Stimmung der Bevölkerung zu ihren Ungunsten umzuschlagen drohte. Diese Protestveranstaltungen mußten auch von einem Kollektiv unbewaffneter Bürger ausgeführt werden. Was die Proteste gegen die Euthanasie und die Deportation von Juden, die in Mischehe lebten, betraf, so trug zu deren Erfolg sicher auch bei, daß sowohl die Katholiken Deutschlands als auch die Deutschen mit jüdischen Ehepartnern schon auf eine »Geschichte« als Oppositionelle zurückblicken konnten.[32] Der Krieg und die Notwendigkeit, bestimmte Maßnahmen geheimzuhalten, machten das Regime noch verwundbarer durch öffentliche Unzufriedenheitsbekundungen. Vor allem nach Ausbruch des Krieges war es von größter Bedeutung, daß die Bevölkerung geschlossen hinter den Regierenden stand. Vorhaben, die Kontroversen auslösen konnten, mußten daher unter strengster Geheimhaltung durchgeführt werden. Proteste gegen solche Projekte zeigten nicht nur, daß es Dissens gab, sondern drohten auch, das offenzulegen, was das Regime um jeden Preis verbergen mußte. Vor allem öffentliche Proteste gefährdeten die Geheimhaltung von Projekten.

Aus verschiedenen Gründen war öffentlicher Protest in Nazi-Deutschland die Form der Opposition, die am meisten bewirkte. Das gemeinsame öffentliche Auftreten von vielen Menschen, die mit der Führungsspitze nicht übereinstimmten, konnte Differenzen innerhalb dieser Führungsspitze selbst entstehen lassen oder schon bestehende Meinungsverschiedenheiten verschärfen. Das Regime verbreitete das Bild vom deutschen Volk, das den Nationalsozialismus geschlossen unterstützte, und viele Deutsche fühlten sich in ihrer Opposition gegen die Machthaber schrecklich allein und hilflos; sie fürchteten sich davor, aus der großen Menge derer, die ja zum Nationalsozialismus sagten, herauszuragen. Die psychische Isolation der einzelnen Dissidenten war ein wichtiges Ziel des Regimes, und eine Aktion wie in der Rosenstraße, die den Dissens einer größeren Gruppe von Menschen öffentlich zum Ausdruck brachte, konnte (wie vor allem Goebbels fürchtete) schnell anderswo ganz ähnliche Proteste zur Folge haben. Die Protestierenden in der Rosenstraße wurden aus ganz persönlichen Interessen heraus aktiv, aber die öffentliche Natur ihrer Opposition machte die Darstellung der alltäglichen Realität durch das Regime zunichte und gab überdies noch einen Blick auf die Maschinerie des Terrors frei.

Im Dritten Reich stand die potentielle Wirkung eines Protestes, das heißt, sein Vermögen, auf das Regime einzuwirken, in Relation zu dem Grad des Risikos, das die Protestierenden auf sich nahmen. In einem Staat, der Versammlungen verbot, der den Informationsfluß und die Kommunikation kontrollierte und Dissidenten als Angehörige einer kleinen Randgruppe innerhalb einer ansonsten geschlossen mit der Regierung konform gehenden Bevölkerung darstellte, war ein öffentlicher Massenprotest ein wirkungsvolles politisches Machtmittel. Öffentlicher Widerstand verlangt eine öffentliche Versicherung, daß der Staat weiterhin das Sagen hat. Öffentlicher Protest, wozu Unterschriftenaktionen, Demonstrationen auf den Straßen und andere Aktionen gehören, die das Regime zum Einlenken zwingen sollen, stellt die Autorität der Regierenden unmittelbarer in Frage als Verweigerung und Nichtzustimmung. Ein solcher Protest rückt den Konflikt in den Blickpunkt der Öffentlichkeit, so daß man mit einem Rückzug sein Unvermögen, seine Ohnmacht offen eingesteht.[33]

Der Grad von Druck auf die Oberen, der von einem Protest ausging, stand in Relation zu dem Grad seiner Öffentlichkeit. Die Demonstranten griffen zu dem stärksten Mittel, das ihnen überhaupt zur Verfügung stand, und die Wirkung, die sie hatten, beweist, welch hohes Risiko sie auf sich genommen hatten. Der Historiker Detlev Peukert, der die These aufstellte, daß die Wirkung eines Protestes von dem Grad abhänge, in dem dieser öffentlich sei, hat eine Skala vorgeschlagen, mit der sich die Stärke von Widerstand messen läßt. Diese Peukert-Skala reicht von einem Akt der Opposition, der »Nonkonformität« entspricht, bis hin zu organisierten, mit Waffengewalt vorgenommen Versuchen, das Regime zu stürzen (»Widerstand«), von privaten bis hin zu öffentlicheren Bekundungen eines Dissenses. Zwischen »Nonkonformität« und »Widerstand« sind für Peukert »Verweigerung« und »Protest« angesiedelt.[34] Peukerts Skala zufolge ist also Widerstand die stärkste Form der Herausforderung eines Regimes, und Protest, Verweigerung und Nonkonformismus sind progressiv schwächer werdende Formen der Opposition. Die Effektivität jeder Art von Opposition ist aber von den spezifischen historischen Umständen abhängig, in denen sie ausgeübt wird. In der Rosenstraße war »Protest« von größerer Wirkung, als bewaffneter »Widerstand« es gewesen wäre.

Während Versuche, das Regime zu stürzen, charakteristischerweise im verborgenen von Menschen, die einem Verschwörerkreis angehörten, vorbereitet wurden, erfolgten Proteste, die sich gegen eine ganz bestimmte Maßnahme des Regimes richteten – wie der in Rosenstraße –, ganz offen. Goebbels' Stellvertreter Leopold Gutterer führte den Erfolg des Rosenstraßen-Protestes auf ebendiese »Offenheit« zurück und stellte ihn jener verschwörerischen Art von »Widerstand« gegenüber, die sich vom Regime viel leichter als Anschlag gegen das Volk und den Staat darstellen ließ. Gleichgültig jedoch, welchen Grad von Öffentlichkeit die Herausforderung erreichte, die von einem Protest ausging, um in Nazideutschland erfolgreich zu sein, mußten die Protestierenden auch auf Waffengewalt verzichten, das heißt, sie mußten das Regime herausfordern, ohne diesem die Entschuldigung zu liefern, mit brutaler Gewalt zurückzuschlagen. Aktionen unbewaffneter Bürger konnten nicht als Verrat angesehen werden und rechtfertigten nicht, daß das Regime zu ihrer Unterdrückung auf das ganze ihm zur Verfügung stehende Arsenal an Machtmitteln zurückgriff. Wenn man mit Polizeigewalt gegen unbewaffnete Demonstranten, Menschen, die Gerüchte in Umlauf setzten, oder beispielsweise auch gegen Bischof von Galen vorgegangen wäre, hätte man die Panik, die durch die Euthanasiepläne ausgelöst worden war, nur noch verstärkt und sich damit die Möglichkeit genommen, die Öffentlichkeit wieder so zu besänftigen, daß sie das Naziregime weiterhin widerspruchslos unterstützte.[35] Wenn die Demonstranten mit Waffen in den Händen in die Rosenstraße gekommen wären, wäre die Polizei gezwungen gewesen, das Feuer auf sie zu eröffnen, meinte Gutterer. Die Strukturen und Ziele von Familie und Kirche ließen nur unbewaffneten Protest zu, so wie sie auch nur Protest gegen Maßnahmen, die persönlichen Interessen oder traditionellen Werten zuwiderliefen, auslösten.

Zumindest zwei der Kriterien für einen erfolgreichen Protest – daß dieser von einer genügend großen Zahl von Menschen getragen wird und sich vor den Augen der Öffentlichkeit abspielt – sprechen gegen ländliche Gegenden oder kleinere Städte als Schauplatz für solche Aktionen; gleichzeitig weisen sie Berlin als ein besonders günstiges Terrain aus, eine Großstadt, in der zudem zahlreiche Vertreter der Auslandspresse und Angehörige fremder Gesandtschaften saßen, die alles, was dort geschah, mit wachen Augen und Ohren mitverfolgten. Eine große Stadt bot nicht nur gesellschaftliche Möglichkeiten zum Überleben, sondern auch die Voraussetzung für das Zustandekommen einer großen, aber nicht-organisierten Protestversammlung. Die Machthaber konnten sich so gut wie sicher sein, daß es außerhalb Berlins nicht zu weiteren Protestkundgebungen von mit Juden verheirateten Deutschen wie in der Rosenstraße kommen würde, und wenn dies doch geschehen sollte, würde man ihrer viel leichter Herr werden können.

Der Umfang eines Protestes und sein Grad von Öffentlichkeit werden nicht ausschließlich durch die Zahl der aktiv an ihm Beteiligten bestimmt, sondern man muß auch die Personen mit berücksichtigen, welche von den Demonstranten vertreten werden. Die größte Wirkung hatten Proteste, bei denen die Menschen nicht nur für sich selbst, sondern für einen ganzen Teil der Gesellschaft zu sprechen schienen. Die Protestierenden in der Rosenstraße standen stellvertretend auch für alle jene in Mischehe lebenden Deutschen, die zwar nicht mit ihnen auf die Straße gegangen waren, die aber schon den Gesetzen Trotz geboten und sich nicht von drohender Ächtung, Verarmung und der Aussicht, daß ihnen dasselbe Schicksal beschieden sein könne wie den Juden, hatten einschüchtern lassen. Wenn der Staat gegen die Gläubigen vorgegangen wäre, die sich gegen die Kruzifix-Erlasse gewehrt hatten, dann hätte er sich damit viel mehr Katholiken zum Gegner gemacht als die, die tatsächlich aktiv gegen diese Erlasse protestiert hatten. Bischof von Galen war der Repräsentant von Zehntausenden von Menschen gewesen.

Proteste, die etwas gegen die für die Nazis so wichtigen Vorhaben wie die Euthanasie und die Deportation der Juden auszurichten vermochten, wurden von Menschen getragen, die sich bereits vorher mit Erfolg gegen weniger bedeutende Maßnahmen des Staates gewandt hatten. Meinungsverschiedenheiten zwischen den Machthabern darüber, wie man auf Proteste reagieren solle, waren für deren Erfolg sehr wichtig. Frühere Widerstandsbekundungen kirchlicher Stellen und deutsch-jüdischer Familien waren aber ohne Zweifel ausschlaggebend dafür, daß dann, als es zu den Protesten gegen das »Sterbehilfe«-Programm beziehungsweise gegen die »Schlußaktion Berliner Juden« kam, innerhalb der politischen Führungsspitze Kontroversen darüber ausbrachen, wie man gegen die Dissidenten vorgehen solle.

Unabhängig von dem Zeitpunkt und der Tatsache, ob sie sich gegen wichtige oder weniger wichtige Vorhaben des Staates richteten, wurden erfolgreiche Aktionen der Opposition immer von einem Kollektiv oder zumindest einer größeren Menge von Menschen ausgeführt.[36] Die Katholiken, die 1936 gegen den Kruzifix-Erlaß protestiert hatten, hatten dies begriffen; sie waren überzeugt davon, daß jede antikatholische Aktion des Staates dann erfolglos sein muß, wenn die Katholiken einig zusammenstünden.[37] Wenn man als Einzelperson aktiv wurde, konnte man schon für das kleinste Vergehen hingerichtet werden, dafür beispielsweise, daß man einen politischen Witz erzählte, den Nationalsozialismus kritisierte oder öffentlich Zweifel am Endsieg äußerte.[38] Wenn sich jedoch Maßnahmen des Staates gegen traditionelle Bräuche oder Werte der Kirche oder der Familie richteten, dann scharten sich viele zusammen, die diese Maßnahmen ablehnten.

In Nazideutschland veranlaßten gelegentlich Eingriffe der Machthaber in traditionelle Bräuche und die Bedrohung traditioneller Institutionen voneinander unabhängige Personen dazu, gleichzeitig Widerstand
zu leisten, wobei gleichzeitig die Notwendigkeit einer Organisation
dieses Widerstands auf ein Minimum sank. Die Nazis wären kaum in
der Lage gewesen, die Kirche in ihrer Gesamtheit oder auch Zehntausende aus jüdisch-deutschen Familien als »Staatsfeinde« zu isolieren
und zu bestrafen. Deutsch-jüdische Paare stellten eine große Gruppe
von Andersdenkenden innerhalb der deutschen Gesellschaft dar. Religiöse Traditionen und Normen, die mit der Institution Familie verbunden waren, waren in der Praxis fester in der Gesellschaft verankert, als
die politischen Parteien (welche das Regime zerstört hatte) es gewesen
waren, und, anders als die politischen Parteien, wurden sie auch geachtet, da man glaubte, daß sie von einer höheren Autorität eingeführt
worden seien, als es der Staat war. Die traditionellen »Institutionen«
Ehe und Familie wurzelten in religiösen und gesellschaftlichen Anschauungen, die tiefere Ergebenheit.und größere Treue forderten als
der Nationalsozialismus, und die Geschichte deutsch-jüdischer Paare
liefert eine Reihe weiterer Beispiele für eine Art von Widerstand, der
das Regime zwang, bestimmte Vorhaben einzustellen oder nur in ab-
geschwächter Form durchzuführen.[39]

Das Regime hatte vorausgeahnt, daß eine durch Gesetz erzwungene
Auflösung von Mischehen starken Widerspruch der deutschen Partner
ausgelöst und zu Aufruhr in den eigenen Reihen geführt hätte; es gab
aber auch Grund zu der Annahme, daß die Bevölkerung insgesamt ein
derartiges Scheidungsgesetzt nicht billigen würde. 1938 wurde ein Gesetz verabschiedet, das zwar nicht zur Scheidung zwang, die Voraussetzung dafür aber in bestimmten Fällen stark lockerte. Von einem mit
einem jüdischen Partner verheirateten Deutschen verlangte es nur dessen Versicherung, daß ihm der »Schaden«, der der arischen Rasse durch
jede Verbindung mit einem Juden entstehe, erst nach der Machtübernahme der Nationalsozialisten bewußt geworden sei. Nachdem der SD
Ermittlungen über die Reaktionen auf dieses Gesetz angestellt hatte,
warnte er: Es sei an der »äußersten Grenze« dessen angesiedelt, was die
Öffentlichkeit zu tolerieren bereit sei. Mehrere Jahre später beriet man
darüber, ob man ein Gesetz verabschieden solle, das deutsch-jüdische
Paare zur Scheidung zwang, entschied sich aber am Ende dagegen, weil
gesetzliche Maßnahmen nichts an dem grundlegenden Faktum ändern
würden, daß die deutschen Ehepartner von Juden alles in ihrer Macht
Stehende tun würden, um ihre Familien vor Schaden zu bewahren, und
weil »der Vatikan« ein solches Gesetz nicht gutheißen würde.[40] Der

nach dem Krieg von deutschen Bischöfen aufgestellten Behauptung, daß sie die Zwangsscheidung von deutsch-jüdischen Paaren verhindert hätten, mangelt es also nicht vollständig an Glaubwürdigkeit.[41] In jedem Fall aber hätten die Kirche und ihre Traditionen allein – das heißt, wenn der Protest der Deutschen mit jüdischen Ehepartnern nicht hinzugekommen wäre – nicht ausgereicht, um die in Mischehe lebenden Juden zu retten. Es gibt auch umfangreiches Beweismaterial dafür, daß die Kirche immer wieder in äußerst bedenklicher Weise mit dem Regime kooperierte – sogar was die Durchführung antijüdischer Maßnahmen betraf. Sowohl die katholische als auch die protestantische Kirche trugen entscheidend dazu bei, »die Juden« als solche zu identifizieren und auszugrenzen, und sie wurden ihren eigenen Glaubenssätzen untreu, indem sie zuließen, daß getaufte Juden verfolgt wurden, nur weil sie von ihrer »rassischen« Herkunft her Juden waren.[42] Die Kirche kämpfte für die Erhaltung ihrer konfessionellen Schulen, ihrer Publikationsorgane, ihrer Organisationen und Klöster und prallte auch über dem Problem der Euthanasie mit den Machthabern zusammen; diese erfolgreichen Widerstandsbekundungen der Kirche machen jedoch nur auf etwas anderes aufmerksam: auf die Tatsache nämlich, daß sie es unterließ, gegen die Vernichtung der Juden zu protestieren. Berichte von örtlichen Verwaltungsbeamten und Gestapo-Angehörigen geben – ebenso wie die Tischgespräche Hitlers und andere Zeugnisse dieser Art – zu erkennen, wie groß die Popularität der Kirche war, und daß die Führungsspitze der Nazis sich durchaus der Gefahren bewußt war, die sich ergeben hätten, wenn man gegen die katholische Kirche vorgegangen wäre. Ein energischer Protest von beiden christlichen Kirchen wäre ohne Zweifel nicht ohne Wirkung geblieben, aber die deutschnationale Gesinnung und antisemitische Einstellung von führenden Klerikern verliehen Hitler eher Auftrieb, als daß sie ihn hemmten. Die hohe Geistlichkeit verurteilte jede Form von Widerstand gegen den Staat, mahnte zu Gehorsam und warnte vor jeder Art von aufsässigem Verhalten, was jeglichen Widerstandsgeist im Keim erstickte.[43]

Die Deutschen insgesamt – und nicht nur die führenden Männer der Kirche – sind jedoch in die von den Nazis begangenen Greueltaten verwickelt. Hinter einem erfolgreichen Widerstand von einzelnen stand das Volk (die Widerstandskämpfer vom 20. Juli allerdings waren nicht um breite Unterstützung durch das Volk bemüht und besaßen sie auch nicht). In den wenigen wichtigen Fällen, in denen hohe Geistliche sich dem Regime widersetzten, wagten sie dies mit Sicherheit auch deswegen, weil sie fühlten, daß die öffentliche Meinung auf ihrer Seite war. Und in jedem dieser Fälle gab das Regime nach. Er stimmt, daß nach

Ausbruch des Krieges nur das Militär und die beiden Kirchen über genügend Waffen oder genügend loyale Anhänger verfügten, um dem Regime als ganzem Trotz bieten zu können. Die Kleriker traten dem Regime aber erst gegenüber, als große Teile der Bevölkerung sich schon innerlich von ihm distanziert hatten. Sowohl die führenden Männer der Kirche wie auch die hohen Militärs erkannten, daß der Raum für Opposition durch die umfassende Unterstützung begrenzt war, die das Volk Hitler entgegenbrachte.

Wenn die Deutschen, die mit Juden verheiratet waren, mit dem Regime kooperiert und nicht heftig gegen die drohende Deportation ihrer Angehörigen protestiert hätten, dann wären auch diese jüdischen Männer und Frauen dem Genozid zum Opfer gefallen. Deutsche, die sich 1943 noch nicht von ihren jüdischen Partnern hatten scheiden lassen, hatten wiederholt bewiesen, daß sie sich dem Regime zu widersetzen vermochten, wenn es um das Wohl ihrer Familien ging. Sie waren bereits für ihre Opposition aktenkundig, und diese ihre »Geschichte« als Oppositionelle ließ die Machthaber mit äußerster Vorsicht zu Werke gehen und verlieh ihren Unmutsbekundungen auf der Straße Kraft. 1943 war es aber für die anderen Deutschen schon zu spät, dem Regime klarzumachen, daß ein nicht unbedeutender Teil der Gesamtbevölkerung ganz entschieden gegen die Deportation der Juden war. Die Behauptung, daß die Deutschen mit einem Protest keine Aussicht auf Erfolg gehabt hätten, kann alle diejenigen nicht von Schuld freisprechen, die nicht protestierten, sondern die schon gezeigt hatten, daß sie hinter dem Regime standen, und die dadurch das Selbstvertrauen der Machthaber so gestärkt hatten, daß diese ihre Rassenideologie immer brutaler in die Tat umsetzten.

Die Bedeutung der partiellen Opposition liegt – im Unterschied zu den Aktionen, die man als »Widerstand« definieren kann, da diese nämlich allesamt fehlschlugen – darin begründet, daß es die Handlungsfreiheit der Regierenden in einem gewissen Maße einschränkte. Ian Kershaw ist allerdings der Überzeugung, daß diese Teilerfolge kaum eine Rolle spielten, da sie die effektive Herrschaft der Nazis nicht behinderten. Hitlers Popularität war so groß, daß sie jeden Dissens neutralisierte, und zwar bis in die letzten Monate des Krieges hinein, bis zu jener Zeit, als er wie ein Verlierer auszusehen begann. Die Eskalation des Terrors von 1944 bis 1945 war in beträchtlichem Ausmaß eine Reaktion darauf, daß die Zustimmung, die das Regime beim Volk fand, immer mehr dahinschwand. »Widerstand« konnte in jenen Jahren nur von denen geleistet werden, die bereit waren, ihr Leben zu riskieren. Wenn die Bedeutung von »Widerstand« nicht vollkommen verwässert werden solle, so meint Ian Kershaw, dann sollte man ihn auf die aktive Teilnahme an organisierten Versuchen begrenzen, mit dem bewußten Ziel der Unterminierung und Beendigung gegen das Regime zu kämpfen.[44] Hans Mommsen ist der Ansicht, daß jemand, der »Widerstand« leistet, nicht nur ein großes Risiko eingehe, sondern auch ein Scheitern und seinen Tod bewußt riskiere, um eine menschenwürdige Politik wieder aufzurichten, die individuelle Interessen überschreite.[45] Die Zahl von Deutschen, die man als Widerstandskämpfer bezeichnen könnte, ist sicherlich äußerst gering, aber die Historiker befürchten zu Recht, daß weiter gefaßte Definitionen dann auch schon die kleinste Geste von Nicht-Begeisterung einschließen könnten.[46]

Vielleicht gab es überhaupt keine Deutschen, die das Regime an der Ausübung seiner Macht hinderten. Wenn es sie doch gab, dann schränkte keine andere Gruppe das Regime in einem größeren oder einem bedeutenderen Maß in seiner Handlungsfreiheit ein als die Deutschen, die in Mischehe lebten. Durch ihren bürgerlichen Ungehorsam und weil die Moral der Öffentlichkeit vielleicht gefährdet gewesen wäre, wenn man sie zur Kooperation gezwungen hätte, hielten diese Deutschen das Regime davon ab, in diesem Einzelfall seine radikalsten Ziele in die Tat umzusetzen, sie blockierten seine Kampagne zur »rassischen Säuberung« des deutschen Volkes und retteten so Tausende von Menschenleben. Und dies war eine großartige, bewunderungswürdige Leistung.

Man sollte die Opposition von in Mischehe lebenden Deutschen an jenen anderen Aktionen messen, die man unter die Kategorie »Widerstand« subsumieren kann, und nicht mit Hilfe von abstrakten Definitionen bewerten. Auf den Taten jener Deutschen, die ursprünglich einmal den Status von Widerstandskämpfern genossen und gewissermaßen die hohen Ideale des Widerstandsgeistes personifizierten, liegt heute ebenfalls ein Schatten. Was den »fundamentalen« Widerstand anbelangt, den man gemeinhin den Kommunisten während der ersten Jahre der Diktatur attestierte, so schreibt Martin Broszat, daß persönliche Beziehungen und gemeinsame Schicksalsschläge sich oft als wichtiger herausgestellt hätten als ideologische Überzeugung oder Parteiloyalität.[47] In welcher Hinsicht unterschied sich die Motivation der protestierenden Ehefrauen von Juden von jener der »Helden« des 20. Juli? Eliten sind, so will es die Tradition, mit politischer Macht befaßt, normale Frauen mehr am Wohlergehen ihrer Männer und an ihrem Heim interessiert. Broszat weist auch darauf hin, daß Planung und Vorgehen der Verschwörer des 20. Juli unrealistisch waren und ihr Vorhaben an »Illusionen« scheiterte, an falschen Erwartungen wie auch an einer gewissen aristokratischen Lässigkeit.[48] Hat irgendein Akt der Opposition gegen eine bestimmte von ihm in die Wege geleitete Maßnahme das Regime dazu veranlaßt, seine Macht so nachdrücklich unter Beweis zu stellen und den Widerstand so brutal zu unterdrücken wie dieses vereitelte Attentat einiger Offiziere und anderer Oppositioneller?

Peter Hoffmann, der sich eingehend mit der Geschichte des Widerstands befaßt, stimmt nicht der These zu, daß die Eliten erst in dem Moment aktiv zu opponieren begannen, als sie spürten, wie sehr sie selbst an Einfluß verloren hatten, und als sie anderen nicht verfügbare Informationen darüber erhalten hatten, was für ein katastrophaler Ausgang des Krieges sich für Deutschland abzeichnete.[49] In jedem Fall veranlaßte die schon früh von in Mischehe lebenden Deutschen geleistete Opposition das Regime dazu, die Deportation von Juden mit deutschen Ehepartnern zunächst einmal hinauszuschieben, und die betroffenen Deutschen hatten so die Möglichkeit, mit einer »friedlichen« Protestversammlung statt mit Waffengewalt unter Beweis zu stellen, daß sie weiterhin für das Leben ihrer Angehörigen kämpfen würden. Obwohl sie nicht das höchste Opfer brachten, so riskierten sie doch zumindest ihr Leben; sie wären mit Sicherheit zu Märtyrern geworden, wenn sie zu Waffen gegriffen hätten, um die Erfüllung ihrer Forderungen zu erzwingen.

Definitionen, die vorgelegt wurden, um die Zahl der Menschen einzugrenzen, die sich als »Widerstandskämpfer« oder »Widerstandsleistende« einstufen lassen, gehen in recht anfechtbarer Weise vom Kriterium der Motivation aus, gleichgültig, wie realistisch die Pläne und Aktionen der aus »politischem Idealismus« Handelnden zur Unterminierung des Regimes wirklich waren. In Carol Gilligans Studie über die »moralische Entwicklung« von Frauen findet sich jene Definition wieder, der zufolge unter Widerstand nur Opposition um politischer Ideale willen zu verstehen ist. Wie die mit Juden verheirateten Frauen, die gegen das Regime protestierten, nehmen Carol Gilligans »moralisch entwickelte« Menschen lebensbedrohliche Risiken für Menschen auf sich, die ihnen nahestehen und um die sie sich sorgen, weniger aber für politische Ideale.[50]

In der Rosenstraße zu protestieren, war höchst riskant, nicht nur weil man mit diesem Protest in aller Öffentlichkeit seine Verbundenheit mit Angehörigen der Bevölkerung zum Ausdruck brachte, die das Regime zu Untermenschen erklärt hatte, sondern auch weil er im Jahr 1943 erfolgte, zu einem Zeitpunkt, der von besonderer Brisanz war. Lebensgefahr für die Beteiligten, in Standarddefinitionen ein Charakteristikum von »Widerstand«, war auch ein Kennzeichen des Protestes in der Rosenstraße; auch aufgrund anderer Charakteristika müßte man die Demonstration neueren Definitionen gemäß eigentlich in die Kategorie »Widerstand« einordnen.[51]

Erfolgreiche Opposition hatte, auch wenn einzelne an der Spitze standen, in bedeutendem Ausmaß Unterstützung beim Volk. Für das Aufkommen des Nationalsozialismus war keine bestimmte einzelne Gruppe der deutschen Bevölkerung allein verantwortlich; es wäre auch nicht realistisch, sich eine Aktion von einer einzelnen Gruppe zu erwarten, die heimlich darauf hinarbeitete, eine Macht, die in solchem Maße Rückhalt beim Volk besaß, zu Fall zu bringen. Die Angehörigen jeder Gruppe oder jeder Vereinigung, die versuchten, das Regime in seiner Gesamtheit zu stürzen, wurden entweder zu Märtyrern ihrer Sache – oder sie wurden, weil sie mit ihren Aktionen keinerlei Wirkung erzielten, von den Machthabern und der Öffentlichkeit überhaupt nicht bemerkt. Ob man sie nun Widerstandskämpfer nennt oder nicht – die mit Juden verheirateten Deutschen, die sowohl öffentlich bekannten, mit den grundlegendsten ideologischen Imperativen des Regimes nicht einverstanden zu sein, und ein zwölf Jahre währendes Risiko eingegangen waren, ebenfalls der Maschinerie des Terrors zum Opfer zu fallen, sollten in die Kategorie der wichtigsten Gegner des Regimes eingeschlossen werden. Die politischen Maßnahmen, mit denen die Nazis gegen deutsch-jüdische Mischehen vorgingen, machten ihnen die Grenzen ihrer Macht bewußt, sowohl was den Einsatz von Propaganda anbelangte, mit der man die Normen zu ändern suchte, als auch den Einsatz von Gewalt, mit der man jeden Widerspruch von vornherein im Keim ersticken wollte.

Vielleicht liefern nicht die Zeithistoriker den besten Schlüssel zum Verständnis der Opposition, die in Mischehe lebende Deutsche dem Regime entgegengebracht haben, sondern ein Mann, der lange Zeit der führende Dissident in einem kommunistischen Land war: Václav Havel. »Wenn der Hauptstützpfeiler eines Systems das Leben in Lüge ist«, schrieb Havel, als er noch unter Polizeiaufsicht stand, »dann überrascht es nicht, wenn die grundlegende Bedrohung dieses Systems von einem Leben in der Wahrheit ausgeht.« Der Kommunismus hat keinen Völkermord begangen und keinen Weltkrieg entfacht, er hat aber – wie der Nationalsozialismus – versucht, ganze Völker unter die Herrschaft einer einzigen Ideologie zu bringen. Innerhalb dieser Systeme verhielten sich die meisten Menschen mit den Machthabern konform; dies machte es möglich, daß das Spiel immer weiterging, gleichgültig, ob diese »angepaßten« Bürger wirklich an die Ideologie glaubten oder nicht. Dieser Konformismus jedoch geht auf Kosten des individuellen Gewissens und der individuellen Vernunft. »In der Wahrheit zu leben« bedeutet, seinem eigenen individuellen Gewissen entsprechend zu leben. Der Nationalsozialismus und der Kommunismus haben beide die Wahrheit und die Individualität zu vernichten gesucht. Innerhalb solcher Systeme, meint Havel, ist ein Leben in der Wahrheit der fruchtbarste Nährboden für »Opposition«.[52] Der Protest in der Rosenstraße war für die Menschen, die ihn durchführten, der Gipfelpunkt einer schon viele Jahre andauernden besonderen Existenz, eines Lebens entsprechend dem eigenen Gewissen und der eigenen Vernunft und im Widerstand gegen die rassistische Ideologie des Regimes. Diese Menschen versuchten nichts anderes, als »in der Wahrheit« zu leben.

Der Diktator fürchtete Unruhe in der eigenen Bevölkerung mehr, als er solche Unruhe tatsächlich erfuhr. Für den mit einer Deutschen verheirateten jüdischen Journalisten Georg Zivier war der Protest in der Rosenstraße eine kleine Fackel in der Dunkelheit, ein Signal, das vielleicht zu einer generellen Erhebung geführt hätte, wenn die Öffentlichkeit das Licht wahrgenommen hätte.[53] Die Entwicklung der nationalsozialistischen Diktatur ließ ein antithetisches Verhältnis zwischen fundamentalen Doktrinen der Nazis und tiefverwurzelten Traditionen der Gesellschaft immer deutlicher hervortreten; diese sich ständig vergrößernde Kluft machte es der offiziellen Propaganda immer schwerer, glaubwürdig zu bleiben, und beschnitt auch das Vermögen des Staates, Waffengewalt zu mobilisieren und einzusetzen. Die nachteilige Auswirkung bestimmter »bevölkerungspolitischer« Maßnahmen der Nazis auf ihre deutschen Untertanen unterminierte das Fundament ihrer Macht. Der Erfolg von Massenprotesten – mag er noch so gering und letzten Endes von den alliierten Militärstreitkräften abhängig gewesen sein – deutet darauf hin, daß die Deutschen im Laufe der Zeit dem Regime vielleicht noch weitergehende Zugeständnisse hätten abringen können.

Die so umfassende Unterstützung Hitlers durch das Volk nahm jedoch aufkeimenden Widerstandsbestrebungen – von militärischer wie auch von ziviler Seite – sofort den Wind aus den Segeln. Sogar Hitlers Macht über das Militär – das er vor allem von 1934 bis 1938 und dann wieder von 1944 ab fürchtete – leitete sich von diesem Rückhalt ab, den er beim Volk fand.[54] Auf der anderen Seite vereitelte bürgerlicher Ungehorsam einen Versuch, die Juden mit deutschen Ehepartnern ebenfalls in den Holocaust mit einzubeziehen – als Noßke zum Beispiel sich im September 1944 weigerte, seinen Befehlen nachzukommen und eine Gruppe solcher Juden erschießen zu lassen.[55] In Gefangenenlagern innerhalb Deutschlands weigerten sich die abgebrühtesten Gestapoleute kurz vor Ende des Krieges, so wie es ihnen befohlen worden war, die noch übriggebliebenen jüdischen Häftlinge – zumeist »Geltungsjuden«, »Greifer« oder Juden mit deutschen Ehepartnern – umzubringen.[56] Diese Männer versuchten mit den Juden einen Handel zu schließen: Sie würden sie am Leben lassen, wenn diese später zu ihren Gunsten aussagen würden. Das Regime vermochte Noßke und diese Gestapoleute, die ihm früher, als Deutschland unbezwingbar schien, so bereitwillig gedient hatten, nicht mehr zum Handeln zu veranlassen. Persönliche Motive, die früher viele Bürokraten und die Gestapo bewogen hatten, sich mit Leib und Seele den Machthabern zu ergeben, veranlaßten sie gegen Ende des Krieges dazu, das sinkende Schiff zu verlassen.[57] Der Apparat verschärften Terrors und explodierender Gewalttätigkeit war also zu seinem Funktionieren auf Kooperation angewiesen. Zur Begründung und Festigung politischer Macht war Terror bei weitem nicht so wirksam, wie freiwillige Unterstützung durch das Volk es gewesen war, denn die Terrormaschinerie setzte sich aus vielen einzelnen Menschen zusammen, die, als die Wehrmacht immer weiter zurückweichen mußte, den Glauben an den Nationalsozialismus und den Führer zu verlieren begannen.

Doch die Geschichte zeigt, daß nur persönliche Bindungen Opposition als bürgerlichen Ungehorsam hervorbrachten, der Menschenleben rettete. Die Proteste in Deutschland machen uns auch die eisernen Grenzen von Primo Levis auf tragische Weise engem »Nosismus« bewußt.[58] Die Geschichte der Mischehen in Nazideutschland zeigt auf, daß der »Führer« gesellschaftlichen Einschränkungen unterworfen war. Gleichgültig, ob Hitler und andere ranghohe Nazis die Auswirkung gesellschaftlicher Unruhe überschätzten, wenn man sich intensiver mit dem Einfluß »normaler Bürger« auf die Herrschaft der Nazis und die von ihnen begangenen Verbrechen beschäftigen will, dann wird man die Millionen von »Mitläufern« ins Blickfeld nehmen müssen, die, indem sie nichts taten, ein solches Verhalten als akzeptable soziale Norm definierten. Die in Mischehe lebenden Deutschen hingegen stellten mit ihrem Protest diese »Norm« in Frage. Sie waren Frauen, die ihr Leben riskierten und deren eigenes Leben daher von größter Bedeutung war.

Epilog

Günther Abrahamsohn

Am 9. März 1943, direkt im Anschluß an die »Schlußaktion«, verhaftete die Berliner Gestapo eine große Zahl von Mitarbeitern der Jüdischen Gemeinde in ihren Wohnungen. Am Tag darauf kam es zu weiteren Verhaftungen, von denen vor allem die Angestellten des Jüdischen Krankenhauses betroffen waren. Die Jüdische Gemeinde Berlins wurde durch diese Aktion stark dezimiert; ihre festgenommenen Angestellten wurden am 12. März nach Theresienstadt deportiert.[1] Nach der »Schlußaktion« verlangte man von der Gemeinde, ihre Mitgliedsverzeichnisse auf den neuesten Stand zu bringen. Einige Juden waren geflohen, auf der anderen Seite waren einige neue ausfindig gemacht worden. Am 10. Juni wurden die letzten Mitglieder der Gemeinde, die wichtige Ämter innegehabt hatten, aus Berlin abtransportiert. Die zweite Phase der Deportationen war beendet; die einzigen Juden, die jetzt noch in Berlin zu finden waren, waren Menschen, die für die Gemeinde arbeiteten oder in Mischehe lebten – oder aber untergetaucht waren. Die Gestapo versprach einigen jüdischen Ordnern, daß sie unbehelligt weiter in der Stadt leben dürften, wenn sie ihnen halfen, Juden, die in den Untergrund gegangen waren, aufzuspüren.

Dr. Walter Lustig durfte als der neue – von der Gestapo eingesetzte – Vorsitzende der Reichsvereinigung der Juden Deutschlands in Berlin bleiben. Seine Untergebenen waren fast ausschließlich jüdische Ordner, die auch mit der Gestapo zusammenarbeiteten. Vom Juni 1943 an war Günther Abrahamsohn, wie er nach dem Krieg vor Gericht aussagte[2], mit einer Pistole bewaffnet im Auftrag der Gestapo unterwegs, um die untergetauchten Juden in ihren Verstecken aufzustöbern und der Polizei in die Arme zu treiben, so daß sie ebenfalls deportiert werden konnten. Abrahamsohns erster Auftrag bestand darin, den früheren KPD-Reichstagsabgeordneten Iwan Katz ausfindig zu machen.[3] Tatsächlich gelang es ihm und seinem Partner, Katz festzusetzen, der dann nach Auschwitz verschleppt wurde, das Lager aber überlebte, so daß er nach dem Krieg gegen Abrahamsohn aussagen konnte. Wie er angab, waren jüdische Häscher wie Abrahamsohn im allgemeinen sehr erfolgreich. Während der kurzen Zeit, in der er im Gefängnis in der Schulstraße einsaß, schleppten die sogenannten »Greifer« an die zweihundertfünfzig Juden heran, die sich vor der Gestapo versteckt hatten. Nahezu alle ihre Opfer wurden nach Auschwitz gebracht. Katz tat Abrahamsohns Behauptung, er habe für Dobberke arbeiten müssen, um sein eigenes Leben zu retten, voller Hohn ab. Nur sehr wenige, die von den »Greifern« der Gestapo übergeben wurden, erklärten sich, wie Katz berichtete, bereit, selber nach untergetauchten Juden zu fahnden, um dem Tod im KZ zu entgehen. Von insgesamt achttausend Verhafteten seien nur ungefähr achtzig auf diesen Handel eingegangen; die große Mehrheit habe sich lieber nach Auschwitz schicken lassen. Katz sagte weiter aus, daß Abrahamsohn als »Greifer« gearbeitet habe, weil diese Tätigkeit ihn stimuliert und befriedigt habe. Man habe Abrahamsohn nur einmal kurz anzusehen brauchen, um dies sofort ganz klar zu erkennen: Großspurig sei er auf der anderen Seite des Stacheldrahtzauns, der die halbverhungerten Häftlinge, deren Bestimmungsort Auschwitz war, zurückgehalten hatte, herumstolziert, wohlgenährt und gutgekleidet. Er sei sogar von Gestapofahrern durch Berlin kutschiert worden.[4]

Wie Abrahamsohn selbst erzählte, teilte ihm im April 1945 ein Polizeibeamter namens Boch mit, daß der Leiter der Berliner Gestapo den Befehl zur Erschießung Abrahamsohns gegeben habe. Dobberke sollte dafür sorgen, daß Abrahamsohn getötet wurde, aber der jüdische »Greifer« überredete den deutschen Polizisten, ihn am Leben zu lassen: Er würde sich zum Ausgleich für Dobberke einsetzen, wenn die Rote Armee die Hauptstadt eingenommen hätte – was allenfalls noch ein paar Tage dauern könnte. Am 22. April wurde Abrahamsohn zusammen mit dreizehn weiteren Personen aus dem Gestapogefängnis in der Schulstraße befreit.[5] Dr. Lustig wurde von den Russen erschossen: Man hatte seinen Namen auf einer Liste von Personen entdeckt, die ein Gehalt von der Gestapo erhielten.

Die Herzbergs

Viele Zwangsarbeiter, die Ferdinand Wolff und seine Kameraden im Buna-Werk in Monowitz zurückgelassen hatten, wurden dazu gezwungen, sich dort buchstäblich zu Tode zu arbeiten.[6] Nach ihrer

Freilassung aus Auschwitz wurden Wolff und die anderen Männer im Arbeitslager Großbeeren festgehalten; in diesem Lager gab es an die eintausendzweihundert Häftlinge, von denen die meisten aus dem Ausland stammten. Viele von ihnen waren in das Lager gesteckt worden, weil sie angeblich »arbeitsscheu« waren. Als Wolff in Großbeeren eintraf, gab es dort nur ungefähr dreißig weitere Juden, die in einer Baracke für sich hausten. Nur fünfzehn der fünfunddreißig Männer, die aus Auschwitz nach Großbeeren verlegt worden waren, überstanden auch dieses Lager, und fast zwei Jahre mußten sie in der ständigen Furcht leben, daß man sie jeden Augenblick, und womöglich auf sehr qualvolle Weise, umbringen könnte. In Auschwitz waren nur drei Mitglieder der Gruppe erkrankt, in Großbeeren hingegen starben fünfzehn innerhalb von zwei bis vier Wochen. Sie waren Opfer von Unterernährung, mangelnder medizinischer Versorgung oder der unmenschlichen Behandlung durch die Aufseher. Einer von ihnen überlebte eine »Behandlung« mit einem starken, eiskalten Wasserstrahl nicht. Während der regelmäßigen Appelle mußten sie manchmal stundenlang bei minus zwanzig Grad im Freien stehen. Ohne Grund stießen die Aufseher manchmal einen Häftling in eine mit Wasser gefüllte Grube. Die Grube war tief – und nicht alle Gefangenen konnten schwimmen. Wenn einer sich am Rand festklammerte, um sich vor dem Ertrinken zu retten, dann schlugen die Aufseher auf seine Hände ein, so daß er wieder in die Grube zurücksackte.[7]

1943 nahmen die britischen Bombenangriffe auf Berlin so an Intensität zu, daß man Akten und Unterlagen des Reichssicherheitshauptamtes in ein altes Schloß im tschechoslowakischen Wartenberg in Sicherheit brachte. Fünfzehn der von Auschwitz nach Großbeeren verlegten Juden traten zusammen mit den Dokumenten die Fahrt nach Wartenberg an. Dort rissen sie endlich den »Judenstern«, den sie zwei Jahren hatten tragen müssen, von ihren Kleidern. Die Einsatzgruppe erhielt den Auftrag, auf jene Unterlagen achtzugeben, in denen die Aktivitäten der blutrünstigsten Nazischergen dokumentiert waren. »Akten, Akten, Akten«, erzählte Erich Herzberg, »wir schleppten sie von hier nach dort, von unten nach oben und weiß der Teufel wo sonst noch hin.« Als die Rote Armee 1945 bedrohlich nahe gerückt war, bekamen die Juden den Auftrag, alle Papiere zu großen Haufen zusammenzuwerfen und anzuzünden. Erich Herzberg erinnerte sich, daß sie dann eines Morgens aufgewacht seien und die SS-Leute alle verschwunden waren. Er war mit einem Kohlenzug, hoch oben auf einer Lore sitzend, nach Berlin gefahren und hatte seine Frau Hannah am 4. Juni wieder in die Arme geschlossen. Der Teil der Stadt, in dem

Erich und Hannah wohnten, wurde dann Ost-Berlin. Die beiden fühlten sich aber in keiner Weise dem Kommunismus verbunden, und es zog sie daher in die von den Alliierten besetzte Zone. Damals brachten viele Leute an Litfaßsäulen und Anschlagtafeln Zettel an, daß sie eine Wohnung in der sowjetischen Zone gegen eine in der amerikanischen tauschen wollten – oder umgekehrt. Die Herzbergs fanden eine Wohnung im Westteil Berlins und zogen um.

Einige Zeit danach verschlug es sie sogar noch weiter gen Westen: in die Neue Welt, nach Nebraska. Erich Herzberg fand eine neue Stelle in einer Schuhfabrik in Omaha. Noch Jahre, nachdem sie schon im Gebiet der Great Plains lebte, die ihr so ursprünglich, so unberührt von jeder Art von Politik vorkam, versuchte Hannah Herzberg all das zu verarbeiten, was ihr während zwölf langer Jahre widerfahren war, in denen sie keine Zeit gehabt hatte, über die Ereignisse nachzudenken. Ihr Mann bestand darauf, daß er für den Lebensunterhalt sorgte, so fügte sie sich in die traditionelle Rolle der braven Hausfrau, deren Aufgabe es war, zu kochen und zu waschen. Sie waren schon zu alt, um noch Kinder zu haben – in dieser Hinsicht hatten die Nazis einen kleinen Sieg davongetragen, wenn es ihnen schon nicht gelungen war, Erich umzubringen. Wenn sie ihren Mann morgens zur Arbeit gebracht hatte, fuhr Hannah manchmal mit dem Auto in die großen, weiten Ebenen Nebraskas hinaus und legte ungehindert Hunderte von Kilometern zurück. Sie hielt nur, wenn sie selbst es wollte, um die Landschaft zu bewundern und, während sie so schaute, den Versuch zu unternehmen, das Vergangene zu verstehen und sich bewußt zu werden, daß sie jetzt in Sicherheit waren. Sie entdeckte ein besonderes Fleckchen für sich, das ganz einsam und von Gewässern umgeben war, auf denen sich nur Vogelschwärme niederließen. Nach ein paar Jahrzehnten kehrten die Herzbergs nach Berlin zurück, um dort als Rentner zu leben. Sie glaubten, daß die Altersversorgung in Deutschland besser sei. Fast immer überlebten die Frauen, die in dieser Geschichte vorkommen, ihre Männer, und so war es auch im Fall der Herzbergs. Als Erich Ende der achtziger Jahre starb, stellte Hannah fest, daß er alle betreffenden Dokumente aus der Nazizeit verbrannt hatte: Er hatte es vorgezogen, von dieser Erde zu verschwinden, ohne eine Spur zu hinterlassen.

Wie Erich Herzberg kehrte auch Ferdinand Wolff, als der Krieg vorbei war, aus Auschwitz nach Hause zurück. Er mußte entdecken, daß seine Frau ein Kind auf die Welt gebracht hatte, von dem er wußte, daß es nicht von ihm sein konnte: Frau Wolff hatte sich mit den Aufsehern ihres Mannes eingelassen, um ihm Päckchen zukommen lassen zu können, und in der Hoffnung, daß er dann besser behandelt werden und möglicherweise mit dem Leben davonkommen würde. Herr Wolff ließ sich aber durch diese Erklärung in keiner Weise besänftigen. Es sei unfaßbar, sagte er seiner Frau, daß sie sich auf intime Beziehungen mit einem Nazischwein eingelassen habe. Voller Wut kehrte er auf dem Absatz um und verließ die Wohnung wieder. 1946, nach sechzehnjähriger Ehe, wurden die beiden Wolffs geschieden.

Die Israels

Anfang der fünfziger Jahre ließen sich auch Charlotte und Julius Israel scheiden; auch bei ihnen war eine Affäre eines der beiden Partner und Eifersucht des anderen der Grund für die Trennung. Das Machtverhältnis zwischen den beiden muß sich auf für Julius fürchterliche Weise zu seinen Ungunsten verlagert haben während der langen Jahre, in denen sie die Idealfrau, die großgewachsene, blonde »Arierin« gewesen war und er der verwachsene, von allen verachtete Jude. Aber obwohl sie sich scheiden ließen, verloren sie einander nie aus den Augen. Als er kurze Zeit später starb, geschah das in ihren Armen, und sie ließ ihn auf dem Jüdischen Friedhof an der Heerstraße beisetzen. Charlotte Israel war Agnostikerin, und Julius hatte im Lauf des Krieges ebenfalls seine Religion aufgegeben. Der Friedhof an der Heerstraße war für Charlotte, wie sie erzählte, viel zu abgelegen, um das Grab besuchen zu können. Sie habe Julius aber dort beisetzen lassen, weil sie der Meinung gewesen sei, daß nur ein jüdischer Friedhof für ihn in Frage komme.

Charlotte gab die Mahnung ihres Vaters, daß man von keiner Nation, Religion oder gesellschaftlichen Gruppe schlecht sprechen solle und daß jede Rasse gute wie schlechte Menschen aufzuweisen habe, an andere weiter. Sehr bedächtig, beinahe aber auch so, als ob niemand es mithören sollte, sagte sie: »Diese Lehre meines Vaters sollte man sich heutzutage wieder zu Herzen nehmen, da es doch so viele Ausländer in Deutschland gibt!« Sie warf mir einen verstohlenen Blick zu, fügte dann aber, fast schon mit einem rebellischen Unterton in der Stimme hinzu: »Was Vater mir gesagt hat, das gebe ich an andere weiter. Wenn einer eine abfällige Bemerkung über ›Ausländer‹ macht, dann lasse ich ihn wissen, was ich denke!« Wenn sie sich in Nazideutschland an die Worte ihres Vaters gehalten hätte, dann hätte das Charlotte das Leben kosten können, und noch siebzig Jahre, nachdem sie sie erstmals ver-

nommen hatte, hörten sie sich für sie so an, als ob man sich in gesellschaftliche oder politische Opposition begebe, wenn man ihnen folgte,
oder große Opfer bringen müsse.

Wir begegneten uns im Sommer 1990, und Charlotte Israel hatte gewiß noch mehr Grund als die meisten anderen Westberliner, sich über
die Ostdeutschen und die Osteuropäer zu beklagen, die seit dem Fall
der Mauer in die Stadt strömten. Sie brachten den Straßenverkehr zum
Erliegen und zwangen die Westberliner hundertmal am Tag, auf viele
gewohnte kleinen Annehmlichkeiten zu verzichten. Wenn Frau Israel
die Wohnung verließ, mußte sie einen Rollstuhl benutzen, und die
Menschenmengen machten es ihr oft sehr schwer, dorthin zu gelangen, wo sie hin wollte. Vor den Türen und an den Kassen des Aldi-
Markts, in dem sie einmal in der Woche einkaufen ging, standen lange
Schlangen von Wartenden; sogar die Menschen aus Ost-Berlin mußten erst alle persönlich in die Geheimnisse des Marktsystems und der
neuen Art des Einkaufens eingeführt werden. Charlotte, die wieder
geheiratet hatte und jetzt Freudenthal hieß, verspürte oft auch Unge-
duld und Mißtrauen gegenüber den Menschen aus den ehemals kommunistischen Ländern; aber wie diese war auch sie das Opfer extremer
politischer Ungleichheit gewesen.

Auch viele Nazis überlebten das eigene Terrorregime. Alois Brunner
starb erst 1992. Er soll über Italien nach Syrien geflohen sein, wo er sich
in Damaskus niederließ. Er bekam einige Briefbomben zugeschickt,
beim Öffnen einer dieser Sendungen verlor er ein paar Finger und
erblindete auf einem Auge. Er wurde aber ständig von Leibwächtern
beschützt, die ihm die syrische Regierung an die Seite stellte; außerdem trug er ständig Gift bei sich: Er hätte eher Selbstmord begangen,
als sich entführen und vor ein Tribunal stellen zu lassen.

Alfred Schneider wurde 1946 in Italien von den Alliierten hingerichtet, weil er an Massenerschießungen alliierter Soldaten beteiligt gewesen war. Da er als Leiter des Judenreferats der Gestapo von Berlin »un-
entbehrliche« Dienste leistete, wurde Walter Stock nie an die Front geschickt. Er lebte ein langes und geruhsames Leben im Ruhrgebiet, in
der Nähe von Essen, und starb Auskünften der deutschen Polizei zufolge
erst vor kurzem. Bei mehreren Nachkriegsprozessen wurde er zu einer
Haftstrafe von mehr als vier Jahren verurteilt, von der er aber nur knapp
ein Jahr abbüßte. Karl Krell behauptete bei seinem Prozeß, daß er die
Freilassung von zweitausendfünfhundert Halbjuden und Juden aus
Mischehen, die bei der »Schlußaktion« festgenommen worden waren,
erreicht habe – und offenbar blieb diese Behauptung unwidersprochen.

Leopold Gutterer

Leopold Gutterer weilte Anfang der neunziger Jahre ebenfalls noch unter den Lebenden; er überlebte sogar seinen eigenen Sohn, der 1990 starb und seinem Vater gegenüber immer völlig loyal geblieben war und sich in derselben westdeutschen Stadt niedergelassen hatte wie dieser. Natürlich konnte ich nicht alles, was Gutterer, dieser Meister der Täuschung, mir erzählte, für bare Münze nehmen. Manches von dem, was er erzählte, widersprach aber nicht der Darstellung der Ereignisse, wie sie in anderen Quellen zu finden ist. Nach dem Krieg hatte er unter anderem Namen zwei Jahre in Bayern für einen Bauern gearbeitet, bevor er dann entdeckt und verhaftet wurde. Er wurde als »Aktivist«, das war die zweithöchste von vier Kategorien, in die die Amerikaner die Angeklagten bei den Entnazifizierungsprozessen einordneten, zu zwei Jahren Haft verurteilt; außerdem wurde ihm seine Pension für den Rest seines Lebens gestrichen. Gutterer ist seit dem Krieg nie wieder nach Berlin zurückgekehrt.

Erika Lewine

Erika Lewine war immer noch eine Kämpferin, als ich sie kennenlernte. Sie sprach aus einer dichten Wolke von Zigarettenrauch mit mir und trank während unserer Gespräche, die in der kleinen Küche ihrer Wohnung im Norden Berlins stattfanden, unzählige Tassen pechschwarzen Kaffees. Sie hat nie ganz die Verbindung zu dem bescheidenen Milieu, in dem sie aufgewachsen war, verloren. Aber sie hat versucht, stets ein wachsames Auge auf den möglicherweise wieder aufkeimenden Antisemitismus zu werfen. Und sie hat die Ausbildung ihrer Kinder aufmerksam verfolgt und darauf geachtet, wie die jüngere deutsche Geschichte und vor allem das Problem des Antisemitismus im Unterricht behandelt wurden.

Die Grodkas

Die Grodkas lebten, bis sie Ende der Achtziger, ungefähr im Jahresabstand, starben, in Berlin. Wally Grodka war als Berlinerin vom Bau der Mauer im August 1961 so niedergeschlagen, daß sie ein langes Gedicht zum Ruhm der Stadt und aus Trauer über ihre Teilung verfaßte. Sie starb wenige Monate, nachdem diese Mauer wieder gefallen war. Ihr Sohn Rainer lebt mit seiner Familie immer noch in Berlin.

Elsa Holzer

Elsa Holzer war Berlin. Wenn sie »wir« sagte, dann meinte sie: »Wir Berliner!« Ich traf erstmals Anfang 1985 mit ihr zusammen, als die ostdeutsche Regierung sich noch auf dem Höhepunkt ihrer internationale Anerkennung befand und voller Selbstvertrauen war. Ich begegnete ihr dann wieder, nachdem die Währungsunion vollzogen und Deutschland dann auch politisch wieder geeint worden war. Um Elsa herum waren immer wieder Staaten zusammengebrochen. Sie hatte das Kaiserreich überlebt, den Ersten Weltkrieg und die Novemberrevolution, die von Krisen geschüttelte Weimarer Republik, das tausendjährige Reich und den Zweiten Weltkrieg, den Wiederaufbau und die politische Alleinherrschaft der Sozialistischen Einheitspartei Deutschlands in der DDR. In gewisser Weise hatte sie, indem sie an dem Straßenprotest teilgenommen hatte, der den Nazis eine Niederlage beigebracht hatte, sogar die Geschichte Berlins mitbestimmt.

Nach dem Krieg hatten Elsa und Rudi zunächst in dem in der amerikanischen Zone gelegenen Stadtteil Britz gewohnt. Rudi war jedoch Kommunist und überzeugt davon, daß die Kommunistische Partei die einzige sei, die sich wirklich ständig darum bemühte, einen Krieg zu verhindern. Die beiden zogen daher in die Zone ihrer Befreier, in die SBZ, nach Ostberlin um, wo sie mit dem Hinweis darauf, daß sie überzeugte Kommunisten seien, eine Wohnung beantragten. Ostdeutsche Parteifunktionäre sagten ihnen, daß sie da bleiben sollten, wo sie seien, um mitten im Land des Klassenfeindes für die gemeinsame Sache zu kämpfen, die Grodkas ließen sich aber trotzdem im Osten der Stadt nieder.

Elsa Holzer war die einzige Augenzeugin aus der DDR, die sich bei mir meldete, als ich in einem vom Westberliner Rundfunk ausgestrahlten Aufruf nach Zeuginnen gesucht hatte, die damals bei dem Protest in der Rosenstraße dabeigewesen waren. Mitte der achtziger Jahre waren Amerikaner in Ostdeutschland noch sehr seltene Erscheinungen, und im Laufe unserer Bekanntschaft ging sie dazu über, mich »ihren Amerikaner« zu nennen. Während unserer Gespräche vergaßen wir die nach dem Krieg erfolgte Teilung Deutschlands und den dünnen

Eisernen Vorhang, der West- von Ostberlin trennte. Manchmal jedoch erzählte Elsa von ihren Erlebnissen in Nazideutschland, indem sie Ausdrücke verwendete, die erst in der DDR nach dem Krieg aufgekommen waren. Als sie von den Hausdurchsuchungen der Gestapo sprach, sagte sie zum Beispiel: »Die waren so wie die Durchsuchungen, die die Stasi hier vornimmt. Wenn man irgendwie in einen schlechten Ruf gerät, dann sind sie sofort da, um deine Wohnung zu durchsuchen. Gibt es das denn bei euch in den USA nicht?« Das war eine ganz ernstgemeinte Frage. Die Omnipräsenz der Polizei im Dritten Reich, der sich dann eine ständige Bespitzelung und Kontrolle durch die Obrigkeit in der DDR angeschlossen hatte, hatte es für sie undenkbar werden lassen, daß der einzelne so etwas wie ein Recht auf seine Privatsphäre haben könnte. Natürlich gab es in der DDR keine Entsprechung zur SS und keine Konzentrationslager, aber für Elsa existierte zwischen dem Deutschland der Nazis und dem sozialistischen Nachkriegsstaat ein Kontinuum von verschiedenen Polizeiinstitutionen. Bei anderer Gelegenheit versprach sie sich in signifikanter Weise; sie sagte, daß die Männer, die damals in der Rosenstraße versucht hätten, die Demonstranten auseinanderzutreiben, SS-Leute und »Vopos« gewesen seien.

Werner Goldberg

Werner Goldberg blieb, wie er mir erzählte, in Berlin wegen der Deutschen, die den Mut gehabt hatten, die Politik der Nazis nicht zu unterstützen. Sein Vater war das einzige jüdische Familienmitglied, das den Krieg überlebte. »Wir hatten viele jüdische Verwandte, kein anderer von ihnen kam mit dem Leben davon.« Sowohl Werner als auch sein Bruder engagierten sich in der Berliner Kommunalpolitik. Goldberg war nach dem Krieg als Journalist tätig, arbeitete als Abteilungsleiter beim SFB und gab *Die Mahnung* heraus, die Zeitschrift des Bundes der Verfolgten des Naziregimes. Von 1958 bis 1979 war er Mitglied des Westberliner Senats. Als ich mit ihm sprach, lebte er immer noch in dem Haus, in dem er sechzig Jahre zuvor aufgewachsen war.

Dank

Die Beschäftigung mit dieser Geschichte eines Protestes und des Regimes, gegen den er sich richtete, hat mir eine Vielzahl von Erfahrungen und eine ganze Reihe neuer Bekannter eingebracht. Viele haben mir als Experten oder ganz einfach als Freunde mit Rat und Tat zur Seite gestanden.

Professor Raul Hilberg und Dr. Sybil Milton waren mir vor allem zu Beginn meiner Nachforschungen eine große Hilfe; sie ermutigten mich, den Protest in der Rosenstraße im größeren Kontext der »Mischehe« im Dritten Reich und ihrer besonderen Problematik zu untersuchen. Frau Dr. Milton machte mir wertvolle Materialien aus dem Leo Baeck-Institut zugänglich, und Professor Hilberg schenkte mir, was mich immer wieder aufs neue erstaunte, stets Zeit, wenn ich mich telefonisch nach einer allgemeinen Beurteilung der Ereignisse, nach Archivmaterialien oder auch nach wichtigen, aber nicht allgemein bekannten Fakten und Daten erkundigte. Richard Breitman wies mich auf wichtige Primärquellen und Werke der Sekundärliteratur hin. Auch Professor Ian Kershaw stellte mir mehrfach großzügig seine kostbare Zeit zur Verfügung, um mit mir zu sprechen, meine Ausführungen zu lesen und mir wertvolle Anregungen zu geben; dasselbe tat Professor Hans-Ulrich Wehler für mich.

Was fachwissenschaftliche Probleme anbelangte, so konnte ich auf den Beistand der besten Sachverständigen auf dem Gebiet zurückgreifen. Omer Bartov, David Clay Large, Klemens von Klemperer, Robert Gellately, Peter Hoffmann, Peter Hayes, Herbert Strauss, Herbert Kelman und Walter Laqueur haben mich auf die entscheidenden Probleme aufmerksam gemacht und mir dabei geholfen, sie zu analysieren und meine Argumente zu untermauern. Ich bin den Betreuern meiner Dissertation in Harvard Professor Charles S. Maier und David Blackburn dankbar dafür, daß sie mir nicht nur, was die Anlage meiner Arbeit betraf, Ratschläge gegeben haben, sondern mich auch auf Einzelheiten hingewiesen haben, die ich sonst außer Acht gelassen hätte; ihre detaillierten Kenntnisse und ihr Fachwissen beflügelten mich.

Auch Professor Franklin L. Ford unterstützte mich in mannigfacher Hinsicht, und ich schätze mich glücklich, daß ich vor seiner Emeritierung noch bei ihm studieren durfte. John Torpey, Kristie Macrakis, John Borneman, Elizabeth Boggs, Peter Wyden, Nikola Baumgarten, Maya Dummermuth und Rishona Zimring haben ebenfalls Teile des Manuskripts gelesen und mit mir diskutiert.

Für ihren Beistand bei der Endredaktion des Textes stehe ich bei Jack Beatty, Lisa Austin, Mechthild Küpper und Karl-Heinz Janßen in der Schuld. Zu besonderem Dank bin ich aber Ed Barber, dem für mich zuständigen Lektor des Verlags W. W. Norton verpflichtet, der sich redlich abmühte, meinen Stil zu verbessern und die erzählerische Linie klarer hervortreten zu lassen. Eike Geisel und Shepley Metcalf stellten sehr wichtige Kontakte mit Medien und Publikationsorganen her, die es mir ermöglichten, Aufrufe zu erlassen, in denen ich um weitere Informationen über die Ereignisse von damals bitten konnte. Meine Agentin, Rosalie Siegel, war immer zur Stelle, um mich zu ermutigen und die richtigen Verbindungen herzustellen.

Man empfindet es immer als Bereicherung, wenn man im Zuge archivalischer Nachforschungen auf Wissenschaftler trifft wie Professor Dr. jur. Werner Schubert, der mich auf relevante Gesetze der Nationalsozialisten zur Ehe im allgemeinen und zur »Mischehe« hinwies. Dafür, daß sie mir den Zugang zu Prozeßunterlagen in Berlin eröffneten, vor allem zu Unterlagen, die sich immer noch beim Landgericht und beim Kammergericht befanden, bin ich den Oberstaatsanwälten Balke, Severin und Steglich dankbar. Walter Griebel, der Oberstaatsanwalt von Frankfurt am Main, wurde ein Mitarbeiter und Freund; gemeinsam beschäftigten wir uns mit den Ereignissen von damals, er von seiner Warte als Jurist aus, ich von meiner als Historiker. Für Interviews mit Berlinern über ihre Erfahrungen im Dritten Reich bin ich Hans Wieneke und dem Charlottenburger Heimatmuseum zu Dank verpflichtet. In Jerusalem stellte mir Professor O. D. Kulka schon einige Protokolle und Aufzeichnungen der Reichsvereinigung der Juden in Deutschland zur Verfügung, die ich dann später in ihrer Gesamtheit in Ostberlin einsehen durfte.

Als ich noch zu Zeiten der DDR meiner Recherchen wegen in Ostberlin wohnte, sorgte Dr. Albert Wollenberger dafür, daß ich mich bald heimisch fühlte; er legte auch oft bei Funktionären ein Wort für mich ein, daß sie mich mit Materialien aus ihrem »Giftschrank« arbeiten ließen. Hans-Oskar Löwenstein de Witt versorgte mich mit einer Wohnung in Tel Aviv, während ich dort meine Nachforschungen anstellte, und Gad Beck von der Jüdischen Gemeinde Berlins erwies sich nicht nur als Freund, sondern auch als zuverlässiger Auskunftgeber, was das Schicksal der Berliner Juden in der Nazizeit und auch danach betraf.

Ich danke verschiedenen Stiftungen, vor allem der Harry Frank Guggenheim Foundation und der Albert Einstein Institution. Zunächst die Fulbright Commission, dann die Albert Einstein Institution und Irex (International Research and Exchanges Commission) stellte mir Fördermittel zur Verfügung, auf die ich nicht hätte verzichten können. Die Friedrich Ebert Stiftung, Rabbi Everett Gendler und die Harry Frank Guggenheim Foundation unterstützten mich großzügig in der Phase der abschließenden Recherchen und dann auch in der Zeit, in der ich dieses Buch schrieb.

Zu ganz besonderem Dank bin ich Dr. Gene Sharp verpflichtet, dem Gründer und Präsidenten der Albert Einstein Institution, der mich auf den Protest in der Rosenstraße als lohnenden Gegenstand einer wissenschaftlichen Abhandlung aufmerksam machte, mich mit einigen Anhaltspunkten versorgte, wie und von welchen Gesichtspunkten aus, man eine Untersuchung unternehmen könnte, mich ermutigte, als es so schien, als ob das Projekt sich nicht realisieren ließe, und mir dann noch dabei half, Geldmittel aufzutreiben, um die Recherchen in Deutschland und in anderen Ländern durchführen zu können.

Angesichts dieses unschätzbaren Beistandes, den ich von so vielen Seiten erfahren habe, kann ich nur hoffen, daß sich der Leser nicht mehr von diesem Buch erwartet, als es ihm vielleicht geben wird.

Zu den Quellen und Archivmaterialien

Als ich 1985 in Berlin eintraf, um den Protest in der Rosenstraße zu rekonstruieren, beschäftigte sich außer mir niemand mit diesem Projekt, und es gab gerade mal ein Dutzend schriftliche Quellen, vornehmlich auf deutsch, in denen das Ereignis überhaupt erwähnt wurde. Die ausführlichste war ein Artikel in einer Tageszeitung, das Gros handelte das Geschehen in einem Absatz oder noch knapper ab, als seien die Ereignisse nichts als ein bloßer Zufall gewesen und als enthielten sie keinerlei allgemeingültige Aussage über die Gewaltherrschaft der Nazis und den Widerstand dagegen. Anders als die Tagebücher von Goebbels hatten die offiziellen Aufzeichnungen über den Widerstand in der Rosenstraße den Krieg offensichtlich nicht überdauert, und die Erklärung für die Reaktion der Nationalsozialisten auf die Kundgebung in der Rosenstraße mußte größtenteils aus dem nationalsozialistischen Konzept von politischer Macht abgeleitet werden: Ein Dozent an der Freien Universität Berlin und ein Vertreter der Jüdischen Gemeinde Berlins erklärten mir, daß die letzten Überlebenden der Ereignisse von damals »gerade verstorben« seien. Aber in Reaktion auf die Interviews, die ich im Radio gab, und auf von mir in Zeitungen veröffentlichte Aufrufe rief ein Dutzend Augenzeugen bei mir an. Zwei Angestellte der Jüdischen Gemeinde Westberlins hatten, ohne es zu wissen, die Erfahrung des Protestes in der Rosenstraße geteilt. Auch riefen mich Menschen an, um mir zu versichern, daß sämtliche Augenzeugen mit Sicherheit nicht mehr am Leben seien.

Obwohl es keinen einzigen wissenschaftlichen Artikel über die Protestaktion gab, wurde mir bald klar, daß man mit der Behauptung, daß der Protest erfolgreich gewesen sei, vorherrschende Interpretationen von Widerstand in Frage stellte. Viele sind weiterhin der Ansicht, daß der Protest keinerlei Einfluß hatte und auch keine Juden vor dem Tode rettete. Dieser Protest vermittelt eine sehr zwiespältige Botschaft: Er zeigt, daß einige Deutsche in der Tat dem Holocaust Widerstand entgegengesetzt haben, er wirft aber gleichzeitig die Frage auf, warum, wenn offensichtlich die Möglichkeit dazu bestand, es nicht mehr Menschen waren, die so handelten. Im Berliner Museum zur Erinnerung an den Deutschen Widerstand finden sich stapelweise Abhandlungen, die sich mit allem möglichen befassen, mit Lebensmittelhändlern, die jüdischen Kunden heimlich mehr zukommen ließen, als offiziell erlaubt war, bis hin zu dem Attentatsversuch auf Hitler – nichts jedoch über die Rosenstraße.

Von Interviews mit Zeitzeugen abgesehen, habe ich sehr viel aus den Akten des Gerichtsverfahrens gegen Otto Bovensiepen erfahren, die sich im Landgericht Berlin befanden, einem festungsartigen und stattlichen Gebäude in der Turmstraße, und zu denen man nur selten Zugang bekam. In diesem Gebäude war in Form von

Augenzeugenberichten, »Beistücken« und Vermerken die Geschichte des ehemaligen Chefs der Berliner Gestapo archiviert, der sich zusammen mit seinen Helfershelfern 1969 wegen der Deportation und Ermordung von mehr als 30 000 Berliner Juden vor Gericht verantworten mußte.

Der Prozeß gegen Otto Bovensiepen war Teil eines komplexen Anklageverfahrens, das sich gegen das Reichssicherheitshauptamt richtete; mit einbezogen waren verschiedene Polizeiabteilungen, die Gestapo, die Geheimpolizei, die SS und deren Geheimdienstabteilung, der SD. Der Prozeß wurde zu Beginn der siebziger Jahre eingestellt, obwohl er immer noch nicht abgeschlossen war. Aber in seiner ersten Phase – als man die Beweise zusammengetragen hatte – hatte man mit den Unterlagen schon zwei Amtszimmer gefüllt. Das Gericht hatte sich auf seine außerordentliche Aufgabe mit großer Gründlichkeit vorbereitet: Es hatte Unterlagen aus fünfundzwanzig Archiven und Privatsammlungen in der ganzen Welt zusammengetragen. Man hatte persönliche Dokumente aus der Kriegszeit konfisziert. Ergänzende Unterlagen wie Landkarten, Telephonbücher sowie vollständige Protokolle der Gerichtsverfahren gegen ehemalige Nazis aus der Nachkriegszeit lagen parat. Überdies ließen Tausende von Seiten umfassende Mitschriften der Aussagen von Hunderten von Zeugen die Aktenstücke anschwellen. Es gab Zeugenaussagen von Gestapoleuten und deren Sekretärinnen, von Berliner Ordnungspolizisten und ihren Vorgesetzten, von Überlebenden aus Auschwitz und anderen Lagern und Ghettos im Osten. Jedes Aktenstück trug eine bestimmte Farbe: In roten Mappen befanden sich die Unterlagen der Opfer, in grünen die der Angeklagten, in orangefarbenen die anderer Zeugen.

Es gab ganz gravierende Unterschiede zwischen den Zeugenaussagen von Opfern und denen von Tätern, Menschen, die vor den Richter geführt wurden. Die Berichte der überlebenden Juden waren immer sehr leidenschaftlich und oft reich an Einzelheiten, während die ihrer Verfolger bezeichnenderweise so leblos waren, daß man meinte, sie müßten die zwölf Jahre Nazi-Herrschaft in einem Zustand der Bewußtlosigkeit verbracht haben. Man konnte nur zu dem Schluß kommen, daß die nationalsozialistischen Zeugen während dieser zwölf Jahre nie selbst Entscheidungen getroffen und auch keinerlei Initiative ergriffen hatten (daß sie es aber trotzdem irgendwie geschafft hatten, für ihr rasches Fortkommen auf der Karriereleiter zu sorgen).

Einige der eidesstattlichen Aussagen, die aus früheren Nachkriegsverfahren für den Bovensiepen-Prozeß zugänglich gemacht wurden, datierten bis in die späten vierziger oder frühen fünfziger Jahre zurück. Die überwiegende Anzahl stammte jedoch aus der Mitte und vom Ende der sechziger Jahre. Frühe unter Eid gemachte Aussagen bestätigten entscheidende Einzelheiten. Kaum zu fassende Ereignisse, wie beispielsweise die Rückkehr von Dutzenden mit Nichtjuden verheirateten Juden aus Auschwitz nach ihrer Deportation aus der Rosenstraße in dieses Todeslager, wurden durch verschiedene Zeugenaussagen verifiziert und in die Darstellung der Ereignisse durch das Gericht eingefügt. Aufgrund ihrer Vielschichtigkeit bestätigten sich die Quellen gegenseitig. Die Masse der zusammengetragenen Dokumente lieferte unschätzbare Einblicke in die Vorgehensweise einer geradezu roboterartig funktionierenden Bürokratie, die nur kurz durch einen Straßenprotest gestört worden war. Der deutsche Gerichtshof, der zu dem Schluß gekommen war, daß der Widerstand in der Rosenstraße die Gestapo dazu veranlaßt hatte, Juden aus

Mischehen freizulassen, war hauptsächlich daran interessiert gewesen klarzustellen, inwieweit die Angeklagten über die »Endlösung« Bescheid gewußt hatten und ob sie sich während der Deportationen »korrekt« verhalten, also niemanden körperlich mißhandelt hatten – eine kontraproduktive Untersuchung, da es der glatte Ablauf der Deportationen auch verlangte, daß man in der Öffentlichkeit keinem Juden Gewalt antat.

Mein Aufenthalt in Berlin, der Kontakt zu den Opfern und Tätern hat mir die Geschichte von damals sehr nahegebracht. Interviews mit Zeitzeugen konnten dabei einen Brückenschlag über die Jahrzehnte hinweg bedeuten.

Mündlich überlieferte Geschichte hat, auch wenn sie zwangsläufig durch die Erinnerung und das Eigeninteresse der Befragten determiniert ist, den Vorteil, daß die »Quelle« unmittelbar auf die den Historiker am stärksten bedrängenden Fragen antworten kann.

In Interviews ließ ich auch einen Aufruf an zufällige Zeugen der Ereignisse von 1943 ergehen, aber niemand, der dieser Kategorie zuzurechnen war, meldete sich zu Wort. So suchte ich schließlich die Straße auf, in der der Widerstand stattgefunden hatte, die Rosenstraße, und fing an, an Haustüren zu klopfen, um weitere Nachforschungen anzustellen. Damals lag die Straße noch in Ostberlin, aber ich glaube nicht, daß die neue nationale Identität für das Schweigen verantwortlich war, mit dem man auf meine Frage reagierte, ob irgend jemand etwas von dem Widerstand damals mitbekommen – gesehen oder gehört – hatte. Die Angesprochenen waren verwirrt oder völlig überrascht. 1943 hatte es Bombenangriffe gegeben, und die Straßen waren ständig voller Menschen gewesen. Mein Versuch, in der Straße des Widerstands noch unbeteiligte Augenzeugen ausfindig zu machen, brachte mir die Geschehnisse nicht näher, sondern ließ mich im Gegenteil eine größere Distanz verspüren.

Einer meiner Gesprächspartner war der zuständige Gerichtsarchivar, ein Herr Koblin. Herr Koblin war der Meinung, daß man der Nazizeit schon viel zuviel Aufmerksamkeit gewidmet hätte; es habe keinen Sinn, die schmutzige Geschichte Deutschlands aus der Versenkung, »aus der Tüte« zu holen. Eines Tages kam Koblin dann aber doch in das Zimmer, in dem ich arbeitete, und erzählte mir eine Geschichte: »Eine jüdische Familie hatte ihre Wohnung über uns in der Wilmersdorfer Straße«, sagte er. »Sie hießen Goldschmidt. Eines Tages kam die SS mit Gewehren an und trieb die Familie hinaus. Meine Mutter lugte aus der Wohnungstür, weil so ein Lärm draußen war. Meine Schwester fing an zu weinen, weil sie Angst hatte. Wir sahen die Familie nie wieder, obwohl wir bis 1945 dort wohnten.«

Eine Reihe von Interviewpartnern wollte sich die bösen Erinnerungen von damals einfach nicht ins Gedächtnis zurückrufen. Vor allem sehr alte Leute konnten das nicht mehr ertragen – oder wollten es nicht mehr versuchen. Einige, mit denen ich mich 1985 noch unterhalten hatte, und die inzwischen neunzig geworden waren, ohne irgendein Anzeichen von Senilität aufzuweisen, waren 1989 nicht mehr gewillt, mit mir zu reden. Sie bräuchten »endlich« ihre »Ruhe«. Solche, die immer noch redebereit waren, waren dies aus dem Gefühl heraus, daß diese Geschichte weitergegeben werden müsse. Zum Schluß waren mir einige der Gestapogrößen und einige der großen jüdischen Persönlichkeiten, die entscheidenden Einfluß auf das Leben der Berliner Juden von 1942 und 1943 hatten, so vertraut, daß ich frei mit den Interviewten über Namen und Orten reden konnte, die manch anderer seit langem vergessen hatte oder gehofft hatte, vergessen zu können. Als jemand, der bereit war, ihnen zuzuhören, während sie die Nazivergangenheit Revue passieren ließen, war ich für sie schon fast eine skurrile Erscheinung. In einigen Fällen war gerade die Distanz, die ich als Amerikaner mit ins Spiel brachte, eine Starthilfe, die mir die Türen öffnete; diese Distanz brachte mich ihnen näher. Oft blieb ich stundenlang, bisweilen fiel mir keine Ausrede ein, das Interview abzubrechen, bis kurz vor der Abfahrt der letzten U-Bahn.

Einmal versuchte ich, die noch lebenden Juden aus Mischehen und ihre Angehörigen zusammenzubringen, welche nach Auschwitz deportiert worden und nach zwei Wochen – wegen des Protestes in der Rosenstraße – wieder freigelassen worden waren. Es waren zwei jüdische Männer mit ihren Ehefrauen sowie die Witwe eines Juden. »Wann fangen wir denn endlich an, über etwas Wesentliches zu reden?« fragte einer von ihnen, überdrüssig meines nicht nachlassenden Interesses an der »alten Geschichte«. Ein Kollektivinterview war ausgeschlossen. So wie es bei vielen Augenzeugen der Fall ist, bestritten sie alles, was sie nicht persönlich erfahren hatten. Jeder Person mußte die Gelegenheit gegeben werden, sich ganz allein, im Laufe eines Interviews, in die Vergangenheit zu vertiefen.

Da ich mich mit solchem Eifer darangemacht hatte, die Geschichte des Protests in der Rosenstraße nachzuerzählen, näherte ich mich stets mit ehrfürchtiger Scheu denjenigen, die mir etwas über diesen Protest erzählen konnten. Ich hatte die Erwartung, daß sie und ihre Wohnung irgendwie gezeichnet, irgendwie herausgehoben sein müßten, daß es an ihrem Haus vielleicht eine kleine Tafel gab, oder daß die Nachbarn voller Respekt von ihnen sprechen würden, wenn ich nach ihnen fragte. Für gewöhnlich fand ich die Interviewpartner aber in den einfachsten Verhältnissen vor, umgeben von Nachbarn, die keine Ahnung von ihrer Geschichte hatten.

Wo aber befanden sich die ehemaligen Nazis, die sehr wohl von dieser Geschichte wußten? Zumindest ein Dutzend Sekretärinnen aus der Abteilung Eichmann lebte noch in Westberlin. Auch die Sekretärin, die bei der weltbekannten Wannsee-Konferenz zugegen gewesen war, war noch am Leben, aber meine Versuche, mit diesen Damen ins Gespräch zu kommen, waren eigentlich immer ergebnislos: Sie hätten zur fraglichen Zeit »andere Dinge« im Kopf gehabt.

Im Industriegebiet rund um Essen lebte zumindest eine kleine Gruppe von hochgestellten Mitarbeitern Eichmanns. Otto Hünsche, der 1943 zum Stellvertreter Eichmanns aufgestiegen war, gab mir ein Interview am Telefon, in dessen Verlauf er mich schließlich aufforderte, ihn zu Hause zu besuchen. An einem Samstagmorgen traf ich voller Erwartungen in dem verschlafenen Ort ein, als alle anderen Einwohner anscheinend mit Einkaufen beschäftigt waren. Aber Hünsche erklärte sich dann unter Berufung auf seinen schlechten Gesundheitszustand nicht in der Lage, ein Interview zu geben. Nicht weit von ihm entfernt lebte ein ehemaliges Mitglied des Judenreferats der Berliner Gestapo, Willy Rothe, der nach dem Krieg Polizeichef in seinem Städtchen geworden war. Rothe war tatsächlich sofort am Telephon, und ich war schon so weit, eine Verabredung mit ihm zu treffen, als sich seine Frau einschaltete. Kaum hatte sie den Hörer an sich gebracht, stieß sie auch schon unmißverständliche Verwünschungen aus, ihr Ehemann sei alt, die Geschichte lächerlich und ich »unverschämt«.

Ein anderer Nazi, der als Chauffeur für Eichmanns Stab tätig gewesen war, lud mich zu sich nach Hause ein. Bei meiner Ankunft in seinem Heimatort am Rand des Schwarzwaldes war eine Geburtstagsfeier zu seinen Ehren im Gang. Kinder und Enkel, die ganze Familie war zusammengekommen, um ihn hochleben zu lassen, und die lokale Presse hatte sich eingeschaltet und Glückwünsche für einen Mann veröffentlicht, der zu einem angesehenen Mitglied der Gesellschaft geworden war. Alle Anstrengungen wurden unternommen, damit ich mich wie zu Hause und dazugehörig fühlte. Als es dunkel wurde, fuhr der Mann mich persönlich die hundert Kilometer zu meinem nächsten Bestimmungsort. Als er hinter dem Lenkrad saß, hinter dem er so viel Zeit seines Lebens verbracht hatte, sprach er voller Verbitterung über das, was hätte geschehen können, wenn Hitler die Sechste Armee aus strategischen Gründen aus Stalingrad zurückgezogen hätte.

Was den Protest in der Rosenstraße anbelangt, war wahrscheinlich Leopold Gutterer – lebend oder tot – eine der ergiebigsten Quellen. Grund dafür war seine enge Beziehung zu Goebbels und seine intensive Zusammenarbeit mit Heydrich und dem SD bei der Bespitzelung der Bevölkerung innerhalb des Reiches selbst. Ich habe mich mehrfach mit Gutterer getroffen, zusammen mit seiner Frau (er hatte sie vor 1933 geheiratet), und zwar über einen Zeitraum von vier Jahren hinweg in seiner Wohnung in Westdeutschland. Natürlich waren die Gutterers tadellose Gastgeber, in Räumen, in denen es lauter Anzeichen dafür gab, daß sie sich eines ziemlich normalen Lebens erfreuten, fürsorgliche Kinder und freundliche Nachbarn hatten. Mit ihren Mitte Achtzig erweckte Frau Gutterer den Eindruck einer wohlerhaltenen und fürsorglichen Hausfrau; sie schwärmte von Goebbels und der Art, wie er mit der deutschen Sprache umgegangen sei.

Leopold Gutterers Verstand war noch scharf, und sein Erinnerungsvermögen funktionierte noch. Auf dem Tisch befand sich ein Exemplar der Frankfurter Allgemeinen Zeitung voll sorgfältiger Unterstreichungen. Er war voll des Lobes über diese konservative Tageszeitung, weil die, die für sie schrieben, so korrekt mit der deutschen Sprache umzugehen verstanden. Gutterer verhielt sich so, als ob es nichts Besonderes sei, über seine Nazivergangenheit zu sprechen. Bei einer unserer Begegnungen trug er eine Schürze und steckte bis hinauf zu den Ellenbogen in Brotteig; er lud mich zu einem Bier oder einer Tasse Tee oder auch zum Essen ein. Ich sei, so sagte er mir, die erste Person, mit der er sich über seine Tätigkeit ab 1933 unterhalten habe.

Gutterers Vorstellungsgabe war noch sehr lebendig, seine Hände waren ständig in Bewegung, um die Bilder, die vor seinem inneren Auge erschienen, zu untermalen. Während unserer Unterhaltung lachte er manchmal, er schrie und machte einmal einen jüdischen Komiker nach, den Goebbels wegen seiner Popularität und seines positiven Einflusses auf die öffentliche Moral unter seinen persönlichen Schutz gestellt hatte. Mehrmals wurde er so laut, daß seine Ehefrau vorsorglich die Wohnzimmerfenster schloß, so daß die Nachbarn nichts mitbekommen konnten. Gutterer entschuldigte sich schließlich: Beim Reden über seine Karriere und den schwindelerregenden Aufstieg der Nazibewegung bis zu ihrer führenden Position in der modernen Geschichte werde er einfach fortgerissen. »Kinder«, dröhnte er, ganz berauscht von der Erinnerung, »ich kann mir nicht helfen, wenn ich so außer mir gerate.«

Auch wenn er es genoß, davon zu erzählen, wie mächtig er selbst damals gewesen war, und von seinem vertrauten Umgang mit Nazigrößen, insbesondere auch von seinen privaten und halboffiziellen Treffen mit Hitler zu berichten, war Gutterer zunehmend darauf bedacht, ein bestimmtes Bild von sich selbst zu zeichnen. Trotzdem kam immer noch durch, daß er überzeugter Nationalsozialist gewesen war. Gutterer beschrieb Macht mit dramatischen, klar umrissenen Begriffen, wie es für einen autoritären Menschen charakteristisch ist. Er lobte den Staat Israel dafür, daß er die Wüste zum Blühen brächte, und wie für Leugner des Holocausts typisch, führte er aus, daß Deutschland unmöglich sechs Millionen Juden umgebracht haben könne, da es doch noch so viele gäbe. Im großen und ganzen war das Bild, das er von sich zeichnete, das eines überaus wichtigen Mannes, der als moderner politischer Organisator mit einer noblen Bewegung zusammengearbeitet habe, deren Anführer im Verlauf des Krieges zunehmend den Verstand verloren hätten. »Glauben Sie mir, Herr Stoltzfus«, sagte er, als er über das geteilte Deutschland und den Kommunismus nachdachte, »nach solchen Ergebnissen glaube ich nicht mehr an Hitler!«

Gutterers Erklärung für das ganze Unheil, welches der Nationalsozialismus gebracht hatte, war, daß Goebbels, nicht anders als Hitler, im Verlauf des Krieges ganz extreme Vorstellungen entwickelt und unbeugsam an diesen festgehalten habe. Der Nationalsozialismus sei ursprünglich gut gewesen und bestrebt, Gutes für das Volk zu tun, so beteuerte Gutterer. Ende 1944 war er aus dem Propagandaministerium entlassen worden und hatte als Panzerkommandant in Belgien gekämpft. Der einzige Grund dafür, daß die deutsche Wehrmacht eine Schlacht nach der anderen verloren habe, so beklagte er sich, war, daß sie keinen Nachschub an Treibstoff bekommen hätte.

Gutterer war ein eitler Mann, für dessen Bild von sich selbst die Erinnerungen an die Macht, die er besessen hatte, wesentlich waren. Zweifellos mußte ich seine Aussagen mit Vorsicht genießen. Wenn jedoch seine Selbstrechtfertigungen mit glaubwürdigen Zeugenaussagen im Einklang standen, war er eine unschätzbare Quelle für Informationen über den Protest in der Rosenstraße und den Hintergrund dieses Protestes, der besonderen Beziehung, in der die Bevölkerung zur Naziführung stand.

1947 wurde Gutterer, der sich auf einem bayrischen Bauernhof versteckt gehalten hatte, aufgegriffen und während der amerikanischen Entnazifizierungsprozesse vor Gericht gestellt. Da keine Protokolle zur Verfügung standen – insbesondere nicht die kurzen Aufzeichnungen von den Zusammenkünften zwischen Goebbels mit seinen Stellvertretern im Propagandaministerium, die erst Mitte der fünfziger Jahre von der Sowjetunion den Archiven in Potsdam übergeben werden sollten –, wurde Gutterer nur als »Offender« verurteilt, was soviel wie die zweite von fünf Stufen innerhalb der Straftäterskala war (die erste war »Major Offender«). Er wurde zu zwei Jahren Arbeitslager verurteilt, seine Pensionsansprüche wurden auf Dauer gestrichen.

Im westlichen Nachkriegsdeutschland verwies die Nachforschung über Deutschland während des Zweiten Weltkrieges über die Mauer hinweg auf das andere Deutschland. Unter den Gerichtsunterlagen in Westberlin befand sich ein Brief, verfaßt im Oktober 1948, aus dem Teil der Stadt, der zu Ostdeutschland gehörte. Einige Sätze des Briefes, gerichtet von dem »Magistrat von Groß-Berlin« an die Hauptbürostelle für die Opfer des Faschismus, versetzten mich in Erregung und veranlaßten mich, nach Dokumenten in Ostdeutschland zu fahnden; dies war eine Mission, die Jahre in Anspruch nehmen sollte: »Wir sind durch einen glücklichen Umstand im Besitz von Unterlagen aus dem Zeitraum vom 14. November 1942 bis Ende Januar 1943 von der Hand des Hauptsturmführers Brunner, dem Beauftragten für Deportationen während dieses Zeitabschnittes bis zum März/April 1943. Durch das Eingreifen Brunners wurden die Deportationen viel schlimmer und gipfelten in der großen Aktion vom 27. Februar 1943.« Brunner, ein Experte in Sachen Deportation, war nach seinen Erfolgen bei der Zwangsevakuierung von Juden aus Wien, die besonders schnell und besonders brutal erfolgt war, im November 1942 mit einer Versetzung in die Reichshauptstadt belohnt worden, die er ebenfalls »judenfrei« machen sollte. Sollten seine Notizen vorhanden sein, dann wären sie ohne Zweifel eine fast einzigartige archivalische Quelle für den Protest in der Rosenstraße, da die meisten anderen Nazidokumente vernichtet worden waren.

Ganz zu Beginn meiner Nachforschungen, im März 1985, hatte ich an das Verwaltungsbüro des Staatsarchivs in Ostberlin geschrieben. Indem ich die ostdeutschen Signaturen zitierte, benannte ich ganz genau die Dokumente aus dem Nationalarchiv in Potsdam, die ich einsehen wollte. Im Juli 1985 erhielt ich eine erste Reaktion, die allerdings erst auf einen weiteren Brief meinerseits an die Achivverwaltung erfolgte: »Trotz intensivster Nachforschung konnten keinerlei Quellen in Archiven, die unserer Zuständigkeit unterliegen, ausfindig gemacht werden, welche Ihren Forschungsgegenstand betreffen könnten. Daher sehen wir uns bedauerlicherweise auch nicht in der Lage, die gewünschte Benutzererlaubnis auszustellen.« Durch Vermittlung eines Bekannten, eines führenden Mitglieds der Akademie der Wissenschaften, welcher in die USA ausgewandert war, das Land während der McCarthy-Ära aber wieder verlassen hatte, ging ich der Sache weiter nach und erhielt postwendend einen zweiten Brief von genau derselben Person aus dem Verwaltungsbüro des Nationalarchivs mit der Aufforderung zu einem Vorgespräch. Im Verlauf dieses Treffens erhielt ich die Einladung, mit meinen Nachforschungen zu beginnen. Der Archivar, der mir die Information hatte zukommen lassen, die Archive enthielten rein gar nichts von Interesse für mich, schien keine Spur verlegen, mir jetzt mitzuteilen, daß das nicht stimmte: In einem Staat, der es gleichermaßen an Respekt für das Individuum wie für die Wahrheit fehlen ließ, war es nicht weiter wichtig, sein Gesicht zu wahren.

Auf der Suche nach Unterlagen kehrte ich für sieben Monate nach Ostberlin zurück, wobei ich ein Stipendium der Internationalen Forschungs- und Austauschbehörde (IREX) erhielt. In einem Staat, der seine Herrschaft durch die Monopolisierung jeglicher Initiative durchsetzte, war es wichtig, über einen westlichen Unternehmungsgeist zu verfügen, um weiterzukommen. Die Brunner betreffenden Dokumente sah ich nie. Die Archivare deuteten an, daß offensichtlich jemand die Unterlagen in der Zwischenzeit nach 1948 vernichtet habe. Doch in dem so folgenschweren Jahr 1989 versprach man mir Zugang zu den Unterlagen der Reichsvertretung Deutscher Juden. Dieses Angebot wurde am 25. Oktober 1989 wiederholt, als ich auf Einladung der Humboldt-Universität eine Vorlesung über einen Straßenprotest in einem zentralisierten und geschlossenen deutschen Regierungssystem hielt, der ganz in der Nähe der Humboldt-Universität, in der Rosenstraße, stattgefunden hatte (nicht ein einziger Zuhörer stellte die Frage, ob die Geschichte des Protests 1943 irgendeine Parallele zu dem sich damals gerade vollziehenden Umbruch aufweisen könne). Zwei Wochen später fiel die Berliner Mauer, und die

Leute, die ich um Zugang zu den Unterlagen ersucht hatte, verloren ihre Macht, diesen Zugang zu kontrollieren. Im Juni 1990 sah ich dann schließlich in Potsdam den Rest jener Unterlagen, in die Einblick nehmen zu dürfen ich 1985 nachgesucht hatte, aber sie enthielten keine großen Offenbarungen.

In beiden Teilen Deutschlands bin ich immer wieder gefragt worden, wieso ich mich entschieden hatte, eine derartig deprimierende Geschichte zu erforschen. Ich hatte immer die Antwort parat, daß diese Geschichte einem die Chance gibt, aus der Sicherheit eines Lehnsessels heraus sich über grundlegendste Probleme menschlicher Existenz Gedanken zu machen: über Folter und Gewissen, Altruismus und Eigensucht. Oder auch, daß ich vor dem Hintergrund der monströsen Greueltaten in Nazideutschland begriffen habe, wie verschwindend klein meine eigenen Probleme sind. Die deprimierende Geschichte gab auch Anlaß zu Hoffnung.

Als ich damit anfing, Deutsche zu interviewen, die in der Rosenstraße an dem Protest teilgenommen hatten, waren sie für mich in erster Linie eine Quelle für Informationen. Ich war damit beschäftigt, Fakten zu sammeln, und völlig auf das Phänomen des Protestes in der Rosenstraße konzentriert. Aber ich habe mehr erhalten als bloße Antworten auf meine Fragen: Diese Überlebenden hatten Abenteuer zu erzählen. Es schien mir jedoch so, daß ich keinesfalls die Informationen unbeachtet lassen durfte, die sich nicht unmittelbar auf mein Thema, den Protest selbst, bezogen. Die Geschichte bestand nicht nur aus Tatsachen, die meine Gesprächspartner an mich weitergaben; die Tatsachen selbst waren durch diese Menschen determiniert worden, und die Geschichte des Protests war auch die Geschichte ihrer Persönlichkeit, ihrer Treue, ihres Charakters. Ihre persönlichen Erzählungen vermittelten mir ein Gespür für Tiefe und Details, auch wenn sie nicht unbedingt irgendwelche Theorien belegten. Nicht zwei Personen erzählten dieselbe Geschichte in der gleichen Weise, und ich war mir nie sicher, ob die Einzelheiten eines bestimmten Lebenslaufes repräsentativ waren. Aber keine Verallgemeinerung oder Theorie könnte ja die Bedeutung persönlicher Erfahrung aufheben. Anstatt die Erzählungen, die sich nicht direkt auf den Rosenstraßen-Protest bezogen, auszusondern, kam ich zu dem Schluß, daß es meine Aufgabe sei, sie in ein größeres, übergreifendes Gefüge einzubeziehen, welches der emotionalen Intensität jeder einzelnen Geschichte keinen Abbruch tun würde. Die Erzählungen waren derart bewegend, daß ich überzeugt war, daß ich ganz in den Hintergrund treten müsse, um die Ereignisse für sich selbst sprechen zu lassen.

Abkürzungen

AA	Auswärtiges Amt
BA	Bundesarchiv
BA Potsdam	Bundesarchiv, Abteilung Potsdam
BDC	Berlin Document Center
BVB	Berliner Verkehrs-Betriebe
CDJC	Centre Documentation Juive Contemporaine
IfZ	Institut für Zeitgeschichte, München
KB	Kammergericht Berlin
LB	Landgericht Berlin
LBI	Leo Baeck Institute
NA	National Archives
ND	Nuremberg Trial Document
OSS	Office of Strategic Services
Pr.GSta.	Preußisches Geheimes Staatsarchiv
ProMi	Reichsministerium für Volksaufklärung und Propaganda
RAF	Royal Air Force
RGBl	Reichsgesetzblatt
RJM	Reichsjustizministerium
RMdI	Reichsministerium des Innern
RSHA	Reichssicherheitshauptamt
VGH	Volksgerichtshof
ZSA	Zentrales Staatsarchiv Potsdam
ZSdL	Zentralstelle der Landesjustizverwaltungen

Anmerkungen

Einleitung

1 Aussage von Else Hannach – der im Juli 1944 die Flucht aus Deutschland gelang – vom 26. und 31. Juli 1944; Bovensiepen-Prozeß; Beistück 30 (Sammlung Dr. Wolfgang Scheffler).

2 Die Männer trugen feldgraue Uniformen und Armbinden mit der Aufschrift »Leibstandarte Adolf Hitler«. Zwei von ihnen waren Offiziere, die ihre Orden angelegt hatten. Aussage von Karl Hefter im Prozeß gegen Josef (»Sepp«) Dietrich vom 28. Oktober 1955; I P Js 3767.65, Staatsanwaltschaft Berlin.

3 Walter Stock, der ehemalige Leiter des Judenreferats der Berliner Gestapo, bezog sich auf die Massenverhaftung – die später als »Fabrikaktion« bekannt wurde – stets nur mit dem Ausdruck »Judenschlußaktion« oder davon abgeleitete Termini, wie z.B. »Abschluß der Juden-Aktion« oder »Schlußaktion gegen die Juden«. Landgericht Berlin, Strafsache gegen Walter Stock (PkLs 3/52), Einvernahme des Angeklagten, 13. August 1951.

4 Aussage von Dr. Martha Mosse vom 24. Juli 1958 im Bovensiepen-Prozeß. Nachdem man sie gewarnt hatte, daß sie im Fall eines Fluchtversuchs erschossen werden würden, wurden die Festgenommenen mit dem Gesicht voran gegen die bereits vor ihnen Stehenden gestoßen. Aussage von Else Hannach vom 26. und 31. Juli 1944 im Bovensiepen-Prozeß; Beistück 30.

6 Vgl. »Die Lage der Mischlinge in Deutschland, Mitte März 1943«, einen vier Seiten umfassenden, unveröffentlichten Bericht aus Berlin von Dr. Gerhard Lehfeld; Archiv von Robert A. Graham, SJ, »La Cività Cattolica«, Rom. Lehfelds Quelle war Erich Gritzbach, der persönliche Berater Hermann Görings in Sachen Vier-Jahres-Plan.

7 Diese Gebäude sind in der Anklageschrift, 135, im Bovensiepen-Prozeß aufgeführt; dort wird anstelle des Altenheims in der Gerlachstraße das Altenheim in der Großen Hamburger Straße als Sammellager genannt. In der Rosenstraße 2−4 war dem Berliner Telefonbuch von 1942 zufolge »die Schulverwaltung, das Wohlfahrts- und Jugendamt, das Jugendpflegedezernat, ein Büro für Winterhilfe, ein Büro für Berufsumschichtung untergebracht«. Die Anklageschrift enthält eine zusammenfassende Darstellung der »Schlußaktion« und der Protestversammlung in der Rosenstraße, die auf Zeugenaussagen sowohl von Opfern der Aktion wie von Gestapobeamten beruht; LBI, Anklageschrift in der Strafsache gegen Otto Bovensiepen et. al. (1989), Mikrofilm-Rolle 239, 207−217.

8 »Das Ende einer Gemeinde«, anonymer, von einer ehemaligen Krankenschwester am Jüdischen Krankenhaus Ende 1943 in Lausanne verfaßter Bericht. In:

Gerhard Schönberner (Hg.): Wir haben es gesehen. Bertelsmann Lesering o.J., S. 313−317.

9 Dreiundvierzig Kinder, deren Eltern nicht nach Hause zurückgekehrt waren, wandten sich an die Jüdische Gemeinde um Hilfe. Aussage von Dr. Martha Mosse, 23. und 24. Juli 1958, Bovensiepen-Prozeß.

10 Männer und Frauen, die zu einem Angehörigen, einem Kind oder Ehepartner, in einem anderen Teil des Saales zu gelangen suchten, scherten in ihrer Panik aus der Gruppe aus, der sie zugewiesen worden waren, und wurden von SS-Männern mit Peitschenhieben und unter Flüchen zurückgetrieben. Aussage von Dr. Kurt Radlauer, 10. November 1966, Bovensiepen-Prozeß. Radlauer berichtete, daß er sofort nach seiner Ankunft in der Synagoge von zwei jüdischen Ordnern in Empfang genommen worden sei, hinter denen ein Gestapomann gestanden habe. Die fünfundzwanzig Juden, die mit demselben Lastwagen zu dem Sammellager gebracht worden waren, seien unverzüglich verschiedenen Gruppen zugeteilt worden. Radlauer wurde zusammen mit anderen Juden aus Mischehen auf die Galerie geschickt, von der aus man das Erdgeschoß der alten Synagoge überblicken konnte.

11 Hildegard Henschel: »Aus der Arbeit der jüdischen Gemeinde Berlin, 16. Oktober 1941−1943.« LBI, Max Kreuzberger Research Papers, AR 7183/ box 13, folder A, 9.

12 Lehfeld (vgl. Anm. 6) berichtete, daß Eichmann vorhatte, neuntausend Juden aus Mischehen heranzuziehen, um an der Front einen »Wall zu bauen«. Schon der Sprachgebrauch erinnert an die späteren Berichte über die Zwangsarbeit, die »Mischlinge« und Juden aus Mischehen für die Organisation Todt zu leisten hatten. Raul Hilberg berichtet, daß Hunderte von französischen Juden aus Mischehen Zwangsarbeit leisten mußten und daß auch Juden aus Wien und aus Frankfurt, die einen »arischen« Partner hatten, zu solchen Einsätzen herangezogen werden sollten. Vgl. Raul Hilberg: Perpetrators, Victims, Bystanders: The Jewish Catastrophe, 1933−1945. New York, 1992, S. 132.

13 Interview mit Vera Breitwieser, 26. März 1985, Berlin. Da jedoch nur »gemischtrassige« Paare, die als »privilegiert« eingestuft worden waren, ein Telephon besitzen durften, nutzte diese Telephonkette den meisten betroffenen Paaren vermutlich wenig.

14 Paare, bei denen der männliche Partner »deutsch« war, konstituierten einen »arischen« Haushalt und wurden von Hitler 1938 zu Angehörigen einer »privilegierten« Mischehe erhoben. Jüdinnen, die einer solchen Verbindung angehörten, brauchten nicht den »Judenstern« zu tragen, und nur sehr wenige von ihnen wurden bei der »Schlußaktion« verhaftet. War hingegen der männliche Partner eines Ehepaares jüdisch, war auch der gesamte Haushalt jüdisch; die Männer aus solchen »nicht-privilegierten« Mischehen waren dazu verpflichtet, den gelben Stern an ihrer Kleidung zu befestigen, und wurden im Laufe der »Schlußaktion« verhaftet.

15 Interview mit Charlotte Israel Freudenthal, Februar 1985, und Aussage Frau Freudenthals in: [Bezirksverordnetenversammlung von Charlottenburg]: »Schon damals fingen viele an zu schweigen«. Berlin, 1986, S. 197.

16 Auf einer Karte von 1648 ist die Rosenstraße eine von rund zwei Dutzend abgebildeten Straßen. 1583 wurde sie »Hurengasse« genannt. Vgl. Hans Knobloch: Meine liebste Mathilde: Das unauffällige Leben der Mathilde Jacob. Berlin, 1985; S. 273.

17 Mit Erlaubnis der Gestapo wurden die jüdischen Männer, die in der »Kristallnacht« gefangengenommen worden waren, am Bahnhof Friedrichstraße vom Jüdischen Hilfskomitee im Empfang genommen und in das Gebäude in der Rosenstraße gebracht, wo man sie neu einkleidete und medizinisch versorgte. In Sachsenhausen hatten die Freigelassenen den Tod vieler Mitgefangener miterlebt. Aussage von Norbert Wollheim, 6. Juli 1966, Bovensiepen-Prozeß. Die Deportation war »die erste Aktion größeren Umfangs gegen die angeblichen asozialen Elemente innerhalb der jüdischen Bevölkerung..., Personen, die zuvor wegen eines einzigen kleinen Gesetzesverstoßes bestraft worden waren«. Eine »große Zahl« von ihnen konnte das Lager wieder verlassen, andere mußten dort noch Jahre leiden, bis sie schließlich starben. Ernst Bukofzer: Laws for Jews and Persecution of Jews under the Nazis. Berlin, 1946, S. 6f.

18 Moritz Henschel: »Die letzten Jahre der jüdischen Gemeinde Berlin« [Vortrag, gehalten am 13. September 1946]. Yad Vashem, Jerusalem, 01/51.

19 Aussage von Charlotte Rosenthal, 21. Februar 1955; LBI, Wiener Library Microfilms (AR 7187/Reel 600). Auf diesem Mikrofilm Aussagen von weiteren Augenzeugen und ein Verzeichnis der Teilnehmerinnen an der Protestversammlung. Einundzwanzig Personen, die an der Kundgebung in der Rosenstraße teilgenommen hatten, wurden von mir interviewt, außerdem acht, die wegen des Protestes aus den Sammellagern freigelassen wurden (zwei von ihnen waren schon nach Auschwitz geschickt und dann zwei Wochen später entlassen worden), sowie Goebbels' Stellvertreter im Propagandaministerium, ein ehemaliger Mitarbeiter Eichmanns und zwei frühere Mitglieder der Berliner Gestapo.

20 Interview mit Gisela Weigert, 21. Juni 1985.

21 Interviews mit Charlotte Israel Freudenthal, 10. und 25. Februar 1985.

22 Interviews mit Annie Radlauer, 12. März und 29. Mai 1985.

23 Georg Zivier: »Aufstand der Frauen«. In: Sie. Dezember 1954.

24 Zur Zahl der Demonstranten siehe: Inge Unikower: Stummer Protest. In: Neues Deutschland, Nr. 46, 14. November 1964, S. 2; und Ruth Andreas Friedrich: Schauplatz Berlin. Ein Tagebuch, aufgezeichnet 1938–1945. Reinbek bei Hamburg, 1964. Einer der festgehaltenen Juden berichtete, daß nicht weniger als sieben seiner Familienmitglieder an dem Protest teilnahmen (Interview mit Gad Beck, 28. Januar 1985); für gewöhnlich aber protestierten für einen Gefangenen nur ein bis zwei Menschen.

25 Zivier (vgl. Anm. 23).

26 Interview mit Rita Kuhn, 26. April 1989.

27 Aussage von Sartorius, 13. Dezember 1965, Bovensiepen-Prozeß.

28 Interview mit Leopold Gutterer, 19. August 1986. Dem Historiker Peter Hoffmann zufolge war Gutterer ein Verwandter von Maurice Bavaud, dem Schweizer Studenten, der 1938 Hitler zu töten versuchte. Vgl. Peter Hoffmann: »Maurice Bavaud's Attempt to assassinate Hitler in 1938«. In: Police Forces in History. Hg. von G. L. Mosse. London, 1975; S. 173ff.

29 Lehfeld (vgl. Anm. 6), S. 4. In der schwedischen Presse der Zeit läßt sich kein Bericht über die Verhaftungsaktion und den Protest gegen sie finden.

30 Ebd., S. 2f.

31 Zur Machtergreifung Hitlers und der NSDAP und den verschiedenen Faktoren, die dazu beigetragen haben können, siehe u.a.: Jürgen Kocka: »Ursachen des

Nationalsozialismus«. In: Aus Politik und Zeitgeschichte (21. Juni 1980), S. 9–13; Hans-Ulrich Wehler: Das deutsche Kaiserreich. Göttingen 1983; A. J. P. Taylor: The Course of German History: A Survey of the Development of German History since 1815. London, 1945; David Abraham: The Collapse of the Weimar Republic: Political Economy and Crisis. Princeton, 1981; Otto Kirchheimer: »Weimar and What Then?« In: Politics, Law and Social Change: Selected Essays of Otto Kirchheimer. Hg. von Frederic Burn und Kurt Shell. New York und London, 1969, S. 33–74.

32 Die sechs Kinder Goebbels', die Hitler »Onkel« nannten, genossen im Privatkreis des Führers besondere Beliebtheit.

33 Einige Historiker haben die Rolle hervorgehoben, die Gewalttätigkeiten und Einschüchterungen durch Sturmkommandos für die Ergreifung der Macht durch die Nationalsozialisten und bei der anschließenden Konsolidierung dieser Macht spielten. Richard Bessel hingegen meint, daß das gewalttätige Vorgehen der SA gegen die deutsche Linke im Jahr 1933 weniger dazu diente, die Nazis an die Macht zu bringen, als zu zeigen, »daß kein wirklicher Kampf mehr ausgefochten zu werden brauchte«. In: Richard Bessel (Hg.): Life in the Third Reich. New York, 1987, S. 6. Vgl. auch: ders., Political Violence and the Rise of Nazism: The Storm Troopers in Eastern Germany, 1925–1934. New Haven, 1984.

34 Karl Dietrich Bracher, Die deutsche Diktatur. Köln 1969, S. 87.

35 Anthony Rhodes: Propaganda: The Art of Persuasion: World War II. Secauasus, N. J., 1987, S. 16. Wie Rhodes schreibt, fanden diese Demonstrationen gewöhnlich gegen acht Uhr abends statt, »wenn die Widerstandsfähigkeit der Menschen ihren Tiefstand erreicht hatte und sie Überredungs- oder Überzeugungsversuchen viel zugänglicher waren«.

36 Joseph Goebbels: Final Entries 1945: The Diaries of Joseph Goebbels. Hg. u. eingel. von Hugh Trevor-Roper. New York, 1978, S. XVIII. Gutterers offizieller Titel lautete »Reichshauptstellenleiter für Großkundgebungen«.

37 »Verordnung zur Aufrechterhaltung der öffentlichen Ruhe und Sicherheit vom 20. Mai 1933«; auszugsweise im BA Potsdam, 50.01 (ProMi), 63, S. 2ff.

38 Pr.GSta., Rep. 90P, 12.

39 Joseph Goebbels: Tagebücher. Aus den Jahren 1942–43. Mit anderen Dokumenten hg. von Louis P. Lochner. Zürich, 1948; Eintragung vom 6. März 1943; S. 251 f.

40 Eleanor Hancock: The National Socialist Leadership and Total War, 1941–5. New York, 1991, S. 48.

41 Funktionäre, die an der Konferenz zur »Endlösung« am 6. März 1942 teilnahmen, äußerten sich besorgt darüber, daß eine erzwungene Auflösung von Mischehen »beträchtliche Unruhe« in den Kreisen der nicht-jüdischen Verwandtschaft auslösen könnte. Ergebnisprotokoll der Konferenz, ND NG-2586-H. 1942 äußerte sich das Innenministerium anläßlich einer Diskussion darüber, wie man mit den »Mischlingen« verfahren sollte, weiterhin besorgt über die große Zahl deutscher Verwandter, die jeder von diesen hatte. Stuckart an Klopfer u.a., 16. März 1942, ND NG-2586-1. Und sogar 1943 berücksichtigte das Regime bei seinen Maßnahmen gegen Juden aus Mischehen noch die Tatsache, daß diese nicht-jüdische Verwandte und Freunde hatten. Hessisches Hauptstaatsarchiv, Urteil gegen Heinrich Baab (51 KS I/50).

42 Das Regime bemühte sich weiter darum, seine Pläne zur Durchführung der

»Endlösung« vor der Öffentlichkeit zu verbergen, indem es sich zum Beispiel mit Euphemismen auf das Projekt bezog, den amtlichen Briefwechsel darüber stark einschränkte und Verbote erließ, über das Vorhaben zu sprechen. Man kann durchaus die Meinung vertreten, daß 1943 zumindest bestimmte Gruppen der deutschen Bevölkerung von den »schrecklichen Dingen« gewußt haben müssen, die den Juden im Osten widerfuhren. Und man kann auch die Meinung vertreten, daß dieses Wissen eher dazu führte, Opposition gegen die Verhaftung und Deportation von Juden zu unterdrücken, als Widerstand zu entfachen. Entscheidend für die Freilassung der im Gemeindehaus in der Rosenstraße festgehaltenen Juden war jedoch die Tatsache, daß das Regime, gleichgültig, ob die Bevölkerung schon etwas davon erfahren hatte oder nicht, weiterhin darum bemüht war, den Genozid geheimzuhalten. Ihr Wissen darum, daß Deutschland sich so barbarisch gegenüber den Juden verhielt, könnte möglicherweise bei einigen Deutschen dazu geführt haben, daß sie um so entschlossener waren, den Krieg zu gewinnen, da sie nämlich fürchteten, es könne im Fall einer Niederlage zu Rache- und Vergeltungsmaßnahmen für die begangenen Greueltaten kommen. Der Fall Gustav Noßkes und einiger anderer zeigt jedoch, daß einige Deutsche nur so lange bereit dazu waren, Greueltaten für Deutschland zu begehen, so lange es so aussah, als ob man den Krieg gewinnen würde.

43 Von insgesamt 5837 dieser Menschen wurden weniger als die Hälfte, ungefähr 2500, in Arbeitslager geschickt

44 Die Nationalsozialisten benutzten den Begriff »arisch«, um eine »Rasse« der indo-germanischen Völker zu kennzeichnen, aus der vor allem die Juden und die »Zigeuner« ausgeschlossen waren. Für die Nationalsozialisten war diese Rasse die »Herrenrasse«. »Arisch« ist daher ein ebenso beleidigender wir irrationaler Terminus, und ich habe die Ausdrücke »deutsch, Deutscher, Deutsche« usw. verwendet, um mich auf die Menschen zu beziehen, die die Nazis als »Arier« bezeichneten. Natürlich waren auch viele Juden »Deutsche« – jedenfalls bis sie durch die Nürnberger Gesetze von 1935 ihrer Staatsbürgerschaft beraubt wurden. Wegen der Nürnberger Gesetze und der rassisch-abwertenden und nationalistischen Bedeutung, die die Nazis dem Ausdruck »arisch« verliehen, habe ich jedoch statt seiner den Ausdruck »deutsch« verwendet und ihn dem Ausdruck »jüdisch« gegenübergestellt. Gelegentlich war ich jedoch – gerade um seiner rassistischen Untertöne willen – gezwungen, den Terminus »arisch« zu verwenden, wie auch andere Ausdrücke aus der Sprache des Dritten Reichs. Von 1944 an zog es Himmlers Abteilung ausdrücklich vor, statt des Begriffes »arisch« den Begriff »deutsch-blütig« zu verwenden. (Vgl. einen Bericht von Himmlers persönlichem Stab; »Behandlung von Mischlingsangelegenheiten«, undatiert; fertiggestellt Mitte Juli 1944; BA, NS 19/3335.)

45 Einer der Gefangenen von damals schätzte, daß in dem Gebäude in der Rosenstraße ungefähr 2000 Menschen festgehalten wurden (Aussage von Ferdinand Wolff, 4. Mai 1951, Prozeß gegen Walter Stock, Landgericht Berlin, PkLs 3/52; im folgenden zitiert als »Prozeß gegen Stock«), während ein Polizeibeamter, der sich dort aber nur eine Nacht aufhielt, von 1000 Gefangenen sprach (Aussage des früheren Schutzpolizisten Anton von Kryshak, Bovensiepen-Prozeß). Hauptscharführer Karl Krell, der arbeitslose Bäcker, der für das Judenreferat der Berliner Gestapo tätig war, behauptete bei seinem Entnazifizierungsprozeß nach dem Krieg, die Freilas-

sung von 2000 Juden aus Mischehen angeordnet zu haben (Aussage von Karl Krell, 4 SpLs 16/47 Bielefeld, BA, Koblenz). Auf jeden Fall weicht die Zahl der insgesamt infolge des Protestes freigelassenen Juden aus Mischehen und »Mischlingen« von der Zahl jener, die aus dem Gemeindehaus in der Rosenstraße entlassen wurden, ab, da nämlich einige anläßlich der »Schlußaktion« festgenommene Berliner Juden in anderen Sammellagern festgehalten worden waren, wie z.b. im Vergnügungslokal »Clou«. Ein Jude, der mit einer Deutschen verheiratet war, Walter Baron, wurde aus einem Sammellager in der Auguststraße 17 – es handelte sich um das Gebäude einer jüdischen Schule – freigelassen. (Interview mit seiner Tochter, Frau Bieversdorf, vom 24. Mai 1985. Frau Bieversdorf ist immer noch im Besitz der Entlassungsurkunde ihres Vaters, die auf den 13. März 1943 datiert und von Walter Dobberke unterzeichnet ist.) Die Zahl von in Mischehe lebenden Juden, die bei der Aktion verhaftet wurden, wird zwar kaum die Anzahl der offiziell registrierten Berliner Juden aus nicht-privilegierten Mischehen überschritten haben, aber doch sehr nahe daran herangekommen sein. Am 1. September 1942 mußte die Jüdische Gemeinde Berlins im Zuge der Vorbereitungen von Aktionen, mit denen das gesamte Reich von Juden »gesäubert« werden sollte, der Gestapo einen »Schlußbericht« über die Zahl der noch in Berlin lebenden Juden vorlegen. (»Schlußbericht« der Katasterverwaltung der Berliner Jüdischen Gemeinde, BA Potsdam, R 8150, 1. September 1942.) Diesem Bericht zufolge gab es in der Hauptstadt 1436 Juden, die in nicht-privilegierten Ehen lebten (also den »Judenstern« tragen mußten); diese Juden wurden bei der »Schlußaktion« – entweder an ihrem Arbeitsplatz oder in ihrer Wohnung – verhaftet. Die maßgeblichen Männer der Gemeinde gestehen in dem Bericht ein, daß die ermittelte Anzahl von Juden, die in Mischehe lebten, eindeutig »zu niedrig« sei, da diese Menschen in vielen Fällen der Gemeinde unbekannt und daher auch nicht registriert seien. Auf Befehl der Gestapo hin mußten daraufhin im Jüdischen Nachrichtenblatt Aufforderungen an alle Juden aus Mischehen veröffentlicht werden, sich endlich registrieren zu lassen. Diese Aufforderungen waren aber anscheinend nicht sehr wirkungsvoll, da es gegen Ende des Krieges immer noch 1451 Juden gab, die einer nicht-privilegierten Mischehe angehörten, wobei es sich im Grunde um dieselben Menschen handelte, die bei der »Schlußaktion« erst inhaftiert und dann später wieder freigelassen worden waren. Außer den schätzungsweise 1400 Berliner Juden aus nicht-privilegierten Mischehen trugen auch einige wenige aus privilegierten Mischehen den Stern. Im »Schlußbericht« der Gemeinde vom 1. September 1942 sind 24 Juden aus privilegierten Mischehen aufgeführt, die den »Judenstern« an die Kleidung heften mußten. Es handelte sich um »Mischlinge«, die entweder bei der Jüdischen Gemeinde eingetragen waren oder einen jüdischen Ehepartner hatten. Schätzungen von Augenzeugen zufolge wurden an die zweihundert »Mischlinge« in der Rosenstraße festgehalten. Wenn man diese Zahlen zugrunde legt – und weiterhin berücksichtigt, daß einige der Betroffenen nicht in dem Gemeindehaus in der Rosenstraße festgehalten wurden, sondern in anderen Sammellagern –, kann man davon ausgehen, daß ungefähr 1700 »Mischlinge« und Juden aus Mischehen aufgrund des Protests in der Rosenstraße wieder freigelassen wurden.

46 Statistiken der Reichsvereinigung der Juden in Deutschland zeigen, daß es im September 1944 noch 13217 offiziell erfaßte Juden in Deutschland gab. Von diesen gehörten mit Ausnahme von 230 Personen alle einer Mischehe an. (BA Potsdam, R 5150, 32.) Es gab überdies noch Juden aus Mischehen, die nie als Juden identifiziert

und registriert worden waren, und andere, die sich irgendwo versteckt hatten und so das Dritte Reich überlebten.

47 Joseph Goebbels: Tagebücher 1924–1945. Bd. 4 (1940–1942). Hg. von Ralf Georg Reuth. München und Zürich, 1992; Eintragung vom 7. März 1942, S. 1763.

48 Aussage von Helmut Brinitzer, 18. August 1970, Bovensiepen-Prozeß.

49 Marion A. Kaplan: The Making of the Jewish Middle Class: Women, Family, and Identity in Imperial Germany. New York und Oxford, 1991, S. 81.

50 Bruno Blau: »Mischehe im Nazireich«. In: Judaica, April 1948, S. 46. Siehe auch Monika Richarz (Hg.): Jüdisches Leben in Deutschland: Selbstzeugnisse zur Sozialgeschichte, 1918–1945. Stuttgart, New York, 1982, S. 466.

51 Ursula Büttner: Die Not der Juden teilen: Christlich-jüdische Familien im Dritten Reich. Hamburg, 1988, S. 14, wo die Autorin sich beruft auf: Herbert Strauss: »Jewish Emigration from Germany; Nazi Policies and Jewish Responses«. In: Leo Baeck Institute Year Book, vol. 25 (1980), S. 317.

52 Kaplan (vgl. Anm. 49), S. 81 und S. 258, Anm. 117. Siehe auch: Der Preußische Minister des Innern an den Reichsjustizminister, 26. Oktober 1933, BA Potsdam, 30.01 (RJM), 1389/1 (»Mischblütige Ehen«) 30. Der Innenminister wies darauf hin, daß Ehen dieser Art vor allem im Raum Frankfurt/Main und Wiesbaden geschlossen wurden.

53 Der Regierungspräsident in Wiesbaden an den Preußischen Innenminister, 28. Oktober 1933, BA Potsdam, 30.01 (RJM), 1389/1, 30.

54 Claudia Koonz: Mothers in the Fatherland: Women, the Family and Nazi Politics. New York, 1987, S. 192.

55 Bukofzer (vgl. Anm. 17), S. 16.

56 Raul Hilberg: The Destruction of the European Jews. New York, London, 1985, S. 169.

57 Bericht des SS-Statistikers Richard Korherr, 19. April 1943; ND NO-5193.

58 BA Potsdam, R 8150, 32.

59 Siehe Blau (vgl. Anm. 50), S. 52. Einer offiziellen Erhebung vom Dezember 1942 zufolge gab es im Reich (in den Grenzen von 1938) 16760 deutsch-jüdische Familien (Bericht des Reichsinspektors für Statistik Richard Korherr, 19. April 1943; ND NO-5193). Die Diskrepanz zwischen der 1939 und der gegen Ende des Krieges ermittelten Zahl bedeutet nicht, daß 5000 Juden aus Mischehen der »Endlösung« zum Opfer fielen. Bis 1941 konnten Juden immer noch aus Deutschland auswandern; andere starben, nachdem sie wegen irgendwelcher Gesetzesübertretungen zu Zwangsarbeit verurteilt worden waren; einige kamen auch bei Bombenangriffen der Alliierten ums Leben, starben eines natürlichen Todes oder begingen Selbstmord.

60 In dieser Zahl sind nicht die 1499 »Geltungsjuden« eingeschlossen, die die Nazis vom Herbst 1944 mit allen anderen Juden auf eine Stufe stellten, und auch nicht die 1200 bis 1400 Juden, die das Dritte Reich im Untergrund überlebten. Zu den untergetauchten Berliner Juden siehe Carolin Hilker-Siebenhaar: Wegweiser durch das jüdische Berlin: Geschichte und Gegenwart. Berlin, 1987, S. 361–369.

61 Vgl. die vom 16. Februar 1943 bis Anfang 1945 zwischen hochrangigen Beamten verschiedener Ministerien geführte Diskussion darüber, ob man nicht die Scheidungsgesetze ändern solle, um die Geburtenrate ansteigen zu lassen. BA Potsdam, 30.01 (Justizministerium), 10118.

62 Bernhard Lösener: »Als Rassereferent im Reichsministerium des Innern«. In: Vierteljahreshefte für Zeitgeschichte, Bd. 9 (September 1961), S. 278.

63 Siehe Jeremy Noakes: »Wohin gehören die Judenmischlinge? Die Entstehung der ersten Durchführungsverordnungen zu den Nürnberger Gesetzen«. In: Das Unrechtsregime: Internationale Forschung über den Nationalsozialismus. Hg. von Ursula Büttner. Bd. 2. Hamburg, 1986, S. 69f.

64 Viele Gesetze zielten darauf ab, Deutsche, die mit Juden verheiratet waren, am beruflichen Aufstieg zu hindern. Siehe Büttner (vgl. Anm. 51), »Einleitung«.

65 Dirk Blasius vermutet, daß dies so gewesen ist; siehe D. B.: Ehescheidung in Deutschland, 1794–1945. Göttingen, 1987, S. 192. Ursula Büttner schätzt auf der Grundlage von entsprechenden statistischen Daten für Hamburg und Baden-Württemberg, daß 93 Prozent der in Mischehe lebenden Deutschen verheiratet blieben. Büttner (vgl. Anm. 51), S. 57.

66 Einige deutsch-jüdische Paare ließen sich scheiden, bisweilen auch in gegenseitigem Einvernehmen, wenn der jüdische Partner das Gefühl hatte, für den anderen eine zu große Last darzustellen. Siehe z.B. Irene Runge: Onkel Max ist jüdisch: Neun Gespräche mit Deutschen, die Juden halfen. Berlin, 1991, S. 102. In einigen Fällen lebten die offiziell Geschiedenen aber heimlich weiter zusammen und heirateten später wieder. (Interview mit Charlotte Steudel, 8. August 1985, Berlin.)

67 Lösener (vgl. Anm. 62), S. 268. Siehe auch Büttner (vgl. Anm. 51), S. 12, für weitere Belege dafür, daß die Parteiführer die »Mischlinge« beseitigen wollten. Was die generelle Politik des Regimes gegenüber »Mischlingen« anbelangt, siehe Jeremy Noakes: »Nazi-Policy towards German-Jewish Mischlinge«. In: Yearbook Leo Baeck Institute, vol. 34 (1989), S. 291–354; John A. S. Grenville: »Die ›End-lösung‹ und die ›Judenmischlinge‹ im Dritten Reich«. In: Das Unrechtsregime, vgl. Anm. 63, S. 91–121; Uwe Dietrich Adam: Judenpolitik im Dritten Reich. Düsseldorf, 1972; ders.: »An Overall Plan for Anti-Jewish Legislation in the Third Reich?« In: Yad Vashem Studies, vol. 11 (1976); ders.: »Nazi Actions Concerning the Jews between the Beginning of World War II and the German Attack on the USSR«. In: Unanswered Questions: Nazi Germany and the Genocide of the Jews. Hg. von François Furet. New York, 1988.

68 Goebbels, Tagebücher. Hg. von R. G. Reuth (vgl. Anm. 47); Eintragung vom 7. März 1942. Goebbels schrieb, daß die deutschen Partner keineswegs ihre jüdischen Ehemänner oder Ehefrauen schützten, sondern, da sie nicht in der Lage seien, einen der wichtigsten Grundsätze des Nationalsozialismus zu verstehen, sogar damit rechnen müßten, deren Schicksal zu teilen.

69 Goebbels wies seine Ministerialbeamten an, stets nach Lösungen zu suchen, die von der Bevölkerung gutgeheißen werden würden (BA Potsdam 50.01, 1d, 13. August 1940), und warnte sie davor, ohne psychologisches Raffinement vorzugehen, weil man auf solche Weise nie Verständnis bei der Bevölkerung finden würde (BA Potsdam 50.01, 1h; undatiert). Goebbels' Versuch, auf die Stimmung des ganzen Volkes so einzuwirken, daß es die größten Leistungen für den Krieg erbringen würde, hatte u.a. zur Folge, daß er genaue Anweisungen erließ, welche Musik welcher Komponisten in bestimmten Radiosendungen gespielt werden durfte, und daß er sogar die Kochrezepte, die im Frauenfunk vorgestellt wurden, vorher las (BA Potsdam 50.01 1d, 15. Juli 1940). Wenn Rezepte empfohlen wurden, die Zutaten erforderten, welche in Kriegszeiten nicht zur Verfügung standen,

könnten sich psychologische Probleme ergeben. Goebbels befaßte sich auch mit »psychologischen Fragen«, er dachte z.B. darüber nach, wie oft die Nationalhymne gespielt werden mußte, damit sich die maximale Wirkung einstellte, und stellte Überlegungen an, ob sie nicht unter Umständen auch zu oft gespielt werden könnte, wodurch sie zu etwas ganz Gewöhnlichem werden und jede Wirkung auf den Zuhörer verlieren würde (BA Potsdam, ProMi, 1g, 11. April 1942).

70 Bericht von Heinrich Himmler, 1944; Berlin Document Center, File 0.240 11.

1
Hitlers Machttheorie

1 »Man hat zumeist angenommen, der ›Polizeistaat‹ gründe auf einer besonders großen Polizeitruppe, die ihrerseits auf die Mitarbeit einer ganzen Armee von bezahlten Agenten und Spionen setzen konnte.« Robert Gellately: The Gestapo and German Society: Enforcing Racial Policy, 1933–1945. Oxford, 1980, S. 5.

2 Ian Kershaw: The »Hitler Myth«: Image and Reality in the Third Reich. Oxford, New York, 1987; S. 52f.

3 Marlis Steinert: Hitler's War and the Germans: Public Mood and Attitude during Second World War. Hg. und übers. von T. E. J. de Witt. Athens, Ohio, 1977, S. 1. Zur gesellschaftlichen Grundlage politischer Macht siehe Barrington Moore: Injustice: The Social Bases of Obedience and Revolt. White Plains, N.Y., 1978.

4 »Wenn endlich Popularität, Kraft und Tradition sich verbinden, darf eine Autorität als unerschütterlich betrachtet werden.« So Adolf Hitler: Mein Kampf. München, 1934, S. 579. Dieser Begriff von Macht basiert auf einer für die Nationalsozialisten von Beginn an charakteristischen Auffassung; Hitler schrieb: »So waren wir uns bereits im Jahre 1919 darüber klar, daß die neue Bewegung als oberstes Ziel zunächst die Nationalisierung der Massen durchführen muß.« (A.a.O., S. 369.)

5 Hitler, a.a.O., S. 673: »Man darf sich [...] nicht vorstellen, plötzlich aus einer Aktentasche die Entwürfe zu einer neuen Staatsverfassung ans Tageslicht ziehen und diese nun durch einen Machtanspruch von oben ›einführen‹ zu können. Versuchen kann man so etwas, allein das Ergebnis wird sicher nicht lebensfähig, meist schon ein totgeborenes Kind sein.«

6 A.a.O., S. 369.

7 Ebd.

8 Goebbels drängte darauf, auf illegale und gewalttätige Aktivitäten zu verzichten, da diese ohnehin nicht das gewünschte Ergebnis haben würden, und daß die natürliche Affinität zwischen dem »rassisch reinen« Volk und dessen wahrem Vertreter, der Nationalsozialistischen Partei, ohnehin Wahlen als das adäquate Mittel erscheinen ließen, um zur Macht zu gelangen. Hitler stimmte dem zu.

9 Vgl. Adolf Hitler: Die Kunst im Dritten Reich. Bd. 2, Nr. 6 (Juni 1939), S. 163. Siehe auch Hitlers Reden vom 5. Oktober und 6. November 1938 in: Max Domarus (Hg.): Hitler: Reden und Proklamationen, 1932–1945. München, 1991, S. 923–938. Siehe auch Norman H. Baynes: The Speeches of Adolf Hitler, April 1922 – August 1939. New York, 1969, Bd. 1, S. 616–636; dort wird deutlich, daß Hitler weiterhin

davon ausging, daß der »Bewegung« eine große Rolle dabei zukommen würde, seine eigene Machtposition zu untermauern.

10 Kershaw (vgl. Anm. 2).

11 Im Zusammenhang seines Kampfes mit anderen Ministerien um die Bewilligung von Geldern verglich Goebbels am 25. März 1933 einmal vor einer Versammlung von Mitarbeitern des Rundfunks die Aufgabe des Propagandaministeriums mit der des Rüstungsministeriums; er meinte, daß die Mobilisierung des Denkens genauso notwendig, ja vielleicht noch notwendiger sei als die »materielle Mobilisierung« der Nation. Zitiert in: Jeremy Noakes und G. Pridham (Hg.): Nazism, 1919 to 1945: A History in Documents and Eyewitness Accounts. New York, 1983, S. 383. Hitler schrieb, daß die »Kräfte des Willens« und nicht Waffen ausschlaggebend seien: »Die beste Waffe ist totes wertloses Material, solange der Geist fehlt, der bereit, gewillt und entschlossen ist, sie zu führen. [...] Damit aber lautet die Frage einer Wiedergewinnung deutscher Macht nicht etwa: Wie fabrizieren wir Waffen?, sondern: Wie erzeugen wir den Geist, der ein Volk befähigt, Waffen zu tragen? Wenn dieser Geist ein Volk beherrscht, findet der Wille tausend Wege, von denen jeder bei einer Waffe endet.« Hitler (vgl. Anm. 4), S. 365f. Natürlich verleugnete Hitler nicht die Bedeutung von Waffen, er proklamierte jedoch, daß das »Vorhandensein flammenden nationalen Selbsterhaltungswillens« ganz unerläßlich sei, da dieser Wille nicht zur Herstellung von Waffen, sondern auch zu deren Einsatz in Akten »heroischen Todesmutes« führen würde (a.a.O., S. 366).

12 Rosenberg, der sich zunächst dagegen ausgesprochen hatte, schlug im Mai 1943 vor, daß man es deutschen Soldaten gestatten solle, estnische Frauen zu heiraten. Er meinte, daß unter den obwaltenden Umständen aufgrund genereller politischer Beweggründe Ehen zwischen Deutschen und Ausländern nicht von vornherein ausgeschlossen werden sollten. (Rosenberg [Leibbrandt] an den Reichskommissar Riga, 31. Mai 1943, BA Potsdam, 11.1 [Ostgebiet], 49, p. 182.) Wie bei den umstrittenen Entscheidungen bezüglich deutsch-jüdischer Mischehen verhielt Hitler sich neutral, da Rosenbergs Ansichten sich offenbar durchsetzten, trotz des Ärgers, den sie in den Reihen der SS und bei Parteifunktionären auslösten. Goebbels äußerte sich schon Mitte 1942 dahingehend, daß man die Behandlung der Bevölkerung in den besetzten Ostgebieten ändern müsse. »In der Ukraine waren die Einwohner anfangs mehr als geneigt, den Führer als Retter Europas anzusehen und die deutsche Wehrmacht wärmstens zu begrüßen. Diese Einstellung ist im Laufe der Monate vollkommen umgewandelt worden. Wir haben in unserer Politik die Russen und vor allem die Ukrainer zu stark vor den Kopf geschlagen. Der Knüppel auf den Kopf ist eben auch Ukrainern und Russen gegenüber ein nicht immer überzeugendes Argument.« Goebbels Tagebücher (vgl. Einl., Anm. 39); Eintragung vom 25. April 1942, S. 185. Goebbels fügte noch hinzu, daß sich mit den Ukrainern etwas anfangen ließe, wenn man sie richtig behandle. Innerhalb der Nazi-Führung gab es keine Meinungsverschiedenheiten über die Ziele, sondern nur über die Taktik, die man verfolgen sollte. Reichskommissar Heinrich Lohse legte bei einem Treffen von Nazi-Größen im August 1942 Hermann Göring noch einmal nachhaltig seine eigene Position dar, wobei er sich auf seine Erfahrung in der besetzten Ukraine berief. Lohse versuchte sich dafür zu verteidigen, daß er nicht so viele Güter und Rohstoffe aus dem ihm unterstehenden Territorium herausgeholt hatte, wie ursprünglich erwartet worden war. Er erzählte Göring, daß er über keine Polizei-

streitkräfte und keine anderen Mittel verfüge, um das Gebiet zu kontrollieren; die Leute würden nur über ihn lachen, wenn er drohe, Gewalt anzuwenden. Als Göring erwiderte, daß Lohse doch einige Polizeibataillone erhalten habe, erinnerte dieser ihn daran, daß diese in einem Gebiet, das so groß wie Deutschland sei, bei weitem nicht genügten, um auf jeden, der sich nicht bereit zur Mitarbeit zeigte, Zwang auszuüben. Als Göring Lohse dann aber fragte, ob er glaube, daß er mehr aus der Region herausholen könne, wenn er größeren Zwang auf die Bevölkerung ausüben könne, antwortete der Reichskommissar, daß er im Gegenteil überzeugt sei, daß man noch weniger erhalten werde, wenn man zu Gewalt und Zwang greifen würde. Bei einem früheren Zusammentreffen mit seinem eigenen Stab hatte Lohse sich dahingehend geäußert, daß der Einsatz von Gewalt nicht nur ineffektiv sei, sondern daß es sich auch um ein äußerst plumpes Vorgehen handele. Lohse hatte gemeint, daß man ein Volk anständig behandeln müsse, solange es sich friedlich verhalte. Politische Fehler zu begehen und andere über den Kopf zu schlagen, das könne jeder. Vgl. hierzu Alexander Dallin: German Rule in Russia, 1941–1945. New York, 1957, S. 187f.

13 ND PS-739.

14 Gellately (vgl. Anm. 1), S. 7.

15 Vgl. Detlev Peukert: Die KPD im Widerstand: Verfolgung und Untergrundarbeit an Rhein und Ruhr 1933–1945. Wuppertal, 1980, S. 123.

16 William Sheridan Allen: The Nazi Seizure of Power: The Experience of a Single German Town, 1925–1945. New York und London, 1965; neue Ausg. 1984, S. 189. Allen zufolge machte sich der Nazi-Terror vor 1933 für die Partei bezahlt, denn wenn auch die Partei selbst zu einem großen Teil für die Straßenkämpfe und das allgemeine Chaos verantwortlich war, welches die letzten Jahre der Weimarer Republik charakterisierte, so sahen die Leute doch in Hitler den »starken Mann«, der die Ordnung wiederherzustellen vermochte. Als Hitler zum Kanzler ernannt wurde, war die Öffentlichkeit schon gegenüber Gewalttätigkeiten abgehärtet und schritt nicht ein, als Parteiorgane zu Gewalt griffen, um Hitlers Macht zu festigen.

17 Ebd.

18 Gellately kommt zu dem Schluß, daß Denunziationen aus den Kreisen der Bevölkerung »oft bei weitem das übertrafen, was das Regime sich erwartete«. Gellately (vgl. Anm. 1), S. 140.

19 Vom Sommer 1935 an nahmen an diesen von der Partei initiierten Störmanövern manchmal so viele Personen teil, daß Beobachter von »Demonstrationen« sprachen. IML, Lagebericht (Allgemeine Übersicht über die Ereignisse im Monat Juli 1935), St3/673.

20 Protokoll über das Treffen von Funktionären im Anschluß an das »Kristallnacht«-Pogrom, Nuremberg Trial Documents, PS-1816; zitiert in: Hilberg (vgl. Einl., Anm. 56), S. 168.

21 Hannah Arendt bezeichnete den Abtransport von 7500 Juden aus Baden, dem Saarland und der Pfalz in das Lager im französischen Gurs als eine Art von »Probe«-Deportation, mit deren Hilfe man unter anderem ermitteln wollte, wie ihre Nachbarn auf das Verschwinden dieser Menschen reagieren würden. (Hannah Arendt: Eichmann in Jerusalem. New York, 1963, S. 156.) Ende 1941, als die systematischen Deportationen von Juden aus allen Teilen Deutschlands begannen, behielt Heydrichs Geheimpolizei die Öffentlichkeit genau im Auge. Sie berichtete, daß die erste

Deportation, mit der im Dezember 1941 vierhundert Juden aus dem Raum Minden fortgeschafft wurden, von der großen Mehrheit der Bevölkerung begrüßt wurde. Obwohl die Gestapo die Aktion geheim durchgeführt habe, sei die Tatsache, daß die Juden »weggeschickt« worden waren, bald in allen Kreisen der Bevölkerung diskutiert worden. Die Geheimpolizei brauchte also nicht darüber zu spekulieren, welches die Reaktion der Öffentlichkeit auf das plötzliche Verschwinden jüdischer Nachbarn und Arbeitskollegen war, da viele ihre Einstellung ganz unverblümt zum Ausdruck brachten. Einige meinten, daß man dem Führer dankbar dafür sein müsse, daß er Deutschland von der »Judenpest« befreie. Ein Arbeiter meinte, daß man die Deportationen schon fünfzig Jahre früher hätte durchführen sollen, da den Deutschen dann zwei Weltkriege erspart geblieben wären. Das einzige, was die Bevölkerung in »Erstaunen« versetzte, war die Geschmacklosigkeit, die die Gestapo beging, indem sie die schön ausgestatteten Busse der öffentlichen Verkehrsbetriebe verwendete, um die Juden zum Bahnhof zu bringen! In dem Bericht hieß es weiter, daß die einzigen ablehnenden Stimmen, wie zu erwarten gewesen sei, sich in religiösen Kreisen erhoben hätten. (SD Hauptaußenstelle Bielefeld an das RSHA, III B I, 16. Dezember 1941; Heydrich an das Auswärtige Amt, Oktober 1940.)

22 BA Potsdam 50.01 (ProMi) 1d, Eintrag vom 30. September 1940.

23 Zitiert bei Noakes und Pridham (vgl. Anm. 11), S. 381.

24 Hitler (vgl. Anm. 4), S. 384f. Der große Makel der Demokratie war die Schwäche, die der Pluralismus mit sich brachte. Unduldsamkeit war positiv zu bewerten, da sie für einen unkomplizierten, einseitigen Blickwinkel charakteristisch war. »Die Zukunft einer Bewegung wird bedingt durch den Fanatismus, ja die Unduldsamkeit, mit der ihre Anhänger sie als die allein richtige vertreten und allen anderen Gebilden ähnlicher Art gegenüber durchsetzen.« Jede Art von Vielschichtigkeit barg nur »die Keime einer später wirksam werdenden inneren Schwächung« in sich.

25 Noakes und Pridham (vgl. Anm. 11), S. 379 und S. 409.

26 Das Geschäftsstillegungs-Programm im Zusammenhang mit dem totalen Krieg, das im Januar 1943 begann, zeigt, daß das Regime weit von der Verwirklichung seines Ideals entfernt war, daß die einzelnen Individuen Opfer für die Gemeinschaft erbrachten. Die Öffentlichkeit im allgemeinen begrüßte die Geschäftsschließungen, weil man glaubte, daß diese Maßnahme zum Sieg Deutschlands beitragen werde. Sobald jedoch von ihnen persönlich verlangt wurde, daß sie ihr Geschäft oder ihren Betrieb schlossen und sich zum Arbeitseinsatz meldeten, wurden die Betroffenen unruhig, argwöhnisch und neidisch. Jedem schien es zu widerstreben, ein größeres Opfer erbringen zu müssen als sein Nachbar, und jeder schien überzeugt zu sein, daß der andere weniger für die gemeinsame Sache tat als er selbst. Örtliche Parteileiter waren ebenfalls der Meinung, daß die Stillegung von Geschäften als nationale Maßnahme zu begrüßen sei, erzwangen aber nur sehr ungern ihre Verwirklichung in dem ihnen unterstehenden Gebiet. Sie gaben an, daß diese Geschäfte notwendig seien, um die Bevölkerung adäquat zu versorgen. Siehe Heinz Boberach (Hg.): Meldungen aus dem Reich, 1938–1945: Die geheimen Lageberichte des Sicherheitsdienstes der SS. Neuwied, 1984, Bd. XII, Eintragung vom 18. Februar 1943, 4828, 4829, und Eintragung vom 11. März 1943, 4939.

27 Allen (vgl. Anm. 16), S. 301.

28 Kershaw (vgl. Anm. 2) schließt die Möglichkeit nicht aus, daß die Deutschen

Hitler als ihren großen Führer akzeptierten, ohne die Ideologie der Nazis verinnerlicht zu haben.

29 Goebbels, Berliner Börsener, 26. April 1940. Goebbels veröffentlichte diese Erklärung in Beantwortung der Kritik einer Schweizer Zeitung vom April 1940. Für Goebbels war es die Presse, die die Leute zusammenschmieden und dafür sorgen würde, daß sie weiterhin die richtige Einstellung an den Tag legten.

30 »In einer Stunde, da ein Volkskörper sichtlich zusammenbricht und allem Augenscheine nach der schwersten Bedrückung ausgeliefert wird, dank des Handelns einiger Lumpen, bedeuten Gehorsam und Pflichterfüllung diesen gegenüber doktrinären Formalismus, ja reinen Wahnwitz, wenn andererseits durch Verweigerung von Gehorsam und ›Pflichterfüllung‹ die Errettung eines Volkes von seinem Untergang ermöglicht würde.« Hitler: Mein Kampf (vgl. Anm. 4), S. 593.

31 A.a.O., S. 369f.

32 Hitler prangerte nicht so sehr die arbeitenden Massen wegen ihrer mangelnden Unterstützung an, sondern gab die Schuld am Zusammenbruch Deutschlands vor allem dem Marxismus und dessen Ketzereien. Der Marxismus hatte Internationalismus und Einheit innerhalb der Klasse gepredigt, als er eigentlich für klassenlose nationale Einheit hätte eintreten sollen. Hitler war der Ansicht, daß die nazistische Ideologie von nationaler Einheit und nationaler Verteidigung den Sieg für Deutschland hätte erzwingen können; in: Mein Kampf (a.a.O., S. 370) heißt es: »Hätten die deutschen Gewerkschaften im Kriege die Interessen der Arbeiterschaft auf das rücksichtsloseste gewahrt, hätten sie selbst während des Krieges dem damaligen dividendenhungrigen Unternehmertum tausendmal durch Streik die Bewilligung der Forderungen der von ihnen vertretenen Arbeiter abgepreßt, hätten sie aber in den Belangen der nationalen Verteidigung sich ebenso fanatisch zu ihrem Deutschtum bekannt, und hätten sie mit gleicher Rücksichtslosigkeit dem Vaterlande gegeben, was des Vaterlandes ist, so wäre der Krieg nicht verlorengegangen.«

33 Timothy Mason hat die These aufgestellt, daß Hitler nicht immer ein starker, selbstbewußter Diktator gewesen ist und daß die Lehre, die er aus der Revolution von 1918 hinsichtlich der Gefahren gesellschaftlicher Unruhe zog, sein Denken und sein Handeln ganz entscheidend beeinflußt hat. Timothy Mason: »Intention and Explanation: A Current Controversy about the Interpretation of National Socialism«. In: The »Führer State«: Myth and Reality: Studies on the Structure and Politics of the Third Reich. Hg. von Gerhard Hirschfeld und Lothar Kettenacker. Stuttgart, 1981, S. 35. Eine weitere Analyse von Hitlers Deutung der Ereignisse von 1918 bei Mason: »The Legacy of 1918 for National Socialism«. In: German Democracy and the Triumph of Hitler. Hg. von Anthony Nicholls und Erich Matthias. London, 1971, S. 215ff. Siehe auch: Sozialpolitik im Dritten Reich. Opladen, 1978, S. 15ff. Walter Langer hebt in seinem während des Krieges verfaßten diplomatischen Bericht hervor, daß die Nationalsozialisten vor allem darum bemüht waren, das Vertrauen möglichst weiter Kreise der Bevölkerung zu gewinnen und sich mit den Aspekten des alltäglichen Lebens, so wie ganz normale Menschen es erfuhren, zu identifizieren. Man gab sich die größte Mühe, Hitler als jemanden zu präsentieren, der »äußerst menschlich war und ein tiefes Verständnis für die Probleme ganz normaler Leute hatte«. Walter Langer: The Mind of Adolf Hitler. New York, 1973, S. 74 und S. 58.

34 »[...] auf die Dauer werden Regierungssysteme nicht gehalten durch den

Druck der Gewalt, sondern durch den Glauben an ihre Güte und an die Wahrhaftigkeit in der Vertretung und Förderung der Interessen eines Volkes.« Hitler: Mein Kampf (vgl. Anm. 4), S. 309.

35 R. A. C. Parker: Struggle for Survival: The History of the Second World War. Oxford und New York, 1990, S. 108.

36 Goebbels meinte, daß Deutschland 1914 in materieller Hinsicht in einem Maße mobilisiert worden sei wie keine andere Nation, gleichzeitig aber jede Mobilisierung des Denkens unterblieben sei. Siehe: Noakes und Pridham (vgl. Anm. 11), S. 383.

37 Protokolle von Goebbels' täglichen Zusammentreffen mit seinen Mitarbeitern, bei denen er die Strategien entwarf, mit denen die Presse und die öffentliche Meinung kontrolliert werden sollten. BA Potsdam, 50.01 (ProMi) und folgende.

38 Henry Picker: Hitlers Tischgespräche im Führerhauptquartier. Stuttgart, 1963 und 1976; Eintragung vom 21. Mai 1942, S. 325.

39 Steinert (vgl. Anm. 3), S. 342.

40 Blau (vgl. Einl., Anm. 50), S. 47f.

41 Wolfgang Benz: Die Juden in Deutschland, 1933–1945: Leben unter nationalsozialistischer Herrschaft. München, 1989, S. 751.

42 Siegbert Kleemann, ein früherer Mitarbeiter der Berliner Jüdischen Gemeinde, gibt in einem Bericht mit dem Titel »Jüdische Organisationen in Berlin, 1939–1945« vom 2. Juni 1957 an, daß die Berliner Frauen, die mit Juden verheiratet waren, schon vor den Männern, die jüdische Ehefrauen hatten, zu solchen Arbeitseinsätzen gezwungen wurden. Bovensiepen-Prozeß, Beistück 30 (Sammlung Dr. Wolfgang Scheffler).

43 Interview mit Günter Grodka, 25. August 1985.

44 Bukofzer (vgl. Einl., Anm. 17), S. 8.

45 Lotte Paepcke: Ich wurde vergessen: Bericht einer Jüdin, die das Dritte Reich überlebte. Freiburg im Breisgau, 1979, S. 24.

46 Allen (vgl. Anm. 16), S. 16. Allen berichtet, daß in Northeim auf jeweils sechzig Einwohner ein Verein kam.

47 1938 veröffentlichte beispielsweise eine Danziger Zeitung einen Lobartikel über eine Mennonitengemeinde, die gemeinschaftlich Ahnenforschung betrieben hatte, und zwar mit dem Ergebnis, daß jedes Gemeindemitglied in den Besitz eines »Arierpasses« gelangte. Danziger Vorposten, Nr. 134, 11. Juni 1938; in BA Potsdam, 62 DAF 3, 17372, 113.

48 Benz (vgl. Anm. 41), S. 739–741. Am 22. April 1933 machten sich sowohl der Lehrerbund wie auch der Deutsche Apothekerverband den Arierparagraphen zu eigen, der Deutsche Sport- und Turnverein schloß sich drei Tage später an. Andere wichtige Berufsverbände, wie die der Mediziner und Juristen, und große Unternehmen – wie z.B. auch die Reichsbahn – folgten bald diesem Beispiel.

49 Kurt Pätzold: Verfolgung, Vertreibung, Vernichtung: Dokumente des faschistischen Antisemitismus 1933 bis 1942. Leipzig, 1983, S. 72.

50 Fritz Stern hat darauf hingewiesen, daß die Unterstützung, die der Nationalsozialismus bei der deutschen Gesellschaft fand, einer Reihe ganz konkreter Motive entsprang und nicht nur purem Opportunismus. Fritz Stern: Dreams and Delusions: The Drama of German History. New York, 1987, S. 147ff.

51 Hans-Ulrich Wehler zufolge trug Bismarcks politische Verwendung der Ka-

tegorie des »Staatsfeinds« dazu bei, die Deutschen psychologisch auf die physische Vernichtung der Juden vorzubereiten. Wehler (vgl. Einl., Anm. 31). Bismarck hatte, vierzig Jahre bevor Hitler zum Führer aufstieg, versucht, seine Position als Reichskanzler zu stärken, indem er eine bösartige, verlogene Kampagne gegen die kleine, neugegründete Sozialistische Partei Deutschlands führte, deren Mitgliedern er vorwarf, sich dem Staat gegenüber nicht loyal zu verhalten und daher Bürger »zweiter Klasse« zu sein.

52 Noakes und Pridham (vgl. Anm. 11), S. 547.

53 Pätzold (vgl. Anm. 49), S. 57f. und S. 72. Dieser offizielle Tag des Boykotts wurde von der deutschen Öffentlichkeit im allgemeinen nicht gerne gesehen.

54 Gellately (vgl. Anm. 1), S. 158.

55 Hessisches Hauptstaatsarchiv, Wiesbaden, Urteil gegen Georg Albert Dengler (2a Ks 1/49), 26. In einem Sonderverfahren kam man zu dem Schluß, daß bei Berücksichtigung des aktuellen Kenntnisstands und neuerer Informationsquellen kein Zweifel daran bestehen könne, daß die Aktionen, die sich Anfang 1943 gegen Juden aus Mischehen gerichtet hatten, obwohl man sie als Prozesse gegen Straftäter getarnt habe, auf die noch in Deutschland verbliebenen Juden gezielt hätten. Nur einer der zwölf Juden mit deutschen Ehepartnern, die damals in Schutzhaft genommen worden waren, hatte überlebt. Von den neunzehn Offenbacher Juden, die verhaftet und in Arbeitslager verschleppt worden waren, kamen nur vier mit dem Leben davon. Hessisches Hauptstaatsarchiv, Urteil gegen Joseph Hedderich und Johann Schmitz, 2, 29.

56 Hessisches Hauptstaatsarchiv, Urteil gegen Heinrich Baab (51 Ks 1/50).

57 Peter Hayes: »Profits and Persecution: Corporate Involvement in the Holocaust«. In: Perspectives of the Holocaust. Hg. von James S. Pacy und Alan P. Wertheimer. Boulder, Colo., 1995, S. 54. Hayes zufolge sind viele solcher Anzeigen aus dem Zeitraum von 1933 bis 1935 im Brandenburgischen Landeshauptarchiv zu finden; Potsdam, Pr. Br. Rep. 60: Staatskommissar / Staatspräsident Berlin, Akten 505–509.

58 Büttner (vgl. Einl., Anm. 51), S. 20.

59 Lothar Gall u.a.: Die Deutsche Bank, 1870–1995. München, 1995; Kap. 1. Nicht nur Deutsche machten sich solcher Denunziationen schuldig. Der Schriftsteller Claude Levy schätzte, daß ungefähr die Hälfte der Personen, die in Vichy-Frankreich ihre jüdischen Mitbürger bei den Deutschen anzeigten, dies um ihrer Karriere willen taten. Levy führt aus, daß es Ärzte und andere Freiberufler gab, die sich ihrer jüdischen Konkurrenten auf diese Weise entledigen wollten. Dokumentarfilm: The Sorrow and the Pity, Teil II.

60 Büttner (vgl. Einl., Anm. 51), S. 31.

61 Koonz (vgl Einl., Anm. 54), S. 240.

62 Ursula Büttner hat die Gesamtzahl der Scheidungen in Deutschland auf der Grundlage der statistischen Daten für Hamburg und Baden-Württemberg geschätzt. Büttner (vgl. Einl., Anm. 51) S. 57.

63 Siehe Steinert (vgl. Anm. 3), S. 2–18; und Ian Kershaw: Popular Opinion and Political Dissent in the Third Reich: Bavaria 1933–1945. Oxford/New York, 1983; S. 4f.

64 Hans Bernd Gisevius: Bis zum bitteren Ende. Bd. 1 (Vom Reichstagsbrand zur Fritsch-Krise). Zürich, 1946, S. 143.

65 A.a.O., S. 140 und S. 147.

66 A.a.O., S. 141.

67 Allen (vgl. Anm. 16), S. 300. Diese Weigerung stellt einen Kompromiß dar, da die Nazi-Führung im Laufe der Zeit alle kirchlichen Schulen in Northeim abschaffte.

68 A.a.O., S. 290.

69 Hitler (vgl. Anm. 4), S. 369.

70 Albert Speer: Erinnerungen. Um sich die Unterstützung durch das Volk zu erhalten und soziale Unruhen zu vermeiden, machte das Regime zahlreiche Konzessionen der verschiedensten Art. Siehe Ian Kershaw: The Nazi Dictatorship: Problems and Perspectives of Interpretation. London, 1985; neue Ausgabe 1993, S. 76f., und ders.: »Social Unrest and the Response of the Nazi Regime, 1934–1936«. In: Germans against Nazism: Nonconformity, Opposition and Resistance in the Third Reich. Hg. von Francis S. Nicosia und Lawrence D. Stokes. New York und Oxford, 1990. Kershaw geht hier ausführlich auf die Auswirkungen der »Versorgungskrise« ein und legt dar, daß Hitler in den Jahren 1935–1936 der Versorgung der Bevölkerung mit Lebensmitteln Priorität vor der Aufrüstung des Landes gab.

71 Pr.Gsta., Rep. 90 P, 16.

72 Steinert führt das Ausbleiben von Protesten auf blindes Vertrauen in Hitler, Mangel an Vorstellungsvermögen, Gleichgültigkeit und Unkenntnis der elementarsten politischen Regeln – sowie auch völlige Ahnungslosigkeit, was das Potential von Protesten von seiten der Bevölkerung betraf – zurück. Steinert (vgl. Anm. 3), S. 342.

73 Guenter Lewy: The Catholic Church and Nazi Germany. New York und Toronto, 1964; John S. Conway: The Nazi Persecution of the Churches. New York, 1968; Kershaw: Popular Opinion (vgl. Anm. 63).

74 Timothy Mason: Arbeiterklasse und Volksgemeinschaft: Dokumente und Materialien zur deutschen Arbeiterpolitik. Opladen, 1975.

75 Martin Broszat: »A Social and Historical Typology of the German Opposition to Hitler«. In: Contending with Hitler: Varieties of German Resistance in the Third Reich. Hg. von David Clay Large. Cambridge, 1992, S. 26. Broszat unterscheidet drei verschiedene Phasen des deutschen Widerstands, die seiner Meinung nach belegen, daß Widerstand, sowohl was die Haltung im allgemeinen wie auch konkrete Aktionen betraf, häufig von der Rolle abhing, die die Nazi-Führer zu einer bestimmten Zeit spielten; ihm zufolge kam es nur in der anfänglichen und in der abschließenden Phase der Nazi-Herrschaft zu einem grundlegenden und signifikanten Widerstand. Die Reaktion des Regimes auf die Proteste gegen die Euthanasie stützt Broszats These, daß das Regime es sich, solange es populär und siegreich war, leisten konnte, generös zu sein; die »großzügige« Reaktion auf den Protest in der Rosenstraße erfolgte jedoch zu einer Zeit, als das Regime an Popularität eingebüßt hatte und gerade eine schwere Niederlage hatte hinnehmen müssen.

76 Hans Mommsen: From Weimar to Auschwitz: Essays in German History. Übers. von Philip O'Connor. Princeton, 1991, S. 158.

77 Der Parteileiter von Augsburg-Land deutete an, daß das Bemühen, sich bei politischen Maßnahmen der Unterstützung durch die Massen zu versichern, typisch für die nationalsozialistische Bewegung war, als er 1941 die katholische Kirche bezichtigte, im Zuge ihrer Offensive gegen die Entfernung von Kruzifixen aus den

öffentlichen Schulen die öffentliche Meinung gegen den entsprechenden Entschluß zu mobilisieren; er verglich diese von der Kirche eingesetzten Methoden explizit mit denen, die die Partei angewandt hatte, um sich Anhänger zu verschaffen. Kershaw: Popular Opinion (vgl. Anm. 63), S. 354.

78 »Die Staatsgewalt kann nur dann für Ruhe und Ordnung garantieren, wenn sich der Staat inhaltlich deckt mit der jeweils herrschenden Weltanschauung [...].« Hitler: Mein Kampf (vgl. Anm. 4), S. 598.

79 Franz Neumann: Behemoth: The Structure and Practice of National Socialism. New York, 1963, S. 98.

80 Ian Kershaw: »›Widerstand ohne Volk‹: Dissens und Widerstand im Dritten Reich«. In: Der Widerstand gegen den Nationalsozialismus. Hg. von Jürgen Schmädeke und Peter Steinbach. München, 1985, S. 779–798. Kershaw bevorzugt das Wort »Dissens«, um das ganze Spektrum von Widerstandsbekundungen gegen das Regime zu kennzeichnen.

81 Siehe z.B. Claudia Koonz: »Choice and Courage«. In: Contending with Hitler, a.a.O., S. 30 (vgl. Anm. 75).

82 Am 13. August 1943, bei einem letzten Treffen vor dem Beginn des Völkermords an den deutschen Juden, kamen Funktionäre – aus der Parteikanzlei, dem SD und dem Rassenpolitischen Amt – überein, den Begriff »Jude« mit Geltung für die besetzten Territorien zu erweitern, so daß auch alle »Mischlinge« in diese Kategorie fielen. Siehe Lösener (vgl. Einl., Anm. 62), S. 297. Siehe auch Peter Longerich: Hitlers Stellvertreter: Führung der Partei und Kontrolle des Staatsapparates durch den Stab Heß und die Partei-Kanzlei Bormann. München, 1992, S. 220f. Unmittelbar nach diesem Treffen – nachdem er mit Goebbels zusammengekommen war – verwarf Hitler diesen Plan der Parteikanzlei, »Mischlinge« als Juden einzustufen. Lösener (vgl. Einl., Anm. 62, S. 304) erfuhr am 16. August von dieser Entscheidung Hitlers. Die Gestapo erhielt dann die Anweisung, alle deutschen »Mischlinge« und Juden aus Mischehen »vorläufig« von den Deportationen im Zusammenhang mit der »Endlösung« auszunehmen; diese Deportationen begannen Mitte Oktober 1943.

83 Einige Historiker sind der Meinung, daß Hitler 1942 zu der Entscheidung gekommen war, die Deportation von Juden aus Mischehen so lange aufzuschieben, bis der Krieg beendet war. Sie verweisen dabei auf eine Akte mit verschiedenen – z. T. fragmentarischen – Dokumenten aus dem Justizministerium, die unter der Bezeichnung »Schlegelberger«-Protokoll bekannt ist. Aus den Dokumenten geht u.a. hervor, daß der »Führer« Reichsminister Lammers mehrfach mitgeteilt habe, er wünsche, daß die Lösung der »Judenfrage« zurückgestellt werde, bis der Krieg beendet sei. Die These, daß Hitler zu diesem Zeitpunkt bereits zu dem Entschluß gekommen war, Juden aus Mischehen erst nach dem Krieg deportieren zu lassen, setzt also voraus, daß man den Ausdruck »Judenfrage« dahingehend interpretiert, daß mit »Juden« nur die Juden aus Mischehen gemeint waren. BA, »Behandlung der Juden«, R 22/52.

84 Auch was das Problem der Mischehen betraf, blieb Hitler seiner Gewohnheit treu, sich von seiner Eingebung sagen zu lassen, wann der geeignete Moment gekommen war, zur Tat zur schreiten. Er berief sich des öfteren auf seinen »sechsten Sinn«, der ihn erkennen lasse, was man tun könne und was nicht. Siehe Noakes und Pridham (vgl. Anm. 11), S. 550.

85 Goebbels, Tagebücher. Hg. Lochner (vgl. Einl., Anm. 39), Eintragung vom

9. März 1943, S. 262f.; sowie Leopold Gutterer in Interviews vom 17. August 1986 und 10. Dezember 1989.

86 NA, T-175/R 94/2615097. Himmler zufolge sagte Hitler, daß die Evakuierung der Juden trotz der noch anwachsenden Unruhe in den folgenden drei bis vier Monaten »radikal« durchgeführt werden müsse.

2
Geschichten von jüdisch-deutschen Paaren

1 Samuel P. Oliner und Pearl M. Oliner: The Altruistic Personality: Rescuers of Jews in Nazi Europe. New York, 1988. Interview mit Helena Jakobs, 29. Mai 1985, Berlin.

2 Zum »Lebensborn«-Projekt siehe Koonz (vgl. Einl., Anm. 54), S. 398–400.

3 Gerhard Paul: Aufstand der Bilder: Die NS-Propaganda vor 1933, S. 253. Bonn, 1990, S. 42. Paul kommt zu dem Schluß, daß der Nationalsozialismus während der sogenannten »Kampfzeit« eher eine propagandistische als eine ideologische Bewegung gewesen sei. Hitler sei überzeugt gewesen, daß »Bilder« weit stärker auf die Massen einzuwirken vermochten als das geschriebene Wort.

4 Joseph Goebbels: Vom Kaiserhof zur Reichskanzlei: Eine historische Darstellung in Tagebuchblättern. München, 1934; Eintragung vom 30. Januar 1933. Siehe auch den Bericht des französischen Botschafters in Berlin. Weniger als vierundzwanzig Stunden nach Hitlers Ernennung zum Reichskanzler feierte die Partei in Breslau dieses Ereignis mit einem großen Umzug, an dem schätzungsweise 50000 Menschen teilnahmen. Siehe Bessel (vgl. Einl., Anm. 33), S. 3.

5 Gisevius (vgl. Kap. 1, Anm. 64), S. 140f., 143 und 146.

6 Kershaw (vgl. Kap. 1, Anm. 2), S. 52.

7 Richard Breitman: The Architect of Genocide: Himmler and the Final Solution. New York, 1991, S. 232.

8 Hitler (vgl. Kap. 1, Anm. 4), S. 357.

9 Siehe: Bundesamt für Statistik: Die Ergebnisse der Österreichischen Volkszählung vom 22. März 1934. Wien: Verlag der Österreichischen Staatsdruckerei, 1935.

10 Der Verband Deutschnationaler Juden, der nur einige tausend deutsche Juden umfaßte, unterstützte in der Tat Hitler in der Anfangsphase des Dritten Reichs, obwohl dies »Härten« für ihn bedeutete. In einer Erklärung des Verbandes aus dem Jahr 1934 hieß es, daß die Mitglieder immer dem Wohlergehen des deutschen Volkes und des Vaterlandes, dem sie sich unlösbar verbunden fühlten, Vorrang vor dem eigenen Wohlergehen gegeben hätten, und daher die Resultate der Wahlen im Januar 1933 begrüßt hätten, obwohl diese für sie persönlich »Härten« mit sich bringen würden. Siehe Benz (vgl. Kap. 1, Anm. 41), S. 22.

11 Hilberg (vgl. Einl., Anm. 56), S. 98.

12 Nora Levin: The Destruction of the European Jewry, 1933–1945. New York, 1973, S. 43.

13 Mit 27013 Juden hatte Charlottenburg im Jahr 1935 mehr jüdische Einwohner als jeder andere Stadtteil Berlins; an zweiter Stelle rangierte Wilmersdorf mit 26607 jüdischen Einwohnern. Siehe: Grüne Post, 14. April 1935.

14 Pätzold (vgl. Kap. 1, Anm. 49), S. 57f.

15 Hayes (vgl. Kap. 1, Anm. 57), S. 57. Hayes verweist auf das 11. Kapitel von: Mein Kampf, die fünfundzwanzig Leitsätze der NSDAP und parteiinterne Dokumente zur Judenfrage aus dem April 1933.

16 Pätzold (vgl. Kap. 1, Anm. 49), S. 72.

17 Zu einer ausführlichen Darstellung dieser Auseinandersetzung zwischen dem Regime und Pivatunternehmern darüber, ob jüdische Geschäfte und Unternehmen boykottiert werden sollten, siehe Pätzold (vgl. Kap. 1, Anm. 49), S. 67–69 und S. 101–103.

3
Rassen-, Sexual- und Ehepolitik

1 Oberregierungsrat Schraut an den Reichsjustizminister, 8. August 1933; BA Potsdam, 30.01 (RJM), 1389/1, 9.

2 Das Deutsche Konsulat in Colombo an das Außenministerium, 11. Oktober 1933; BA Potsdam, 30.01, Nr. 1389/1, 67. »Forderung eines Verbots der Rassenmischung«. In: Frankfurter Zeitung. 10. Oktober 1933; BA Potsdam, 30.01, 1389/1, 78. Als besonders schwerwiegender Gesetzesverstoß sollte es gelten, wenn jemand einen Partner zum Geschlechtsverkehr oder zur Heirat bewegt hatte, ohne diesen über seine eigene »fremdrassige« Identität zu informieren, oder ihn darüber hinweggetäuscht hatte.

3 A.a.O., 67, 73. Empörte singhalesische Frauen fragten sich, ob die Gesetzesvorschläge des preußischen Ministers bedeuteten, daß sie nicht mehr zu den vom Konsulat veranstalteten Gesellschaften eingeladen werden würden (dies berichteten zumindest die betroffenen deutschen Männer). Ein Angestellter von Siemens beklagte sich darüber, daß die farbigen Frauen dem Offiziersball ferngeblieben waren und daß verschiedene private Gesellschaften nicht stattgefunden hatten, nachdem die gekränkten Eingeborenen sich geweigert hatten, sie mit ihrer Anwesenheit zu beehren! Siemens-Schuckertwerke Aktiengesellschaft an das Außenministerium, 19. Oktober 1933; BA Potsdam, 30.01, 1389/1.

4 Firma Accumulatorenfabrik Aktiengesellschaft an das Außenministerium, 28. Oktober 1933; BA Potsdam, 30.01, 1389/1, 35, 37, 38; Deutsches Konsulat in Colombo an das Außenministerium, a.a.O., 67, 71.

5 Das Außenministerium an den Reichsjustizminister, Berlin, 21. Oktober 1933; BA Potsdam, 30.01, 1389/1, 18; und »Telegramm des Außenministeriums an alle ausländischen Botschaften vom 31. Oktober 1933«, 23, 24. Das Außenministerium an den Justizminister, Innenminister, Wirtschaftsminister, Propagandaminister und den Preußischen Justizminister, 16. November 1933; BA Potsdam, 30.01, 1389/1, 81, 82.

6 Schutzhaft für Verkehr mit Juden, 29. September 1933; BA Potsdam, 30.01, 1389/1, 56.

7 Ebd., 8.

8 RGBl, I, 433. Siehe Bruno Blau: Das Ausnahmerecht für die Juden in den europäischen Ländern, 1933–1945. New York, 1952, S. 22. Durch den zweiten Nachtrag zum Gesetz zur Wiederherstellung des Berufsbeamtentums vom 28. Septem-

ber 1933 wurden auch »Arbeiter und Angestellte« dieser restriktiven Maßnahme unterworfen. RGBl, I, 678; zitiert bei Blau, S. 24.

9 Reichsanzeiger Nr. 199; zitiert bei Blau (vgl. Anm. 8), S. 22.

10 Reichsminister des Innern, Ministerialblatt, 1473, 18. Dezember 1933. Das Regime stellte es als eine Pflicht dar, Kinder für das Vaterland zu gebären, und behauptete, daß immer mehr Deutsche von einer neuen »Geburtenfreudigkeit« ergriffen seien, wie Hitler den Respons der Bevölkerung auf den Kampf des Regimes gegen sinkende Geburtenraten nannte. Picker (vgl. Kap. 1, Anm. 38), S. 99f., Eintragung für den 28. Januar 1942. Die Geburtenrate war in Deutschland seit 1890 unaufhörlich gefallen; die Nazis »gaben der giftigen Atmosphäre der liberalen Zeit« die Schuld an dieser Entwicklung. Leila Rupp: Mobilizing Women for War: German and American Propaganda, 1939–1945. Princeton, 1978, S. 33f.

11 Benz (vgl. Kap. 1, Anm. 48), S. 740.

12 Reichsinnenminister Frick an die Reichsbehörden, die Reichsstatthalter, die Reichsregierungen, 17. Januar 1936; BA Potsdam, 23.01 (RdDR), 1201a (889), 223, 224.

13 Benz (vgl. Kap. 1, Anm. 48), S. 740.

14 RGBl, I, 575, vom 8. August 1933.

15 RGBl, I, 713, Nachtrag vom 19. Dezember 1933 (RGBl, I, 1085), zitiert bei Blau (vgl. Anm. 8), S. 24.

16 Dies galt für Städte mit mehr als einhunderttausend Einwohnern. RGBl, I, 983, 20. November 1933, Nachträge vom 17. Mai 1934 (RGBl, I, 399) und 13. Februar 1935 (RGBl, I, 192), zitiert bei Blau (vgl. Anm. 8), S. 24.

17 RGBl, I, 812, 26. Juli 1935, zitiert bei Blau (vgl. Anm. 8), S. 28.

18 Hilberg (vgl. Einl., Anm. 56), S. 66. Hilberg widmet den Ärzten und Rechtsanwälten ein eigenes Kapitel.

19 Forderung eines Verbots der Rassenmischung. Abendblatt ... der Frankfurter Zeitung, 10. Oktober 1933; BA Potsdam, 30.01 (RJM), 1389/1, 78.

20 Der Direktor des Bezirksgerichts an das Justizministerium in Dresden, 26. November 1933; BA Potsdam, 30.01, 1389/1, 34.

21 Noakes und Pridham (vgl. Kap. 1, Anm. 1), S. 533.

22 Auszugsweise im BA Potsdam, 30.01 (RJM), 1408, 137.

23 Böhrmanns Aufsatz war im wesentlichen eine Zusammenfassung einer in der Zeitschrift »Deutsches Recht« erschienenen Abhandlung von Hans Frank. Siehe auch eine Diskussion beider Texte in »B.Z. am Mittag« vom 4. November 1933; BA Potsdam, 30.01, 1389/1, Mischblütige Ehen, 21.

24 Pätzold (vgl. Kap. 1, Anm. 49), S. 76. Siehe auch Klaus Moritz und Ernst Noam: NS-Verbrechen vor Gericht, 1945–1955. Wiesbaden, 1978, S. 57 zu dem Gerichtsentscheid, mit welchem dem deutsch-jüdischen Paar die Scheidung gewährt wurde. Die Revision der Ehegesetze im Juli 1938 erleichterte deutsch-jüdischen Paaren die Scheidung. Siehe Büttner (vgl. Einl., Anm. 51), S. 31.

25 Noakes und Pridham (vgl. Kap. 1, Anm. 11), S. 533.

26 »Deutsche Justiz-Zeitung« vom November 1933; BA Potsdam, 30.01 (RJM), 1389/1, 79, 80.

27 Der Reichsjustizminister an das Außenministerium, 11. November 1933; BA Potsdam, 30.01 (RJM), 1389/1, 64.

28 »Deutsche Justiz-Zeitung« vom November 1933; wie Anm. 26.

29 Hilberg (vgl. Einl., Anm. 56), S. 98.

30 »Aufgabe eines jeden Volksgenossen, überall das Seine zu tun, um den jüdischen Einfluß im öffentlichen Leben zurückzudrängen.« Büttner (vgl. Einl., Anm. 51), S. 20f.

31 Lösener (vgl. Einl., Anm. 62), S. 278.

32 Noakes und Pridham (vgl. Kap. 1, Anm. 11), S. 533.

33 Standesbeamter Häberlein an die Regierung von Ober- und Mittelfranken, Nürnberg, 9. August 1933; BA Potsdam, 30.01, 1389/1, 15–16; sowie Transkript, Regierung von Ober- und Mittelfranken, 22. August 1933; BA Potsdam 30.01, 1389/1, 17.

34 Kommission zur Erforschung der Geschichte der Frankfurter Juden: Dokumente zur Geschichte der Frankfurter Juden 1933–1945. Frankfurt a.M., 1963; S. 216f.

35 Pätzold (vgl. Kap. 1, Anm. 49), S. 97.

36 Reichsminister des Innern, Ministerialblatt, 26. April 1935, 652.

37 Pätzold (vgl. Kap. 1, Anm. 49), S. 83. Mit Juden verheiratete Deutsche, die von ihrer Position her in der Lage waren, die öffentliche Meinung zu beeinflussen – wie z.b. Mitarbeiter des Rundfunks –, wurden mehr oder weniger unverzüglich aus ihren Stellen herausgedrängt. Siehe den Bericht eines in Mischehe lebenden Rundfunkjournalisten, der seine Stelle im Juni 1933 aufgeben mußte, bei Noakes und Pridham (vgl. Kap. 1, Anm. 11). Nicht nur Juden, sondern auch »Mischlinge« sollten aus den Rundfunkanstalten »verschwinden«.

4

Mut und die »Mischehe«

1 Blasius stellt diese Vermutung in: Ehescheidung in Deutschland (vgl. Einl., Anm 65; hier S. 192) an.

2 BA, NS 19/3335, 34. Himmlers Meinung nach war es für die Partei und ihre Unterorganisationen notwendig, eine harten Kurs zu verfechten, weil jede Nachgiebigkeit in Rassenfragen dazu führen würde, daß die politisch »weniger gefestigten« Dienststellen und Abteilungen des Staates und der Wehrmacht sich noch nachgiebiger verhalten würden. BA, NS 19/3335, 24. Parteimitglieder konnten für die Schließung einer Mischehe verantwortlich gemacht werden, die sie hätten verhindern können. Parteimitglieder, deren Söhne oder Töchter einen jüdischen Partner heirateten, hatten, was die Erziehung ihrer Kinder anbelangte, versagt, und ihre eigene politische Zuverlässigkeit schien daher mehr als fragwürdig zu sein. BA, NS 19/3335, 41.

3 BA, NS/3335, 15.

4 Breitman (vgl. Kap. 2, Anm. 7), S. 34.

5 Als er für seine eigene Eheschließung argumentierte, charakterisierte Alois Brunner seine Verlobte als »äußerst häuslich« und bezeichnete die wirtschaftliche Situation ihrer Familie als »stabil«. BDC, Akte Alois Brunner.

6 An den Eherichtlinien der SS orientierte sich die allgemeinere Rassengesetzgebung, und im weiteren Verlauf der dreißiger Jahre befand das Rassenamt der SS

bisweilen auch über die Eheanträge ganz gewöhnlicher Zivilisten. Siehe Robert Proctor: Racial Hygiene: Medicine under the Nazis. Cambridge, Mass., 1988, S. 137–139.

7 Der Regierungspräsident in Wiesbaden an den Preußischen Innenminister, 28. Oktober 1933; BA Potsdam, 30.01 (RJM), 1389/1, 30.

8 Dr. Walter Grave an Propagandaminister Joseph Goebbels, 5. Oktober 1933; BA Potsdam, 30.01 (RJM), 1389/1, 22.

9 Noakes und Pridham (vgl. Kap. 1, Anm. 11), S. 217f.

5
»Mischlinge«: ein »besonders unangenehmes Vorkommnis«

1 Hilberg (vgl. Einl., Anm. 56), S. 1014.
2 BA, NS 19/3335, 4.
3 Louis Snyder: Encyclopedia of the Third Reich. New York, 1976; unter »Hitlerjugend«.
4 BA, NS 19/3335, 16.

6
Gesellschaft contra Gesetz: deutsch-jüdische Familien und gesellschaftliche Einschränkungen von Hitlers Macht

1 »Wir Deutschen beherrschen nicht die Kunst der Leitung eines großen Volkes oder eines großen Landes durch wenige Schlüsselpunkte«, klagte Goebbels am 16. Dezember 1942 in seinem Tagebuch. »Wir sind zu gründlich und laufen immer Gefahr, anstatt zu führen, zu verwalten, und anstatt einen Führungsapparat aufzubauen, eine Bürokratie zu errichten.« Goebbels, Tagebücher. Hg. von Lochner (vgl. Einl., Anm. 39), S. 227f.

2 Nach diesem Muster verlief im Jahr 1933 die Übernahme der Regierung in den einzelnen deutschen Ländern durch die Nationalsozialisten, und nach diesem Muster vollzog sich auch der »Anschluß« Österreichs im Jahr 1938. Die Partei rief typischerweise erst einmal das Durcheinander hervor – oder ließ es von der Presse in übertriebener Weise darstellen –, das es dann mit der gewaltsamen Absetzung von Regionalregierungen angeblich beseitigen wollte.

3 Goebbels und Hitler waren in dieser Angelegenheit einer Meinung. In einer Rede vom 15. September 1935 behauptete Hitler, das provozierende Benehmen deutscher Juden habe zu Beschwerden und zu Forderungen nach einem Einschreiten von staatlicher Seite geführt. Siehe Kershaw (vgl. Kap 1, Anm. 2), S. 236.

4 Aufschlußreich sind die Motive, die Goebbels dazu veranlaßten, am 1. April 1933 den eintägigen Boykott jüdischer Geschäfte zu organisieren. Siehe Hilberg (vgl. Einl., Anm. 56), S. 98.

5 Noakes und Pridham (vgl. Kap. 1, Anm. 11), S. 533–535. Ende Juli gab Rein-

hard Heydrich im Namen der politischen Polizei bekannt, daß die Empörung der Öffentlichkeit über sexuelle Beziehungen zwischen Deutschen und Juden und »mischblütige« Ehen es notwendig machte, solche Verbindungen durch ein Gesetz zu verhindern und »außereheliche Beziehungen« zwischen den Angehörigen beider Rassen zu bestrafen. Radikale örtliche Parteiführer begründeten die von ihnen initiierten Ausschreitungen gegen Juden oft damit, daß es kein Gesetz gab, welches die Juden von der deutschen Staatsbürgerschaft ausschloß.

6 Interview mit Leopold Gutterer, 17. August 1986. Indem es Gerüchte über den »Mundfunk« verbreitete, konnte das Regime die Reaktion der Bevölkerung auf geplante Vorhaben testen.

7 Pätzold (vgl. Kap. 1, Anm. 49), S. 95ff.

8 Noakes und Pridham (vgl. Kap. 1, Anm. 11), S. 531.

9 IML. St3/673, 54–56.

10 BA Potsdam, 30.01 (RJM) Nr. 1389, 176.

11 Noakes und Pridham (vgl. Kap. 1, Anm. 11), S. 533.

12 Pätzold (vgl. Kap. 1, Anm. 49), S. 95ff.

13 Vgl. Kap. 1, Anm. 19.

14 Helmut Eschwege (Hg.): Kennzeichen J: Bilder, Dokumente, Berichte zur Geschichte der Verbrechen des Hitlerfaschismus an den deutschen Juden 1933–1945. Berlin (Ost), 1981, S. 44 und S. 70–72. An den Mauern vieler Gebäude, vor allem jüdischer Geschäfte, begannen anti-jüdische Schmierereien zu erscheinen, insbesondere auch solche, mit denen die Juden bezichtigt wurden, die »deutsche Rasse« zu verderben. In einigen Fällen wurden diese Parolen wohl von Parteiorganisationen angebracht; dann wurde aber immer der Anschein erweckt, als ob mit ihnen ganz normale Bürger spontan ihrer Empörung über sexuelle Beziehungen zwischen Juden und Deutschen Ausdruck verliehen hätten.

15 Lösener (vgl. Einl., Anm. 62), S. 213.

16 Hitler hatte wohl ursprünglich eine Erklärung zur Außenpolitik geplant, wählte den besonderen Augenblick dann aber, um die Nürnberger Gesetze bekanntzugeben. Siehe Noakes und Pridham (vgl. Kap. 1, Anm. 11), S. 535.

17 A.a.O., S. 550.

18 Zitiert bei Kershaw (vgl. Kap. 1, Anm. 2), S. 236.

19 A.a.O., S. 235.

20 Zum Text der Nürnberger Gesetze siehe RGBI I, 1146.

21 Hilberg (vgl. Einl., Anm. 56), S. 66.

22 Lösener (vgl. Einl., Anm. 62), S. 276.

23 A.a.O., S. 275.

24 Lucy Dawidowicz: The War against the Jews, 1933–1945. New York, 1986, S. 65.

25 Staatssekretär im Innenministerium Wilhelm Stuckart an Klopfer u.a., ND NG-2586-1. Als das Innenministerium (in der Person Stuckarts) später ein Gesetz vorschlug, mit dem »gemischtrassige« Paare zur Scheidung gezwungen werden sollten, lehnte die Partei (Joseph Goebbels) eine solche Maßnahme aus Rücksicht auf traditionelle Wertvorstellungen ab. Das Argument, daß »Mischlinge« verschont bleiben sollten, weil die eine Hälfte ihres Blutes »deutsch« war, wurde von Stuckart vorgebracht. Hitler und seine engsten Vertrauten teilten jedoch diese Einstellung ganz eindeutig nicht, es ist auch unwahrscheinlich, daß sie sich von einem Staatsse-

kretär und dessen Assistenten in irgendwelchen die »Endlösung« betreffenden Dingen hätten beeinflussen lassen. Stuckart behauptete später, er sei, was die »jüdischen Angelegenheiten« anbelangte, innerhalb des Innenministeriums so etwas wie die »Stimme des Gewissens« gewesen; wenn er jedoch, was ihm in seiner Position möglich gewesen wäre, dafür gesorgt hätte, daß verschiedene die deutschen Juden betreffenden Unterlagen (Adressenlisten usw.) zerstört worden wären, hätte er viel effektiver zur Rettung vieler Menschen beitragen können. In jedem Fall zeigte Stuckart sich, als er im März 1942 ein Gesetz vorschlug, mit dem deutsch-jüdische Paare zur Scheidung gezwungen werden sollten, herzlich wenig um diese Familien besorgt.

26 Die spätere Ausklammerung aller »Mischlinge« aus der »Endlösung« lief den Nürnberger Gesetzen zuwider, denen zufolge ein bestimmter Teil der »Mischlinge« wie Volljuden zu behandeln waren. Der »rassische« Status von »Mischlingen« war so uneindeutig, daß einige Funktionäre versuchsweise vorschlugen, einige dieser Menschen von der »Endlösung« auszunehmen. So meinte beispielsweise der Amtierende Justizminister Schlegelberger, daß »Mischlinge« zweiten Grades vollkommen in die deutsche Gesellschaft integriert werden sollten. Dies wiederum hätte bedeutet, daß man auch »Mischlinge« ersten Grades (die Eltern der »Mischlinge« zweiten Grades) hätte verschonen müssen, da »Mischlinge« zweiten Grades, deren Eltern man mit der Begründung deportiert hätte, daß sie »rassisch minderwertig« seien, sich mit Sicherheit ihrerseits ebenfalls minderwertig vorgekommen wären, was ihre volle Integration in die deutsche Gesellschaft verhindert hätte. Schlegelberger an Klopfer, Stuckart, Heydrich, Neumann, Luther, Meyer und Hofmann, 8. April 1942; ND NG-2586-1.

27 Noakes und Pridham (vgl Kap. 1, Anm. 11), S. 538.

28 Hans Mommsen ist der Ansicht, daß die Bürokratie im Laufe der Herrschaft Hitlers immer weniger in dieser Hinsicht zu erreichen vermochte. Mommsen (vgl. Kap. 1, Anm. 76), S. 159. Obwohl die Nürnberger Gesetze einige Halbjuden auf eine Stufe mit »Volljuden« stellten und damit ebenfalls der Verfolgung anheimgaben und obwohl das Innenministerium später vorschlug, daß man deutsch-jüdische Paare zwangsweise scheiden solle, damit die jüdischen Partner mit in die »Endlösung« einbezogen werden könnten, blieb sowohl den Halbjuden wie den Juden aus »Mischehen« letztlich die allerhärteste Form der Verfolgung erspart.

29 Lösener (vgl. Einl., Anm. 62), S. 276.

30 Die Volkszählung von 1939 erbrachte, daß es 72738 Personen mit zwei jüdischen Großeltern und 42811 mit einem jüdischen Großelternteil gab. Volkszählung vom 17. Mai 1939; BA, R 18, Nr. 5520.

31 In: Der verwaltete Mensch; Studien zur Deportation der Juden aus Deutschland. Tübingen, 1974, S. 294f., gibt H. G. Adler diesen Entscheid im Wortlaut wieder und diskutiert ihn.

32 BA, NS 19/3335, 4.

33 Blau (vgl. Einl., Anm. 50), S. 46.

34 NS 19/3335, BA, 4, 5.

35 Boberach: Meldungen aus dem Reich. Bd. 9, S. 3245–3248 (unter dem Datum 2. Februar 1942), dokumentiert, daß sich die Öffentlichkeit nach der Einführung der Kategorie der »privilegierten Mischehe« durch das Regime über »privilegierte Rassenschande« beklagte. Lotte Paepcke erzählt von spöttischen Be-

merkungen über »legalisierte Rassenschande«. Paepcke (vgl. Kap. 1, Anm. 45), S. 20.

36 Koonz (vgl. Einl., Anm. 54), S. 192.

37 A.a.O., S. 267. Im allgemeinen hatten sowohl Protestanten als auch Katholiken nichts gegen »Mischehen« einzuwenden, wenn der jüdische Partner zum Christentum übertrat.

38 Nürnberger Gesetze, Reichsgesetzblatt Teil 1, 1935, 1146, 1333. Ein Verbot von Mischehen wäre ebenfalls nicht mit den gesellschaftlichen Traditionen unvereinbar gewesen, da Deutschland die Kolonialmacht war, die eine Eheschließung zwischen ihren Bürgern mit den Einwohnern einer Kolonie untersagte.

39 BA Potsdam, R 8150, Niederschriften des Direktoriums der Reichsvereinigung der Juden in Deutschland; Professor der Philosophie Dr. Karl Jaspers an die Reichsvereinigung der Juden in Deutschland, Heidelberg, 31. August 1942.

40 Jahrbuch des Deutschen Rechts (1937), S. 757.

41 Jahrbuch des Deutschen Rechts (1938), S. 302f.

42 Hilberg (vgl. Einl., Anm. 12), S. 72.

43 Hilberg (vgl. Einl., Anm. 56), S. 162f.

44 A.a.O., S. 169.

45 Die Diskussion zwischen führenden Mitarbeitern verschiedener Ministerien darüber, ob und wie man die Scheidungsgesetze ändern sollte, um die Geburtenraten wieder in die Höhe schnellen zu lassen, hielt vom 16. Februar 1942 bis Anfang 1945 an. BA Potsdam, 30.01, 10118.

46 Hilberg (vgl. Einl., Anm. 56), S. 1027.

47 Allen (vgl. Kap. 1, Anm. 16), S. 299.

7
Gesellschaft und Gesetz: deutsch-jüdische Familien und deutsche Kollaboration mit Hitler

1 Interview mit Hans-Oskar Löwenstein de Witt, 8. November 1984.

2 Interview mit Günter Grodka, 25. August 1985.

3 Vor allem nach 1938 wurden in Geschäften Schilder aufgehängt und aufgestellt, die Juden den Zutritt untersagten. Siehe Bukofzer (vgl. Einl., Anm. 17), S. 6. Im Juni 1935 berichtete ein Gewährsmann der Sozialdemokratischen Partei aus Südwestdeutschland, daß die Inhaber von Gastwirtschaften mit der Androhung, daß man ihre Lokale sonst boykottieren würde und sie mit anderen »Konsequenzen« zu rechnen hätten, dazu gezwungen würden, Schilder mit der Aufschrift »Juden unerwünscht« anzubringen. In den meisten Gastwirtschaften seien solche Schilder schon zu sehen. Noakes und Pridham (vgl. Kap. 1, Anm. 11), S. 547.

4 Reichsminister des Innern, Ministerialblatt 1631, 7. Dezember 1936.

5 Zu Fällen, in denen die Gestapo sich mit »Abweichendem Verhalten im Alltagsleben« beschäftigte, siehe Gellately (vgl. Kap. 1, Anm. 1), S. 47. Gellately stützt sich u.a. auf die Untersuchung von Reinhard Mann: Protest und Kontrolle; diese beschränkt sich aber auf die Aktivitäten der Gestapo von Düsseldorf.

6 Allen (vgl. Kap. 1, Anm. 16), S. 189.

7 Anordnung des Präsidenten der Reichspressekammer über die Abstammung der Mitglieder, 15. April 1936; zitiert bei Blau (vgl. Einl., Anm. 50), S. 35.

8 Benz (vgl. Kap. 1, Anm. 48), S. 743.

9 RGBl, I, 893, 14. Oktober 1936; zitiert bei Blau (vgl. Einl., Anm. 50), S. 35.

10 RGBl, I, 39, 26. Januar 1937; zitiert bei Benz (vgl. Kap. 1, Anm. 48), S. 744.

11 RGBl, I, 191, Reichsnotarordnung vom 13. Februar 1937.

12 RGBl, I, 115, Berufsordnung vom 20. Januar 1938.

13 Longerich (vgl. Kap. 1, Anm. 82), S. 214.

14 Anordnung des Präsidenten der Reichskulturkammer über den Reichsverband der jüdischen Kulturbünde, 6. August 1935; siehe Völkischer Beobachter, 7. August 1935, und Blau (vgl. Einl., Anm. 50), S. 28.

15 Schwenn hatte offensichtlich in diesem Interview nicht darauf eingehen wollen, wie schwierig es gewesen war, mit einem Juden zusammenzuarbeiten. Charlotte Israel, die ihren Mann vor den Nazis gerettet hatte, kam es noch nicht einmal in den Sinn, den Sender anzurufen und eine Klarstellung zu fordern.

16 Eschwege (vgl. Kap. 6, Anm. 14), S. 47.

17 IML, Lagebericht (Allgemeine Übersicht über die Ereignisse im Monat Juli 1935), St 3/673.

18 Verordnung gegen die Unterstützung der Tarnung jüdischer Gewerbebetriebe, Reichsgesetzblatt Teil I, 404, 22. April 1938. Es gab kein generelles Gesetz, welches von Deutschen verlangte, Juden – oder andere – zu denunzieren.

19 Aussage von Walter Freund, 22. Mai 1967; Bovensiepen-Prozeß.

20 Interview mit Mieke Monjau, 3. Dezember 1984.

21 Eike Geisel hat das »Problem der Deutschen« darauf zurückgeführt, daß sie darum bemüht waren, »gut« zu sein, indem sie sich voll und ganz der staatlichen Autorität unterwarfen. Eike Geisel: Die Banalität der Guten: Deutsche Seelenwanderungen. Berlin, 1992.

22 Vor allem nach Ausbruch des Krieges »übten [Blockleiter] eine immer intensivere Kontrolle über jeden deutschen Mann, jede deutsche Frau und jedes deutsche Kind in allen Bereichen des Alltagslebens aus: auf der Straße, im Treppenhaus und zunehmend dann auch im Luftschutzraum«. Michael Kater: The Nazis Party: A Social Profile of Members and Leaders, 1919–1945. Cambridge, Mss., 1983, S. 222.

23 Erich Kordt: Wahn und Wirklichkeit. Stuttgart, 1948, S. 48; zitiert bei Gellately (vgl. Kap. 1, Anm. 1), S. 73.

24 PrGsta., Rep. 90 P, Band II, 1. Die Gestapo führte den Erfolg der Bekennenden Kirche (einer der Deutschen Glaubensbewegung entgegengesetzten, protestantischen Vereinigung) darauf zurück, daß sie ganz deutlich keinerlei Kompromisse zuließ. Im April 1935 wies die Bekennende Kirche 150000 Mitglieder auf, die Deutsche Glaubensbewegung hingegen nur 30000. Pfarrer der Bekennenden Kirche äußerten sich von der Kanzel herab auch zu politischen Ereignissen und Vorgängen; die Nazis hatten dem zunächst mit einem Verbot ein Ende bereiten wollen, da die Geistlichen sich aber einfach nicht an dieses Verbot hielten, tolerierte die Polizei solche Erklärungen nach einiger Zeit stillschweigend.

25 1936 half die Lutherische Kirche von Berlin dem Regime dabei, Juden als solche zu identifizieren, indem sie eine Kartei anlegte, die den Zeitraum von 1800 bis 1870 umfaßte und in der beispielsweise auch Namensänderungen festgehalten waren. Siehe Götz Aly und Karl Heinz Roth: Die restlose Erfassung. Berlin, 1984, S. 70f.

26 Kershaw (vgl. Kap. 1, Anm. 2), S. 60f.

27 Wilhelm Keitel: The Memoirs of Field-Marshal Keitel. Übers. von David Irving. Göttingen, 1961, S. 59.

28 Kershaw (vgl. Kap. 1, Anm. 2), S. 131f.

29 A.a.O., S. 131.

30 Berichte über die Reaktion der Berliner auf den Aufbruch der Zweiten Division und über die Wirkung, die dies wiederum auf Hitler hatte, bei William Shirer: Berlin Diary: The Journal of a Foreign Correspondent. New York, 1961, und Paul Schmidt: Hitler's Interpreter. New York, 1951, S. 105. Zu Hitlers Rede und seiner Reaktion auf den Vorfall siehe Domarus (vgl. Kap. 1, Anm. 9), S. 923–938.

31 Johannes Steinhoff, Peter Pechel und Dennis Showalter: Voices from the Third Reich: An Oral History. Washington, D.C., 1989, S. 537.

32 Nach dem »Anschluß« wollten die Nazis Vinzenz durch einen ihrer eigenen Leute ersetzen. Ein Österreicher, der mit einer Jüdin verheiratet war, durfte kein Amt bekleiden. Die Leute aber mochten Vinzenz; er hatte sich um ihre Belange gekümmert, und sie hatten gelernt, ihm zu vertrauen. Elsa Holzer zufolge kam es zu einem solchen Aufruhr, als die Nazis versuchten, Vinzenz politisch kaltzustellen, daß er offiziell wieder in sein Amt eingesetzt wurde.

33 Proceedings of Nuremberg (Law Reports of Trials of War Criminals, 1948), vol. XIX, S. 437f. Hitler hatte gemeint, daß man sich mit Hilfe eines offen bekannten und praktizierten Antisemitismus weitere Unterstützung verschaffen könne. Leo Kuper: Genocide: Its Political Use in the Twentieth Century. New Haven und London, 1981, S. 43 und S. 136.

34 Talcott Parsons: Essays in Sociological Theory: Pure and Applied. Glencoe, Ill., 1949, S. 337.

35 Wehler (vgl. Kap. 1, Anm. 51), S. 94.

36 Lösener (vgl. Einl., Anm. 62), S. 266. Daß es Angehörige von Einsatzgruppen gab, die Juden kaltblütig niederschossen, läßt sich wohl nicht so einfach mit Opportunismus erklären.

37 Lösener kam zu dem Schluß, daß er sich selbst sofort »aus dem Sattel geworfen« hätte, wenn er offen Widerstand gezeigt oder moralische Bedenken vorgebracht hätte; er habe sich daher darauf beschränkt, Argumente vorzubringen, die bei den Männern, die über die Durchführung der »Endlösung« entschieden, Wirkung erzielen würden. Lösener (vgl. Einl., Anm. 62), S. 266. Lösener machte die Abteilung Eichmann innerhalb des Reichssicherheitshauptamtes für den Völkermord an den Juden verantwortlich; diese Abteilung habe die Verfolgung der Juden in der allerschlimmsten Weise betrieben (a.a.O., S. 267).

38 Noakes und Pridham (vgl. Kap. 1, Anm. 11), S. 550.

39 Hessisches Hauptstaatsarchiv, Wiesbaden. Urteil gegen Georg Albert Dengler (2a Ks 1/49), 26. Das Gericht schloß nicht aus, daß sich hinter Denglers rigorosen Aktionen gegen Juden aus Mischehen auch ein ausgeprägter Antisemitismus verborgen haben kann (a. a. O., 5).

40 Arendt (vgl. Kap. 1, Anm. 21), S. 113 und S. 126.

8
Die »Kristallnacht«: Mischehen und die Lehren
aus einem Pogrom

1 Bericht Walter Buchs an Hermann Göring, 13. Februar 1939; ND PS-3063.

2 Die systematische Arisierung begann gegen Ende des Jahres 1938. Siehe Raul Hilberg (Hg.): Documents of Destruction: Germany and Jewry, 1933–1945. Chicago, 1971, S. 25.

3 Ian Kershaw: »The Persecution of the Jews and German Popular Opinion in the Third Reich«. In: The Persisting Question: Sociological Perspectives and Social Contexts of Modern Antisemitism. Hg. von Helen Fein. Berlin und New York, 1987, S. 336f. Einige Deutsche beklagten sich nicht so sehr über die Ausschreitungen gegen die Juden als über die Unruhe und die Unordnung, zu der es im Gefolge des Pogroms gekommen war. Siehe Steinert (vgl. Kap. 1, Anm. 3), S. 37.

4 Deutsche Presse, 12. November 1938.

5 Der Reichsbund jüdischer Frontsoldaten war stolz auf die unverhältnismäßig große Zahl von Juden, die im Ersten Weltkrieg für Deutschland gefallen waren. Im Oktober 1933 hatte der Leiter des Bundes seine Mitglieder aufgefordert, im »deutschen Vaterland« zu bleiben und in »alter soldatischer Disziplin« bis zum letzten auszuharren. Siehe Benz (vgl. Kap. 1, Anm. 41), S. 37.

6 Hilberg (vgl. Einl., Anm. 56), S. 394f.; Dawidowicz (vgl. Kap. 6, Anm. 24), S. 100f.

7 Deutsche Presse, 12. November 1938.

8 Büttner (vgl. Einl., Anm. 51), S. 40.

9 Interview mit Rudolf Schottländer, Ostberlin, 17. Juli 1987. Einige jüdische Familien besaßen ausgezeichnete gesellschaftliche Beziehungen; im späten 19. und frühen 20. Jahrhundert hatten einige Juden, vor allem auch solche, die aus wohlhabenden Bankiersfamilien stammten, in deutsche Adelsfamilien oder andere Familien aus der Oberschicht eingeheiratet.

10 Bericht Görings, 28. Dezember 1938; ND PS-69. Im April 1943 gab es im Deutschen Reich 17375 nicht-privilegierte Juden und 14393 Juden, die in nicht-privilegierten Mischehen lebten. Bei Kriegsende gab es in Berlin 3339 offiziell registrierte Juden, die in privilegierten Mischehen, und 1451, die in nicht-privilegierten Mischehen lebten. Siehe Richarz (vgl. Einl., Anm. 50), S. 466.

11 Protokoll einer Konferenz der Nazi-Führung vom 12. November 1938 – im Anschluß an das Pogrom der »Kristallnacht«. ND PS-1816, zitiert bei Hilberg (vgl. Einl., Anm. 56), S. 168.

12 ND PS-69; Hilberg (vgl. Einl., Anm. 56), S. 170.

13 Hilberg (vgl. Einl., Anm. 56), S. 160. Heydrich erließ den Geheimbefehl, jüdische Frauen, die sich der »Rassenschande« schuldig gemacht hatten, in Konzentrationslager zu schaffen; deutsche Frauen hingegen wurden wegen dieses »Verbrechens« nicht belangt.

14 Adolf Hitler, Rede vor der nationalsozialistischen Frauenorganisation beim Parteitag in Nürnberg, 8. September 1934; zitiert bei Timothy Mason: »Women in Germany, 1925–1940: Family, Welfare, and Work«. In: History Workshop Journal (Januar 1976), S. 74.

15 Sowohl deutsche wie auch amerikanische Autoren, die sich mit dem von der

weiblichen Bevölkerung geleisteten Widerstand befassen, weisen darauf hin, daß das Regime sich von Frauen kein politisches intelligentes Handeln erwartete und daher dazu neigte, ihre Aktionen als unpolitisch einzustufen. Siehe z.B. Vera Laska (Hg.): Women in the Resistance and the Holocaust. London, 1983, S. 7. Claudia Koonz schreibt: »Hitlers Weltbild zufolge waren Männer stark und gefährlich, Frauen hingegen passiv. Im Dritten Reich war das andere Geschlecht über jeden Zweifel erhaben oder besser keines Zweifels würdig. Das Regime, das Frauen als Wesen einstufte, die nicht fähig waren, am politischen Geschehen teilzuhaben, glaubte auch nicht, daß sie intelligent oder geistig unabhängig genug seien, um Verrat zu begehen.« Koonz (vgl. Einl., Anm. 54), S. 335 (siehe auch S. 310).

16 Jüdische Frauen aus Mischehen mußten unter Umständen den Stern tragen, wenn ihre Kinder als Juden registriert waren (was sehr selten vorkam).

17 Die Erfahrungen jüdischer Frauen, die mit deutschen Männern verheiratet waren, welche sich nicht von ihnen scheiden ließen, wichen ebenfalls bis zu einem gewissen Grad voneinander ab. Siehe z.B. die Erinnerungen von Lotte Paepcke (vgl. Kap. 1, Anm. 45). Im allgemeinen wurden sie weder in Lager geschickt noch zur Zwangsarbeit herangezogen; deutsche Frauen, die mit jüdischen Männern verheiratet waren, mußten hingegen ab 1944 Zwangsarbeit leisten.

18 Eine in einem Entscheid vom 14. Juni 1938 enthaltene – sehr allgemein gehaltene – Definition dessen, was ein »jüdisches Unternehmen« war, wurde herangezogen, um zu bestimmen, welche Geschäfte und Betriebe »arisiert« werden sollten. Siehe Hilberg (vgl. Einl., Anm. 56), S. 95.

19 Levin (vgl. Kap. 2, Anm. 12), S. 43, und Büttner (vgl. Einl., Anm. 51), S. 37.

20 Hilberg (vgl. Einl., Anm. 56), S. 94. Juden hatten viele der ersten Warenhäuser in Deutschland eröffnet, von denen ein großer Teil Anfang der dreißiger Jahre in ihrem Besitz war.

21 Richard Grunberger: A Social History of the Third Reich. London, 1971, S. 174.

22 Hitler (vgl. Kap.1, Anm. 4), S. 593.

23 Interview mit Hans-Oskar Löwenstein de Witt, 20. August 1989.

24 Interview mit der Tochter von Frau Steudel, Charlotte, 20. Mai 1985.

25 Interview mit Frau Groß, 4. April 1986.

26 Ältestenrat der Juden, Prag, an das Zentralbüro für die Bewältigung der Jüdischen Frage in Böhmen und Mähren, 19. Juni 1944; Bovensiepen-Prozeß, Beistück 94.

27 Reinhard Rürup (Hg.): Topographie des Terrors: Gestapo, SS und Reichssicherheitshauptamt auf dem »Prinz-Albrecht-Gelände«. Berlin, 1987, S. 82f.

28 Führende Männer des Regimes wie Goebbels dachten oft über die Gefahr von Sabotage nach, die Juden verüben könnten (siehe z.B. die Eintragung in Goebbels' Tagebüchern vom 9. März 1943), aber im Einklang mit der allgemeinen Ansicht der Nationalsozialisten, daß Frauen nicht zum politischen Handeln fähig seien, erlaubte man es jüdischen Frauen, die in einer privilegierten Mischehe lebten, weiterhin ein Telephon zu besitzen und zu benutzen.

29 Wally Grodkas Tagebuch zufolge erschien dieser Artikel am 11. Januar 1939 in einer juristischen Zeitschrift.

30 Benz (vgl. Kap. 1, Anm. 41), S. 632. Gisela Büttner zufolge (vgl. Einl., Anm. 51; hier S. 45) kam dieses Gesetz nur in Berlin zur Anwendung.

31 Blau (vgl. Einl., Anm. 50), S. 64ff.

32 Aussage von Martha Mosse, 23. und 24. Juli 1958; Bovensiepen-Prozeß.

33 Aussage von Martha Mosse, 9. April 1968; Bovensiepen-Prozeß.

34 Ebd.

35 Gerhard Weiss: »Panem et Circenses: Berlin's Anniversaries as Political Happenings«. In: Berlin: Culture and Metropolis. Hg. von Charles W. Haxthausen und Heidrun Suhr. Minneapolis, 1990, S. 244.

36 Benz (vgl. Kap. 1, Anm. 41), S. 631f.

37 BA Potsdam, 46.06. Generalbauinspektor für die Reichshauptstadt Berlin, Nr. 157, 17, 18, 19.

38 Aus den »25 Leitsätzen«; abgedr. bei Barbara Miller Lane und Leila J. Rupp (Hg. und Übers.): Nazi Ideology before 1933: A Documentation. Austin und London, 1978, S. 41–43.

39 Proctor (vgl. Kap. 4, Anm. 6), S. 107. Das Sterilisations-Gesetz wurde veröffentlicht am 14. Juli 1933 im RGBl I, 529. Von staatlicher Seite wurden Vorschriften dafür veröffentlicht, wie man Beschwerden gegen das Vorhaben zu behandeln habe (RGBl 33, 529, 25. 7. 1933), und Gerichte, die nach diesem Gesetz urteilten, waren zur Geheimhaltung verpflichtet.

40 Noakes und Pridham (vgl. Kap. 1, Anm. 11), S. 1005; dort die Aussage Dr. Karl Brandts bei den Nürnberger Kriegsverbrecherprozessen.

41 A.a.O., S. 1004; dort wird zitiert: L. Gruchmann: »Euthanasie und Justiz im Dritten Reich«. In: Vierteljahrshefte für Zeitgeschichte (1972), S. 228.

42 Gerald Reitlinger: The Final Solution: The Attempt to Exterminate the Jews of Europe – 1939–1945. New York, 1961, S. 140.

43 Noakes und Pridham (vgl. Kap. 1, Anm. 11), S. 1029. Michael Burleigh: »Euthanasia and the Third Reich«. In: History Workshop Journal (Februar 1990), S. 12f.

9
An der Front und in der Heimat: »Mischlinge«
in Hitlers Wehrmacht

1 Donald Cameron Watt: How War Came: The Immediate Origins of the Second World War, 1938–1939. New York, 1989, S. 35. Dort wird ND 248-PS zitiert.

2 Siehe Hitlers Reaktion auf das oben dargestellte gleichgültige Verhalten der Berliner beim Aufbruch der Zweiten Motorisierten Division am 27. September 1938 – nach Shirer und Schmidt (vgl. zu beiden Kap. 7, Anm. 30). Zu Hitlers Rede und seiner Reaktion auf den Zwischenfall siehe Domarus (vgl. ebenfalls Kap. 7, Anm. 30). Hitler zufolge (vgl. Kap. 1, Anm. 4; hier S. 366) war der Wille zu kämpfen von größerer Bedeutung als alle Waffen.

3 Aussage von Charlotte von der Schulenburg in dem Dokumentarfilm: The Restless Conscience von Hava Beller, 1991.

4 Zitiert in: International Military Tribunal: Trial of the Major War Criminals. Nuremberg, 1947–1949, 28, S. 389.

5 Adler (vgl. Kap. 6, Anm. 31; hier S. 274f.) geht ausführlich auf diesen Befehl Hitlers ein.

6 Lösener (vgl. Einl., Anm. 62), S. 310. Hitler gewährte auch einigen »Mischlingen« eine Gleichstellung aufgrund besonderer Verdienste für die Partei. Ironischerweise war dies aber nur in Fällen möglich, in denen die Betreffenden glaubhaft machen konnten, daß ihnen ihre eigene Identität als »Mischling« nicht bekannt gewesen war, da es eine Vorbedingung für eine Parteimitgliedschaft war, seine rein arische Abstammung bis zurück ins Jahr 1800 nachzuweisen.

7 Zu Himmlers Einstellung, die mit der Hitlers übereinstimmte, siehe Breitman (vgl. Kap. 2, Anm. 7), S. 232. Um eine Befreiung von Hitlers Befehl zu erwirken, brachte Erich Vogel, ein deutscher Rechtsanwalt, der mit einer Jüdin verheiratet war, vor, daß sein »Mischlings«-Sohn sein Vaterland über alles liebe. Max Graustück von der Berliner Gestapo erwiderte darauf, daß das »schon so sein möge«, daß die »Mischlinge«, nachdem man sie so schlecht behandelt habe, jetzt aber mit Sicherheit gegen den Staat seien. Graustück fügte hinzu, daß alle »Mischlinge« von Geburt aus unzuverlässig seien, da in ihren Adern eine sehr gefährliche Blutmischung zirkuliere. Aussage von Erich Vogel, PStg 20, Bovensiepen-Prozeß.

8 Am 20. Oktober 1942 und dann noch einmal am 23. Juni 1943 bekräftigte die Parteikanzlei den Befehl, daß alle »Mischlinge« ausnahmslos aus der Wehrmacht auszustoßen seien. Im Oktober 1944 erkannte das Regime indirekt an, daß es noch »Mischlinge« innerhalb der Wehrmacht geben könne, indem es einen Befehl erließ, mit dem es untersagt wurde, »Mischlingen« ersten Grades und Deutschen aus Mischehen (einschließlich solchen, die mit Mischlingen ersten Grades verheiratet waren) für ihre Verdienste Orden und Ehrenabzeichen zu verleihen. Abschrift der allgemeinen Anweisungen für die Wehrmacht vom 21. Oktober 1944, Nr. 593 (Auszeichnung von jüdischen Mischlingen I. Grades); BA NS 19/3335.

9 Ehen zwischen »Mischlingen« ersten Grades und Juden waren erlaubt; BA, NS 19/335, 2, 9. »Mischlingen« ersten Grades wurde es aber sehr selten gestattet, andere Personen als »Mischlinge« ersten Grades oder Juden zu heiraten. Lösener (vgl. Einl., Anm. 62), S. 275. Allein in den fünf Monaten vom 1. Januar 1940 bis zum 22. Mai 1940 stellten 1630 »Mischlinge« beim Innenministerium und der Parteikanzlei einen Antrag auf Befreiung von den Ehegesetzen. Nur einem Dutzend dieser Anträge wurde stattgegeben. Ab März 1942 wurden sie für die Dauer des Krieges automatisch abschlägig beschieden. Lösener (vgl. Einl., Anm. 62), S. 283.

10 BA, NS 19/3335, 26, 27.

11 Lösener (vgl. Einl., Anm. 62), S. 310. Mitte 1944 war Hitler jedoch weniger großzügig geworden; er lehnte den Antrag eines »Mischlings« ab, in der Wehrmacht zu dienen, obwohl dieser ein sehr verdienstvolles ehemaliges Parteimitglied war. Ohne sich dessen bewußt zu sein, ein »Mischling« zu sein, hatte er der Partei jahrelang große Dienste erwiesen und vor 1933 wegen seiner Mitgliedschaft in der Nazi-Partei sogar eine Haftstrafe abgebüßt. BA, NS 19/3335, 34.

12 Wie Himmler sagte, waren kulturelle Leistungen in den verschiedensten Gebieten vor dem Sieg des Nationalsozialismus eine wahre »Domäne des Judentums« gewesen, und eine Folge davon sei, daß über ein Jahrzehnt nach der Machtübernahme der Nazis immer noch eine unverhältnismäßig große Zahl von »Mischlingen« und Künstlern, die in Mischehe lebten, im Theater- und Filmbereich tätig seien. Dieser »jüdische Einfluß« müsse so bald wie möglich erstickt werden – was sich jedoch, wie Himmler bemerkte, problematisch gestalten würde, da eine ganze

Reihe dieser Menschen bereits eine Sondergenehmigung erhalten hatte, ihre Laufbahn als Künstler fortzusetzen.

13 Gutterer berichtete, daß er ein Treffen zwischen dem Nobelpreisträger Otto Hahn, Goebbels und Hitler in die Wege geleitet habe, bei dem über die Konstruktion einer Atombombe gesprochen werden sollte. Hitler habe versprochen, die aus Deutschland verbannte jüdische Assistentin Hahns wieder ins Land zu holen, sie unter seinen persönlichen Schutz zu stellen und ihr sogar das Ritterkreuz zu verleihen, falls sie Hahn dazu verhelfen würde, die Atombombe zu bauen. Interview mit Leopold Gutterer, 19. August 1986.

14 In einem Bericht der Dienststelle Himmlers wurde darauf hingewiesen, daß man erst mit der Parteikanzlei Rücksprache nehmen müsse, bevor man Maßnahmen gegen Künstler ergreife, die mit einem jüdischen Partner verheiratet waren, weil einige von ihnen »geschützt« seien. BA, NS 19/3335, 37. In Berlin hielt man neuen Mitarbeitern des Judenreferats der Gestapo zunächst einmal einen Vortrag über »Schutzjuden« und klärte sie darüber auf, was für schwerwiegende Folgen es habe, wenn man einen dieser Juden aus Versehen deportiere.

15 Während des Krieges sollten »Mischlinge« und Juden aus Mischehen auch aus den verschiedenen Handwerken und aus der kulturellen Arbeit herausgehalten werden. Außerdem sollte man ihnen keine Positionen zuweisen, in denen sie deutsche oder ausländische Arbeiter zu überwachen hatten, weil sie nämlich im allgemeinen nicht die dafür notwendige »politische Zuverlässigkeit« besäßen. BA, NS 19/3335, 35, 36.

16 Levi definiert den »Nosismus« als »[...] erweiterten Egoismus, und zwar erweitert auf den, der mir am nächsten stand«. Primo Levi: Die Untergegangenen und Geretteten. München, 1990, S. 80.

17 BA, NS 19/3335, 16.

18 Thomas Keneally: Schindler's List. New York, 1982.

10
Rassenhygiene, katholischer Protest und bürgerlicher Ungehorsam 1939–1941

1 Hilberg (vgl. Einl., Anm. 56), S. 145 und S. 45.

2 Else Rosenfeld und Gertrud Luckner (Hg.): Lebenszeichen aus Pialski: Briefe Deportierter aus dem Distrikt Lublin 1940–1943. München, 1968, S. 23. Die Autorinnen berichten, daß man den nicht-jüdischen Frauen eine kurze Frist gewährte, innerhalb derer sie entscheiden mußten, ob sie sich scheiden lassen wollten, und daß sie dann deportiert wurden. Was den Zeitpunkt betrifft, zu dem diese Deportationen stattfanden, und die Zahl derer, die abtransportiert wurden, gibt es widersprüchliche Angaben. Siehe Esriel Hildesheimer: Jüdische Selbstverwaltung unter dem NS-Regime: Der Existenzkampf der Reichsvertretung und Reichsvereinigung der Juden in Deutschland. Tübingen, 1994, S. 181. Hildesheimer (S. 180–184) berichtet auch über die Deportation der Juden aus Stettin und Schneidemühl.

3 Vermerk des Außenministeriums, 21. März 1940; Yad Vashem, Microfilm JM/2248.

4 BA Potsdam, R 8150. Protokoll des Direktoriums der Reichsvereinigung von Eppstein, 26. Februar 1941.

5 Dieses Rundschreiben wurde auf einen Bericht hin versandt, daß die Deportation Stettiner Juden Unruhe unter der jüdischen Bevölkerung ausgelöst und diese daraufhin begonnen habe, von einem Gebiet in das andere zu ziehen. BA Potsdam, R 8150; Protokoll der Reichsvereinigung von Eppstein, 4. April 1940.

6 Hildesheimer (vgl. Anm. 2), S. 186f.

7 BA Potsdam, 50.01, 1d, 19. Juli 1940. Die Angabe, daß in Berlin damals 60000 Juden lebten, kann kaum korrekt sein; andernfalls hätte man bis zum Oktober 1941 feststellen müssen, daß weitere zehntausend in Berlin ansässig waren oder in der Zwischenzeit dorthin gezogen waren. Goebbels sorgte sich vor allem über den »jüdischen Einfluß« in dem Gebiet um den Kurfürstendamm und im »Westend«. Ende 1942 nahm Brunner im Westend Juden aus Mischehen fest.

8 BA Potsdam. 50.01, 1d, 6. und 17. September 1940. Hinkel berichtete zu diesem Zeitpunkt, daß der »Madagaskarplan« angenommen worden war und man 3500000 Juden auf die Insel schaffen werde. Offensichtlich hatte Hitler selbst vor dem 12. Juli 1940 den Plan gutgeheißen. Hans Frank, dem das Generalgouvernement unterstand, hatte sich dagegen verwahrt, daß weitere Juden nach Polen evakuiert wurden, und sich dafür ausgesprochen, daß man »überschüssige« Polen »nach dem Sieg« weiter in Richtung Osten deportierte. Hilberg (vgl. Einl., Anm. 56), S. 206–211.

9 BA Postdam, 50.01, 1d, 19. Juli 1940.

10 Benz (vgl. Kap. 1., Anm. 41), S. 748.

11 Büttner (vgl. Einl., Anm. 51), S. 47.

12 Boberach (vgl. Kap. 1, Anm. 26), Bd. IX, S. 3286; Eintragung für den 9. Februar 1942.

13 Jagusch teilte mit, daß Juden, die arbeiteten, drei Stunden erhalten würden, um ihre Einkäufe zu tätigen, dies kam aber nicht zustande. BA Potsdam, R 8150, Aufzeichnungen der Reichsvereinigung (von der Hand Eppsteins), 25. Juli 1940.

14 A.a.O., 18. April 1940.

15 A.a.O., 15. Mai 1941.

16 Günter, der als Sozialist ein besonders ausgeprägtes Gespür für Klassenunterschiede hatte, behauptete, daß Geld die Solidarität bei den Juden gesprengt habe. Der Abteilungsleiter, Herr Tusche, habe besonders gerne Skat gespielt und es den Juden, die Geld hatten, gestattet, mit ihm eine Partie zu spielen anstatt zu arbeiten. »Anstatt sie zur Arbeit anzuhalten, hat er sie spielen lassen, weil sie ihn immer gewinnen ließen. Wenn auf der anderen Seite einer von uns ihm nicht gefiel oder irgendwie auf die Nerven ging, dann trat er demjenigen in den Hintern und schrie: ›Du, Dreckssau!‹«

17 The Goebbels Diaries: 1939–1941. Hg. Fred Taylor. New York 1984; Eintragung vom 4. Oktober 1940, S. 130.

18 Goebbels, Tagebücher. Hg. Lochner (vgl. Einl., Anm. 39).

19 BA Potsdam, 50.01, 1d, September 1940.

20 Benz (vgl. Kap. 1, Anm. 41), S. 748.

21 Interview mit Elsa Holzer, 16. August 1989. Anschauliche Schilderungen der Luftangriffe auf Berlin bei Shirer (vgl. Kap. 7, Anm. 30), Eintragungen vom 21. August 1940 et passim.

22 Paepcke (vgl. Kap. 1, Anm. 45), S. 24.

23 Diese Darstellung der Deportationen aus Baden, der Pfalz und dem Saarland nach Hildesheimer (vgl. Anm. 2), S. 192–202.

24 Arendt (vgl. Kap. 1, Anm. 21), S. 156.

25 BA Potsdam, R 8150; Aufzeichnungen des Direktoriums der Reichsvereinigung (von der Hand Eppsteins), 25. April 1940.

26 Ein Mitarbeiter Eichmanns bezeichnete Baeck als den »jüdischen Führer« Berlins. Siehe Hilberg (vgl. Einl., Anm. 56), S. 448.

27 Hirsch war als eine Art Friedensstifter für das RSHA tätig geworden. Vielleicht um Vergeltungsmaßnahmen zuvorzukommen (für den Fall, daß Wöhrn seinerseits dahinterkommen sollte), hatte Hirsch Mitte Februar gemeldet, daß Juden Umschläge benutzten, die für Nicht-Juden bestimmt waren, was natürlich »unerwünscht« sei. Wöhrn befahl Hirsch, mit einer allgemeinen Anweisung an die vierzehn Unterabteilungen der Reichsvereinigung, dieser Praxis einen Riegel vorzuschieben. Hirsch antwortete, daß es nicht ausreichen würde, die Unterabteilungen zu informieren, sondern daß es einer Verlautbarung im Jüdischen Nachrichtenblatt bedürfe. Wöhrn erteilte daraufhin die Erlaubnis zur Veröffentlichung einer solchen Verlautbarung. BA Potsdam, R 8150, Aufzeichnungen des Direktoriums der Reichsvereinigung (von der Hand Hirschs), 15. Februar 1941.

28 Landgericht Frankfurt am Main, 50 Js 36019/84, gegen Alois Brunner, Aussage von Norbert Wollheim, 10. April 1986.

29 Walter Laqueur: The Missing Years. Boston, 1980, S. 147 und S. 151.

30 ND PS-681. Geheimprozesse würden nicht weniger problematisch sein als öffentliche, meinte der amtierende Justizminister Schlegelberger, weil das Regime immer noch genötigt sein würde, den besonderen Charakter des Verstoßes offenzulegen. Ein Brief von einem Oberstaatsanwalt in Berlin (Herder) an Schlegelberger vom 19. Mai 1942 zeigt, daß das Regime es mehr als ein Jahr später immer noch vorzog, Stillschweigen über die ganze Affäre zu wahren. Der Oberstaatsanwalt berichtete, daß er im Schreibtisch einer Frau, die des Verrats angeklagt war, Abschriften von den Briefen Bischof Galens gefunden habe, in denen dieser bei den zuständigen staatlichen Stellen gegen die Euthanasie protestiere; im Übereinkommen mit dem Chef der Berliner Polizei werde er dieses Beweismaterial in dem Prozeß gegen die Frau aber nicht verwenden. LB, Sondergerichtshof-Akte, Sondergericht IV, Pk. KLs 2/42.

31 Noakes und Pridham (vgl. Kap. 1, Anm. 11), S. 1004. Das Regime konnte Protestschreiben von hohen Klerikern einfach ignorieren, kaum aber eine Reihe von Anklagen, die von der Kanzel aus vorgetragen wurden.

32 Inwieweit von Galens Predigten Hitlers Entscheidung beeinflußten, ist immer noch offen. Siehe Michael Burleigh: Death and Deliverance: »Euthanasia« in Germany c. 1900–1945. Cambridge, 1995, Kap. 5.

33 J. P. Stern: Hitler: The Führer and the People. Berkeley und Los Angeles, 1975, S. 116. Lewy (vgl. Kap. 1, Anm. 73; hier S. 266f.) kommt zu einem ähnlichen Schluß; ebenso Conor Cruise O'Brien: »A Lost Chance to Save the Jews?« In: New York Review of Books (27. April 1989), S. 27ff.

34 Pr.Gsta., Repositur 90 P, 14, 15.

35 Jeremy Noakes: »The Oldenburg Crucifix Struggle of November 1936: A Case Study of Opposition in the Third Reich«. In: The Shaping of the Nazi State. Hg. von Peter Stachura. New York, 1978, S. 212. Noakes hat die Geschichte des

Streits um das Kruzifix in Cloppenburg in aller Ausführlichkeit dargestellt. Für ihn wird durch die Ereignisse deutlich, welche Möglichkeiten des Widerstands gegen das Regime es damals gab.

36 Galen verfaßte einen Hirtenbrief, der in allen Kirchen seiner Diözese verlesen werden sollte, womit die Auseinandersetzung des Bischofs mit dem Regime allgemein bekanntgeworden wäre. Die deutsche Polizei wertete dies als einen direkten Angriff auf die Staatsmacht. Siehe Lewy (vgl. Kap. 1, Anm. 73), S. 311.

37 Pr.Gsta., Rep. 90 P, 16.

38 Siehe Kershaw (vgl. Kap. 1, Anm. 63), S. 340ff.

39 A.a.O., S. 353f.

40 A.a.O., S. 338; Auszug aus ND D-906/7-18.

41 RSHA (gez. Gengenbach) an Direktoren und Abteilungsleiter des SD, 28. August 1941; BA, R58/990, 43–46.

42 Müller an Direktoren der Gestapo und Abteilungsleiter des SD, 13. März 1941; BA, R58/990, 42–43.

43 ND PS-681, zitiert bei Ernst Klee (Hg.): Dokumente zur »Euthanasie«. Frankfurt, 1985, S. 213–216.

44 Müller an Direktoren der Gestapo und Abteilungsleiter des SD, 13. März 1941; BA, R58/990, 42–43.

45 Noakes und Pridham (vgl. Kap. 1, Anm. 11), S. 1039.

46 Martin Broszat und Elke Fröhlich: Alltag und Widerstand: Bayern im Nationalsozialismus. München, 1987, S. 62.

47 Heinrich Portmann (Hg.): Bischof Graf von Galen spricht! Freiburg i.Br., 1946, S. 194–196.

48 Ernst Klee: Euthanasie im NS-Staat: »Die Vernichtung lebensunwerten Lebens«. Frankfurt a.M., 1983, S. 431f.

49 Hans-Walter Schmuhl: »Die Selbstverständlichkeit des Tötens: Psychiater im Nationalsozialismus«. In: Geschichte und Gesellschaft. Bd. 16, Nr. 4 (1990), S. 412f., und Burleigh (vgl. Anm. 32), S. 13.

50 Zu den Wurzeln des Genozids im Euthanasie-Programm siehe Henry Friedlander: The Origins of Nazi Genocide: From Euthanasia to the Final Solution. Chapel Hill, N.C., 1995.

11
Der »Judenstern«-Erlaß: die offizielle Darstellung und die Erfahrungen der Betroffenen

1 Hilberg (vgl. Einl., Anm. 56), S. 216.

2 BA Potsdam, R 8150, Aufzeichnungen des Direktoriums der Reichsvereinigung (von der Hand Eppsteins), 27. September 1941.

3 A.a.O., 17. und 20. September 1941; LBI, Mikrofilm 66.

4 Kammergericht Berlin, Strafverfahren gegen Friedrich Boßhammer; I Js 1/65, 78. Dort wird ein anonymer Bericht von Ende August 1941 zitiert, der eine vom Propagandaministerium am 20. August abgehaltene Konferenz zusammenfassend darstellt.

5 Lösener (vgl. Einl., Anm. 62), S. 297 und S. 304. Siehe auch Longerich (vgl. Kap. 1, Anm. 82), S. 220f. Heydrich schlug vor, jene »Mischlinge« von der »Endlösung« auszunehmen (und zu sterilisieren), die mit Juden verheiratet waren, welche Kinder hatten, sowie die wenigen, die von »ganz oben« eine Freistellung erhalten hatten. Lösener, S. 299.

6 Bovensiepen-Prozeß, Beistück 96. In den fünf verschiedenen Faszikeln von Deportationsanweisungen, die zwischen Oktober 1941 und Februar 1943 erlassen wurden, war ausdrücklich festgehalten, daß »Mischlinge« und Juden aus Mischehen »vorläufig« von den Deportationen verschont bleiben sollten. Als Hitler im Herbst 1941 das Startsignal zur ersten großen Deportationswelle gab (50000 Juden wurden damals aus dem Reich geschafft), wurden Juden aus Mischehen von der Aktion ausgenommen. In den Deportationsanweisungen an die Unterabteilungen der Gestapo erklärten Funktionäre des Reichssicherheitshauptamtes, daß diese Juden von den Deportationen »vorläufig zurückgestellt« seien. Aufzeichnungen von einem Treffen am 23. Oktober 1941 in Berlin unter dem Vorsitz von Adolf Eichmann, ZSdL., Film Nr. 43. Dr. K. Ventner, Geheime Staatspolizei, Staatspolizeileitstelle Düsseldorf, wies am 23. Oktober 1941 die Unterabteilungen an, Juden, »die in Mischehe lebten, [...] nicht zu evakuieren«.

7 52AA (Bonn), Inl. 11 g 172. Bericht des Auswärtigen Amtes, Berlin, 21. August 1941, unterzeichnet von Unterstaatssekretär Luther.

8 Lösener (vgl. Einl., Anm. 62), S. 297.

9 Das enge Verhältnis zwischen Goebbels und Hitler, das wegen Goebbels' Affäre mit der tschechischen Schauspielerin Lida Baarova vorübergehend gestört war, lebte – Leopold Gutterer zufolge – wieder auf, als Hitler Goebbels' Behauptungen stattgab, daß seine Propagandamaßnahmen die französischen Soldaten demoralisiert und so entscheidend zum »Blitzkrieg«-Sieg über Frankreich beigetragen hätten. Interview mit Gutterer, 16. Juli 1987.

10 Bei einem Treffen mit seinen Abteilungsleitern im April des Jahres erklärte Goebbels, daß man ihm den Vorschlag gemacht habe, die Juden Berlins öffentlich zu kennzeichnen; er übertrug Gutterer die Verantwortung für die Durchführung dieser Maßnahme. BA Potsdam. ProMi, lg, 21. April 1941.

11 Zu Löseners Darstellung des Treffens am 15. August siehe: Als Rassereferent (vgl. Einl., Anm. 62), S. 303–305.

12 Heinrich Himmler, 31. Oktober 1940: »Betr. Vorschlag, Ministerialdirektor SS-Oberführer Gutterer im Reichsministerium für Volksaufklärung und Propaganda ... zu befördern.« BDC, Personalakte Leopold Gutterer.

13 Hilberg (vgl. Einl., Anm. 56), S. 179, und Interview mit Elsa Holzer, 10. Dezember 1989.

14 Richarz (vgl. Einl., Anm. 50), S. 466.

15 Aussage von Hans-Oskar Löwenstein de Witt: Schon damals fingen viele an zu schweigen, S. 184.

16 David Bankier: The Germans and the Final Solution: Public Oponion under Nazism. Oxford und New York, 1992, S. 124f; dort die Reaktionen der Deutschen auf den »Judenstern«-Erlaß. Ernst Bukofzer und andere berichteten nach dem Krieg, daß die Berliner im allgemeinen »mit einer Mischung aus Sympathie und Scham« reagiert hätten. Bukofzer, der bei den Nürnberger Prozessen den Vertretern der Anklage assistierte, berichtete, daß die Deutschen den Juden typi-

scherweise kleine Gefallen erwiesen, indem sie ihnen Lebensmittel, Zigaretten usw. zusteckten. Siehe Bukofzer (vgl. Einl., Anm. 17; hier S. 13). Mitarbeiter der Geheimpolizei berichteten jedoch damals, daß die Bevölkerung im allgemeinen »positiv« auf die Bestimmung reagiert hätte, daß Juden einen Stern an der Kleidung tragen müßten, und sich wünschte, daß die Einhaltung dieser Vorschrift energischer durchgesetzt würde. Siehe Boberach (vgl. Kap. 6, Anm. 35), Bd. 9, S. 3245–3248; Eintragung für den 2. Februar 1942.

17 Reichsvereinigung der Juden in Deutschland, Mannheim, an Paul Eppstein 23. Juni 1942; BA Potsdam, R 8150. Aus diesen Dokumenten geht hervor, daß einige nicht-privilegierte Paare sogar noch 1942 aufgrund der Geburt von Kindern zu privilegierten ernannt wurden.

18 Zu den Rechten von Juden, die in privilegierten Mischehen lebten, siehe Richarz (vgl. Einl., Anm. 50), S. 465.

19 Benz (vgl. Kap. 1, Anm. 41), S. 750.

12
Der Preis der Gefügigkeit und die Vernichtung der Juden

1 Aussage von Martha Mosse, 11. Juli 1967, Bovensiepen-Prozeß. Diese Zahl wird durch einen Gestapo-Bericht aus Frankfurt a.m. vom 22. Oktober 1942 bestätigt. Siehe: Dokumente der Frankfurter Juden (vgl. Kap. 3, Anm. 34), S. 474f. Hans Hinkel, BA Potsdam, ProMi, 1d, 17. September 1940, berichtete, daß es in Berlin 72327 Juden gab. Das Justizministerium war jedoch fälschlicherweise der Meinung, daß es sich um 84000 Menschen handele (siehe ND NG-151). In einem Memorandum an den amtierenden Justizminister Schlegelberger von einem Experten seines Ministeriums ist davon die Rede, daß 7000 Juden aus der Stadt »gedrängt« worden seien, aber immer 77000 in ihr lebten.

2 Dies war die erste von insgesamt 188 Deportationsaktionen, mit denen an die 35000 Juden aus Berlin in die Vernichtungslager und die Ghettos im Osten geschafft wurden. Siehe Henschel (vgl. Einl., Anm. 11), S. 1.

3 Anklageschrift, 178, Bovensiepen-Prozeß.

4 Aussage von Martha Mosse, 26. Februar 1948, Pr Gsta., Rep. 335, Fall II, Nr. 29, und Aussage von Martha Mosse vor dem Militärgerichtshof Nr. IV, Fall XII, Nürnberg, der zufolge die Gemeindeangestellten Mitglieder der Gemeinde zu sich kommen lassen und ihnen dabei helfen mußten, die Fragebögen auszufüllen.

5 Aussage von Martha Mosse, 11. Juli 1967, Bovensiepen-Prozeß.

6 Bericht des Reichsstatistikers Korherr, 19. April 1943, ND NO-5193.

7 Anklageschrift, 182, Bovensiepen-Prozeß; darin wird die Aussage von Martha Mosse zitiert.

8 Anklageschrift, 166, Bovensiepen-Prozeß.

9 Aufzeichnungen von einem Treffen in Berlin am 23. Oktober 1941, bei dem Adolf Eichmann den Vorsitz führte, dat. 24. Oktober, ZSdL, Film Nr. 43. Siehe K. Drobisch, R. Goguel und W. Müller: Juden unterm Hakenkreuz: Verfolgung und Ausrottung der deutschen Juden, 1933–1945. Berlin, 1973, S. 292.

10 Wie Martha Mosse aussagte, stand sie in ständigem Kontakt mit den Offizie-

ren der Berliner Gestapo, die damit beauftragt waren, die Deportationen durchzuführen. Sie habe an zahlreichen Konferenzen teilgenommen, bei denen es um Unterbringungsprobleme gegangen sei, aber auch darum, Juden vor einer Deportation zu bewahren. Aussage von Martha Mosse, 13. Juli 1965, Bovensiepen-Prozeß.

11 »Ordner-Transport 1943/44«, Bovensiepen-Prozeß, Beistück 28b. Nur neun dieser sechsundneunzig nach Theresienstadt verschleppten Männer und Frauen kamen mit dem Leben davon.

12 BA Potsdam, R 8150, Aufzeichnungen der Reichsvereinigung (von der Hand Kozowers), 21. Juli 1942.

13 BA Potsdam, R 8150, Aufzeichnungen der Reichsvereinigung (von der Hand Eppsteins), 17. September 1942.

14 Nachdem die Gestapo eine Liste derer aufgesetzt hatte, die deportiert werden sollten, schickte die Jüdische Gemeinde jedem der Aufgeführten eine Postkarte, auf der er angewiesen wurde, sich zu einem bestimmten Termin in der Synagoge in der Levetzowstraße einzufinden. Nach ein »paar Monaten« gab die Gestapo dieses Verfahren jedoch auf, weil zu viele Juden »untertauchten«, anstatt sich in der Synagoge zu melden. Laut Aussage von Martha Mosse am 23. und 24. Juli 1958 und Anklageschrift 183, Bovensiepen-Prozeß.

15 Aussage von Willi Königsfeld, 7. September 1965, Bovensiepen-Prozeß.

16 Anklageschrift 183, Bovensiepen-Prozeß; darin die Aussage von Martha Mosse.

17 Interview mit Abrahamsohn, 16. August 1986. Als Abrahamsohn diese Geschichte erzählte, war er nicht nur ein erfolgreicher Architekt, sondern auch Vorsitzender des Architektenbundes in einer westdeutschen Großstadt. Ab Juni 1943, als es in Berlin mit Ausnahme der Juden, die in Mischehe lebten, nur noch solche gab, die in den Untergrund gegangen waren, war Abrahamsohn rund um die Uhr damit beschäftigt gewesen, die Untergetauchten aufzuspüren und der Gestapo in die Arme zu treiben. Peter Wyden hat ein Buch über Stella Kübler, die bekannteste aller »Greiferinnen«, verfaßt. Peter Wyden: Stella. One Woman's True Tale of Evil, Betrayal, and Survival in Hitler's Germany. New York, 1992.

18 Von ganz wenigen Ausnahmen abgesehen blieben »Geltungsjuden« – also Halbjuden, die der Jüdischen Gemeinde angehörten und mit Juden verheiratet waren, von den »Evakuierungen« Richtung Osten verschont. LBI, Brief Siegbert Kleemans in Verteidigung Martha Mosses, 12. Juni 1947.

19 Unmittelbar vor ihrer Deportation nach Auschwitz schrieb Frau Böhm Wally Grodka einen Brief, den diese bis an ihr Lebensende aufbewahrte. Wally meinte, daß jeder, der diesen Brief läse, tief von ihm beeindruckt sei. In Deutschland vergesse man zu schnell, was sich ereignet habe, und der Antisemitismus sei dabei, erneut aufzuflammen.

20 Aussage von Anton Loderer, 28. Oktober 1965, Bovensiepen-Prozeß, und Aussage von Kurt Grünewald, 18. November 1965, Bovensiepen-Prozeß.

21 Aussage von Max Reschke, Beistück 30 (Sammlung Dr. Wolfgang Scheffler), 4. Mai 1959, Bovensiepen-Prozeß.

22 Aussage von Martha Mosse, 19. April 1968, Bovensiepen-Prozeß. Helmut Brinitzer gab zu Protokoll, daß er ebenfalls schon Anfang 1942 gehört habe, daß man die Deportierten nie wieder zu Gesicht bekommen werde. Aussage von Helmut Brinitzer, 18. August 1970, Bovensiepen-Prozeß.

23 Interview mit Hans-Oskar Löwenstein de Witt, 8. November 1984. Die BBC begann Mitte 1942 über Massenmorde an den Juden und Ende 1942 über die systematische Ausrottung der Juden in Polen und in Rußland zu berichten. Siehe Walter Laqueur: The Terrible Secret: Supression of the Truth about Hitler's »Final Solution«. New York, 1980; 2. Aufl. 1982, S. 73 und S. 222f.

24 Interview mit Günter Grodka, 25. August 1985.

25 Um Unruhe und Ungehorsam in den Kreisen der Juden, die noch nicht deportiert waren, zu verhindern, sollte dafür gesorgt werden, daß vor allem deren Führungspersönlichkeiten keinen Anlaß dazu hatten, an der offiziellen Geschichte zu zweifeln, daß die Juden in Arbeitslager im Osten geschickt wurden. Eichmann wies die Gestapo ausdrücklich auf dieses Problem hin. Der Jüdische Ältestenrat Rigas beschwerte sich 1942 bei dem zuständigen Gauleiter, daß vierzig bis fünfzig Juden, die die von der Gestapo für eine Deportation aufgestellten Kriterien gar nicht erfüllten, dennoch fortgeschafft wurden. Heydrich wurde in diese Auseinandersetzung mit einbezogen. Die Mehrheit derjenigen, gegen deren Deportation der Ältestenrat Beschwerde erhob, war, wie Eichmann bekanntgab, tatsächlich auf Anweisung der Gestapo deportiert worden. Dennoch, so meinte er, müsse man eine Beschwerde dieser Art von seiten der maßgeblichen Persönlichkeiten der jüdischen Bevölkerung um jeden Preis vermeiden: Bericht über die am 6. 3. 1942 im Reichssicherheitshauptamt – Amt IV B 4 stattgefundene Besprechung, ND, NG-256 8-H.

26 In den erhaltenen verstreuten und fragmentarischen Aufzeichnungen aus dem Justizministerium, die als »Schlegelberger-Protokoll« bekannt sind, finden sich auch wiederholt Aussagen des Leiters der Reichskanzlei, Hans Lammers, darüber, daß der »Führer« ihm anvertraute, daß er die »Lösung der jüdischen Frage« »bis nach dem Kriege« verschieben wolle. Lammers zufolge hatten daher die »zeitgenössischen Äußerungen« zu der Sache nur »theoretischen Wert«. Lammers warnte jedoch, daß er »Vorkehrungen« zu treffen habe, um »andere Abteilungen« davon abzuhalten, ohne seine Kenntnis in dieser Angelegenheit eine grundsätzliche Entscheidung zu treffen. BA, »Behandlung der Juden«, R 22/52. Der Historiker Eberhard Jaeckel veröffentlichte einen Artikel über diese Unterlagen: »Der Zettel mit dem schlimmen Wort«. In: Frankfurter Allgemeine Zeitung, 22. Juni 1978, S. 23, in dem er sie auf den 10. April 1942 zu datieren scheint. Zu jenem Zeitpunkt überprüfte Schlegelberger den vom Innenministerium vorgelegten Vorschlag eines Gesetzes, mit dem alle Paare, die in Mischehe lebten, zur Scheidung gezwungen werden sollten. Ein zweiseitiger Bericht Schlegelbergers darüber, der in derselben Akte enthalten ist, trägt das Datum 5. April 1942.

27 Goebbels, Tagebücher. Hg. Lochner (Einl., Anm. 39) Eintragung vom 9. März 1943, S. 262f; und Interview mit Leopold Gutterer, 17. August 1986 und 10. Dezember 1989. Himmler zufolge sagte Hitler bei ihrem Zusammentreffen am 19. Juni 1943, daß die »Evakuierung« der Juden innerhalb der nächsten drei bis vier Monate zu einem »radikalen« Abschluß gebracht werden müsse, auch wenn das zu Unruhen führe. Die Verwendung des Wortes »radikal« im Zusammenhang mit der Deportation aller »Mischlinge« und Juden aus Mischehen läßt an Eichmann denken, der sagte, daß er die Frage der deutschen »Mischlinge« radikal lösen werde. NA, T-175/R 94/26115097. Himmlers Vormerkbuch (NS 19, 1444) ist zu entnehmen, daß er sich am 19. Juni 1943 um halb elf die Haare schneiden ließ und zwischen drei und sieben Uhr mit Hitler zusammentraf.

28 Goebbels, Tagebücher. Hg. Reuth (vgl. Einl., Anm. 47), Eintragung vom 7. März 1942, S. 1763.

29 Ergebnisprotokoll der Konferenz zur »Endlösung« vom 10. Oktober 1941; Israel Police Document 1193.

30 Heydrich machte den Vorschlag, von der »Endlösung« alle mit Juden verheirateten »Mischlinge«, die Kinder hatten, auszuschließen (und zu sterilisieren), sowie die wenigen, die von höchster Stelle einen Sonderdispens erhalten hatten. Siehe Lösener (vgl. Einl., Anm. 62), S. 299.

31 Bei der Konferenz zur »Endlösung« am 6. März 1942 sagte Eichmann, daß man Theresienstadt eingerichtet habe, um einen – die Weltöffentlichkeit beruhigenden – falschen Eindruck zu erwecken. Zusammenfassung der Ergebnisse der Konferenz, ND NG-2586-H. Das in der Tschechoslowakei gelegene Theresienstadt, in dem es keine Gaskammern gab, war das von den Juden »bevorzugte« Lager. Es war für Menschen bestimmt, die über fünfundsechzig waren, und für eine kleine Zahl »privilegierter« Juden, wie die Leiter jüdischer Organisationen und Juden aus Mischehen, deren Partner verstorben waren oder sich hatten scheiden lassen. Die große Mehrheit der Häftlinge von Theresienstadt wurde jedoch nach Auschwitz deportiert. In Antwort auf die Forderung hoher Militärs, daß man das Leben von Juden, die sich im Ersten Weltkrieg als Soldaten ausgezeichnet hatten, schützen solle, versprach das RSHA, daß diese Menschen nach Theresienstadt gebracht werden sollten, ließ sie aber insgeheim von dort nach Auschwitz transportieren.

32 Der Leiter der Gestapo, Heinrich Müller, wies Unterstellen der Gestapo an, Juden, die vier verschiedenen Kategorien angehörten, in diese »Ghettos« für Alte zu bringen: Juden, die über fünfundsechzig Jahre alt waren, oder solche, die fünfundfünfzig Jahre alt und bei schlechter Gesundheit waren; privilegierte Juden aus Mischehen, deren Partner gestorben waren oder sich hatten scheiden lassen; »Geltungsjuden«, die nicht mit einem jüdischen Partner verheiratet waren; und Juden, die sich im Ersten Weltkrieg Auszeichnungen erworben hatten. Müller an die Gestapo-Büros, 21. Mai 1942; Internationaler Suchdienst HO 308/103, Bovensiepen-Prozeß, Beistück 100. Mit Ausnahme derjenigen, die Mischehen angehörten, also zu der zweiten und dritten der aufgeführten Kategorien zu rechnen waren, wurden alle von Theresienstadt nach Auschwitz verbracht. Siehe Hilberg (vgl. Einl., Anm. 56), Bd. II, S. 438; Hilberg zitiert dort H. G. Adler: Theresienstadt 1941–1945. 2. Aufl. Tübingen, 1960, S. 37–60 und S. 725.

33 Zusammenfassung der Wannsee-Konferenz; Nuremberg Trial Document NG-2586-E.

34 Aussage Adolf Eichmanns bei seinem Prozeß, Jerusalem, 23. und 26. Juni 1961 sowie 24. Juli 1961; zitiert bei Hilberg (vgl. Kap. 8, Anm. 2), S. 101–105.

35 Hilberg (vgl. Einl., Anm. 56), S. 421.

36 Zusammenfassung der Konferenz vom 6. März 1942, ND NG-2586-H.

37 Die Anweisungen des RSHA zur Deportation von deutschen Juden nach Auschwitz (z.B. jene vom 4. Juni 1942 und vom 20. Februar 1943) betrafen alle Juden mit Ausnahme derer, die bestimmten Kategorien angehörten. Zur Deportation vorgesehen waren auch privilegierte Juden aus Mischehen, deren Partner gestorben waren oder sich hatten scheiden lassen, was darauf hindeutet, daß nicht-privilegierte Juden aus Mischehen, deren Partner gestorben waren oder sich hatten scheiden lassen, ebenfalls in die Deportationen eingeschlossen werden sollten. Im Dezember

1943 erließ Himmler die Verfügung, daß von diesem Zeitpunkt an die privilegierten Juden aus Mischehen, deren Partner gestorben waren oder sich hatten scheiden lassen, ebenfalls deportiert werden konnten – außer in den Fällen, in denen eine solche Deportation zuviel Unruhe verursachen würde, weil die betreffende Person Kinder hatte. Befehl Heinrich Himmlers an alle Gestapo-Dienststellen mit Ausnahme jener im Protektorat, 18. Dezember 1943, Bovensiepen-Prozeß, Beistück 29. Die Berliner Gestapo verhaftete Juden, deren nicht-jüdische Ehepartner gestorben waren oder sich hatten scheiden lassen, binnen vierundzwanzig Stunden; in Prag wurden sie innerhalb eines Monats deportiert. Ältestenrat der Juden, Prag, an das Zentralbüro zur Regelung der Judenfrage in Böhmen und Mähren, 19. Juni 1944, Bovensiepen-Prozeß, Beistück 94. Siehe auch Landgericht Berlin, Verfahren gegen Stella Kübler, I P Ks 1/57. Kübler wurde verurteilt, weil sie für die Berliner Gestapo gearbeitet hatte; sie wurde von Zeugen beschuldigt, Berliner Juden aus Mischehen innerhalb von vierundzwanzig Stunden nach dem Tod eines nicht-jüdischen Ehepartners verhaftet zu haben. Siehe auch das Rundschreiben des Vertrauensmanns der Reichsvereinigung der Deutschen Juden, »B. O.«, zum Thema »privilegierte Juden aus Mischehen« in den Gebieten Württemberg und Hohenzollern vom 14. Juli 1942 im Stadtarchiv Ulm, Bestand H, Teil 16.

38 Stuckart war bei der Wannsee-Konferenz zugegen gewesen, offensichtlich hatte er aber bei dieser Gelegenheit kein Verständnis für jene gehabt, die gemeint hatten, daß in Mischehe lebende Deutsche über die Deportation ihrer jüdischen Partner sehr betrübt sein würden. Überdies hatte er sich, was den von ihm vorgebrachten Vorschlag betraf, offensichtlich nicht vorher mit dem Justizministerium abgesprochen, obwohl er diesen als einen gemeinsamen Vorschlag des Innen- und des Justizministeriums vorstellte.

39 Das Propagandaministerium war der Ansicht, daß eine solche Zwangsscheidung als Maßnahme nicht ausgefeilt genug war. ND NG-2586-H.

40 In solchen Fällen, meinte Schlegelberger, müsse der sich so widerspenstig zeigende deutsche Ehepartner den jüdischen Ehemann oder die jüdische Ehefrau in das Ghetto von Theresienstadt begleiten. Schlegelberger an Bormann, 5. April 1942, ND 4055-PS.

41 Interview mit Leopold Gutterer, 17. August 1986.

42 Siehe »Behandlung der Juden« (vgl. Anm. 26), R 22/52. Aus diesem Dokument geht hervor, daß Hitler die Lösung der »jüdischen Frage« (im allgemeinen) bis nach dem Ende des Krieges verschoben hatte.

43 Himmler an Berger, 28. Juli 1942, Bovensiepen-Prozeß, Beistück 108, oder Bundesarchiv NS 19/1415.

44 Briefwechsel zwischen den genannten Behörden und anderen aus dem Zeitraum zwischen dem 13. Januar und dem 25. Juni 1942; YIVO Institute for Jewish Research, Nr. G 57.

45 Henschel (vgl. Einl., Anm. 11), S. 5.

46 Einzelheiten bei Hildesheimer (vgl. Kap. 10, Anm. 2) , S. 221–227. Zu einer kritischen Untersuchung der »Gruppe Baum« siehe Wolfgang Scheffler: »Der Brandanschlag im Berliner Lustgarten im Mai 1942 und seine Folgen«. In: Jahrbuch des Landesarchivs Berlin. Hg. von Hans Reichhardt. Berlin, 1984, S. 91–118.

47 BA Potsdam, R 8150, Aufzeichnungen des Direktoriums der Reichsvereinigung (von der Hand Kozowers), 31. Mai 1942.

48 Goebbels, Tagebücher. Hg. Reuth (vgl. Einl., Anm. 47), S. 1799 und S. 1883.

49 Goebbels war beständig in alles verwickelt, was die Durchführung der »Endlösung« betraf, und die Reichsvereinigung sandte daher jeweils drei Exemplare seiner Rundschreiben an das Propagandaministerium. BA Potsdam, R 8150, Aufzeichnungen des Direktoriums der Reichsvereinigung, 6. Dezember 1941.

50 BA Potsdam, R 8150; Aufzeichnungen des Direktoriums der Reichsvereinigung, 25. Juni 1942.

51 Benz (vgl. Kap. 1, Anm. 41), S. 72.

52 R. A. C. Parker: Struggle for Survival: The History of the Second World War. Oxford und New York, 1990, S. 144.

53 Aussage von Kurt Grünewald, 18. November 1965, Bovensiepen-Prozeß. Im Unterschied zu anderen Gebieten des Reichs, in denen der Regierungspräsident die Konfiszierung genehmigen mußte, war die Gestapo in Berlin sowohl für die Evakuierung wie auch für die Konfiszierung zuständig. Anklageschrift, 166, Bovensiepen-Prozeß.

54 Als Alois Brunner einige Wochen später den Namen von Martha Mosse auf die Liste der zu deportierenden Personen setzte, gelang es Frau Mosse, Berger dazu zu bewegen, für sie zu intervenieren. Frau Mosse erinnerte sich, daß ein Angestellter der Jüdischen Gemeinde namens Reichenheim ebenfalls von anderen Juden des Diebstahls bezichtigt worden war. Die Führung der Gemeinde entschied, daß er entlassen werden sollte, und er wurde daraufhin deportiert. Aussage von Martha Mosse, 9. April 1966, Bovensiepen-Prozeß.

55 Aussage von Gerhard Schmidt, 22. August 1966, Bovensiepen-Prozeß.

56 Auszüge aus dem SS und Pol. Gefängnis, Berlin-Schöneberg, Grünewaldstraße 68, Beistück 66, Bovensiepen-Prozeß.

57 Briefen vom 8.–10. März 1943 gemäß wurde Bovensiepen von Berlin nach Kassel versetzt; Bovensiepen-Prozeß, Beistück 66.

58 Hilberg (vgl. Einl., Anm. 56), S. 47 (Fußnote).

59 Aussage von Harry Schnapp, IfZ, Wiener Library Files, WZS.

60 Mary Felstiner: »Alois Brunner, ›Eichmann's Best Tool‹«. In: Simon Wiesenthal Center Annual, Bd. 3 (1986), S. 9.

61 Landgericht Frankfurt am Main, 50 Js 36019/84. Verfahren gegen Alois Brunner, Aussage von Norbert Wollheim, 10. April 1986.

62 Hilberg (vgl. Einl., Anm. 56), S. 657; dort wird ein Befehl Knochens und Brunners zitiert, 14. April 1944, ND NO-1411.

63 Interview mit Abrahamsohn, 16. August 1986.

64 BA Potsdam, R 8150, Aufzeichnungen des Direktoriums der Reichsvereinigung (von der Hand Kozowers), 14. November 1942.

65 Bovensiepen-Prozeß, Beistück 30, Aussage Max Reschkes bei einer Befragung, 11. Mai 1959.

66 Jacob Jacobson, 9. Dezember 1965; LBI, Max Kreuzberg Collection.

67 Aussage von Harry Schnapp, IfZ, Wiener Library Files, WZS, 5.

68 Henschel (vgl. Einl., Anm. 11), S. 8.

69 Ein Augenzeuge sprach vom gewaltsamen Zusammentreiben von Leuten und »sehr lauten Protesten« dagegen; Aussage von Harry Schnapp, BA, Bovensiepen-Prozeß, 27. April 1965.

70 Felstiner (vgl. Anm. 60), S. 9.

71 Zivier (vgl. Einl., Anm. 23).

72 Aussage von Max Reschke (einem damaligen Helfer Dobberkes), 4. Mai 1959, Beistück 30 (Sammlung Dr. Wolfgang Scheffler), Bovensiepen-Prozeß.

73 Als Hitler in der Öffentlichkeit keine klare Stellung bezog, glaubten örtliche Parteiführer, daß sie eine Entscheidung fällen müßten oder die Gelegenheit dazu hätten. Vor der Verabschiedung der Nürnberger Gesetze legte – wie Lösener schreibt – jeder lokale Parteiführer den Terminus »Jude« nach eigenem Gutdünken aus, wodurch sie sogar Menschen, die nur ein Achtel jüdischen Blutes in sich hatten, zu ihren potentiellen Opfern machen konnten. Lösener (vgl. Einl., Anm. 62), S. 278. Lösener selbst drängte im September 1942 – als Fachmann des Innenministeriums für jüdische Angelegenheiten – darauf, daß man Hitler die letzte Entscheidung über das Schicksal der »Mischlinge« überlassen solle. Beeidigte Erklärung Löseners, 17. Oktober 1947, ND NG-2982.

74 Der Vorstand der Reichsvereinigung wurde über dieses Verfahren von Hauptsturmführer Gutwasser aus der Abteilung Eichmann informiert. Protokoll einer Versammlung des Direktoriums der Reichsvereinigung am 21. März 1942 (von der Hand Eppsteins). LBI, Microfilm 66 (Original im BA Potsdam R 8150).

75 BA Potsdam, R 8150, Aufzeichnungen der Reichsvereinigung (von der Hand Eppsteins), 7. November 1941. Im Juli 1942 teilte man dem Direktor der Jüdischen Gemeinde von Berlin, Moritz Henschel, mit, daß Juden aus Mischehen nicht aus dem Dienst bei der Gemeinde entlassen werden sollten. BA Potsdam, R 8150, Aufzeichnungen des Direktoriums der Reichsvereinigung (von der Hand Henschels). Juden, denen man kündigte, wurden nach Theresienstadt gebracht.

76 Im März 1942 verlangte das Propagandaministerium eine weitere Reduktion der Angestellten der Jüdischen Gemeinde; es sollte jedoch jeder, der über fünfundfünfzig Jahre alt war, und jeder, der in einer Mischehe lebte, davon ausgeschlossen werden. BA Potsdam, R 8150, Aufzeichnungen des Direktoriums der Reichsvereinigung (von der Hand Eppsteins), 5. März 1942. Die Entlassenen sollten nicht dem Arbeitsamt zugestellt werden, um sich eine neue Stelle zuweisen zu lassen, sondern eine Liste mit ihren Namen sollte der Gestapo zugeschickt werden.

77 Frau Mosse berichtete, daß der Verwaltungsapparat der Gemeinde ziemlich aufgeschwollen war, weil die Angestellten bis zu einem gewissen Grad vor der Deportation geschützt waren. Die Gestapo drängte den Vorstand wiederholt, überschüssige Angestellte zu entlassen; der Vorstand reagierte aber stets nur sehr zögerlich, weil er die Mitarbeiter der Gemeinde weiterhin vor einer Deportation zu bewahren suchte. Aussage von Dr. Martha Mosse, 9. April 1968, Bovensiepen-Prozeß.

78 Felstiner (vgl. Anm. 60), S. 9. Am Tag vor dieser sogenannten »Gemeinde-Aktion« war Frau Mosse von den beiden Direktoren Moritz Henschel und Philipp Kozower angewiesen worden, dafür zu sorgen, daß jeder ihrer Mitarbeiter sich am folgenden Tag an seinem Arbeitsplatz befinden würde. Aussage von Dr. Martha Mosse, 9. April 1968, Bovensiepen-Prozeß. Was das genaue Datum der Aktion betrifft, gibt es in den Berichten über sie gewisse Meinungsverschiedenheiten. Siehe auch Henschel (vgl. Einl., Anm. 11), S. 7.

79 Felstiner (vgl. Anm. 60), S. 9, und Inge Unikower: Suche nach dem gelobten Land. Berlin, 1978, S. 246.

80 Aussage von Dr. Martha Mosse, 9. April 1968, Bovensiepen-Prozeß. Frau Mosse versuchte, in den Zeugenaussagen, die sie nach dem Krieg abgab, die ehemaligen Gestapobeamten zu schützen, indem sie sie als Männer darstellte, die keine andere Wahl gehabt hätten, als ihren Befehlen zu folgen. Sie interpretierte Günthers Worte offenbar so, daß er sie zu warnen versuchte.

81 Felstiner (vgl. Anm. 60), S. 9.

82 Aussage von Dr. Martha Mosse, 9. April 1968, Bovensiepen-Prozeß.

83 In dieser Liste waren auch die jeweiligen Unterstellen der Gestapo aufgeführt, die für die Deportation verantwortlich sein würden, BA Potsdam, R 8150, Aufzeichnungen des Direktoriums der Reichsvereinigung, 19. und 27. November 1942.

84 Jüdisches Nachrichtenblatt, 27. November und 11. Dezember 1942, oder »Neue Bestimmung«. In: Judentum und Recht. Bd. 6, Nr. 24 (15. Dezember 1942).

85 Primo Levi (vgl. Kap. 9, Anm. 16)

86 Interview mit Charlotte Israel Freudenthal, 22. Juni 1990.

87 Anklageschrift, 149, Bovensiepen-Prozeß.

88 Interview mit Elsa Holzer, 7. April 1985.

89 Hilberg (vgl. Einl., Anm. 56), S. 1038.

90 Der Historiker Guenter Lewy meint, daß die Bischöfe damals die Stärke ihrer eigenen Position unterschätzt hätten. Lewy (vgl. Kap. 1, Anm. 73), S. 313.

91 Arendt (vgl. Kap. 1, Anm. 21), S. 125.

92 Isiah Trunk: Judenrat: The Jewish Councils in Eastern Europe under Nazi Occupation. New York, 1972, S. xxxv.

93 Konrad Kwiet: »Resistance and Opposition: The Example of the German Jews«. In: Contending with Hitler (vgl. Kap. 1, Anm. 75), S. 73.

94 »Schlußbericht« der Kataster-Verwaltungsabteilung der Jüdischen Gemeinde Berlins, BA Potsdam, R 8150, 1. September 1942.

95 Siehe das Beispiel in »Neue Bestimmung« (vgl. Anm. 84).

96 Interview mit Edith Wolf, Haifa, 8. April 1986. Frau Wolf berichtet in ihren unveröffentlichten Memoiren darüber, wie ihr Name aus der Liste der Gemeindemitglieder entfernt wurde. Yad Vashem, 01/247.

13

Die Pläne, das Reich »judenrein« zu machen, der
Widerstand der Frauen und der »totale Krieg«

1 Eleanor Hancock hat eine ausgezeichnete Studie über den »totalen Krieg« verfaßt, in der sie auch auf die Probleme eingeht, die die Zwangsverpflichtung von Frauen zur Arbeit mit sich brachte. Eleanor Hancock: The National Socialist Leadership and Total War, 1941–45. New York, 1991.

2 London, London Public Records Office, FO 371/34454. Diese Rede wurde vor kurzem von Sol Littman vom Simon Wiesenthal Center wiederentdeckt.

3 Die Rede Hitlers vom 30. September 1942 ist zitiert bei Raul Hilberg (vgl. Einl., Anm. 56), S. 407.

4 Mehr als die Hälfte derer, die sich am 1. Januar 1943 noch auf Reichsgebiet be-

fanden, lebten in Berlin. Bericht des Reichsstatistikers Korherr, 19. April 1943, ND NO-5193.

5 Ergebnisprotokoll der Konferenz vom 27. Oktober 1942, ND NG-2586-M.

6 Otto Hünsche, der Stellvertreter Eichmanns, der bei der Konferenz anwesend war, sagte in einem Interview, daß die damals Versammelten die Absicht gehabt hätten, Juden, die mit Deutschen verheiratet waren, zu deportieren, und zwar auch solche, die in einer privilegierten Mischehe lebten. Telefoninterview mit Otto Hünsche, 11. August 1986.

7 Dies war die Position, die sich die Teilnehmer der Konferenz vom 10. Oktober 1941 – bei der das RSHA bestimmend war – zu eigen machten. Heydrich, Eichmann und andere maßgebliche Funktionäre waren übereingekommen, daß Deutsche, die mit Juden verheiratet waren und sich weigerten, sich scheiden zu lassen, zusammen mit ihren Partnern deportiert werden sollten. Siehe Hilberg (vgl. Einl., Anm. 56), S. 402, Israel Police Document 1193, Longerich (vgl. Kap. 1, Anm. 82), S. 220f.

8 Hilberg (vgl. Einl., Anm. 56), S. 424–426; Hilberg zitiert ND NG-2982 und NG-2586-M.

9 Kammergericht Berlin, Verfahren gegen Fritz Wöhrn, Dokument Bd. 7, 18, und Anklageschrift, 147.

10 Anklageschrift, Prozeß gegen Fritz Wöhrn, 101, 147.

11 Anfang März 1943 – im Gefolge der »Schlußaktion« – wurde es Parteimitgliedern untersagt, Deutsche zu heiraten, die vorher mit Juden verheiratet gewesen waren. Nachdem Millionen deutscher Männer im Krieg gefallen waren, erwartete man von Parteimitgliedern wie von Soldaten, daß sie eine »bessere Ehepartnerin« fanden als eine, die zuvor mit einem Juden verheiratet gewesen war. BA, NS 19/3335, 32.

12 Paul C. Squire in einem Interview mit Carl J. Burckhardt, 7. November 1942, NA RG 84, Amerikanisches Konsulat Genf, vertrauliche Akte 1942, 800. Richard Breitman ist in: The Architect of Genocide (vgl. Kap. 2, Anm. 7; hier S. 152 und 154) ausführlich auf dieses Zeugnis eingegangen. Siehe auch Laqueur (vgl. Kap. 10, Anm. 29), S. 63. Burckhardt hat diesen Bescheid nicht persönlich zu Gesicht bekommen; er besaß aber zwei zuverlässige deutsche Informanten, Vertreter des Außenministeriums und der Wehrmacht.

13 Ende 1942 waren die »Mischlinge« und vor allem die Juden aus Mischehen in großer Gefahr, deportiert zu werden – dies ist der Schluß, zu dem Uwe Adam in: Judenpolitik im Dritten Reich (vgl. Einl., Anm. 67; hier S. 316f. und S. 329) kommt.

14 Lehfeld (vgl. Einl., Anm. 6), S. 1.

15 Hitler sagte dies in einer geheimen Ansprache am 22. August 1939 zu den Oberkommandierenden der Wehrmacht – jedenfalls der sogenannten »Lochner«-Version dieser Rede zufolge. Siehe Louis Lochner: What about Germany? New York, 1942, S. 1–5; der Text auch in: Office of U.S. Chief of Counsel for Prosecution of Axis Criminals: Nazi Conspiracy and Aggression. Washington, D.C., 1946, Bd. VII, S. 752–754, L-003.

16 BA Koblenz, NS/19, 2655, SS-Obergruppenführer Krüger an Heinrich Himmler, 5. Dezember 1942.

17 Laqueur (vgl. Kap. 10, Anm. 29), S. 37.

18 BA NL 118/51, Tagebucheintrag Goebbels' vom 28. Januar 1943.

19 NA, RG 226, 134, 24. Februar 1943. Gemäß einem OSS-Bericht vom folgenden Tag war die Stimmung unter den Arbeitern immer noch besser als sonst in der deutschen Bevölkerung; vor allem die Moral der Oberschicht sei eindeutig schlechter als die der Mittelklasse, und die wiederum sei schlechter als die der Arbeiterschaft. NA, RG 226, 134, 25. Februar 1943.

20 Stadtarchiv Ostberlin, Rep. 016B, Nr. 2946, 96–172.

21 Das Übereinkommen zwischen den Briten und den Amerikanern verlangte die progressive Zerstörung des militärischen, industriellen und wirtschaftlichen Systems und die allmähliche Unterminierung der Moral des deutschen Volkes. Siehe Parker (vgl. Kap. 1, Anm. 35), S. 155. Siehe auch die Untersuchung über die Auswirkungen der alliierten Bombenangriffe von Olaf Groehler: Bombenkrieg gegen Deutschland. Berlin, 1990.

22 NA, RG 226, 33008, März 1943.

23 Goebbels, Tagebücher. Hg. von Lochner (vgl. Einl., Anm. 39), Eintragung vom 12. September 1943; S. 447.

24 NA, RG 226, 36790.

25 Nach der Berliner Illustrierten Zeitung, NA, RG 226, 858.9111/673, 5. März 1943.

26 Nach der Berliner Nachtausgabe und der Deutschen Allgemeinen Zeitung, NA, 862.9111/1091, 2. März 1943.

27 Gabriele Huster: »Das Bild der Frau in der Malerei des deutschen Faschismus«. In: Frauen unterm Hakenkreuz. Berlin, 1983, S. 64.

28 Speer (vgl. Kap. 1, Anm. 70), S. 335.

29 Goebbels, Final Entries (vgl. Einl., Anm. 36), S. xxiii.

30 Speer (vgl. Kap. 1., Anm. 70), S. 335.

31 Der Historiker Charles S. Maier kommt zu dem Schluß, daß die Zahl der beschäftigten Frauen tatsächlich etwas gesunken sein mag. Er meint jedoch, daß man in Großbritannien die Bevölkerung viel effizienter mobilisierte und es Indizien dafür gebe, daß man in Deutschland relativ lässig an diese Aufgabe herangegangen sei. Charles S. Maier: In Search of Stability. Cambridge, 1988; S. 106–109.

32 Goebbels, Final Entries (vgl. Einl., Anm. 36), S. xxii.

33 Speer (vgl. Kap. 1, Anm. 70), S. 294f.

34 Michael Burleigh und Wolfgang Wippermann: The Racial State: Germany 1933–1945. Cambridge, 1991, S. 242.

35 Auch Goebbels äußerte sich dahingehend, daß Frauen aus dem öffentlichen Bereich ausgeschlossen werden sollten. Siehe Rupp (vgl. Kap. 3, Anm. 10), S. 16f.

36 Speer (vgl. Kap. 1, Anm. 70), S. 294.

37 Goebbels, Final Entries (vgl. Einl., Anm. 36), S. xxiii. Eine Untersuchung zu Goebbels' Absichten hinsichtlich des »totalen Krieges« bei Hancock (Anm. 1), S. 69. Obwohl Goebbels derjenige war, der Hitler im Dezember 1942 den Einstieg in einen solchen Krieg vorschlug, war er nicht der einzige führende Nazi, der sich für die Ergreifung entsprechender Maßnahmen aussprach. Göring und der Leiter der Deutschen Arbeitsfront, Robert Ley, waren zum Beispiel dafür, Frauen zwangsweise zur Arbeit heranzuziehen und kulturelle Vereinigungen aufzulösen. Dieter Rebentisch hat gemeint, daß die Historiker Goebbels' Rolle, was die Planung eines »totalen Krieges« anbelangte, überbewertet haben; Rebentisch behauptet, daß Hitler selbst – und nicht Goebbels – in diesem Fall die treibende Kraft war,

ein Argument, das jedoch wenig überzeugt, da Goebbels es 1941 erfolglos versucht hatte, Hitler zur Zwangsverpflichtung von Frauen zu bewegen. Eleanor Hancock, die sowohl auf Richard Overy als auf Rebentisch verweist, meint, daß zwischen Goebbels und dem Dreierausschuß vor allem Uneinigkeiten darüber bestanden, wie man den geplanten »totalen Krieg« in die Wirklichkeit umsetzen könne; Goebbels hätte es vorgezogen, wenn nur eine Person dafür verantwortlich gewesen wäre statt eines Ausschusses. Siehe Hancock (vgl. Anm. 1), S. 50–54 und S. 69f.

38 Broszat u.a. (vgl. Kap. 10, Anm. 46), S. 574. Untersekretär Syrup vom Arbeitsministerium hatte einen Plan vorgelegt, wie man 5500000 Frauen, die in keinem Arbeitsverhältnis standen, in der Rüstungsindustrie einsetzen könnte. Siehe Speer (vgl. Kap. 1, Anm. 70), S. 675, Anm. 10.

39 Koonz (vgl. Einl., Anm. 54), S. 395f.

40 Hitler, hier zitiert bei Mason (Kap. 8, Anm. 14), S. 74.

41 Koonz (vgl. Einl., Anm. 54), S. 399ff.

42 Ein Brief von der »echten« Front an die »Heimatfront« läßt vermuten, daß die Familienmitglieder in der Heimat die Bedingungen, unter denen sie lebten, positiver dargestellt hatten, als sie wirklich waren, um die Fassade aufrechtzuerhalten und gleichzeitig den Frontkämpfer zu trösten und zu beruhigen. Siehe Kershaw (vgl. Kap. 1, Anm. 63), S. 350f.

43 Goebbels, Final Entries (vgl. Einl., Anm. 36), S. XXIII. Allein in Hannover, einer Stadt mit damals ungefähr 500000 Einwohnern, wurden achtzig Süßwarengeschäfte geschlossen. Siehe Boberach (vgl. Kap. 1, Anm. 26), Bd. XIII, Eintragung für den 11. März 1943, 4942.

44 Frauen, vor allem Pazifistinnen unter ihnen, wurden, wie Susanna Dammer schreibt, im Zusammenhang mit der »Dolchstoß-Legende« dafür verantwortlich gemacht, daß der Krieg verlorenging. Siehe Susanna Dammer: »Kinder, Küche, Kriegsarbeit – die Schulung der Frauen durch die NS-Frauenschaft«. In: Mutterkreuz und Arbeitsbuch, S. 216. Ute Daniel meint, daß der Kampf ums Überleben in Deutschland nach dem Winter 1915/16 den Bemühungen des Staates, Frauen in der Rüstungsindustrie einzusetzen, sehr abträglich war und daß wirtschaftliche Härten letztlich für die Unfähigkeit des Staates verantwortlich waren, sich weiterhin der Unterstützung durch die Bevölkerung zu versichern, was zu seinem Zusammenbruch von 1918 führte. Daniel zufolge hatten Frauen subversive Strategien entwickelt, um ihre Familien am Leben zu erhalten, die den Konsens zwischen Herrscher und Beherrschten unwiederbringlich zerstörten; arbeitenden Frauen hätten am meisten zur Desintegration des Staates beigetragen. Ute Daniel: Arbeiterfrauen in der Kriegsgesellschaft: Beruf, Familie, Politik im Ersten Weltkrieg. Göttingen, 1989, S. 232.

45 Broszat u.a. (vgl. Kap. 10, Anm. 46), S. 587.

46 Burleigh und Wippermann (vgl. Anm. 34), S. 264.

47 Boberach (vgl. Kap. 1, Anm. 26), Bd. XIII, Eintragung für den 11. März 1943, 4934.

48 Speers Ministerium für Rüstung und Kriegsproduktion berichtete, daß es »die Mobilisierung der deutschen Frauen für die Kriegsanstrengungen als völlig gescheitert ansehen« müsse. Zitiert bei Mason (vgl. Kap.8, Anm. 14), S. 21.

49 Obwohl die mangelnde Entschlossenheit des Regimes dazu beitrug, daß die Frauen Hitlers Aufruf zum »totalen Krieg« in einem solchen Ausmaß einfach zu

ignorieren vermochten, kann man diesen Frauen nicht zugestehen, daß sie diesen Mangel an Entschlossenheit erst entstehen ließen; sie befinden sich, was den von ihnen geleisteten Widerstand oder die von ihnen geleistete »Resistenz« betrifft, also nicht auf einem Niveau mit den Frauen von der Rosenstraße.

50 Die Verweigerung der Frauen wurde durch die Ideale, die die Nazis ihnen in den zehn Jahren ihrer Herrschaft zu vermitteln versucht hatten, verstärkt, wenn sie nicht gar auf diesen Idealen basierte. Ihre Reaktion scheint darauf hinzudeuten, daß die Mehrheit der Frauen eine Berufstätigkeit noch nicht als Norm empfand; denn, wie Claudia Koonz schreibt, die Frauen akzeptierten im allgemeinen bereitwillig die Herrschaft der Nazis, da sie ebenfalls an einen gesonderten »Lebensraum« der Frau glaubten und radikal nationalistisch gesinnt waren. Koonz (vgl. Einl., Anm. 54), S. 310.

51 Speer (vgl. Kap. 1, Anm. 70), S. 337. Speer kam es damals so vor, als ob Goebbels sich zu seinen Ausbrüchen hinreißen ließ; wie dieser ihm aber nach seiner Ansprache erklärte, war alles ganz nüchtern kalkuliert gewesen. Als neuernannter Rüstungsminister hatte Speer Schwierigkeiten, die Aufmerksamkeit zu erhalten und sich die Ressourcen zu verschaffen, die er brauchte, um die Produktion von Rüstungsgütern anzukurbeln. Als Goebbels im Sommer 1942 auf die Bitte des Rüstungsministers in den Nachrichtensendungen und in der Presse öfter über Speer und dessen Arbeit berichten ließ, wurden der neue Minister und seine Mitarbeiter ebenfalls »über Nacht« mächtig. Speer (vgl. Kap. 1, Anm. 70), S. 84. Hitler setzte jedoch 1943 Goebbels' wachsender Macht Grenzen, indem er im März des Jahres entschied, daß Rosenberg, der Reichsminister für die besetzten Ostgebiete, für die Propaganda in jenen Territorien verantwortlich sein solle und nicht Goebbels. Siehe Hancock (vgl. Anm. 1), S. 57.

52 Goebbels, Tagebücher, 28. Januar 1943; BA NL 118751.

53 Goebbels, Tagebücher. Hg. von Taylor (vgl. Einl., Anm. 32), Eintragung vom 4. Oktober 1940, S. 130.

54 Goebbels, Final Entries (vgl. Einl., Anm. 36), S. xxiv. Das Restaurant wurde nur als eine Art Privatklub für Luftwaffenangehörige wiedereröffnet. Goebbels genoß in dieser Angelegenheit offenbar die Unterstützung Hitlers, der sich kritisch darüber äußerte, daß es immer noch Nobelrestaurants wie »Horcher« gebe. Siehe Hancock (vgl. Anm. 1), S. 57.

55 Kaltenbrunner gab diese Einschätzung Goebbels' vor dem Internationalen Militärtribunal in Nürnberg ab. Office of the U.S. Chief of Counsel for Prosecution of Axis Criminality: Nazi Conspiracy and Agrgression, Supplement B. Washington, D.C., 1948; 1297.

56 Goebbels, Tagebücher. Hg. von Lochner (vgl. Einl., Anm. 39), Eintragung vom 6. März 1943. Siehe auch die Eintragung vom 16. Dezember 1942, S. 227f.

57 Hessisches Hauptstaatsarchiv, Urteil gegen Heinrich Baab (51 Ks 1/50).

58 Der Sekretärin des Leiters des Judenreferats der Berliner Gestapo zufolge überlebten Juden, die in Schutzhaft genommen und in ein Arbeitslager geschickt worden waren, »in der Regel« nur drei, vier oder – wenn es hoch kam – sechs Monate. Aussage von Margaret Schindler, Bovensiepen-Prozeß (ohne Datum). Juden in Arbeitserziehungslager zu stecken war vor dem Hintergrund der nazistischen Ideologie eigentlich widersinnig, da Juden ja durch ihr Blut unheilbar verderbt waren und sich in keiner Weise »bessern« konnten. Generell wurde ein Jude, den man

in Schutzhaft genommen hatte, nicht wieder freigelassen, und kaum einer dieser Menschen kehrte jemals wieder nach Hause zurück.

59 Hessisches Hauptstaatsarchiv, Wiesbaden, Urteil gegen Georg Albert Dengler (2a Ks 1/49), 26.

60 Hessisches Hauptstaatsarchiv, Urteil gegen Heinrich Baab (51 Ks 1/50).

61 BA, Anklageschrift, Verfahren gegen Fritz Wöhrn, 106. Die Juden aus Mischehen wurden sehr oft aufgrund völlig aus der Luft gegriffener Vorwürfe verhaftet. Einem beispielsweise wurde – einzig auf der Grundlage einer Namenliste, die man in seinem Schreibtisch gefunden hatte – vorgeworfen, an einer Verschwörung gegen den Staat beteiligt zu sein; in Wirklichkeit handelte es sich bei dieser Liste um ein Verzeichnis armer Menschen, denen seine Familie traditionell zu Weihnachten beistand. Hessisches Hauptstaatsarchiv, Verfahren gegen Joseph Hedderich und Johann Schmitz (4 Ks 2/53), Aussage von Luise Wenig, 11. August 1950.

62 Obwohl diejenigen, die der Jüdischen Gemeinde nahestanden, schätzten, daß es in den Jahren 1943–44 in Berlin ungefähr 7000 Juden in Mischehen gegeben haben muß (Aussage von Else Hannach, Juli und September 1944, Beistück 30 [Sammlung Dr. Wolfgang Scheffler], Bovensiepen-Prozeß), führte die Jüdische Gemeinde selbst im September 1942 nur 4723 mit Deutschen verheiratete Juden in ihren Unterlagen; der Vorstand gab an, daß die Zahl offensichtlich »zu niedrig« sei, da viele dieser Menschen sich nicht hatten registrieren lassen. »Schlußbericht« des Kataster-Verwaltungsamts der Berliner Jüdischen Gemeinde, BA Potsdam, R 8150, 1. September 1942. Das RSHA richtete bei der Gestapo von Darmstadt eine Abteilung ein, die sich mit der Auflösung von Mischehen befassen sollte; diese nahm ihre Arbeit aber erst am 7. März 1943 auf, einen Tag, nachdem Goebbels die Freilassung der in der Rosenstraße Inhaftierten angeordnet hatte.

63 Zu den Aktivitäten von von Gaevernitz siehe Walter Laqueur und Richard Breitman: Breaking the Silence. New York, 1986, S. 71–73 und S. 238f.

64 Lehfeld (vgl. Einl., Anm. 6), S. 1f. Dr. Lehfelds Bericht, daß im Januar 1943 Funktionäre des RSHA die Absicht hatten, sogar die Juden aus privilegierten Mischehen zu deportieren, wurde 1959 von Max Reschke bestätigt, der als Oberster der jüdischen Ordner in dem Sammellager in der Großen Hamburger Straße zum Einsatz gekommen war. Reschke erinnerte sich, daß Anfang 1943 Juden aus privilegierten Mischehen, wie auch ihre Partner, den Befehl erhielten, sich in der Großen Hamburger Straße und in dem Gemeindehaus in der Rosenstraße registrieren zu lassen. Vielleicht ging das auf die Männer im RSHA zurück, die die »Endlösung« ohne weiteren Verzug zu einem Abschluß bringen wollten. Die bloße Registrierung dieser Menschen würde keine Kontroversen auslösen, und es war wichtig, ihre Namen und Adressen zu kennen, für den Fall, daß sich die Gelegenheit zu einem raschen Schlag gegen sie ergeben sollte. Das RSHA hielt sich aber an den weniger radikalen Plan, nur Juden ohne Kinder zu deportieren, als es durch den Straßenprotest unter Druck geriet. Anfang März ließ das RSHA, im Zusammenhang mit der »Schlußaktion«, dreiundsechzig Juden aus Mischehen nach Auschwitz bringen. Interview mit Kurt Blaustein, 4. November 1985.

65 Dies steht mit Himmlers Erlaß vom 5. November im Einklang, daß »Mischlinge« entweder nach Auschwitz oder in das Arbeitslager Lublin zu schicken seien. KB, Verfahren gegen Fritz Wöhrn, Dokument Band 7, 18, oder Anklageschrift, Verfahren gegen Fritz Wöhrn, 147. Menschen in Arbeitslager zu schicken anstatt

sofort in die Gaskammern, setzte voraus, daß man sie von den anderen separierte, und es ist möglich, daß die »Mischlinge« und die Juden aus Mischehen, die im Zuge der »Schlußaktion« festgenommen wurden, zunächst in Arbeitslager gebracht und nicht sofort ermordet werden sollten. Das Schicksal der sechsunddreißig Juden aus kinderlosen Mischehen, die die Gestapo Anfang März in das Arbeitslager Monowitz bei Auschwitz bringen ließ, zeigt, daß man sich mit einem solchen Vorgehen mehrere Möglichkeiten offenhielt. Die sechsunddreißig Männer wurden auf Befehl hoher Funktionäre zwei Wochen später wieder nach Berlin zurückgebracht. Zusammenfassung der Aussage von Johanna Heym, Pst h 60, XIX, S. 127ff., in der Anklageschrift, 214, Bovensiepen-Prozeß. Man teilte Heym mit, daß die Männer »aus Versehen« deportiert worden seien und der Hauptverantwortliche für diese Aktion, August Schiffer, deswegen strafversetzt worden sei. Heyms Ausssage, soweit sie Schiffer betrifft, wurde von einer Aussage Walter Stocks bestätigt, 13. August 1951, Verfahren gegen Stock.

66 Dieser Versuch, »Mischlinge« auf legaler Basis zu deportieren, spiegelt die Bemühungen Jakob Sprengers wieder, in seinem Bezirk in Hessen Juden aus Mischehen umbringen zu lassen, nachdem er sie als Kriminelle hatte festnehmen lassen; er zeigt aber auch, daß das Regime sich vor möglichen sozialen Unruhen schützen wollte, indem es vorgab, nur dem Gesetz entsprechend zu handeln.

67 Lösener (vgl. Einl., Anm. 62), S. 298. Im September 1942 liefen in Kreisen der Mitarbeiter des Innenministeriums neue Gerüchte um, daß das RSHA Vorkehrungen zur Deportation der »Mischlinge« treffe. Hilberg (vgl. Einl., Anm. 56), S. 423.

68 Aussage von Adolf Kurtz, 28. Juni 1961; Israel Police Document 144. Weil das »Material« knapp wurde, mit denen sie die Transportzüge füllte, hatte die Berliner Gestapo (Dobberke) im Juli angefragt, ob jüdische Zwangsarbeiter und Juden aus Mischehen nicht ebenfalls deportiert werden sollten. BA Potsdam, R 8150, Aufzeichnungen des Direktoriums der Reichsvereinigung, 29. Juli 1942.

69 Henschel (vgl. Einl., Anm. 18).

70 International Military Tribunal: Trial of the Major War Criminals. Nuremberg 1947–1949; 42 vols.; Aussage des Rüstungsministers Albert Speer, vol. XVI, S. 519.

71 Sogar vor Beginn der Deportationen in Deutschland klagte Goebbels über die Behauptungen einiger Industrieller, daß Juden unentbehrlich seien. BA Potsdam, 50.01, Ig, 21. April 1941.

72 Landgericht Berlin, Pkls 3/52, Verfahren gegen Stock, Zeugenaussage von Alexander Rothholz, 2. Mai 1951. Rothholz sagte aus, daß sein Chef Mitte Dezember von einem Treffen zurückgekehrt sei, zu dem Stock alle Berliner Fabrikanten geladen hatte, und ihm erzählt habe, daß Stock bei diesem Anlaß eine Rede dieses Inhalts gehalten habe.

73 Aufzeichnungen der Reichsvereinigung, 15. Februar 1943. Ganz Deutschland sollte bis zu Hitlers Geburtstag am 20. April von Juden »gesäubert« sein. Siehe Mira und Gerhard Schönberner: Zeugen sagen aus: Berichte und Dokumente über die Judenverfolgung im Dritten Reich. Berlin, 1988, S. 296.

74 Tatsächlich kamen mit der »Schlußaktion« die sogenannten »Tausender«-Deportationen – bei ihnen waren jeweils eintausend Menschen in die Transportzüge verfrachtet worden – zu einem Ende; die Gestapo löste daraufhin die Jüdische Gemeinde Berlins auf und schickte die letzten Gemeindeangestellten (ungefähr ein-

tausend Personen) am 12. März 1943 nach Auschwitz und Theresienstadt. Siehe Henschel (vgl. Einl., Anm. 18), S. 12. Ein Berliner Nachkriegsgericht sah die Verhaftung der Gemeindeangestellten als »offenbar den Abschluß der sog. ›Fabrikaktion‹« an. Kammergericht Berlin, Vermerk, Verfahren gegen Boßhammer.

75 »Schlußbericht« des Kataster-Verwaltungsamtes der Jüdischen Gemeinde Berlins, BA Potsdam, R 8150, 1. September 1942. Während der »Schlußaktion« zwang die Gestapo festgenommene Juden aus Mischehen, die Namen und die Adressen anderer ihnen bekannter Juden mit deutschen Ehepartnern preiszugeben. Interview mit Günter Grodka, 25. August 1985.

76 Aussage von Max Reschke, Beistück 30 (Sammlung Dr. Wolfgang Scheffler), 1. Juni 1959.

77 Bücherei, Jüdische Gemeinde, Berlin (Fasanenstraße). Ein Ordner der Jüdischen Gemeinde, der den Vermerk »Listen aufgrund von Zwangsdeportationen« trägt. Die Listen sind sorgfältig mit Zeichen der verschiedensten Art (Tilgungsstrichen usw.) versehen. Der verfügbare Briefwechsel ist der zwischen verschiedenen katholischen Ämtern, die protestantische Kirche unternahm aber mit Sicherheit auf offiziellen Befehl hin ähnliche Anstrengungen, alle Berliner Juden ausfindig zu machen, die zum protestantischen Glauben konvertiert waren.

78 Sieben Tage vor der »Schlußaktion«, die in Berlin, aber auch in anderen Städten Deutschlands – vor allem auch in Breslau – durchgeführt wurde, verfaßte das RSHA neue Anweisungen zur Deportation, mit denen, wie es schon üblich geworden war, Juden aus Mischehen und »Mischlinge« »vorläufig« von einer Deportation ausgenommen wurden. Bei diesen Anweisungen, die von den Eichmann unterstehenden Beamten verfaßt wurden, handelte es sich um »geheime« Dokumente, die nicht für die Augen der Öffentlichkeit bestimmt waren, bis zu einem gewissen Grad waren sie aber so formuliert, daß die Öffentlichkeit durch sie getäuscht werden sollte. So wurde in den Anweisungen von 1942 beispielsweise in allen Einzelheiten aufgelistet, was für Arbeitsgeräte, einschließlich Nähmaschinen, die Gestapo die Deportierten in ihre »Arbeitslager« mitnehmen lassen sollte. Gelegentlich änderte das RSHA die eigenen Vorschriften ab, um sie besonderen Situationen, die sich ergeben hatten, anzupassen; so zum Beispiel am 8. November 1941, als das RSHA der Gestapo von Nürnberg-Fürth ein Telegramm zukommen ließ, das Ergänzungen zu den Deportationsdirektiven enthielt, und am 17. April 1942, als Eichmann mit einem Telegramm an alle Gestapodienststellen Änderungen an den Vorschriften bekanntgab. Sogar Funktionäre von niedrigem Rang agierten oft so, daß dies schon einer Änderung der Direktiven gleichkam. Mitte 1942 gab das RSHA aufgrund von Druck, den die Militärs ausübten, eine neue Anweisung heraus, daß Juden, die für ihre Dienste im Ersten Weltkrieg hohe Auszeichnungen erhalten hatten, nicht nach Auschwitz, sondern nach Theresienstadt geschickt werden sollten; die Gestapo von Düsseldorf mißachtete diese Anweisung jedoch, mit der Begründung, daß sie erst eingegangen sei, als man schon Pläne zu einer besonderen Deportationsaktion ausgearbeitet habe, die man nicht einfach wieder habe aufgeben wollen. Das RSHA sah der Düsseldorfer Unterabteilung dieses eigenmächtige Handeln nach. Über die »versehentlich« deportierten Juden ließ sich nichts in Erfahrung bringen. Hitlers Leibstandarte, die während der »Schlußaktion« Verhaftungen durchführte, wird sich kaum an die Deportationsdirektiven gehalten haben, aber diese Anweisungen konnten eingesetzt werden, um staatliche Stellen

wie das Innenministerium zu beruhigen, die sich besorgt über die Gerüchte zeigten, daß jetzt auch Juden aus Mischehen und »Mischlinge« deportiert werden würden. Damit ließ sich die überraschende Verhaftung dieser Menschen auch noch effektiver durchführen; der größte Vorteil lag aber darin, daß die Verantwortlichen (wie sie es dann auch wirklich taten) unter Verweis auf die Direktiven behaupten konnten, daß sie die Deportation der betreffenden Personen nicht angeordnet hatten. Bei seinem Prozeß, der acht Jahre später in Berlin stattfand, behauptete der Leiter des Judenreferats der Berliner Gestapo, Walter Stock, daß er auf Anweisung des RSHA 1943 mit Deutschen verheiratete Juden aus der Rosenstraße deportiert habe; das RSHA hatte damals der Berliner Gestapo die Schuld daran gegeben und deren Leiter, August Schiffer, strafversetzt. Verfahren gegen Stock, PkLs 3/52, Aussage Stocks, 23. August 1951.

79 Goebbels, Tagebücher. Hg. von Lochner (vgl. Einl., Anm. 39), Eintragung vom 9. März 1943, S. 262.

80 Goebbels, Tagebucheintragung vom 2. Februar 1943, BA NL118/95, und Goebbels, Tagebücher. Hg. von Lochner (vgl. Einl., Anm. 39), Eintragung vom 9. März 1943, S. 264.

81 Lehfeld (vgl. Einl., Anm. 6), S. 4. Am 2. März schrieb Goebbels: »[...] unsere Aktion [ist] vorzeitig verraten worden, so daß uns eine ganze Menge von Juden durch die Hände gewischt sind«. Goebbels, Tagebücher. Hg. von Lochner (vgl. Einl., Anm. 39), S. 238. Ein Bericht, daß ein Stellvertreter Himmlers am Tag vor der »Schlußaktion« an einem Treffen teilnahm, bei dem diskutiert wurde, wie man die jüdischen Arbeiter durch Zwangsarbeiter ersetzen würde, deutet ebenfalls darauf hin, daß der Reichskommissar an der Planung der Aktion beteiligt war – jedenfalls für den Fall, daß dieser Stellvertreter seinem persönlichen Stab angehörte und nicht lediglich dem RSHA. Zeugenaussage von Alexander Rothholz, 2. Mai 1951, Verfahren gegen Stock.

82 Deutsche Presse, 25. und 26. Februar, und Aussage von Richard Hartmann, 24. Juni 1968, Verfahren gegen Boßhammer.

83 Baeck überlebte Theresienstadt, Eppstein hingegen nicht: Er wurde hingerichtet. Vielleicht weil er sich vergewissern wollte, daß man ihn rücksichtsvoll behandeln würde, bat er darum, daß man sein Klavier zusammen mit ihm selbst in das Lager transportieren würde. Man gewährte ihm diese Bitte auch. Einer Sekretärin zufolge, die für die Abteilung Eichmann arbeitete, war es Eichmanns Stellvertreter Rolf Günther, der die Hinrichtung Eppsteins anordnete. Aussage von Margarethe Reichert, 18. Oktober 1967, Bovensiepen-Prozeß. Frau Reichert charakterisierte Günther als roh und gefühllos. Er habe ihr erklärt, daß die Deutschen nichts gegen die Juden hätten, sondern lediglich eine Aufgabe ausführten, die ausgeführt werden müsse.

84 Brunner wurde am 28. Januar dazu gezwungen, Berlin zu verlassen. Der Einzelgänger hatte in der Hauptstadt Schwierigkeiten zurechtzukommen. Eppstein, der mit ihm und mit Eichmann zusammengekommen war, meinte, daß Brunner als Österreicher in Berlin an einem Minderwertigkeitskomplex leide und diesen überkompensiere. Er habe als Österreicher einen »Schnürschuh-Komplex« und versuche mit Härte und mit Energie zu beweisen, was er wert sei. Landgericht Frankfurt am Main, 50 Js 36019/84, Verfahren gegen Alois Brunner, Aussage von Martin Friedländer, 3. Juni 1986.

85 Henschel (vgl. Einl., Anm. 18), S. 9.

86 Goebbels, Tagebucheintragung vom 2. Februar 1943, BA NL 118/95.

14
Die mutigen Frauen der Rosenstraße

1 In den frühen Morgenstunden wurde Erwin Sartorius, der zur Fahrbereit-
schaft gehörte, vom örtlichen Polizeirevier angerufen und angewiesen, sich sofort
in der Garage in der Magazinstraße einzufinden. Aussage von Sartorius, 13. Dezember 1965, Bovensiepen-Prozeß. Der US-Nachrichtendienst meldete, daß einer
»zuverlässigen« Quelle zufolge alle geschlossenen Lastwagen in Berlin für eine Deportationsaktion beschlagnahmt waren, mit der die Stadt bis Mitte Mai »judenfrei«
gemacht werden sollte. NA, RG 226, 13. März 1943.

2 Lehfeld (vgl. Einl., Anm. 6), S. 4.

3 Interview mit Erika Lewine, 19. März 1985. In Fabriken und Betrieben im
ganzen Reich waren die jüdischen Arbeitskräfte zu besonderen »jüdischen Kolon-
nen« zusammengefaßt worden, was der SS die Verhaftungsaktion erleichterte.

4 Interviews mit Dr. Ernst Bukofzer, 29. Mai und 24. Juni 1985 in Berlin. Bei
den Gesprächen war auch eine der Stieftöchter Bukofzers anwesend, die jetzt in
Florida in der Nähe von Tampa wohnt, wo sie eine Zuchtanstalt für tropische Zier-
fische betreibt. In den achtziger Jahren wohnte Bukofzer in Berlin-Zehlendorf,
weniger als einen Kilometer von Charlotte Israel entfernt, und obwohl ihre Schick-
salslinien sich gekreuzt hatten, waren sie sich niemals persönlich begegnet. Der
Fünfundneunzigjährige war der älteste Zeuge, den ich befragte.

5 Am 11. November 1938 hatte man die Führerscheine von Juden eingezogen.
Benz (vgl. Kap. 1, Anm. 41), S. 747.

6 Interview mit Ursula Braun, 6. Juni 1989.

7 Interview mit Vera Breitwieser, 6. Februar 1985.

8 Interview mit Elsa Holzer, 10. Dezember 1989.

9 Ingeborg Schneider an den Verfasser, 14. April 1985. Frau Schneider schrieb,
daß ihr Chef ihr anbot, sie und ihre Verwandten im Notfall in einem Kellerraum
seines Bürogebäudes zu verbergen.

10 Goebbels, Tagebücher. Hg. von Lochner (vgl. Einl., Anm. 39), Eintragungen
vom 2. und 11. März 1943, S. 237f. und 267f.

11 Lehfeld (vgl. Einl., Anm. 6), S. 2.

12 Ranghohe jüdische Funktionäre wie Kleemann waren über die Pläne der
Gestapo informiert, weil die Gestapo während der Deportationsaktionen ständig
auf die Mithilfe der Jüdischen Gemeinde zurückgriff. Kleemann war mit einer
Deutschen verheiratet und seit 1933 für die Jüdische Gemeinde tätig. Er war in der
Synagoge in der Levetzowstraße bei den Prozeduren, die den Deportationen vor-
angingen, zugegen, erlebte aber auch auf verschiedenen Bahnhöfen mit, wie die
Juden in die Transportzüge getrieben wurden. Interview mit Kleemann, 26. April
1985.

13 Lehfeld (vgl. Einl., Anm. 6): »Man hatte wohl vermutet, daß Proteste gegen
[...] die Trennung der Ehen laut werden würden.«

14 Laqueur (vgl. Kap. 10, Anm. 29), S. 125f.

15 Aussage von Alexander Rothholz, 29. Oktober 1965, Bovensiepen-Prozeß. Rothholz wurde während der Schlußaktion zweimal verhaftet, wegen dieses Ausweises aber wieder freigelassen. Siehe auch die Aussage von Rothholz vom 2. Mai 1951, Verfahren gegen Stock.

16 Aussage von Stella Borchers, 14. Juli 1966, Bovensiepen-Prozeß.

17 Goebbels' Staatssekretär Leopold Gutterer sagte aus, daß die Gestapo damals nach den Anführern des Protestes gefahndet habe. Interviews mit Gutterer, 17. und 19. August 1986.

18 Zivier (vgl. Einl., Anm. 23).

19 Als die Jüdische Gemeinde es endlich geschafft hatte, einen großen Kessel mit Kohlsuppe in die Synagoge zu liefern, hieb der Gestapobeamte auf jeden, der sich diesem Kessel näherte, mit einer Peitsche ein, so daß die Inhaftierten sich trotz ihres bohrenden Hungers nicht herantrauten. Dann brüllte er: »Alle Mann zum Essenfassen!« Als die meisten es immer noch nicht wagten näherzukommen, schlugen der Mann und zwei Kollegen auf sie ein, weil sie sich »ungehorsam« zeigten. Aussage von Dr. Kurt Radlauer, 10. November 1966, Bovensiepen-Prozeß.

20 Dr. Martha Mosse, 24. Juli 1958, Bovensiepen-Prozeß.

21 Telefoninterview mit Mieke Monjau, 3. Dezember 1984.

22 Interview mit Erika Lewine, 19. März 1985.

23 Interview mit Ursula Braun, 1. November 1989.

24 Die damals achtjährige Helga Weigert erinnerte sich später nicht daran, jemanden auf der Straße erblickt zu haben; sie erinnerte sich aber vage, wie darüber gesprochen wurde, daß draußen einige Leute seien, die für die Freiheit der in dem Gebäude Festgehaltenen kämpften. Interview mit Helga Weigert, 21. Juni 1985.

25 Gad Beck: Und Gad ging zu David: Die Erinnerungen des Gad Beck, 1923–1945. Berlin, 1995.

26 Aussage des ehemaligen Ordnungspolizisten Anton von Kryshak, Bovensiepen-Prozeß, 1968.

27 Aussage von Karl Hefter, 25. Oktober 1955, im Verfahren gegen Josef (»Sepp«) Dietrich, I P Js 3767.65 St. A. Berlin.

28 Unveröffentlichtes Tagebuch Wally Grodkas sowie Interview mit ihr und ihrem Mann Günter, 25. August 1985.

29 Siehe Peter Wyden (vgl. Kap. 12, Anm. 17).

30 Interview mit Professor Gerhard Braun, 23. Mai 1985.

31 Interview mit Kurt Blaustein, 3. August 1985.

32 Telefoninterview mit Jerry Monasch, 29. September 1985, von Berlin nach Lubbock, Texas.

33 Obwohl auch ihre Geschwister »Halbjuden« waren, waren sie als Juden deportiert worden. Weil Gerhards Bruder als Jude erzogen worden war, wurde er als »Geltungsjude« eingestuft. Ursulas Schwester wurde – den Anschauungen der Nazis zufolge – zu einer Jüdin, als sie ihn heiratete.

34 Woods an Harrison, 22 März 1943, NA, RG 84, Zurich Confidential File, Box 5.

35 Paepcke (vgl. Kap. 1, Anm. 45), S. 23.

36 Aussage von Kurt Blaustein, 4. November 1965, Bovensiepen-Prozeß, und Interview mit Werner Goldberg, 6. Dezember 1985. Vgl. hierzu auch die Ge-

schichte von Siegfried Wexberg in: Heinrich Fink (Hg.): Stärker als die Angst. Berlin, 1968.

37 Laqueur (vgl. Kap. 10, Anm. 29), S. 122.

38 Goebbels, Tagebücher. Hg. von Lochner (vgl. Einl., Anm. 39), Eintragung vom 2. März 1943.

39 Interviews mit Leopold Gutterer, 17. und 19. August 1989.

40 Aussage von Ferdinand Wolff, 15. November 1968, Bovensiepen-Prozeß.

41 Hazel Rosenstrauch (Hg.): Aus Nachbarn wurden Juden: Ausgrenzung und Selbstbehauptung, 1933–1942. Berlin, 1988, S. 130, und Interviews mit Ruth Groß und ihrer Mutter, April 1986, Berlin.

42 Aussage von Dr. Kurt Radlauer, 10. November 1966, Bovensiepen-Prozeß. Dr. Radlauer war ein getaufter Jude, der 1884 in Posen geboren war. Er war von 1919 bis 1932 als Oberregierungsrat im Auswärtigen Amt tätig; die Nazis zwangen ihn, aus dem Dienst auszuscheiden. Er wurde beim »Kristallnacht«-Pogrom verhaftet und vom 10. November bis zum 16. Dezember 1938 in Sachsenhausen festgehalten. Danach mußte er Zwangsarbeit leisten. Er gehörte einer Gruppe um Dr. Kaufmann an, die Pässe und Lebensmittelkarten für Juden fälschte. Seine Frau, Annie Radlauer, lernte er 1913 kennen. Er starb im Alter von siebenundneunzig Jahren.

43 Interview mit Ursula Braun, 6. Juni 1985.

44 Leon Brandt: Menschen ohne Schatten: Juden zwischen Untergang und Untergrund, 1938 bis 1945. Berlin, 1984, S. 126.

45 Interview mit Hans-Oskar Löwenstein de Witt, 8. November 1984.

46 Interview mit Gad Beck, 28. Januar 1985.

47 Interview mit Günther Ruschin, 10. März 1985.

48 Anklageschrift, Bovensiepen-Prozeß, 9, 208. Unter den 1736 Personen waren auch 160 Juden aus Norwegen, deren Transport in Absprache mit der Kriegsmarine und der Reichsbahn sorgfältig vorbereitet worden war. Israel Police Document 1621 und 1622.

49 BA, NS 19/3492.

50 Leo Baeck Institute, New York: Wiener Library Microfilms (AR 7187/Reel 600).

51 Aussage von Gertrude Trede, 5. Mai 1951, Verfahren gegen Stock.

52 Ebd. Frau Trede sagte aus, daß jemand ihren Mann, den bekannten Herrn Silbergleit, am 4. März kurz vor seiner Deportation auf dem Güterbahnhof Quitzowstraße gesehen habe.

53 Interview mit Heinz Klum, 22. November 1985. Die Mutter Klums wurde damals aus der Rosenstraße weggeschafft und kehrte niemals wieder zurück.

54 Schwarz schrieb am 5. März, in strengem Ton, wenn bei den aus Berlin eintreffenden Transporten auch weiterhin so viele Frauen, Kinder und alte Menschen dabeisein würden, könne man keine Garantie für eine Steigerung der Produktion übernehmen. Auschwitz Calendar, 4. März 1943. Siehe auch Hilbergs Darstellung in: Destruction of the European Jews (vgl. Einl., Anm. 56), S. 918. Nach dieser Meldung von Schwarz wurden rund 80 Prozent der mit den nachfolgenden Transporten aus Berlin eintreffenden Juden zur Arbeit herangezogen.

55 Zitiert bei Koonz (vgl. Einl., Anm. 54), S. 335.

56 Interview mit Hildegard Kremczuk, einer jener Frauen, die damals verhaftet und zum Kartoffelschälen verurteilt wurden.

57 Lehfeld (vgl. Einl., Anm. 6), S. 1.

58 Aussage von Kurt Blaustein, 4. November 1965, Bovensiepen-Prozeß.

59 Aussage von Ferdinand Wolff, 14. November 1968, Bovensiepen-Prozeß.

60 Aussage von Kurt Blaustein , 4. November 1985, Bovensiepen-Prozeß.

61 Aussage von Helmut Brinitzer, 18. August 1970, Bovensiepen-Prozeß.

62 Interview mit Kurt Blaustein, 4. November 1985, und Aussage von Ferdinand Wolff, 14. November 1968, Bovensiepen-Prozeß; Aussage von Alexander Rothholz, 2. Mai 1951, Verfahren gegen Stock.

63 Interview mit Günter Stegner, 1. Mai 1985, Ostberlin. Stegner war in der Großen Hamburger Straße, um in Erfahrung zu bringen, was mit seinem Vater geschehen war.

64 Interview mit Rita Kuhn, 26. April 1989. Siehe auch Frau Kuhns Geschichte in: Alison Owings: Frauen: German Women Recall the Third Reich. New Brunswick, N.J., 1993.

65 Interview mit Wally Grodka, 22. Januar 1986.

66 Auch Gisela Weigert meinte, daß sich an die eintausend Menschen in der Straße versammelt hatten. Interview mit Gisela Weigert, 21. Juni 1985.

67 Goebbels, Tagebücher, Eintragung vom 6. März 1943, BA, NL 118/96.

68 NA, RG 226, 1. April 1943.

69 Interviews mit Leopold Gutterer, 17. und 19. August 1986.

70 Interview mit Leopold Gutterer, 16. Juli 1987.

71 Raul Hilberg kommt zu dem Schluß, daß die Juden aus Mischehen letztlich verschont blieben, weil man glaubte, daß ihre Deportation den gesamten Vernichtungsprozeß gefährden könnte. Nach Ansicht der Verantwortlichen habe es sich einfach nicht gelohnt, das Gelingen der ganzen – immer noch als geheim geltenden – Operation wegen der Deportation von 28000 Juden aufs Spiel zu setzen, von denen einige so alt waren, daß sie vermutlich vor Abschluß des gesamten Unternehmens eines natürlichen Todes sterben würden. Hilberg (vgl. Einl., Anm. 56), S. 430. Ursula Büttner meint, daß die Nazis Juden aus Mischehen von den Deportationen ausnahmen, weil ihr Abtransport soziale Unruhen ausgelöst hätte. Büttner (vgl. Einl., Anm. 51), S. 14.

72 BA Potsdam, 50.01, 1g2, vom 24. März 1943, 12.

73 Hitler war mit Goebbels' Vorgehen in der »jüdischen Frage« einverstanden. Siehe Goebbels, Tagebücher. Hg. von Lochner (vgl. Einl., Anm. 39), S. 262 f. Dennoch hatte Hitler Goebbels erneut den Auftrag gegeben, Berlin von allen Juden zu säubern, und der Propagandaminister schrieb am 18. April in sein Tagebuch: »Ich bin der Überzeugung, daß ich mit der Befreiung Berlins von den Juden eine meiner größten politischen Leistungen vollbracht habe.« A.a.O., S. 305.

74 Goebbels, Final Entries (vgl. Einl., Anm. 36), S. xix. Göring hatte seinen Einfluß auf Hitler fast ganz verloren, als sich zeigte, daß es ihm völlig unmöglich war, wie versprochen, die Schlacht von Stalingrad mit Hilfe der Luftwaffe noch zugunsten Deutschlands zu wenden. Hitler sprach am 9. März davon, ihn zu entlassen, und erregte sich darüber, daß der beleibte Reichsluftmarschall am Luftkrieg gegen England nicht mehr interessiert sei als an einem guten Mittag- oder Abendessen. Siehe auch Goebbels' Eintragungen in seinem Tagebuch zu Hitlers Meinung über Göring vom 9. März 1943. Goebbels, Tagebücher. Hg. von Lochner (vgl. Einl., Anm. 39), S. 253–265.

75 Aussage von Max Reschke (dem damaligen Helfer Dobberkes), Beistück 30 (Sammlung Dr. Wolfgang Scheffler), 4. Mai 1959, Bovensiepen-Prozeß. Else Hannach, die wenig länger als ein Jahr nach der »Schlußaktion« befragt wurde (im Juli 1944 von Dr. Meisel und im September 1944 von Dr. Ball), bestätigte Reschkes Aussagen; sie sagte, daß die Schwerindustrie Himmel und Erde in Bewegung gesetzt habe, um die Angestellten, die bei der »Fabrikaktion« gefangengenommen worden waren, wieder freizubekommen. Es habe aber alles zu nichts geführt. Beistück 30, Bovensiepen-Prozeß.

76 Juden mit deutschen Familienangehörigen waren die einzigen, die nach einer Deportation nach Theresienstadt nicht nach Auschwitz weitergeleitet wurden.

77 Breitman (vgl. Kap. 2, Anm. 7), S. 54.

78 Reitlinger (vgl. Kap. 8, Anm. 42), S. 140.

79 Bovensiepen-Prozeß, Beistück 29; Befehl Heinrich Himmlers (durch Müller) an die Inspektoren der Sicherheitspolizei und des SD und alle Gestapodienststellen mit Ausnahme derer im Reichsprotektorat, 18. Dezember 1943.

80 Breitman (vgl. Kap. 2, Anm. 7), S. 242.

81 Lehfeld (vgl. Einl., Anm. 6), S. 4.

82 BA, Aussage von Karl Krell, 4 SpLs 16/47 Bielefeld, Koblenz.

83 Aussage von Johanna Heym, in zusammengefaßter Form in: Anklageschrift, 214, Bovensiepen-Prozeß. Diese Aussage wird durch Lehfeld (vgl. Einl., Anm. 6) bestätigt.

84 Anklageschrift, 214, Bovensiepen-Prozeß.

85 BA Potsdam, R 8150, Aufzeichnungen des Direktoriums der Reichsvereinigung (von der Hand Eppsteins), 4. April 1940; Hildesheimer (vgl. Kap. 10, Anm. 2), S. 180ff.

86 Goebbels, Tagebücher. Hg. von Reuth (vgl. Einl., Anm. 47), Eintragung vom 7. März 1942, S. 1763.

87 Goebbels, Tagebücher. Hg. von Lochner (vgl. Einl., Anm. 39), Eintragung vom 6. März 1943, S. 251f.

88 Interview mit Leopold Gutterer, 10. Dezember 1989.

89 Aussage von Walter Stock, 13. August 1951, Verfahren gegen Stock, PkLs 3/52. Auch Lehfeld berichtete im März 1943, daß das RSHA der Gestapo den Befehl erteilt hatte, Juden aus Mischehen und »Mischlinge« zu deportieren.

90 Der Text dieses Fernschreibens ist abgedruckt unter dem Titel »Menschenfracht für Buna« in: Die Jüdische Allgemeine, Nr. IX/49, 11. März 1955, S. 3.

91 Yad Vashem, 01/258, Aussage von Ksinski, der um den 7. März 1943 herum von Breslau nach Auschwitz deportiert wurde. Ksinski gab an, daß der Befehl zur Deportation von Juden und Zigeunern aus Breslau am 27. Februar 1943 von Goebbels erteilt wurde.

92 Aussage von Ferdinand Wolff, 14. November 1968, Bovensiepen-Prozeß.

93 Ebd.

94 Interview mit Erich Herzberg, 22. August 1985, Berlin.

95 Aussage von Ferdinand Wolff, 14. November 1968, Bovensiepen-Prozeß.

96 Interviews mit zwei dieser fünfundzwanzig Männer, Kurt Blaustein und Erich Herzberg, zusammen mit ihren Frauen, 3. August 1985, Berlin.

97 Interview mit Johnny Hüttner, 27. Dezember 1985, Ostberlin.

98 Aussage von Ferdinand Wolff, 14. November 1968, Bovensiepen-Prozeß.

99 Interview mit Erich Herzberg, 22. August 1985, Berlin.

100 BA, NS 19/1440, Telefongespräche des Reichsführers-SS am 18. März 1943.

101 Vgl. Anm. 96.

102 Diese Meldung begrüßte den »Führer« am ersten Tag eines dreimonatigen Aufenthalts in seinem »Adlerhorst«, den sein Arzt ihm verschrieben hatte. Picker (vgl. Kap. 1, Anm. 38), S. 174.

103 Interview mit Gad Beck, 28. Januar 1985. Auch Charlotte Israel berichtete, daß sie ihren Mann »arisierte«, indem sie den Stern von seiner Kleidung entfernte. Dieses Entfernen des Abzeichens wurde vielleicht von Goebbels widerwillig akzeptiert, da er nach seiner Erklärung, Berlin sei »judenfrei«, keine Anzeichen mehr dafür sehen wollte, daß dies nicht der Wahrheit entsprach.

104 Goebbels, Tagebücher. Hg. von Lochner (vgl. Einl., Anm. 39), Eintragung vom 18. April 1943, S. 305.

105 Ende Mai 1943 war das gesamte Gebiet des Großdeutschen Reichs offiziell »judenfrei«. Siehe Reitlinger (vgl. Kap. 8, Anm. 42), S. 173 und S. 180.

106 Paris, CDJC, xxv, 101, Rolf Günther an den SD in Frankreich, 21. Mai 1943. Im Juli erstickte Günther einen weiteren Versuch im Keim, außerhalb des eigentlichen Reichs einen Präzedenzfall für die Behandlung von in Mischehe lebenden Juden zu schaffen. Dieses Mal hatte die Sicherheitspolizei im besetzten Holland vorgeschlagen, alle kinderlosen holländischen Juden aus Mischehen zu deportieren, während der Reichskommissar für die Niederlande, Arthur Seyß-Inquart, beabsichtigte, alle Juden aus Mischehen vor den Deportationen zu verschonen, die nachweisen konnten, daß sie sterilisiert waren. Solchen Juden sollte es sogar erlaubt sein, den Stern von ihrer Kleidung zu entfernen. Für Günther stellten diese Vorschläge aber nur Versuche von unbotmäßigen Untergebenen dar, ihre Kompetenzen zu überschreiten. Er erklärte, bis zu dem Zeitpunkt, da das RSHA konkrete Beschlüsse zur Zwangsscheidung und zur Deportation der deutschen Juden aus Mischehen gefaßt habe, dürften die holländischen Juden mit nicht-jüdischen Ehepartnern auf keinen Fall in die Lager transportiert werden. Was im Reich entschieden und was dort geschehen würde, müsse als »vorbildlich« angesehen werden. Siehe Hilberg (vgl. Einl., Anm. 56), S. 589f.

107 Bovensiepen-Prozeß, Beistück 29, oder Internationaler Suchdienst (Arolsen), HO 308/242. Befehl Ernst Kaltenbrunner, 21. Mai 1943.

108 Zusammenfassung eines Gesprächs zwischen Lammers und Bormann, 6. Oktober 1943, ND NO-1068. Siehe auch Hilberg (vgl. Einl., Anm. 56), S. 430.

109 Notiz Himmlers über sein Gespräch mit Hitler am 6. Juni 1943, NA, T-175/R 94/2615097.

110 Trial against the Major War Criminals, Case 9 (U.S. v. Ohlendorf). In: Trials of War Criminals before the Nuremberg Military Tribunals. Washington, 1949–1954; vol. 558–59.

111 Interview mit Ruth Groß, 4. April 1986.

15
Protest, Rettung und Widerstand

1 Zusammenfassung der Konferenz vom 6. März 1942, ND NG-2586-H.

2 Vgl. Kap. 7, Anm. 30.

3 Staatssekretär im Innenministerium Wilhelm Stuckart an Klopfer u.a., ND NG-2586-I.

4 Siehe Büttner (vgl. Einl., Anm. 51), S. 12, zu Beweisen dafür, daß die Nazis planten,»Mischlinge« wie Volljuden zu behandeln, siehe auch Lösener (vgl. Einl., Anm. 62), S. 268. Die angestrebte »rassische Reinigung« erforderte, daß niemand, der jüdisches Blut in sich hatte, dem deutschen Volk angehörte.

5 U.S. Holocaust Memorial Museum Archives, Washington, D.C. Befehle des Reichskommissars für die besetzten Ostgebiete, die Behandlung von Juden, die in Mischehen lebten, betreffend. Riga, 7. Oktober 1941.

6 Ab Mitte 1943 griff Rosenberg zu von Goebbels' eingeführten Methoden, um das besetzte Polen zu regieren. So befahl er seinen Reichskommissaren, ihm – ähnlich wie es der SD im Reich selbst tat – zweimal im Jahr einen Bericht über die Stimmung und die Aktivitäten der Bevölkerung in dem ihm unterstehenden Gebiet zukommen zu lassen. BA Potsdam, 11.01.49, 36. Die Esten hätten zuverlässige Alliierte gegen die Bolschewisten abgegeben, wenn man ihnen nur ein klares Ziel, um das es sich zu kämpfen lohnte, vorgegeben hätte, meinte Rosenberg. Damit ihr Glaube an Deutschland wachse, sollte man ihnen politische Autonomie gewähren. Und um den Eindruck zu vermeiden, daß Deutschland diese Autonomie nur aufgrund des mangelnden Kriegsglücks gewähre, sollte dies unverzüglich geschehen. BA Potsdam 11.01 49, 14.

7 Zu dieser Radikalisierung siehe die Untersuchung von Omer Bartov: Hitler's Army: Soldiers, Nazis and War in the Third Reich. Oxford und New York, 1991.

8 Dennoch ist der Protest in der Rosenstraße nicht der Gegenstand einer wissenschaftlichen Untersuchung gewesen und wird in historischen Abhandlungen nur beiläufig erwähnt. Lewy widmet dieser einzigartigen Protestkundgebung nur einen kurzen Abschnitt seines Buches, und wie andere Wissenschaftler brachte er sie nicht zu Widerstandsbekundungen von katholischer Seite in Beziehung, um bestimmte Theorien, was die Stärke der »öffentlichen Meinung« und ihre mögliche Auswirkung auf den Völkermord an den Juden betrifft, zu überprüfen. Konrad Kwiet erwähnt den Protest in der Rosenstraße in seinem Buch über jüdischen Widerstand, bringt ihn aber ebenfalls nicht in Beziehung zum katholischen Widerstand. K. K. und Helmut Eschwege: Selbstbehauptung und Widerstand: Deutsche Juden im Kampf um Existenz und Menschenwürde. Hamburg, 1984, S. 67.

9 Interview mit Leopold Gutterer, 19. August 1986.

10 Dennoch könnte man auf rein theoretischer Ebene behaupten, daß das Regime dem Protest aus taktischen und nicht aus menschlichen Beweggründen nachgab und daß der Einfluß, den die Protestierenden auf die allgemeine Moral ausübten, sich daraus ergab, daß sie »Deutsche« waren, und nicht notwendigerweise daraus, daß sie mit Juden verheiratete Deutsche waren. Himmler entschied im Dezember 1943, nur diejenigen von ihnen zu deportieren, die geschieden waren, das heißt ehemals in Mischehe lebende Juden, deren Kinder nicht allgemein deutlich machen würden, daß es einen Dissens gab, und möglicherweise eine Diskussion über

die »Endlösung« auslösen würden. Diese Entscheidung Himmlers weist darauf hin, daß ein Aufbegehren von seiten der »Mischlings«-Kinder und auch von seiten deutscher Ehepartner von Juden die Juden vor der Deportation zu retten vermocht hätte.

11 Goebbels, Tagebücher. Hg. von Reuth (vgl. Kap. Einl., Anm. 47), Eintragung vom 7. März 1942, S. 1763; Noakes und Pridham (vgl. Kap. 1, Anm. 11), S. 1004.

12 »Führerbefehl« vom 8. April 1940; siehe Adler (vgl. Kap. 6. Anm. 31), S. 274f.

13 Zur Erklärung dafür, daß Frauen, die in der Gruppe protestierten, nicht verhaftet wurden, meint Claudia Koonz, daß die Bevölkerung dann erkannt hätte, daß diesen Frauen durch die Nazis Leid zugefügt wurde und damit das Bild von den »sauberen« und »edlen« Gestapobeamten zerstört worden wäre, weil der Eindruck entstanden wäre, daß sie mit männlicher Brutalität gegen das »schwache Geschlecht« vorgingen. Überdies hätte die Verhaftung von Frauen bewiesen, daß diese durchaus aus ihren weiblichen Rollen zu schlüpfen vermochten und zu unabhängigem Handeln fähig waren. Koonz (vgl. Einl., Anm. 54), S. 334.

14 Auch Männer waren vom Aufruf zum »totalen Krieg« betroffen, das heißt zu besonderen neuen Leistungen verpflichtet, aber nur den Frauen gelang es, sich diesen neuen Anforderungen in starkem Maß zu entziehen.

15 Joachim Fest: The Face of the Third Reich: Portraits of the Nazi Leadership. Übers. von Michael Bullock. New York, 1970; S. 389 [dt. Originalausgabe 1969]. Hitler sagte, daß er sich in Reden systematisch auf den Geschmack von Frauen eingestellt habe und versuche, mit Argumenten, die auf das Denken von Frauen abgestimmt seien, der Verschlechterung der allgemeinen Stimmung entgegenzuwirken.

16 Wenn wir der problematischen Behauptung Glauben schenken, daß Hitler 1942 zu dem Entschluß gekommen war, die Deportation von Juden aus Mischehen bis nach dem Ende des Krieges aufzuschieben, dann müssen wir davon ausgehen, daß die Freigabe der Juden von der Rosenstraße im Anschluß an den Protest eher aufgrund dieser Entscheidung erfolgte als aufgrund des Protestes. Damit könnte dieser Protest nicht mehr als »Widerstand« eingestuft werden. Doch selbst wenn die Behauptung stichhaltig ist, dann würde sie nur bestätigen, daß mit Juden verheiratete Deutsche bis zu dem Zeitpunkt, als Hitler seine Entscheidung traf, dem Regime schon erfolgreich Widerstand entgegengesetzt hatten, daß also in jedem Fall diese Menschen ihre Angehörigen vor dem sicheren Tod retteten.

17 Broszat (vgl. Kap. 1, Anm. 75), S. 26.

18 Siehe zum Beispiel Blau (vgl. Einl., Anm. 50).

19 Siehe Peter Hoffmann: Widerstand gegen Hitler und das Attentat vom 20. Juli 1944. 2. Aufl. München und Zürich, 1984. Im Vorwort gibt Hoffmann an, daß er die Definition von Widerstand als einem Versuch, die Regierung zu stürzen, seiner Untersuchung zugrunde legt, er sagt aber nicht, daß »Widerstand« sich ausschließlich als ein derartiger Versuch definieren läßt. Im 2. Kapitel seines Buches stellt Hoffmann, soweit dies möglich ist, alle anderen Formen des – organisierten oder unorganisierten – Widerstands dar.

20 Der Historiker Klemens von Klemperer meint, daß Widerstand in Deutschland nur von einzelnen ausgegangen sei, nicht von Gruppen, und daß diese Einzelpersonen dadurch geradezu in eine existentielle Situation hineingesprungen seien. Widerstand könne nur bis zu einem gewissen Punkt politisch bestimmt werden und sei angesichts der beinahe totalen Kontrolle des Staates oft nur eine Geste ge-

wesen. Klemperer:»What is the Law That Lies Behind These Words?‹ Antigone's Question and the German Resistance against Hitler«. In: Journal of Modern History, Bd. 64 (Dezember 1992), S. 106f. Eine ausführlichere Darlegung von Klemperers Ansichten in: German Resistance against Hitler: The Search for Allies Abroad, 1938–1945. New York, 1992.

21 Michael Geyer hat diese beiden Strömungen des Revisionismus bestimmt und analysiert in seinem Buch »Resistance as Ongoing Project: Visions of Order, Obligations to Strangers, Struggles for Civil Society«. In: Journal of Modern History, Bd. 64 (Dezember 1992), S. 222. Zur Entwicklung der »Resistenz«-Forschung siehe Kershaw, Widerstand ohne Volk (vgl. Kap. 1, Anm. 80), S. 794, und Hitler Myth (vgl. Einl., Anm. 56), S. 80.

22 Dies waren die Motive, die jene anführten, die sich zu einem Gespräch mit mir bereit erklärten. Ein Mann, dessen jüdischer Vater und dessen deutsche Mutter eine Art Waffenstillstand geschlossen und so zusammen ausgeharrt hatten, sagte mir:»Es gab während der Zeit des Naziterrors nicht so etwas wie eine ›glückliche‹ jüdisch-deutsche Ehe.« Ein anderer »Halbjude«, der einer jüdisch-deutschen Ehe entsprungen war, meinte, daß es unter den auf der Straße Protestierenden keine Helden gegeben habe. »Die Leute verteidigten aus lauter Verzweiflung das, was sie als lebenswichtig für sich selbst ansahen, und nur aus der Sicht von heute scheinen sie mit ihrem Handeln großen Mut an den Tag gelegt haben.«

23 Als ich nach Augenzeugen der Ereignisse von damals suchte, ließ ich entsprechende Aufrufe im Berliner Rundfunk sowie in deutschen, israelischen und amerikanischen Zeitungen ergehen. Ich interviewte alle Personen, die sich bei mir meldeten. Die Interviewpartner wurden also nicht nach irgendwelchen wissenschaftlichen Gesichtspunkten ausgewählt.

24 Der Bruder einer der Frauen, die in der Rosenstraße protestiert hatten, ein überzeugter Sozialdemokrat, nahm an der Demonstration teil, um dem Haß gegen das Regime insgesamt, der sich in ihm angestaut hatte, irgendwie Ausdruck zu verleihen. Obwohl seine Handlung politisch motiviert war, ging er mit ihr nicht ein so großes Risiko ein und legte mit ihr auch nicht so eine Entschlossenheit an den Tag wie die Mehrheit der Protestierenden, die ihm die Gelegenheit gaben, ebenfalls seinen Unwillen zu bekunden.

25 Klemperer (vgl. Anm. 20), S107f.

26 Kershaw (vgl. Kap. 1, Anm. 80), S. 779–798.

27 Obwohl es immer wieder zu Zusammenstößen mit dem Regime wegen einzelner Maßnahmen kam, die gegen kirchliche Traditionen verstießen, blieb die Kirche generell der Linie treu, mit den Machthabern zusammenzuarbeiten. Wie Hitler waren auch einige Katholiken überzeugt, daß ein »Dolchstoß« in den Rücken Deutschland 1918 in die Knie gezwungen habe (siehe hierzu zum Beispiel Lewy [vgl. Kap. 1, Anm. 73], S. 319 und S. 279), und man kann davon ausgehen, daß sie ebenso wie die politische Führung bemüht waren, öffentlichen Aufruhr und Protest zu vermeiden, vor allem als sich immer deutlicher abzeichnete, daß Deutschland den Krieg verlieren würde. Bischof von Galen widersetzte sich allen Versuchen, die Niederlage Deutschlands zu beschleunigen. Sogar in seinen Predigten gegen die Euthanasie betonte er, daß deutsche Soldaten für das deutsche Vaterland kämpfen und sterben würden und daß er in keiner Weise zu einer Revolte aufrufen wollte. Siehe Predigt vom 20. Juli 1941 in: Portmann (vgl. Kap. 1, Anm. 47), S. 57.

28 Seine Opposition gegen den Nationalsozialismus reicht nicht aus, um jemanden als Widerstandsleistenden einzustufen, aber mit Juden verheiratete Deutsche, die sich an dem Protest beteiligten, waren gleichzeitig generell gegen den Nationalsozialismus. Für Deutsche, die damals verfolgt wurden, weil sie mit Juden verheiratet waren, ist immer noch Judenhaß das kennzeichnende Charakteristikum eines Nazis. Sie bezeichnen daher immer noch einige Personen, die nie in der Partei waren, als Nazis, während andere, die für alle sichtbar ihr Parteiabzeichen trugen, für sie nie Nazis waren, weil sie vielleicht hin und wieder einem Juden heimlich hatten Lebensmittel zukommen lassen. Interviews mit Elsa Holzer (Ehefrau eines Juden), 16. Juli 1987, Ostberlin, und mit Erika Lewine (»Geltungsjüdin«), 19. März 1985.

29 Kershaw, wie in Anm. 21.

30 Das ganze Jahr 1943 hindurch und noch bis gegen Ende 1944 trafen sich ranghohe Mitarbeiter verschiedener Ministerien (des Innen-, Justiz- und Propagandaministeriums sowie des RSHA), um über die Verabschiedung eines Gesetzes zu diskutieren, mit dem man kinderlosen Paaren die Scheidung erleichtern und so die Geburtenrate ansteigen lassen wollte. Dieser Plan wurde jedoch aus zwei Gründen aufgegeben: Nachforschungen des SD ergaben, daß die Bevölkerung eine solche Lockerung der Ehescheidungsgesetze nicht befürworten würde, und die mangelnde Bereitwilligkeit zur Kooperation, die jüdisch-deutsche Paare zuvor schon an den Tag gelegt hatten, hatte gezeigt, daß Gesetze dieser Art wenig bewirkten. BA Potsdam, 30.01, 10118.

31 Siehe Peter Hoffmann: Widerstand, Staatsstreich, Attentat: Der Kampf der Opposition gegen Hitler. 4. Aufl. München, 1985, Kapitel 2; siehe auch Large (vgl. Kap. 1, Anm. 75), S. 2.

32 Dies ließ nicht nur Meinungsverschiedenheiten innerhalb der Führung deutlich werden, sondern überzeugte diese davon, daß die Gruppen in extremer Weise zu ihrem Protest motiviert waren und ihn selbst, wenn sie ihr eigenes Leben damit in Gefahr brachten, fortsetzen würden.

33 Deutschen, die Juden bei sich versteckten, gelang es manchmal, diese Menschen zu retten; sie leisteten aber keinen offenen Widerstand und vermochten daher von vornherein nicht, das Regime zu einer Zurücknahme von bestimmten Maßnahmen zu zwingen – wie etwa die Demonstranten in der Rosenstraße.

34 Detlev Peukert: Volksgenossen und Gemeinschaftsfremde: Anpassung, Ausmerzung und Aufbegehren unter dem Nationalsozialismus. Köln, 1982, S. 97.

35 Der »Geist« des »Führers«, so wie er aus seinen Porträts sprach, die in den Schulen an die Stelle der Kruzifixe treten sollten, war die »Waffe«, auf die die Nazis zurückgriffen, um die Mißfallenskundgebungen in der Region Oldenburg zu ersticken.

36 Zu einem gleichzeitigen Protest vieler Menschen, der den Eindruck eines gemeinschaftlichen Aufbegehrens erweckte, konnte es eher in größeren Städten kommen. Mit der zur gleichen Zeit erfolgenden Verhaftung und Internierung von vielen Juden, die in Mischehe lebten, ergab sich auch der Anlaß für viele ihrer deutschen Partner, sich zu versammeln. Ein solcher Anlaß zu einem gemeinschaftlichen Agieren, einem Handeln, bei dem die persönlichen Motive sich verbanden, so daß ein überindividuelles Gesamtziel entstand, hatte sich zuvor noch nie ergeben.

37 Dies war der Schluß, zu dem – Polizeiberichten zufolge – die Katholiken nach ihrem Sieg in Cloppenburg kamen. Pr.Gsta., Rep. 90 P, 16.

38 H. W. Koch: In the Name of the Volk: Political Justice in Hitler's Germany. New York, 1989; S. 5f. Ausländische Radiosender zu hören oder ausländische Zeitungen zu lesen, konnte – ebenso wie Witze über Hitler zu erzählen – mit dem Tode bestraft werden.

39 Obwohl jüdisch-deutsche Paare nur eine winzige Minorität darstellten, während sehr große Teile der Bevölkerung der Kirche angehörten, entschied sich das Regime in beiden Fällen für die Dauer des Krieges auf die Durchsetzung seiner Ziele zu verzichten.

40 ND NG-2586-H und ND 4055-PS.

41 Lewy (vgl. Kap. 1, Anm. 73), S. 289. Es ist unwahrscheinlich, daß die katholische Kirche ohne den viel virulenteren Protest der in Mischehe lebenden Arier, die am stärksten von einem Gesetz, das die Zwangsscheidung verlangte, betroffen worden wären, die Verabschiedung eines solchen Gesetzes hätte verhindern können.

42 Der Erfolg jeder staatlichen Untersuchung, die ergeben sollte, wer jüdisch und wer »arisch« war, hing von der Kooperation der Kirchen ab, da allein diese über Geburts- und Heiratsunterlagen verfügten, die bis in die Zeit vor 1874 zurückreichten. Die Kirchen stellten diese Unterlagen zur Verfügung und rieten, daß ihre Mitglieder die vom Regime geforderten Fragebögen ausfüllen sollten, mit denen sie ihre »arische« Abstammung unter Beweis stellen konnten.

43 Lewy (vgl. Kap. 1, Anm. 73), S. 309 und S. 313f. Guenter Lewy brachte diese Einschätzung im Jahr 1964 zu Papier; mittlerweile ist der Vatikan bereit, seine Mittäterschaft, das heißt seine Mitschuld an dem von den Nazis verübten Völkermod an den Juden einzugestehen. Lewy hat nachgewiesen, daß nach der Machtergreifung Hitlers alle deutschen Bischöfe begannen, ihre Wertschätzung der wichtigen natürlichen Werte von Rasse und rassischer Reinheit zu bekunden. Hitler, der sich der jahrhundertealten antijüdischen Einstellung der Kirche bewußt war, beabsichtigte – wie er am 26. April 1933 Bischof Berning und Monsignore Steinmann erzählte –, lediglich das, was die Kirche seit langem versucht hatte, effektiver zu einem Ende zu führen. Es gab keine öffentliche Erklärung von seiten des Episkopats gegen die Nürnberger Gesetze, mit denen ja auch – was zum Beispiel die Ehebestimmungen belangte – in die kirchliche Rechtsprechung eingegriffen wurde. Einige Prälaten begrüßten sogar diese neuen Gesetze und meinten, daß es von kirchlicher Seite keine Einwände gegen die gesetzliche Diskriminierung von Juden geben könne (a. a. O., S. 274f. und S. 281f.).

44 Kershaw (vgl. Kap. 1, Anm. 80), S. 779–798. Kershaw stellt die Frage, ob »Resistenz«-Handlungen die Fähigkeit des Regimes zu regieren ernsthaft einschränkten. Er kommt zu dem Schluß, daß es keine wirksame Resistenz in diesem Sinne gab. Sogar die Kirche habe eine solche nicht zu leisten vermocht. Die Kirche habe das Regime in den Jahren 1934, 1936–1937 und 1941 vorübergehend beunruhigt, das Funktionieren des Herrschaftssystems aber kaum beeinträchtigt.

45 Hans Mommsen: »The Political Legacy of the German Resistance: A Historiobiographical Critique«. In: Contending with Hitler (vgl. Kap. 1, Anm. 17), S. 162.

46 Charles S. Maier: »The German Resistance in Comparative Perspective«. In: Contending with Hitler (vgl. Anm. 1, Kap. 17), S. 143. Maier hat den Ausdruck »selektive Mißbilligung« benutzt, um die »Mischung aus Akzeptanz und Ablehnung«

zu charakterisieren, die bei »Resistenz« zu verzeichnen ist. Charles S. Maier: The Unmasterable Past: History, Holocaust, and German National Identity. Cambridge, Mass., und London, 1988, S. 93. Siehe auch Klaus Tenfelde: »Worker's Opposition in Nazi Germany: Recent West German Research«. In: The Rise of the Nazi Regime. Hg. von Charles S. Maier, Stanley Hoffmann und Andrew Gould. Boulder, Colo., 1985, S. 107–114.

47 Broszat (vgl. Kap. 1, Anm. 75), S. 28.

48 A. a. O., S. 31.

49 Claus von Stauffenberg, die zentrale Gestalt des »Widerstands«, zeigte sich begeistert von der Art und Weise, wie die Wehrmacht Polen unterwarf. Aussage von Charlotte von der Schulenburg in einem Interview in dem Dokumentarfilm The Restless Conscience von Hava Beller, 1991. Peter Hoffmann weist jedoch darauf hin, daß diese Begeisterung über den militärischen Erfolg Deutschlands nicht notwendigerweise mit einer Begeisterung für den Nationalsozialismus einhergehen mußte. Hoffmann charakterisiert von Stauffenbergs Widerstand als verfrüht, vor allem in Anbetracht seines jugendlichen Alters und seines niedrigen militärischen Rangs. Hoffmann meint auch, daß von Stauffenbergs Verurteilung Hitlers und seine Forderung nach der Beseitigung des Diktators ausschließlich auf sein Wissen um die Ermordung von Juden und anderen Menschen zurückging, während er immer noch mit Hitler als militärischem Führer einverstanden war. Peter Hoffmann: Claus Schenk Graf von Stauffenberg und seine Brüder. Stuttgart, 1992, S. 177–181 und S. 249–251. Auch in: German Resistance to Hitler. Cambridge, Mass., 1988, bezeichnet Hoffmann den Mord an den Juden als das ausschlaggebende Motiv, das Stauffenberg, Treskow und andere dazu veranlaßte, sich an einer aktiven Verschwörung gegen das Regime zu beteiligen.

50 Gilligan stellt die moralische Entwicklung der Frau den Ergebnissen gegenüber, zu denen Lawrence Kohlberg in seiner sich ausschließlich auf Männer beziehenden Studie kommt. Moralische Entwicklung setzt bei Kohlberg eher eine Bindung an abstrakte Ideale als an spezifische Personen voraus (die moralische Person hat Respekt vor dem Leben und würde in einer lebensbedrohlichen Situation noch nicht einmal einen vertrauten Partner vor einem Fremden zu retten versuchen). Gilligan meint, daß Frauen dazu neigen, Gefahren für die Personen auf sich zu nehmen, die sie kennen und lieben (wie die deutschen Frauen, die mit Juden verheiratet waren, es taten); die Autorin ist der Ansicht, daß dies ebenfalls eine moralische Entwicklung darstelle. Carol Gilligan: In a Different Voice. Psychological Theory and Women's Development. Cambridge, Mass., 1982.

51 Man muß auf jeden Fall eine Unterscheidung treffen zwischen einer Opposition aus Gewissensgründen und einer, zu der man durch äußere Umstände motiviert wird. Es ist jedoch schwierig, da eine ganz klare Unterscheidung zu treffen. Für Klemens von Klemperer war Widerstand in Nazi-Deutschland eine Angelegenheit individueller Aktionen, weil er Ergebnis des Charakters eines einzelnen war und nicht etwa der gemeinschaftlichen Ansicht einer Gruppe. Außerdem sorgte die Gestapo dafür, daß Kommunikationsmittel und anderes, was für die Organisation eines Widerstands notwendig gewesen wäre, kaum zur Verfügung standen. Klemperer schreibt, daß jemand, der Widerstand leistet, ein »einsamer Zeuge« ist, ein »in Einsamkeit agierendes Individuum, das den Befehlen seines Gewissens folgt«, daß eine solche Person einen außergewöhnlichen Sprung in eine existentielle Situation hin-

ein mache. Von Bedeutung ist vor allem die persönliche Integrität, Fragen der Organisation wie auch nach den Folgen der Opposition sind zweitrangig. Dieser Definition zufolge wäre die Verteidigung der eigenen Familie kein Widerstand, es sei denn, daß sie gleichzeitig eine Verteidigung von Grundwerten sei, die Antwort auf einen moralischen Imperativ. Klemperer (vgl. Anm. 20), S. 106–108.

52 Václav Havel: »The Power of the Powerless«. In: The Power of the Powerless. Hg. von Václav Havel u.a., Armonk, N.Y., 1985, S. 40f.

53 Zivier (vgl. Einl., Anm. 23).

54 General Becks Entscheidung, 1938 Hitler keinen Widerstand entgegenzusetzen, war jedoch auf die Kooperation fremder Mächte mit Hitler in München zurückzuführen.

55 Trial against the Major War Criminals, Case 9 (U.S. v. Ohlendorf), Trials of War Criminals before the Nuremberg Military Tribunals, vol. 558–59.

56 Verfahren gegen Günther Abrahamsohn, Aussage Abrahamsohns, 11. Januar 1947; LB, Verfahren gegen Abrahamsohn (1 PkLs 7/52). (Abrahamsohn hat seit dem Prozeß seinen Namen in Abrahamson geändert.) Noskes Weigerung, dem Befehl nachzukommen, zeigt, daß seine rassenideologischen Anschauungen ihm nicht so wichtig waren wie sein Überleben und daß diese Anschauungen vom Überleben des Staates abhängig waren.

57 Sogar Heinrich Himmler, der gefürchtete SS-Chef, versuchte sich am Ende des Krieges zu retten, indem er Zivilkleider anlegte und die Ausweispapiere Heinrich Hitzingers, eines Opfers des Nationalsozialismus, benutzte. Breitman (vgl. Kap. 2, Anm. 7), S. 8.

58 Levi (vgl. Kap. 12, Anm. 85), S. 20.

Epilog

1 Henschel (vgl. Einl., Anm. 11), S. 12. Das Berliner Gericht nannte die Verhaftung der Angestellten der Berliner Jüdischen Gemeinde »das Ende« der »Schlußaktion«. Kammergericht Berlin, Vermerk, Verfahren gegen Boßhammer.

2 Abrahamsohn sagte aus, daß der neue Leiter des Sammellagers, Dobberke, den obersten der jüdischen Ordner, Max Reschke, anwies, zwei Personen auszuwählen, die im Fall von ungenauen Adressen weitere Nachforschungen anstellen sollten. Er selbst habe sich sofort gemeldet, weil er zum einen eine Gelegenheit gewittert habe, dem Lager zu entgehen, zum anderen aber auch instinktiv begriffen habe, daß sich ihm damit eine Chance böte, nicht länger in der Rolle des Zuschauers zu verharren, sondern aktiv etwas gegen die Gestapo zu unternehmen. Jeden Tag habe man rund fünfzehn Adressen überprüfen und einen kurzen Bericht zu jeder verfassen müssen. Weder von seiten der Gestapo noch von jüdischer Seite sei jemals angedeutet worden, daß man diese Aufzeichnungen benützen würde, um Juden, die in den Untergrund gegangen waren, aufzuspüren. Aussage von Abrahamsohn, 11. Januar 1947, Verfahren gegen Abrahamsohn.

3 Abrahamsohn sagte, daß er keinen Ausweg gewußt habe und es ihm nicht möglich erschienen sei, Dobberkes Vorschlag abzulehnen. Die Herausforderung, die seine ganze Intelligenz und seinen ganzen Mut beansprucht habe, habe darin

bestanden, das Vertrauen Dobberkes zu gewinnen – oder vielmehr dessen Miß-trauen zu zerstreuen. Er habe schließlich Erfolg gehabt, weil er aus derselben länd-lichen Gegend gekommen sei wie Dobberke und sich daher in dessen Denken habe hineinversetzen können. Aussage von Abrahamsohn, 11. Januar 1947, Verfahren ge-gen Abrahamsohn.

4 Aussage von Iwan Katz, 26. Dezember 1947, LB, Verfahren gegen Abraham-sohn.

5 Nach dem Krieg begann Abrahamsohn ein Architekturstudium. Das Verfah-ren, das wegen Verbrechen gegen die Menschlichkeit gegen ihn eingeleitet wurde, schleppte sich von 1947 bis 1952 hin. Er wurde zu fünf Monaten Haft und Über-nahme der Gerichtskosten verurteilt.

6 Zumindest fünfundzwanzigtausend der fünfunddreißigtausend Menschen, die zu dem einen oder anderen Zeitpunkt in Buna-Monowitz als Zwangsarbeiter ein-gesetzt wurden, verloren dort ihr Leben. Siehe Hilberg (vgl. Einl., Anm. 56), S. 930f.

7 Aussage von Helmut Brinitzer, 8. August 1970, Bovensiepen-Prozeß. Nach dem Krieg lebte Brinitzer fünfzehn Jahre lang in New York, bevor er nach Ham-burg zurückkehrte.

Literatur

Ausgewertete Archive

Berlin. Berlin Document Center.
Berlin. Charlottenburg Heimatmuseum.
Berlin. Geheimes Staatsarchiv Preußischer Kulturbesitz.
Berlin. Landesarchiv.
Berlin (frühere DDR). Stadtarchiv.
Berlin (frühere DDR). Archive des ZK der SED, Institut für Marxismus/Leninismus.
Cambridge, Massachusetts. Houghton Library, Harvard University. Oral History Collection of German immigrants. Mit einer Einführung von Harry Liebersohn und Dorothee Schneider. Berichte von Robert Breusch, Paul Diel und Eva Wysbar.
Jerusalem, Hebrew University. Privatarchiv Professor O. D. Kulka.
Jerusalem. Yad Vashem.
Koblenz. Bundesarchiv.
London. Wiener Library.
Ludwigsburg. Zentrale Stelle der Landesjustizverwaltungen.
München. Institut für Zeitgeschichte.
München. Staatsarchiv.
New York. Leo Baeck Institute.
New York. YIVO Institute for Jewish Research.
Palo Alto. Stanford University, Hoover Institutionen on War, Revolution, and Peace.
Paris. Centre de Documentation Juive Contemporaine.
Potsdam. Bundesarchiv Abteilung Potsdam.
Rome. La Civiltà Cattolica. Private archives of Robert A. Graham, SJ.
Wien. Resistance Documentation Archives.
Washington, D. C. US. Holocaust Memorial Museum Archives.
Washington, D. C. National Archives.

Zitierte Gerichtsakten

Berlin. Landgericht Berlin. Otto Bovensiepen et al. I Js 9/65.
Berlin. Landgericht. Berlin. Günther Abrahamsohn. 1 PkLs 7/52.

Berlin. Landgericht Berlin. Josef (»Sepp«) Dietrich. I P Js 3767.65.
Berlin. Landgericht. Berlin. Stella Kübler. I PKs I/57.
Berlin. Landgericht Berlin. Walter Stock. PkLs 3/52.
Berlin. Landgericht Berlin. Walter Stock. 4 Sp Ls 832/47.
Berlin. Landgericht Berlin. Special Court Document, Special Court IV Pk. KLs 2/42.
Berlin. Kammergericht Berlin. Friedrich Bosshammer. I Js 1/65 (RSHA).
Berlin. Kammergericht Berlin. Fritz Wöhrn. I Js I/65 (RSHA).
Koblenz. Bundesarchiv. Karl Krell, 4 SpLs 16/47.
Frankfurt. Landgericht Frankfurt am Main. Alois Brunner. 50 Js 36019/84.
Nürnberg. Nuremberg Trial Documents.
Wiesbaden. Hessisches Hauptstaatsarchiv. Josef Hedderich. 4 Ks 2/53.
Wiesbaden. Hessisches Hauptstaatsarchiv. Georg Albert Dengler. 2a Ks 1/49.
Wiesbaden. Hessisches Hauptstaatsarchiv. Heinrich Baab. 51 Ks 1/50.
Wiesbaden. Hessisches Hauptstaatsarchiv. Joseph Hedderich und Johann Schmitz. 4 Ks 2/53.

Interviews
(Interviews wurden in Berlin auf Tonband aufgezeichnet)

Deutsche Frauen, die für ihre jüdischen Ehemänner protestierten
Braun, Ursula. 6. Juni 1985; 28. August 1989; 30. Oktober 1989; 1. November 1989.
Elkuß, Hilda. 21. Mai 1985; 31. Juli 1989; 8. August 1989.
Israel (Freudenthal), Charlotte. 10. Februar 1985; 12. Februar 1985; 25. Februar 1985; 11. August 1985; 22. August 1989; 25. August 1989; 7. Dezember 1989; 22. Juni 1990; 2. Juli 1990; 5. August 1991.
Grodka, Wally (Interview gemeinsam mit ihrem Mann Günter). 25. August 1985.
Groß, F. (Interview gemeinsam mit ihrer Tochter Ruth). 4. April 1986.
Hain, Erna. 21. März 1985.
Heyn, Charlotte. 30. April 1988.
Holzer, Elsa. 7. April 1985; 16. Juli 1987; 16. August 1989; 17. August 1989; 10. Dezember 1989; 20. Juli 1990; 21. Juli 1991; 4. August 1991.
Radlauer, Annie. 12. März 1985; 29. Mai 1985.
Weigert, Gisela (mit ihrem Sohn und ihrer Tochter). 21. Juni 1985.

»Mischlinge«, die für ihre jüdischen Angehörigen protestierten
Goldberg, Werner. 6. Februar 1985; 8. Februar 1985; 6. Dezember 1985; 3. November 1989; 11. Dezember 1989.
Groß, Ruth. 4. April 1986.
Kremczuk, Hildegard. 4. Juli 1990 (Telephon).
Larsen, Daisy (gemeinsam mit ihrem Stiefvater Dr. Ernst Bukofzer). 20. Juni 1985; 24. Juni 1985.
Loeben, Inge. 23. August 1989; 11. Dezember 1989; 20. Juni 1990.
Mannheim, Rita. 23. Juli 1987 (Telephon).

Michaelis, Herbert. 20. März 1985.
Reknagel, Ruth. 10. Dezember 1989.
Rosen, Jenny. 25. Juli 1989.
Steudel, Charlotte. 8. August 1985.

Protestierende, die ohne Angehörige in der Rosenstraße inhaftiert waren
Matzanke, Paul (»Mischling«). 21. März 1985.
Schwersensky, Frieda (hatte einen jüdischen Ehemann versteckt). 15. November 1989.

Juden und »Mischlinge«, die in der Rosenstraße inhaftiert waren
Beck, Gad. 13. Dezember 1984; 28. Januar 1985; 23. August 1989.
Beck, Margaret. 1. April 1986 (Tel Aviv).
Braun, Gerhard. 6. Juni 1985; 28. August 1989; 30. Oktober 1989; 1. November 1989.
Bukofzer, Ernst. 29. Mai 1985.
Kuhn, Rita. 26. April 1989 (Berkeley, California).
Lewine, Erika. 19. März 1985; 28. Juli 1989; 14. August 1989; 9. Dezember 1989.
Löwenstein de Witt, Hans-Oskar. 8. November 1984; 20. August 1989.
Weigert, Helga. 21. Juni 1985.

Juden, die nach Auschwitz deportiert wurden und nach etwa 12 Tagen wieder
zurückkehrten
Blaustein, Kurt. 12. August 1985.
Blaustein, Kurt (mit seiner Frau); Erich Herzberg (mit seiner Frau) und Frau Bri-
nitzer (Frau eines verstorbenen Juden, der aus der Rosenstraße nach Auschwitz de-
portiert wurde und dann zurückkehrte). 3. August 1985.
Herzberg, Erich (mit seiner Frau Hannah). 22. August 1985; 25. August 1989.
Frau Herzberg allein, November 1989.

Weitere Interviews
Abrahamsohn, Günther (»Mischling«), »Greifer« für die Gestapo. 16. August
1986; 13. Dezember 1989 (Telephon); 16. Juli 1992 (Telephon).
Anders, Günther. 23. März 1986.
Bieversdorf, F. (sein Vater war in der Rosenstraße inhaftiert). 24. Mai 1985.
Breitwieser, Vera (»Mischling«, die mit ihrer Mutter vor der »Schlußaktion« aus
Berlin floh). 3. Februar 1985; 6. Februar 1985.
Heinemann, Peter. 4. Dezember 1988.
Heym, Johanna (frühere Sekretärin im Judenreferat der Gestapo in Berlin).
23. August 1985.
Hüttner, Johnny (jüdischer Kommunist, Häftling in mehreren Konzentrations-
lagern 1936 bis 1945). 19. Februar 1986.
Jacobs, Helena. 29. Mai 1985.
Jakob, Rolf (Neffe von Mathilda Jakob). 19. März 1985.
Kaiser, Helga (Vater in der Rosenstraße). 15. März 1985; 10. August 1989.
Kleemann, Siegbert (früherer Direktor bei der Jüdischen Gemeinde in Berlin).
26. April 1985.

Klum, Heinz (Mutter in der Rosenstraße inhaftiert). 4. Dezember 1988.
Monasch, Jerry (Vater in der Rosenstraße inhaftiert). 29. September 1985 (Telephon); 17. Januar 1986 (Telephon).
Monjau, Mieke. 3. Dezember 1984 (Telephon).
Radziewsky, Hans (Überlebender von Auschwitz). 12. Februar 1985.
Rushin, Günther (bei der »Schlußaktion« nach Auschwitz deportiert). 10. März 1985; 17. Oktober 1989.
Schottländer, Rudolf. 17. Juli 1987.
Stegner, Günther (Vater bei der »Schlußaktion« in der Großen Hamburger Straße inhaftiert). 1. Mai 1985.
Tallert, Harry (»Mischling«). 1. Juli 1990 (Bad Honnef).
Weigert, Horst (Vater in der Rosenstraße inhaftiert). 2. Dezember 1989.
Wiesenthal, Simon. 22. März 1986.
Wolf, Edith (»Mischling«): 8. April 1986 (Haifa).

Interviews mit früheren Nazi-Funktionären
Gutterer, Leopold. 17. August 1986; 19. August 1986; 11. Juli 1987; 5. Dezember 1989; 30. Juni 1990 (Westdeutschland).
Hünsche, Otto. 11. August 1986 (Telephon).
Lachmuth, Felix. 9. August 1986 (Telephon).
Rothe, Willi. 12. August 1986 (Telephon).
Ventner, Kurt. 7. Juli 1985 (Korrespondenz).

Unpublizierte Quellen

Grodka, Wally, Tagebücher.
Lehfeld, Gerhard, Die Lage der »Mischlinge« in Deutschland, Mitte März 1943.

Publizierte Werke

Adam, Uwe, Judenpolitik im Dritten Reich. Düsseldorf 1972.
Adler, H. G., Der verwaltete Mensch: Studien zur Deportation der Juden aus Deutschland. Tübingen 1974.
–, Theresienstadt 1941–1945, Tübingen 1960.
Allen, William Sheridan, The Nazi Seizure of Power: The Experience of a Single German Town, 1922–1945. New York 1965, rev. 1984.
Aly, Götz, und Karl Heinz Roth, Die restlose Erfassung. Berlin 1984.
Arendt, Hannah, Eichmann in Jerusalem. New York 1963.
Baird, Jay W., To Die for Germany: Heroes in the Nazi Pantheon. Bloomington, Ind., 1990.
Bajohr, Stefan, Die Hälfte der Fabrik: Geschichte der Frauenarbeit in Deutschland, 1914–1945. Marburg 1979.

Bankier, David, The Germans and the Final Solution: Public Opinion under Nazism. Oxford/Cambridge, Mass., 1992.

Bartov, Omer, Hitler's Army: Soldiers, Nazis, and War in the Third Reich. Oxford and New York 1991.

Baynes, Norman H., Hg., The Speeches of Adolf Hitler, April 1922 – August 1939, Bd. 1, Teil 2. New York 1969.

Beck, Gad, Und Gad ging zu David: Die Erinnerungen des Gad Beck, 1923 – 1945. Berlin 1995.

Benz, Wolfgang, Die Juden in Deutschland, 1933 – 1945: Leben unter nationalsozialistischer Herrschaft. München 1989.

Bessel, Richard, Hg., Life in the Third Reich. Oxford/New York 1987.

–, Political Violence ant the Rise of Nazism: The Storm Troopers in Eastern Germany 1925 – 1934. New Haven 1984.

Bezirksverordentenversammlung von Charlottenburg, Schon damals fingen viele an zu schweigen. Berlin 1986.

Blackbourn, David, Marpingen: Apparitions of the Virgin Mary in Bismarckian Germany. New York 1993.

Blasius, Dirk, Ehescheidung in Deutschland, 1794 – 1945. Göttingen 1987.

Blau, Bruno, Das Ausnahmerecht für die Juden in den europäischen Ländern, 1933 – 1945. New York 1952.

–, »Mischehe im Nazireich«. Judaica (April 1948).

Boberach, Heinz, Hg., Meldungen aus dem Reich: Aus den geheimen Lageberichten des Sicherheitsdienstes der SS 1939 – 1944. Neuwied 1965.

–, Meldungen aus dem Reich, 1938 – 1945: Die geheimen Lageberichte des Sicherheitsdienstes der SS. Hersching 1984. 17 Bände.

Bracher, Karl Dietrich, Die deutsche Diktatur. Köln 1969.

–, The German Dilemma: The Relationship of State and Democracy, Übers. Richard Barry. New York 1975.

Bramsted, Ernest K., Goebbels and National Socialist Propaganda, 1925 – 1945. East Lansing, Mich., 1965.

Brandt, Leon, Menschen ohne Schatten: Juden zwischen Untergang und Untergrund, 1938 bis 1945. Berlin 1984.

Breitman, Richard, German Socialism and Weimar Democracy. Chapel Hill, N. C., 1981.

–, The Architect of Genocide: Himmler and the Final Solution. New York 1991.

Bridenthal, Renate, Atina Grossmann, und Marion Kaplan, When Biology Became Destiny: Women in Weimar and Nazi Germany. New York 1984.

Broszat, Martin, und Elke Fröhlich, Alltag und Widerstand: Bayern im Nationalsozialismus. München 1987.

–, –, und Anton Grossmann, Bayern in der NS-Zeit, Bd. III, Herrschaft und Gesellschaft im Konflikt, Teil B. München 1981.

Bukofzer, Ernst, Laws for Jews and Persecution of Jews under the Nazis. Berlin 1946.

Burleigh, Michael, Death and Deliverance: »Euthanasia« in Germany c. 1900 – 1945. Cambridge, England, 1995.

–, »Euthanasia and the Third Reich«. History Workshop Journal (Februar 1990).

–, und Wolfgang Wippermann, The Racial State: Germany 1933 – 1945. Cambridge, England, 1991.

Büttner, Ursula, Hg., Das Unrechtsregime: Internationale Forschung über den Nationalsozialismus. Hamburg 1986. 2 Bände.

–, Die Not der Juden teilen: Christlich-jüdische Familien im Dritten Reich. Hamburg 1988.

Childers, Thomas, The Nazi Voter: The Social Foundations of Fascism in Germany, 1919–1933. Chapel Hill, N. C., 1983.

Conway, John S., The Nazi Persecution of the Churches. New York 1968.

Craig, Gordon A., Germany 1866–1945. Oxford/New York 1978.

Dallin, Alexander, German Rule in Russia, 1941–1945. New York 1957.

Daniel, Ute, Arbeiterfrauen in der Kriegsgesellschaft: Beruf, Familie und Politik im Ersten Weltkrieg. Göttingen 1989.

Dawidowicz, Lucy, The War against the Jews, 1933–1945. New York 1975, 1986.

De Grazia, Victoria, How Facism Ruled Women: Italy, 1922–1945. Los Angeles/Berkeley 1992.

Domarus, Max, Hg., Hitler: Reden und Proklamationen, 1932–1945. München 1991.

Drobisch, K., R. Goguel, und W. Müller, Juden unterm Hakenkreuz: Verfolgung und Ausrottung der deutschen Juden, 1933–1945. Berlin 1973.

Eschwege, Helmut, Hg., Kennzeichen J: Bilder, Dokumente, Berichte zur Geschichte der Verbrechen des Hitlerfaschismus an den deutschen Juden 1933–1945. Berlin 1981.

Fein, Helen, Hg., The Persisting Question: Sociological Perspectives and Social Contexts of Modern Antisemitism. Berlin und New York 1987.

Friedlander, Henry, The Origins of Nazi Genocide: From Euthanasia to the Final Solution. Chapel Hill, N. C., 1995.

Friedrich, Ruth Andreas, Schauplatz Berlin: Ein Tagebuch aufgezeichnet 1938–1945. Reinbek bei Hamburg 1964.

Gall, Lothar, u. a., Die Deutsche Bank, 1870–1995. München 1995.

Geisel, Eike, Die Banalität der Guten: Deutsche Seelenwanderungen. Berlin 1992.

Gellately, Robert, The Gestapo and German Society: Enforcing Racial Policy, 1933–1945. Oxford 1990.

Gilbert, Martin, Atlas of the Holocaust. New York 1982.

Gilligan, Carol, In a Different Voice: Psychological Theory and Women's Development. Cambridge, Mass., 1982.

Gisevius, Hans Bernd, Bis zum bitteren Ende, Bd. 1, Vom Reichstagsbrand zur Fritsch-Krise. Zürich 1946.

Goebbels, Joseph, Vom Kaiserhof zur Reichskanzlei: Eine historische Darstellung in Tagebuchblättern. München 1934.

–, The Goebbels Diaries, 1939–1941, Hg. u. Übers. Fred Taylor. New York 1984.

–, The Goebbels Diaries, 1942–43, Hg. u. Übers. Louis P. Lochner. New York 1948.

–, Final Entries 1945: The Diaries of Joseph Goebbels, mit einer Einführung hg. von Hugh Trevor-Roper, R. H. Barry, New York 1978.

–, Tagebücher, Bd. 4, 1940–1942, Hg. Ralf Georg Reuth. München 1992.

Grunberger, Richard, A Social History of the Third Reich. London 1971.

Hancock, Eleanor, The National Socialist Leadership and Total War, 1941–5. New York 1991.

Havel, Václav, u.a., Hg., The Power of the Powerless. Armonk, N.Y., 1985.

Haxthausen, Charles W., und Heidrun Suhr, Hg., Berlin: Culture and Metropolis. Minneapolis 1990.

Hayes, Peter, »Profits and Persecution: Corporate Involvement in the Holocaust«. In: Perspectives on the Holocaust, Hg. James S. Pacy und Alan P. Wertheimer. Boulder, Colo. 1995.

Hilberg, Raul, The Destruction of the European Jews. New York/London 1985. 3 Bände.

–, Perpetrators, Victims, Bystanders: The Jewish Catastrophe, 1933–1945. New York 1992.

–, Hg., Documents of Destruction: Germany and Jewry, 1933–1945. Chicago 1971.

Hildesheimer, Ezriel, Jüdische Selbstverwaltung unter dem NS-Regime: Der Existenzkampf der Reichsvertretung und Reichsvereinigung der Juden in Deutschland. Tübingen 1994.

Hilke-Siebenhaar, Carolin, Wegweiser durch das jüdische Berlin: Geschichte und Gegenwart. Berlin 1987.

Hinz, Berthold, Die Malerei im deutschen Faschismus. München 1974.

Hirschfeld, Gerhard, und Lothar Kettenacker, Hg., The »Führer State«: Myth and Reality: Studies on the Structure and Politics of the Third Reich. Stuttgart 1981.

Hitler, Adolf, Mein Kampf. München 1939.

Hoffmann, Peter, Claus Schenk Graf von Stauffenberg und seine Brüder. Stuttgart 1992.

–, Widerstand gegen Hitler und das Attentat vom 20. Juli 1944, München/ Zürich 1984.

–, German Resistance to Hitler. Cambridge, Mass., 1988.

Huster, Gabriele, »Das Bild der Frau in der Malerei des deutschen Faschismus«. In: Frauen unterm Hakenkreuz. Berlin 1983.

Jaspers, Karl, Die Schuldfrage: Ein Beitrag zur deutschen Frage. Zürich 1946.

Jochheim, Gernot, Protest in der Rosenstraße. Stuttgart 1990.

Kaplan, Marion, Hg., The Marriage Bargain: Women and Dowries in European History. New York 1985.

Kater, Michael, The Nazi Party: A Social Profile of Members and Leaders, 1919–1945. Cambridge, Mass., 1983.

Keitel, Wilhelm, The Memoirs of Field-Marshal Keitel, Übers. David Irving. Göttingen 1961.

Keneally, Thomas, Schindler's List. New York 1982.

Kershaw, Ian, Popular Opinion and Political Dissent in the Third Reich: Bavaria 1933–1945. Oxford/New York 1983.

–, The »Hitler Myth«: Image and Reality in the Third Reich. Oxford/New York 1987.

–, The Nazi Dictatorship: Problems and Perspectives of Interpretation. London 1985, rev. 1993.

–, »Widerstand ohne Volk«: Dissens und Widerstand im Dritten Reich«. In: Der Widerstand gegen den Nationalsozialismus, Hg. Jürgen Schmädeke und Peter Steinbach. München 1985.

–, »Social Unrest and the Response of the Nazi Regime, 1934–1936«. In: Germans against Nazism: Nonconformity, Opposition and Resistance in the Third Reich, Hg. Francis R. Nicosia und Lawrence D. Stokes. New York/Oxford 1990.

Kirchheimer, Otto, »Weimar and What Then?« In: Politics, Law and Social Change: Selected Essays of Otto Kirchheimer, Hg. Frederic Burn and Kurt Shell. New York/London 1969.

Klee, Ernst, Hg., Dokumente zur »Euthanasie«. Frankfurt am Main 1985.

–, »Euthanasie« im NS-Staat: Die Vernichtung »lebensunwerten Lebens«. Frankfurt am Main 1983.

Klemperer, Klemens von, »What Is the Law That Lies Behind These Words?« In: Journal of Modern History, Bd. 64 (Dezember 1992).

–, German Resistance against Hitler: The Search for Allies Abroad, 1938–1945. New York 1992.

Knobloch, Heinz, Meine liebste Mathilde: Das unauffällige Leben der Mathilde Jacob. Berlin 1986.

Koch, H. W., In the Name of the Volk: Political Justice in Hitler's Germany. New York 1989.

Kocka, Jürgen, »Ursachen des Nationalsozialismus«. In: Aus Politik und Zeitgeschichte (21. Juni 1980).

Kommission zur Erforschung der Geschichte der Frankfurter Juden, Dokumente zur Geschichte der Frankfurter Juden 1933–1945. Frankfurt am Main 1963.

Koonz, Claudia, Mothers in the Fatherland: Women, the Family and Nazi Politics. New York 1987.

Kuper, Leo, Genocide: Its Political Use in the Twentieth Century. New Haven/London 1981.

Kwiet, Konrad, und Helmut Eschwege. Selbstbehauptung und Widerstand: Deutsche Juden im Kampf um Existenz und Menschenwürde. Hamburg 1984.

Lane, Barbara Miller, und Leila J. Rupp, Nazi Ideology before 1933: A Documentation. Austin/London 1978.

Langer, Walter, The Mind of Adolf Hitler. New York 1973.

Laqueur, Walter, The Missing Years. Boston 1980.

–, The Terrible Secret: Suppression of the Truth about Hitler's »Final Solution«. New York 1980, rev. 1982.

–, und Richard Breitman, Breaking the Silence. New York 1986.

Large, David Clay, Hg., Contending with Hitler: Varieties of German Resistance in the Third Reich. Cambridge, England, 1992.

Laska, Vera, Hg., Women in the Resistance and in the Holocaust. London 1983.

Levi, Primo, Die Untergegangenen und die Geretteten. München 1990.

Levin, Nora, The Destruction of European Jewry, 1933–1945. New York 1973.

Lewy, Guenter, The Catholic Church and Nazi Germany. New York/Toronto 1964.

Longerich, Peter, Hitlers Stellvertreter: Führung der Partei und Kontrolle des Staatsapparates durch den Stab Heß und die Partei-Kanzlei Bormann. München 1992.

Lösener, Bernhard, »Als Rassereferent im Reichsministerium des Innern«. In: Vierteljahreshefte für Zeitgeschichte. Bd. 9 (September 1961).

Ludwig-Uhland-Institut für empirische Kulturwissenschaft der Universität Tübingen, Als die Deutschen demonstrieren lernten: Das Kulturmuster »Friedliche Straßendemonstration« im preußischen Wahlrechtskampf 1908–1910. Tübingen 1986.

Maier, Charles S., The Unmasterable Past: History, Holocaust, and German National Identity. Cambridge, England, 1988.

–, Stanley Hoffmann, und Andrew Gould, Hg., The Rise of the Nazi Regime. New York 1986.

Mason, Timothy, Arbeiterklasse und Volksgemeinschaft: Dokumente und Materialien zur deutschen Arbeiterpolitik, 1936–1939. Opladen 1975.

–, Sozialpolitik im Dritten Reich. Opladen 1978.

–, »Intention and Explanation: A Current Controversy about the Interpretation of National Socialism«. In: The »Führer State«: Myth and Reality: Studies on the Structure and Politics of the Third Reich, Hg. Gerhard Hirschfeld und Lothar Kettenacker. Stuttgart 1981.

–, »Women in Germany, 1925–1940: Family, Welfare and Work«. In: History Workshop Journal (Januar 1976).

–, »Zur Lage der Frauen in Deutschland, 1930–1940: Wohlfahrt, Arbeit und Familie«. In: Gesellschaft: Beiträge zur marxistischen Theorie (Juni 1976).

Middlebrook, Martin, und Chris Everitt, The Bomber Command War Diaries. New York 1990.

Mommsen, Hans, Beamtentum im Dritten Reich. Stuttgart 1966.

–, From Weimar to Auschwitz: Essays in German History, Übers. Philip O'Connor. Princeton 1991.

Moore, Barrington, Injustice: The Social Bases of Obedience and Revolt. White Plains, N.Y., 1978.

Moritz, Klaus, und Ernst Noam, NS-Verbrechen vor Gericht, 1945–1955. Wiesbaden 1978.

Mosse, George, Hg., Police Forces in History. London 1975.

Neumann, Franz, Behemoth: The Structure and Practice of National Socialism. New York 1963.

Nicholls, Anthony, und Erich Matthias, Hg., German Democracy and the Triumph of Hitler. London 1971.

Nicosia, Francis R., und Lawrence D. Stokes, Hg., Germans against Nazism: Nonconformity, Opposition and Resistance in the Third Reich. New York/Oxford 1990.

Noakes, Jeremy, »Wohin gehören die ›Judenmischlinge‹? Die Entstehung der ersten Durchführungsverordnungen zu den Nürnberger Gesetzen«. In: Das Unrechtsregime: Internationale Forschung über den Nationalsozialismus, Hg. Ursula Büttner. Hamburg 1986. Bd. 2.

–, »The Oldenburg Crucifix Struggle of November 1936: A Case Study of Opposition in the Third Reich«: In: The Shaping of the Nazi State, Hg. Peter Stachura. New York 1978.

–, und G. Pridham, Hg., Nazism, 1919–1945: A History in Documents and Eyewitness Accounts. New York 1983.

O'Brien, Conor Cruise, »A Lost Chance to Save the Jews?« In: New York Review of Books (27. April 1989).

471

Office of United States Chief of Counsel for Prosecution of Axis Criminality, Nazi Conspiracy and Aggression, suppl. B. Washington, D.C., 1948.

Oliner, Samuel P., und Pearl M. Oliner, The Altruistic Personality: Rescuers of Jews in Nazi Europe. New York 1988.

Owings, Alison, Frauen: German Women Recall the Third Reich. New Brunswick, N.J. 1993.

Pacy, James, S., und Alan P. Wertheimer, Hg., Perspectives on the Holocaust. Boulder, Colo. 1995.

Paepcke, Lotte, Ich wurde vergessen: Bericht einer, die das Dritte Reich überlebte. Freiburg im Breisgau 1979.

Parker, R. A. C., Struggle for Survival: The History of the Second World War. Oxford/New York 1990.

Parsons, Talcott, Essays in Sociological Theory: Pure and Applied. Glencoe, Ill., 1949.

Pätzold, Kurt, Verfolgung, Vertreibung, Vernichtung: Dokumente des faschistischen Antisemitismus 1933 bis 1942. Leipzig 1983.

Paul, Gerhard, Aufstand der Bilder: Die NS-Propaganda vor 1933. Bonn 1990.

Peukert, Detlev, Volksgenossen und Gemeinschaftsfremde: Anpassung, Ausmerzung und Aufbegehren unter dem Nationalsozialismus. Köln 1982.

Picker, Henry, Hitler's Tischgespräche im Führerhauptquartier. Stuttgart 1963/1976.

Portmann, Heinrich, Hg., Bischof Graf von Galen spricht! Freiburg im Breisgau 1946.

Proctor, Robert, Racial Hygiene: Medicine under the Nazis. Cambridge, Mass., 1988.

Reitlinger, Gerald, The Final Solution: The Attempt to Exterminate the Jews of Europe 1939–1945. New York 1961.

Rhodes, Anthony, Propaganda: The Art of Persuasion: World War II. Secaucus, N.J., 1987.

Richarz, Monika, Hg., Jüdisches Leben in Deutschland: Selbstzeugnisse zur Sozialgeschichte 1918–1945. Stuttgart/New York 1982.

–, Bürger auf Widerruf: Lebenszeugnisse deutscher Juden, 1780–1945. München 1989.

Rosenstrauch, Hazel, Hg., Aus Nachbarn wurden Juden: Ausgrenzung und Selbstbehauptung, 1933–1942. Berlin 1988.

Runge, Irene, Onkel Max ist jüdisch: Neun Gespräche mit Deutschen, die Juden halfen. Berlin 1991.

Rupp, Leila, Mobilizing Women for War: German and American Propaganda, 1939–1945. Princeton 1978.

Rürup, Reinhard, Hg., Topographie des Terrors: Gestapo, SS, und Reichssicherheitshauptamt auf dem »Prinz-Albrecht-Gelände«. Berlin 1987.

Scheffler, Wolfgang, »Der Brandanschlag im Berliner Lustgarten im Mai 1942 und seine Folgen«. In: Jahrbuch des Landesarchivs Berlin, Hg. Hans Reichhardt. Berlin 1984.

Schmädeke, Jürgen, und Peter Steinbach, Der Widerstand gegen den Nationalsozialismus. München 1985.

Schmidt, Paul, Hitler's Interpreter. New York 1951.

Schmuhl, Hans-Walter, Rassenhygiene, Nationalsozialismus, Euthanasie: Von der Verhütung zur Vernichtung »lebensunwerten Lebens« 1890–1945. Göttingen 1987.

Schoenberner, Mira und Gerhard, Zeugen sagen aus: Berichte und Dokumente über die Judenverfolgung im Dritten Reich. Berlin 1988.

Sharp, Gene, The Politics of Nonviolence. 3 Bände. Boston 1973.

Shirer, William, Berlin Diary: The Journal of a Foreign Correspondent. New York 1961.

Speer, Albert, Inside the Third Reich, Übers. Richard und Clare Winston. New York 1970.

Stachura, Peter, Hg., The Shaping of the Nazi State. New York 1978.

Stephenson, Jill, Women in German Society 1930–1940. London 1975.

Steinert, Marlis, Hitler's War and the Germans: Public Mood and Attitude during the Second World War, Übers. T. E. J. de Witt. Athens, Ohio, 1977.

Steinhoff, Johannes, Peter Pechel, und Dennis Showalter, Voices from the Third Reich: An Oral History. Washington, D.C., 1989.

Stern, Fritz, Dreams and Delusions: The Drama of German History. New York 1987.

Stern, J. P., Hitler: The Führer and the People. Berkeley/Los Angeles 1975.

Strauss, Herbert, »Jewish Emigration from Germany: Nazi Policies and Jewish Responses«. In: Leo Baeck Institute Year Book, Bd. 25 (1980).

Taylor, A. J. P., The Course of German History: A Survey of the Development of German History since 1815. London 1945.

Trunk, Isaiah, Judenrat: The Jewish Councils in Eastern Europe under Nazi Occupation. New York 1972.

Turner, Henry, Ashby, Jr., German Big Business and the Rise of Hitler. Oxford/New York 1985.

Unikower, Inge, »Stummer Protest«. In: Neues Deutschland (14. November 1964).

–, Suche nach dem Gelobten Land. Berlin 1978.

Watt, Donald, C., How War Came: The Immediate Origins of the Second World War, 1938–1939. New York 1989.

Wehler, Hans-Ulrich, The German Empire, 1871–1918, Übers. Kim Traynor. Leamington Spa, England, 1985.

Wyden, Peter, Stella: One Woman's True Tale of Evil, Betrayal, and Survival in Hitler's Germany. New York 1992.

Zivier, Georg, »Aufstand der Frauen«. In: Sie (Dezember 1945).

Namenregister